Lehrbuch der Grafikprogrammierung

Lehrbücher der Informatik

Herausgegeben von
Prof. Dr.-Ing. habil. Helmut Balzert

Helmut Balzert
Lehrbuch der Software-Technik (2. Auflage)
Software-Entwicklung

Helmut Balzert
Lehrbuch der Software-Technik
Software-Management
Software-Qualitätssicherung
Unternehmensmodellierung

Heide Balzert
Lehrbuch der Objektmodellierung
Analyse und Entwurf

Helmut Balzert
Lehrbuch Grundlagen der Informatik
Konzepte und Notationen in UML, Java und C++
Algorithmik und Softwaretechnik

Heide Balzert
Objektorientierung in 7 Tagen
Vom UML-Modell zur fertigen Web-Anwendung

Koordinatensystem

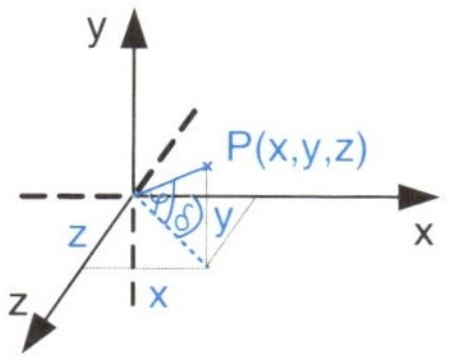

kartesisch: $P(x, y, z)$ $x = r\cos(\varphi)\cos(\delta)$, $y = r\sin(\varphi)$, $z = r\cos(\varphi)\sin(\delta)$

Polarkoordinaten: $P(\varphi, \delta, r)$ $\varphi = \arcsin\left(\frac{y}{\sqrt{x^2 + y^2 + z^2}}\right)$, $\varphi = \arctan\left(\frac{z}{x}\right)$, $r = \sqrt{x^2 + y^2 + z^2}$

homogen: $P(x, y, z, W)$ $W = 1 \rightarrow$ Punkt P

$W \neq 1 \rightarrow$ weitere Repräsentanten

geometrische Primitive

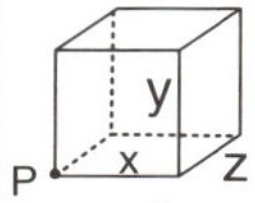

Quader Definition über einen Eckpunkt (P), Höhe (h) und Breite (b) und Länge (l) oder über die Eckpunkte
Sonderfall: Würfel: h = b = l

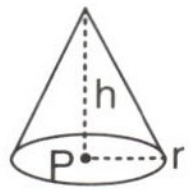

Kegel Definition über den Mittelpunkt der Grundfläche (P), den Radius der Grundfläche (r) und die Höhe (h)

Kugel Definition über den Mittelpunkt (P) und den Radius (r)

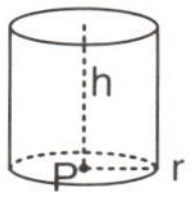

Zylinder Definition über den Mittelpunkt der Grundfläche (P), den Radius (r) und die Höhe (h)

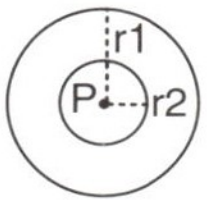

Torus Definition über den Mittelpunkt der Grundfläche (P), den Außenradius (r1) und den Innenradius (r2)
Sonderfall: geschlossener Torus: r1 = r2

Transformationen

Translation in x-, y- und z-Richtung

$$T(t_x, t_y, t_z) = \begin{bmatrix} 1 & 0 & 0 & t_x \\ 0 & 1 & 0 & t_y \\ 0 & 0 & 1 & t_z \\ 0 & 0 & 0 & 1 \end{bmatrix}$$

Skalierung in x-, y- und z-Richtung

$$S(s_x, s_y, s_z) = \begin{bmatrix} s_x & 0 & 0 & 0 \\ 0 & s_y & 0 & 0 \\ 0 & 0 & s_z & 0 \\ 0 & 0 & 0 & 1 \end{bmatrix}$$

Rotation um die x-Achse

$$R_x(\varphi) = \begin{bmatrix} 1 & 0 & 0 & 0 \\ 0 & \cos(\varphi) & -\sin(\varphi) & 0 \\ 0 & \sin(\varphi) & \cos(\varphi) & 0 \\ 0 & 0 & 0 & 1 \end{bmatrix}$$

Rotation um die y- Achse und **Rotation** um die z-Achse

$$R_y(\varphi) = \begin{bmatrix} \cos(\varphi) & 0 & \sin(\varphi) & 0 \\ 0 & 1 & 0 & 0 \\ -\sin(\varphi) & 0 & \cos(\varphi) & 0 \\ 0 & 0 & 0 & 1 \end{bmatrix}$$

$$R_z(\varphi) = \begin{bmatrix} \cos(\varphi) & -\sin(\varphi) & 0 & 0 \\ \sin(\varphi) & \cos(\varphi) & 0 & 0 \\ 0 & 0 & 1 & 0 \\ 0 & 0 & 0 & 1 \end{bmatrix}$$

Scherung in Richtung der x-, y- und z-Achse

$$S(s_{x1}, s_{x2}, s_{y1}, s_{y2}, s_{z1}, s_{z2}) = \begin{bmatrix} 1 & s_{x1} & s_{x2} & 0 \\ s_{y1} & 1 & s_{y2} & 0 \\ s_{z1} & s_{z2} & 1 & 0 \\ 0 & 0 & 0 & 1 \end{bmatrix} \cdot \begin{bmatrix} x \\ y \\ z \\ 1 \end{bmatrix}$$

Klaus Zeppenfeld

Lehrbuch der Grafikprogrammierung

Anwendung

unter Mitwirkung von
Regine Wolters

mit 2 CD-ROMs

Spektrum Akademischer Verlag Heidelberg · Berlin

Zuschriften und Kritik an:
Elsevier GmbH, Spektrum Akademischer Verlag, Dr. Andreas Rüdinger, Slevogtstr. 3-5, 69126 Heidelberg

Autor:
Prof. Dr. Klaus Zeppenfeld, Fachhochschule Dortmund, Fachbereich Informatik
E-mail: zeppenfeld@fh-dortmund.de

Für weitere Informationen zum Buch siehe:
http://www.grafikprogrammierung.de

Wichtiger Hinweis für den Benutzer
Diesem Buch sind zwei CD-ROMs mit Informationen, Demonstrationen, Animationen, begrenzten Vollversionen [illegible] deren Wirtschaftlichkeit oder fehlerfreie Funktion für einen bestimmten Zweck. Ferner kann der Verlag für Schäden, die auf einer Fehlfunktion von Programmen oder ähnliches zurückzuführen sind, nicht haftbar gemacht werden. Auch nicht für die Verletzung von Patent- und anderen Rechten Dritter, die daraus resultieren. Eine telefonische oder schriftliche Beratung durch den Verlag über den Einsatz der Programme ist nicht möglich. Der Verlag übernimmt keine Gewähr dafür, dass die beschriebenen Verfahren, Programme usw. frei von Schutzrechten Dritter sind. Die Wiedergabe von Gebrauchsnamen, Handelsnamen, Warenbezeichnungen usw. in diesem Buch berechtigt auch ohne besondere Kennzeichnung nicht zu der Annahme, dass solche Namen im Sinne der Warenzeichen- und Markenschutz-Gesetzgebung als frei zu betrachten wären und daher von jedermann benutzt werden dürften. Der Verlag hat sich bemüht, sämtliche Rechteinhaber von Abbildungen zu ermitteln. Sollte dem Verlag gegenüber dennoch der Nachweis der Rechtsinhaberschaft geführt werden, wird das branchenübliche Honorar gezahlt.

Bibliografische Information Der Deutschen Bibliothek
Die Deutsche Bibliothek verzeichnet diese Publikation in der Deutschen Nationalbibliografie; detaillierte bibliografische Daten sind im Internet über http://dnb.ddb.de abrufbar.

04 05 06 07 5 4 3 2 1 0

Planung und Lektorat: Dr. Andreas Rüdinger / Barbara Lühker
Herstellung: Ute Kreutzer
Satz: reemers publishing services GmbH, Krefeld
Druck und Bindung: Ebner & Spiegel GmbH, Ulm
Umschlaggestaltung: SpieszDesign, Neu-Ulm
Gedruckt auf 80 gr. WD Fly

Printed in Germany
ISBN 3-8274-1028-2

Aktuelle Informationen finden Sie im Internet unter www.elsevier.com und www.spektrum-verlag.de

Vorwort

Als Anwendungsbereich der Informatik kommt der Computergrafik eine immer größere Bedeutung zu. Obwohl sie noch vor wenigen Jahren ein Gebiet war, das nur von Spezialisten beherrscht wurde und nur von spezieller Hardware bewältigt werden konnte, sorgten die Fortschritte in der Software- und Hardwareentwicklung dafür, dass sich heutzutage nahezu jeder – sei es im Berufs- oder im Privatleben – in irgendeiner Form mit Computergrafiken beschäftigen muss. Im Berufsleben reicht die Bandbreite der Anwendungen von der grafischen Gestaltung von Präsentationen bis hin zu komplexen professionellen Anwendungen im Bereich des Maschinenbaus, der Medizin, der Biowissenschaften, der Geowissenschaften, der Werbebranche oder der Architektur. Aber auch für den Privatgebrauch eröffnen sich unzählige Anwendungsgebiete: digitale Fotografie oder ähnliche Hobbys, konventionelle Konsolenspiele, verteilte Spiele im Internet sowie computeranimierte Spielfilme – diese Bereiche sind schon fast ein Markt der unbegrenzten Möglichkeiten. Trotz der hohen Aktualität der Computergrafik und ihrer Programmierung basiert die Berechnung und Darstellung von Bildern und Animationen auf Algorithmen, die schon seit vielen Jahren bekannt sind und sich in den Grundzügen bis heute erhalten haben.

Zielsetzung

Daher ist es Ziel dieses Lehrbuches, die grundlegenden und bewährten Algorithmen der Computergrafik mit den Möglichkeiten der heutigen Programmiersprachen, der Grafikbibliotheken und der Werkzeuge zu verbinden.

Das Buch wendet sich gleichermaßen an Studierende des Fachs Computergrafik wie auch an Anwenderinnen und Anwender aus der Industrie. Es versucht, den heutigen Stand der Grafikprogrammierung auf eine einfache und verständliche Art und Weise zusammenzufassen. Dabei wird insbesondere sehr viel Wert auf eine praxisorientierte Erklärung der Grundlagen der Computergrafik gelegt.

Die Aufteilung der Kapitel in die Themenbereiche Grundlagen, Programmierung und Anwendung ermöglicht einen leichten Zugang zu einem fundierten Verständnis der Welt der Grafikprogrammierung.

Behandelte Gebiete Grundlagen

In den Grundlagen wird zunächst eine Einführung aus den Bereichen Physik und Medizin gegeben, die sich mit den Eigenschaften des Lichts und der Physiologie der visuellen Wahrnehmung beschäftigt, um Ihnen dadurch einen Weitblick zu verschaffen, der über die technischen Verfahren zur Erstellung von Bildern hinausgeht.

Die zweidimensionalen und darauf aufbauend die dreidimensionalen Basiskonzepte der Computergrafik bilden die Grundlagen für die Beschreibung der so genannten *Viewing-Pipeline*, die den komplexen Vorgang der Transformation einer dreidimensionalen Szene auf ein zweidimensionales Ausgabegerät beschreibt.

Verschiedene Grafikalgorithmen, Beleuchtungsmodelle und Schattierungsverfahren, die alle zur effizienten Berechnung und Darstellung von Bildern benötigt werden, runden den Grundlagenbereich dieses Buches ab. Die für das Nachvollziehen der Algorithmen und Verfahren benötigten Kenntnisse aus dem Bereich der Mathematik werden auf ein für das Verständnis des Inhalts notwendiges Maß reduziert und anhand zahlreicher Beispielprogramme und Fallbeispiele didaktisch anschaulich erklärt. Diese Beispiele, die in der objektorientierten Programmiersprache Java geschrieben sind und sich alle auf einer der beiden dem Buch beiliegenden CD-ROMs befinden, können direkt von den Leserinnen und Lesern genutzt und erweitert werden.

Programmierung

Der Themenbereich der Programmierung beschäftigt sich mit den Grundlagen der heute gängigen Programmiersprachen und Bibliotheken, mit denen die Grafikprogrammierung durchgeführt werden kann.

Zu Beginn steht die im Moment sehr bekannte und verbreitete Programmiersprache Java und eine Einführung in das Java2D-API, das schon in diese objektorientierte Sprache integriert ist. Seine Klassenbibliothek bietet eine enorme Erleichterung und Vereinfachung bei der Entwicklung von Programmen, die 2D-Grafiken erzeugen.

Anschließend wird die Grafikbibliothek OpenGL vorgestellt. Sie ist derzeit die Standardbibliothek für die 3D-Grafikprogrammierung. Verschiedene Programmiersprachen nutzen die Funktionen, die diese Bibliothek bietet bzw. setzen auf dieser Basistechnologie auf.

Das Java3D-API ist eine solche auf OpenGL basierende Klassenbibliothek, in die in einem Kapitel des Buches eingeführt wird und die im Moment wohl den benutzerfreundlichsten Stand der Technik bei der Verwendung von Grafikbibliotheken darstellt.

Virtuelle Welten werden durch das *World Wide Web* immer beliebtere Medien zur grafischen Darstellung verschiedenster Sachverhalte. Die Programmiersprache VRML und ihre neueste Erweiterung zur X3D ist deshalb eigenständiger Bestandteil des Bereichs der Programmierung.

Anwendung

Sind die Basiskonzepte der 2D- und 3D-Grafik verstanden und können auch einzelne Programmiersprachen bzw. Grafikbibliotheken zur Erstellung von Szenen genutzt werden, so ist auch das für die Anwendung von professionellen Werkzeugen notwendige Verständnis geschaffen.

Aus diesem Grund wird das Lehr- bzw. Lernkonzept dieses Buches durch den Bereich der Anwendungen abgerundet, in dem aktuelle und leistungsfähige Produkte vorgestellt werden und in deren Anwendung kurz eingeführt wird. Zu fast allen hier ausführlich vorgestellten Werkzeugen befinden sich Demoversionen für den privaten Gebrauch und dokumentierte Fallbeispiele aus Seminararbeiten, die von Studierenden der FH-Dortmund erstellt wurden, auf den beiden beiliegenden CD-ROMs.

Methodisch-didaktische Elemente

Um diese Lernziele erreichen zu können, verwendet dieses Buch das bewährte didaktische Konzept der Lehrbücher der Informatik, welches von Prof. Dr. Helmut Balzert als Herausgeber dieser Reihe und von seiner Gattin Prof. Dr. Heide Balzert entwickelt wurde.

Zur Vor- und Nachbereitung der Vorlesungen, zum Selbststudium und zum Nachschlagen werden die folgenden methodisch-didaktischen Elemente verwendet:

- Der Inhalt dieses Buches ist in 12 Kapitel aufgeteilt. Thematisch sind diese Kapitel in 17 Lehreinheiten gegliedert, die jeweils für eine Vorlesungsdoppelstunde konzipiert sind.
- Jede Lehreinheit ist unterteilt in Lernziele, Voraussetzungen, Inhaltsverzeichnis, Text, Glossar, Zusammenhänge und Übungsaufgaben.
- Neben der sequenziellen Bearbeitung der Lehrinhalte bzw. Lehreinheiten lässt die Grundkonzeption des Buches durch die Aufteilung in die Bereiche Grundlagen, Programmierung und Anwendung aber durchaus auch eine nicht sequenzielle Abarbeitung des Stoffes zu. Leserinnen und Leser, die sich beispielsweise in der Programmierung von 3D-Grafiken oder in einem der hier vorgestellten Werkzeuge bereits gut auskennen, können daher über die Bearbeitung der ersten Kapitel einen Einstieg in die Grundlagen der Computergrafik finden.
- Das Buch ist durchgehend zweifarbig gestaltet. Der in den Lehreinheiten in schwarzer Schrift gesetzte Text dient der Erklärung der Lehrinhalte, während die zur besseren Vermittlung dieser Inhalte angeführten Beispiele in blauer Schriftfarbe abgedruckt sind. Blau markierte Begriffe im schwarz gedruckten fachlichen Text werden jeweils im Glossar am Ende einer Lehreinheit definiert, wobei diese Definition – soweit möglich – auf eine andere Art und Weise erfolgt als in der Lehreinheit selbst. Viele der Bilder benutzen zum besseren Verständnis des Sachverhalts blaue und schwarze Elemente.
- Der Lerninhalt der einzelnen Lehreinheiten wird durch weit mehr als 300 Abbildungen und Tabellen visualisiert und nachvollziehbar dargestellt.
- Die meisten der in diesem Buch beschriebenen Sachverhalte sind an gut 110 Stellen in den einzelnen Lehreinheiten durch ein zugehöriges Programmbeispiel veranschaulicht. Dazu gehören Programme, Auszüge aus Quelltexten oder komplexe Fallbeispiele.

Alle diese Programme sind im Buch gut dokumentiert und befinden sich vollständig auf den beiliegenden CD-ROMs. Sie können mit den ebenfalls auf den CD-ROMs befindlichen Entwicklungswerkzeugen angesehen, ausgeführt und für eigene Erweiterungen genutzt werden.

- Gut 50 weiterführende und zitierte Literaturangaben sind in den jeweiligen Lehreinheiten angegeben.
- Das Glossar umfasst mehr als 170 Begriffe, die jeweils am Ende einer Lehreinheit im Buch aufgeführt und auf der CD-ROM zu einem Gesamtglossar zusammengefasst sind.
- Am Ende jeder Lehreinheit steht eine Zusammenfassung, in der kurz und präzise alle Inhalte dieser Lehreinheit noch einmal in einem globalen Zusammenhang erläutert werden.
- Für die insgesamt über 70 Übungsaufgaben, die am Ende der Lehreinheiten jeweils den gelernten Stoff reflektieren, sind zur besseren Lernkontrolle jeweils Zeitangaben und Lernziele angegeben. Die Lösung aller Aufgaben nimmt ca. 27 Stunden in Anspruch. Die zu den Aufgaben zugehörigen Musterlösungen befinden sich zur Kontrolle des eigenen Lernfortschritts ebenfalls auf den CD-ROMs.

Auf den beiden CD-ROMs, die dem Buch beigefügt sind, befinden sich neben den oben schon genannten Einträgen zusätzlich zahlreiche professionelle Werkzeuge und Entwicklungsumgebungen, die zum Nachvollziehen des vermittelten Stoffes und zum privaten Gebrauch genutzt werden können.

Zu einigen Fallbeispielen sind außerdem Tutorien und Videosequenzen vorhanden, die in Seminaren zum Thema Grafikprogrammierung an der FH-Dortmund entstanden sind.

Beide CD-ROMs besitzen die gleiche benutzerfreundliche HTML-Oberfläche, die nach dem Einlegen in das CD-Laufwerk eines Windows-Rechners durch den *Web-Browser* selbstständig gestartet wird. Die vorhandenen Werkzeuge können dann jeweils durch das Anklicken eines *Links* gestartet bzw. installiert werden. Die Aufteilung der einzelnen Beiträge auf die jeweilige CD-ROM ist daher auf den ersten Blick erkennbar.

Die Benutzer von Apple Macintosh- und Linux-Rechnern können ebenfalls diese HTML-Oberfläche zur Navigation benutzen und sich beispielsweise die Musterlösungen, das Glossar und die vielen Java-Quelltexte ansehen, bearbeiten und auf den jeweiligen Rechnern übersetzen und ausführen. Leider können aber die mitgelieferten Demoversionen der Werkzeuge nur auf Windows-Rechnern installiert werden.

Danksagungen

Für die Mitarbeit an diesem Buch möchte ich mich an dieser Stelle bei zahlreichen Personen ganz herzlich bedanken. Der an diesen Stellen häufig geschriebene Satz, dass ohne die Mitarbeit dieser Personen ein solches Buchprojekt nicht durchführbar gewesen wäre, ist absolut richtig und kann auch von mir nur bestätigt bzw. wiederholt werden.

Ein solch aufwendiges Lehrbuch kann nicht von einer Person allein entworfen, geschrieben und korrigiert werden. Dazu bedarf es, wie in jedem erfolgreichen Projekt, eines Teams von Mitarbeiterinnen und Mitarbeitern, die alle zusammen an dieser Sache interessiert sind und sich dafür einsetzen.

Es gibt Mitglieder in diesem Team, die nicht viele Worte des Buchs geschrieben oder gelesen haben, und trotzdem hat meine Familie durch das von ihr aufgebrachte Verständnis und ihre Geduld maßgeblich dazu beigetragen, mir den Rücken für dieses Projekt frei zu halten und es damit erst zu ermöglichen. Liebe Annelie, liebe Lea und lieber Jarno, vielen Dank für Eure großartige Unterstützung!

Im Gegensatz zu meiner Familie hat ein anderes Mitglied dieses Teams alles gelesen, sehr viel geschrieben und programmiert, nahezu alles hinterfragt, recherchiert, Vorschläge gemacht, Lösungen entwickelt und das in einer Ausdauer und mit einer absolut professionellen Einstellung, die auch mich immer wieder mitgerissen und angetrieben hat, dieses Buch so zu erstellen, wie es jetzt vorliegt. Für die auf diese Weise erbrachte herausragende Mitwirkung gilt mein Dank Frau B. SC. Regine Wolters. Auf sie trifft der oben zitierte Satz in vollstem Umfang zu.

Bei meinen Kollegen Herrn Prof. Dr. Frank M. Thiesing und Herrn Prof. Dr. Burkhard Lenze von der FH-Dortmund möchte ich mich ganz herzlich bedanken. Sie haben die einzelnen Lehreinheiten begutachtet und durch ihre vielen Änderungs- und Verbesserungsvorschläge zur Qualität dieses Buches erheblich beigetragen.

Zur Verbesserung der sprachlichen Qualität hat Frau Anne Cordes sich die außerordentliche Mühe gemacht, ein für sie fachfremdes Manuskript durchzulesen und zu korrigieren. Vielen Dank für die sehr gute Zusammenarbeit.

Wie bereits oben erwähnt, ist für ein erfolgreiches Projekt auch immer ein sehr gutes Team verantwortlich und die erfolgreiche Durchführung von einzelnen Teilprojekten ergibt letztendlich ein erfolgreiches Gesamtprojekt. Viele der in diesem Buch vorgestellten Programme und Beispiele wurden im Rahmen von Seminar- und Projektarbeiten von Studierenden der FH-Dortmund erstellt. Das große Engagement und die hohe Motivation, mit der die Studierenden diese Projekte bearbeitet haben, aber auch die sehr guten Ergebnisse haben mir bestätigt, dass das Thema Grafikprogrammierung ein sehr stark anwendungsorientiertes Gebiet der Informatik ist, welches in Zeiten des *World Wide Web* und der grafischen Visualisierungen, beispielsweise im Bereich Multimedia, eigentlich in keiner Informatik-Ausbildung fehlen darf.

Bedanken möchte ich mich für die gute Zusammenarbeit bei Herrn Stefan Schröder, der neben vielen anderen Aufgaben insbesondere den 3D-Baukasten und den 3D-Szeneneditor realisiert hat, und bei Herrn Christian Imhäuser, der viele der hier vorgestellten Java-Programme entwickelt hat. Die sehr schwierigen und umfangreichen Beispiele des Schachbretts und der Spiegelvitrine sind von Frau Yvonne Tepe und Herrn Dirk Schnieders entwickelt worden. Ihre umfangreichen Kenntnisse in OpenGL und Java haben die entsprechenden Lehreinheiten positiv beeinflusst. Den Herren Gero und Timo Schulz sowie Herrn Michael Walberg danke ich für das Fallbeispiel des Spargelsortierers. Da an dieser Stelle nicht alle Namen der Studierenden aufgeführt werden können, die an den weiteren Fallbeispielen beteiligt waren, befinden sich diese Namen in den entsprechenden Dokumentationen bzw. im Abspann der Videosequenzen auf der CD-ROM. Vielen Dank für Ihr Engagement!

Für die Mitarbeit bei verschiedenen Tutorien, beim Layout, der Zusammenstellung und der Programmierung der CD-ROMs und der Webpräsenz des Buches geht mein Dank an die Herren Thomas Spadzinski, IT-Professional Almir Ahmetasevic und IT-Professional Manuel Meurer.

Zum Abschluss möchte ich mich besonders herzlich bei Frau Barbara Lühker und Herrn Dr. Andreas Rüdinger von Spektrum Akademischer Verlag und beim Herausgeber dieser Reihe, Herrn Prof. Dr. Helmut Balzert, für die hervorragende Zusammenarbeit, die große Geduld und dafür bedanken, dass sie mir die Möglichkeit gegeben haben, ein solches Projekt zu realisieren.

Auch wenn sich viele der grundlegenden Algorithmen in den nächsten Jahren nicht verändern werden, ist die Informatik als solche eine so schnelllebige Wissenschaft, dass es immer wieder Veränderungen und Neuerungen zu berichten gibt. Aus diesem Grund ist unter

`http://www.grafikprogrammierung.de`

ein Portal zu den Inhalten dieses Buches und zum Thema Grafikprogrammierung im Allgemeinen aufgebaut worden, welches ständig weiterentwickelt und aktualisiert wird. Hier können selbstverständlich auch Anmerkungen, Kommentare und Verbesserungsvorschläge zum Buch abgegeben werden.

Ihnen liebe Leserinnen und Leser wünsche ich nun viel Spaß bei der Ansicht und beim Durcharbeiten dieses interessanten und praxisorientierten Teilgebiets der Informatik mit Hilfe des Ihnen vorliegenden Lehrbuches. Nutzen Sie die vielen Möglichkeiten, die Ihnen der Text, die Bilder, die Programme, die Fallbeispiele, die Videosequenzen und die Werkzeuge zum Verständnis und zur Anwendung moderner Grafikprogrammierung bieten.

Klaus Zeppenfeld

Inhalt

1 Grundlagen – Licht und visuelle Wahrnehmung

- Die grundlegenden physikalischen Eigenschaften des Lichts kennen. *(wissen)*
- Wissen, welche Grundgrößen in der Fotometrie definiert sind.
- Die Grundbegriffe der Strahlenoptik kennen.
- Wissen, welche Schattenarten es gibt.
- Den Unterschied zwischen Spektral-, Komplementär- und Tertiärfarben kennen.
- Verstehen, wie Schatten erzeugt werden. *(verstehen)*
- Die Bedeutung der menschlichen Wahrnehmung beschreiben können.
- Den Aufbau und die Funktion des menschlichen Auges erklären können.
- Verstehen, welche Bedeutung die visuelle Wahrnehmung für den Menschen hat.
- Durch welches Modell lässt sich die Ausbreitung des Lichts beschreiben? *(anwenden)*
- Was ist weißes Licht und wie lässt es sich in seine einzelnen Bestandteile zerlegen?
- Mit den Grundgrößen der Fotometrie optimal ausgeleuchtete Präsentationen berechnen.
- Abbildungsmaßstäbe berechnen und anwenden können.
- Schattenwürfe analysieren können.
- Welche Farben müssen addiert werden, um eine bestimmte Mischfarbe zu erhalten?
- Wie kann man die Fähigkeit zur Adaptation testen?
- Auf welche Weise lässt sich der Sehsinn beeinflussen?

- keine

1.1 Physikalische Grundlagen

In der Physik wird das **Licht** als *Ursache der Sehwahrnehmung* bezeichnet. Diese fundamentale Definition einer physikalischen Eigenschaft ist sehr komplex und vielschichtig.

Die Wahrnehmung des Lichts geschieht bei uns Menschen über die Augen, die als eines der wichtigsten Sinnesorgane bezeichnet werden können. Licht kann sehr unterschiedliche Wirkungen auf uns haben: die grellen und bunten, schnell wechselnden Farben der Bühnenstrahler beim Konzert einer Musikgruppe, das Flutlicht in einem Fußballstadion, welches die Nacht zum Tag macht, die blaue Stunde, von der in der Fotografie gesprochen wird und mit der die kurze Zeit vor und nach dem Sonnenuntergang gemeint ist, in der Landschaften, Personen und Gegenstände gefühlvolle Stimmungen erhalten, oder das lodernde Feuer im Kamin, welches einem Raum zusätzlich zur Temperatur auch noch optisch ein warmes Aussehen gibt.

Diese einfachen Beispiele zeigen, wie vielfältig die Ausdrucksmöglichkeiten des Lichts sind und ebenso, wie differenziert sie wahrgenommen werden können. Im folgenden Abschnitt werden die physikalischen Grundlagen des Lichts beschrieben, um Sie für den in der Computergrafik äußerst komplexen Vorgang der Erstellung realistischer Bilder zu motivieren.

1.1.1 Licht

Lichtquellen

Bei der Herkunft von **Lichtquellen** wird zwischen zwei Arten unterschieden. Die Bühnenstrahler und das Flutlicht aus den obigen Beispielen sind künstliche Lichtquellen, bei der Sonne und beim Feuer handelt es sich um natürliche Lichtquellen. Weitere Beispiele sind in Abb. 1.1-1 zu sehen: In den drei oberen Bildern strahlt das Licht aus natürlichen Lichtquellen, bei den drei unteren Bildern kommt es aus künstlichen Lichtquellen. (Hinweis: Nahezu alle der in diesem Buch verwendeten Bilder und Fotografien befinden sich als farbige Originale auf der beiliegenden CD-ROM.)

Um Gegenstände mit den Augen zu sehen bzw. überhaupt erst zu erkennen, ist das Licht von elementarer Bedeutung. In einem abgedunkelten Raum können wir kaum etwas sehen. Die Gegenstände, die in einem Raum stehen, können erst erkannt werden, wenn eine Kerze angezündet oder eine Lampe eingeschaltet wird. Ähnlich ist es in der freien Natur. Erst durch die Sonne oder bei Nacht durch den Mond, der die Lichtstrahlen der Sonne reflektiert, wird die Umwelt für uns sichtbar.

Das menschliche Auge kann also nur Gegenstände wahrnehmen, wenn von ihnen selbst Licht ausgeht oder wenn von ihnen Licht reflektiert wird. Alles Licht, welches nicht in das Auge gelangt, ist also unsichtbar.

Licht kann aber auf sehr unterschiedliche und komplizierte Weise in die Augen gelangen. Obwohl bei bedecktem Himmel die Sonne tagsüber nicht zu sehen ist, ist es hell. In einem Zimmer mit einem Fenster braucht am Tage keine Lampe eingeschaltet zu werden, auch wenn die Sonne nicht direkt in dieses Zimmer scheint. Die Umgebung außerhalb des Zimmers und die Wände und Gegenstände, die in dem Zimmer stehen, reflektieren offensichtlich so viel Licht, dass es ausreichend hell ist.

Abb. 1.1-1: Natürliche und künstliche Lichtquellen (v.l.n.r.): Dämmerung, Tageslicht, Sonnenuntergang (o.), Kirmes, Werbung, Zirkus (u.)

Ausbreitung von Licht

Licht breitet sich von jedem Punkt einer Lichtquelle geradlinig und nach allen Seiten hin aus. Die Sonne als natürliche Lichtquelle sendet ihre Lichtstrahlen gerichtet in den Weltraum aus.

Lichtgeschwindigkeit

Dies geschieht sehr schnell: Die Lichtgeschwindigkeit beträgt etwa 300.000 km/sec. Die Entfernung, die das Licht in einem Jahr zurücklegt, wird als Lichtjahr bezeichnet. In einem Jahr legt Licht somit die unvorstellbare Entfernung von 9,4605 Billionen Kilometern zurück. Von der Sonne bis zur Erde braucht ein Lichtstrahl 499 Sekunden, da die Sonne 149.597.870 Kilometer von der Erde entfernt ist. Diejenigen Strahlen, die auf die Erde treffen, werden von den Gasmolekülen der Erdatmosphäre vielfach reflektiert und gestreut. Dies erklärt den oben beschriebenen Effekt, dass es auch hell ist, wenn der Himmel bedeckt ist. Die meisten Sonnenstrahlen fallen aber natürlich an wolkenlosen Tagen direkt auf die Erde.

Wenn Licht unsere Umwelt erhellt, ist das sicherlich eine angenehme Folge der schnellen Ausbreitung des Lichts. Dagegen ist das Öffnen einer Kamera bevor der Film in die lichtundurchlässige Filmdose zurückgespult wurde sehr unangenehm. Die enorme Ausbreitungsgeschwindigkeit des Lichts sorgt nämlich in diesem Fall dafür, dass das Licht bereits einen großen Teil des Films belichtet und damit unbrauchbar gemacht hat, bevor wir diese Ungeschicklichkeit überhaupt wahrgenommen haben.

Strahlung

Das für unser Auge sichtbare Licht ist nur ein kleiner Teil der sich wellenförmig ausbreitenden **elektromagnetischen Strahlung**, deren Wellenlänge von weniger als einem Millionstel Nanometer bis hin zu vielen Kilometer langen Wellen reicht (vgl. Abb. 1.1-2).

Abb. 1.1-2: Wellenlängen der elektromagnetischen Strahlung

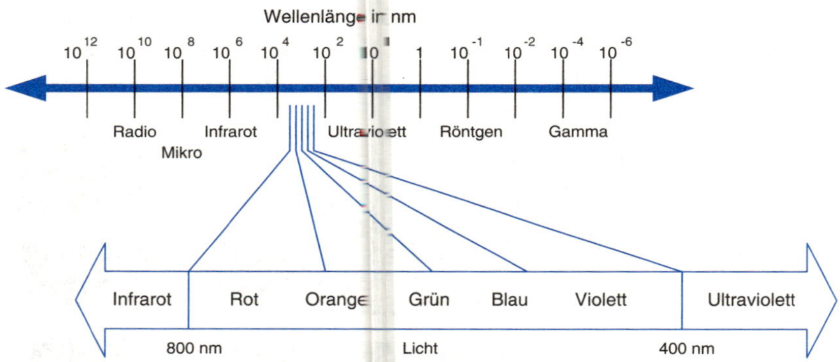

Dieser kleine Teil des sichtbaren Lichts reicht von ca. 400 bis 800 Nanometer Wellenlänge, wobei ein Nanometer (nm) der millionste Teil eines Millimeters ist. Der Bereich unter 400 nm ist der zu kurzwellige Bereich der ultravioletten Strahlung und der über 800 nm liegende Bereich ist der zu langwellige Bereich der infraroten Strahlung. Beide Bereiche sind für das menschliche Auge nicht mehr sichtbar. Die ultraviolette Strahlung ist bekannt für ihre starke biologische Wirkung. Röntgenstrahlen haben eine noch kürzere Wellenlänge. Gammastrahlung tritt beim Zerfall radioaktiver Substanzen auf. Am anderen Ende der sichtbaren Strahlung schließen sich nach der infraroten Strahlung, die aus technischen Geräten wie etwa der Fernbedienung eines Fernsehers bekannt ist, die Mikrowellen und danach die Radiowellen an. Auch diese beiden Strahlungsarten sind aus dem täglichen Leben hinlänglich bekannt.

Der gerade beschriebene sichtbare Teil des Lichts besteht aus Wellen unterschiedlicher Längen. Mit Hilfe eines Glasprismas (vgl. Abb. 1.1-3), in dem das Licht gebrochen wird, lässt es sich in seine Spektralbestandteile zerlegen. Diese beginnen auf der kurzwelligen Seite mit der Farbe Violett, um dann über Blau, Grün, Gelb, Orange bis hin zum langwelligen Rot zu gehen, und werden als **Spektralfarben** bezeichnet. Die Farbe Rot wird am schwächsten gebrochen, Violett am stärksten.

Lichtbrechung

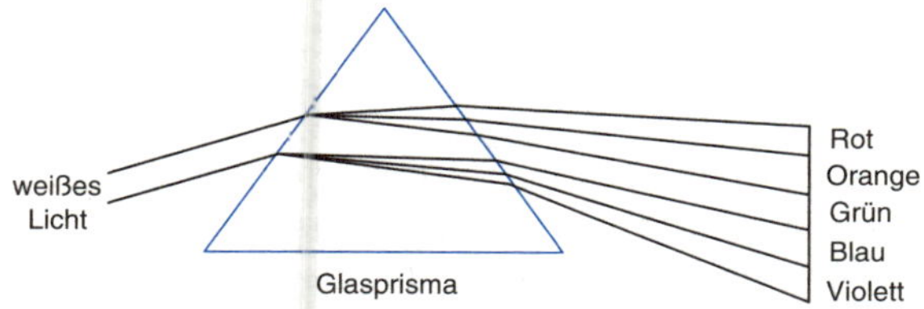

Abb. 1.1-3: Zerlegung weißen Lichts in seine Spektralfarben

Beispiel

Am eindrucksvollsten zu beobachten ist die Brechung des Lichts in seine Spektralfarben beim Betrachten eines Regenbogens, bei dem das Sonnenlicht durch die Wassertropfen einer Regenwand zerlegt wird.
Die Farbe des Himmels ist ebenfalls auf die Brechung des Lichts zurückzuführen. Auf dem Weg von der Sonne zur Erde werden die Lichtstrahlen durch die Gase der Erdatmosphäre unterschiedlich stark gebrochen. Die Strahlen am kurzwelligen blauen Ende des Spektrums streuen stärker als die am langwelligen roten Ende. Befindet sich in den oberen Luftschichten jedoch viel Staub, z.B. durch Abgase oder Vulkanausbrüche, so werden auch die langwelligen Strahlen stärker gestreut und der Himmel erscheint dem Betrachter nicht mehr leuchtend Blau, sondern neutraler bis hin zu einem grünbraunen Ton. Zur Betonung des blauen Himmels verwendet man in der Fotografie häufig einen so genannten Polarisationsfilter, bei dem störendes reflektiertes (polarisiertes) Licht ausgeblendet wird.

In den bisherigen Ausführungen wurde das Licht als Welle betrachtet, d.h. Licht verhält sich wie eine Welle mit einer bestimmten Wellenlänge und Ausbreitungsgeschwindigkeit. Mit diesem Modell ist jedoch die Erklärung aller physikalischen Erscheinungen, die mit Licht zusammenhängen, nicht möglich. Es gibt Experimente in der Physik, die sogar im Widerspruch zu diesem Modell stehen. Aus diesem Grund wurde in der Mitte der zwanziger Jahre des letzten Jahrhunderts eine zum Wellenmodell konträre Modellvorstellung, das so genannte Quantenmodell, entwickelt.

Licht in der Computergrafik

Die physikalischen Ausführungen sollen hier aber nicht weiter vertieft werden. Wichtig für die Computergrafik ist an dieser Stelle die Erkenntnis, dass die Simulation der in der Natur vorkommenden

Lichtverhältnisse in den Programmen nicht exakt durchgeführt werden kann und sehr kompliziert ist. Es werden immer nur stark vereinfachte Modelle einiger Teilaspekte des Lichts simuliert bzw. angenähert. So kann der Einsatz von Spotlichtern und Umgebungslicht (vgl. Kap. 5) in der Programmierung nicht die exakte Wirkung des Lichts in der Realität wiedergeben, sondern immer nur als Annäherung betrachtet werden. Auch der kombinierte Einsatz von höheren Verfahren, wie z.B. *Ray-Tracing* und *Radiosity* (vgl. Kap. 6), ist ebenfalls nur als Simulation der physikalischen Verhältnisse zu sehen.

1.1.2 Fotometrie

Lichtmesstechnik

Im vergangenen Abschnitt wurde gezeigt, dass nur bestimmte Bereiche der elektromagnetischen Strahlung sichtbar sind und durch die unterschiedlichen Wellenlängen verschiedene Farbempfindungen hervorgerufen werden. So beträgt die Temperatur einer rot glühenden Eisenkugel ca. 550 Grad Celsius und die Farbe des ausgestrahlten Lichts ist Rot, während die Sonnenoberfläche eine Temperatur von ca. 6000 Grad Celsius hat und die Farbe des ausgestrahlten Lichts Weiß ist. Je heißer demnach eine Lichtquelle ist, desto weißer und heller strahlt sie.

In der Physik befasst sich die **Fotometrie** mit vergleichenden Messungen der sichtbaren Strahlung. Zum Verständnis der späteren Lichtmodelle der Computergrafik sind deshalb einige physikalische Definitionen notwendig.

Die Fotometrie, die auch als Lichtmesstechnik bezeichnet wird, lässt sich durch ein Maßsystem aus den folgenden Grundgrößen beschreiben:

Lichtstrom

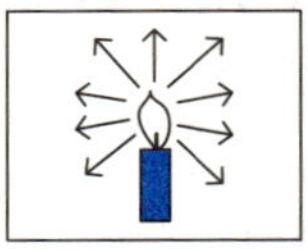

Die von einer Lichtquelle in den Raum frei ausgestrahlte Lichtmenge wird als **Lichtstrom** bezeichnet und in **Lumen** (lm) gemessen. Sie ist die Bezeichnung für die Strahlungsleistung einer Lichtquelle, die nach der spektralen Empfindlichkeit des menschlichen Auges bewertetet wurde.

Beispiel

Moderne Datenprojektoren verfügen über einen Lichtstrom von mindestens 2000 Lumen.

Lichtmenge

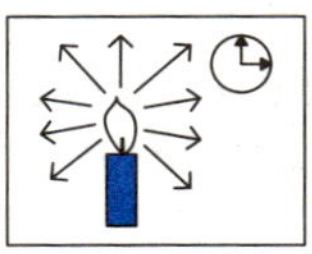

Die **Lichtmenge** gibt die Höhe des Lichtstroms über einen bestimmten Zeitraum an. Die Maßeinheit ist Lumensekunden (lms).

Beispiel

Ein Datenprojektor wird für eine Stunde (= 3600 s) eingeschaltet. Während dieses Zeitraums erzeugt er einen Lichtstrom von 2000 Lumen. Die abgestrahlte Lichtmenge beträgt daher 3600 s * 2000 lm = 7.200.000 lms.

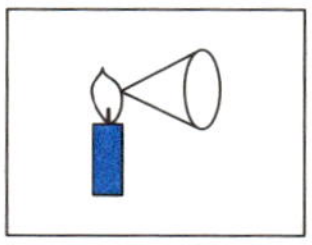

Lichtstärke

Lichtquellen strahlen ihr Licht nur selten in alle Richtungen gleichzeitig ab. Das Maß für die Lichtausstrahlung in eine bestimmte Richtung wird als **Lichtstärke** bezeichnet. Sie wird in der Einheit Candela (cd) gemessen.

Beispiel

Die Flamme einer Haushaltskerze hat ungefähr die Lichtstärke 1 cd. Eine Glühbirne kann ihr Licht wegen der Fassung nicht kugelförmig ausstrahlen. Deshalb wird Lampen oft ein Datenblatt beigefügt, in dem die Lichtstärke für unterschiedliche Abstrahlwinkel angegeben wird.

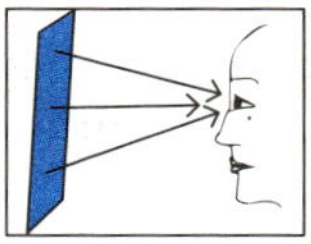

Leuchtdichte

Unter der **Leuchtdichte** wird die Flächenhelligkeit einer Lichtquelle verstanden, d.h. die von einer Flächeneinheit abgegebene Lichtstärke. Sie wird gemessen in Lichtstärke (cd) / Fläche (m^2) und ist damit unabhängig von der Entfernung des Beobachters.

Beispiel

Radiosity-Verfahren (vgl. Kap. 6) verwenden insbesondere die Leuchtdichte der in einem Bild vorkommenden Flächen zur Berechnung von Bildern.

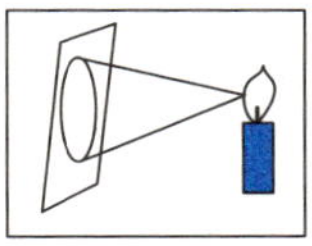

Beleuchtungsstärke

Die **Beleuchtungsstärke** beschreibt die Helligkeit einer Fläche. Anders ausgedrückt ist die Beleuchtungsstärke das Maß für das auf eine Fläche auftreffende Licht. Die Einheit der Beleuchtungsstärke ist das Lux (lx). Ein Lux wird erreicht, wenn eine Fläche von 1 m^2 mit dem Lichtstrom von 1 lm beleuchtet wird.

Natürlicherweise ist die Beleuchtungsstärke abhängig von der Entfernung der Lichtquelle und nimmt bei Verdopplung der Entfernung quadratisch ab.

Beispiel

In der Tabelle 1.1-1 sind einige Beispiele für Beleuchtungsstärken angegeben. Das menschliche Auge lässt sich bei der Beurteilung von Beleuchtungsstärken sehr stark täuschen. Ein graues Stück Papier sieht auf einer schwarzen Unterlage heller aus als auf einer weißen Unterlage. In der Fotografie werden diese subjektiven Empfindungen durch die Verwendung von Belichtungsmessern ausgeschlossen.

Lichtquelle	**Beleuchtungsstärke in lx**
Direktes Sonnenlicht	25.000 – 110.000
Tageslicht	2.000 – 27.000
Schatten (an sonnigem Tag)	10.000

Tab. 1.1-1: Beispiele für Beleuchtungsstärken

Lichtquelle	Beleuchtungsstärke in lx
Dämmerung	1 – 10
Bürobeleuchtung	400 – 600
Wohnräume und Küche	40 – 80
Mondlicht	0,01 – 0,1
Sternenhimmel	0,0001 – 0,001

Tab. 1.1-1: Beispiele für Beleuchtungsstärken (Forts.)

Beispiel Der Diavortrag zu Hause und die Präsentation am Arbeitsplatz sind Beispiele für immer wiederkehrende Probleme mit den hier vorgestellten Grundeinheiten der Fotometrie.

Ein projiziertes Bild kann erst dann vom Betrachter gesehen werden, wenn es genügend hell ist. Beim Diavortrag zu Hause werden die Vorhänge zugezogen, dadurch wird die Raumhelligkeit so gering, dass der Lichtstrom des Diaprojektors ausreichend hell erscheint. Beim Vortrag am Arbeitsplatz mit einem Datenprojektor ist dies allerdings häufig nicht möglich.

Wie oben bereits beschrieben wurde, geben die Hersteller von Datenprojektoren den Lichtstrom ihrer Geräte in Lumen an. Das ist die Lichtmenge, die das Objektiv des Projektors verlässt. Dieses Licht verteilt sich dann auf die Projektionsfläche und daher gilt: Je größer die Projektionsfläche ist, umso geringer ist die Lichtmenge pro Flächeneinheit. Denn jeder Projektor produziert immer die gleiche Lichtmenge, unabhängig von der Bildgröße.

In einem mit 80 lx beleuchteten Konferenzraum soll ein Vortrag gehalten werden. Die Leinwand ist 2 m breit und 1,5 m hoch und reicht daher etwa für 10 Meter Raumtiefe. Die projizierten Bilder können sehr gut erkannt werden, wenn das Bild mindestens 5 Mal heller ist als der Raum.

Um in diesem Raum einen gut sichtbaren Vortrag halten zu können, wird ein Datenprojektor mit mindestens 1200 lm benötigt, denn es gilt: Die Größe der Bildfläche beträgt 3 m^2. Um die fünffache Helligkeit des Bildes gegenüber der Raumhelligkeit zu erreichen, werden 400 lx benötigt. Über die Beschaffenheit der Leinwand wird an dieser Stelle nichts ausgesagt. Würde aber eine Leinwand zur Verfügung stehen, die das Licht in eine bestimme Richtung reflektiert, dann kann die Lichtstärke des Projektors geringer ausfallen. Wie und warum Licht reflektiert wird, wird im folgenden Abschnitt beschrieben.

1.1.3 Geometrische Optik

Ziel der meisten Anwendungsbeispiele in der Computergrafik ist es, eine gegebene Szene aus der dreidimensionalen Umwelt, z.B. die Darstellung eines Grundstücks mit einem Haus, in die begrenzte zweidimensionale Bildschirmoberfläche zu transformieren. Das Aussehen der Szene auf dem Bildschirm sollte dabei möglichst realistisch sein. Dies kann mit der Verwendung einer Fotokamera verglichen werden. Auch diese wird vom Fotografen dazu benutzt, Bilder aus unserer Umwelt auf ein kleines, zweidimensionales Negativ zu bannen.

In der Fotografie funktioniert dies mittlerweile durch modernste Kamera- und Objektivtechnik sehr präzise und mit hoher Qualität. Grund dafür ist das Wissen über die Gesetze der **geometrischen Optik**, einem Teilgebiet der Optik, welches sich mit der Ausbreitung des Lichts beschäftigt. In diesem Gebiet der Physik wird angenommen, dass sich das Licht geradlinig ausbreitet. Außerdem beschränkt man sich auf optische Erscheinungen, die durch Reflexion und Brechung des Lichts hervorgerufen werden. Dieses Teilgebiet der geometrischen Optik wird häufig auch als Strahlenoptik bezeichnet. Einige Grundbegriffe der geometrischen Optik bzw. der Strahlenoptik sind auch für die Computergrafik äußerst wichtig und werden deshalb hier vorgestellt.

Camera obscura, Lochkamera

Um einem fotografischen Laien zu erklären, warum seine Kamera in der Lage ist, ein Bild unserer Umwelt gestochen scharf und unter Beibehaltung der Proportionen auf ein kleines Negativ zu bannen, wird i. d.R. auf die Anfänge der Fotografie verwiesen. Die ersten Bilder entstanden mit einer Lochkamera (lat. = *camera obscura*). Diese hat einen verblüffend einfachen Aufbau, wie in Abb. 1.1-4 zu erkennen ist.

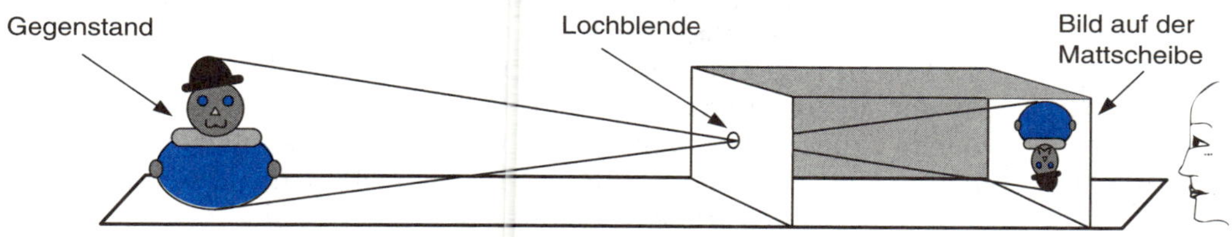

Abb. 1.1-4: Aufbau einer Lochkamera

Zur Erzeugung von Bildern reicht bereits ein lichtdichter Kasten mit einer kleinen Öffnung, auch Lochblende genannt, in der einer Mattscheibe gegenüberliegenden Wand aus. Auf der Mattscheibe entsteht ein scharfes, auf dem Kopf stehendes, seitenverkehrtes und lichtschwaches Bild des Gegenstandes, der vor der Lochkamera aufgestellt ist. Je kleiner die Öffnung ist, desto schärfer erscheint das Bild auf der Mattscheibe. Durch die kleinere Öffnung werden die einfallenden Lichtstrahlen stärker gebündelt, und es entsteht weniger Streuung, was die Schärfe des Bildes erhöht.

Abbildungsmaßstab

Wird der Gegenstand von der Lochblende der Kamera weiter entfernt aufgestellt, so wird sein Abbild auf der Mattscheibe kleiner. Das Abbild auf der Mattscheibe wird größer, wenn der Gegenstand näher an der Lochblende positioniert wird (vgl. Abb. 1.1-4 und Abb. 1.1-5). Durch eine Verschiebung der Mattscheibe kann Ähnliches erreicht werden: Wird die Mattscheibe weiter weg von der Lochblende verschoben, so wird das Bild auf der Mattscheibe größer bzw. kleiner, wenn die Mattscheibe näher an die Lochblende geschoben wird (vgl. Abb. 1.1-5 und 1.1-6).

Abb. 1.1-5: Verschieben des Gegenstandes zur Mattscheibe

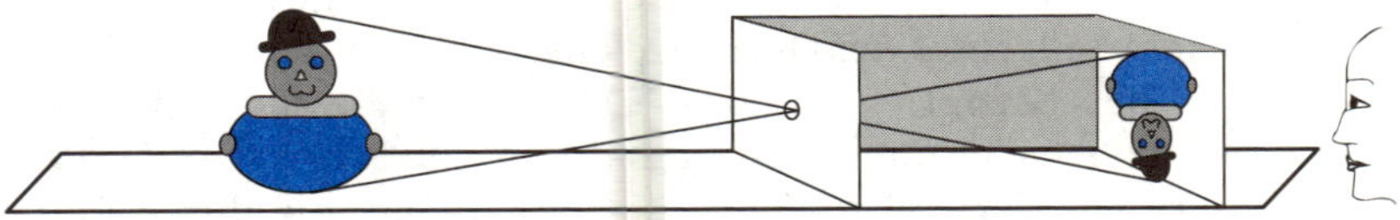

Abb. 1.1-6: Verschieben der Mattscheibe

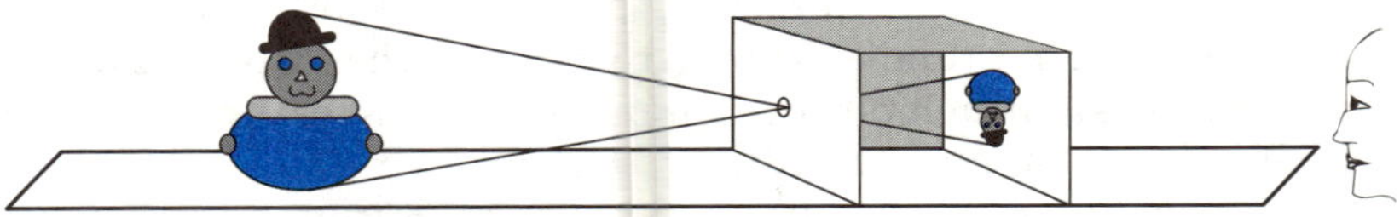

Der Quotient aus der Höhe G des Gegenstandes vor der Kamera und der Höhe B des Bildes auf der Mattscheibe wird als **Abbildungsmaßstab** A bezeichnet. Es gilt A = B/G.

Beispiel

Für den Abbildungsmaßstab 2:1 gilt, dass das Bild auf der Mattscheibe doppelt so groß ist wie das Originalbild. Somit liegt also eine Vergrößerung vor. Umgekehrt ist beim Abbildungsmaßstab 1:2 das Bild auf der Mattscheibe nur halb so groß wie das Originalbild und somit liegt eine Verkleinerung vor.
In der Makrofotografie ist der Abbildungsmaßstab eine entscheidende Größe. Es handelt sich dabei, wie oben definiert, um das Verhältnis der Größe der Abbildung auf dem Film zur wahren Größe des Motivs. Wird die Größe des Motivs mit dem Abbildungsmaßstab des Objektivs multipliziert, so erhält man dessen Abbildungsgröße auf dem Film. Bei einem Abbildungsmaßstab von 1:10 wird das Motiv auf dem Film 10 Mal kleiner als in der Wirklichkeit abgebildet. In diesem Beispiel entspricht das Filmformat von 24 x 36 mm einer Motivfläche von 24 x 36 cm.

Moderne Kamerasysteme

Aus der einfachen Lochkamera wurden im Laufe der Zeit komplexe Kameras entwickelt. Beispiele hierfür sind Kleinbild-Spiegelreflexkameras mit zugehörigen Wechselobjektiven, Stereo- und Videokameras. Allen gemein ist, dass der betrachtete Ausschnitt aus der Umwelt durch das Linsensystem des Objektivs auf eine Mattscheibe, den Film, abgebildet wird. Bei Objektiven mit einer festen Brennweite wird eine Vergrößerung des Gegenstandes durch näheres Herangehen mit der Kamera an den Gegenstand erreicht, genauso wie beim Verschieben des Gegenstandes vor der Lochkamera. Bei Zoomobjektiven mit einer variablen Brennweite kann der Gegenstand ohne eine Veränderung der Kameraposition auf der Filmoberfläche vergrößert oder verkleinert werden, was im Vergleich zur Lochkamera einer Bewegung der Mattscheibe entsprechen würde.

Eigenschaften des Lichtstrahls

Wie bereits erwähnt, wird in der Strahlenoptik davon ausgegangen, dass sich ein Lichtstrahl geradlinig von jedem Punkt einer Lichtquelle ausbreitet. Außerdem gilt noch, dass sich zwei Lichtstrahlen, die sich in einem Punkt des Raumes treffen, gegenseitig nicht beeinflussen.

Reflexion und Brechung

Trifft ein Lichtstrahl auf die Grenzfläche zweier Medien, z.B. aus der Luft in Wasser, so wird ein Teil des Lichts an der Grenzfläche reflektiert (**Reflexion**), der andere Teil geht unter Richtungsänderung in das andere Medium über (vgl. Abb. 1.1-7). Diese Richtungsänderung wird als **Lichtbrechung** oder **Refraktion** bezeichnet.

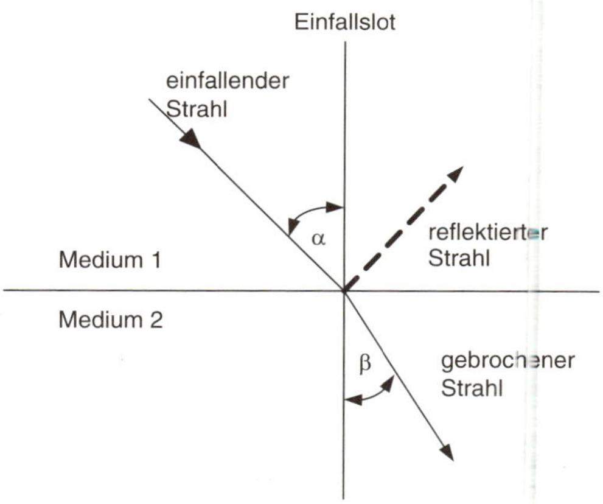

Abb. 1.1-7: Reflexion und Refraktion eines Lichtstrahls

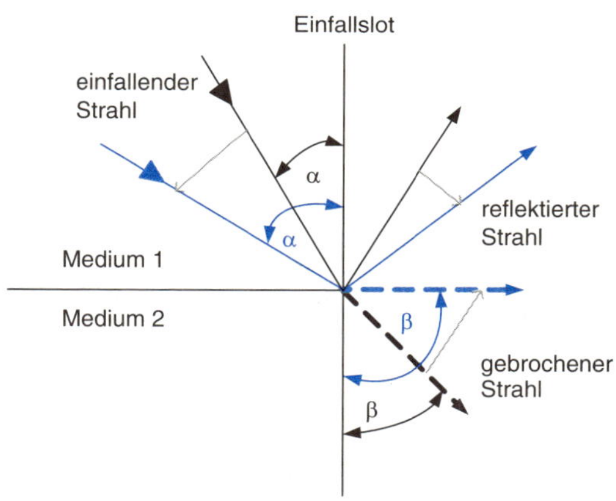

Abb. 1.1-8: Totalreflexion

Geht der Lichtstrahl von einem optisch dünneren Medium in ein optisch dichteres Medium über, so wird der Strahl zum Einfallslot hin gebrochen, d.h. es gilt $\alpha > \beta$ (vgl. Abb. 1.1-7). Findet der Übergang vom optisch dichteren Medium in das optisch dünnere Medium statt, so gilt $\alpha < \beta$. Der einfallende Strahl, das Einfallslot und der gebrochene Strahl liegen immer in einer Ebene. Trifft der einfallende Strahl senkrecht auf, ist er gleich dem Einfallslot und geht geradlinig durch beide Medien.

Beim Übergang eines Lichtstrahls von einem optisch dichteren Medium in ein optisch dünneres kann es passieren, dass der Brechungswinkel β sehr schnell größer wird und 90° erreicht. In diesem Fall bezeichnet man den Winkel α als den Grenzwinkel der Totalreflexion, denn wird der Winkel α nun vergrößert, wie in der Abb. 1.1-8 durch die grauen Pfeile dargestellt, so wird ab einem gewissen Einfallswinkel der einfallende Lichtstrahl komplett zurückgeworfen und man spricht von Totalreflexion (vgl. Abb. 1.1-8 blaue Pfeile). Der gebrochene Anteil des einfallenden Strahls verschwindet sozusagen in der Grenzfläche der beiden Medien und es bleibt nur noch der reflektierte Strahl übrig.

Beispiel

Der Grenzwinkel der Totalreflexion beträgt beim Übergang von Wasser zu Luft 48,5° und von einem Diamanten zu Luft 24°.

Brechungsgesetz

Mathematisch lässt sich der Zusammenhang zwischen dem Einfallswinkel α und dem Brechungswinkel β durch das Brechungsgesetz formulieren. Dabei gilt, dass der Quotient der Längen der Halbsehnen a und b für alle Einfallswinkel konstant und für das jeweilige Stoffpaar kennzeichnend ist (vgl. Abb. 1.1-9), d.h. $a/b = \sin\alpha/\sin\beta = n =$ konstant. Die Konstante n heißt Brechungszahl des Stoffpaares und ist abhängig von der Wellenlänge des Lichts.

Im Objektiv einer Kamera und natürlich auch im menschlichen Auge finden mehrere solcher Übergänge zwischen zwei Medien statt, z.B. von Luft zu Glas oder von der Luft in die Hornhaut.

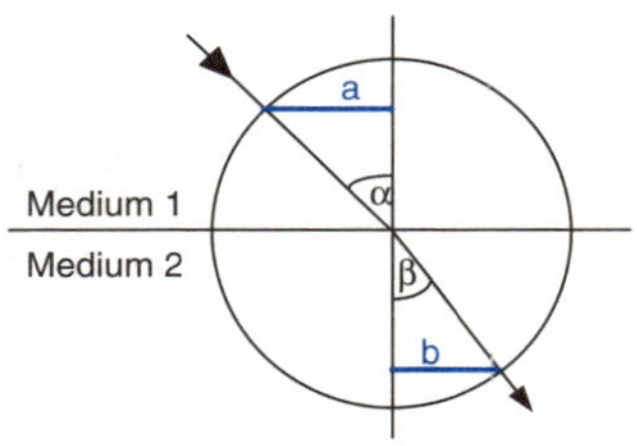

Abb. 1.1-9: Brechungsgesetz

Beispiel

Beim Übergang von Luft zu Wasser beträgt die Brechungskonstante 1,33.

Beispiel

Im obigen Beispiel zur Berechnung der Helligkeit des durch einen Datenprojektor projizierten Bildes wurde die Reflexion der Projektionsleinwand nicht mit einbezogen. Grundsätzlich reflektiert eine Leinwand das einfallende Licht mit dem Ziel, soviel wie möglich davon in Richtung des Publikums zurückzuwerfen. Projektionsleinwände können in die Typen »diffus«, »reflektierend« und »retroreflektierend« eingeteilt werden.
Bei einer diffusen Leinwand wird das Licht gleichmäßig horizontal und vertikal verteilt (vgl. Abb. 1.1-10 (a)). Der Reflexionswert beträgt

1. Dies wäre somit der Leinwandtyp, der im obigen Beispiel bisher verwendet worden ist, da er die Berechnung nicht beeinflusst hat. Der Leinwandtyp »reflektierend« zeichnet sich dadurch aus, dass der Eingangswinkel des vom Projektor erzeugten Bildes gleich dem Abstrahlwinkel ist, was einem höheren Reflexionswert von 2,0 entspricht (vgl. Abb. 1.1-10 (b)). Der höhere Reflexionswert verkleinert aber auch den Sichtwinkel, so dass dieser noch 40° beträgt. Wird eine solche Leinwand benutzt, so braucht der Datenprojektor aus dem obigen Beispiel nur noch einen Lichtstrom von 600 Lumen, da 400 Lux / 2,0 = 200 Lux auf der Leinwand benötigt werden.
Bei retro-reflektierenden Leinwänden wird das vom Projektor erzeugte Bild von der Leinwand fast auf die Höhe des Projektors reflektiert, was einem Reflexionswert von 2,5 entspricht (vgl. Abb. 1.1-10 (c)). Der Sichtwinkel verkleinert sich dann allerdings auf 25° – 30°. Der Einsatz einer solchen Leinwand würde dem Projektor nur noch einen Lichtstrom von 480 Lumen abverlangen.

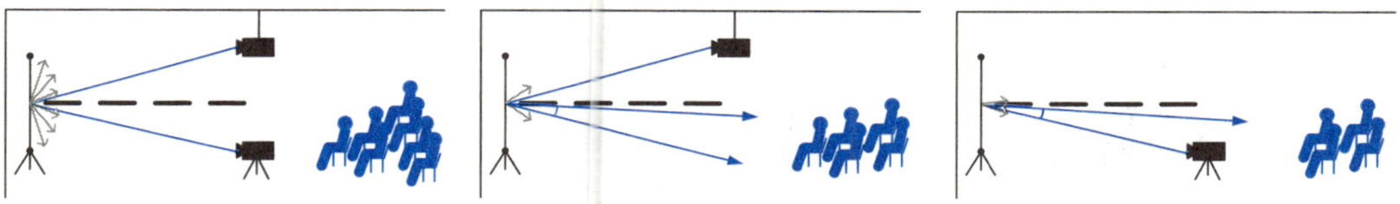

Abb. 1.1-10: (a) Leinwandtyp »diffus« (b) Leinwandtyp »reflektiv« (c) Leinwandtyp »retro-reflektiv«

1.1.4 Schatten

»Wo Licht ist, da ist auch Schatten« lautet ein altes Sprichwort. In der Fotografie ist der Schatten sogar äußerst wichtig, weil durch Schatten die räumliche Darstellung in einem Bild erst sichtbar gemacht werden kann. Da sowohl in der Fotografie als auch in der Computergrafik die dritte, also die räumliche Dimension bei der Darstellung fehlen, ist der Schatten ein unentbehrliches Gestaltungsmittel zur Visualisierung dieser Dimension. Die Simulation von Schatten in der Computergrafik ist sehr kompliziert und aufwendig, in der Fotografie ist es nur eine Frage der richtigen Belichtung. Schatten

Physikalisch betrachtet entsteht ein Schatten dadurch, dass ein undurchsichtiger Gegenstand in die Lichtstrahlen, die von einer Lichtquelle ausgesendet werden und sich nach allen Seiten hin geradlinig ausbreiten, gehalten wird. Trafen die Lichtstrahlen zuvor beispielsweise auf eine Wand und beleuchteten diese, so unterbricht jetzt der undurchsichtige Gegenstand diese Lichtstrahlen. Er wird nun selbst hell beleuchtet und auf der zuvor beleuchteten Wand wird ein gewisser Teil ausgespart.

Beispiel

Ein Experiment, welches sich mit Schatten beschäftigt und das sicherlich jeder einmal durchgeführt hat, sind die Schattenspiele. Sie können erzeugt werden, wenn eine Taschenlampe in einem dunklen Raum auf eine Wand gerichtet ist und unsere Hände in die Lichtstrahlen gehalten werden. Die Hände werden hell beleuchtet und werfen einen scharfen, schwarzen Schattenumriss auf die Wand.

Kernschatten

In der Abb. 1.1-11 ist ein aus der Physik bekannter Versuchsaufbau zur Demonstration des Schattenwurfs skizziert. Im linken Bild beleuchtet eine Lichtquelle eine Wand. Zwischen der Wand und der Lichtquelle liegt ein undurchsichtiges Hindernis. Dieses Hindernis wirft nun einen Kernschatten mit einem scharfen Umriss auf die Wand.

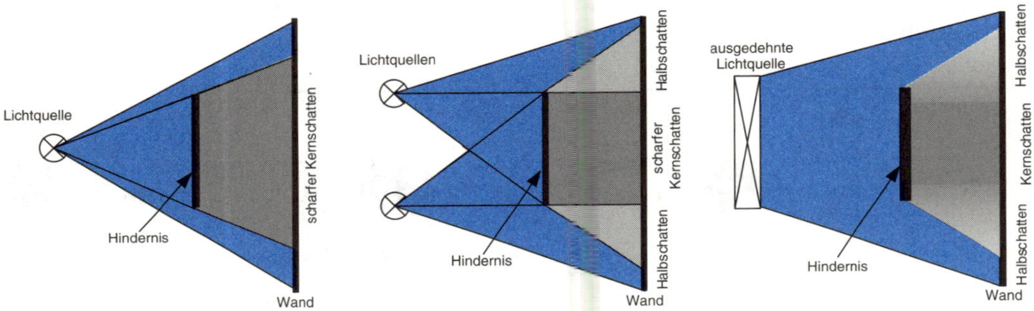

Abb. 1.1-11: Scharfer Kernschatten durch eine Lichtquelle; scharfer Kern- und Halbschatten durch zwei Lichtquellen; Schattenverlauf durch ausgedehnte Lichtquelle (v.l.n.r.)

Halbschatten

Wird der Gegenstand dagegen von zwei Lichtquellen beleuchtet, dann entstehen auf der dahinter liegenden Wand verschiedene Schatten. Im Kernschatten ist kein Licht der beiden Lichtquellen vorhanden. In den beiden Halbschatten ist jeweils nur das Licht von einer Lichtquelle vorhanden, da das Hindernis die Lichtstrahlen der anderen Lichtquelle blockiert. Auch in diesem Fall ist der Übergang vom Kern- zum Halbschatten scharf umrissen.

Schattenverlauf

Werden die beiden einzelnen Lichtquellen durch eine ausgedehnte Lichtquelle, z.B. eine Leuchtstoffröhre, ersetzt, so verwischen sich die scharfen Übergänge zwischen Kern- und Halbschatten und verlaufen kontinuierlich ineinander, so wie in Abb. 1.1-11 im rechten Teilbild dargestellt. Gerade dieser Fall ist in der Computergrafik nur sehr schwer zu berechnen bzw. zu simulieren.

Die jeweiligen Schattenbilder der Abb. 1.1-11 können unterschiedlich groß sein, je nach Abstand der Lichtquelle zum Hindernis bzw. zur Wand.

Beispiel

In einem Fußballstadion, in dem ein Spiel unter Flutlicht stattfindet, werfen die Spieler vier Schatten, die jeweils stärker bzw. schwächer sind. Dies hängt von der Position der Spieler auf dem Platz ab, die im Verhältnis zu den vier Flutlichtmasten jeweils eine unterschiedliche Position einnehmen.
In der nachfolgenden Fotosequenz (vgl. Abb. 1.1-12) wird ein Spielzeug im linken Bild von einer Lichtquelle beleuchtet. Im mittleren Bild sind ein kleiner Kernschatten und zwei Halbschatten zu erkennen, was darauf schließen lässt, dass hier zwei Lichtquellen benutzt wurden. Das rechte Bild simuliert das Flutlicht in einem Stadion. Das Spielzeug wirft vier Schatten, die allerdings aufgrund der mit vier Lichtquellen guten Ausleuchtung nur schemenhaft zu erkennen sind.

Abb. 1.1-12: Beleuchtetes Objekt mit Schattenwurf (v.l.n.r.): eine, zwei und vier Lichtquellen

1.1.5 Farben

Farben

Ein Sprichwort besagt, dass »nachts alle Katzen grau sind«. Dies ist vollkommen richtig, denn wenn es dunkel ist, sind keinerlei Farben zu erkennen. Das Licht bringt also erst die **Farben** mit sich, die unsere Umwelt bunt aussehen lassen. Wie das menschliche Auge Farben wahrnimmt, wird im weiteren Verlauf dieses Kapitels noch ausführlich beschrieben. Zunächst einmal eine kurze physikalische Einführung zur Entstehung von Farben. In Abb. 1.1-3 wurde gezeigt, wie weißes Licht in seine Spektralfarben zerlegt wird. Durch optische Linsen können diese Spektralfarben wieder zusammengefasst werden. In Abb. 1.1-13 ist dieser Sachverhalt noch einmal schematisch dargestellt.

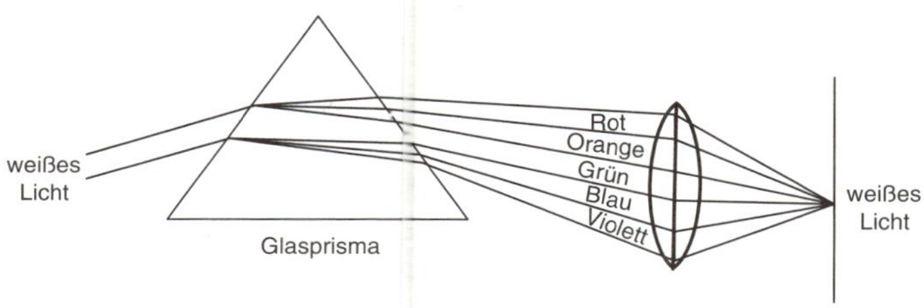

Abb. 1.1-13: Zusammenfassen der Spektralfarben zu weißem Licht

Komplementärfarben

Was passiert aber nun, wenn aus der Zusammenfassung der Spektralfarben eine Farbe herausgenommen wird? Es entstehen die so genannten **Komplementärfarben**. In Abb. 1.1-14 wird Rot durch ein weiteres Glasprisma umgeleitet.

In der Zusammenfassung der restlichen Spektralfarben, die auch als Farbaddition bezeichnet wird, entsteht Grün. Rot und Grün sind also Komplementärfarben. Wird durch das Glasprisma nun jeweils eine andere Farbe herausgenommen, so entstehen die weiteren Komplementärfarben. Auch dies wird in Abb. 1.1-14 angedeutet. Ferner kann gefolgert werden, dass die Addition zweier Komplementärfarben immer Weiß ergibt.

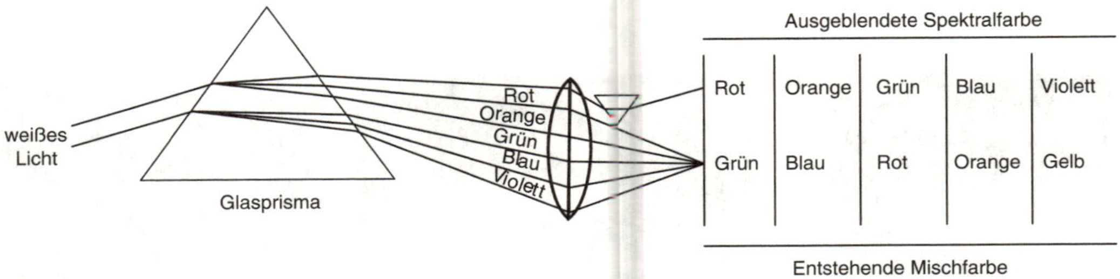

Abb. 1.1-14: Erzeugung der Komplementärfarben

Farbenkreis

Doch es gibt natürlich weit mehr Farben, als nur die Spektralfarben. Diese können durch Addition von Spektralfarben erzeugt werden. Werden beispielsweise die beiden Farben Rot und Violett, die jeweils am Ende des Farbspektrums liegen, addiert, so entsteht mit Purpur (Rot-Violett) eine neue Farbe. Gleichzeitig wird durch die Addition der »äußeren« Farben des Spektrums ein Übergang vom einen Ende des Spektrums zum anderen Ende geschaffen. Geometrisch entsteht somit ein Kreis, der auch als Farbenkreis bezeichnet wird und in Abb. 1.1-15 schematisch angedeutet wird. Durch Addition zweier gegenüberliegender Farben dieses Kreises entsteht die Farbe Weiß. Werden zwei nicht gegenüberliegende Farben addiert, so entsteht eine Farbe, die zwischen diesen beiden liegt. Die Addition von Rot und Gelb ergibt demnach Orange, die von Blau und Gelb ergibt Grün.

Tertiärfarben

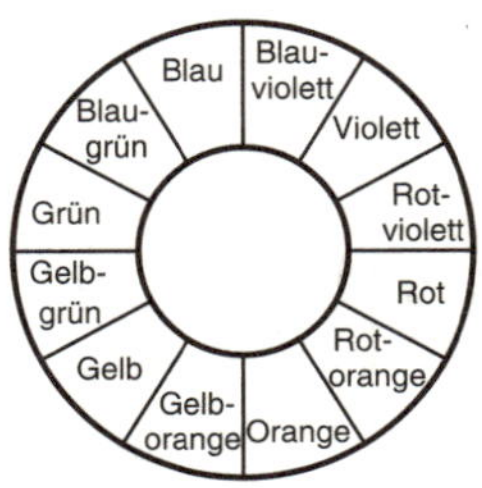

Abb. 1.1-15: Farbenkreis

Der in Abb. 1.1-15 dargestellte Farbenkreis enthält aber bei weitem noch nicht alle Farben. Naturfarben, wie z.B. Braun und Ocker, fehlen unter den Spektral- und Komplementärfarben. Sie heißen Tertiärfarben und können hergestellt werden, indem die Farben des Farbenkreises mit Schwarz und Weiß gemischt werden. Schwarz und Weiß werden von uns nicht als Farben empfunden. Dies liegt am Aufbau und an der physikalischen Farberkennung unserer Augen.

Modulation

Wenn also eine Farbe aus dem Farbenkreis mit Schwarz, Weiß oder beiden gleichzeitig (Grau) gemischt wird, entstehen die so genannten Modulationen. So lassen sich z.B. alle Brauntöne durch Mischen von Rot bzw. Orange mit Schwarz und Grau erreichen.

Beispiel

In vielen Anwendungsprogrammen auf unseren Computern gibt es die so genannten Farbmischfenster, wie etwa im Programm Photoshop® der Firma Adobe® (vgl. Abb. 1.1-16). Mit Hilfe eines solchen Farbmischfensters können in Zeichnungen die Farben der darzustellenden Elemente einfach bestimmt werden. Im hier betrachteten Beispiel der Abb. 1.1-16 werden Schattierungen der Farben Rot, Grün und Blau mit Hilfe von Schiebereglern ausgewählt. Das kleine Vorschaufenster oben links zeigt das Ergebnis der Auswahl direkt an.

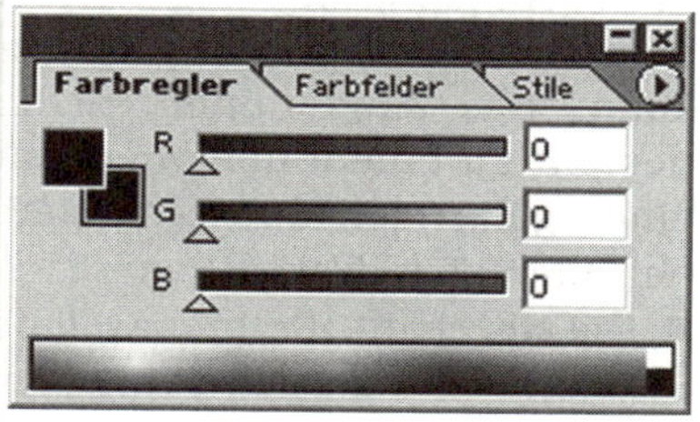

Abb. 1.1-16: Farbmischfenster (vgl. Kap. 5.2.3)

1.2 Visuelle Wahrnehmung – vom Reiz zum Sehen und Erkennen

Mehr als 60 % der Informationen, die das menschliche Gehirn weiter verarbeitet, werden über die Augen aufgenommen. Diese zentrale Bedeutung des Sehens hat sich auch in vielen Phrasen der Umgangssprache niedergeschlagen: So kann man nach einem Gespräch unter vier Augen noch einmal mit einem blauen Auge davonkommen, da jemand anderes ein Auge zugedrückt hat – und obwohl Sie und Ihr Gegenüber unterschiedliche Ansichten haben, hat man Ihnen in der Diskussion die Augen geöffnet und die präsentierten Fakten haben Sie augenscheinlich so beeindruckt, dass Ihnen Hören und Sehen vergangen ist.

Bevor man allerdings ein Bild als solches erkennen kann, müssen mehrere Prozesse hintereinander und geregelt ablaufen: Zunächst muss ein optischer Reiz über das Auge aufgenommen werden. Dieser Reiz wird zu einer Information weiterverarbeitet, die codiert und zum Gehirn übertragen wird. Erst dort wird die aufgenommene Information interpretiert und wieder zu einem Bild zusammengesetzt.

In den nächsten Abschnitten soll kurz auf die Anatomie des Auges und die Physiologie des Sehens eingegangen werden, um die einzelnen Schritte der visuellen Wahrnehmung besser nachvollziehen zu können.

1.2.1 Das Auge

Auge

Das **Auge** ist von seiner Form annähernd kugelförmig und besitzt einen Durchmesser von etwa 2 – 3 cm. Es befindet sich, geschützt vor Erschütterungen, in der knöchernen Augenhöhle und wird durch die Augenlider vor äußeren Einwirkungen, wie z.B. mechanischen Verletzungen oder übermäßigem Lichteinfall, bewahrt. Die Augenlider sorgen zusätzlich dafür, dass ein geringer Teil der Tränenflüssigkeit regelmäßig über die Augenoberfläche verteilt wird, damit das Auge nicht austrocknet. Das Auge wird von sechs Augenmuskeln in der Augenhöhle festgehalten. Diese Augenmuskeln sorgen außerdem dafür, dass das Auge gezielt in alle Richtungen bewegt werden kann. Das Auge, oder medizinisch ausgedrückt der Augapfel, besteht zu einem überwiegenden Teil aus dem Glaskörper, der mit einer gelartigen Substanz gefüllt ist. Um den Glaskörper herum befinden sich drei Hüllen:

- Die Netzhaut (*Retina*), welche die einzelnen Sinneseindrücke aufnimmt und an den Sehnerv weiterleitet. Die Netzhaut hat an der Rückseite des Auges eine kleine Grube, die *Fovea centralis*, die bei Tageslicht die Stelle des schärfsten Sehens ist. Auf der der Linse gegenüberliegenden Seite des Auges wird die Retina durch den Austritt des Sehnerves aus dem Auge unterbrochen. Diese Stelle wird als blinder Fleck bezeichnet, da sie lichtunempfindlich ist und keine Sinneszellen enthält.
- Die Aderhaut (*Choroidea*), welche die Versorgung des Auges mit Sauerstoff und Nährstoffen über feinste Gefäße sicherstellt.
- Die Lederhaut (*Sklera*).

In Abb. 1.2-1 ist dies schematisch dargestellt. Die Lederhaut ist nach vorne eine durchsichtige Hornhaut und wird als *Cornea* bezeichnet. Durch die *Cornea* hindurch ist die ringförmige Regenbogenhaut (*Iris*) sichtbar, die Teil der Aderhaut ist. Die zentrale Öffnung der *Iris* wird als *Pupille* bezeichnet. Entgegen der optischen Wahrnehmung ist die *Pupille* als solche nicht schwarz. Sie stellt lediglich eine Öffnung dar, durch welche die dahinter liegende Linse sichtbar wird. Die Linse ist beim gesunden Menschen durchsichtig. Der Eindruck der »schwarzen« *Pupille* ergibt sich aus dem Glaskörper, der kein Licht reflektiert. Dadurch wird der Raum hinter der Linse als schwarz wahrgenommen. Die Linse selbst befindet sich zwischen Glaskörper und Aderhaut und ist an feinen Fasern, den so genannten Zonulafasern, aufgehängt.

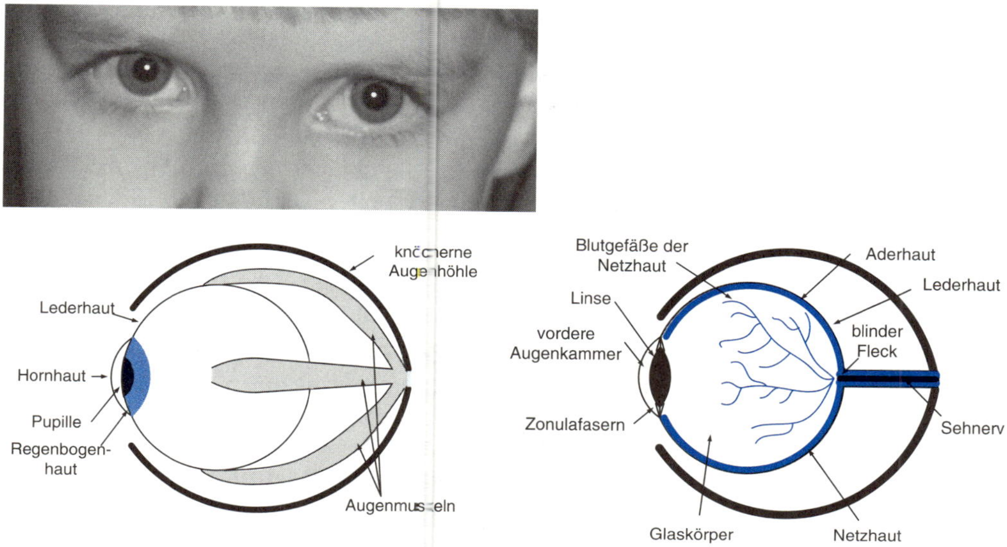

Abb. 1.2-1: Ansichten vom Auge

Ansichten vom Auge sind in Abb. 1.2-1 dargestellt. Auf dem oberen Foto ist der Ausschnitt eines Gesichts abgebildet, der ein Augenpaar enthält. Diese Sicht auf das Auge ist geläufig und zeigt diejenigen Strukturen des Auges, die direkt gesehen werden können: Augenlider und Wimpern zum Schutz der Augen, der weiß gefärbte Teil des Augapfels, die farbige Regenbogenhaut und die *Pupille*. Die Abbildung unten links zeigt schematisch den äußeren Aufbau des Augapfels. Hier zeigt sich das Auge als ein kugelförmiges Objekt. Anhand dieser Abbildung wird schnell deutlich, dass der direkt sichtbare Teil des Auges nur ein kleiner Teil des gesamten Auges ist. Die hier skizzierten drei der insgesamt sechs Augenmuskeln zeigen plastisch, dass es aufgrund dieser Anordnung möglich ist, dem Auge den notwendigen Halt in der Augenhöhle zu geben ohne dabei seine Bewegungsmöglichkeiten einzuschränken. Das Bild unten rechts zeigt ebenfalls schematisch einen Querschnitt durch das Auge. Der Glaskörper ist der größte Teil des Auges und macht ca. 2/3 seines Volumens aus. Im vorderen Bereich des Auges ist deutlich die bikonvexe Linse zu erkennen, die an den Zonulafasern aufgehängt ist. Die Zonulafasern, deren wichtige Aufgabe neben dem Fixieren der Linse auch noch die Spannung der Linse ist (vgl. Kap. 1.2.2), sind hier nur schematisch oberhalb und unterhalb der Linse angedeutet. In Wirklichkeit reichen sie rund um die Linse herum und sorgen somit für die nötige Stabilität. Im Inneren des Glaskörpers zeigen sich die feinen Gefäße der Netzhaut. Netzhaut, Aderhaut und Lederhaut bilden ähnlich wie bei einer Zwiebel die drei Schichten, die den Augapfel nach außen begrenzen und ihm seine Form geben.

Der Mediziner unterteilt den Augapfel in drei Bereiche, die aufgrund des Aufbaus des Auges als eigene abgetrennte Räume angesehen werden können:

- Die vordere Augenkammer, die von *Cornea*, *Iris* und Linse begrenzt wird. Sie ist der am weitesten vorne liegende Abschnitt.
- Die hintere Augenkammer, die ringförmig um die Linse liegt. Sie ist äußerlich schon nicht mehr erkennbar und kann nur durch die speziellen Instrumente eines Augenarztes beurteilt werden. Dies gilt auch für
- das Augeninnere, das durch den Glaskörper gebildet wird.

Betrachtet man nicht die räumlichen Strukturen, so lässt sich das Auge in zwei funktionale Abschnitte teilen:

- Der vordere Abschnitt, der die lichtbrechende Linse enthält und somit das bildentwerfende System repräsentiert.
- Der hintere Abschnitt, der mit der Netzhaut das lichtwahrnehmende System darstellt.

Anhand dieser funktionalen Aufteilung wird die Analogie des Auges zu einem herkömmlichen Fotoapparat deutlich.

1.2.2 Akkomodation und Adaptation

Akkomodation

Unter **Akkomodation** versteht man die Fähigkeit des Auges, die Brechkraft der Linse an die Distanz des betrachteten Gegenstandes anzupassen. Ähnlich wie bei einer Kamera kann man beim konzentrierten Fixieren eines Gegenstandes entweder in der Ferne oder in der Nähe scharf sehen. Anders als bei einer Kamera verfügt das Auge jedoch nur über eine einzige Linse, die diese Aufgabe erfüllen muss. Die Linse ist elastisch und kann daher in gewissen Maßen stärker gekrümmt bzw. etwas abgeflacht werden. Dies ist Aufgabe der Zonulafasern und des Ziliarmuskels, von dem die Zonulafasern ausgehen (vgl. Abb. 1.2-1). Ist der Ziliarmuskel entspannt, so sind die Zonulafasern gespannt, und die Linse wird abgeflacht. Dadurch nimmt die Brechkraft des Auges ab und weit entfernte Gegenstände können scharf gesehen werden. Ist umgekehrt der Ziliarmuskel angespannt, verkürzen sich die Zonulafasern, und die Krümmung der Linsenoberfläche nimmt zu, so dass die Brechkraft der Linse größer wird und nahe liegende Gegenstände scharf gesehen werden können. Abb. 1.2-2 zeigt diesen Vorgang noch einmal schematisch vereinfacht. Befindet sich eine Kerze dicht vor unserem Auge, so sind die Zonulafasern entspannt und die Linse stark gewölbt. Das auf der Netzhaut entstandene Bild der Kerze ist genauso groß wie die Kerze selbst. Steht die Kerze ein Stück weiter entfernt, so müssen die Zonulafasern angespannt werden, damit ein scharfes Bild der Kerze auf der Netzhaut entstehen kann. Die Linse wird dabei abgeflacht und das auf der Netzhaut entstandene Bild der Kerze ist deutlich kleiner als das Bild im ersten Beispiel.

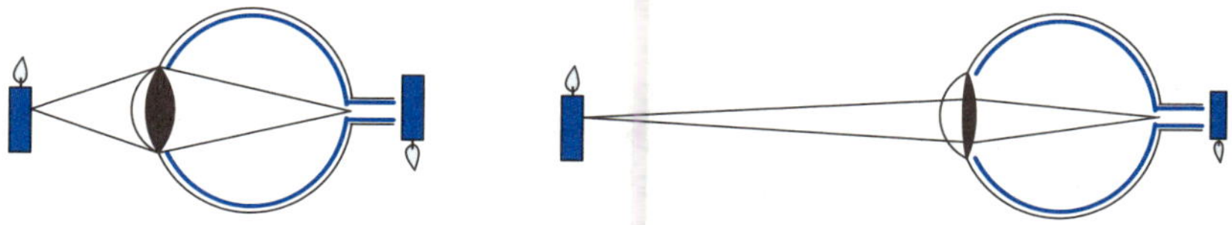

Abb. 1.2-2: Akkomodation

Adaptation

Die Fähigkeit des Auges, sich auf verschiedene Helligkeiten und Lichtintensitäten einzustellen, wird als **Adaptation** bezeichnet. Befindet man sich in einem beleuchteten Raum und kommt dann in eine abgedunkelte Umgebung, so erscheint die dunklere Umgebung zunächst stockfinster. Doch schon nach kurzer Zeit ist man in der Lage, die ersten Umrisse zu erkennen, und nach einer gewissen Zeit können auch feinere Konturen deutlich wahrgenommen werden. Für eine optimale Anpassung an alle Lichtverhältnisse sorgt der so genannte Pupillenreflex. Ist die Intensität des in das Auge einfallenden Lichts hoch, so wird die *Pupille* verkleinert und somit die einfallende Lichtmenge reduziert. Ist dagegen die Lichtintensität gering, so wird die *Pupille* maximal geweitet, um möglichst viel des verbleibenden Lichts aufzunehmen. Der Zusammenhang zwischen der Menge des einfallenden Lichts und der Weite der *Pupille* ist in Abb. 1.2-3 vereinfacht dargestellt.

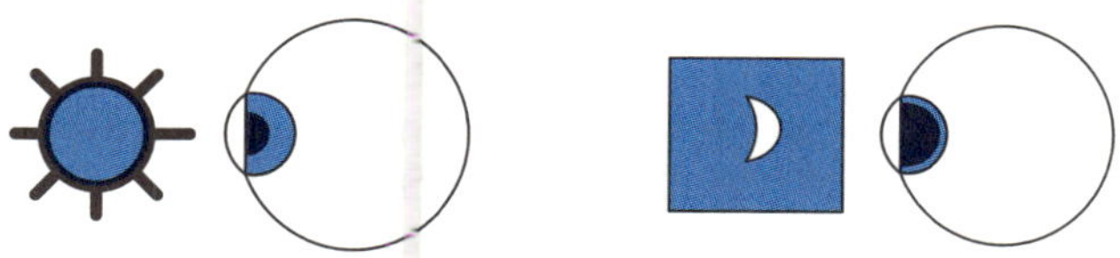

Abb. 1.2-3: Adaptation

Je nachdem in welche Richtung die Adaptation stattfindet, wird sie als Hell- bzw. Dunkeladaptation bezeichnet. Während das Auge für die Helladaptation nur 20 – 60 Sekunden benötigt und diese direkt vollständig abläuft, kann man die Dunkeladaptation in zwei Phasen aufteilen: Die erste Phase dauert ca. 6 – 8 Minuten und ermöglicht die Wahrnehmung von Konturen. Die zweite Phase ist nach etwa 25 Minuten abgeschlossen und erst dann hat sich das Auge optimal an die umgebende Dunkelheit angepasst.

1.2.3 Farbensehen

Wie bereits im Abschnitt 1.1.1 beschrieben, ist das vom menschlichen Auge wahrnehmbare Licht eine elektromagnetische Schwingung, deren Wellenlänge zwischen 400 nm (Violett) und 800 nm (Rot) liegt. Strahlen mit kürzerer (Ultraviolette Strahlung, Röntgenstrahlung) oder längerer (Infrarote Strahlung, Radiowellen) Wellenlänge können nicht vom Auge wahrgenommen werden. Für die Wahrnehmung dieser Strahlung ist aber nicht nur die Wellenlänge, sondern auch die Intensität des Lichts von Bedeutung. In Abb. 1.2-4 ist der Zusammenhang zwischen Wellenlänge und Lichtintensität dargestellt.

Abb. 1.2-4: Wahrnehmbares Licht

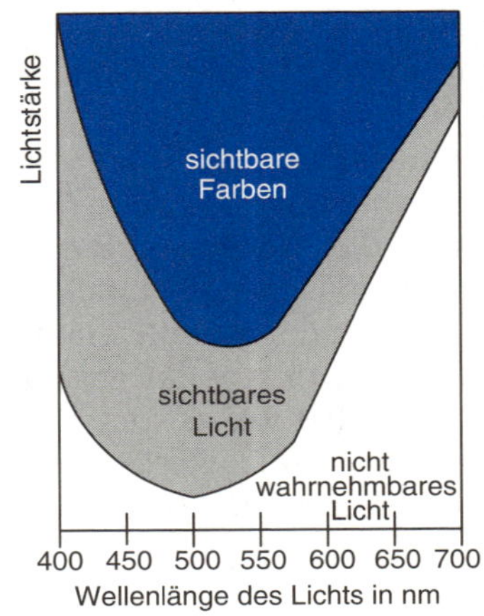

Für grünes Licht (ca. 500 nm) ist das Auge am empfindlichsten, d. h., dass Licht dieser Wellenlänge bei sehr geringer Lichtintensität als Licht und bei etwas größerer Lichtintensität als Farbe wahrgenommen werden kann. An den Randbereichen des wahrnehmbaren Farbspektrums muss die Intensität des Lichts wesentlich größer sein, bevor es als solches erkannt werden kann.

Für die Unterscheidung zwischen hell und dunkel und für das Wahrnehmen von Farben ist die Netzhaut *(Retina)* verantwortlich. In der *Retina* befinden sich etwa 130 Millionen Lichtrezeptoren, die spezielle Sehfarbstoffe enthalten. Die Rezeptoren werden aufgrund ihrer unterschiedlichen Form als Zapfen bzw. Stäbchen bezeichnet, wobei die Zapfen in deutlich geringerer Zahl vorkommen (ca. 7 Millionen) als die Stäbchen. Abb. 1.2-5 zeigt schematisch die Anordnung von Zapfen und Stäbchen auf der Netzhaut.

Zapfen und Stäbchen

Abb. 1.2-5: Zapfen und Stäbchen

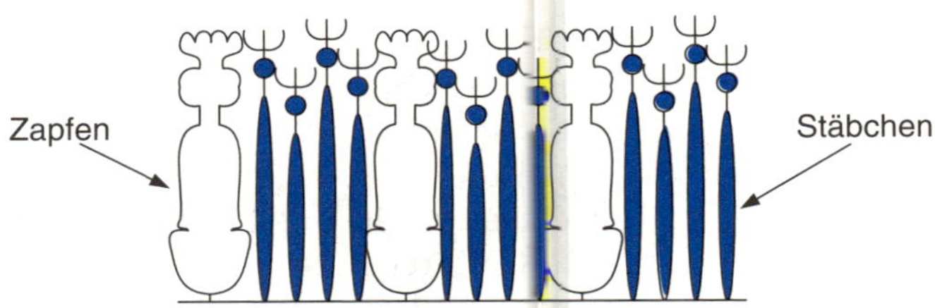

Die Zapfen sind für das Farbensehen und die Genauigkeit der Abbildung verantwortlich. Sie können also die Lichtqualität unterscheiden und werden gemäß der Wellenlänge des Lichts, für die sie empfindlich sind, in drei verschiedene Arten unterteilt:

- Blaurezeptoren
- Rotrezeptoren
- Grünrezeptoren.

Nur wenn alle drei Zapfenarten korrekt zusammenspielen, ist es dem Menschen möglich, das gesamte Spektrum der ca. 7 Millionen für das Auge erkennbaren Farben wahrzunehmen. Ist das Zusammenspiel gestört oder fehlen Zapfenarten, so führt dies zur Farbenblindheit.

Für die korrekte Funktionalität der Zapfen ist eine gewisse Lichtintensität notwendig. In der Dunkelheit können die Zapfen keine Reize aufnehmen, so dass dann nur die Stäbchen aktiv sind. Mit ihrer Hilfe gelingt es, Grautöne und Konturen wahrzunehmen. Das Farbensehen ist bei den Stäbchen auf Schwarz-Weiß-Kontraste beschränkt. So erklärt sich auch das Sprichwort, dass »nachts alle Katzen grau sind«.

Obwohl Zapfen und Stäbchen Sehfarbstoffe enthalten, ist der Sehfarbstoff der Stäbchen, das so genannte Rhodopsin, der am häufigsten untersuchte Farbstoff. Das Rhodopsin oder auch Sehpurpur ist aus einem Vitamin-A-Derivat und Eiweiß aufgebaut und zerfällt schon bei sehr geringer Lichtintensität in seine chemischen Bestandteile. Durch den Zerfall wird ein Reiz in Form eines Nervenimpulses ausgelöst. Die für diesen Zerfall benötigte Lichtmenge ist so gering, dass man auch nachts »Bilder vor Augen« haben kann. Direkt nach dem Zerfall wird das Rhodopsin vom Körper wieder aufgebaut, so dass die Stäbchen in der Dunkelheit immer aktiviert werden können. Bei Tageslicht dagegen zerfällt das Rhodopsin schneller als es vom Körper wieder aufgebaut werden kann. Daher sind bei Helligkeit überwiegend die Zapfen aktiv und steuern damit den Sehprozess.

Die rot-, grün- und blauempfindlichen Zapfen enthalten drei unterschiedliche Sehfarbstoffe, die alle als Jodopsine bezeichnet werden. Sie unterscheiden sich jedoch in ihrer Struktur und können somit andere Wellenlängen des sichtbaren Lichts absorbieren.

1.2.4 Verarbeitung des Sehreizes

Mit dem Zerfall des Sehfarbstoffes wird aus dem mechanischen Eindruck des einfallenden Lichts in das Auge ein chemischer Impuls, der zu einem Nervenimpuls gewandelt wird. Denn wie oben bereits erläutert, kann das Gehirn nur elektrisch codierte Informationen weiterverarbeiten. Der in Abb. 1.2-6 dargestellte Querschnitt durch das Auge zeigt die einzelnen Rezeptoren, die mit den Nervenzellen

Optische Reize

der Netzhaut verbunden sind. Um Informationen aufzunehmen, sind alle Rezeptoren der Netzhaut mit Nervenzellen verbunden, die sich in zwei Schichten in der Netzhaut befinden. Diese Nervenzellen werden gebündelt und bilden den Sehnerv, der die Information an das Gehirn weiterleitet. Am Ende des Sehnervs wird dieser wieder in feine Nervenbahnen aufgeteilt, welche die Information in das Innere des Gehirns weiterleiten.

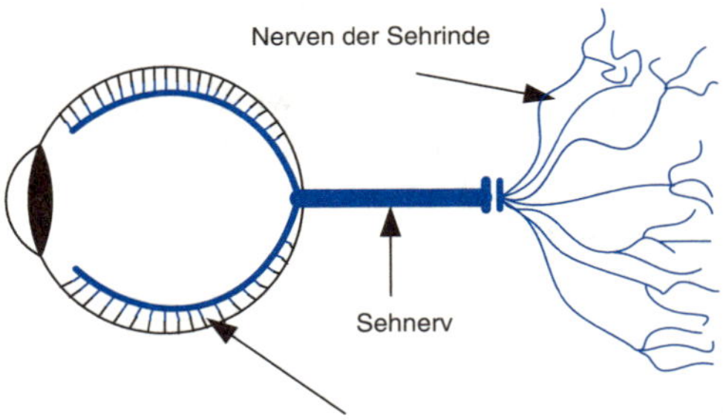

Abb. 1.2-6: Aufnahme von optischen Reizen

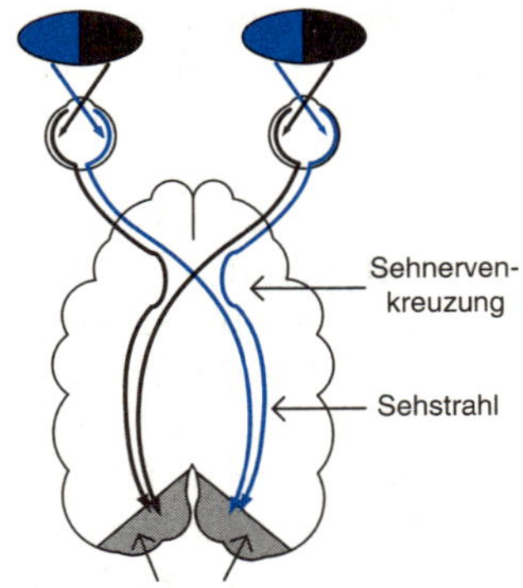

Abb. 1.2-7: Die Sehbahn

Die einzelnen Impulse werden schon in der Netzhaut vorab verarbeitet, bevor sie an den Sehnerv weitergeleitet werden. Aus dem ursprünglich von der Netzhaut aufgenommenen Bild ist nur noch eine Kette von elektrischen Impulsen übrig geblieben, die über den Sehnerv zur weiteren Verarbeitung an das Gehirn übermittelt werden. Diesen Weg bezeichnet man als Sehbahn (vgl. Abb. 1.2-7). Die Sehbahn beginnt mit dem Entstehen des elektrischen Impulses in den Photorezeptoren und führt über die Nervenzellen der Netzhaut zum Sehnerv. Dieser tritt durch einen eigenen Kanal in den knöchernen Schädel ein. Im weiteren Verlauf kreuzen sich die beiden Sehnerven des linken und rechten Auges. Diese Kreuzung wird als Sehnervenkreuzung (Chiasma opticum) bezeichnet. Durch die Kreuzung werden die einzelnen Fasern der Sehnerven nach dem Entstehungsort des Reizes neu verteilt. Alle Impulse, die von Nervenzellen links des Sehnervaustritts aufgenommen worden sind, werden an die linke Gehirnhälfte und alle Impulse, die von Nervenzellen rechts des Sehnervenaustritts aufgenommen worden sind, werden an die rechte Gehirnhälfte weitergegeben. Diese neu entstandenen Nervenbündel heißen Sehstrahlen. Der linke Sehstrahl enthält also die Fasern aus der äußeren Hälfte des rechten und aus der inneren Hälfte des linken Auges. Umgekehrt enthält der rechte Sehstrahl die Fasern aus der inneren Hälfte des linken und aus der äußeren Hälfte des rechten Auges.

Sehbahn

Die Sehstrahlen und somit auch die Sehbahn enden im Okzipitalhirn (lat. occiput = Hinterhaupt). In diesem Teil des Gehirns entsteht nun auf jeder Seite durch den jeweiligen Sehstrahl das ursprüngliche Bild, indem die Nervenimpulse verarbeitet werden. Der Ort, an dem diese Verarbeitung stattfindet, heißt Sehrinde. Die beiden entstandenen Bilder werden nun vom Gehirn zu einem Gesamtbild zusammengesetzt.

1.2.5 Augenbewegung, plastisches Sehen und Entfernungssehen

Gesichtsfeld

Wie oben bereits erwähnt, wird das Auge durch sechs Muskeln bewegt. Diese sind paarig angeordnet und funktionieren somit wie Spieler und Gegenspieler. D. h. der untere Augenmuskel zieht das Auge nach unten, der obere Augenmuskel hingegen zieht das Auge nach oben. Ebenso gegenläufig verhalten sich der äußere und der innere Augenmuskel, die für die Seitwärtsbewegungen des Auges verantwortlich sind, sowie die beiden schrägen Augenmuskeln, die dafür sorgen, dass die Augäpfel mit oder gegen den Uhrzeigersinn rotiert werden können. Unabhängig davon, welche Bewegung von einem Auge ausgeführt wird, das andere Auge bewegt sich stets synchron mit. Versucht also das linke Auge einen Gegenstand zu sehen, der am linken äußeren Rand des Gesichtsfeldes liegt, so bewegt es sich nach links außen. Parallel zu dieser Bewegung wird auch das rechte Auge möglichst weit nach links bewegt, was aber eine Augenbewegung nach innen darstellt.

Durch den etwas unterschiedlichen Sehwinkel entstehen Bilder, die nicht ganz deckungsgleich sind. Aus dem Gesichtsfeld des linken Auges, also dem Bereich der Umwelt, den das linke Auge wahrnehmen kann, und dem Gesichtsfeld des rechten Auges ergibt sich also ein einziges Bild, das den Bereich der Umwelt repräsentiert, der von beiden Augen wahrgenommen werden kann – nämlich das binokulare Gesichtsfeld. (Dies gilt selbstverständlich für Menschen, die keine Fehlstellung der Augen haben, und damit »normal« räumlich sehen können.)

Abb. 1.2-8: Das binokulare Gesichtsfeld

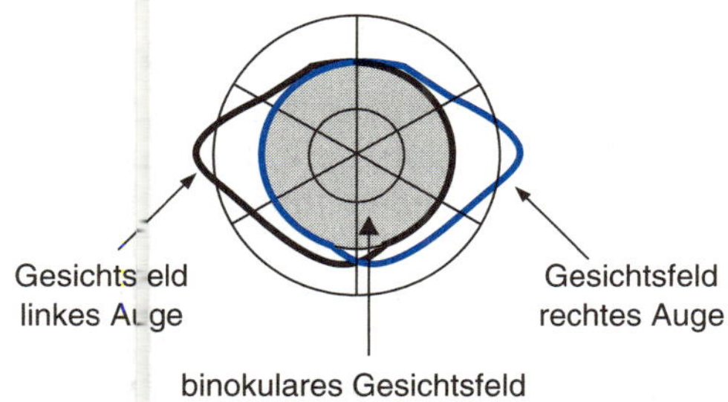

Beispiel

Sicherlich hat jeder von Ihnen schon einmal durch ein Fernglas geschaut. Wer dabei einmal versucht hat, die Augen abwechselnd zu schließen, wird sicherlich festgestellt haben, dass das Bild des linken Auges gegenüber dem Bild des rechten Auges ein wenig nach links verrückt schien. So lässt sich recht plastisch erkennen, dass beide Augen wirklich unterschiedliche Bilder wahrnehmen. Dieser Effekt tritt übrigens auch auf, wenn der Abstand der beiden Okulare zu groß ist und man sich entscheiden muss, durch welches der beiden Okulare man nun schaut und auf welchem Auge man den störenden schwarzen Streifen in Kauf nimmt. Wird aber der Abstand der beiden Okulare korrekt eingestellt und sind beide Augen gleichzeitig geöffnet, so wird ein einziges Bild gesehen – ein virtuelles Bild, das als Konstrukt der beiden einzelnen Bilder entstanden ist.

Doch genau durch diese geringe Verschiebung der beiden Bilder ist das Gehirn in der Lage, Informationen zu Entfernung und Größe von Objekten zu rekonstruieren. Wenn zum Beispiel ein Gegenstand von einem anderen überlagert wird und somit gewisse Bereiche eines Gegenstandes nicht mehr zu erkennen sind, weiß unser Gehirn aus Erfahrung, dass das Objekt, welches komplett sichtbar ist, das im Vordergrund liegende Objekt ist.

Beispiel

In dem linken Beispiel der Abb. 1.2-9 erkennt man ein Dreieck, das vor einem Kreis liegt. Im rechten Beispiel ist nur zu erkennen, dass der Kreis einen anderen Gegenstand überlagert, die genaue Form dieses überlagerten Gegenstandes bleibt jedoch verborgen.

Abb. 1.2-9: Einschätzung der Lage von Objekten

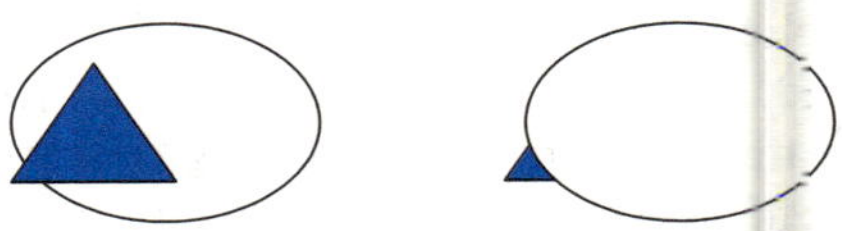

Durch die unterschiedlichen Bilder ist es dem Gehirn nicht nur möglich Informationen über Entfernungen zu konstruieren, sondern auch zu dem zweidimensionalen Bild, das auf der Sehrinde entstanden ist, die fehlende dritte Dimension zu ergänzen. Die Bedeutung dieser Fähigkeiten des Gehirns kann wie folgt veranschaulicht werden:

Beispiel

Bei einem Spaziergang sehen Sie eine andere Person, die sich auf Höhe des Horizonts befindet. Ca. 50 m vor Ihnen geht eine weitere Person, direkt neben Ihnen befindet sich ein Freund. Das Entfernungssehen ermöglicht es uns Distanzen einzuschätzen, d.h. festzulegen, wie weit andere Gegenstände von uns entfernt sind. Obwohl die Bilder aller wahrgenommenen Personen unterschiedlich groß auf die Netzhaut projiziert werden, können wir über jede Person eine Aussage treffen, ob sie normalgroß ist oder nicht.

1.2.6 Beeinflussung des Sehsinns (Optische Täuschung)

Optische Täuschung

Um das Phänomen der **optischen Täuschungen** verstehen zu können, muss man sich noch einmal bewusst machen, dass Bilder von Dingen nicht in den Augen, sondern im Gehirn aufgrund von Erfahrung und bekannten Mustern entstehen. Selbst das, was wir vermeintlich als direkte Bilder der Umgebung aufnehmen, sind in Wahrheit Abbildungen bzw. virtuelle Bilder, wie sie in der Computergrafik bezeichnet werden. Für die Wahrnehmung von Bildern lassen sich einfache Gesetzmäßigkeiten beschreiben, die auch als Wahrnehmungsgesetze bezeichnet werden:

Wahrnehmungsgesetze

- **Gesetz der Nähe:** Elemente eines Bildes, die in enger räumlicher Beziehung zueinander stehen, werden als zusammengehörige Elementgruppen empfunden.
- **Gesetz der Ähnlichkeit:** Elemente eines Bildes, die sich im Wesentlichen gleichen und sich nur in Aspekten wie Größe und Farbe unterscheiden, werden ebenfalls als zusammengehörige Elemente empfunden.
- **Gesetz der Geschlossenheit:** Figuren, deren Umrisse nicht vollständig sichtbar oder unvollständig sind, werden durch das Gehirn zu vollständigen Figuren ergänzt.
- **Gesetz der Prägnanz:** Auch wenn die Elemente eines Bildes beliebig komplex sind, werden die wahrgenommenen Strukturen so einfach wie möglich gehalten.
- **Gesetz der Umkehrung:** Bei der Betrachtung von Gegenständen spielt auch der Betrachtungswinkel eine entscheidende Rolle. Unterschiedliche Betrachtungswinkel können unterschiedliche Bilder hervorrufen.
- **Gesetz der Bewegung:** Elemente, die sich in gleicher Art und Weise bewegen, werden als zusammenhängende Gruppe wahrgenommen.

Bilder, bei denen die Wahrnehmungsgesetze nicht in der erwarteten Weise zur Anwendung kommen, führen zu falschen Bildinformationen. Eine optische Täuschung ist somit meistens eine Fehlinterpretation von Information bei der Rekonstruktion des Bildes und nicht, wie die Bezeichnung vermuten lässt, ein falsch wahrgenommenes Bild.

Neben optischen Täuschungen, die im Zusammenhang mit dem Aufbau des menschlichen Auges stehen, lassen sich die übrigen optischen Täuschungen aufgrund ihres Ursprungs in Gruppen zusammenfassen:

- Bewegungstäuschungen
- Farbtäuschungen
- Geometrische Täuschungen
- Kippbilder
- Unmögliche Figuren.

In den nachfolgenden Abschnitten sollen diese einzelnen Gruppen von optischen Täuschungen kurz erläutert und soweit dies möglich ist an einem Beispiel demonstriert werden.

Bewegungstäuschungen

Bewegungstäuschungen sind auf die Trägheit des visuellen Systems zurückzuführen. Das Auge kann bei idealen Lichtverhältnissen ca. 30 Lichtwechsel pro Sekunde weiterverarbeiten (je nach physischer und psychischer Belastung), so dass der Mensch in der Lage ist, diese hintereinander auftretenden Lichtpunkte als einzelne Bilder zu erkennen. Erst wenn die Lichtwechselfrequenz wesentlich höher ist, erscheinen die wahrgenommenen Lichtwechsel flimmerfrei.

Beispiel

Moderne Fernsehgeräte haben eine Bildwiederholfrequenz von 100 Hertz, d. h., dass 100 Bilder pro Sekunde dargestellt werden. Im Vergleich zu älteren Fernsehgeräten mit einer niedrigeren Bildwiederholfrequenz werden diese zu Recht als flimmerfrei bezeichnet.

Bereits bei 24 unterschiedlichen Bildern pro Sekunde entsteht der Eindruck einer fließenden Bewegung, so wie man es z.B. aus Zeichentrickfilmen kennt. Dagegen wurden alte Schwarz-Weiß-Filme aus den Anfängen des Kinofilms mit einer geringeren Bildwiederholrate erstellt, was beim Betrachten deutlich zu erkennen ist.

Hat sich das Auge einmal an eine gleich bleibende Bewegung gewöhnt, z.B. bei längerer Betrachtung eines Wasserfalls, wird diese Bewegung weiterhin zu Bildern hinzuaddiert, obwohl man die Aufmerksamkeit auf andere feststehende Gegenstände gerichtet hat. Diese Nacheffekte sind allerdings nur von kurzer Dauer.

Farbtäuschungen

Farbtäuschungen sind Täuschungen, die auf eine Überreizung der Nervenzellen zurückzuführen sind. Schauen wir uns extrem kontrastreiche Bilder an oder Bilder, die überwiegend aus einer Farbe bestehen, so führt dies zu einer Überreaktion der Nervenzellen, die somit Scheinabbildungen liefern.

Überreizung der Stäbchen

Besonders deutlich fällt dies bei den Gegensatzpaaren Schwarz/Weiß sowie Rot/Grün auf. Bei dem Gegensatzpaar Schwarz/Weiß kommt es zu einer Überreizung der Stäbchen, die für das Konturensehen zuständig sind und die Auflösung des Bildes bestimmen.

Beispiel

Betrachten Sie das abgebildete Raster aus Abb. 1.2-10. Konzentrieren Sie sich auf ein weißes Kreuz. Schon nach kurzer Zeit erscheinen graue Punkte in mehreren anderen Kreuzungen, die kurz auftauchen, dann verblassen und schließlich ganz verschwinden. Versuchen Sie nun eine solche Kreuzung mit einem grauen Punkt zu fixieren, werden Sie feststellen, dass in dieser Kreuzung kein grauer

Punkt zu entdecken ist, jetzt aber wieder in anderen Kreuzungen graue Punkte erscheinen.

Abb. 1.2-10: Gitternetz

Abb. 1.2-11: Blau-Orange-Überreizung der Zapfen

Überreizung der Zapfen

Bei der Überreizung der Zapfen kommt es zu einer Umrechnung im Gehirn, bei der die Komplementärfarbe der wahrgenommenen Farbe ermittelt wird. Das wohl »berühmteste« Farbpaar ist das Gegensatzpaar Rot/Grün. Betrachten wir große Flächen, die einheitlich rot gefärbt sind, und schauen anschließend auf einen weißen Hintergrund, so meinen wir, grüne Flecken auf der weißen Fläche sehen zu können. Die Abb. 1.2-11 zeigt, dass diese Täuschung auch dann möglich ist, wenn die Flächen nicht durchgängig gefärbt sind. Aus drucktechnischen Gründen kann dieser Versuch nicht mit dem Gegensatzpaar Rot/Grün durchgeführt werden, sondern mit dem Gegensatzpaar Blau/Orange. Der zu veranschaulichende Effekt tritt aber ebenso ein. Das entsprechende Bild für das Gegensatzpaar Rot/Grün befindet sich auf der beiliegenden CD-ROM.

Beispiel

Sorgen Sie zunächst für gute Lichtverhältnisse. Versuchen Sie, das schwarze Kreuz in der Mitte der Abb. 1.2-11 mindestens eine halbe Minute lang zu fixieren. Betrachten Sie anschließend die weißen Flächen der Abbildung, so werden Sie ein Nachbild wahrnehmen können, welches orange ist. Obwohl wir uns nicht auf die blauen Inhalte der Abbildung konzentrieren, reichen die Reize der Umgebung aus, um die Zapfen der Netzhaut zu überreizen, die im Gehirn zu Scheinabbildungen verrechnet werden.

Zu den Farbtäuschungen gehören aber auch Abbildungen, in denen aufgrund von Umgebungsfarben das Gehirn nicht mehr in der Lage ist, einzelne Farbtöne als solche wirklich zu erkennen. Dieses Phänomen tritt bei wenig kontrastreichen Bildern auf und wird anhand von zwei Beispielen demonstriert.

Beispiel
Unterschiedlich gefärbte Kreise?

Betrachten Sie die Kreise in den einzelnen Quadraten in der Abb. 1.2-12. Welcher ist der hellste, welcher ist der dunkelste?
In Wirklichkeit sind alle Punkte gleich hell oder gleich dunkel. Lediglich die Umgebung täuscht uns vor, dass die inneren Kreise unterschiedlich gefärbt sind. So wirkt der Kreis in dem dunkelsten Quadrat links viel heller als der Kreis in dem hellsten Quadrat rechts.

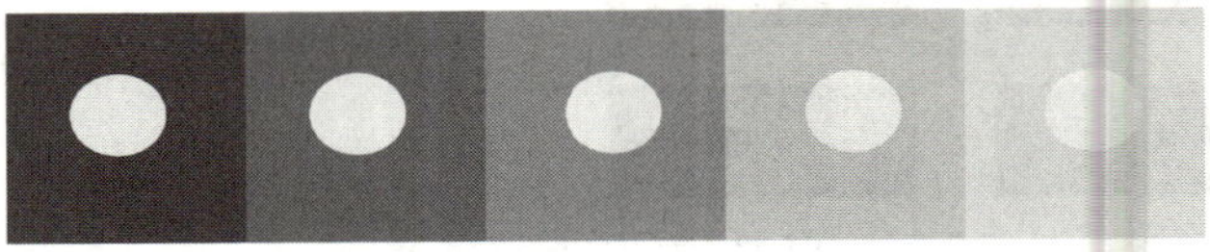

Abb. 1.2-12: graue Kreise

Abb. 1.2-13: Grau-Pyramide

Beispiel Pyramide oder strahlender Stern?

Schauen Sie anschließend auf die Abb. 1.2-13. Was sehen Sie zuerst? Eine Pyramide, die von Etage zu Etage immer heller wird, oder einen leuchtenden Stern auf den Hauptdiagonalen des Quadrates? In Wirklichkeit sind hier »nur« neun in unterschiedlichen Grautönen gefüllte Quadrate abgebildet. Die Anordnung dieser Quadrate aber suggeriert dem Gehirn eine nicht vorhandene dritte Ebene, durch welche die Diagonalen stark betont werden. So kommt es, dass wir den leuchtenden Stern in das Bild hineininterpretieren, um die dritte Dimension der Pyramide besser erkennen zu können.

Die Abbildungen 1.2-12 und 1.2-13 unterscheiden sich von den Abbildungen 1.2-10 und 1.2-11 durch wesentlich geringeren Kontrast. Hier zeigt sich die andere Begrenzung bei der Aufnahme von Farben. Mit bloßem Auge kann der Mensch ca. 50 Graustufen zwischen Schwarz und Weiß unterscheiden. Alle anderen, zwischen diesen Graustufen liegenden Grautöne, sind zwar existent, aber nicht mehr als einzelne Graustufen erkennbar.

Geometrische Täuschungen

Geometrische Täuschungen sind die optischen Täuschungen, die am häufigsten wahrgenommen werden, aber die uns nur selten bewusst werden, da wir normalerweise nicht alles, was wir sehen, in Frage stellen oder gar mit einem Maßband nachmessen. Die Zahl der Beispiele für geometrische Täuschungen ist sehr groß und würde den Rahmen dieses Abschnitts bei weitem sprengen. Die nachfolgenden Beispiele sollen vielmehr einen Eindruck darüber verschaffen, in welcher Weise sich das Auge bei vorgegebenen geometrischen Mustern täuschen lässt.

Beispiel Kreis mit oder ohne Quadrat?

Betrachten Sie die in Abb. 1.2-14 dargestellten Ausschnitte eines Kreises. Ist in der Mitte des Bildes wirklich ein Quadrat abgebildet? Bei den abgebildeten Viertelkreisen wurde jeweils eine kleine Ecke der Spitze entfernt. Durch die symmetrische Anordnung der Viertelkreise ergänzt das Gehirn diese vier Ecken zu einem Quadrat, welches in Wirklichkeit nicht vorhanden ist.

Abb. 1.2-14: Kreis ohne Quadrat

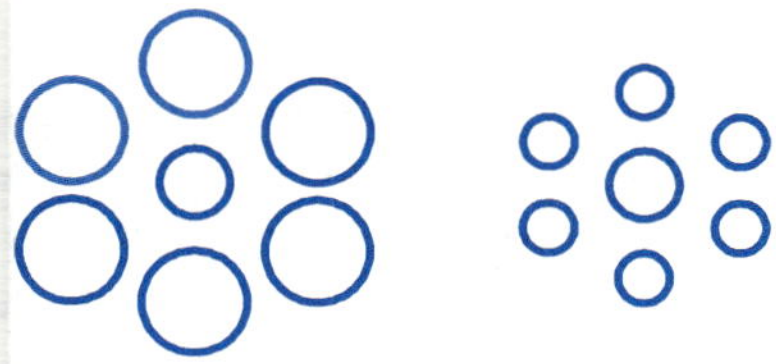

Abb. 1.2-15: Delboeuf-Täuschung

Beispiel
Welcher Innenkreis ist größer?

In der Abb. 1.2-15 sind verschieden große Kreise jeweils um einen Mittelkreis angeordnet. Welcher Mittelkreis ist der größere – der linke oder der rechte?
Beide Mittelkreise sind gleich groß. Wieder ist es unser Gehirn, welches uns suggeriert, dass der rechte Kreis größer ist als der linke. Dabei lässt sich das Gehirn von der Größe der umgebenden Kreise irritieren. Würden die umgebenden Kreise in der Abbildung fehlen, wäre es kein Problem, beide Mittelkreise als gleich große Kreise zu erkennen. Dieses Phänomen wurde schon 1894 von Delboeuf erkannt und heißt deshalb auch Delboeuf-Täuschung.

Beispiel
Welche waagerechte Linie ist länger?

Versuchen Sie – ohne Nachmessen mit Hilfe eines Lineals – herauszufinden, welche der waagerechten Linien in Abb. 1.2-16 länger ist! Beide Linien sind gleich lang. Der Effekt, dass Linien, deren Pfeilspitzen nach außen hin offen sind, länger aussehen als Linien, deren Pfeilspitzen nach innen geöffnet sind, wurde von F.C. Müller-Lyer vor mehr als 100 Jahren entdeckt. Je kleiner der Winkel der Pfeilspitzen wird, desto größer erscheinen die Längenunterschiede. Und obwohl es mittlerweile unzählige Varianten dieses Phänomens gibt, konnte noch keine zufrieden stellende Erklärung gefunden werden.

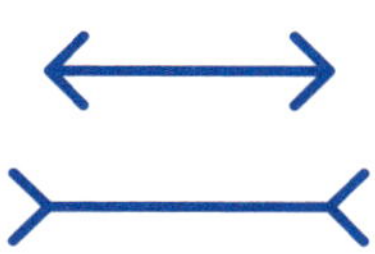

Abb. 1.2-16: Müller-Lyer-Täuschung

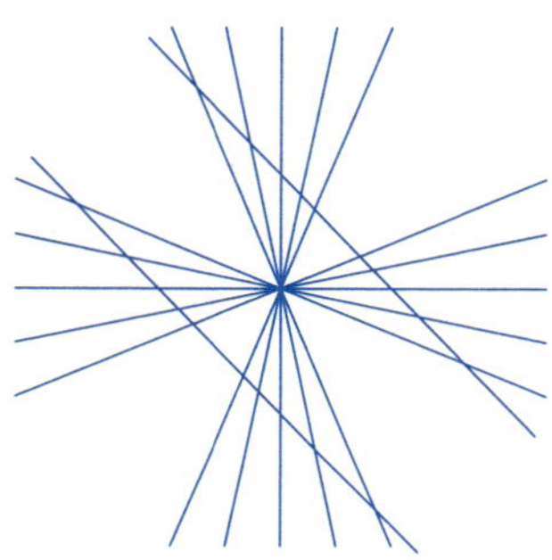

Abb. 1.2-17: Heringsche Täuschung

Beispiel
Verlaufen die beiden einzelnen Linien parallel?

Die Abb. 1.2-17 ist die so genannte Heringsche Täuschung dargestellt, in der mehrere Linien mit einem gemeinsamen Schnittpunkt dargestellt sind. Zwei Linien verlaufen gegensätzlich zu den anderen Linien. Sind diese beiden Linien parallel?
Zunächst scheint es so, als könnten diese Linien nicht parallel verlaufen, da sie beide entgegengesetzt verkrümmt aussehen. Würden beide Linien an den Enden verlängert, so erwarteten wir zwei Schnittpunkte zwischen den Linien. Das Gehirn lässt sich durch das gemeinsame Zentrum und die strahlenförmig abgehenden Linien täuschen. Durch den Schnitt mit den einzelnen Linien entstehen Dreiecke, die unterschiedlich verzerrt sind. Obwohl das mittlere Dreieck ein gleichschenkliges Dreieck ist, wirkt die Basis leicht gekrümmt. Legt man nun ein Lineal an, so kann man sich überzeugen, dass beide Linien vollkommen gerade sind und parallel verlaufen. Doch sobald das Lineal wieder von der Zeichnung entfernt wird, erscheinen die Linien wieder gekrümmt. Unser Gehirn ist also nicht in der Lage, die Information über den geraden Verlauf und die Parallelität in das Bild zu ergänzen.

Die meisten der bisher betrachteten optischen Täuschungen entstanden im zweidimensionalen Bereich. Ein unglaublich großes Spektrum an optischen Täuschungen gibt es jedoch auch im dreidimensionalen Bereich. Auch hier lassen sich Situationen konstruieren, in denen unser Gehirn nicht mehr in der Lage ist, die aufgenommene Information richtig zu interpretieren.

Beispiel
Welcher Zylinder ist der größte?

Die Abb. 1.2-18 zeigt einen Ausschnitt aus einem Raum. Um Tiefe, Höhe und Breite des Raumes stärker zu betonen, wurden in jeder Ebene Hilfslinien ergänzt. Anschließend wurden Zylinder in die Zeichnung eingefügt. Welcher der abgebildeten Zylinder ist der größte?

Abb. 1.2-18: Korridor-Täuschung

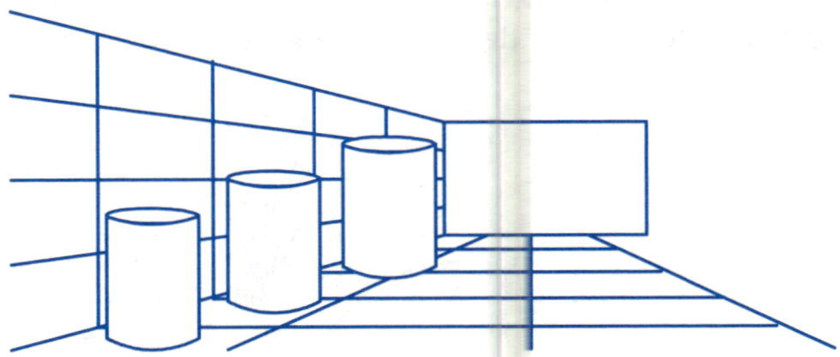

Durch die Linien, die den Raum darstellen, und die Hilfslinien ergibt sich ein streng geometrisches Muster. Die Erfahrung lehrt uns, dass die einzelnen Flächen eines in dieser Weise aufgeteilten Raumes alle gleich groß sein müssen. Wenn also der erste Zylinder in der Höhe weniger als zwei, der zweite fast genau zwei und der dritte drei Einheiten hoch ist, muss also der letzte Zylinder der größte sein. Bei der Interpretation dieses Bildes lässt sich noch einmal erkennen, wie schnell und wie stark wir wahrgenommene Bilder mit bekannten Informationen verknüpfen. Würde die Abbildung des Raumes weggelassen, könnten alle Zylinder als gleich große Objekte erkannt werden.

Auf der beigefügten CD-ROM sind alle Bilder dieses Abschnitts noch einmal vorhanden und in ihre Einzelkomponenten zerlegt, so dass klar zu erkennen ist, dass beispielsweise die beiden Geraden der Heringschen Täuschung aus Abb. 1.2-17 wirklich parallel verlaufen und dass die Zylinder aus Abb. 1.2-18 gleich groß sind.

Kippbilder

Kippbilder sind Bilder, die je nach Betrachtungsweise unterschiedliche Dinge zeigen. Aus einer völlig identischen Reizung der Netzhaut können also unterschiedliche Wahrnehmungen entstehen. Dabei ist nicht festgelegt, für welche der möglichen Interpretationen sich das Gehirn zuerst entscheidet.

Beispiel Gattin oder Schwiegermutter?

Betrachten Sie die Dame auf der Abb. 1.2-19, die von E.G. Boring unter dem Titel »Gattin-und-Schwiegermutter« veröffentlicht wurde und zu einem der bekanntesten Kippbilder zählt, und schätzen Sie ihr Alter!

Abb. 1.2-19: Gattin-und-Schwiegermutter

Etwa 60% der Betrachter sehen zuerst die junge Frau und etwa 40%, unter ihnen auch ich, zuerst die alte Frau. Dabei ist sich zunächst jeder Betrachter vollkommen sicher, die korrekte Interpretation des Bildes gefunden zu haben. Erst nachdem man den Betrachter auf eine zweite Deutung hingewiesen hat, wird die Interpretation in Frage gestellt. Das nun bekannte Bild muss also neu interpretiert werden und nach einer gewissen Zeit kann auch die zweite Interpretationsmöglichkeit gesehen werden. Welches Bild der Betrachter bei wiederholtem Anschauen der Abbildung zuerst wahrnimmt, kann er aufgrund des Wissens über die beiden Interpretationen bis zu einem gewissen Grad selbst beeinflussen. Unvollständig dagegen ist die Kontrolle über den Wechsel zwischen den beiden Bildern (Fluktuationstempo) und die Beeinflussung, welche Ansicht überwiegend wahrgenommen wird.

Unmögliche Figuren

Entsteht eine optische Täuschung dadurch, dass das Gehirn versucht, eine dritte Ebene in ein zweidimensionales Bild zu interpretieren, wird aus dieser Täuschung eine Figur, die nicht existent sein kann. Obwohl wir wissen, dass es eine solche Figur nicht geben kann, gelingt es uns nicht, die dritte Dimension aus dem Bild wieder zu subtrahieren. Solche Abbildungen sind uns aus der surrealen Kunst oder aus den Bildern von M.C. Escher hinlänglich bekannt. Hier gibt es Treppen, die immer weiter aufsteigen und trotzdem einen geschlossenen Raum bilden, oder Würfel, deren Kanten zu falschen Eckpunkten verlaufen. Oft sind diese Darstellungen so perfekt, dass wir große Mühe beim Erkennen des eigentlichen Fehlers haben. Dies liegt wiederum daran, dass unser Gehirn bekannte Muster einsetzt, bevor wir Abbildungen im Detail wahrnehmen können, und uns so immer wieder auf Irrwege oder Fehlinterpretationen lockt.

www. worldofescher.com

Eine Galerie der bekanntesten Bilder von M.C. Escher finden Sie auch im Internet unter www.worldofescher.com.

Beispiel Die unmögliche Treppe

Ein einfaches Beispiel zeigt noch einmal das Bemühen, jedem Objekt fast zwanghaft eine dritte Dimension zuzuordnen. Obwohl der rechte Teil des Bildes ein eindeutig planes Objekt darstellt, gelingt es nicht, aus dem vorderen Teil der Abb. 1.2-20 den Eindruck einer Treppe vollkommen zu vernachlässigen, obwohl wir wissen, dass es an dieser Stelle keine Treppe geben kann.

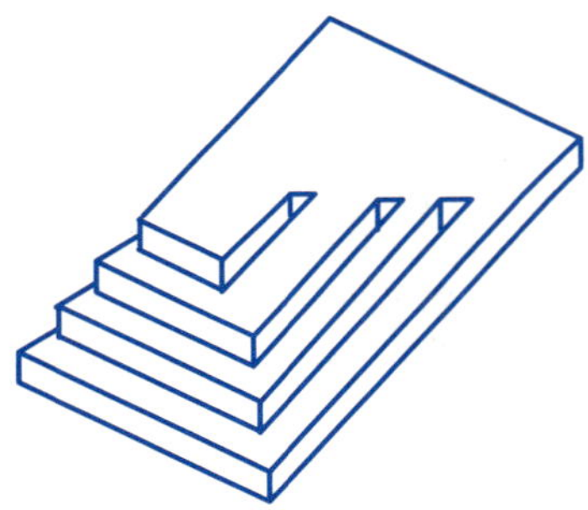

Abb. 1.2-20: Unmögliche Treppe

Optische Täuschungen zeigen, dass das Auge und das Gehirn immer wieder auf Situationen stoßen, die zu Fehlinterpretation von Information führen. Auge und Gehirn müssen also lernen, welche Reize wichtig sind, um somit ein korrektes Erkennen zu ermöglichen. Hat man einmal eine optische Täuschung durchschaut oder eine Figur erkannt, die es auf den ersten Blick nicht gegeben hat, so scheint es unmöglich, diese Figur noch einmal in dem Bild zu erkennen. Die Information zu diesem Bild ist abgespeichert und somit jederzeit aus dem Langzeitgedächtnis abrufbar. Das »getäuschte« Bild ist damit aus dem Gedächtnis verloren.

In einem letzten Beispiel, dass keine optische Täuschung im eigentlichen Sinne ist, soll noch einmal gezeigt werden, wie stark die Wahrnehmung vom Kontext der Information abhängt.

Beispiel Zahlenreihe oder Buchstabenreihe?

Betrachten Sie das mittlere Element der Abb. 1.2-21. Für sich alleine betrachtet, macht es erst einmal wenig Sinn. Betrachtet man dieses Element als mittleres Element der vertikalen Reihe, so ist es ein Element, das sich zwischen der Zahl »12« und der Zahl »14« befindet. Dem mittleren Element wird somit die Bedeutung der Zahl »13« zugewiesen. Betrachtet man genau dasselbe Element als mittleres Element der waagerechten Reihe, befindet es sich zwischen den Buchstaben »A« und »C«. In diesem Fall kann das Element als Buchstabe »B« interpretiert werden.

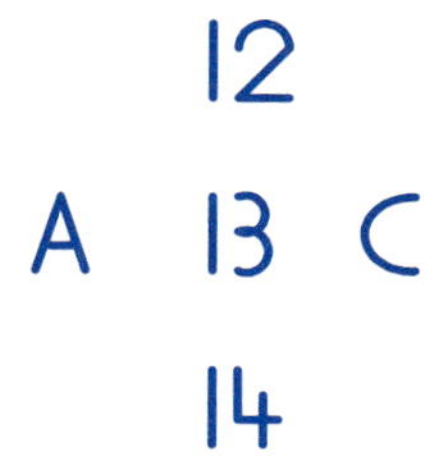

Abb. 1.2-21: Zahlenreihe oder Buchstabenreihe?

Vollkommen gleich aussehende Objekte können in einem unterschiedlichen Kontext eine vollkommen unterschiedliche Bedeutung haben. Die Möglichkeit, einem Objekt eine Bedeutung zuzuweisen, ist aber nicht Aufgabe des Auges als reizaufnehmendes Organ, sondern des Gehirns. Dabei spielt die Vorerfahrung und das erworbene Wissen eine bedeutende Rolle. Kinder, die noch nicht lesen können oder noch nicht den Zahlenraum zwischen 10 und 20 beherrschen, sind nicht in der Lage, die oben stehende Zahlen- bzw. Buchstabenreihe zu interpretieren.

1.2.7 Sehen – Bestandteil des Lernens und Einfluss auf andere Sinnesorgane

Aus den Ausführungen in den vorangegangenen Abschnitten wird deutlich, wie viel Einfluss der Sehsinn in unserem täglichen Leben hat. Dinge korrekt zu erkennen und Situationen richtig einschätzen zu können, ist für den Menschen lebenswichtig. Von gewissen Anblicken geschockt zu sein, ist genauso lebenswichtig wie das Gefühl von Vertrautheit und Geborgenheit beim Anblick von bekannten und schönen Dingen.

Entwicklung des Sehsinns

Die Fähigkeit, sehen zu können, wird früh in der Entwicklung eines Menschen gelegt: Schon in der sechsten Woche nach der Befruchtung sind die Augen eines Embryos angelegt. Ab etwa dem fünften Schwangerschaftsmonat kann der Fötus auf Lichtreize reagieren und hell und dunkel voneinander unterscheiden. Nach der Geburt sieht der Säugling zunächst verschwommen, aber schon im dritten Lebensmonat kann er Gegenstände und Konturen erkennen. Etwa zu diesem Zeitpunkt gelingt es ihm auch, vertraute Personen nicht nur an der Stimme und am Geruch zu identifizieren, sondern sie durch Sehen zu erkennen und elementare Gesichtsausdrücke zu unterscheiden. Aber auch Tätigkeiten, die erst einmal keine Verbindung mit dem Sehsinn haben, fördern das visuelle Begreifen. Das Anfassen oder in den Mund stecken von Holzbausteinen ist somit auch eine Schule des Sehens. Die Empfindung, dass Holzbausteine im Mund hart und eckig sind, führt dazu, dass das Kind später nur durch den Anblick eine genaue Vorstellung von Holz und seiner Beschaffenheit haben wird, ohne es anfassen zu müssen. Im Gegensatz dazu wird Plüsch immer als weich empfunden, und schon der Anblick von Puppen oder Teddybären ermöglicht es, gewisse Gefühle und Eindrücke zu wecken.

Zusammenspiel der Sinne

So steht der Sehsinn auch in direktem Zusammenhang mit den anderen Sinnen. Wenn wir einen Gegenstand sehen, bevor wir ihn anfassen, wissen wir schon, welche Tasteindrücke wir zu erwarten haben. Ähnlich gut funktioniert die Zusammenarbeit zwischen Sehsinn und Geruchs- bzw. Geschmackssinn: Gehen wir an einer Bäckerei vorbei und sehen die frischen Backwaren in der Auslage, können wir sie vermeintlich schon riechen und schmecken. Umgekehrt führen bekannte Gerüche, z.B. von Lieblingsspeisen, schon zu einem sehr konkreten Bild der Speise, ohne dass wir sie gesehen haben. Auch Gehör und Sehsinn stehen in enger Verbindung miteinander: So können wir das Gebell eines Hundes viel schneller hören, wenn wir ihn vor Beginn des Gebells bereits gesehen haben. Andererseits können wir uns am Telefon ein Bild von einer bekannten Person machen, auch wenn wir nur ihre Stimme hören.

Im menschlichen Wahrnehmungssystem hat somit jeder Sinn seinen Sinn für das Überleben. Aus der Gesamtheit der Sinne ergibt sich ein hochkomplexes System, das seine Perfektion nur dann entfalten kann, wenn alle Sinne voll funktionstüchtig sind. Ausfälle eines Sinnes führen unweigerlich zu bedeutenden Beschränkungen der Handlungsfähigkeit des Menschen. Oftmals können die Betroffenen einen Teil des Verlusts durch eine Optimierung der Leistungsfähigkeit der anderen Sinne kompensieren, der Verlust als solcher wird aber nie ganz behoben werden können.

1.3 Bedeutung von Physik und Wahrnehmung in der Computergrafik

www.pixar.com

Sicherlich werden Sie sich an dieser Stelle fragen, warum sich ein Lehrbuch der Grafikprogrammierung so ausführlich mit den physikalischen Grundlagen der Optik und den Grundlagen von Wahrnehmung und Sehen beschäftigt. In der Evolution des Menschen hatten Gehirn und Augen noch nie so viele Eindrücke zu verarbeiten wie im jetzigen Multimedia-Zeitalter. Überall werden wir mit bunten Bildern konfrontiert. Sie werden eingesetzt, um Lerninhalte auf Web-Seiten verständlich zu präsentieren oder in der Unterhaltungsbranche, in der z.B. computeranimierte Filme eine Perfektion erreichen, die vor wenigen Jahren noch vollkommen undenkbar war. »Toy Story 1+2«,

»Das große Krabbeln«, die »Monster AG« oder ganz aktuell »Finding Nemo«, die alle von Disney® in Zusammenarbeit mit dem Computergrafik-Spezialisten PIXAR® vollständig mit dem Computer erstellt wurden, sind nur einige Beispiele für Filme, welche die heutigen Möglichkeiten der Computergrafik ausnutzen. Auf der Internetseite www.pixar.com sind einige Beispiele bzw. Ausschnitte dieser Filme zu finden.

Um diese im Computer erstellten künstlichen Bilder möglichst realistisch wirken zu lassen, reicht das Wissen, wie man rein technisch mit dem Computer Grafiken erstellt, nicht aus. Man muss auch verstehen, wie der Betrachter das Bild wahrnimmt und warum er es so und nicht anders wahrnimmt. Was nutzt die schönste Computergrafik, die eine Bandbreite von 256 Graustufen umfasst, wenn das Auge des Betrachters noch nicht einmal die Hälfte davon als einzelne Graustufen unterscheiden kann, oder die in der Computergrafik bei Farbbildern übliche 24-bit Darstellung, die 16,7 Mio. Farben erzeugt, von denen aber nur ca. 7 Mio. erkannt werden können?

Wer mit Hilfe einer Computergrafik Inhalte vermitteln möchte, sollte auch wissen, in welcher Form er die Information anbieten muss, damit sie optimal verarbeitet werden kann. Zu schnell könnte Information verloren gehen oder das erzeugte Bild nicht mehr wirklichkeitsgetreu aussehen. Virtuelle Bilder wirken erst dann echt, wenn Farben und Formen der Gegenstände so wahrgenommen werden, wie sie aus der Wirklichkeit bekannt sind. Außerdem müssen die virtuellen Gegenstände wie in der Realität Licht reflektieren und Schatten werfen. Nur dann lässt sich unsere Wahrnehmung so täuschen, dass wir meinen, ein reales Bild gesehen zu haben.

Diese Lehreinheit sollte Ihnen also im wahrsten Sinne des Wortes die Augen öffnen für die Bedeutung der Techniken, die Sie in den folgenden Kapiteln lernen werden.

Abbildungsmaßstab Als Abbildungsmaßstab wird das Verhältnis von Bildgröße zur Gegenstandsgröße bezeichnet.

Adaptation Unter Adaptation versteht man die Fähigkeit des Auges, sich auf unterschiedliche Lichtintensitäten einzustellen, indem die *Pupille* unterschiedlich weit geöffnet wird.

Akkomodation Unter Akkomodation versteht man die Fähigkeit des Auges, unterschiedlich weit entfernte Gegenstände zu fokussieren und scharf auf die Netzhaut zu projizieren.

Auge Das Auge ist eines der bedeutendsten Sinnesorgane des Menschen. Es wiegt bei Erwachsenen ungefähr 7,5g und ist 24 mm lang. Seine Funktion ist mit der eines Fotoapparats vergleichbar. Die Hornhaut und die Linse entsprechen dem Objektiv und fokussieren den Lichteinfall auf das Sehzentrum. Die Regenbogenhaut *(Iris)* entspricht der Blende und die Netzhaut *(Retina)* entspricht dem Film.

Beleuchtungsstärke Durch die Beleuchtungsstärke wird die Helligkeit einer Fläche beschrieben. Sie wird gemessen durch den auf die Flächeneinheit fallenden →Lichtstrom. Die Einheit ist das Lux (lx).

Elektromagnetische Strahlung Unter elektromagnetischer Strahlung oder elektromagnetischen Wellen versteht man die sich im Raum mit Lichtgeschwindigkeit ausbreitenden Schwingungen elektrischer und magnetischer Felder. Je nach ihrer Energie äußert sie sich höchst unterschiedlich. Nach zunehmender Energie geordnet unterscheidet man technischen Wechselstrom, Radiowellen (UKW, MW, LW), Mikrowellen, Infrarotstrahlung (Wärmestrahlung), sichtbares Licht, UV-Strahlung, Röntgen- und Gammastrahlung.

Farbe Auf das menschliche →Auge wirkt als Farbreiz Licht der Wellenlänge zwischen 400 nm und 800 nm und erregt die lichtempfindlichen Zellen der Netzhaut.

Fotometrie (Lichtmesstechnik) Die Fotometrie befasst sich mit der Messung der sichtbaren Strahlung des →Lichts.

Geometrische Optik Teilgebiet der Optik, welches sich mit der Ausbreitung des →Lichts beschäftigt.

Komplementärfarben Paare von Farben, deren Mischung Weiß ergibt.

Leuchtdichte Als Leuchtdichte wird die Flächenhelligkeit einer Lichtquelle bezeichnet. Sie wird gemessen in stilb = candela pro cm^2.

Licht Teil der →elektromagnetischen Strahlung. Der für das menschliche →Auge sichtbare Teil des Lichts liegt zwischen 400 nm und 800 nm Wellenlänge.

Lichtbrechung Wenn →Licht von einem optischen Medium in ein anderes übertritt, erfährt es eine Richtungsänderung. Diese Erscheinung bezeichnet man als Lichtbrechung.

Lichtmenge Als Lichtmenge wird das Produkt aus dem von einer →Lichtquelle ausgestrahlten →Lichtstrom und der Zeit bezeichnet. Die Maßeinheit ist die Lumensekunde (lms).

Lichtquelle →Licht kann natürlich oder künstlich erzeugt werden. Bei der Sonne handelt es sich um eine natürliche Lichtquelle, bei einer Straßenlaterne um eine künstliche Lichtquelle.

Lichtstärke Physikalisch gemessen wird die Lichtstärke in Candela (cd). Ein Candela beschreibt die Lichtstärke einer Strahlungsquelle, welche die monochromatische Strahlung der Frequenz $540*10^{12}$ Hertz in eine bestimmte Richtung aussendet, in der die Strahlstärke 1/683 Watt pro Steradiant (Einheit des räumlichen Winkels) beträgt.

Lichtstrom Die von einer Lichtquelle in einer Sekunde in alle Richtungen ausgestrahlte →Lichtmenge wird als Lichtstrom bezeichnet. Der Lichtstrom wird gemessen in →Lumen (lm).

Lumen Maßeinheit für den →Lichtstrom.

Optische Täuschung Eine optische Täuschung ist ein Effekt, bei dem das durch das menschliche →Auge subjektiv Wahrgenommene nicht mit der objektiven Reizgegebenheit übereinstimmt.

Refraktion →Lichtbrechung

Reflexion Mit Reflexion wird physikalisch das Zurückwerfen einer Welle an verschieden dichten Medien oder eines Elementarteilchens an einem Hindernis bezeichnet.

Schatten Ein Schatten entsteht, wenn in die von einer →Lichtquelle ausgehenden Lichtstrahlen ein Hindernis tritt.

Spektralfarben Beim Auftreffen eines Bündels paralleler, weißer Lichtstrahlen auf ein Prisma, wird das Licht in seine Bestandteile (Rot, Orange, Grün, Blau, Violett) zerlegt.

In der Physik ist das Licht eine äußerst komplexe Größe. Licht ist ein Teil der elektromagnetischen Strahlung. Der für das menschliche Auge sichtbare Teil, auch weißes Licht genannt, hat eine Wellenlänge von ca. 400 – 800 nm. Die Fotometrie, die auch als Lichtmesstechnik bezeichnet wird, ist ein Teilgebiet der Physik und beschäftigt sich mit allem, was Licht messbar macht. Als Grundgrößen gelten der Lichtstrom, gemessen in Lumen, die Lichtmenge, die Lichtstärke, die ein Maß für die Ausstrahlung des Lichts in eine bestimmte Richtung ist, die Leuchtdichte und die Beleuchtungsstärke, die in Lux angegeben wird.

In der geometrischen Optik, einem weiteren Teilgebiet der Physik, wird das Licht als Strahl aufgefasst, der gebrochen (Refraktion) und reflektiert (Reflexion) werden kann. Bei der Lichtbrechung ändert der Lichtstrahl beim Übergang von einem optischen Medium in ein anderes seine Richtung. Diese Änderung kann durch das Brechungsgesetz aus der Physik berechnet werden. Mit Hilfe von optischen Linsen können Lichtstrahlen gesammelt oder gestreut werden, was dazu genutzt wird, Gegenstände auf Mattscheiben oder Filme abzubilden. Durch eine Kombination von Linsen, wie sie z.B. in einem Objektiv einer Kamera anzutreffen ist, wird ein Gegenstand vor der Kamera auf ein Bild gebannt. Das Verhältnis von Bildgröße zur Gegenstandsgröße gibt den Abbildungsmaßstab des Objektivs an.

Zum Licht gehört auch der Schatten, der entsteht, wenn zwischen einer Lichtquelle und dem Gegenstand, der von dieser Lichtquelle beleuchtet wird, ein Hindernis platziert wird.

Durch ein Glasprisma kann Licht in seine Spektralfarben zerlegt werden. Diese können einzeln gemischt werden, was jeweils zu neuen Farben führt. Zwei Farben, die beim Mischen die Farbe Weiß ergeben, werden als Komplementärfarben bezeichnet.

Das Auge ist ein komplexes System, welches optische Reize über lichtempfindliche Zellen aufnimmt und die entstandenen Nervenimpulse über den Sehnerv an das Gehirn weiterleitet. Das Erkennen von Gegenständen folgt wenigen grundlegenden Gesetzen. Dabei versteht man unter Adaptation des Auges die Fähigkeit, sich auf unterschiedliche Helligkeitsverhältnisse einzurichten. Unterschiedlich weit entfernte Gegenstände scharf zu fokussieren, wird als Akkomodation des Auges bezeichnet.

Licht, Schatten, Farben, Größen und Entfernungen können über das Auge wahrgenommen werden. Das Auge eines von mehreren Sinnesorganen, die auf die unterschiedlichsten Reize reagieren können. Dabei werden die einzelnen Reize elektrisch codiert und über Nervenzellen zum Gehirn weitergeleitet. Das Gehirn decodiert die elektrische Information, indem es dem eigentlichen Reiz noch Erfahrungswissen hinzufügt.

Unter einer optischen Täuschung versteht man die Fehlinterpretation von visuellen Informationen im menschlichen Gehirn.

Die mathematische Berechnung von Bildern unserer Umwelt und deren Darstellung auf einem Rechner wird in der Informatik in den Disziplinen Computergrafik bzw. Grafikprogrammierung gelehrt. Das grundlegende Verständnis der physikalischen Abläufe in der Natur und der anatomischen Gegebenheiten des Menschen bei der Wahrnehmung ist für die in der Computergrafik durchgeführten Simulationen sehr wichtig.

/Barth 1989/
Barth F. G., *Vom Sinn der Sinne. Sinnesorgan zwischen Umwelt und Verhalten*, F. Steiner Verlag Stuttgart 1989, 38 Seiten

/Born 1985 /
Born M., *Optik, ein Lehrbuch der elektromagnetischen Lichttheorie, 3. Auflage*, Springer Verlag 1985, 591 Seiten

/Benner 1991/
Benner, Prof. Dr. K.-U., *Der Körper des Menschen*, Weltbild Verlag GmbH Augsburg 1991, 338 Seiten

/Birkholz 2001/
Birkholz W., Dobler G., *Der Weg zum erfolgreichen Ausbilder*, Stumpf und Kossendey 2001, 320 Seiten

/Locher 1994/
Locher J.L. (Hrsg.), *Leben und Werk M.C. Escher*, RVG-Interbook Verlagsgesellschaft mbH 1994, 349 Seiten

/Kahle 2000/
Kahle W., *Taschenatlas der Anatomie Band 3: Nervensystem und Sinnesorgane*, Georg Thieme Verlag Stuttgart 2000, 400 Seiten

/Krech 1992/
Krech D., Crutchfield, R. u.a., *Grundlagen der Psychologie*, Beltz Psychologie-VerlagsUnion Weinheim 1992, 1044 Seiten

/Pérez 1996/
Pérez J.-Ph., *Optik*, Spektrum Akademischer Verlag 1996, 763 Seiten

/Rock 1998/
Rock I., *Wahrnehmung – Vom visuellen Reiz zum Sehen und Erkennen*, Spektrum Akademischer Verlag 1998, 213 Seiten

/Roth 1997/
Roth, G., *Das Gehirn und seine Wirklichkeit*, suhrkamp taschenbuch wissenschaft 1997, 383 Seiten

/Silbernagl 2000/
Silbernagl S., Despopoulos A., *Taschenatlas der Physiologie*, Georg Thieme Verlag Stuttgart 2000, 436 Seiten

/Zimbardo 1999/
Zimbardo P. G., *Psychologie*, Springer Verlag Berlin 2000, 907 Seiten

Muss-Aufgabe
Zeit 10 Min

1 Lernziel: *Die Grundgrößen der Fotometrie anwenden können.*
Sie sollen einen Vortrag bei der Industrie- und Handelskammer halten. Es wird Ihnen ein Datenprojektor mit einem Lichtstrom von 800 Lumen zur Verfügung gestellt. Die Leinwand hat eine Größe von 2,00 m x 2,50 m und ist vom Typ

a diffus
b reflektierend
c retro-reflektierend.

Bei welcher Raumbeleuchtung können Sie einen für die Zuhörer gut sichtbaren Vortrag halten?

Kann-Aufgabe
Zeit 30 Min

2 Lernziel: *Die Funktionsweise einer Lochkamera begreifen.*
Bauen Sie Ihre Spiegelreflexkamera in eine Lochkamera um, indem Sie das Objektiv abschrauben und vor die Kamera eine selbst gebastelte Lochblende aus einem schwarzen Karton, den

Sie mit einer Nadel durchstochen haben, befestigen. Fotografieren Sie danach mit verschiedenen Verschlusszeiten.

3 Lernziel: *Mit Abbildungsmaßstäben rechnen können.*

Muss-Aufgabe
Zeit 10 Min

Bei der Herstellung von Papierkopien ist das Bild (Kopie) in der Regel größer als der Gegenstand (Original), so dass der Abbildungsmaßstab über 1 liegt (Schreibweise X:1). Daraus leitet sich der Begriff Vergrößerungsfaktor X ab (X-fache Vergrößerung). Das Gleiche gilt umgekehrt auch für Kopien, in denen das Original verkleinert wird.
Wie lautet der Vergrößerungs- bzw. Verkleinerungsfaktor, wenn Sie

a ein DinA5 Blatt auf ein DinA4 Blatt kopieren
b ein DinA3 Blatt auf ein DinA4 Blatt kopieren
c ein DinA5 Blatt mit der Kopierereinstellung 125% kopieren
d ein DinA4 Blatt mit der Kopierereinstellung 70% kopieren.

4 Lernziel: *Abbildungsmaßstäbe verstehen.*

Kann-Aufgabe
Zeit 5 Min

Sie wollen mit Ihrer 24 x 36 mm Kleinbild-Spiegelreflexkamera eine 1 Euro-Münze in Originalgröße abbilden. Welchem Abbildungsmaßstab entspricht dieses Vorhaben?
Nun wollen Sie die gleiche Münze ebenfalls in Originalgröße mit Ihrer 6 x 6 cm Mittelformatkamera abbilden. Was ändert sich am Abbildungsmaßstab?

5 Lernziel: *Schattenwurf verstehen.*

Muss-Aufgabe
Zeit 5 Min

An der genau nach Süden ausgerichteten Wand einer alten Kirche in Deutschland befindet sich im Mauerwerk ein schräg nach unten aus der Wand ragender Eisenstab, der früher wohl einmal zu einer Sonnenuhr gehört haben muss (siehe Skizzen). Die Angabe der Ziffern der Stunden hat sich im Laufe der Jahrhunderte aus dem Stein gewaschen. Ordnen Sie diese in die nachfolgende Zeichnung ein, so dass die Sonnenuhr wieder funktioniert.

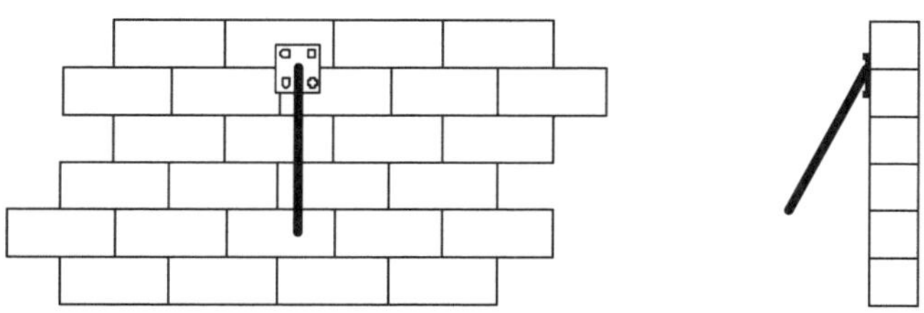

Kann-Aufgabe
Zeit 15 Min

6 Lernziel: *Farben mischen können.*
Mischen Sie mit einem Grafikprogramm Ihrer Wahl die folgenden Farben:
a Ocker
b Hellgrün
c Pink.

Kann-Aufgabe
Zeit 5 Min

7 Lernziel: *Die Fähigkeit des Auges zur Adaptation selber testen.*
Stellen Sie sich bei ausreichender Beleuchtung vor einen Spiegel und betrachten Sie die Weite der *Pupille.*
Halten Sie anschließend die Hände so vor die Augen, dass kein Licht mehr von außen ins Auge fallen kann. Lassen Sie die Augen weiterhin geöffnet. Wenn Sie eine halbe Minute konzentriert ins Dunkle geschaut haben, nehmen Sie die Hände vor den Augen weg und betrachten wieder die Weite der *Pupille*. Schätzen Sie die Zeit, bis die *Pupille* wieder ihre ursprüngliche Größe angenommen hat.

2 Grundlagen – 2D-Grafik (Teil 1)

- Wissen, was Punkte, Koordinatensysteme, kartesische Koordinaten und Polarkoordinaten sind. — wissen
- Wissen, worin sich homogene Koordinaten von kartesischen Koordinaten unterscheiden.
- Wissen, worin sich die grundlegenden 2D-Transformationen Translation, Skalierung und Rotation unterscheiden.
- Verstehen, wie das Koordinatensystem eines PCs aufgebaut ist. — verstehen
- Verstehen, welche Vorteile die Einführung homogener Koordinaten für die Transformationen mit sich bringt.
- Umrechnungen zwischen kartesischen Koordinaten und Polarkoordinaten durchführen können. — anwenden
- Umrechnungen zwischen kartesischen Koordinaten und homogenen Koordinaten durchführen können.
- Mit einfachen Java-Befehlen Linien in ein Fenster zeichnen können.
- 2D-Transformationen Translation, Skalierung und Rotation auf Punkte anwenden können.
- Matrixrepräsentationen der 2D-Transformationen und deren Hintereinanderausführung aufstellen können.
- Weitere allgemeine Transformationen, wie z.B. Spiegelung und Scherung, anwenden können.

- Grundlegende Kenntnisse der Objektorientierung und der Programmierung mit Java sollten vorhanden sein.

2.1 Punkte, Koordinaten und Koordinatensysteme

In der Computergrafik werden räumlich geometrische Szenen durch Simulation von Lichteffekten möglichst realitätsnah als zweidimensionales Bild berechnet und auf einem Computerbildschirm dargestellt. Um diese Berechnungen verstehen und durchführen zu können, sind einige Grundlagen aus der Mathematik erforderlich. Es handelt sich dabei u.a. um die Darstellung einzelner Objekte in verschiedenen Koordinatensystemen.

Koordinaten

Um einer Person, die sich verlaufen oder verfahren hat, genau zu erklären, wo sie sich gerade befindet, oder beim Schachspiel die Positionen der einzelnen Figuren präzise zu beschreiben, werden allgemeine Vereinbarungen über die Aufteilung einer bestimmten Fläche in gleich große Einheiten verwendet. Während diese Einteilung im Sinne eines Koordinatensystems beim Spielbrett eines Schachspiels auf acht Zeilen und Spalten, also insgesamt 64 Felder beschränkt ist, sind die für Landkarten verwendeten Koordinatensysteme in der Regel wesentlich weitläufiger gefasst. Über die Angabe von Koordinaten, z.B. durch eine Kombination von einem Buchstaben und einer Zahl, kann die Position einzelner Elemente eindeutig angegeben werden. Während das Koordinatenpaar A1 die Ausgangsposition eines weißen Turmes beim Schachspiel beschreibt, dient es bei der Landkarte dem schnellen Finden einer Straße oder eines Gebäudes.

Punkt

Dies gilt auch für die Elemente, mit denen wir uns in der Computergrafik beschäftigen. Der **Punkt** ist das einfachste Grundelement der Geometrie. Alle geometrischen Linien, Figuren, Flächen und Körper setzen sich aus einzelnen Punkten zusammen.

Kartesisches Koordinatensystem

In der Mathematik wird zur eindeutigen Zuordnung von Punkten in der Regel das **kartesische Koordinatensystem** verwendet. Zwei rechtwinklig aufeinander stehende Einheitsvektoren – ausgehend von einem Ursprungspunkt (0, 0) – spannen es auf. Die positive x-Achse verläuft waagerecht nach rechts vom Ursprung, die positive y-Achse verläuft senkrecht oberhalb des Ursprungs (vgl. Abb. 2.1-1).

Abb. 2.1-1: Kartesisches Koordinatensystem mit dem Punkt A(3, 2)

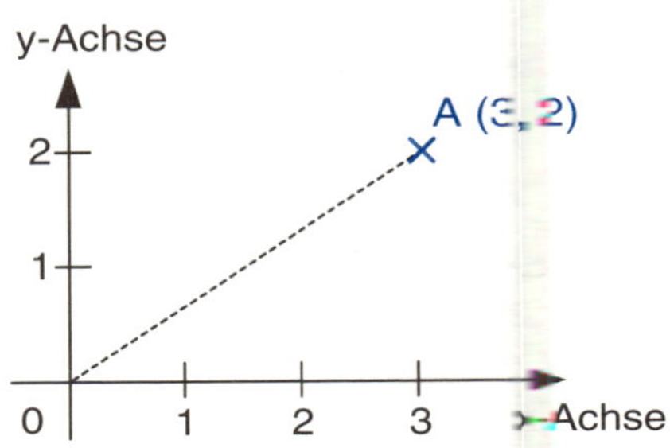

Ein Punkt A kann somit auch durch seine kartesischen **Koordinaten** festgelegt werden. Beispielsweise hat der Punkt A(3, 2) in Abb. 2.1-1 die x-Koordinate 3 und die y-Koordinate 2. Allgemein besagt die Schreibweise $A(a_1, a_2)$, dass sich die erste Koordinate a_1 durch die Projektion im rechten Winkel auf die x-Koordinatenachse und die Koordinate a_2 durch die Projektion im rechten Winkel auf die y-Koordinatenachse ergibt (vgl. Abb. 2.1-2).

Kartesische Koordinaten

Ein Pfeil, der den Ursprung mit dem Punkt A verbindet wird als Ortspfeil oder **Vektor** des Punktes A bezeichnet. Im Folgenden wird häufig nicht mehr explizit zwischen den beiden Konzepten bzw. Begriffen unterschieden (siehe dazu auch Anhang B bzw. /Brill 2001/ und /Fischer 2000/).

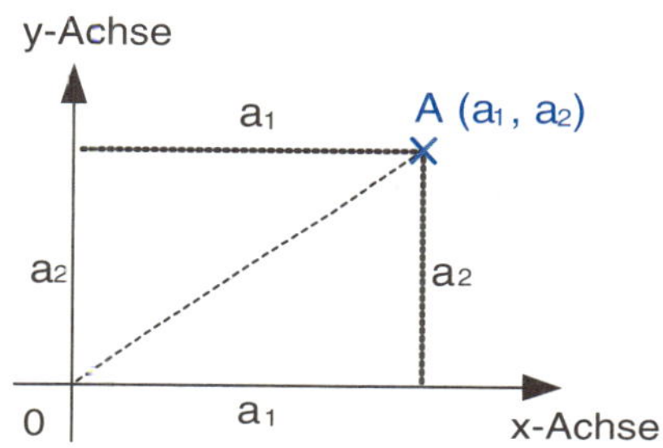

Abb. 2.1-2: Kartesisches Koordinatensystem mit dem allgemeinen Punkt $A(a_1, a_2)$

Eine andere in der Mathematik und der Computergrafik verwendete Darstellung für Punkte ist die Angabe in **Polarkoordinaten**. Abb. 2.1-3 verdeutlicht, dass der allgemeine Punkt $A(a_1, a_2)$ aus Abb. 2.1-2 auch durch die Angabe der Länge r des Ortspfeils und des Winkels φ, den die x-Achse mit dem Ortspfeil einschließt, eindeutig bestimmt werden kann.

Polarkoordinaten

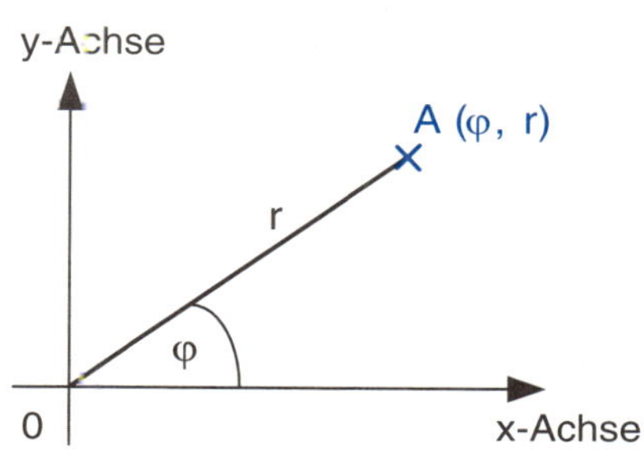

Abb. 2.1-3: Kartesisches Koordinatensystem mit dem allgemeinen Punkt A(φ, r) in Polarkoordinaten

Aus den Polarkoordinaten eines Punktes können die kartesischen Koordinaten mit Hilfe der folgenden Formeln leicht berechnet werden:

$x = r \cdot \cos(\varphi)$ und $y = r \cdot \sin(\varphi)$.

Umgekehrt gilt für die Umrechnung von kartesischen Koordinaten in Polarkoordinaten:

$r = \sqrt{x^2 + y^2}$ und $\varphi = \arctan2(\frac{y}{x})$, wobei durch die Verwendung des arctan2 Punkte aus allen Quadranten berücksichtigt werden können und Fälle, in denen die x-Koordinate den Wert 0 annimmt.

Beispiel

Für den Punkt A(3, 2) aus Abb. 2.1-1 ergeben sich somit die Polarkoordinaten $r = 3{,}6$ und $\varphi = 33{,}69^\circ$. Aus den Polarkoordinaten $r = 2{,}5$ und $\varphi = 127^\circ$ für einen Punkt B ergeben sich die kartesischen Koordinaten $x = -1{,}5$ und $y = 2$.

PC-Bildschirm

Während im kartesischen Koordinatensystem der Ursprung zentraler Punkt und seine Ausdehnung unendlich ist, liegt der Ursprung eines PC-Bildschirms in der linken oberen Ecke und seine Ausdehnung ist begrenzt (vgl. Abb. 2.1-4). Je nach aktueller Displaygröße stehen Auflösungen von

- 640 x 480 (VGA = Video Graphics Adapter)
- 800 x 600 (SVGA = Super VGA)
- 1024 x 768 (XGA = Extra VGA)
- 1280 x 1024 (SXGA = Super XGA)
- 1600 x 1200 (UXGA = Ultra XGA)
- 2048 x 1536 (QXGA = Quadrupel XGA)

Bildpunkten zur Verfügung.

Pixel

Diese Bildpunkte werden als **Pixel** bezeichnet. Der Begriff stammt aus dem Englischen und steht als Abkürzung für *picture elements*.

Abb. 2.1-4: Ursprung des Koordinatensystems beim PC-Bildschirm

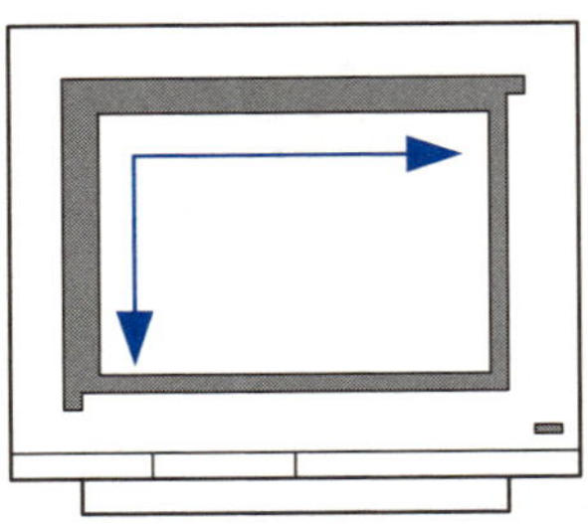

In den Anwendungen der Computergrafik werden Bilder aus unserer Welt oder von einem Zeichenbrett auf den aus einzelnen Pixeln bestehenden PC-Bildschirm abgebildet. Dazu müssen die Koordinaten aus dieser Welt auf die beschränkten Koordinaten des Bildschirms transformiert werden. Um dies möglichst realitätsnah durchführen zu können, sind eine ganze Reihe von mathematischen

Berechnungen notwendig, die im Laufe der nächsten Abschnitte genauer beschrieben werden.

Beispiel

Gegeben sei eine kleine Zeichnung in einem kartesischen Koordinatensystem (vgl. Abb. 2.1-5), die aus den Punkten A(10, 10), B(50, 10), C(50, 40), D(10, 40) und E(30, 60) besteht. Zwischen den Punkten A und B, B und C, C und D, D und A, D und E und C und E existiert jeweils eine Verbindungslinie.

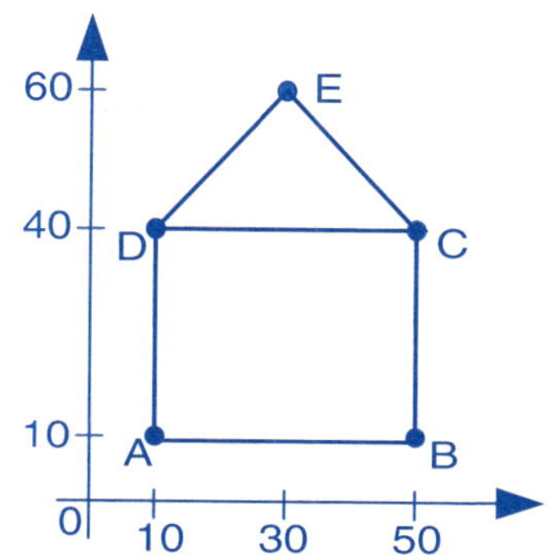

Abb. 2.1-5: Beispielzeichnung im kartesischen Koordinatensystem

Der Ursprung im kartesischen Koordinatensystem hat die Koordinaten (0, 0). Dies entspricht auf einem PC-Bildschirm den Koordinaten (0, y_{max}), wobei y_{max} die maximale Auflösung des Bildschirms in y-Richtung angibt (z.B. ist $y_{max} = 768$ bei XGA-Auflösung).
Um also eine Transformation der Punkte A bis E aus dem kartesischen Koordinatensystem in das PC-Bildschirm-Koordinatensystem durchzuführen, müssen alle Punkte auf (x, $y_{max} - y$) abgebildet werden. Also ergeben sich aus den Punkten A bis E z.B. für die XGA-Auflösung die Punkte A_{PC}(10, 758), B_{PC}(50, 758), C_{PC}(50, 728), D_{PC}(10, 728), E_{PC}(30, 708) und die entsprechenden Verbindungslinien.
Das nachfolgende Java-Programm zeichnet die in Abb. 2.1-5 stehende Beispielzeichnung in ein Bildschirmfenster der Größe 250 x 168. Dabei wird die Klasse `java.awt.Point` genutzt. Diese Klasse stellt einen Punkt mit einigen Operationen zur Verfügung, auf die im späteren Verlauf und speziell in Kapitel 7 noch genauer eingegangen wird. Durch die Operation `drawLine(P1.x, P1.y, P2.x, P2.y)`, die aus der Klasse `java.awt.Graphics2D` stammt, wird eine Linie zwischen den Punkten P1 und P2 in der momentan eingestellten Vordergrundfarbe gezeichnet. Das Ergebnis bzw. die Ausgabe dieses Programms ist in Abb. 2.1-6 zu sehen.

Beispiel

Quelltext: | **Beschreibung:**

```
import java.awt.*;
import java.awt.event.*;
import javax.swing.*;
```

Import der benötigten Klassen.

```
public class Einfaches_Haus
extends JFrame
{
   public static void main(String[] args)
   {
      Einfaches_Haus wnd =
      new Einfaches_Haus();
   }
```

Das Beispiel erweitert die Klasse JFrame und öffnet ein neues Fenster.

```
   public Einfaches_Haus()
   {
      super("Beispiel: Einfaches Haus");
      addWindowListener(
         new WindowAdapter() {
            public void windowClosing(
            WindowEvent event)
             {
                System.exit(0);
             }
         }
      );
      setBackground(Color.white);
      setForeground(Color.blue);
      setSize(300,200);
      setVisible(true);
   }
```

Im Konstruktor werden die Attribute eines einfachen Fensters gesetzt: die Überschrift und der WindowListener, der das Fenster schließt und die Anwendung ordnungsgemäß beendet.

Setzen der Attribute Größe, Hintergrund- und Vordergrundfarbe des Fensters. Anzeigen des Fensters.

```
   public void paint(Graphics g)
   {
      Graphics2D g2 = (Graphics2D) g;
```

Die Operation paint des Grafikkontextes wird gesetzt (vgl. Kap. 7).

```
      Point A = new Point(10, 158);
      Point B = new Point(50, 158);
      Point C = new Point(50, 128);
      Point D = new Point(10, 128);
      Point E = new Point(30, 108);
```

Die Punkte für das zu zeichnende Grafikobjekt werden erzeugt und initialisiert.

```
      g2.drawLine(A.x, A.y, B.x, B.y);
      g2.drawLine(B.x, B.y, C.x, C.y);
      g2.drawLine(C.x, C.y, D.x, D.y);
      g2.drawLine(D.x, D.y, A.x, A.y);
      g2.drawLine(D.x, D.y, E.x, E.y);
      g2.drawLine(E.x, E.y, C.x, C.y);
   }
}
```

Die Linien zwischen den Punkten werden gezeichnet.

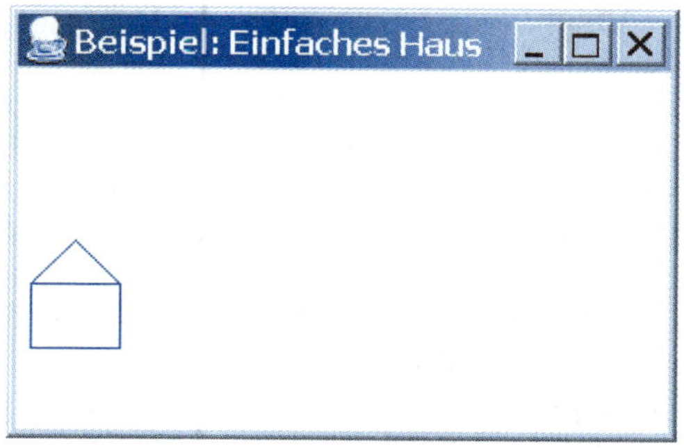

Abb. 2.1-6: Ausgabe des Beispielprogramms Einfaches_Haus

An dieser Stelle haben Sie Ihr erstes Java-Beispielprogramm gesehen und hoffentlich intuitiv nachvollziehen können. Alle hier vorgestellten Programme befinden sich selbstverständlich auf der beiliegenden CD-ROM.

Viele der in den folgenden Kapiteln vorgestellten Algorithmen sind in der Programmiersprache **Java** geschrieben. Java kann derzeit wohl als beliebteste objektorientierte Programmiersprache bezeichnet werden. Ihr Siegeszug begann Mitte der 1990er Jahre in Zusammenhang mit dem rasant wachsenden *World Wide Web* (WWW).

In diesem Lehrbuch werden die Grundlagen der Grafikprogrammierung beschrieben. Eine grundlegende Einführung in die Programmiersprache Java und die objektorientierte Softwareentwicklung würden den Rahmen dieses Buches allerdings sprengen. Zu diesen Themen sei hier auf die am Ende dieses Kapitels angegebene Literatur verwiesen. Die Grundlagen der Programmiersprache Java und der objektorientierten Softwareentwicklung werden vorausgesetzt.

Für diejenigen von Ihnen, die sich mit Java überhaupt noch nicht auskennen, wird in Anhang A eine kurze Einführung in die Grundlagen dieser Programmiersprache gegeben. Weiterhin sind dort auch konkrete Hinweise zur Installation der Java-Entwicklungsumgebung und zur Ausführung der Beispielprogramme zu finden. Eine Kurzeinführung in Java und andere objektorientierte Programmiersprachen befindet sich in /Zeppenfeld 2003/.

2.2 2D-Transformationen

Auf dem Weg räumliche Welten auf eine Fläche abzubilden, spielen Transformationen eine wichtige Rolle. Unter Transformationen werden im weitesten Sinne »Umformungen« einer bestehenden Grafik verstanden. Dieser Abschnitt beschränkt sich zunächst auf den einfachen, zweidimensionalen Fall.

Angenommen wir haben eine kleine Grafik auf den Bildschirm gezeichnet, wie etwa das Beispielhaus aus Abb. 2.1-6. Von diesem Beispielhaus sind die Koordinaten der verschiedenen Eckpunkte und die Punkte, die miteinander durch Linien verbunden werden sollen, bekannt. Das ist gleichbedeutend damit, dass dieses Objekt in seinen Proportionen eindeutig festgelegt ist.

Was aber ist zu tun, wenn dieses Haus doppelt so groß oder etwa auf dem Kopf stehend dargestellt werden muss? Die Proportionen des Hauses ändern sich bei diesen Umformungen nicht. Von daher ist es nicht sinnvoll, die einzelnen Punkte und Linien des doppelt so großen Hauses oder des auf dem Kopf stehenden Hauses immer wieder neu festzulegen und zu zeichnen. Es wäre also wünschenswert, wenn es Wege geben würde aus der bestehenden Grafik durch eine mathematische Berechnungsvorschrift, also eine Transformation, eine neue Grafik zu berechnen, die das ursprüngliche Bild gedreht, gespiegelt oder vergrößert darstellt.

In vielen praktischen Anwendungen des täglichen Lebens spielen solche Transformationen eine wichtige Rolle. In der Architektur ist es sinnvoll, Pläne aus verschiedenen Blickwinkeln zu betrachten, zu drehen oder Details daraus zu vergrößern. Beim Online-Shop sollten Kunden die Möglichkeit haben, die Waren möglichst realitätsnah präsentiert zu bekommen. Eine 360°-Rundum-Ansicht des Produkts ist für einen Kunden äußerst hilfreich, weil sie ihm detaillierte Informationen vermittelt.

Lineare Transformationen

Um dies erreichen zu können, werden in der Computergrafik **lineare Transformationen** verwendet. Sie werden z.B. beim Aufbau komplexer Szenen aus einfachen Objekten benötigt und basieren auf den Grundlagen der analytischen Geometrie. Als mathematische Grundlage wird die Vektor- und Matrizenrechnung verwendet. Eine kurze Einführung in dieses Thema befindet sich in Anhang B.

Aus Sicht der Programmierung ist die Verwendung linearer Transformationen sehr einfach, denn die meisten Operationen können aus nahezu allen Grafikbibliotheken eingebettet werden. Die sich dahinter verbergenden mathematischen Operationen sind oftmals sehr aufwendig und werden im weiteren Verlauf dieses Kapitels beschrieben.

Lineare Abbildung

Die zur Umwandlung von Bildern oder Objekten benötigten linearen Transformationen werden in der Mathematik durch lineare Abbildungen realisiert.

Eine **lineare Abbildung** $\phi: \mathbb{R}^n \rightarrow \mathbb{R}^m$ weist jedem Punkt $P \in \mathbb{R}^n$ einen Bildpunkt $P' \in \mathbb{R}^m$ zu und zusätzlich für alle Punkte $P, Q \in \mathbb{R}^n$ und alle $\alpha, \beta \in \mathbb{R}^n$ gilt: $\phi(\alpha \cdot P + \beta \cdot Q) = \alpha \cdot \phi(P) + \beta \cdot \phi(Q)$. Diese Abbildung kann durch eine Matrixmultiplikation beschrieben werden:

$$P' = \phi(P) = M \cdot P, \qquad \textbf{(1)}$$

wobei M eine (m, n)-Matrix ist (vgl. dazu auch Anhang B).

Im hier zunächst betrachteten kartesischen Koordinatensystem gilt n = m = 2 und somit für die allgemeine Form der linearen Abbildung:

$$\begin{bmatrix} x' \\ y' \end{bmatrix} = \begin{bmatrix} a_{11} & a_{12} \\ a_{21} & a_{22} \end{bmatrix} \cdot \begin{bmatrix} x \\ y \end{bmatrix} \qquad \textbf{(2)}$$

Lineare Abbildungen, die geraden- und parallelentreu sind und bei denen auch das Teilverhältnis von Strecken untereinander erhalten bleibt, werden als **affine Abbildungen** bezeichnet. Damit haben sie die positiven Eigenschaften, dass parallele Geraden wieder auf parallele Geraden abgebildet werden, ein nicht entartetes Dreieck wieder auf ein beliebiges nicht entartetes Dreieck abgebildet wird und dass das Verhältnis der Flächeninhalte zweier Figuren erhalten bleibt. Affine Abbildungen können demnach verwendet werden, um die einmal festgelegten Koordinaten eines geometrischen Objekts als Basis für Verschiebungen, Vergrößerungen, Drehungen etc. zu benutzen. Genauso, wie es für die Computergrafik benötigt wird. Nicht mathematisch betrachtet, könnten diese Abbildungen auch als »gutmütig« bezeichnet werden.

Affine Abbildung

Die einfachen Transformationen, aus denen alle komplexen Transformationen zusammengesetzt werden können, werden nun beschrieben.

2.2.1 Translation

Ein Punkt P(x, y) in der Ebene erhält durch eine **Translation** (Verschiebung) eine neue Position P'(x', y'), indem zu den einzelnen Koordinaten ein Translationsbetrag $T(t_x, t_y)$ addiert wird. Damit ergibt sich für die Koordinaten:

Verschiebung

$$x' = x + t_x, \; y' = y + t_y. \qquad \textbf{(3)}$$

Wird die Translation in Spaltenvektoren

$$P = \begin{bmatrix} x \\ y \end{bmatrix}, P' = \begin{bmatrix} x' \\ y' \end{bmatrix}, \; T = \begin{bmatrix} t_x \\ t_y \end{bmatrix} \qquad \textbf{(4)}$$

ausgedrückt, so kann die Gleichung (3) in kompakter Form als

$$P' = P + T \qquad \textbf{(5)}$$

geschrieben werden.

Die Translation des Objekts aus Abb. 2.1-5 um den Translationsbetrag T(50, 40) ergibt folgende Punkte: A(60, 50), B(100, 50), C(100, 80), D(60, 80) und E(80, 100). Durch Umrechnung in die Bildschirmkoordinaten des Beispielfensters (250 x 168 Bildpunkte) erhält man: $A_{PC}(60, 118)$, $B_{PC}(100, 118)$, $C_{PC}(100, 88)$, $D_{PC}(60, 88)$, $E_{PC}(80, 68)$. Die Abb. 2.2-1 ist das Ergebnis der Ausführung des oben angegebenen Java-Programms und einer zusätzlichen Translation um 50 Pixel

Beispiel

nach rechts auf der x-Achse und um 40 Pixel noch oben auf der y-Achse. Alle Linien und Proportionen des Objekts bleiben dabei erhalten.

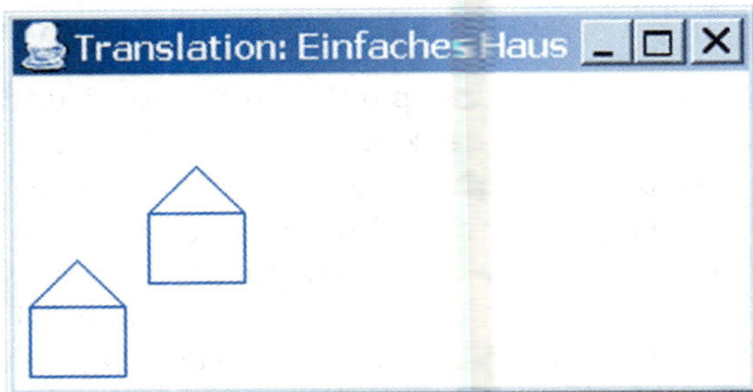

Abb. 2.2-1: Translation des Objekts aus Bild 2.1-5 um den Translationsvektor T(50, 40)

2.2.2 Skalierung

Streckung, Stauchung

Durch Multiplikation mit dem so genannten Skalierungsfaktoren s_x und s_y erfährt ein Objekt in der Ebene entlang der x- und der y-Achse eine **Skalierung** in Form einer Streckung oder Stauchung. Dabei wird die Position seiner Punkte so verändert, dass die Länge ihrer Projektion auf die jeweiligen Achsen des Koordinatensystems gestreckt bzw. gestaucht wird. Es ergibt sich für die Koordinaten:

$$x' = s_x \cdot x, \; y' = s_y \cdot y. \qquad \textbf{(6)}$$

In Matrixschreibweise lautet die Skalierung:

$$\begin{bmatrix} x' \\ y' \end{bmatrix} = \begin{bmatrix} s_x & 0 \\ 0 & s_y \end{bmatrix} \cdot \begin{bmatrix} x \\ y \end{bmatrix} \text{ oder } P' = S \cdot P. \qquad \textbf{(7)}$$

Wendet man die Skalierung auf ein Objekt bzw. seine Punkte an, so ist offensichtlich, dass bei gleichen Werten für s_x und s_y eine proportionalitätserhaltene Vergrößerung (bei Werten größer als 1) bzw. Verkleinerung (bei Werten zwischen 0 und 1) des Objekts stattfindet. Ist $s_x \neq s_y$, so ändern sich die Proportionen. Haben beide Skalierungsfaktoren den Wert 1, wird das Objekt auf sich selbst abgebildet. Mit einer Skalierung können also Zoom-Effekte realisiert werden.

Ist einer der beiden Skalierungsfaktoren negativ, so wird das Objekt skaliert und an der x- bzw. y-Achse gespiegelt. Haben beide Skalierungsfaktoren einen negativen Wert, so wird das Objekt skaliert und am Ursprung des Koordinatensystems gespiegelt, was einer Drehung um 180° um den Ursprung gleichkommt.

Fixpunkt der Skalierung

Die in (6) und (7) definierte Skalierung bewirkt, dass alle Punkte bis auf den Ursprung verschoben werden. Der Ursprung ist bei dieser Definition der so genannte Fixpunkt, da er sich als einziger Punkt durch die Matrixmultiplikation nicht verändert.

Ein beliebiger Fixpunkt $F(F_x, F_y)$, auf den sich die Skalierung beziehen soll, kann durch Translation um $T_F(-F_x, -F_y)$, Skalierung mit (s_x, s_y) und anschließender Translation um $T_F(F_x, F_y)$ definiert werden.

Die Formel (6) ändert sich somit zu

$$x' = s_x \cdot x + F_x \cdot (1 - s_x),\ y' = s_y \cdot y + F_y \cdot (1 - s_y), \quad \textbf{(8)}$$

wobei $F_x \cdot (1 - s_x)$ und $F_y \cdot (1 - s_y)$ für alle zu skalierenden Punkte konstant sind.

Beispiel

Die Skalierung des Objekts aus Abb. 2.1-6 mit den Skalierungsfaktoren $s_x = 2$ und $s_y = 3$ und um den Ursprung als Fixpunkt ergibt eine Verdopplung der Breite und eine Verdreifachung der Höhe des Objekts. Als Koordinaten erhält man: $A_{PC}(20, 138)$, $B_{PC}(100, 138)$, $C_{PC}(100, 48)$, $D_{PC}(20, 48)$, $E_{PC}(60, -12)$. Abb. 2.2-2 zeigt das Ergebnis.

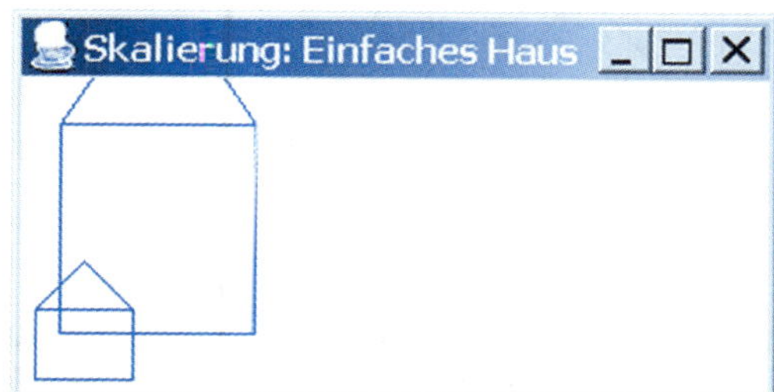

Abb. 2.2-2: Skalierung des Objekts aus Bild 2.1-6 um die Skalierungsfaktoren $s_x = 2$ und $s_y = 3$ und den Fixpunkt F(0, 0)

Wird eine Skalierung mit den Skalierungsfaktoren $s_x = s_y = 0{,}5$ um den Fixpunkt F(200, 50) durchgeführt, so ergeben sich die Koordinaten $A_{PC}(105, 138)$, $B_{PC}(125, 138)$, $C_{PC}(125, 123)$, $D_{PC}(105, 123)$, $E_{PC}(115, 113)$ und als Ergebnis die Abb. 2.2-3.

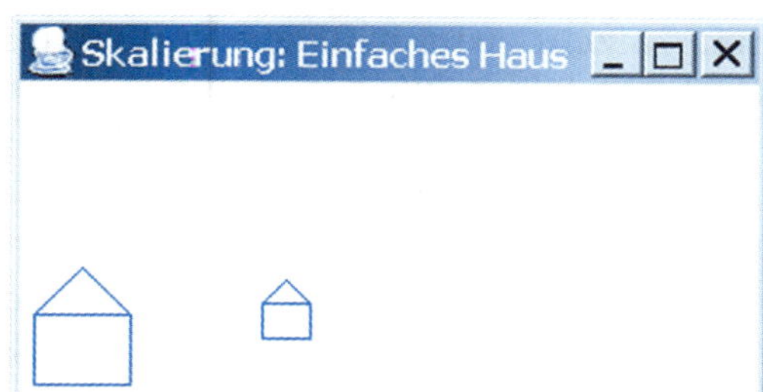

Abb. 2.2-3: Skalierung des Objekts aus Bild 2.1-6 um die Skalierungsfaktoren $s_x = s_y = 0{,}5$ und den Fixpunkt F(200, 50)

2.2.3 Rotation

Drehung

Die **Rotation** eines Punktes um den Ursprung des Koordinatensystems wird durch den Rotationswinkel φ definiert. Für die Koordinaten des Bildpunktes P' ergibt sich:

$$x' = x \cdot \cos(\varphi) - y \cdot \sin(\varphi),\ y' = x \cdot \sin(\varphi) + y \cdot \cos(\varphi). \quad \textbf{(9)}$$

In Matrixschreibweise lautet die Formel dann:

$$\begin{bmatrix} x' \\ y' \end{bmatrix} = \begin{bmatrix} \cos(\varphi) & -\sin(\varphi) \\ \sin(\varphi) & \cos(\varphi) \end{bmatrix} \cdot \begin{bmatrix} x \\ y \end{bmatrix} \text{ oder } P' = R \cdot T, \qquad \textbf{(10)}$$

wobei R als Rotationsmatrix bezeichnet wird. Positive Werte für den Rotationswinkel φ bewirken eine Drehung gegen den Uhrzeigersinn, wie in Abb. 2.2-4 zu erkennen ist. Für negative Winkel können zur Vereinfachung die Äquivalenzbeziehungen $\cos(-\alpha) = \cos(\alpha)$ und $\sin(-\alpha) = -\sin(\alpha)$ verwendet werden.

Abb. 2.2-4: Rotation des Punktes (x, y) um den Ursprung mit dem Rotationswinkel φ

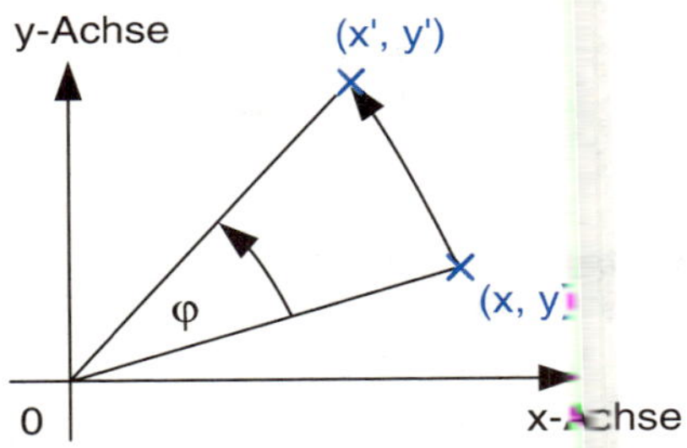

Auch eine Rotation muss nicht immer mit dem Ursprung als Fixpunkt durchgeführt werden. Liegt das Rotationszentrum im Punkt (R_x, R_y), so erfolgt die Rotation um den Winkel φ durch Translation um $(-R_x, -R_y)$, Rotation um den Ursprung und anschließender Translation um (R_x, R_y).

Die Formel lautet dann:

$$x' = R_x + (x - R_x) \cdot \cos(\varphi) - (y - R_y) \cdot \sin(\varphi),$$

$$y' = R_y + (y - R_y) \cdot \cos(\varphi) + (x - R_x) \cdot \sin(\varphi). \qquad \textbf{(11)}$$

Für eine Rotation um einen beliebigen Punkt sind also insgesamt drei Einzeltransformationen notwendig: Zunächst eine Verschiebung des Bildes hin zum Nullpunkt, dann eine Drehung um den Ursprung und schließlich wieder eine Verschiebung des Bildes an die originale Position.

Beispiel

Als Ergebnis der Rotation des Beispielobjekts mit 45° um den Fixpunkt $F_R(0, 100)$ ergeben sich die folgenden Bildkoordinaten: $A_{PC}(71, 125)$, $B_{PC}(99, 96)$, $C_{PC}(78, 75)$, $D_{PC}(50, 103)$, $E_{PC}(50, 75)$. Das Ergebnis dieser Rotation ist in Abb. 2.2-5 dargestellt.

Aus den bisherigen Definitionen lässt sich ableiten, dass die Translation, die Skalierung und die Rotation sozusagen als Basistransformationen bezeichnet werden können. Alle komplexeren Abbildungen werden aus diesen einfachen Transformationen zusammengesetzt, wie dies z.B. die Rotation um einen beliebigen Fixpunkt gezeigt hat.

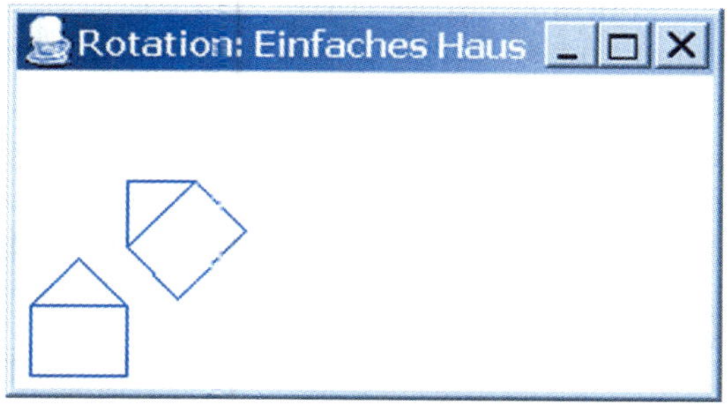

Abb. 2.2-5: Rotation des Objekts aus Bild 2.1-6 um den Rotationswinkel 45° um den Fixpunkt F_R(0, 100)

2.3 Homogene Koordinaten

Die Transformationsgleichungen zur Translation (P' = P + T), Skalierung (P' = S · P) und Rotation (P' = R · P) haben bei der Anwendung einen gravierenden Nachteil: Sie können nicht einheitlich in Matrixform dargestellt werden, da die Translation als Addition, die beiden anderen Transformationen aber als Multiplikationen berechnet werden. Die einheitliche Behandlung der Transformationen ist aber äußerst wünschenswert, da aus den bereits beschriebenen Gründen komplexe Transformationen aus der Hintereinanderausführung der einfachen Transformationen bestehen.

Homogene Koordinaten

Um die gleiche mathematische Behandlung von Transformationen durchführen zu können, werden Punkte nicht in ihren gewöhnlichen kartesischen Koordinaten dargestellt, sondern in den so genannten **homogenen Koordinaten**. Bei homogenen Koordinaten erhält jeder Punkt zusätzlich eine dritte Koordinate W, d.h. jeder Punkt wird durch das Tripel (x,y,W) repräsentiert. Gleichzeitig gilt: Zwei Punkte in homogenen Koordinaten (x, y, W) und (x', y', W') repräsentieren denselben Punkt genau dann, wenn einer ein Vielfaches des anderen ist, d.h. es gilt: $(x, y, W) = \lambda \cdot (x', y', W') = (\lambda \cdot x', \lambda \cdot y', \lambda \cdot W'), \lambda \in \mathbb{R}$.

Beispiel

Die Koordinatentripel (4, 6, 2) und (8, 12, 4) repräsentieren denselben Punkt.

Aus dieser Definition ist zu erkennen, dass jeder Punkt unendlich viele verschiedene Darstellungen in homogenen Koordinaten hat. Ist die W-Koordinate ungleich 0, kann durch sie dividiert werden und (x, y, W) repräsentiert denselben Punkt wie $(\frac{x}{W}, \frac{y}{W}, 1)$. Daraus folgt, dass $(\frac{x}{W}, \frac{y}{W})$ die kartesischen Koordinaten des homogenen Punktes (x, y, W) sind. Der Punkt mit den homogenen Koordinaten (x, y, 0) besitzt keine kartesischen Koordinaten, da die Division durch 0 nicht definiert ist.

Beispiel: Die Koordinatentripel (4, 6, 2) und (2, 3, 1) repräsentieren denselben Punkt und die kartesischen Koordinaten dieses Punktes lauten (2, 3).

Geometrisch bedeutet die Verwendung von drei Koordinaten für einen Punkt eine Repräsentation dieses Punktes in einem dreidimensionalen Raum. Dies gilt damit auch für die homogenen Koordinaten eines Punktes. Nimmt man alle Tripel, die denselben Punkt im 2D-(x, y)-Koordinatensystem repräsentieren, also alle Tripel der Form (t · x, t · y, t · W), mit t ≠ 0, so erhält man eine Gerade im dreidimensionalen (x, y, W)-Raum (vgl. Abb. 2.3-1). Durch die Division mit W erhält man einen Punkt der Form (x, y, 1). Betrachtet man die Menge aller homogenen Koordinaten (x, y, W) mit W = 1, so ergibt sich eine Fläche im (x, y, W)-Raum, die den Abstand 1 von der (x, y)-Ebene hat und in Abb. 2.3-1 grau eingezeichnet ist.

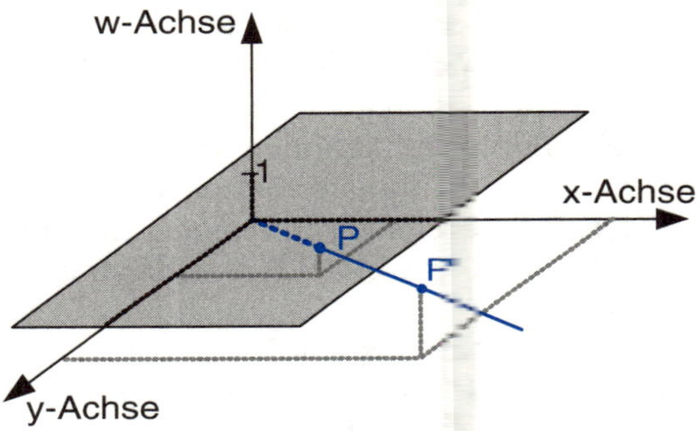

Abb. 2.3-1: Geometrische Interpretation homogener Koordinaten

Durch die Einführung homogener Koordinaten ist es nun möglich die Basistransformationen Translation, Skalierung und Rotation einheitlich im (x, y, W)-Raum in Form von Matrixmultiplikationen zu formulieren.

2.4 Matrixrepräsentation von 2D-Transformationen

Homogene Koordinaten bewirken somit, dass alle Punkte durch Vektoren mit drei Koordinaten und alle Transformationen einheitlich durch 3x3-Matrizen dargestellt werden können. Damit kann die Schreibweise bzw. die Anwendung der bisher vorgestellten 2D-Transformationen auf eine Matrizenmultiplikation zurückgeführt werden.

2.4.1 Translation

Aus den Gleichungen (3), (4), und (5) ergibt sich somit für die Translation in Matrixschreibweise:

$$\begin{bmatrix} x' \\ y' \\ 1 \end{bmatrix} = \begin{bmatrix} 1 & 0 & t_x \\ 0 & 1 & t_y \\ 0 & 0 & 1 \end{bmatrix} \cdot \begin{bmatrix} x \\ y \\ 1 \end{bmatrix} \text{ bzw.} \qquad \textbf{(15)}$$

$$P' = T(t_x, t_y) \cdot P \quad \text{mit} \quad T(t_x, t_y) = \begin{bmatrix} 1 & 0 & t_x \\ 0 & 1 & t_y \\ 0 & 0 & 1 \end{bmatrix}. \qquad \textbf{(16)}$$

Beispiel

Der Punkt P(2, 5, 1) soll in x-Richtung um 3 Einheiten und in y-Richtung um -4 Einheiten verschoben werden. Damit erhält man $P' = \begin{bmatrix} x' \\ y' \\ 1 \end{bmatrix} = \begin{bmatrix} 1 & 0 & 3 \\ 0 & 1 & -4 \\ 0 & 0 & 1 \end{bmatrix} \cdot \begin{bmatrix} 2 \\ 5 \\ 1 \end{bmatrix} = \begin{bmatrix} 5 \\ 1 \\ 1 \end{bmatrix}$. Der neu entstandene Punkt soll weiter in x-Richtung um eine Einheit und in y-Richtung um zwei Einheiten verschoben werden. Dies führt zu $P'' = \begin{bmatrix} x'' \\ y'' \\ 1 \end{bmatrix} = \begin{bmatrix} 1 & 0 & 1 \\ 0 & 1 & 2 \\ 0 & 0 & 1 \end{bmatrix} \cdot \begin{bmatrix} 5 \\ 1 \\ 1 \end{bmatrix} = \begin{bmatrix} 6 \\ 3 \\ 1 \end{bmatrix}$. Die beiden Translationen hätten aber auch – wie intuitiv vermutet – durch eine einzige Translation T(4, -2) durchgeführt werden können. Dieser Sachverhalt ist in Abb. 2.4-1 dargestellt.

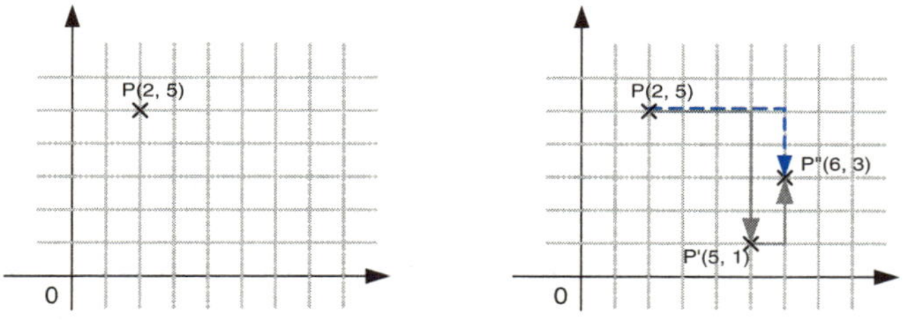

Abb. 2.4-1: Translationen, angewendet auf einen Punkt P(2, 5)

Wie im gerade beschriebenen Beispiel bereits angedeutet, gilt die folgende Feststellung: Wird auf einen Punkt P die Translation $T(t_{x1}, t_{y1})$ nach P' ausgeführt und anschließend die Translation $T(t_{x2}, t_{y2})$ nach P'', dann kann dies auch durch eine einzige Translation erreicht werden. Diese lautet dann: $T(t_{x1} + t_{x2}, t_{y1} + t_{y2})$

$$\text{bzw. } T = \begin{bmatrix} 1 & 0 & t_{x1} + t_{x2} \\ 0 & 1 & t_{y1} + t_{y2} \\ 0 & 0 & 1 \end{bmatrix}.$$

2.4.2 Skalierung

Für die Skalierungsgleichungen (6) und (7) ergibt sich folgende Darstellung:

$$\begin{bmatrix} x' \\ y' \\ 1 \end{bmatrix} = \begin{bmatrix} s_x & 0 & 0 \\ 0 & s_y & 0 \\ 0 & 0 & 1 \end{bmatrix} \cdot \begin{bmatrix} x \\ y \\ 1 \end{bmatrix} \text{ bzw.} \qquad \textbf{(14)}$$

$$P' = S(s_x, s_y) \cdot P \quad \text{mit} \quad S(s_x, s_y) = \begin{bmatrix} s_x & 0 & 0 \\ 0 & s_y & 0 \\ 0 & 0 & 1 \end{bmatrix}. \qquad \textbf{(15)}$$

Skalierungen können hintereinander ausgeführt werden und sind multiplikativ. Sind z. B.
$P' = S(s_{x_1}, s_{y_1}) \cdot P$ und $P'' = S(s_{x_2}, s_{y_2}) \cdot P'$ gegeben, so ergibt sich durch Substitution der beiden Gleichungen
$P'' = S(s_{x_2}, s_{y_2}) \cdot (\, S(s_{x_1}, s_{y_1}) \cdot P) = (\, S(s_{x_2}, s_{y_2}) \cdot S(s_{x_1}, s_{y_1})) \cdot P.$

Das Matrixprodukt der Hintereinanderausführung lautet:

$$\begin{bmatrix} s_{x_2} & 0 & 0 \\ 0 & s_{y_2} & 0 \\ 0 & 0 & 1 \end{bmatrix} \cdot \begin{bmatrix} s_{x_1} & 0 & 0 \\ 0 & s_{y_1} & 0 \\ 0 & 0 & 1 \end{bmatrix} = \begin{bmatrix} s_{x_2} \cdot s_{x_1} & 0 & 0 \\ 0 & s_{y_2} \cdot s_{y_1} & 0 \\ 0 & 0 & 1 \end{bmatrix}.$$

Beispiel

Die Linie L mit dem Anfangspunkt $P_1(2, 6, 1)$ und dem Endpunkt $P_2(6, 4, 1)$ soll um die Hälfte gekürzt werden, d.h. sie muss sowohl in x- als auch in y-Richtung mit dem Faktor 0,5 gestaucht werden. Es ergibt sich somit für die Punkte P' und P'' der neuen Linie

$$P' = \begin{bmatrix} x' \\ y' \\ 1 \end{bmatrix} = \begin{bmatrix} 0{,}5 & 0 & 0 \\ 0 & 0{,}5 & 0 \\ 0 & 0 & 1 \end{bmatrix} \cdot \begin{bmatrix} 2 \\ 6 \\ 1 \end{bmatrix} = \begin{bmatrix} 1 \\ 3 \\ 1 \end{bmatrix} \text{ und}$$

$$P'' = \begin{bmatrix} x'' \\ y'' \\ 1 \end{bmatrix} = \begin{bmatrix} 0{,}5 & 0 & 0 \\ 0 & 0{,}5 & 0 \\ 0 & 0 & 1 \end{bmatrix} \cdot \begin{bmatrix} 6 \\ 4 \\ 1 \end{bmatrix} = \begin{bmatrix} 3 \\ 2 \\ 1 \end{bmatrix}.$$

Die neue Linie zwischen P' und P'' ist nur noch halb so lang wie die zwischen P_1 und P_2. Außerdem beginnt und endet sie nicht in den Punkten P_1 und P_2, da der Fixpunkt dieser Skalierung der Ursprung war. Soll die neue Linie z.B. im Punkt P_1 beginnen, so ist dieser auch als Fixpunkt zu wählen, und es ergibt sich nach Formel (8):

$$P'_1 = \begin{bmatrix} x' \\ y' \\ 1 \end{bmatrix} = \begin{bmatrix} 0{,}5 & 0 & 2 \cdot (1 - 0{,}5) \\ 0 & 0{,}5 & 6 \cdot (1 - 0{,}5) \\ 0 & 0 & 1 \end{bmatrix} \cdot \begin{bmatrix} 2 \\ 6 \\ 1 \end{bmatrix} = \begin{bmatrix} 2 \\ 6 \\ 1 \end{bmatrix} \text{ und}$$

$$P''_2 = \begin{bmatrix} x'' \\ y'' \\ 1 \end{bmatrix} = \begin{bmatrix} 0{,}5 & 0 & 2 \cdot (1 - 0{,}5) \\ 0 & 0{,}5 & 6 \cdot (1 - 0{,}5) \\ 0 & 0 & 1 \end{bmatrix} \cdot \begin{bmatrix} 6 \\ 4 \\ 1 \end{bmatrix} = \begin{bmatrix} 4 \\ 5 \\ 1 \end{bmatrix}.$$

In Abb. 2.4-2 ist dieser Sachverhalt dargestellt.

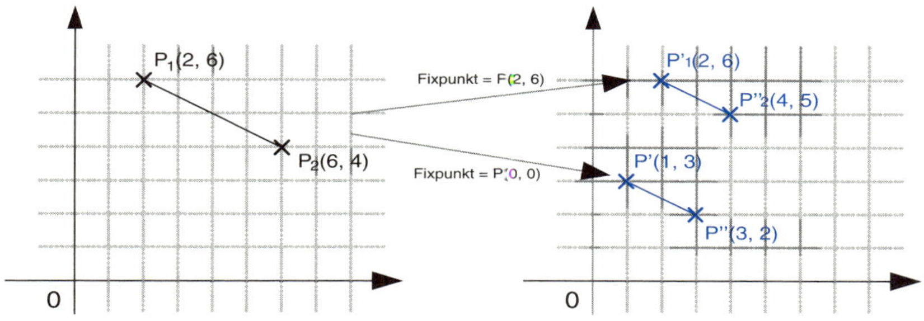

Abb. 2.4-2: Skalierung, angewendet auf eine Linie von P(2, 6) nach P(6, 4)

2.4.3 Rotation

Bei der Rotation ergibt sich als Matrixschreibweise folgende Gleichung:

$$\begin{bmatrix} x' \\ y' \\ 1 \end{bmatrix} = \begin{bmatrix} \cos(\varphi) & -\sin(\varphi) & 0 \\ \sin(\varphi) & \cos(\varphi) & 0 \\ 0 & 0 & 1 \end{bmatrix} \cdot \begin{bmatrix} x \\ y \\ 1 \end{bmatrix} \text{ bzw.} \qquad \textbf{(16)}$$

$$P' = R(\varphi) \cdot P \quad \text{mit} \quad R(\varphi) = \begin{bmatrix} \cos(\varphi) & -\sin(\varphi) & 0 \\ \sin(\varphi) & \cos(\varphi) & 0 \\ 0 & 0 & 1 \end{bmatrix}. \qquad \textbf{(17)}$$

Zwei aufeinanderfolgende Rotationen sind additiv. Seien $P' = R(\varphi) \cdot P$ und $P'' = R(\phi) \cdot P'$ gegeben, so ergibt sich durch Substitution der beiden Gleichungen $P'' = R(\phi) \cdot (R(\varphi) \cdot P) = (R(\phi) \cdot R(\varphi)) \cdot P$.

Das Matrixprodukt der Hintereinanderausführung ist:

$$\begin{bmatrix} \cos(\phi) & -\sin(\phi) & 0 \\ \sin(\phi) & \cos(\phi) & 0 \\ 0 & 0 & 1 \end{bmatrix} \cdot \begin{bmatrix} \cos(\varphi) & -\sin(\varphi) & 0 \\ \sin(\varphi) & \cos(\varphi) & 0 \\ 0 & 0 & 1 \end{bmatrix}$$

$$= \begin{bmatrix} \cos(\phi) \cdot \cos(\varphi) - \sin(\phi) \cdot \sin(\varphi) & -\cos(\phi) \cdot \sin(\varphi) - \sin(\phi) \cdot \cos(\varphi) & 0 \\ \sin(\phi) \cdot \cos(\varphi) + \cos(\phi) \cdot \sin(\varphi) & -\sin(\phi) \cdot \sin(\varphi) + \cos(\phi) \cdot \cos(\varphi) & 0 \\ 0 & 0 & 1 \end{bmatrix}$$

$$= \begin{bmatrix} \cos(\phi + \varphi) & -\sin(\phi + \varphi) & 0 \\ \sin(\phi + \varphi) & \cos(\phi + \varphi) & 0 \\ 0 & 0 & 1 \end{bmatrix}.$$

Beispiel

Ein Dreieck D, bestehend aus den Punkten $P_1(1, 1, 1)$, $P_2(2, 1, 1)$ und $P_3(1, 2, 1)$ soll um 180° gedreht werden. Es ergibt sich somit für die Punkte P', P'' und P''' des neuen Dreiecks

$$P' = \begin{bmatrix} x' \\ y' \\ 1 \end{bmatrix} = \begin{bmatrix} -1 & 0 & 0 \\ 0 & -1 & 0 \\ 0 & 0 & 1 \end{bmatrix} \cdot \begin{bmatrix} 1 \\ 1 \\ 1 \end{bmatrix} = \begin{bmatrix} -1 \\ -1 \\ 1 \end{bmatrix},$$

$$P'' = \begin{bmatrix} x'' \\ y'' \\ 1 \end{bmatrix} = \begin{bmatrix} -1 & 0 & 0 \\ 0 & -1 & 0 \\ 0 & 0 & 1 \end{bmatrix} \cdot \begin{bmatrix} 2 \\ 1 \\ 1 \end{bmatrix} = \begin{bmatrix} -2 \\ -1 \\ 1 \end{bmatrix} \text{ und}$$

$$P''' = \begin{bmatrix} x''' \\ y''' \\ 1 \end{bmatrix} = \begin{bmatrix} -1 & 0 & 0 \\ 0 & -1 & 0 \\ 0 & 0 & 1 \end{bmatrix} \cdot \begin{bmatrix} 1 \\ 2 \\ 1 \end{bmatrix} = \begin{bmatrix} -1 \\ -2 \\ 1 \end{bmatrix},$$

was nichts anderes als eine Punktspiegelung am Ursprung bedeutet. Wird hingegen der Punkt (1.5, 1.5, 1) als Fixpunkt der Drehung genommen, so ergibt sich:

$$P'_F = \begin{bmatrix} x' \\ y' \\ 1 \end{bmatrix} = \begin{bmatrix} -1 & 0 & 3 \\ 0 & -1 & 3 \\ 0 & 0 & 1 \end{bmatrix} \cdot \begin{bmatrix} 1 \\ 1 \\ 1 \end{bmatrix} = \begin{bmatrix} 2 \\ 2 \\ 1 \end{bmatrix},$$

$$P''_F = \begin{bmatrix} x'' \\ y'' \\ 1 \end{bmatrix} = \begin{bmatrix} -1 & 0 & 3 \\ 0 & -1 & 3 \\ 0 & 0 & 1 \end{bmatrix} \cdot \begin{bmatrix} 2 \\ 1 \\ 1 \end{bmatrix} = \begin{bmatrix} 1 \\ 2 \\ 1 \end{bmatrix} \text{ und}$$

$$P'''_F = \begin{bmatrix} x''' \\ y''' \\ 1 \end{bmatrix} = \begin{bmatrix} -1 & 0 & 3 \\ 0 & -1 & 3 \\ 0 & 0 & 1 \end{bmatrix} \cdot \begin{bmatrix} 1 \\ 2 \\ 1 \end{bmatrix} = \begin{bmatrix} 2 \\ 1 \\ 1 \end{bmatrix},$$

was einer Punktspiegelung am Mittelpunkt der Hypothenuse dieses Dreiecks gleich kommt. In Abb. 2.4-3 sind diese Drehungen skizziert. Die Fixpunkte der Drehungen sind in grau eingezeichnet.

Abb. 2.4-3: Drehung, angewendet auf ein Dreieck von $P_1(1, 1)$, $P_2(2, 1)$ und $P_3(1, 2)$

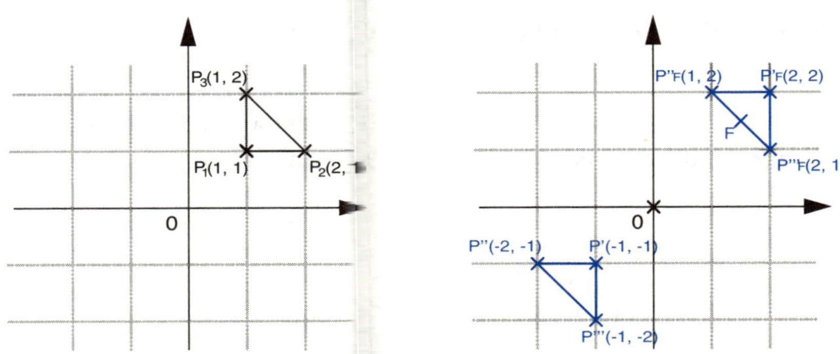

2.4.4 Weitere Transformationen und Gesetze

Spiegelung

Eine Spiegelung an einer bestimmten Achse des Koordinatensystems ist recht einfach durch eine Matrixmultiplikation realisierbar. Eine Spiegelung an der x-Achse kann durch Negation des y-Wertes der Koordinaten erreicht werden, eine Spiegelung an der y-Achse entsprechend durch Negation des x-Wertes.

Damit ergeben sich die zugehörigen Matrizen:

$$\begin{bmatrix} x' \\ y' \\ 1 \end{bmatrix} = \begin{bmatrix} 1 & 0 & 0 \\ 0 & -1 & 0 \\ 0 & 0 & 1 \end{bmatrix} \cdot \begin{bmatrix} x \\ y \\ 1 \end{bmatrix} \text{ bzw.} \qquad \textbf{(18)}$$

$$\begin{bmatrix} x' \\ y' \\ 1 \end{bmatrix} = \begin{bmatrix} -1 & 0 & 0 \\ 0 & 1 & 0 \\ 0 & 0 & 1 \end{bmatrix} \cdot \begin{bmatrix} x \\ y \\ 1 \end{bmatrix}. \qquad \textbf{(19)}$$

Für eine Spiegelung an beiden Achsen gleichzeitig, was einer Punktspiegelung am Ursprung entsprechen würde, könnte zunächst eine Spiegelung an der x-Achse und danach eine Spiegelung an der y-Achse durchgeführt werden. Dies kann in einer Matrix zusammengefasst werden und es ergibt sich für Punktspiegelungen am Ursprung:

$$\begin{bmatrix} x' \\ y' \\ 1 \end{bmatrix} = \begin{bmatrix} -1 & 0 & 0 \\ 0 & -1 & 0 \\ 0 & 0 & 1 \end{bmatrix} \cdot \begin{bmatrix} x \\ y \\ 1 \end{bmatrix}. \qquad \textbf{(20)}$$

Scherung

Ein weiteres Beispiel für eine Transformation ist die Scherung. Eine Scherung eines Objekts kann als Verzerrung bezeichnet werden. Sie kann entlang der x- oder y-Achse erfolgen. Betrachtet man die Scherung entlang der x-Achse, so bleiben die y-Werte konstant und die x-Werte werden proportional zu den y-Werten horizontal verschoben.

Die Matrixschreibweise für eine Scherung in x- bzw. y-Richtung lautet:

$$\begin{bmatrix} x' \\ y' \\ 1 \end{bmatrix} = \begin{bmatrix} 1 & Sch_x & 0 \\ 0 & 1 & 0 \\ 0 & 0 & 1 \end{bmatrix} \cdot \begin{bmatrix} x \\ y \\ 1 \end{bmatrix} \text{ bzw.} \qquad \textbf{(21)}$$

$$\begin{bmatrix} x' \\ y' \\ 1 \end{bmatrix} = \begin{bmatrix} 1 & 0 & 0 \\ Sch_y & 1 & 0 \\ 0 & 0 & 1 \end{bmatrix} \cdot \begin{bmatrix} x \\ y \\ 1 \end{bmatrix}. \qquad \textbf{(22)}$$

Abb. 2.4-4 zeigt eine Scherung eines Rechtecks in x-Richtung ($Sch_x = 2$, $Sch_y = 0$).

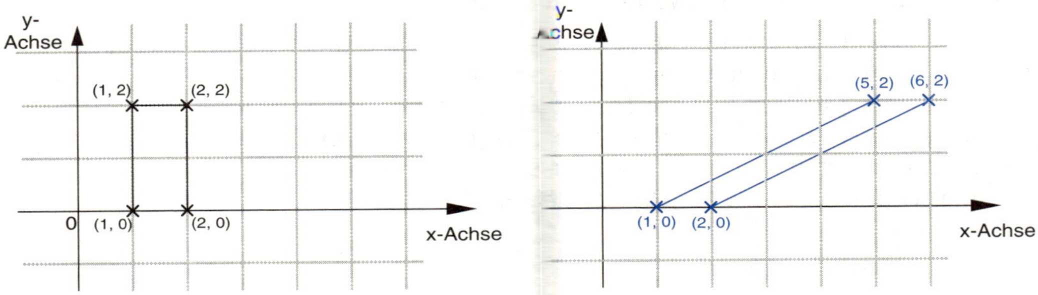

Abb. 2.4-4: Scherung eines Rechtecks in x-Richtung

Verkettung

Wie bereits mehrfach erwähnt, kann eine Transformation oft als Hintereinanderausführung oder Verkettung von einzelnen Transformationen angegeben werden. Eine der häufigsten Berechnungen in der Computergrafik ist die Anwendung einer Folge von Transformationen, wie z.B. Skalierung, Rotation und eine anschließende Translation, auf ein grafisches Objekt. Anstatt die Transformationen einzeln und sequenziell durchzuführen, können diese aber auch in einer Matrix zusammengefasst werden. Eine solche Matrix muss dann nur einmal auf das Objekt angewendet werden. Dass eine einzige Operation effizienter, d.h. mit weniger Rechenaufwand, durchgeführt werden kann, ist offensichtlich. Dies ist ein weiterer Vorteil der Vereinheitlichung der Schreibweise der Transformationen, die in Kapitel 2.3 durch die homogenen Koordinaten eingeführt wurde.

Auch in Gleichung (11) wurde die Rotation eines Punktes P, der nicht gleich dem Ursprung ist, bereits auf eine Hintereinanderausführung von drei fundamentalen Transformationen zurückgeführt. Als Erstes wird der Punkt durch eine Translation in den Ursprung verschoben, dann wird die eigentliche Rotation durchgeführt und als Letztes wird der Punkt wieder durch eine Translation aus dem Ursprung verschoben.

Hieraus kann nun gefolgert werden, dass jede Bewegung eines Objekts durch die Hintereinanderausführung von fundamentalen Transformationen berechnet werden kann. Aus der Mathematik ist bekannt, dass für die Matrizenmultiplikation das Assoziativgesetz ($A \cdot B \cdot C = (A \cdot B) \cdot C = A \cdot (B \cdot C)$) gültig ist, während das Kommutativgesetz ($A \cdot B = B \cdot A$) in der Regel nicht gilt (siehe auch Anhang B).

Sollen also mehrere Transformationen nacheinander auf ein grafisches Objekt ausgeführt werden, so können zuerst die Transformationsmatrizen unter Berücksichtigung der obigen Gesetze ausmultipliziert werden, bevor die Koordinaten der einzelnen Punkte des Objekts modifiziert werden.

Eine Verallgemeinerung der bisher besprochenen Transformationen lässt sich in der Matrixform

Verallgemeinerung

$$\begin{bmatrix} x' \\ y' \\ 1 \end{bmatrix} = \begin{bmatrix} a & b & c \\ d & e & f \\ 0 & 0 & 1 \end{bmatrix} \cdot \begin{bmatrix} x \\ y \\ 1 \end{bmatrix} \qquad \textbf{(23)}$$

darstellen, wobei hier wie in allen bisherigen und nachfolgenden Beispielen davon ausgegangen wird, dass der zu transformierende Punkt von rechts an die Matrix multipliziert wird. Offensichtlich sind alle elementaren Transformationen und ihre Kompositionen Spezialfälle dieser allgemeinen Schreibweise. Wird ein neuer Punkt $P' = M \cdot P$ als Multiplikation einer 3x3-Matrix M mit einem Vektor P betrachtet, so müssten jeweils die folgenden neun Multiplikationen und sechs Additionen durchgeführt werden:

$$\begin{aligned} x' &= x \cdot a + y \cdot b + 1 \cdot c, \\ y' &= x \cdot d + y \cdot e + 1 \cdot f, \\ 1 &= 0 \cdot x + 0 \cdot y + 1 \cdot 1. \end{aligned} \qquad \textbf{(24)}$$

Da ein darzustellendes Objekt aus einer Vielzahl von Punkten bestehen kann, sind diese Berechnungen sehr rechenintensiv. Durch die besondere Form der letzten Zeile der Matrix, die für alle Transformationen und Kombinationen daraus gleich bleibt, kann der Rechenaufwand auf jeweils vier Multiplikationen und vier Additionen signifikant reduziert werden. Es müssen letztendlich immer nur die folgenden beiden Gleichungen berechnet werden:

$$\begin{aligned} x' &= x \cdot a + y \cdot b + c, \\ y' &= x \cdot d + y \cdot e + f. \end{aligned} \qquad \textbf{(25)}$$

Beispiel

In einer Anwendung aus der Computergrafik ist ein Gebäude dargestellt, welches aus 5000 Punkten zusammengesetzt ist. Dieses Gebäude soll vergrößert, gedreht und verschoben werden. Nach der Formel (24) der verallgemeinerten Matrixmultiplikation müssen nun für jeden Punkt neun Multiplikationen und sechs Additionen berechnet werden, was insgesamt 135.000 Multiplikationen und 90.000 Additionen entspricht. Im vereinfachten Fall aus der Formel (25) würden nur noch 60.000 Multiplikationen und 60.000 Additionen benötigt. Aus Gründen der Einfachheit gehen wir davon aus, dass eine Multiplikation zwei Nanosekunden und eine Addition eine Nanosekunde Rechenzeit benötigen, so wäre die Vergrößerung im ersten Fall nach 0,36 s berechnet und im zweiten Fall bereits nach 0,18 s.

Affine Abbildung Affine Abbildungen sind lineare Abbildungen, die geraden- und parallelentreu sind und bei denen auch das Teilverhältnis von Strecken untereinander erhalten bleibt. Sie sind nicht längen-, winkel- und flächentreu.

Homogene Koordinaten (→Koordinatensystem) Bei homogenen Koordinaten (auch Verhältniskoordinaten genannt) hat die einzelne Koordinate keine unmittelbare Bedeutung für die Lage eines Punktes. Die Lage des Punktes bestimmt sich aus dem Verhältnis der Koordinaten zueinander. In homogenen Koordinatensystemen besitzen auch unendlich ferne Punkte endliche Koordinaten.

Java Eine vollständig objektorientierte Programmiersprache, die sich syntaktisch an die Sprachen C und C++ anlehnt. Die Besonderheit von Java ist der prozessorunabhängige Byte-Code, durch den es möglich ist, unabhängig vom verwendeten Rechner Java-Programme auszuführen. Dies funktioniert auf allen Plattformen, auf denen eine virtuelle Java-Maschine implementiert ist. In Java sind sehr viele aktuelle Technologien bereits in der Programmiersprache enthalten. Außerdem gibt es eine sehr große Anzahl an vorgefertigten Klassen, die die Entwicklung von Software vereinfachen. Derzeit ist die kostenlose Java-Entwicklungsumgebung in der Version 1.4 als JDK (*Java Development Kit*) bei Sun Microsystems erhältlich.

Kartesisches Koordinatensystem (→Koordinatensystem) Bilden die Vektoren $\vec{x}_1, \dots, \vec{x}_n$ eines Koordinatensystems eine orthonormale Basis (d.h. alle Vektoren sind Einheitsvektoren, d.h. sie haben die Länge 1 und stehen senkrecht aufeinander), so heißt ein Koordinatensystem K kartesisches Koordinatensystem.

Koordinaten (→Koordinatensystem) Die Zahlen $\lambda_1, \dots, \lambda_n$ werden Koordinaten eines Punktes P bezüglich des Koordinatensystems K genannt. Außerdem können Koordinaten auch als →Polarkoordinaten angegeben werden.

Koordinatensystem Als Koordinatensystem K eines n-dimensionalen Raumes V_n wird eine Menge linear unabhängiger Vektoren $\vec{x}_1, \dots, \vec{x}_n$ bezeichnet. Jeder Punkt P lässt sich in eindeutiger Weise als Linearkombination der n Vektoren darstellen: $P = \lambda_1\vec{x}_1 + \dots + \lambda_n\vec{x}_n$.

Lineare Abbildung Es seien V und V' zwei Vektorräume. Jede Abbildung ϕ von V in V' heißt lineare Abbildung von V in V' genau dann, wenn gilt: (1): $\phi(x + y) = \phi(x) + \phi(y)$ für alle $x, y \in V$ und (2): $\phi(\lambda x) = \lambda\phi(x)$ für alle $x \in V$ und alle reellen λ.

Lineare Transformation Ist bei einer →linearen Abbildung V = V', so bezeichnet man $\phi: V \to V'$ auch als eine lineare Transformation von V.

Pixel Engl. Kurzform für *picture element*. Das Computerbild wird auf dem Bildschirm als eine Matrix von Bildpunkten dargestellt. Diese sind für den Computer die kleinsten Einheiten, aus denen er ein Bild aufbaut. Pixel haben mindestens zwei mögliche Zustände (Schwarz oder Weiß). Im Farbbereich können Pixel bis zu 16 Millionen Zustände annehmen. Auf einer Matrix befinden sich bei hochauflösenden Grafikbildschirmen bis zu 2048 x 1536 Pixel. Je mehr Pixel auf einem Bildschirm dargestellt werden können, umso feiner und schärfer ist das Bild.

Polarkoordinaten Ein Punkt P hat in Polarkoordinaten die Darstellung $P(r, \varphi)$, wobei r die Länge des Ortspfeils und φ der Winkel ist, den die x-Achse mit dem Ortspfeil einschließt.

Punkt (→Koordinatensystem)

Rotation Drehung eines Punktes bzw. eines grafischen Objekts um einen bestimmten Winkel.

Skalierung Streckung oder Stauchung eines Punktes bzw. eines grafischen Objekts in eine bestimmte Richtung.

Translation Verschiebung eines Punktes bzw. eines grafischen Objekts in eine bestimmte Richtung.

Vektor Ein Vektor ist ein Pfeil, der durch eine Länge und eine Richtung eindeutig definiert ist. Vektoren, die den Ursprung des Koordinatensystems mit einem Punkt verbinden, werden als Ortsvektoren bezeichnet.

Ziel der 2D-Computergrafik ist es, eine Szene auf dem Bildschirm eines Computers oder eines anderen Ausgabegerätes darzustellen. Eine Szene setzt sich aus grafischen Elementen, wie z.B. Dreiecken, zusammen. Diese Elemente wiederum setzen sich aus dem einfachsten grafischen Element, dem Punkt, zusammen. Ein Pfeil, der den Ursprung eines Koordinatensystems mit einem Punkt verbindet, wird als Vektor bezeichnet. Mit Hilfe moderner Programmiersprachen, wie z.B. Java, können einfache grafische Elemente auf einem Bildschirm dargestellt werden. Das Bildschirmkoordinatensystem eines Computers hat zwei Dimensionen und besteht aus einzelnen Bildpunkten, den Pixeln. Um die Szene für die Darstellung aufzubereiten, bedient man sich linearer Transformationen bzw. linearer Abbildungen aus der Mathematik oder allgemeiner affiner Abbildungen.

Grundlage der affinen Transformationen ist die Repräsentation zweidimensionaler Objekte in homogenen Koordinaten, die als Erweiterung der kartesischen Koordinaten bzw. des kartesischen Koordinatensystems angesehen werden können. Weitere Koordinaten und Koordinatensysteme, in denen Objekte dargestellt werden können und die für die Computergrafik interessant sind, sind die Polarkoordinaten.

Durch die homogenen Koordinaten ist es möglich, eine einheitliche Matrixschreibweise für die Basisoperationen Translation, Skalierung und Rotation zu definieren.

/Balzert, Helmut 1999/
Balzert Helmut, *Lehrbuch Grundlagen der Informatik*, Spektrum Akademischer Verlag 1999, 927 Seiten
/Brill 2001/
Brill M., *Mathematik für Informatiker*, Varl Hanser Verlag 2001, 447 Seiten
/Encarnacao 1996/
Encarnacao J., Strasser W., Klein R., *Graphische Datenverabeitung 1, 4. Auflage*, Oldenbourg 1996, 418 Seiten
/Fischer 2000/
Fischer G., *Lineare Algebra, 12. verbesserte Auflage*, Vieweg Verlag 2000, 384 Seiten
/Foley et al. 1990/
Foley J., van Dam A., Feiner S., Hughes J., *Computer Graphics – Principles and Practise, 2nd Edition*, Addison-Wesley 1990, 1175 Seiten
/Rauber 1993/
Rauber Th., *Algorithmen in der Computergraphik*, Teubner 1993, 432 Seiten
/Zeppenfeld 2003/
Zeppenfeld K., *Objektorientierte Programmiersprachen*, Spektrum Akademischer Verlag 2003, 350 Seiten

Muss-Aufgabe
Zeit 5 Min

1 Lernziel: *Umrechnungen zwischen Koordinatensystemen durchführen können.*
Geben Sie für den Punkt P(30, 7) seine Darstellung in Polarkoordinaten an. Welche kartesischen Koordinaten hat der Punkt Q(23, 43.7°)?

Muss-Aufgabe
Zeit 15 Min

2 Lernziel: *Einfache Transformationen auf zweidimensionalen Objekten durchführen können.*
Gegeben sei ein Rechteck durch die Punkte A(0, 0), B(30, 0), C(30, 20) und D(0, 20). Führen Sie nacheinander die Translation T(4, 10), die Skalierung S(0.5, [illegible]), die Rotation R(45°) und die Scherung $Sch_x(2)$ auf diesem Objekt aus. Wie lauten die Koordinaten der Eckpunkte des Objekts nach Durchführung der einzelnen Operationen? Wie lautet die Gesamtmatrix für diese Transformationen?

Muss-Aufgabe
Zeit 15 Min

3 Lernziel: *Erkennen, durch welche Transformationen ein Objekt manipuliert wurde.*
Gegeben sei ein Dreieck durch seine Koordinaten A(0, 0), B(40, 10) und C(20, 30). Dieses Dreieck wurde transformiert in seine neuen Koordinaten A'(120, 45), B'(80, 55) und C'(100, 75). Finden Sie eine einzige Transformation oder eine Hintereinanderausführung von Transformationsmatrizen, die diese Abbildung durchgeführt haben.

Kann-Aufgabe
Zeit 5 Min

4 Lernziel: *Zusammenhänge der Hintereinanderausführung von Translationen beweisen können.*
Beweisen Sie: Wird auf einen Punkt P die Translation $T(t_{x_1}, t_{y_1})$ nach P' ausgeführt und anschließend die Translation $T(t_{x_2}, t_{y_2})$ nach P'', dann kann dies auch durch eine einzige Translation erreicht werden. Diese lautet dann: $T(t_{x_1} + t_{x_2}, t_{y_1} + t_{y_2})$.

2 Grundlagen – 2D-Grafik (Teil 2)

- Wissen, welche verschiedenen Transformationen von Welt- in Bildkoordinaten notwendig sind. — wissen
- Erklären können, wie eine Transformation von Welt- in Bildkoordinaten aufgebaut ist. — verstehen
- Verstehen, wie Java-Programme zur 2D-Grafikprogrammierung grundsätzlich aufgebaut sind.
- Eine Transformation von Welt- in Bildkoordinaten durchführen können. — anwenden
- Die in diesem Kapitel vorgestellten Java-Programme anwenden und erweitern können.

- Kapitel 2.1 bis 2.4 sollten durchgearbeitet worden sein.
- Grundlegende Kenntnisse der Objektorientierung und der Programmierung mit Java sollten vorhanden sein.

2.5 Transformation von Welt- in Bildkoordinaten

Die in den bisherigen Abschnitten 2.1 bis 2.4 eingeführten mathematischen Begriffe beschreiben die Grundlagen für das eigentliche Ziel der Computergrafik, nämlich Objekte oder komplex zusammengesetzte Szenen auf einem zweidimensionalen PC-Bildschirm darzustellen.

Modellkoordinaten

Um dies durchführen zu können, wird eine Szene aus einzelnen Objekten zusammengesetzt. Ein solches Objekt ist i. d.R. in seinem eigenen Koordinatensystem definiert. Diese Koordinaten werden auch als **Modellkoordinaten** bezeichnet. Ein Quadrat kann beispielsweise durch die folgenden vier Punkte definiert werden: A(0, 0), B(1, 0), C(1, 1) und D(0, 1) (vgl. Abb. 2.5-1).

Weltkoordinaten

Wird dieses Quadrat nun in einer Szene verwendet, die aus mehreren Objekten besteht, so muss es aus seinen Modellkoordinaten in die **Weltkoordinaten** der Szene transformiert werden. In Abb. 2.5-2 wird das Quadrat aus Abb. 2.5-1 insgesamt zweimal bei der Darstellung eines Hauses verwendet. Die beiden Quadrate sind nun in den Weltkoordinaten der Szene dargestellt. Die Koordinaten des Hauses für sich allein betrachtet sind in Metern definiert.

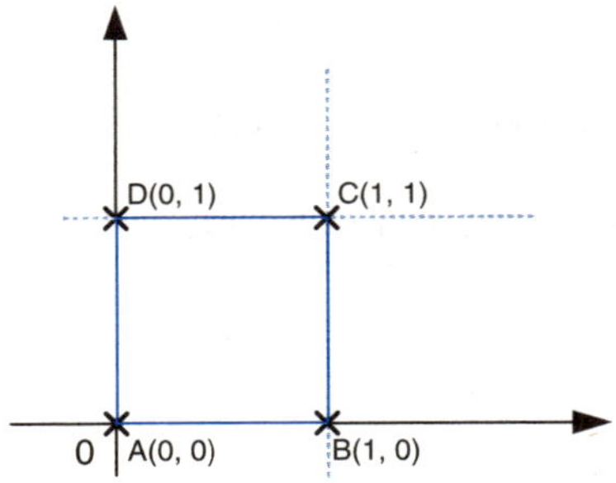

Abb. 2.5-1: Quadrat in Modellkoordinaten

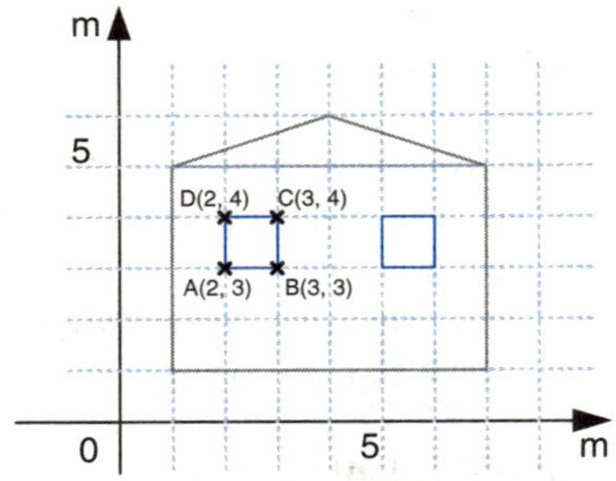

Abb. 2.5-2: Weltkoordinaten einer Szene

Würde man das in Abb. 2.5-2 beschriebene Haus selbst wiederum als einzelnes Objekt betrachten und seine Koordinaten als Modellkoordinaten, so könnte es Bestandteil einer Szene sein, die etwa Häuser in einem Stadtplan beschreibt. Betrachtet man das Haus dann in den Koordinaten eines Stadtplans, so wären die Weltkoordinaten dieser Szene in maßstabsgetreuen Längeneinheiten angegeben.

Bildschirmkoordinaten

Gleichgültig wie die Welt- oder Modellkoordinaten der darzustellenden Objekte definiert sind: Sollen sie auf einem Bildschirm angezeigt werden, müssen sie in die **Bildschirmkoordinaten** transformiert werden. Auf einem zweidimensionalen Zeichenbrett besteht diese Transformation demnach darin, einen rechteckigen Ausschnitt des Weltkoordinatensystems in ein anderes Fenster der Zeichenfläche, die Teil der Bildschirmkoordinaten sind, abzubilden.

Für das obige Beispiel bedeutet dies, dass der Bauplan eines Hauses oder ein Ausschnitt aus einem Stadtplan auf den Bildschirm transformiert werden muss. In Abb. 2.5-3 ist diese Beziehung zwischen Welt- und Bildkoordinaten exemplarisch dargestellt.

In der Abb. 2.5-3 wird deutlich, dass ein beliebiger Punkt P(x, y) aus dem Fenster im Weltkoordinatensystem auf den entsprechenden Punkt P'(u, v) des Fensters im Bildschirmkoordinatensystem abgebildet werden muss. Die dafür benötigte Vorgehensweise ist bereits in diesem Kapitel definiert worden: Das Fenster in Weltkoordinaten muss in ein Fenster in Bildschirmkoordinaten abgebildet werden. Es bleibt also noch zu klären, wie die entsprechende Transformationsmatrix aussehen muss.

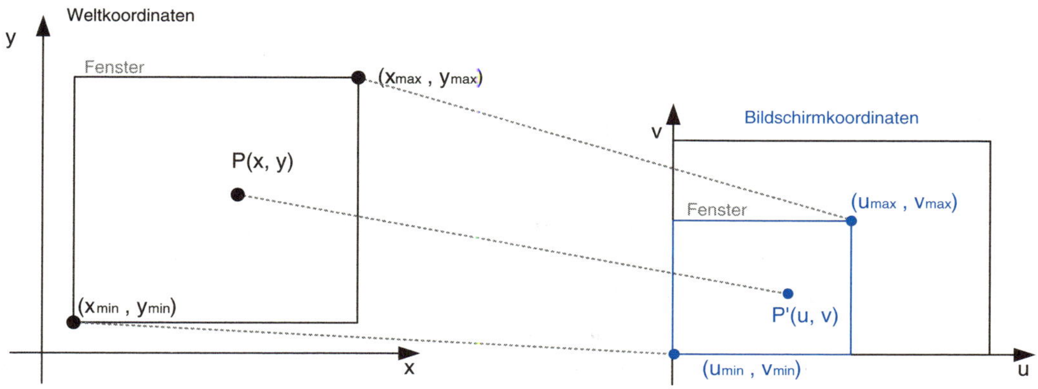

Abb. 2.5-3: Beziehung zwischen Welt- und Bildkoordinaten

Nach allem, was in den vorangegangenen Abschnitten eingeführt wurde, ist dies eine relativ einfache Transformation, die aus genau drei Einzelschritten besteht:

1. Translation des Ausschnitts aus dem Weltkoordinatensystem in den Ursprung des Weltkoordinatensystems. Die Translationsmatrix dazu lautet:

$$T_1(-x_{min}, -y_{min}) = \begin{bmatrix} 1 & 0 & -x_{min} \\ 0 & 1 & -y_{min} \\ 0 & 0 & 1 \end{bmatrix}.$$

2. Skalierung des Fensters im Ursprung des Weltkoordinatensystems in den Ursprung des Geräte- bzw. Bildkoordinatensystems. Die entsprechende Matrix lautet:

$$S\left(\frac{u_{max} - u_{min}}{x_{max} - x_{min}}, \frac{v_{max} - v_{min}}{y_{max} - y_{min}}\right) = \begin{bmatrix} \frac{u_{max} - u_{min}}{x_{max} - x_{min}} & 0 & 0 \\ 0 & \frac{v_{max} - v_{min}}{y_{max} - y_{min}} & 0 \\ 0 & 0 & 1 \end{bmatrix}.$$

Nach Ausführung dieser Transformation befindet sich das betrachtete Fenster dann bereits im Ursprung des Bildkoordinatensystems.

3. Translation des Fensters im Bildkoordinatensystem auf die Zielposition:

$$T_2(u_{min}, v_{min}) = \begin{bmatrix} 1 & 0 & u_{min} \\ 0 & 1 & v_{min} \\ 0 & 0 & 1 \end{bmatrix}.$$

Diese drei Einzelschritte können auch in einer einzigen Matrix zusammengefasst werden. Diese Gesamtmatrix M_{WB} sieht dann folgendermaßen aus:

$$M_{WB} = T_2 \cdot S \cdot T_1 = \begin{bmatrix} \frac{u_{max} - u_{min}}{x_{max} - x_{min}} & 0 & -x_{min} \cdot \frac{u_{max} - u_{min}}{x_{max} - x_{min}} + u_{min} \\ 0 & \frac{v_{max} - v_{min}}{y_{max} - y_{min}} & -y_{min} \cdot \frac{v_{max} - v_{min}}{y_{max} - y_{min}} + v_{min} \\ 0 & 0 & 1 \end{bmatrix}. \quad \textbf{(26)}$$

Um also den Bildpunkt P' eines Punktes P in Bildschirmkoordinaten zu erhalten, muss die Transformation M_{WB} angewendet werden:

$$P' = M_{WB} \cdot P = \begin{bmatrix} (x - x_{min}) \cdot \frac{u_{max} - u_{min}}{x_{max} - x_{min}} + u_{min} \\ (y - y_{min}) \cdot \frac{v_{max} - v_{min}}{y_{max} - y_{min}} + v_{min} \\ 1 \end{bmatrix}. \quad \textbf{(27)}$$

Window-Viewport-Transformation

In Abb. 2.5-4 werden die einzelnen Schritte, die insgesamt auch als ***Window-Viewport-Transformation*** bezeichnet werden, noch einmal im Überblick zusammengefasst:

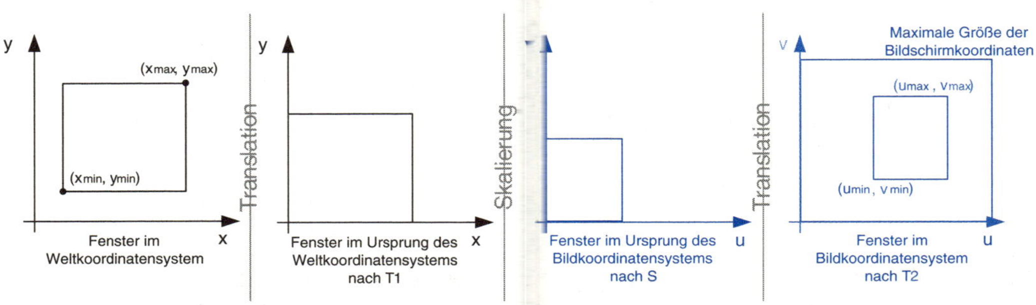

Abb. 2.5-4: Darstellung der Einzelschritte der Transformation von Welt- in Bildkoordinaten

Beispiel

Für das Beispiel aus Abb. 2.1-5 ergibt sich damit folgende Situation: Angenommen die Punkte A bis E wären die Weltkoordinaten und der Ausschnitt aus dem Weltkoordinatensystem ginge von $(x_{min}, y_{min}) = (0, 0)$ bis $(x_{max}, y_{max}) = (100, 100)$ und das Fenster aus dem Bildschirmkoordinatensystem wäre definiert durch $(u_{min}, v_{min}) = (0, 0)$ und $(u_{max}, v_{max}) = (250, 168)$, dann würde die Transformation der einzelnen Punkte durch die Gleichung

$$P' = M_{WB} \cdot P = \begin{bmatrix} (x - 0) \cdot \frac{250 - 0}{100 - 0} + 0 \\ (y - 0) \cdot \frac{168 - 0}{100 - 0} + 0 \\ 1 \end{bmatrix} = \begin{bmatrix} x \cdot \frac{250}{100} \\ y \cdot \frac{168}{100} \\ 1 \end{bmatrix} \text{ definiert.}$$

Damit errechnen sich die einzelnen Punkte zu A' (25, 16.8), B' (125, 16.8), C' (125, 67.2), D' (25, 67.2), E' (75, 100.8). Umgerechnet in die Bildschirmkoordinaten des Fensters der Größe 250x168 ergibt sich damit: $A_{PC}(25, 151)$, $B_{PC}(125, 151)$, $C_{PC}(125, 101)$, $D_{PC}(25, 101)$, $E_{PC}(75, 67)$. In Abb. 2.5-5 ist das Ergebnis der Transformation der Welt- in die Gerätekoordinaten zu sehen, wobei im linken Bild das Haus in Weltkoordinaten und im rechten Bild in Bildschirmkoordinaten dargestellt ist. Die Ausschnitte aus den jeweils betrachteten Koordinatensystemen sind durch die Linien eingegrenzt.

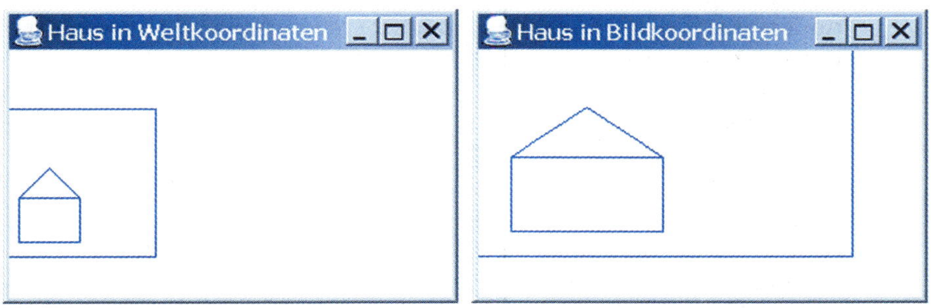

Abb. 2.5-5: Window-Viewport-Transformation

2.6 Transformationen in Java

Seit der Version 1.2 des JDK (*Java Development Kit*), der kostenlosen **Java**-Entwicklungsumgebung der Firma Sun Microsystems, wurde das Java-2D-API (*Application Programming Interface*) eingeführt. Es bietet gegenüber dem JDK 1.1 erweiterte Möglichkeiten beim Erzeugen und Bearbeiten von 2D-Grafiken. Mit der aktuellen Version 1.4 der *Java2-Platform* steht dem Entwickler eine sehr gute Klassenbibliothek mit umfangreichen Möglichkeiten der Programmierung von zweidimensionalen Grafiken zur Verfügung. Eine ausführliche Einführung und Beschreibung des Java-2D-APIs befindet sich in Kapitel 7.

An dieser Stelle soll bereits auf die Möglichkeiten dieses APIs anhand eines Beispiels kurz eingegangen werden, bei dem die Anwendung einfacher Transformationen gezeigt wird.

Beispiel

Das Beispielhaus aus Abb. 2.1-5 soll durch einige Transformationen manipuliert werden. Zunächst wird es in Modellkoordinaten definiert (vgl. Abb. 2.6-1). Der Ursprung des Modellkoordinatensystems wird dabei in die Mitte des Objekts gelegt. Die Koordinaten der einzelnen Punkte können aus Abb. 2.6-1 abgelesen werden.

Abb. 2.6-1: Beispielzeichnung in Modellkoordinaten

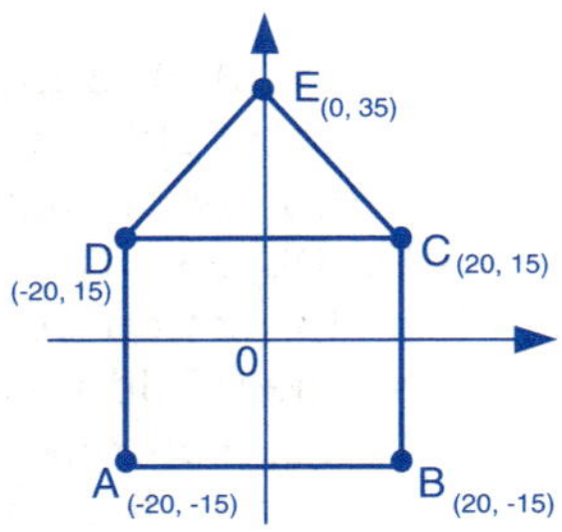

Auf diesem Beispielobjekt sollen nun nacheinander Transformationen durchgeführt werden. Zunächst eine Rotation um 180°, die das Haus sozusagen auf den Kopf stellt. Danach soll eine Verschiebung in die Mitte des Bildschirmausgabefensters durchgeführt werden. Zum Schluss wird das Objekt noch um 90° um den Mittelpunkt des Bildschirmausgabefensters gedreht.

Der Ausschnitt des folgenden Java-Programms zeigt die Vorgehensweise. Zunächst wird ein Objekt `einHaus_in_MC` der Klasse `GeneralPath` erzeugt, dem dann die Konturen des Beispielobjekts in seinen Modellkoordinaten durch die Operationen `moveTo` und `lineTo` mitgeteilt werden (vgl. Kap. 7).

Danach werden sukzessive drei affine Transformationen `t1`, `t2` und `t3` erzeugt, die mit den oben definierten zwei Rotationen und einer Translation initialisiert werden (vgl. Kap. 7).

Lässt man sich die entsprechenden Werte der Matrizen mit Hilfe der Operation `getMatrix` ausgeben, so erhält man:

$$t1 = \begin{bmatrix} -1 & 0 & 0 \\ 0 & -1 & 0 \\ 0 & 0 & 1 \end{bmatrix},\ t2 = \begin{bmatrix} 1 & 0 & 125 \\ 0 & 1 & 84 \\ 0 & 0 & 1 \end{bmatrix} \text{ und } t3 = \begin{bmatrix} 0 & -1 & 209 \\ 1 & 0 & -41 \\ 0 & 0 & 1 \end{bmatrix}.$$

Werden die Transformationen dann nacheinander auf das Ursprungsobjekt angewendet und die Zwischenschritte in Hilfsobjekten der Klasse `Shape` abgespeichert, so erhält man als Ausgabe das erwartete Bild (vgl. Abb. 2.6-2). Es ist zu beachten, dass der Ursprung des PC-Gerätekoordinatensystems in der oberen linken Bildecke ist.

Quelltext: | **Beschreibung:**

```
import java.awt.*;
import java.awt.geom.*;
import java.awt.event.*;
import javax.swing.*;
```

Import der benötigten Klassen.

```
public class Transformation_Haus
extends JFrame
{
   public static void main(String[] args)
   {
      Transformation_Haus wnd = new
         Transformation_Haus();
   }
```

Das Beispiel erweitert die Klasse JFrame und öffnet ein neues Fenster.

```
   public Transformation_Haus()
   {
      super("Beispiel: Transformation
         Haus");
      addWindowListener(
         new WindowAdapter() {
            public void windowClosing(
               WindowEvent event)
            {
               System.exit(0);
            }
         }
      );
      setBackground(Color.white);
      setForeground(Color.blue);
      setSize(250,168);
      setVisible(true);
   }
```

Konstruktor zum Aufbau und zur Initialisierung des Fensters.

```
   public void paint(Graphics g)
   {  Graphics2D g2 = (Graphics2D) g;
```

Zeichenroutine des Grafikkontextes

```
      GeneralPath einHaus_in_MK = new
         GeneralPath();

      einHaus_in_MK.moveTo(-20f, -15f);
      einHaus_in_MK.lineTo(20f, -15f);
      einHaus_in_MK.lineTo(20f, 15f);
      einHaus_in_MK.lineTo(-20f, 15f);
      einHaus_in_MK.lineTo(-20f, -15f);
      einHaus_in_MK.moveTo(-20f, 15f);
      einHaus_in_MK.lineTo(0f, 35f);
      einHaus_in_MK.lineTo(20f, 15f);
```

Erzeugen eines Objekts der Klasse GeneralPath, in dem die Umrisslinien von Objekten gespeichert werden können. Definition der Umrisslinien in Weltkoordinaten.

```
    AffineTransform t1 = new
       AffineTransform();
    t1.rotate(Math.toRadians(180));
```

Definition der drei auf das Objekt anzuwendenden Transformationen.

Quelltext (Forts.): | **Beschreibung (Forts.):**

```
    AffineTransform t2 = new
        AffineTransform();
    t2.translate((int)this.getWidth()/2,
                (int)this.getHeight()/2);
    AffineTransform t3 = new
        AffineTransform();
    t3.rotate(Math.toRadians(90),
      (int)this.getWidth()/2,
      (int)this.getHeight()/2);
```

```
    double[] elemente = new double[6];
    t1.getMatrix(elemente);
    System.out.println("t1: ");
    for (int i = 0; i < 5; i=i+2)
    {
      System.out.print(elemente[i]);
      System.out.println("    "
         +elemente[i+1]);
    }

    t2.getMatrix(elemente);
    System.out.println("t2: ");
    for (int i = 0; i < 5; i=i+2)
    {
      System.out.print(elemente[i]);
      System.out.println("    "
         +elemente[i+1]);
     }

    t3.getMatrix(elemente);
    System.out.println("t3: ");
    for (int i = 0; i < 5; i=i+2)
    {
      System.out.print(elemente[i]);
      System.out.println("    "
         +elemente[i+1]);
    }
```

Ausgabe der Werte der drei Transformationsmatrizen auf dem Bildschirm.

```
    Shape transformiertesHaus_1 =
        t1.createTransformedShape(
            einHaus_in_MK);
    Shape transformiertesHaus_2 =
        t2.createTransformedShape(
            transformiertesHaus_1);
    Shape transformiertesHaus_3 =
        t3.createTransformedShape(
            transformiertesHaus_2);
```

Aufbau des zu zeichnenden Objekts durch die Hintereinanderausführung der drei Transformationsmatrizen.

```
    g2.draw(transformiertesHaus_3);
  }
}
```

Zeichnen des Objekts.

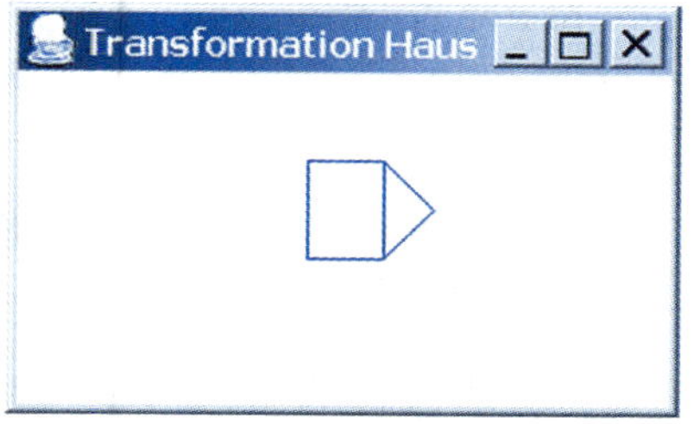

Abb. 2.6-2: Ausgabe des Beispielprogramms Transformiertes_ Haus

Der Kern dieses Beispiels kann dazu verwendet werden, eine weitere Beispielanwendung zu programmieren, in der die einzelnen Transformationen und ihre Wirkungen auf ein Objekt nachvollzogen werden können. In Abb. 2.6-3 ist die grafische Benutzungsoberfläche dieser Anwendung dargestellt.

Rund um die Zeichenfläche sind die in diesem Kapitel vorgestellten Basistransformationen Translation, Skalierung, Rotation und zusätzlich auch noch die Scherung angeordnet. In Java kann eine solche Anordnung sehr einfach durch den so genannten *Border-Layout-Manager* erstellt werden. *Layout-Manager* dienen in Java dazu, die Anordnung der Bildschirmelemente vorzunehmen, um den Programmierer von der lästigen Platzierung der einzelnen Elemente zu befreien.

Alle Parameter der hier betrachteten Transformationen werden einzeln über die Schieberegler eingestellt:

- **Translation**
  Die beiden Parameter der Translation können durch jeweils einen Schieberegler am oberen Bildrand eingestellt werden. Der linke Schieberegler bestimmt die Verschiebung in x-Richtung, der rechte Schieberegler die Verschiebung in y-Richtung. Initial stehen beide Regler auf der Position 150, so dass das Beispielobjekt fast in der Mitte der Zeichenfläche positioniert ist, die selbst eine Größe von 400 x 200 Bildpunkten hat.
- **Skalierung**
  Am linken Rand kann eine Skalierung auf dem Objekt durchgeführt werden. Auch hier geben zwei Schieberegler die Werte für die Skalierung in x- bzw. in y-Richtung an. Da ein Schieberegler der hier verwendeten Bibliothek nur ganzzahlige Werte annehmen kann, bedeutet die Voreinstellung von 100, dass das Objekt in der Originalgröße angezeigt wird. Da beide Skalen von 0 bis 200 gehen, kann das Objekt also maximal in seiner doppelten Größe angezeigt werden.
- **Rotation**
  Eine Rotation kann mit den Schiebereglern am unteren Rand der Zeichenfläche eingestellt werden. Der linke Regler gibt die Grad-

zahl der Rotation an, die beiden anderen Regler die Position den Fixpunkts der Drehung, welcher mit (200, 200) initialisiert ist.

- **Scherung**
  Die Schieberegler des rechten Bildrands manipulieren das Bild um eine Scherung in x- bzw. in y-Richtung. Initial sind beide auf Position 0 eingestellt.

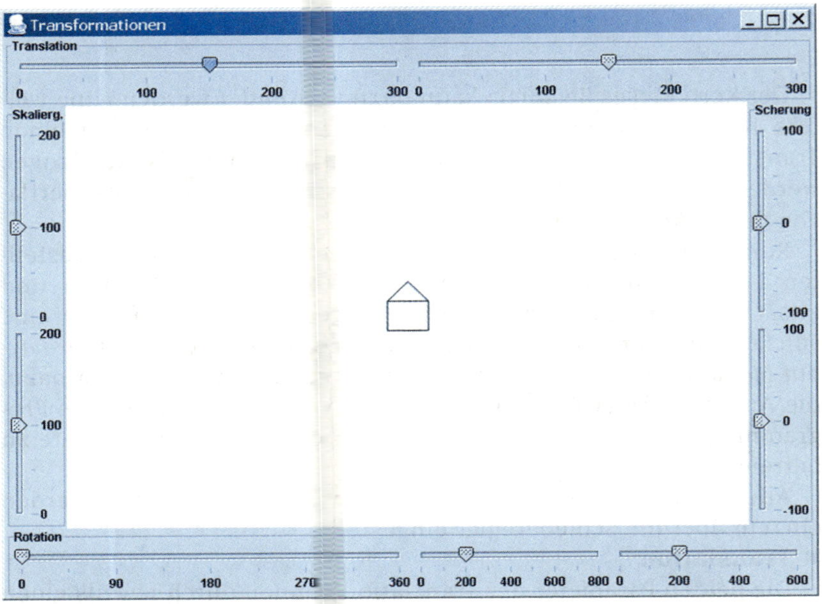

Abb. 2.6-3: Ausgabe des Beispielprogramms Transformationen

Mit dieser Anwendung ist es möglich, diverse Transformationen mit dem in der Mitte der Zeichenfläche liegenden Beispielobjekt durchzuführen. Die folgenden Bildschirmkopien der Abb. 2.6-4 bis 2.6-7 zeigen eine Reihe von durchgeführten Transformationen.

Abb. 2.6-4 zeigt, ausgehend von den initial eingestellten Werten der Anwendung, eine durchgeführte Translation um (100, 0) mit anschließender Skalierung um (0, 75). In Abb. 2.6-5 wird zunächst eine Rotation mit den Werten (135, 200, 200) durchgeführt, gefolgt von einer Scherung um (-100, 0) und einer anschließenden Skalierung um (100, 0).

Die Transformationen der Abb. 2.6-6 und 2.6-7 setzen sich zunächst aus einer Translation um (-150, -150) und einer Skalierung um (100, 100) zusammen. In Abb. 2.6-6 wird dann eine Rotation mit den Einstellungen (135, 500, 200) ergänzt, während in Abb. 2.6-7 eine Scherung um (-100, 0) angewendet wird.

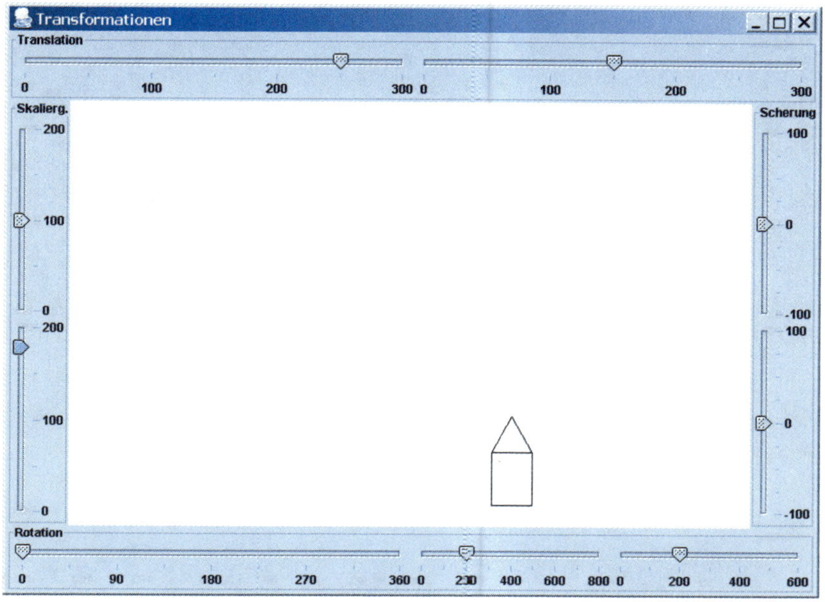

Abb. 2.6-4: Anwendung verschiedener Transformationen: Translation und Skalierung

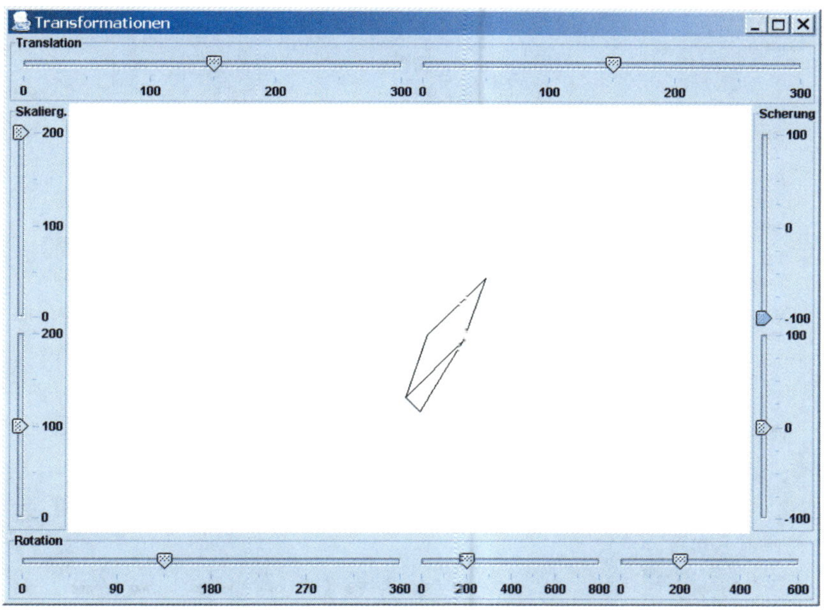

Abb. 2.6-5: Anwendung verschiedener Transformationen: Rotation, Scherung und Skalierung

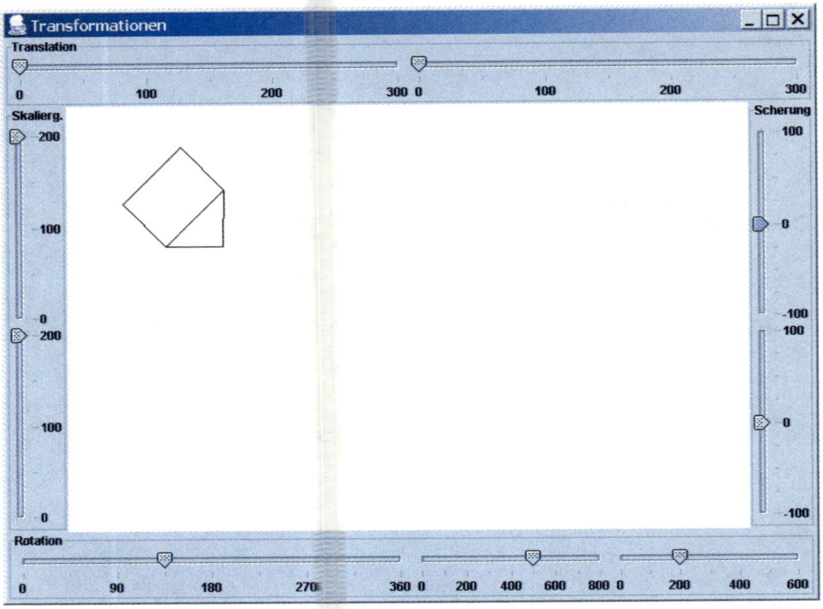

Abb. 2.6-6: Anwendung verschiedener Transformationen: Translation, Skalierung und Rotation

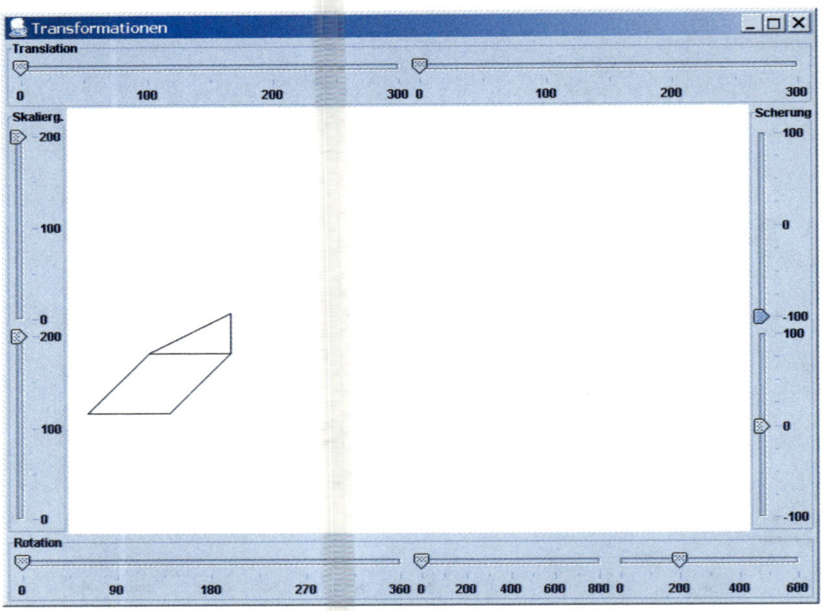

Abb. 2.6-7: Anwendung verschiedener Transformationen: Translation, Skalierung und Scherung

Probieren Sie die Auswirkung der einzelnen Transformationen auf das Beispielobjekt selbst einmal aus. Das Programm befindet sich auf der beiliegenden CD-ROM.

2.7 Fallbeispiel: 2D-Baukasten

Der Wechsel zwischen verschiedenen Koordinatensystemen ist eine der häufigsten Anwendungen für 2D-Transformationen. Wie bereits in Kapitel 2.5 zu sehen war, werden bei der Zusammenstellung von Szenen oder Bildern häufig die Maße und Einheiten der Realität zugrunde gelegt, die aber mit den Maßen des Bildschirms, auf dem die Szene dargestellt werden soll, nicht übereinstimmen.

Die Objekte befinden sich in ihrem Objekt- oder Modellkoordinatensystem, die Szene wird in einem Weltkoordinatensystem zusammengesetzt und das fertig gestellte Bild wird in dem Koordinatensystem des Bildschirms dargestellt.

Diese immer wiederkehrenden Transformationen werden in einem Fallbeispiel aufgearbeitet. Das Fallbeispiel ist ein einfacher, in Java programmierter 2D-Baukasten, in dem einfache Objekte in ihren Modellkoordinaten vorhanden sind und durch die Hilfe von Transformationen größere Szenen zusammengesetzt werden können.

Die nächsten Abschnitte zeigen zunächst einmal exemplarisch, was alles zu programmieren wäre, wenn ein solcher Baukasten neu entworfen werden müsste. In der fertigen Anwendung werden dann aber die bereits vorhandenen Klassen der Java-Klassenbibliothek benutzt.

2.7.1 Basisobjekte

Als Basisobjekte des 2D-Baukastens sind ein Rechteck, ein Kreis und ein Dreieck vorhanden. Sie sind in ihren Modellkoordinaten definiert und in Abb. 2.7-1 dargestellt. Das Rechteck hat eine Breite von 2 Einheiten und eine Höhe von einer Einheit, der Kreis hat einen Radius von einer Einheit und das Dreieck ist durch die drei Punkte (1.0, 0.0), (0.0, 1.0) und (-1.0, 0.0) definiert.

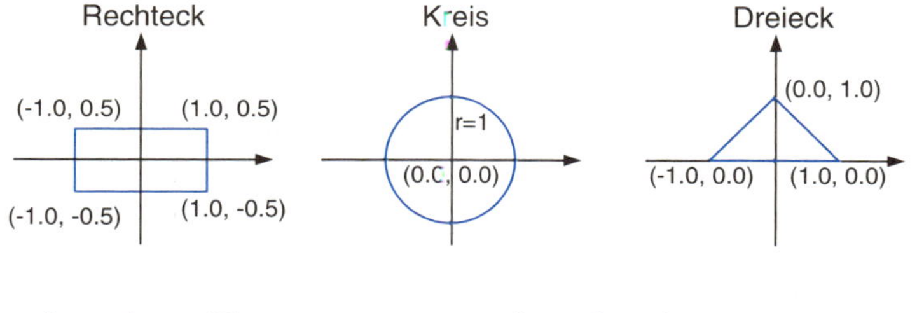

Abb. 2.7-1: Definition der Basisobjekte des 2D-Baukastens in ihren Modellkoordinaten

Aus der abstrakten Klasse `GeomObjekt` erben die Klassen `Rechteck`, `Kreis` und `Dreieck` jeweils ein Objekt der Klasse `Punkt`, das einen Punkt mit x- und y-Koordinate als Attribute repräsentiert. Um ein Rechteck zu definieren, werden zusätzlich zu einem Punkt noch die Höhe und die Breite des Rechtecks benötigt. Werden diese an den

Ausgangspunkt angetragen, so erreicht man zwei weitere Eckpunkte des Rechtecks. Der noch fehlende Eckpunkt ergibt sich nach Antragen der Breite an den Eckpunkt oberhalb des Ausgangspunktes und nach Antragen der Höhe an den Eckpunkt rechts neben dem Ausgangspunkt. Für einen Kreis muss neben einem Punkt, der den Mittelpunkt des Kreises repräsentiert, zusätzlich nur noch der Radius angegeben werden. Damit ist der Kreis eindeutig definiert. Für das Dreieck werden außer dem Ausgangspunkt noch die Koordinaten zweier anderer Punkte benötigt. Die so entstandene Klassenhierarchie ist in Abb. 2.7-2 dargestellt.

Abb. 2.7-2: Klassenhierarchie der geometrischen Elemente

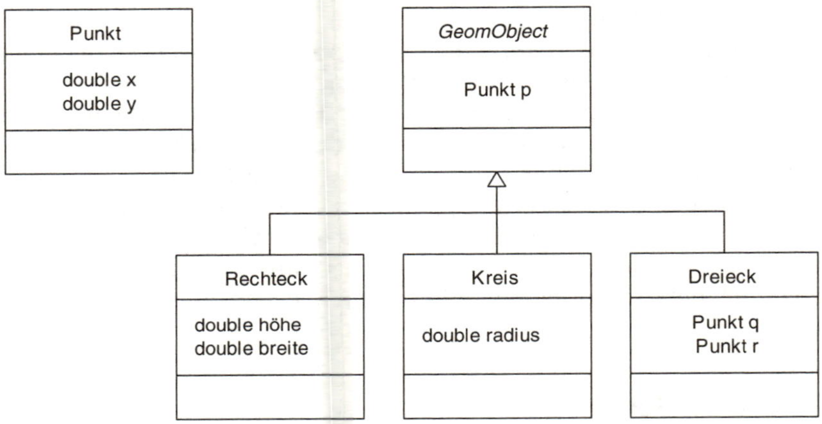

UML

An dieser Stelle werden Grundkenntnisse im Bereich der objektorientierten Softwareentwicklung vorausgesetzt. Das in Abb. 2.7-2 dargestellte Klassendiagramm benutzt die grafische Notation der **UML** (***Unified Modeling Language***), mit der Modelle für objektorientierte Software dargestellt werden können. Zur Einführung in die UML sei aber an dieser Stelle auch auf die entsprechende Literatur verwiesen.

Das Klassendiagramm aus Abb. 2.7-2 zeigt die abstrakte Basisklasse `GeomObjekt`, die als einziges Attribut einen `Punkt p` der Klasse `Punkt` enthält. Weitere Attribute der Klasse `GeomObjekt` sind nicht sinnvoll, da allen geometrischen Punkten nur ein einziger Punkt – nämlich der Ausgangspunkt – gemeinsam ist. Alle weiteren Attribute sind von Objekt zu Objekt verschieden. Aus der Klasse `GeomObjekt` sind die konkreten Klassen `Rechteck` mit den Attributen `höhe` und `breite`, `Kreis` mit dem Attribut `radius` und `Dreieck` mit den Attributen `q` und `r` abgeleitet. Außerdem erben die abgeleiteten Klassen das Objekt `p` der Klasse `Punkt`.

Beispiel

In Java sieht die Definition der Klassenhierarchie sehr einfach aus, da keine allgemeinen Konstruktoren benötigt werden, sondern die Elemente jeweils in ihren festen Modellkoordinaten vorliegen und deshalb statisch initialisiert werden können.

Quelltext:	**Beschreibung:**

`class Punkt`
`{ double x;`
`  double y;`
 	
`  Punkt(double x, double y)`
`  { this.x = x;`
`    this.y = y;`
`  }`
`}`
	Definition der Klasse Punkt mit zwei Attributen und einem Konstruktor.

`abstract class GeomObjekt`
`{ Punkt p;`
 	
`  GeomObjekt(double x, double y)`
`  { p = new Punkt(x, y);`
`  }`
`}`
	Definition der abstrakten Klasse GeomObjekt mit einem Attribut und einem Konstruktor.

`class Rechteck`
`extends GeomObjekt`
`{ double höhe;`
`  double breite;`
 	
`  Rechteck()`
`  { super(-1.0, -0.5);`
`    this.höhe = 1.0;`
`    this.breite = 2.0;`
`  }`
`}`
	Definition der Klasse Reckteck mit den Attributen höhe und breite und einem Konstruktor.
	
	Aufruf des Konstruktors aus der Oberklasse.

`class Kreis`
`extends GeomObjekt`
`{ double radius;`
 	
`  Kreis()`
`  { super(0.0, 0.0);`
`    this.radius = 1.0;`
`  }`
`}`
	Definition der Klasse Kreis mit dem Attribut radius und einem Konstruktor.

Quelltext (Forts.):

```
class Dreieck
extends GeomObjekt
{
  Punkt q;
  Punkt r;

  Dreieck()
  { super(1.0, 0.0);
    q = new Punkt(0.0, 1.0);
    r = new Punkt(-1.0, 0.0);
  }
}
```

Beschreibung (Forts.):

Definition der Klasse Dreieck mit zwei Punkten q und r und einem Konstruktor.

2.7.2 Elementcontainer

Um eine Szene zu erstellen, wird eine Vielzahl von einzelnen Objekten benötigt. Abb. 2.7-3 zeigt ein ganz simples Bild eines Tisches mit zwei auf der Tischplatte liegenden Objekten. Da für den Tisch bereits fünf einzelne Objekte benötigt werden, sind bei der Darstellung eines vollständigen Wohnraums schnell mehrere hundert Einzelobjekte zu konstruieren.

Um diese einzelnen Objekte, die in einem Weltkoordinatensystem definiert wurden, einfacher verwalten zu können, wird ein Objekt der Klasse `java.util.Vector` angelegt. Dieser Vektor stellt einen Container dar und nimmt somit Elemente der Klasse `GeomObjekt` bzw. seiner abgeleiteten Klassen auf.

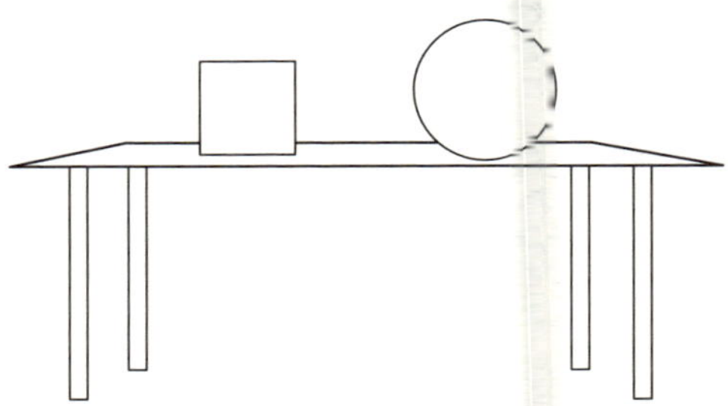

Abb. 2.7-3: Einfache Szene eines Tisches

Beispiel

Das folgende Programm zeigt, wie einfach der Umgang mit dem Container ist. Dazu wird in diesem Beispiel jeweils ein Objekt der Klasse `Rechteck`, `Dreieck` und `Kreis` erzeugt, in den Container eingefügt und anschließend wieder gelöscht.

Quelltext:	Beschreibung:
`{ Vector szene = new Vector();`	Definition des Containers.

`Rechteck r_1 = new Rechteck();`
`szene.add(r_1);`
`Dreieck d_1 = new Dreieck();`
`szene.add(d_1);`
`Kreis k_1 = new Kreis();`
`szene.add(k_1);`
	Erzeugen jeweils eines Objekts der Klasse Rechteck, Dreieck und Kreis. Hinzufügen dieser Objekte in den Container.

`if (szene.isEmpty())`
`System.out.println(`
`"Szene ist leer!");`
`else System.out.println(`
`"Szene hat Elemente!");`
	Test, ob der Container Elemente enthält.

`szene.remove(r_1);`
`szene.remove(d_1);`
`szene.remove(k_1);`
	Löschen der Objekte aus dem Container.

`if (szene.isEmpty())`
`System.out.println(`
`"Szene ist leer!");`
`else System.out.println(`
`"Szene hat Elemente!");`
`}`
	Test, ob der Container Elemente enthält.

`Szene hat Elemente!` `Szene ist leer!`	Ausgabe der Anwendung

Da in diesem Beispiel die Elemente der Szene nicht dargestellt werden sollen, sondern nur für den Test benötigt werden, ob sich Objekte im Elementcontainer befinden, brauchen sie nicht von den Modellkoordinaten über Weltkoordinaten in Bildschirmkoordinaten transformiert zu werden.

2.7.3 Elementtransformationen

Um die einzelnen Elemente nun aus ihren Modell- in die Weltkoordinaten zu transformieren und anschließend in die Bildschirmkoordinaten des PCs zu überführen, auf dem sie angezeigt werden sollen, sind jeweils Operationen zu definieren, die diese Transformationen durchführen.

Beispiel Für das Rechteck und den Kreis sieht eine Translation folgendermaßen aus:

Quelltext:	**Beschreibung:**

`void translateToWC(double tx, double ty)`
`{`
`  p.x += tx;`
`  p.y += ty;`
`}`
	Bei der Translation wird der Definitionspunkt von Rechteck und Kreis um die übergebenen Werte verschoben.

Beim Dreieck muss die Translation auf alle drei Punkte angewendet werden.

Auch die Skalierung und die Rotation können als Operationen für Reckteck und Kreis nach den Formeln (6) und (9) aus Kapitel 2.2 einfach implementiert werden. Hierbei müssen jedoch die Auswirkungen der Skalierung auf die Höhe und Breite des Rechtecks und den Radius des Kreises berücksichtigt werden. Die Rotation eines Rechtecks oder Dreiecks um den Ursprung muss so implementiert werden, dass alle Eckpunkte einzeln rotiert werden.

Beispiel Die Anwendung auf ein Objekt der Klasse Rechteck kann dann folgendermaßen aussehen:

Quelltext:	**Beschreibung:**
`{ Vector szene = new Vector();`	Definition des Containers.
`  Rechteck r_1 = new Rechteck();`	Erzeugen eines Objekts der Klasse Rechteck.
`  r_1.translateTOWC(200, 134);`	Translation in Weltkoordinaten.
`  szene.add(r_1);` `}`	Hinzufügen in den Container.

2.7.4 Window-Viewport-Transformation

Die *Window-Viewport-Transformation*, die laut Kapitel 2.5 die Weltkoordinaten in die Bildschirmkoordinaten transformiert und in Formel (27) für einen einzelnen Punkt definiert wurde, sei als Übungsaufgabe empfohlen. Für die Objekte der Klassen `Rechteck` und `Kreis` kann die *Window-Viewport-Transformation* der abstrakten Klasse `GeomObjekt` übernommen werden. Für das Dreieck muss die Operation überschrieben werden, da die *Window-Viewpoint-Transformation* auf jeden einzelnen Punkt angewendet werden muss.

2.7.5 Anwendung: 2D-Baukasten

Die in den letzten Abschnitten beschriebenen Klassen mit ihren Attributen und Operationen machen deutlich, dass die Implementierung einer vollständigen Anwendung, welche die 2D-Transformationen für komplexe Objekte realisiert, sehr umfangreich werden kann. Im folgenden Programm wurden deshalb die Klassen des Java-2D-APIs benutzt, in denen die in den vergangenen Abschnitten definierte Vorgehensweise verwendet werden kann.

Mit dem daraus entstandenen Java-2D-Baukasten, der in Abb. 2.7-4 dargestellt ist und sich auch auf der beiliegenden CD-ROM befindet, können komplexere Szenen aus den drei einfachen geometrischen Objekten Rechteck, Kreis und Dreieck durch Angabe ihrer Weltkoordinaten aufgebaut werden. Der Einfachheit halber entsprechen diese auch den Bildschirmkoordinaten.

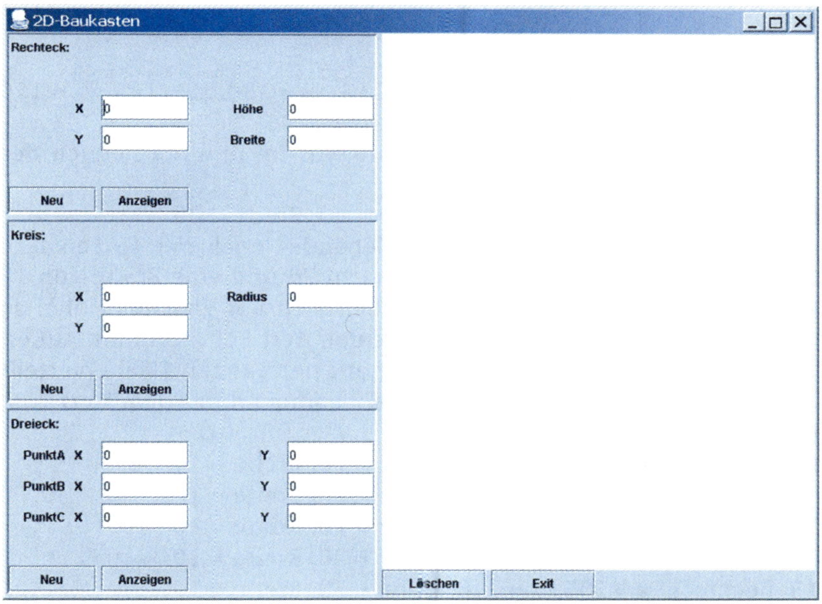

Abb. 2.7-4: Startbildschirm der Anwendung 2D-Baukasten

Durch Angabe der einzelnen Attribute der geometrischen Grundelemente kann nun, wie das nachfolgende Beispiel zeigt, eine einfache Szene erzeugt werden. Nach Eingabe der Attribute für ein Rechteck, Kreis oder Dreieck muss jeweils die Schaltfläche »Anzeigen« gedrückt werden, damitst das gewünschte Objekt in der Zeichenfläche dargestellt wird. Für jedes weitere Element wird dann die Schaltfläche »Neu« betätigt, die die eingetragenen Werte löscht und wieder alle Attribut-Felder mit dem Wert »0« vorbelegt.

Beispiel

Durch Eingabe der folgenden Koordinaten soll schrittweise ein Gebäude erzeugt werden:

1 Rechteck: x = 150, y = 300, Höhe = 100, Breite = 200
2 Rechteck: x = 100, y = 220, Höhe = 180, Breite = 50
3 Rechteck: x = 150, y = 280, Höhe = 20, Breite 200

Nach diesem Schritt lässt sich schon eindeutig ein Gebäude erkennen, das aus einem Hauptteil (1) mit einem Dach (3) und einem vorangestellten Turm (2) besteht. (Abb. 2.7-5 zeigt die Szene nach Schritt 3).

In den nächsten vier Schritten wird der Turm des Gebäudes um eine Spitze ergänzt. Dazu wird zunächst ein Kreis (4) auf das schon vorhandene Rechteck (2) gesetzt. Dann wird der Turm mit einem Würfel (5) und einem Kreis (6) erweitert. Die eigentliche Turmspitze bildet dann das Dreieck (7):

4 Kreis: x = 100, y = 190, Radius = 25
5 Rechteck: x = 112, y = 167, Höhe = 25, Breite = 25
6 Kreis: x = 112, y = 147, Radius = 13
7 Dreieck: $x_1 = 125$, $y_1 = 110$, $x_2 = 115$, $y_2 = 150$, $x_3 = 135$, $y_3 = 150$

Abb. 2.7-6 zeigt die Szene nach Schritt 7.

Im nächsten Schritt wird eine Eingangstür im unteren Bereich des Turmes ergänzt.

8 Rechteck: x = 115, y = 360, Höhe = 40, Breite = 20

Als Letztes soll der Hauptteil des Gebäudes noch mit 10 Fenstern bestückt werden, die alle eine Höhe von 70 und eine Breite von 10 Einheiten haben. Alle Fenster befinden sich auf gleicher Höhe, so dass die y-Koordinate aller Rechtecke den Wert 310 annimmt. Außerdem sollen alle Fenster gleichmäßig auf der ganzen Fläche verteilt werden. Daher wird die x-Koordinate, beginnend mit dem Wert 155, jeweils um 20 Einheiten erhöht:

9 Rechteck: x = 155, y = 310, Höhe = 70, Breite = 10
10 Rechteck: x = 175, y = 310, Höhe = 70, Breite = 10
11 Rechteck: x = 195, y = 310, Höhe = 70, Breite = 10
12 Rechteck: x = 215, y = 310, Höhe = 70, Breite = 10
13 Rechteck: x = 235, y = 310, Höhe = 70, Breite = 10
14 Rechteck: x = 255, y = 310, Höhe = 70, Breite = 10
15 Rechteck: x = 275, y = 310, Höhe = 70, Breite = 10
16 Rechteck: x = 295, y = 310, Höhe = 70, Breite = 10
17 Rechteck: x = 315, y = 310, Höhe = 70, Breite = 10
18 Rechteck: x = 335, y = 310, Höhe = 70, Breite = 10

(Abb. 2.7-7 zeigt die Szene nach Schritt 18).

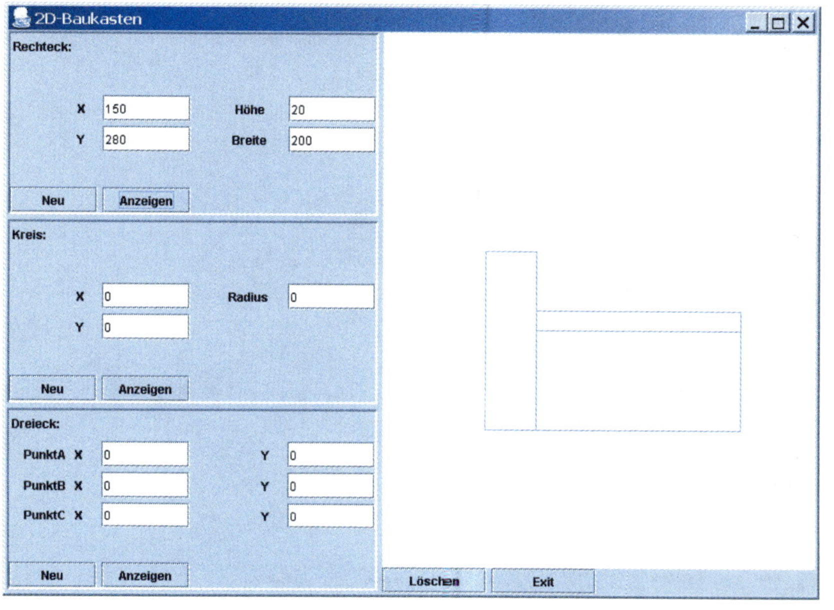

Abb. 2.7-5: Stand des Gebäudes nach Schritt 3

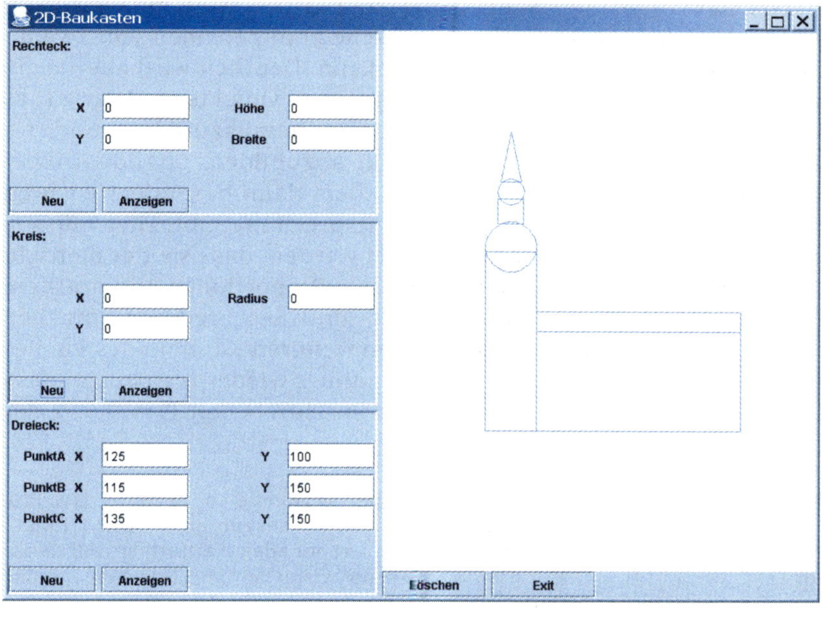

Abb. 2.7-6: Stand des Gebäudes nach Schritt 7

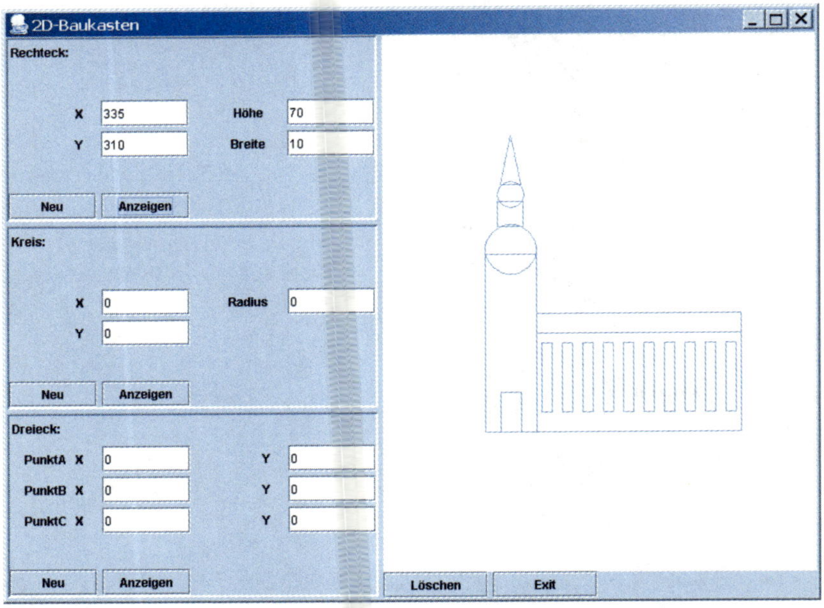

Abb. 2.7-7: Stand des Gebäudes nach Schritt 18

Das hier vorgestellte Fallbeispiel einer Kirche zeigt, mit welch einfachen Mitteln eine grafische Oberfläche zum Zeichnen von zweidimensionalen Bildern erstellt werden kann. Deutlich wird aber auch, wie aufwendig das Zeichnen eines einfachen Objekts ist. Hier gilt es vor allem, die richtigen Teilstrukturen herauszufiltern und sie anhand ihrer Weltkoordinaten korrekt abzubilden. Das Identifizieren der richtigen Strukturen ist vor allem dann besonders wichtig, wenn es für die Szene keine reale Entsprechung gibt. Hier müssen die einzelnen Elemente so angeordnet werden, dass sie der menschlichen Vorstellung von Objekten in allen Proportionen entsprechen. Bei den verschiedenen Programmier- und Beschreibungssprachen zur Grafikprogrammierung, die in den weiteren Kapiteln des Buches noch vorgestellt werden, können Sie immer wieder feststellen, dass diese im Wesentlichen auf den hier beschriebenen Prinzipien der 2D-Transformation aufbauen.

Bildschirmkoordinatensystem →Koordinatensystem eines grafischen Ausgabegeräts, wie z.B. eines Monitors.

Java Eine vollständig objektorientierte Programmiersprache, die sich syntaktisch an die Sprachen C und C++ anlehnt. Die Besonderheit von Java ist der prozessorunabhängige *Bytecode*, durch den es möglich ist, unabhängig vom verwendeten Rechner Java-Programme auszuführen. Dies funktioniert auf allen Plattformen, auf denen eine virtuelle Java-Maschine implementiert ist. In Java sind sehr viele aktuelle Technologien bereits in der Programmiersprache enthalten. Außerdem gibt es eine sehr große Anzahl an vorgefertigten Klassen, die die Entwicklung von Software vereinfachen.

Derzeit ist die kostenlose Java-Entwicklungsumgebung in der Version 1.4 als JDK (*Java Development Kit*) bei Sun Microsystems erhältlich.

Modellkoordinatensystem →Koordinatensystem, welches dazu dient, die Koordinaten eines einzelnen grafischen Objekts zu definieren.

UML (*Unified Modeling Language*) Industriestandard einer grafischen Notation zur Beschreibung objektorientierter Softwaresysteme.

Weltkoordinatensystem →Koordinatensystem, in dem eine Szene, die sich aus mehreren einzelnen Objekten zusammensetzt, definiert ist.

Window-Viewport-Transformation In der Computergrafik verwendeter Begriff für die Transformation von Modell- oder Weltkoordinatensystemen einzelner Objekte bzw. Szenen in das Koordinatensystem des Ausgabegeräts.

Die Anwendung der Transformationsmatrizen auf die einzelnen Punkte von zweidimensionalen Objekten wird dazu verwendet, sie aus einem Modell- oder Weltkoordinatensystem auf das Bildschirmkoordinatensystem eines PC-Bildschirms zu transformieren. Diese Transformation wird auch als *Window-Viewport-Transformation* bezeichnet.

Die Programmiersprache Java bietet eine ausgereifte Unterstützung für den Umgang mit Transformationen an. Die Entwicklung objektorientierter Software wird durch die grafische Notationssprache UML sehr gut unterstützt.

/Balzert, Heide 1999/
Balzert Heide, *Lehrbuch der Objektmodellierung*, Spektrum Akademischer Verlag 1999, 573 Seiten

/Balzert, Heide 2000/
Balzert Heide, *Objektorientierung in 7 Tagen*, Spektrum Akademischer Verlag 2000, 296 Seiten

/Balzert, Heide 2001/
Balzert Heide, *UML kompakt*, Spektrum Akademischer Verlag 2001, 72 Seiten

/Balzert, Helmut 1999/
Balzert Helmut, *Lehrbuch Grundlagen der Informatik*, Spektrum Akademischer Verlag 1999, 927 Seiten

/Balzert, Helmut 2000/
Balzert Helmut, *Lehrbuch der Software-Technik I, 2. Auflage*, Spektrum Akademischer Verlag 2000, 1136 Seiten

/Flanagan 2000/
Flanagan D., *Java in a Nutshell, 3. Auflage*, O'Reilly 2000, 729 Seiten

/Foley et al. 1990/
Foley J., van Dam A., Feiner S., Hughes J., *Computer Graphics – Principles and Practise, 2nd Edition*, Addison-Wesley 1990, 1175 Seiten

/Goll 2001/
Goll F., Weiß C., Müller F., *Java als erste Programmiersprache, B.G.* Teubner Verlag 2001, 892 Seiten

/Jobst 2001/
Jobst F., *Programmieren in Java, 3. Auflage*, Hanser 2001, 411 Seiten

/Krüger 2002/
Krüger G., *Handbuch der Java-Programmierung*, Addison-Wesley 2002, 1244 Seiten

/Ullenboom 2001/
Ullenboom Ch., *Java ist auch eine Insel. Programmieren für die Java 2 Plattform in der Version 1.4*, Gallileo Press 2001, 1200 Seiten

Muss-Aufgabe
Zeit 15 Min

1 Lernziel: *Window-Viewport-Transformationen durchführen können.*
Definieren Sie sich einen beliebigen Ausschnitt aus einem Weltkoordinatensystem und platzieren Sie ein oder mehrere Objekte in dieses Fenster. Geben Sie anschließend die Transformationsmatrix an, die diese Objekte in ein PC-Bildschirmfenster der Größe1024 x 768 abbilden.

Muss-Aufgabe
Zeit 60 Min

2 Lernziel: *Die Beispielprogramme und die Fallstudie verstehen können.*
Machen Sie sich mit den Java-Beispielprogrammen und der Fallstudie auf der CD-ROM vertraut. Übersetzen Sie diese und bringen Sie die Programme zur Ausführung. Wenden Sie die Programme an und schauen Sie sich anschließend den Quelltext an.

Kann-Aufgabe
Zeit 60 Min

3 Lernziel: *Elementtransformationen und Window-Viewpoint-Transformationen abhängig vom Ausgangsobjekt programmieren können.*
Setzen Sie das folgende vervollständigte Klassendiagramm in ein lauffähiges Java-Programm um.

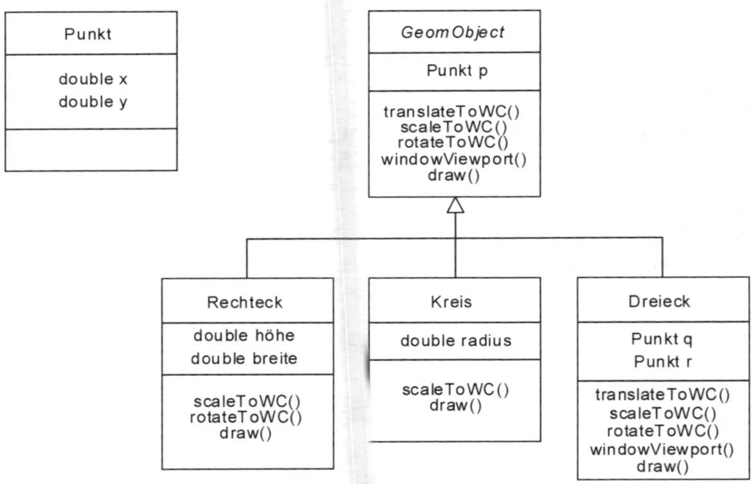

Beachten Sie dazu folgende Hinweise:

1. Implementieren Sie zunächst die elementaren Transformationen `translate()`, `scale()`, `rotate()` und `windowViewport()` in der Klasse `GeomObjekt`.

2. Die zur Rotation benötigten trigonometrischen Funktionen `sin(double arc)` und `cos(double arc)` finden sich im Paket `java.lang.math.*`. Das Argument wird nicht als Winkel, sondern als Bogenmaß übergeben ($0^\circ = 0$, $45^\circ = \frac{1}{4}\pi$, $90^\circ = \frac{1}{2}\pi$, $180^\circ = \pi$, $360^\circ = 2\pi$). π ist ebenfalls im Paket `java.lang.math` definiert und kann als Konstante `PI` direkt aufgerufen werden.
3. Stellen Sie fest, welche Transformationen in den abgeleiteten Klassen `Rechteck`, `Kreis` und `Dreieck` überschrieben werden müssen und erweitern Sie diese entsprechend.
4. Implementieren Sie eine `draw()`-Operation, die lediglich die Attribute des jeweiligen Objekts auf dem Bildschirm ausgibt.

Schreiben Sie ein Hauptprogramm, welches je ein Objekt der Klassen `Rechteck`, `Kreis` und `Dreieck` erzeugt und anschließend die verschiedenen Transformationen auf diesem Objekt ausführt.

3 Grundlagen – 3D-Grafik (Teil 1)

- Wissen, wie Punkte und Koordinatensysteme im dreidimensionalen Raum definiert werden. — wissen
- Wissen, wie die Basistransformationen Translation, Skalierung und Rotation im dreidimensionalen Raum definiert sind.
- Wissen, welche Transformationen die Struktur eines Objekts nicht erhalten.
- Verstehen, welche Einzelschritte bei einer Rotation um eine beliebige Rotationsachse durchzuführen sind. — verstehen
- Verstehen, wie die Transformation von Koordinatensystemen mathematisch definiert ist.
- Die Basistransformationen Translation, Skalierung und Rotation im dreidimensionalen Raum anwenden können. — anwenden
- Rotationen um beliebige Rotationsachsen berechnen können.
- Die Transformationen effizient auf Punkte eines Objekts anwenden können.
- Berechnen können, wie Punkte von einem Koordinatensystem in ein anderes transformiert werden können.

- Die Inhalte des Kapitels 2 werden als bekannt vorausgesetzt.

3.1 Punkte, Koordinaten und Koordinatensysteme

Von 2D zu 3D

Das vorherige Kapitel beschäftigte sich mit der Einführung in die zweidimensionale Computergrafik. Punkte, Koordinatensysteme, Transformationsmatrizen und die *Window-Viewport-Transformation* wurden anschaulich hergeleitet. Alles spielte sich in einer Ebene ab, sozusagen auf einem Blatt Papier, und war leicht nachzuvollziehen.

Auf den ersten Blick sieht auch alles danach aus, dass dies für die Erweiterung auf den dreidimensionalen Fall so bleibt. Zur x- und y-Achse kommt jetzt noch die dritte Dimension, die z-Achse, hinzu. Punkte haben somit drei Komponenten, ihre homogenen Koordinaten bestehen aus vier Komponenten. Die Transformationen werden daher in Form von 4x4-Matrizen durchgeführt.

Diese Vermutung ist zunächst vollkommen richtig: Die Erweiterung der Basiskonzepte vom zweidimensionalen Raum in den dreidimensionalen Raum lässt sich leicht definieren. Doch dann wird es ungleich schwieriger. Die betrachteten Objekte und Szenen müssen aus der dreidimensionalen Welt wieder auf den begrenzten zweidimensionalen Bildschirm transformiert werden. Und das kann hier nicht so einfach wie im zweidimensionalen Fall durchgeführt werden. Das betrachtete Fenster in den Weltkoordinaten wird im dreidimensionalen Fall zu einem Volumenausschnitt, der Standpunkt des Betrachters und die Perspektive kommen hinzu und müssen berechnet werden. Die *Window-Viewport-Transformation* wird komplizierter. Doch zunächst soll erst einmal mit der Erweiterung der einfachen Konzepte aus dem letzten Kapitel begonnen werden.

Punkt

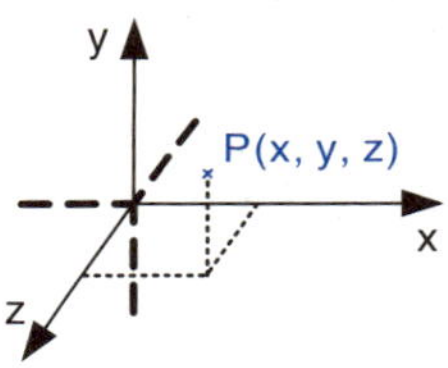

Abb. 3.1-1: Punkt P(x, y, z)

Ein **Punkt** P(x, y, z) im dreidimensionalen Raum wird durch seine x-, y- und z-Koordinaten, die jeweils den Abstand des Punktes vom Nullpunkt des Koordinatensystems in x-, y- und z-Richtung angeben, definiert (vgl. Abb. 3.1-1).

Kartesisches Koordinatensystem

Während im zweidimensionalen Fall das kartesische Koordinatensystem aus der waagerechten x-Achse und der senkrechten y-Achse bestand und ein beliebiger Punkt P(x, y) durch seine x- und y-Koordinaten eindeutig bestimmt war, wird im dreidimensionalen Fall die z-Achse beim kartesischen Koordinatensystem eingeführt. Diese steht senkrecht zur x- und y-Achse. Zur eindeutigen Definition eines Punktes im dreidimensionalen Raum wird dieser um die z-Koordinate ergänzt.

Rechtshändiges Koordinatensystem

Linkshändiges Koordinatensystem

Bei der Erweiterung durch die z-Achse gibt es nun zwei verschiedene Möglichkeiten der Festlegung dieser Achse. Entweder ragt die z-Achse aus der Zeichenebene dem Betrachter entgegen oder sie zeigt in die Zeichenebene hinein. Im ersten Fall wird das Koordinatensystem als **rechtshändig** bezeichnet, im zweiten Fall als **linkshändig** (vgl. Abb. 3.1-2). Der Unterschied zwischen diesen beiden Koordinatensystemen besteht einzig und allein im Vorzeichen der z-Koordinate. Die Überführung von Koordinaten eines rechtshändigen Koordinatensystems in ein linkshändiges Koordinatensystem und umgekehrt besteht aus der Umkehrung des Vorzeichens der z-

Koordinate, die x- und y-Koordinaten bleiben jeweils erhalten. In den meisten Anwendungen der Computergrafik wird das rechtshändige Koordinatensystem verwendet.

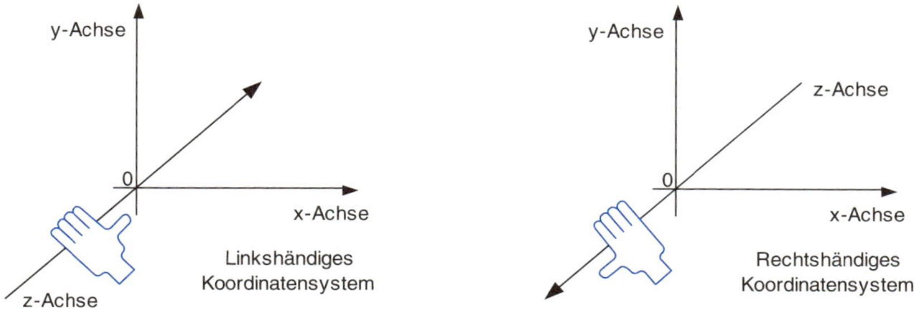

Abb. 3.1-3: Links- und rechtshändiges Koordinatensystem

Die Orientierung dieser beiden Koordinatensysteme kann man sich auch, wie der Name schon sagt, an den eigenen Händen klarmachen. Strecken Sie dazu die rechte Hand nach vorn aus ohne sie zu drehen, »umfassen« Sie die z-Achse des rechtshändigen Koordinatensystems und spreizen Sie dabei den Daumen ab. Dieser zeigt dann in die Richtung der positiven z-Achse. Umfassen Sie anschließend mit der linken Hand die z-Achse des linkshändigen Koordinatensystems. Auch hier zeigt der abgespreizte Daumen in Richtung der positiven z-Achse.

3.2 Homogene Koordinaten

Die homogenen Koordinaten wurden im letzten Kapitel (vgl. Kap. 2.3) eingeführt, um die in der Computergrafik häufig verwendeten affinen Transformationen (wie z.B. Translation, Skalierung und Rotation) einheitlich durch eine Matrizenmultiplikation beschreiben zu können.

Homogene 3D-Koordinaten

Im hier betrachteten dreidimensionalen Fall werden die homogenen Koordinaten eines Punktes durch den Vektor (x, y, z, W) repräsentiert. Gleichzeitig gilt analog zum zweidimensionalen Fall: Zwei homogene Koordinaten (x, y, z, W) und (x', y', z', W') repräsentieren denselben Punkt genau dann, wenn einer ein Vielfaches des anderen ist. Die Koordinate W kann also weiterhin als ein Skalierungsfaktor betrachtet werden, wobei in der Computergrafik üblicherweise W = 1 verwendet wird.

Somit können die Transformationen im dreidimensionalen Raum ebenfalls in einheitlicher Matrixschreibweise definiert werden.

3.3 3D-Transformationen

Für die 3D-Transformationen werden die aus Kapitel 2 bekannten 3x3-Matrizen um die fehlende z-Komponente ergänzt. Die so entstandenen 4x4-Matrizen werden in den folgenden Abschnitten kurz beschrieben. Nach Zusammenfassung einzelner Matrizen zu einer Gesamttransformationsmatrix wird der zu transformierende Punkt von rechts an die Gesamtmatrix multipliziert.

3.3.1 Translation

Verschiebung

Für die Verschiebung (**Translation**) eines Punktes P(x, y, z) um den Translationsvektor $T = T(t_x, t_y, t_z)$ ergibt sich in Matrixschreibweise:

$$\begin{bmatrix} x' \\ y' \\ z' \\ 1 \end{bmatrix} = \begin{bmatrix} 1 & 0 & 0 & t_x \\ 0 & 1 & 0 & t_y \\ 0 & 0 & 1 & t_z \\ 0 & 0 & 0 & 1 \end{bmatrix} \cdot \begin{bmatrix} x \\ y \\ z \\ 1 \end{bmatrix} \quad \textbf{(1)} \text{ bzw.}$$

$$P' = T(t_x, t_y, t_z) \cdot P \quad \text{mit} \quad T(t_x, t_y, t_z) = \begin{bmatrix} 1 & 0 & 0 & t_x \\ 0 & 1 & 0 & t_y \\ 0 & 0 & 1 & t_z \\ 0 & 0 & 0 & 1 \end{bmatrix}. \quad \textbf{(2)}$$

Genauso wie im zweidimensionalen Fall (vgl. Kap. 2.4.1) gilt, dass zwei hintereinander ausgeführte Translationen additiv sind.

3.3.2 Skalierung

Streckung, Stauchung

Eine Streckung bzw. Stauchung (**Skalierung**) mit den Faktoren s_x, s_y, s_z kann durch die folgende Matrix durchgeführt werden:

$$\begin{bmatrix} x' \\ y' \\ z' \\ 1 \end{bmatrix} = \begin{bmatrix} s_x & 0 & 0 & 0 \\ 0 & s_y & 0 & 0 \\ 0 & 0 & s_z & 0 \\ 0 & 0 & 0 & 1 \end{bmatrix} \cdot \begin{bmatrix} x \\ y \\ z \\ 1 \end{bmatrix} \quad \textbf{(3)} \text{ bzw.}$$

$$P' = S(s_x, s_y, s_z) \cdot P \quad \text{mit} \quad S(s_x, s_y, s_z) = \begin{bmatrix} s_x & 0 & 0 & 0 \\ 0 & s_y & 0 & 0 \\ 0 & 0 & s_z & 0 \\ 0 & 0 & 0 & 1 \end{bmatrix}. \quad \textbf{(4)}$$

Ist einer der drei Skalierungsfaktoren kleiner als 1, so wird eine Stauchung des Objekts entlang der betreffenden Achse durchgeführt. Bei einem Skalierungsfaktor größer als 1 wird dementsprechend eine Vergrößerung durchgeführt. Die Hintereinanderausführung zweier Skalierungen ist multiplikativ (vgl. Kap. 2.4.2).

Der Fixpunkt der in Formel (3) und (4) betrachteten Skalierung liegt im Ursprung. Soll die Skalierung um einen beliebigen Fixpunkt $F(F_x, F_y, F_z)$ durchgeführt werden, so kann dies durch eine Hintereinanderausführung einer Translation um $T_F(-F_x, -F_y, -F_z)$, einer anschließenden Skalierung mit $S_F(s_x, s_y, s_z)$ und einer abschließenden Translation um $T_F(F_x, F_y, F_z)$ durchgeführt und durch die nachfolgende Transformationsmatrix S definiert werden:

$$S = T_F(F_x, F_y, F_z) \cdot S_F(s_x, s_y, s_z) \cdot T_F(-F_x, -F_y, -F_z). \quad \textbf{(5)}$$

3.3.3 Rotation

Drehung

Bei Verwendung des rechtshändigen Koordinatensystems ergeben sich abhängig von der Achse folgende Matrizen für die Drehung (**Rotation**) um den Winkel φ:

$$\text{Drehung um die z-Achse: } \begin{bmatrix} x' \\ y' \\ z' \\ 1 \end{bmatrix} = \begin{bmatrix} \cos(\varphi) & -\sin(\varphi) & 0 & 0 \\ \sin(\varphi) & \cos(\varphi) & 0 & 0 \\ 0 & 0 & 1 & 0 \\ 0 & 0 & 0 & 1 \end{bmatrix} \cdot \begin{bmatrix} x \\ y \\ z \\ 1 \end{bmatrix} \quad \textbf{(6)}$$

bzw.

$$P' = R_z(\varphi) \cdot P \ \text{ mit } \ R_z(\varphi) = \begin{bmatrix} \cos(\varphi) & -\sin(\varphi) & 0 & 0 \\ \sin(\varphi) & \cos(\varphi) & 0 & 0 \\ 0 & 0 & 1 & 0 \\ 0 & 0 & 0 & 1 \end{bmatrix}. \quad \textbf{(7)}$$

Analog zum zweidimensionalen Fall wird diejenige Achse, um die rotiert wird, nicht bei der Multiplikation berücksichtigt. Die Drehung um die x- bzw. y-Achse wird folgendermaßen definiert:

$$\text{Drehung um die x-Achse: } \begin{bmatrix} x' \\ y' \\ z' \\ 1 \end{bmatrix} = \begin{bmatrix} 1 & 0 & 0 & 0 \\ 0 & \cos(\varphi) & -\sin(\varphi) & 0 \\ 0 & \sin(\varphi) & \cos(\varphi) & 0 \\ 0 & 0 & 0 & 1 \end{bmatrix} \cdot \begin{bmatrix} x \\ y \\ z \\ 1 \end{bmatrix} \quad \textbf{(8)}$$

bzw.

$$P' = R_x(\varphi) \cdot P \ \text{ mit } \ R_x(\varphi) = \begin{bmatrix} 1 & 0 & 0 & 0 \\ 0 & \cos(\varphi) & -\sin(\varphi) & 0 \\ 0 & \sin(\varphi) & \cos(\varphi) & 0 \\ 0 & 0 & 0 & 1 \end{bmatrix}. \quad \textbf{(9)}$$

$$\text{Drehung um die y-Achse: } \begin{bmatrix} x' \\ y' \\ z' \\ 1 \end{bmatrix} = \begin{bmatrix} \cos(\varphi) & 0 & \sin(\varphi) & 0 \\ 0 & 1 & 0 & 0 \\ -\sin(\varphi) & 0 & \cos(\varphi) & 0 \\ 0 & 0 & 0 & 1 \end{bmatrix} \cdot \begin{bmatrix} x \\ y \\ z \\ 1 \end{bmatrix} \quad \textbf{(10)}$$

bzw.

$$P' = R_y(\varphi) \cdot P \quad \text{mit} \quad R_y(\varphi) = \begin{bmatrix} \cos(\varphi) & 0 & \sin(\varphi) & 0 \\ 0 & 1 & 0 & 0 \\ -\sin(\varphi) & 0 & \cos(\varphi) & 0 \\ 0 & 0 & 0 & 1 \end{bmatrix}. \qquad \textbf{(11)}$$

Stimmt eine Achse des rechtshändigen Koordinatensystems mit der Rotationsachse überein und schaut man in die negative Richtung dieser Achse, so wird bei positivem Rotationswinkel gegen den Uhrzeigersinn gedreht. Diese Vereinbarung gilt für alle nachfolgenden Rotationsmatrizen.

Beispiel

Die Rotation eines Punktes A(4, 4, 0) aus dem positiven Bereich der xy-Ebene um 180° um die z-Achse wird nach Formel (6) wie folgt berechnet $\begin{bmatrix} -1 & 0 & 0 & 0 \\ 0 & -1 & 0 & 0 \\ 0 & 0 & 1 & 0 \\ 0 & 0 & 0 & 1 \end{bmatrix} \cdot \begin{bmatrix} 4 \\ 4 \\ 0 \\ 1 \end{bmatrix} = \begin{bmatrix} -4 \\ -4 \\ 0 \\ 1 \end{bmatrix}$ und überführt den Punkt A in den Punkt A'(-4, -4, 0). Von dort aus um 90° um die x-Achse gemäß Formel (8) gedreht, wird aus dem Punkt A' der Punkt A''(-4, 0, -4), der im negativen Bereich der xz-Ebene liegt. Eine weitere Rotation von A'' um 180° um die y-Achse nach Formel (10) (= A'''(4, 0, 4)) und eine anschließende Rotation um 270° um die x-Achse, erneut nach Formel (8), transformiert den Punkt wieder in die Ausgangsposition A(4, 4, 0) zurück.

3.3.4 Rotation um eine beliebige Achse

Häufig reicht es aber nicht aus, Objekte um nur eine einzelne vorgegebene Koordinatenachse zu rotieren. Ein typischer Anwendungsfall für eine Rotation um eine beliebige Achse ist die Betrachtung eines Produkts von allen Seiten. Dazu muss es beliebig gedreht werden können.

Beliebige Rotation

Anders als bei der Rotation um eine Achse des Koordinatensystems, die durch eine einzige der oben angegebenen Matrizen beschrieben werden kann, muss die Matrix für eine Rotation um eine beliebige Achse erst in mehreren Schritten berechnet werden. Mathematisch betrachtet wird eine Achse durch einen Punkt und einen Vektor beschrieben, der die Ausrichtung der Achse festlegt. Die hier beschriebene Drehachse wird durch Transformation und anschließende Rotation in eine der Koordinatensystemachsen überführt. Danach kann das Objekt mit dem vorgegebenen Winkel um diese Achse des Koordinatensystems gedreht werden. Die dafür benötigten Matrizen sind aus dem letzten Abschnitt bekannt. Anschließend werden die Rotation und die Translation der Drehachse wieder rückgängig gemacht. Auch in diesem Fall ist wieder eine Hintereinanderausführung von mehreren einzelnen Transformationen nötig, um das Gesamtergebnis zu erhalten.

Welche Achse des Koordinatensystems für die Rotation ausgewählt wird, ist im Wesentlichen abhängig von der gewünschten Rotationsachse. Ist diese z.B. durch eine einfache Transformation in die x-Achse zu überführen, würde eine Transformation auf die z-Achse zwar letztendlich dasselbe Ergebnis wie die Transformation auf die x-Achse ergeben, deren Berechnung wäre allerdings wesentlich umständlicher und aufwendiger.

Der Einfachheit halber wird hier nur der Fall erläutert, bei dem die Rotationsachse auf die z-Achse des Koordinatensystems abgebildet wird. Alle anderen Fälle können entsprechend hergeleitet werden.

Um die Gesamtmatrix für die Rotation um eine durch den Punkt P und den Rotationsvektor $\vec{v}$ gegebene Achse berechnen zu können, müssen sieben einzelne Transformationsmatrizen miteinander multipliziert werden:

1 Translation der Rotationsachse, d.h. des Punktes P, in den Ursprung
2 Rotation des Vektors $\vec{v}$ um die y-Achse, so dass der Vektor sich in der yz-Ebene befindet
3 Rotation des Vektors $\vec{v}$ um die x-Achse, so dass der Vektor auf der z-Achse liegt
4 Rotation des Objekts um die z-Achse mit dem vorgegebenen Winkel
5 Inverse Transformation aus Schritt 3
6 Inverse Transformation aus Schritt 2
7 Translation der Rotationsachse an den ursprünglichen Punkt (Inverse Transformation aus Schritt 1).

Für diese Einzelschritte wird nun jeweils die Transformationsmatrix hergeleitet. Die Ausgangssituation ist in Abb. 3.3-1 dargestellt.

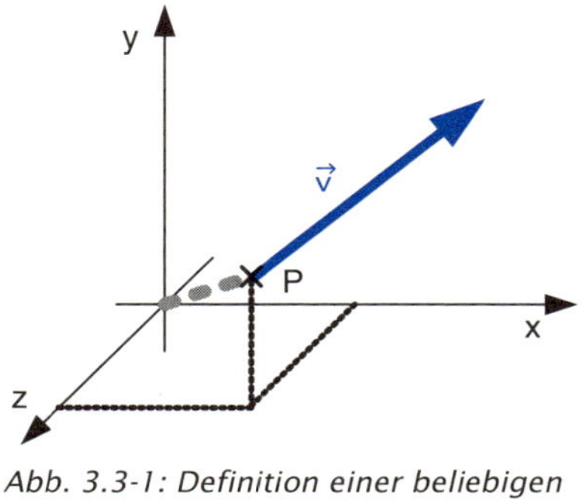

Abb. 3.3-1: Definition einer beliebigen Rotationsachse

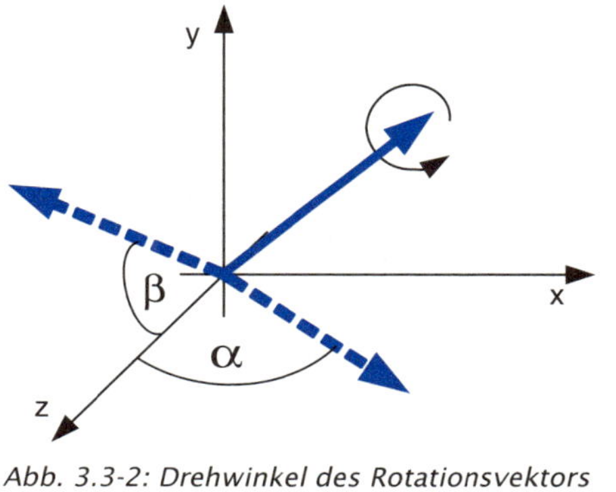

Abb. 3.3-2: Drehwinkel des Rotationsvektors

1 Translation der Rotationsachse, d.h. des Punktes P, in den Ursprung

Im ersten Schritt wird die Rotationsachse, die durch den Ausgangspunkt P (P_x, P_y, P_z, 1) und den Rotationsvektor $\vec{v}$ beschrieben wird, in den Ursprung des Koordinatensystems verschoben. Die Matrix hierfür ist eine einfache Translationsmatrix und lautet:

$$T = \begin{bmatrix} 1 & 0 & 0 & -P_x \\ 0 & 1 & 0 & -P_y \\ 0 & 0 & 1 & -P_z \\ 0 & 0 & 0 & 1 \end{bmatrix}.$$

Die dreidimensionale Ausrichtung des Vektors $\vec{v}$, dessen Länge immer gleich 1 sein sollte (d.h. es gilt $|\vec{v}| = 1$), kann außer über die Koordinaten noch über zwei Winkel α und β angegeben werden. Während der Winkel α angibt, um wie viel Grad der Vektor $\vec{v}$ aus der yz-Ebene in Richtung der xy-Ebene gedreht ist, gibt der Winkel β an, um wie viel Grad der Vektor aus der xz-Ebene in Richtung der xy-Ebene gedreht ist, was in Abb. 3.3-2 dargestellt wird.

2 Rotation des Vektors $\vec{v}$ um die y-Achse, sodass der Vektor sich in der yz-Ebene befindet

Im zweiten Schritt wird der Rotationsvektor um den Winkel α in die yz-Ebene gedreht. Dabei muss der Winkel α nicht berechnet werden. Vielmehr reicht es aus, über das Seitenverhältnis den Wert für den Sinus bzw. den Cosinus anzugeben und diese Werte in die Rotationsmatrix einzusetzen. Die Seitenverhältnisse lassen sich mittels Abb. 3.3-3, die eine Draufsicht auf die xz-Ebene skizziert, einfach veranschaulichen.

Abb. 3.3-3: Drehen des Rotationsvektors um den Winkel α

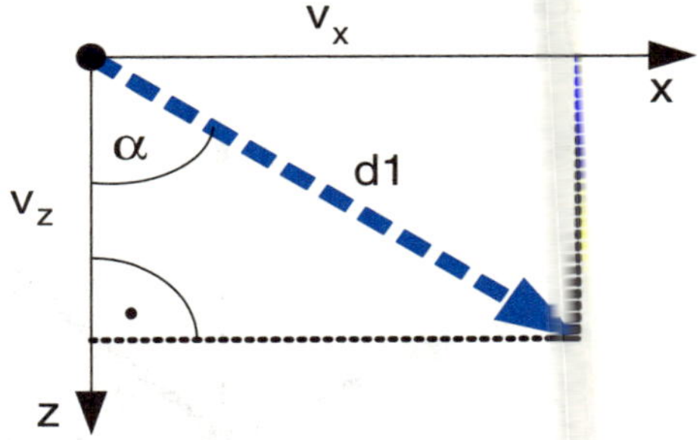

Dabei ist v_x die x-Komponente des Vektors $\vec{v}$ und v_z die z-Komponente. Die Länge der Diagonalen d1 ergibt sich aus $d1=\sqrt{v_x{}^2+v_z{}^2}$. Somit gelten folgende Seitenverhältnisse:

$\sin(\alpha) = \frac{v_x}{d1}$ und $\cos(\alpha) = \frac{v_z}{d1}$ ($d1 \neq 0$).

Diese Werte können sofort in die Rotationsmatrix eingetragen werden, jedoch ist zu beachten, dass bei der Rotation um die y-Achse in Richtung der yz-Ebene mit dem Uhrzeigersinn gedreht wird. Daher muss um den Winkel $-\alpha$ rotiert werden und somit ändern sich nur die Vorzeichen der Brüche aus der Formel (11) für die Sinuseinträge ($\sin(-\alpha) = -\sin(\alpha)$ und $\cos(-\alpha) = \cos(\alpha)$).
Es ergibt sich also folgende Rotationsmatrix

$$R_y = \begin{bmatrix} \frac{v_z}{d1} & 0 & -\frac{v_x}{d1} & 0 \\ 0 & 1 & 0 & 0 \\ \frac{v_x}{d1} & 0 & \frac{v_z}{d1} & 0 \\ 0 & 0 & 0 & 1 \end{bmatrix}.$$

Der Rotationsvektor liegt nach Ausführung dieser Transformation in der yz-Ebene und wird im nächsten Schritt in die z-Achse überführt. Abb. 3.3-4 verdeutlicht die Auswirkungen der bisherigen Transformationen.

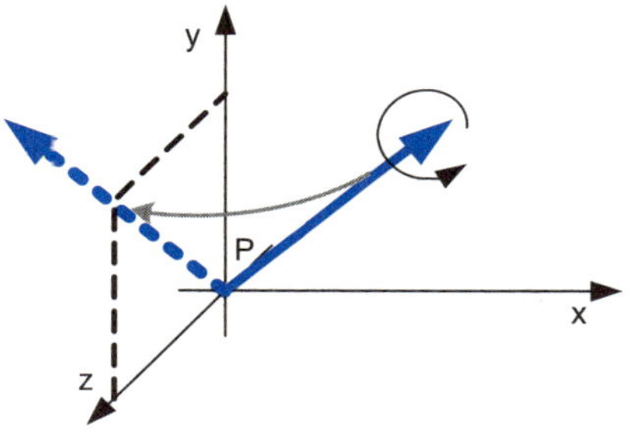

Abb. 3.3-4: Stand der Transformationen nach den ersten beiden Schritten

3 Rotation des Vektors $\vec{v}$ um die x-Achse, sodass der Vektor identisch ist mit der z-Achse

Im dritten Schritt wird der Rotationsvektor so um die x-Achse gedreht, dass er auf der z-Achse liegt. Der Winkel β muss hierfür ebenfalls nicht berechnet werden, da die Werte der Seitenverhältnisse für $\sin(\beta)$ bzw. $\cos(\beta)$ wiederum direkt in die Rotationsmatrix eingetragen werden können. Die Draufsicht auf die yz-Ebene ist in Abb. 3.3-5 dargestellt.

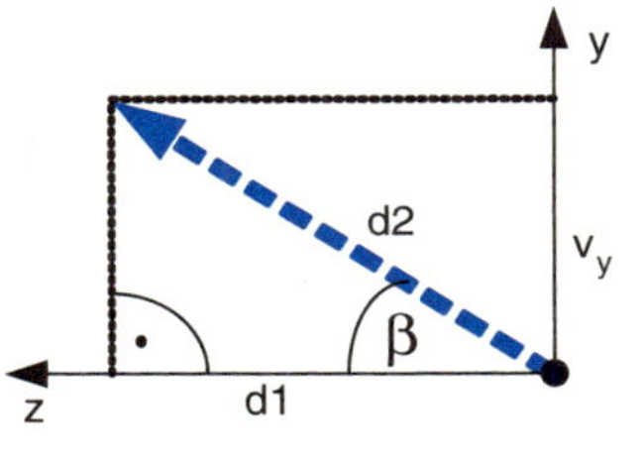

Abb. 3.3-5: Drehen des Rotationsvektors um den Winkel β

Aus Abb. 3.3-5 ergibt sich, dass v_y die y-Komponente des Vektors $\vec{v}$ ist und d1 die im vorherigen Schritt berechnete Länge der Diagonalen. Die Länge der Diagonalen d2 lässt sich berechnen durch $d2 = \sqrt{d1^2 + v_y^2} = \sqrt{v_x^2 + v_z^2 + v_y^2} = |\vec{v}| = 1$. Somit gelten folgende Seitenverhältnisse: $\sin(\beta) = v_y$ und $\cos(\beta) = d1$.

Da die Rotation gegen den Uhrzeigersinn erfolgt, können die Werte direkt in die Matrix übernommen werden:

$$R_x = \begin{bmatrix} 1 & 0 & 0 & 0 \\ 0 & d1 & -v_y & 0 \\ 0 & v_y & d1 & 0 \\ 0 & 0 & 0 & 1 \end{bmatrix}.$$

Der Rotationsvektor liegt nun auf der z-Achse (vgl. Abb. 3.3-6), sodass die eigentliche Rotation durchgeführt werden kann.

Abb. 3.3-6: Stand der Transformation nach dem dritten Schritt

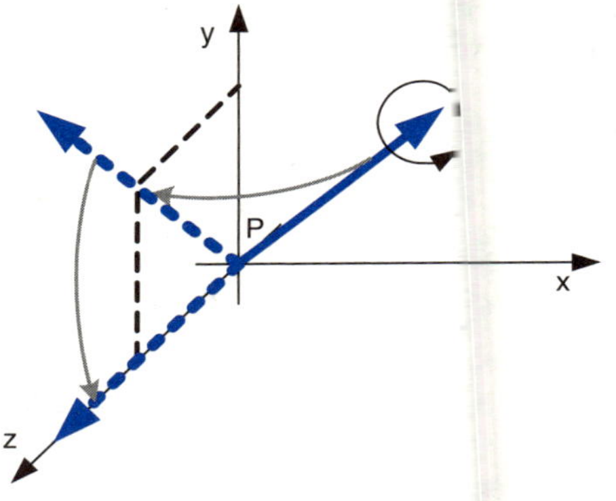

4 Rotation des Objekts um die z-Achse mit dem vorgegebenen Winkel

Nur für diese Rotation werden die trigonometrischen Funktionen Sinus und Cosinus wirklich zur Berechnung gebraucht, da der Rotationswinkel θ in der Regel im Winkelmaß vorgegeben ist. Dieser Winkel wird in die aus Formel (6) bekannte Rotationsmatrix für Rotationen um die z-Achse eingesetzt:

$$R_z = \begin{bmatrix} \cos(\theta) & -\sin(\theta) & 0 & 0 \\ \sin(\theta) & \cos(\theta) & 0 & 0 \\ 0 & 0 & 1 & 0 \\ 0 & 0 & 0 & 1 \end{bmatrix}.$$

Mit diesem Schritt ist die Rotation des Objekts abgeschlossen. Die nächsten drei Schritte werden benötigt, um die Rotationsachse und das Objekt wieder in die ursprüngliche Lage zu transformieren.

5 Inverse Transformation aus Schritt 3

Der Rotationsvektor wird mit dem Winkel $-\beta$ um die x-Achse zurück rotiert. Dazu werden die Vorzeichen der Einträge der Matrix R_x bei den Sinuswerten getauscht:

$$R_{-x} = \begin{bmatrix} 1 & 0 & 0 & 0 \\ 0 & d1 & v_y & 0 \\ 0 & -v_y & d1 & 0 \\ 0 & 0 & 0 & 1 \end{bmatrix}.$$

6 Inverse Transformation aus Schritt 2

Der Rotationsvektor $\vec{v}$ wird mit dem Winkel α um die y-Achse zurück rotiert:

$$R_{-y} = \begin{bmatrix} \frac{v_z}{d1} & 0 & \frac{v_x}{d1} & 0 \\ 0 & 1 & 0 & 0 \\ -\frac{v_x}{d1} & 0 & \frac{v_z}{d1} & 0 \\ 0 & 0 & 0 & 1 \end{bmatrix}.$$

7 Translation der Rotationsachse an den ursprünglichen Punkt.

Im letzten Schritt wird der Angriffspunkt der Rotationsachse wieder aus dem Ursprung an seinen ursprünglichen Ausgangspunkt zurück verschoben:

$$T^{-1} = \begin{bmatrix} 1 & 0 & 0 & P_x \\ 0 & 1 & 0 & P_y \\ 0 & 0 & 1 & P_z \\ 0 & 0 & 0 & 1 \end{bmatrix}.$$

Die Gesamtmatrix für die Rotation um eine beliebige Achse lässt sich also als Verkettung der oben aufgeführten Matrizen wie folgt berechnen:

$$R_G = T^{-1} \cdot R_{-y} \cdot R_{-x} \cdot R_z \cdot R_x \cdot R_y \cdot T$$

$$= \begin{bmatrix} 1 & 0 & 0 & P_x \\ 0 & 1 & 0 & P_y \\ 0 & 0 & 1 & P_z \\ 0 & 0 & 0 & 1 \end{bmatrix} \cdot \begin{bmatrix} \frac{v_z}{d1} & 0 & \frac{v_x}{d1} & 0 \\ 0 & 1 & 0 & 0 \\ -\frac{v_x}{d1} & 0 & \frac{v_z}{d1} & 0 \\ 0 & 0 & 0 & 1 \end{bmatrix} \cdot \begin{bmatrix} 1 & 0 & 0 & 0 \\ 0 & d1 & v_y & 0 \\ 0 & -v_y & d1 & 0 \\ 0 & 0 & 0 & 1 \end{bmatrix} \cdot \begin{bmatrix} \cos(\theta) & -\sin(\theta) & 0 & 0 \\ \sin(\theta) & \cos(\theta) & 0 & 0 \\ 0 & 0 & 1 & 0 \\ 0 & 0 & 0 & 1 \end{bmatrix}$$
$$\cdot \begin{bmatrix} 1 & 0 & 0 & 0 \\ 0 & d1 & -v_y & 0 \\ 0 & v_y & d1 & 0 \\ 0 & 0 & 0 & 1 \end{bmatrix} \cdot \begin{bmatrix} \frac{v_z}{d1} & 0 & -\frac{v_x}{d1} & 0 \\ 0 & 1 & 0 & 0 \\ \frac{v_x}{d1} & 0 & \frac{v_z}{d1} & 0 \\ 0 & 0 & 0 & 1 \end{bmatrix} \cdot \begin{bmatrix} 1 & 0 & 0 & -P_x \\ 0 & 1 & 0 & -P_y \\ 0 & 0 & 1 & -P_z \\ 0 & 0 & 0 & 1 \end{bmatrix} \tag{12}$$

Vernachlässigt man die beiden Transformationsmatrizen T und T^{-1}, ergibt sich aus dem Produkt der Rotationsmatrizen R_{-y}, R_{-x}, R_z, R_x und R_y folgende allgemeingültige Rotationsmatrix:

$$\begin{bmatrix} \cos(\theta)\left(\frac{v_x{}^2\, v_y{}^2 + v_z{}^2}{dl^2}\right) + v_x{}^2 & -\sin(\theta)v_z + v_x v_y(1 - \cos(\theta)) & \cos(\theta)\frac{A}{dl^2} + \sin(\theta)\frac{B}{dl^2} + v_x v_z & 0 \\ v_z\sin(\theta) + v_x v_y(1 - \cos(\theta)) & dl^2\cos(\theta) + v_y{}^2 & -v_x\sin(\theta) + v_y v_z(1 - \cos(\theta)) & 0 \\ \cos(\theta)\frac{A}{dl^2} - \sin(\theta)\frac{B}{dl^2} + v_x v_z & v_x\sin(\theta) + v_y v_z(1 - \cos(\theta)) & \cos(\theta)\left(\frac{v_x{}^2 + v_y{}^2\, v_z{}^2}{dl^2}\right) + v_z{}^2 & 0 \\ 0 & 0 & 0 & 1 \end{bmatrix}, \qquad \textbf{(13)}$$

wobei $A = v_x v_y{}^2\, v_z - v_x v_z$ und $B = v_x{}^2 v_y + v_y v_z{}^2$.

Mit Hilfe dieser Matrix können Rotationen um beliebige Achsen sehr effizient berechnet werden, da bei gleich bleibender Rotationsachse lediglich der Rotationswinkel θ eine Veränderung der Matrixelemente bewirkt.

Beispiel

Um die obige Berechnungsvorschrift zur Rotation um eine beliebige Achse auf eine einfache Art und Weise zu überprüfen, soll das in Abb. 3.3-7 dargestellte Tetraeder mit den Punkten A(1, 0, 0, 1), B(0, 1, 0, 1), C(0, 0, 1, 1) und D(-1, -1, -1, 1) um die Achse A, mit

$$\vec{A} = \vec{p} + n \cdot \vec{v} = \begin{bmatrix} 0 \\ 0 \\ 0 \end{bmatrix} + n \cdot \begin{bmatrix} \frac{1}{\sqrt{3}} \\ \frac{1}{\sqrt{3}} \\ \frac{1}{\sqrt{3}} \end{bmatrix} \quad (n \in \mathbb{R}),$$

rotiert und die notwendige Rotationsmatrix anhand der konkreten Werte berechnet werden.

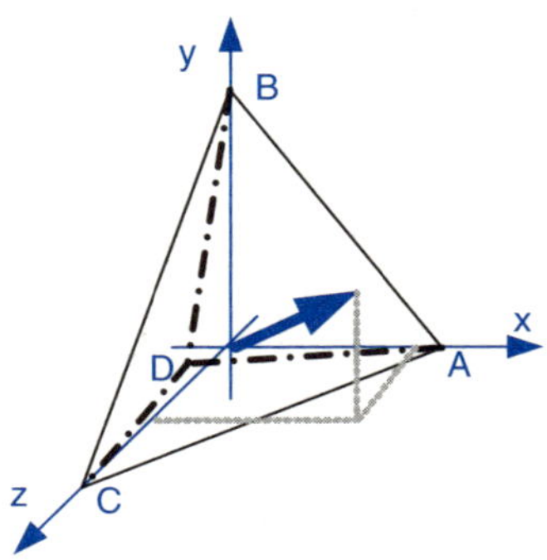

Abb. 3.3-7: Beispielrotation eines Tetraeders

Der Vektor $\begin{bmatrix} \frac{1}{\sqrt{3}} \\ \frac{1}{\sqrt{3}} \\ \frac{1}{\sqrt{3}} \end{bmatrix}$, der auf die Länge 1 normiert ist, repräsentiert die Rotationsachse. Der Rotationswinkel θ für das Objekt betrage -120°, sodass der Punkt A auf den Punkt C, der Punkt C auf den Punkt B und der Punkt B auf den Punkt A abgebildet werden. Der Punkt D wird auf sich selbst abgebildet.

Für die oben definierten ersten drei Einzelschritte ergeben sich die folgenden Transformationsmatrizen:

$$T = \begin{bmatrix} 1 & 0 & 0 & 0 \\ 0 & 1 & 0 & 0 \\ 0 & 0 & 1 & 0 \\ 0 & 0 & 0 & 1 \end{bmatrix}, \; R_y = \begin{bmatrix} \frac{1}{\sqrt{2}} & 0 & -\frac{1}{\sqrt{2}} & 0 \\ 0 & 1 & 0 & 0 \\ \frac{1}{\sqrt{2}} & 0 & \frac{1}{\sqrt{2}} & 0 \\ 0 & 0 & 0 & 1 \end{bmatrix} \text{ und}$$

$$R_x = \begin{bmatrix} 1 & 0 & 0 & 0 \\ 0 & \sqrt{\frac{2}{3}} & -\frac{1}{\sqrt{3}} & 0 \\ 0 & \frac{1}{\sqrt{3}} & \sqrt{\frac{2}{3}} & 0 \\ 0 & 0 & 0 & 1 \end{bmatrix}.$$

Durch diese Transformation wurde ein Koordinatensystem geschaffen, dessen Ursprung dem Anfangspunkt der Rotationsachse und dessen z-Achse dem Rotationsvektor entspricht. Somit kann jetzt die Rotation des Objekts um -120° mit der nachfolgenden Matrix durchgeführt werden:

$$R_z = \begin{bmatrix} -\frac{1}{2} & \frac{\sqrt{3}}{2} & 0 & 0 \\ -\frac{\sqrt{3}}{2} & -\frac{1}{2} & 0 & 0 \\ 0 & 0 & 1 & 0 \\ 0 & 0 & 0 & 1 \end{bmatrix}.$$

Das Objekt ist nun rotiert und muss durch Rotation und Translation des Koordinatensystems wieder in seine ursprüngliche Lage verschoben werden. Dazu dienen die inversen Matrizen der ersten drei Einzelschritte:

$$R_{-x} = \begin{bmatrix} 1 & 0 & 0 & 0 \\ 0 & \sqrt{\frac{2}{3}} & \frac{1}{\sqrt{3}} & 0 \\ 0 & -\frac{1}{\sqrt{3}} & \sqrt{\frac{2}{3}} & 0 \\ 0 & 0 & 0 & 1 \end{bmatrix}, \quad R_{-y} = \begin{bmatrix} \frac{1}{\sqrt{2}} & 0 & \frac{1}{\sqrt{2}} & 0 \\ 0 & 1 & 0 & 0 \\ -\frac{1}{\sqrt{2}} & 0 & \frac{1}{\sqrt{2}} & 0 \\ 0 & 0 & 0 & 1 \end{bmatrix}, \quad T^{-1} = \begin{bmatrix} 1 & 0 & 0 & 0 \\ 0 & 1 & 0 & 0 \\ 0 & 0 & 1 & 0 \\ 0 & 0 & 0 & 1 \end{bmatrix}.$$

Die gesamte Rotationsmatrix berechnet sich also wie folgt:

$$R_G = T^{-1} \cdot R_{-y} \cdot R_{-x} \cdot R_z \cdot R_x \cdot R_y \cdot T = \begin{bmatrix} 0 & 1 & 0 & 0 \\ 0 & 0 & 1 & 0 \\ 1 & 0 & 0 & 0 \\ 0 & 0 & 0 & 1 \end{bmatrix}.$$

Um nun das Tetraeder um die gegebene Rotationsachse zu rotieren, muss jeder der vier Eckpunkte mit der Rotationsmatrix R_G multipliziert werden. Es ergibt sich:

$$R_G \cdot A = \begin{bmatrix} 0 & 1 & 0 & 0 \\ 0 & 0 & 1 & 0 \\ 1 & 0 & 0 & 0 \\ 0 & 0 & 0 & 1 \end{bmatrix} \begin{bmatrix} 1 \\ 0 \\ 0 \\ 1 \end{bmatrix} = \begin{bmatrix} 0 \\ 0 \\ 1 \\ 1 \end{bmatrix} = C,$$

$$R_G \cdot C = \begin{bmatrix} 0 & 1 & 0 & 0 \\ 0 & 0 & 1 & 0 \\ 1 & 0 & 0 & 0 \\ 0 & 0 & 0 & 1 \end{bmatrix} \begin{bmatrix} 0 \\ 0 \\ 1 \\ 1 \end{bmatrix} = \begin{bmatrix} 0 \\ 1 \\ 0 \\ 1 \end{bmatrix} = B,$$

$$R_G \cdot B = \begin{bmatrix} 0 & 1 & 0 & 0 \\ 0 & 0 & 1 & 0 \\ 1 & 0 & 0 & 0 \\ 0 & 0 & 0 & 1 \end{bmatrix} \begin{bmatrix} 0 \\ 1 \\ 0 \\ 1 \end{bmatrix} = \begin{bmatrix} 1 \\ 0 \\ 0 \\ 1 \end{bmatrix} = A,$$

$$R_G \cdot D = \begin{bmatrix} 0 & 1 & 0 & 0 \\ 0 & 0 & 1 & 0 \\ 1 & 0 & 0 & 0 \\ 0 & 0 & 0 & 1 \end{bmatrix} \begin{bmatrix} -1 \\ -1 \\ -1 \\ 1 \end{bmatrix} = \begin{bmatrix} -1 \\ -1 \\ -1 \\ 1 \end{bmatrix} = D.$$

Auf der beiliegenden CD-ROM befindet sich eine Java-Anwendung, mit der die in diesem Abschnitt vorgestellte Rotation um eine beliebige Achse anschaulich nachvollzogen werden kann. Die grafische Oberfläche des Programms ist in Abb. 3.3-8 zu sehen.

Im oberen Bereich dieser Anwendung befindet sich die Möglichkeit zur Definition der Rotationsachse. Durch die Eingabe der Koordinaten eines Punktes P, des Rotationsvektors $\vec{v}$ und des Drehwinkels kann die daraus entstehende Rotationsmatrix durch Anklicken des Knopfes »Ergebnis« berechnet werden. Durch das Drücken des Knopfes »Reset« werden alle Eingaben wieder rückgängig gemacht.

Beim Drücken des Knopfes »Vorschlag LE 4« erscheint das oben erläuterte Beispiel des Tetraeders. Nach Drücken des Knopfes »Ergebnis« werden das im Uhrzeigersinn um 120° rotierte Tetraeder und seine neuen Punkte sowohl grafisch im Übersichtsfenster als auch durch Angabe der neu berechneten Punkte angezeigt. Im Übersichtsfenster werden das Ausgangsobjekt (in Schwarz), das Ergebnis nach der Rotation (in Blau) und die Rotationsachse (in Rot) angezeigt. Durch Drücken der rechten Maustaste kann das Koordinatensystem der grafischen Ausgabe gedreht werden, so dass das Ergebnis der Rotation von allen Seiten sichtbar wird. Das Drücken der Minus- bzw. der Plus-Taste bei der Eingabe des Drehwinkels führt zu einer Veränderung des Drehwinkels und zur sofortigen Neuberechnung des Ergebnisses, so dass bei mehrmaligem Drücken einer dieser Tasten die Rotation schrittweise nachvollzogen werden kann.

Neben dem vorgegebenen Tetraeder sind weiterhin als Basisobjekte ein Würfel und ein einzelner Punkt vorhanden.

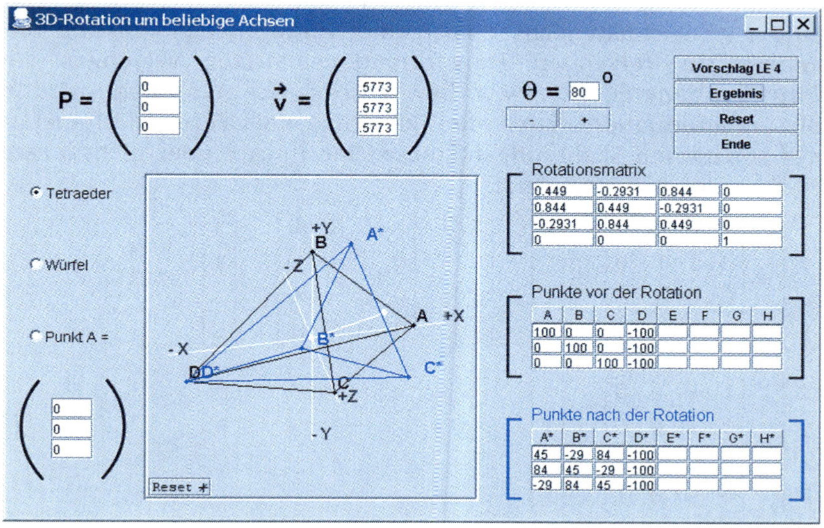

Abb. 3.3-8: Java-Beispielprogramm zur Rotation um eine beliebige Achse

3.3.5 Weitere Transformationen und Effizienz

Die in den vorangegangenen Abschnitten vorgestellten 3D-Transformationen haben die Eigenschaft, dass sie die Strukturen des zu transformierenden Objekts erhalten. Um die Proportionen eines Objekts zu verändern oder zu deformieren, können weitere Transformationsmatrizen aufgestellt werden.

Scherung

Bei der Erweiterung der Scherungsmatrix des zweidimensionalen (vgl. Kap 2) in den dreidimensionalen Raum kann zusätzlich die

Scherung um die z-Achse berücksichtigt werden. Die allgemeine Transformationsmatrix hierfür lautet:

$$\begin{bmatrix} x' \\ y' \\ z' \\ 1 \end{bmatrix} = \begin{bmatrix} 1 & s_{x_1} & s_{x_2} & 0 \\ s_{y_1} & 1 & s_{y_2} & 0 \\ s_{z_1} & s_{z_2} & 1 & 0 \\ 0 & 0 & 0 & 1 \end{bmatrix} \cdot \begin{bmatrix} x \\ y \\ z \\ 1 \end{bmatrix}. \tag{14}$$

Für eine Scherung entlang der x-Achse werden die Matrixelemente s_{x_1} und s_{x_2} benötigt, entlang der y-Achse die Elemente s_{y_1} und s_{y_2} und entlang der z-Achse entsprechend die Elemente s_{z_1} und s_{z_2}.

Tapering, Twisting, Bending

Die wichtigsten Transformationen, die die Struktur eines Objekts verändern, werden als **Verjüngen** (*Tapering*), **Verdrehen** (*Twisting*) und **Verbiegen** (*Bending*) bezeichnet und sind in /Barr 1984/ und /Watt 2002/ beschrieben. Häufiges Einsatzgebiet dieser Transformationen ist beispielsweise die Modellierung von Figuren, den so genannten Avataren.

Beim Verjüngen werden die Größenverhältnisse eines Objekts entlang der Koordinatenachsen nach einer vorgegebenen Funktion verändert. Die folgenden Transformationsmatrizen verjüngen ein Objekt entlang der x- bzw. y- bzw. z-Achse (v.l. n. r.). Dazu wird in die Transformationsmatrix der Skalierung (vgl. Formel (3)) anstatt der konstanten Skalierungsfaktoren eine lineare oder nichtlineare Funktion r = f(z) eingesetzt:

$$\begin{bmatrix} x' \\ y' \\ z' \\ 1 \end{bmatrix} = \begin{bmatrix} 1 & 0 & 0 & 0 \\ 0 & r & 0 & 0 \\ 0 & 0 & r & 0 \\ 0 & 0 & 0 & 1 \end{bmatrix} \cdot \begin{bmatrix} x \\ y \\ z \\ 1 \end{bmatrix}, \quad \begin{bmatrix} x' \\ y' \\ z' \\ 1 \end{bmatrix} = \begin{bmatrix} r & 0 & 0 & 0 \\ 0 & 1 & 0 & 0 \\ 0 & 0 & r & 0 \\ 0 & 0 & 0 & 1 \end{bmatrix} \cdot \begin{bmatrix} x \\ y \\ z \\ 1 \end{bmatrix} \quad \text{und}$$

$$\begin{bmatrix} x' \\ y' \\ z' \\ 1 \end{bmatrix} = \begin{bmatrix} r & 0 & 0 & 0 \\ 0 & r & 0 & 0 \\ 0 & 0 & 1 & 0 \\ 0 & 0 & 0 & 1 \end{bmatrix} \cdot \begin{bmatrix} x \\ y \\ z \\ 1 \end{bmatrix}.$$

Durch das Verdrehen kann ein Objekt entlang einer Achse gewickelt werden. Als anschauliches Beispiel für eine solche Drehung kann die in der Biologie gebräuchliche Darstellung der menschlichen DNA angesehen werden. Für die Drehung um die z-Achse ergibt sich die folgende Transformationsmatrix:

$$\begin{bmatrix} x' \\ y' \\ z' \\ 1 \end{bmatrix} = \begin{bmatrix} \cos(r) & -\sin(r) & 0 & 0 \\ \sin(r) & \cos(r) & 0 & 0 \\ 0 & 0 & 1 & 0 \\ 0 & 0 & 0 & 1 \end{bmatrix} \cdot \begin{bmatrix} x \\ y \\ z \\ 1 \end{bmatrix}, \text{ mit } r = f(z).$$

Beim Verbiegen entlang einer Koordinatenachse handelt es sich um eine Transformation, die sich aus einer Rotation und einer Translation in einem vorgegebenen Bereich zusammensetzt. Der Rotationswinkel wird durch eine von z abhängige Funktion bestimmt.

Beispiel

In Abb. 3.3-9 sind in der oberen Zeile von links nach rechts Beispiele für Deformationen dargestellt. Im linken Bild ist die Originalabbildung eines Zylinders zu sehen, der im mittleren Bild mit Hilfe einer linearen Funktion verjüngt wird und somit zu einem Kegelstumpf wird. Im rechten Bild wird der Zylinder um 45° um eine Achse verbogen.
In der unteren Zeile ist im linken Bild ein Torus dargestellt, der von oben betrachtet wird. Das mittlere und das rechte Bild zeigen den um 90° um eine Achse verdrehten Torus ebenfalls von oben und von der Seite.

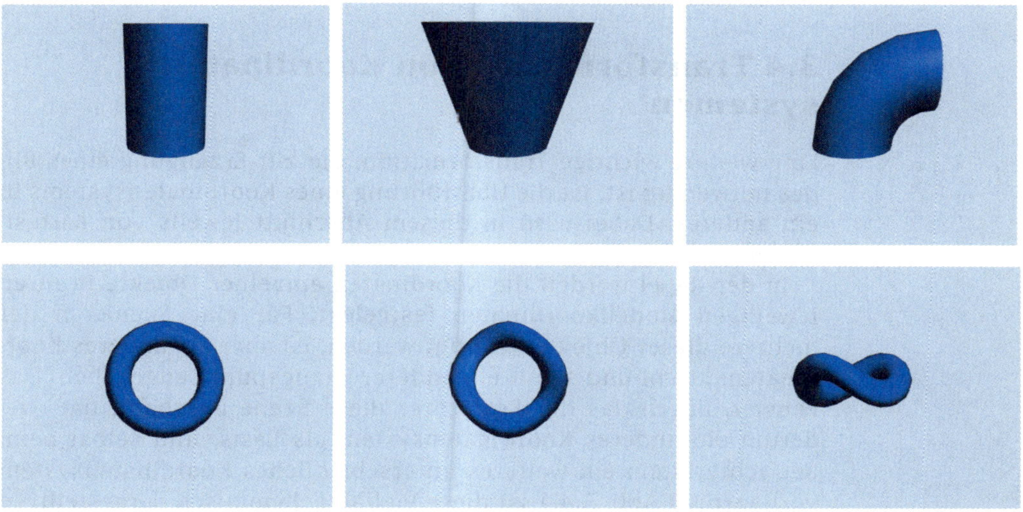

Abb. 3.3-9: Beispiel für eine Verjüngung und eine Verbiegung (obere Zeile) und eine Verdrehung (untere Zeile)

Verallgemeinerung

Wie bei den Transformationen im zweidimensionalen Raum (vgl. Kap. 2) bereits gezeigt, kann eine auf ein beliebiges Objekt angewandte Transformation aus mehreren einzelnen Transformationen zusammengesetzt werden. Um eine effiziente Berechnung durchzuführen, ist es daher sinnvoll, die Matrizen der einzelnen Teiltransformationen zu einer Gesamtmatrix zu multiplizieren. Diese Gesamtmatrix wird dann auf die einzelnen Punkte des zu transformierenden Objekts angewendet.

Eine Verallgemeinerung der in diesem Kapitel besprochenen Transformationen lässt sich offensichtlich in der Matrixform

$$\begin{bmatrix} x' \\ y' \\ z' \\ 1 \end{bmatrix} = \begin{bmatrix} a & b & c & d \\ e & f & g & h \\ i & j & k & m \\ 0 & 0 & 0 & 1 \end{bmatrix} \cdot \begin{bmatrix} x \\ y \\ z \\ 1 \end{bmatrix} \qquad \textbf{(15)}$$

beschreiben. Die tatsächlich notwendigen Additionen und Multiplikationen lassen sich, wie in Kapitel 2 bereits gezeigt, zusammenfassen zu

$$\begin{aligned} x' &= x \cdot a + y \cdot b + z \cdot c + d \\ y' &= x \cdot e + y \cdot f + z \cdot g + h \\ z' &= x \cdot i + y \cdot j + z \cdot k + m \end{aligned} \qquad \textbf{(16)}$$

was wiederum zu einer deutlichen Einsparung an Rechenoperationen im Vergleich zur ursprünglichen kompletten Matrizenmultiplikation führt.

3.4 Transformation von Koordinatensystemen

Eine weitere wichtige Transformation, die zur Erzeugung eines Bildes notwendig ist, ist die Überführung eines Koordinatensystems in ein anderes. Dabei wird in diesem Abschnitt jeweils von kartesischen Koordinatensystemen ausgegangen.

In der Regel werden die Koordinaten einzelner Objekte in ihren jeweiligen Modellkoordinaten festgelegt. Für eine Szene, in der mehrere dieser Objekte benötigt werden, ist aber ein anderes Koordinatensystem und somit ein anderer Bezugspunkt angegeben. Das Fenster, durch das der Betrachter diese Szene anschaut, hat wiederum ein anderes Koordinatensystem als Basis, und selbst beim Betrachter kann ein weiteres unterschiedliches Koordinatensystem vorliegen. In Abb. 3.4-1 ist diese Vielfalt schematisch dargestellt.

Abb. 3.4-1: Szene mit verschiedenen Koordinatensystemen

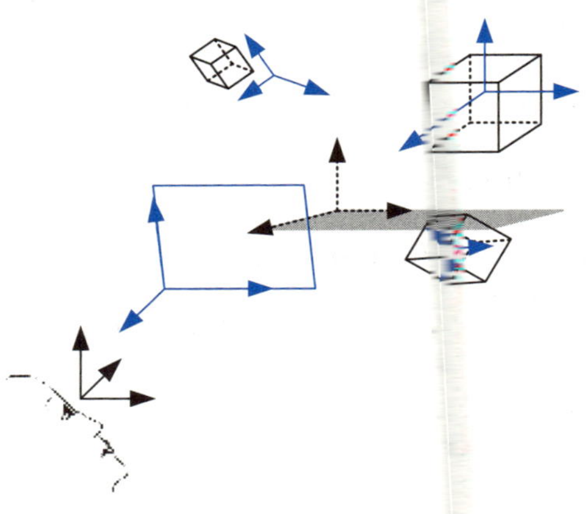

Grafisch betrachtet kann die Transformation eines Koordinatensystems in ein anderes Koordinatensystem aus den bisherigen Basistransformationen einfach hergeleitet werden. Um beispielsweise das in Abb. 3.4-2 dargestellte Koordinatensystem B in das Koordinatensystem A zu transformieren, ist zunächst eine Translation des Ursprungs B in den Ursprung des Koordinatensystems A durchzuführen. Danach sind noch zwei weitere Rotationen notwendig, bis die Achsen der betrachteten Koordinatensysteme übereinstimmen.

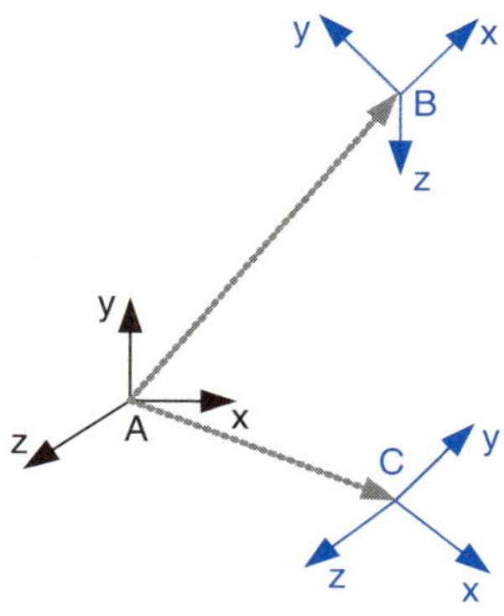

Abb. 3.4-2: Transformation von Koordinatensystemen

Soll auch das Koordinatensystem C aus Abb. 3.4-2 in das Koordinatensystem A überführt werden, so ist in gleicher Weise vorzugehen.

Mathematisch betrachtet wird die Transformation eines Koordinatensystems B in das durch die Einheitsvektoren aufgespannte Koordinatensystem A dadurch ausgedrückt, dass die auf die Länge 1 normierten Vektoren des Koordinatensystems B in die Spalten der Transformationsmatrix eingetragen werden. Die letzte Spalte besteht aus dem Translationsvektor, der den Ursprung des Zielkoordinatensystems (ZK) A in den Ursprung des Ausgangskoordinatensystems (AK) B verschiebt. Dies ist notwendig, um einen Bezug zwischen den beiden Koordinatensystemen herzustellen. Daraus ergibt sich für die Transformation des Koordinatensystems B in das Koordinatensystem A die folgende Transformationsmatrix:

$$B\_A = \begin{bmatrix} B_{x_1} & B_{y_1} & B_{z_1} & T_{x_{ZK\_AK}} \\ B_{x_2} & B_{y_2} & B_{z_2} & T_{y_{ZK\_AK}} \\ B_{x_3} & B_{y_3} & B_{z_3} & T_{x_{ZK\_AK}} \\ 0 & 0 & 0 & 1 \end{bmatrix}. \qquad \mathbf{(17)}$$

Wesentliche Bestandteile der allgemeinen Transformationsmatrix sind neben der Translation des Ursprungs die Rotationen um die Achsen des Koordinatensystems. Soll ein Punkt aus dem Koordinatensystem B in das Koordinatensystem A überführt werden, so geschieht dies mit Hilfe der Matrix B_A. Für die Rücktransformation dieses Punktes muss die inverse Matrix (B_A^{-1}) der Transformationsmatrix B_A aufgestellt und auf die Koordinaten des Punktes in A angewendet werden.

Beispiel

Gegeben seien die in Abb. 3.4-2 skizzierten Koordinatensysteme A, B und C. Die Punkte A_U, B_U und C_U geben jeweils die Ursprungspunkte der Koordinatensysteme an, die Richtungsvektoren $\vec{A}_x$, $\vec{A}_y$,

$\vec{A}_z$, $\vec{B}_x$, $\vec{B}_y$, $\vec{B}_z$, $\vec{C}_x$, $\vec{C}_y$ und $\vec{C}_z$ spannen die jeweiligen Koordinatensysteme auf:

$$A_U = (0, 0, 0, 1) \quad B_U = (5, 6, 0, 1) \quad C_U = (5, -2, 2, 1), \quad \vec{A}_x = \begin{bmatrix} 1 \\ 0 \\ 0 \end{bmatrix}, \vec{A}_y = \begin{bmatrix} 0 \\ 1 \\ 0 \end{bmatrix}, \vec{A}_z = \begin{bmatrix} 0 \\ 0 \\ 1 \end{bmatrix},$$

$$\vec{B}_x = \begin{bmatrix} \frac{1}{\sqrt{2}} \\ \frac{1}{\sqrt{2}} \\ 0 \end{bmatrix}, \vec{B}_y = \begin{bmatrix} -\frac{1}{\sqrt{2}} \\ \frac{1}{\sqrt{2}} \\ 0 \end{bmatrix}, \vec{B}_z = \begin{bmatrix} 0 \\ 0 \\ 1 \end{bmatrix} \text{ und}$$

$$\vec{C}_x = \begin{bmatrix} \frac{1}{\sqrt{3}} \\ \frac{1}{\sqrt{3}} \\ \frac{1}{\sqrt{3}} \end{bmatrix}, \vec{C}_y = \begin{bmatrix} -\frac{1}{\sqrt{3}} \\ \frac{1}{\sqrt{3}} \\ -\frac{1}{\sqrt{3}} \end{bmatrix}, \vec{C}_z = \begin{bmatrix} -\frac{1}{\sqrt{2}} \\ 0 \\ \frac{1}{\sqrt{2}} \end{bmatrix}.$$

Alle Vektoren haben die Länge 1. Das Koordinatensystem B geht aus A durch eine Drehung der xy-Ebene um 45° hervor, das Koordinatensystem C ist sozusagen das Koordinatensystem der Winkelhalbierenden von A.

Die Transformationsmatrizen, die benötigt werden, um das Koordinatensystem B nach A bzw. C nach A zu transformieren, sehen wie folgt aus:

$$B\_A = \begin{bmatrix} \frac{1}{\sqrt{2}} & -\frac{1}{\sqrt{2}} & 0 & 5 \\ \frac{1}{\sqrt{2}} & \frac{1}{\sqrt{2}} & 0 & 6 \\ 0 & 0 & 1 & 0 \\ 0 & 0 & 0 & 1 \end{bmatrix} \quad \text{und} \quad C\_A = \begin{bmatrix} \frac{1}{\sqrt{3}} & -\frac{1}{\sqrt{3}} & -\frac{1}{\sqrt{2}} & 5 \\ \frac{1}{\sqrt{3}} & \frac{1}{\sqrt{3}} & 0 & -2 \\ \frac{1}{\sqrt{3}} & -\frac{1}{\sqrt{3}} & \frac{1}{\sqrt{2}} & 2 \\ 0 & 0 & 0 & 1 \end{bmatrix}.$$

Wird nun beispielsweise die Matrix B_A auf den Punkt $P_{B1}(0, 3, 0, 1)$ angewendet, also $B\_A \cdot P_{B1}$ berechnet, so ergibt sich der Punkt

$$P_{A1}(-\frac{3}{\sqrt{2}}+5, \frac{3}{\sqrt{2}}+6, 0, 1).$$

Eine geometrische Interpretation dieses Ergebnisses liefert die Abb. 3.4-3.

Um den Punkt P_{A1} wieder an seinen ursprünglichen Ort im Koordinatensystem B zu verschieben, wird die inverse Matrix zur Matrix B_A aufgestellt und auf den Punkt P_{A1} angewendet:

$$B\_A^{-1} \cdot P_{A1} = \begin{bmatrix} \frac{1}{\sqrt{2}} & \frac{1}{\sqrt{2}} & 0 & -\frac{11}{\sqrt{2}} \\ -\frac{1}{\sqrt{2}} & \frac{1}{\sqrt{2}} & 0 & -\frac{1}{\sqrt{2}} \\ 0 & 0 & 1 & 0 \\ 0 & 0 & 0 & 1 \end{bmatrix} \cdot \begin{bmatrix} -\frac{3}{\sqrt{2}}+5 \\ \frac{3}{\sqrt{2}}+6 \\ 0 \\ 1 \end{bmatrix} = \begin{bmatrix} 0 \\ 3 \\ 0 \\ 1 \end{bmatrix}.$$

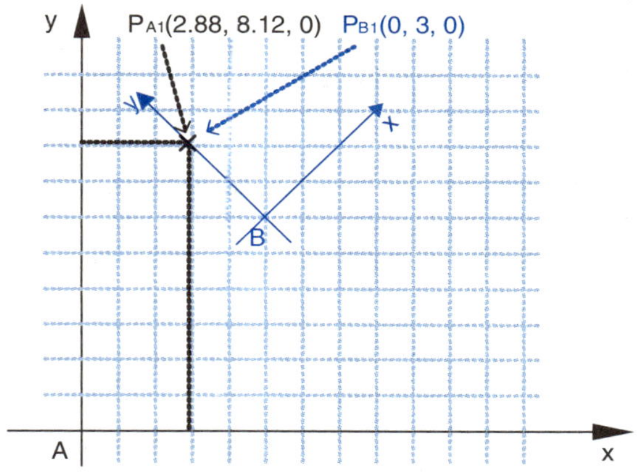

Abb. 3.4-3: Geometrische Interpretation der Transformation von Koordinatensystemen

Linkshändiges Koordinatensystem Ein Koordinatensystem, das aus den drei senkrecht aufeinander stehenden Vektoren (= x-, y- und z-Achse) besteht und bei dem die positive z-Achse vom Betrachter weg in die Tiefe läuft, wird als linkshändig bezeichnet.

Punkt Ein Punkt ist das kleinste Element des dreidimensionalen Raumes und wird durch die Angabe der x-, y- und z-Koordinate der jeweiligen Raumachsen definiert.

Rechtshändiges Koordinatensystem Ein Koordinatensystem, das aus den drei senkrecht aufeinander stehenden Vektoren (= x-, y- und z-Achse) besteht und bei dem die positive z-Achse dem Betrachter entgegen kommt, wird als rechtshändig bezeichnet.

Rotation Strukturerhaltende affine Transformation, bei der ein Objekt um eine Achse gedreht wird.

Skalierung Strukturerhaltende affine Transformation, bei der ein Objekt entlang einer oder mehrerer Koordinatenachsen vergrößert bzw. verkleinert wird.

Translation Strukturerhaltende affine Transformation, bei der ein Objekt entlang einer oder mehrerer Koordinatenachsen verschoben wird.

Verbiegen (*Bending*) Transformation, bei der ein Objekt entlang einer oder mehrerer Achsen um einen Winkel gedreht und um eine beliebige Funktion verschoben wird. Diese Transformation deformiert ein Objekt und erhält seine Struktur nicht.

Verdrehen (*Twisting*) Transformation, bei der ein Objekt entlang einer oder mehrerer Achsen um einen Winkel verdreht wird. Diese Transformation deformiert ein Objekt und erhält seine Struktur nicht.

Verjüngen (*Tapering*) Transformation, bei der ein Objekt entlang einer oder mehrerer Achsen durch beliebige Funktionen verkleinert bzw. deformiert wird.

Beim Übergang von der 2D-Computergrafik zur 3D-Computergrafik wird ein Punkt um eine dritte Koordinate, die z-Koordinate, erweitert. Ein kartesisches Koordinatensystem wird um die z-Achse ergänzt. Dabei muss darauf geachtet werden, in welche Richtung diese zeigt. Beim rechtshändigen Koordinatensystem zeigt sie zum Betrachter hin, beim linkshändigen zeigt diese Achse vom Betrachter weg in die Szene hinein. Die affinen Transformationen, wie z.B. Translation, Skalierung und Rotation, werden ebenfalls um eine Dimension zu 4x4-Matrizen erweitert. Eine Rotation um eine beliebige Achse kann auf eine Hintereinanderausführung der affinen Basistransformationen zurückgeführt werden. Nicht affine Transformationen, wie z.B. Verjüngen, Verdrehen oder Verbiegen, deformieren ein Objekt.
Die Überführung eines Koordinatensystems in ein anderes Koordinatensystem ist ebenfalls eine wichtige Transformation. Auch sie kann auf einfache Basistransformationen zurückgeführt werden.

/Barr 1984/
Barr Alan H., *Global and local Deformations of solid Primitives*, Computer Graphics Vol. 18 No. 3, July 1984, Seiten 21-30
/Foley et al. 1990/
Foley J., van Dam A., Feiner S., Hughes J., *Computer Graphics – Principles and Practise, 2nd Edition*, Addison-Wesley 1990, 1175 Seiten
/Rauber 1993/
Rauber Th., *Algorithmen in der Computergraphik*, Teubner 1993, 432 Seiten
/Watt 2002/
Watt Alan, *3D-Computergrafik*, Addison-Wesley 2002, 610 Seiten

Kann-Aufgabe
Zeit 20 Min

1 Lernziel: *Rotation mit einer beliebigen Achse nachvollziehen können.*
Machen Sie sich mit der Java-Anwendung zur Rotation um eine beliebige Achse vertraut. Starten Sie die auf der CD-ROM befindliche Anwendung und führen Sie verschiedene Rotationen durch.

Muss-Aufgabe
Zeit 20 Min

2 Lernziel: *Deformationen aufstellen können.*

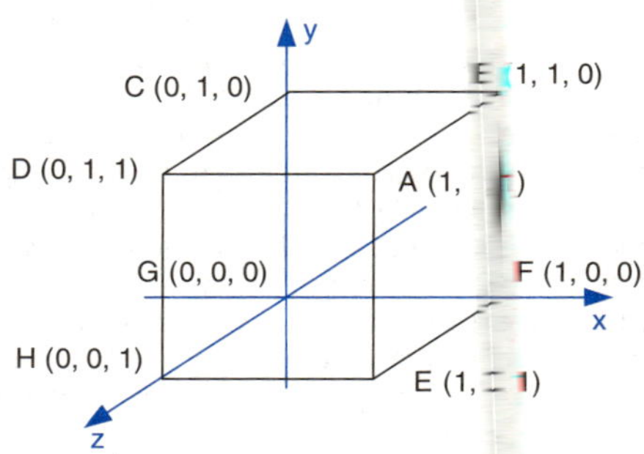

Gegeben sei der Einheitswürfel aus der nebenstehenden Abbildung. Wie lautet die Transformationsmatrix, die den Würfel um 90° um die z-Achse dreht? Wenden Sie diese Matrix auf die acht Punkte des Würfels an und versuchen Sie das Ergebnis zu skizzieren.

3 Lernziel: *Auswirkungen der Verallgemeinerung von Transformationen berechnen können.* Muss-Aufgabe Zeit 15 Min

Geben Sie die Art und die Anzahl der benötigten Rechenoperationen der allgemeinen Transformationsmatrix aus Formel (15) an. Wie viele Rechenoperationen werden im Vergleich dazu in Formel (16) benötigt? Eine Szene, die aus 5000 Punkten besteht, soll rotiert und skaliert werden. Wie viele Rechenoperationen werden im Fall der Anwendung von Formel (15) benötigt, wie viele im Fall von Formel (16)? Wie lange dauert die Gesamttransformation jeweils, wenn eine Multiplikation auf dem verwendeten Rechner zwei Nanosekunden und eine Addition eine Nanosekunde dauert?

4 Lernziel: *Transformationen von Koordinatensystemen durchführen können.* Muss-Aufgabe Zeit 10 Min

Gegeben seien die drei Koordinatensysteme des Beispiels in Kapitel 3.4:

a Gegeben sei der Punkt A(5, 7, 2, 1) im Koordinatensystem A. Wie lauten seine Koordinaten in den Koordinatensystemen B und C?

b Gegeben sei der Punkt B(1, 3, 2, 1) im Koordinatensystem B. Wie lauten seine Koordinaten in den Koordinatensystemen A und C?

c Gegeben sei der Punkt C(1, 1, 7, 1) im Koordinatensystem C. Wie lauten seine Koordinaten in den Koordinatensystemen A und B?

3 Grundlagen – 3D-Grafik (Teil 2)

- Wissen, welche Arten der ebenen geometrischen Projektionen es gibt. — wissen
- Wissen, welche Einzeltransformationen zur Betrachtungstransformation (*Viewing-Pipeline*) gehören.
- Die verschiedenen Projektionsarten anhand ihrer Hauptmerkmale unterscheiden können. — verstehen
- Verstehen, wie die Transformation von Welt- in Bildkoordinaten durchgeführt wird.
- Projektionen für einfache Objekte berechnen können. — anwenden
- Die Betrachtungstransformation bzw. ihre Einzelschritte anwenden können.

- Die Inhalte des Kapitels 2 werden als bekannt vorausgesetzt.
- Die Kapitel 3.1 bis 3.4 sollten durchgearbeitet worden sein.

3.5 Projektionen

Unter einer **Projektion** versteht man in der Computergrafik eine Abbildung dreidimensionaler Objekte auf eine zweidimensionale Ebene. Als Frage ausgedrückt, mit der sich seit Jahrhunderten Maler, Architekten und Ingenieure beschäftigten: Wie werden dreidimensionale Objekte möglichst realitätsnah in ein zweidimensionales Bild abgebildet?

Ein zu lösendes Problem mit mehreren Rahmenbedingungen: Eine Szene besteht aus dreidimensionalen Objekten. Die Betrachtungsfläche, auf der diese Szene gezeichnet werden soll, ist zweidimensional, also z.B. ein Blatt Papier oder der Bildschirm eines Rechners. Außerdem gibt es einen Betrachter der Szene.

Definition einer Projektion

Mathematisch gesehen ist eine Projektion durch die Angabe eines Projektionszentrums und einer Projektionsebene und natürlich durch das abzubildende Objekt bereits definiert. Das Projektionszentrum entspricht dabei dem Standpunkt des Betrachters und die Projektionsebene entspricht dem Bildschirm (vgl. dazu auch Abb. 3.5-1). Befindet sich der Betrachter unendlich weit entfernt von der Projektionsebene, so wird eine Projektion neben dem darzustellenden Objekt und der Projektionsebene durch die Angabe einer Projektionsrichtung festgelegt. Von diesen Angaben ausgehend können eine Reihe verschiedenartiger Projektionen definiert werden (vgl. dazu auch /Foley et al. 1990/).

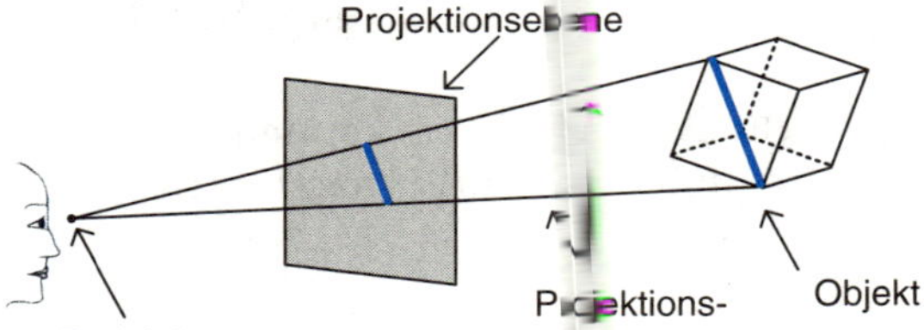

Abb. 3.5-1: Elemente einer Projektion

Ebene geometrische Projektionen

Alle hier betrachteten und für die Computergrafik wichtigen Projektionen können unter dem Oberbegriff ebene geometrische Projektionen zusammengefasst werden. Unter ebenen geometrischen Projektionen werden diejenigen Projektionen verstanden, bei denen die Abbildung auf eine Ebene erfolgt und bei denen zur Berechnung des Bildes nur Geraden als Projektionsstrahlen verwendet werden. Die beiden Hauptprojektionsarten sind die perspektivische Projektion und die Parallelprojektion. Diese werden in den nächsten beiden Abschnitten genauer beschrieben.

3.5.1 Perspektivische Projektion

Durch die **perspektivische Projektion** werden Objekte realitätsnah dargestellt und kommen damit der menschlichen Betrachtungsweise sehr nahe. Von der Projektionsebene weiter entfernt liegende Objekte werden kleiner dargestellt als näher zur Projektionsebene liegende Objekte. Dies hat zur Folge, dass es sich bei einer perspektivischen Projektion nicht mehr um eine affine Abbildung handelt, denn die Längenverhältnisse und Winkel bei den Objekten, die nicht parallel zur Projektionsebene liegen, werden verändert. In Abb. 3.5-1 ist bereits eine perspektivische Projektion schematisch dargestellt. Hierbei ist deutlich die Verkürzung des Objekts in der Projektionsebene zu erkennen.

Mathematisch kann die perspektivische Projektion wieder in der üblichen Matrixschreibweise formuliert werden. Dazu sei der Einfachheit halber angenommen, dass sich das Projektionszentrum auf der positiven z-Achse im Punkt Z(0, 0, d, 1) befindet und die Projektionsebene die xy-Ebene sei. Die Länge d gibt also den Abstand zwischen Projektionszentrum und Bildebene an. Ein beliebiger Punkt P(x, y, z, 1) soll nun auf die Projektionsebene abgebildet werden, d.h. gesucht sind die Bildkoordinaten x' und y' des Bildpunkts P'(x', y', 0, 1). In Abb. 3.5-2 sind die mathematischen Verhältnisse dieser Projektion grafisch dargestellt.

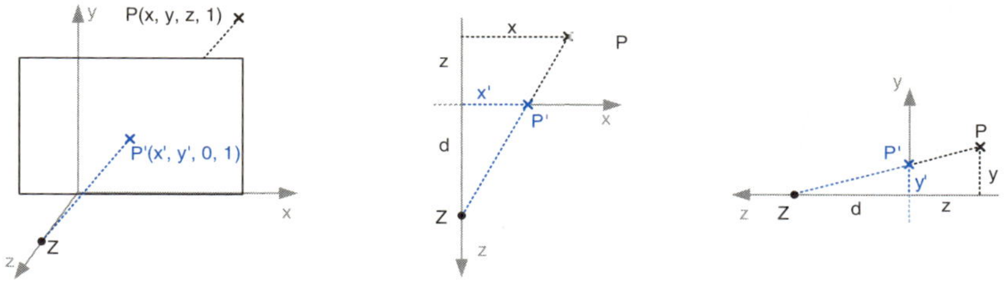

Abb. 3.5-2: Geometrie der perspektivischen Projektion

Aus dem mittleren und rechten Teil der Abb. 3.5-2 ergeben sich für die Koordinaten x' und y' des Bildpunktes P'(x', y', 0, 1) die folgenden Verhältnisse:

$$x' = \frac{d \cdot x}{z + d}, \qquad y' = \frac{d \cdot y}{z + d} \quad \text{und} \quad z' = 0.$$

In homogenen Koordinaten lässt sich P' darstellen als $P'(d \cdot x,\ d \cdot y\ 0,\ z + d)$ und somit aus $P(x,\ y\ z,\ 1)$ durch folgende Transformation erhalten:

$$\begin{bmatrix} x' \\ y' \\ z' \\ 1 \end{bmatrix} = \begin{bmatrix} d & 0 & 0 & 0 \\ 0 & d & 0 & 0 \\ 0 & 0 & 0 & 0 \\ 0 & 0 & 1 & d \end{bmatrix} \cdot \begin{bmatrix} x \\ y \\ z \\ 1 \end{bmatrix} = \begin{bmatrix} d \cdot x \\ d \cdot y \\ 0 \\ z + d \end{bmatrix}. \qquad \textbf{(1)}$$

Wie bereits oben beschrieben handelt es sich bei der perspektivischen Projektion nicht um eine affine Abbildung. Insbesondere die Tatsache, dass zur Projektionsebene weiter entfernt liegende Objekte kleiner dargestellt werden als näher liegende Objekte, führt bei dieser Art von Projektion zu den Effekten der perspektivischen Verkürzung und der Fluchtpunkte.

Perspektivische Verkürzung

Eine perspektivische Verkürzung tritt bei der Abbildung gleichförmiger Objekte auf. Sie lässt Objekte mit zunehmendem Abstand vom Projektionszentrum größer erscheinen. Schaut man z.B. in einer Straße die am Rande stehenden Bäume an, so werden sie mit zunehmendem Abstand vom Betrachtungspunkt kleiner (vgl. Abb. 3.5-3).

Abb. 3.5-3: Perspektivische Verkürzung

Parallele Geraden, die in Richtung des Projektionszentrums verlaufen, scheinen in einem Punkt, dem so genannten Fluchtpunkt, zusammenzutreffen und dadurch eine räumliche Tiefe zu schaffen. Die Straßenränder und die Mittellinie in Abb. 3.5-3 sind Beispiele dafür.

Fluchtpunkte

Die Anzahl der in einem Bild vorkommenden Fluchtpunkte ist bestimmt durch die Anzahl der Koordinatenachsen, die von der Bildebene geschnitten werden. In Abb. 3.5-4 ist dieser Sachverhalt am Beispiel eines Würfels mit einem, zwei und drei Fluchtpunkten dargestellt, wobei im linken Beispiel die Projektionsebene senkrecht zur z-Achse steht, im mittleren Beispiel die Projektionsebene parallel zur y-Achse verläuft und die x- und die z-Achse schneidet und im rechten Beispiel die Projektionsebene alle drei Koordinatenachsen schneidet.

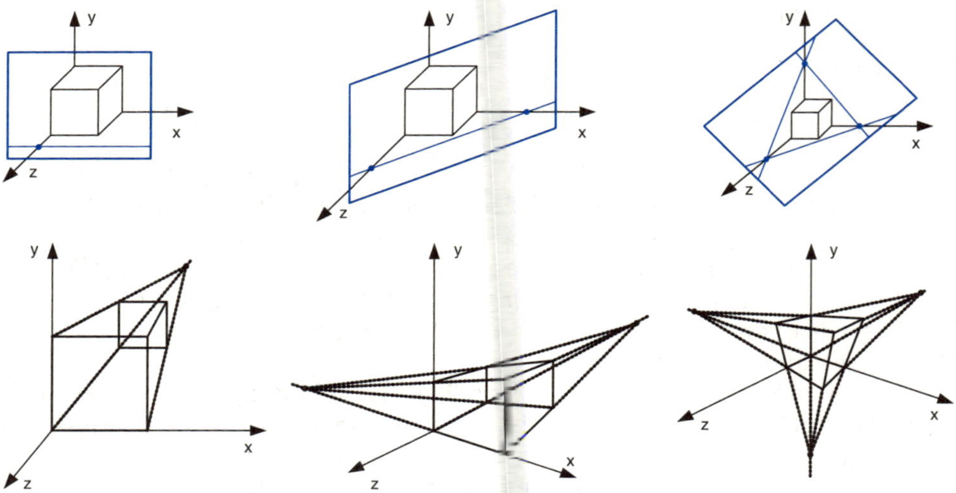

Abb. 3.5-4: (v. l. n. r.) Perspektivische Projektion mit einem, zwei und drei Fluchtpunkten

3.5.2 Parallelprojektion

Bei der **Parallelprojektion** handelt es sich ebenfalls um eine ebene geometrische Projektion. Im Vergleich zur perspektivischen Projektion liegt der Hauptunterschied darin, dass die Projektionsstrahlen sich nicht in einem Punkt treffen, sondern parallel verlaufen. Das Zentrum der Projektion liegt sozusagen im Unendlichen. In der dadurch entstehenden Abbildung bleiben parallele Linien auch in der Bildebene parallel erhalten, Längenverhältnisse werden nicht verändert und es treten keine perspektivischen Verkürzungen auf. Allerdings bleiben die Winkel eines Objekts nur dann in der Bildebene erhalten, wenn die Seite des Objekts parallel zur Projektionsebene steht. In Abb. 3.5-5 ist eine Parallelprojektion schematisch dargestellt.

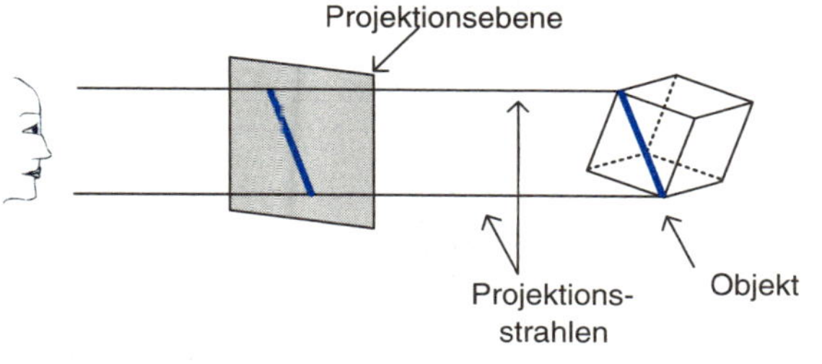

Abb. 3.5-5: Parallelprojektion

Die Parallelprojektion wird sehr oft in der Architektur oder in anderen Disziplinen verwendet, in denen technische Zeichnungen benötigt werden. Soll z.B. der Grund- oder der Aufriss eines Gebäudes gezeichnet werden, dann kommt diese Art der Projektion zum Einsatz, und es wird in diesem Zusammenhang auch von Draufsicht, Seitenansicht und Vorderansicht gesprochen. Allerdings bleibt anzumerken, dass ein durch Parallelprojektion dargestelltes Objekt ein weniger realistisches Aussehen hat als ein durch eine perspektivische Projektion dargestelltes Objekt.

Orthogonale Parallelprojektion

Schiefwinklige Parallelprojektion

Durch die Lage der parallelen Projektionsstrahlen zur Projektionsebene werden die beiden Hauptarten der Parallelprojektion unterschieden. Bei der orthogonalen Parallelprojektion stehen die Projektionsstrahlen senkrecht auf der Projektionsebene, während bei der schiefwinkligen Parallelprojektion die Strahlen nicht im rechten Winkel auf die Projektionsebene treffen. Orthogonale und schiefwinklige Parallelprojektionen werden noch weiter unterschieden, je nach Lage der Projektionsebene.

Die orthogonalen Parallelprojektionen werden in die so genannten Hauptrisse und axonometrischen Projektionen unterteilt: Bei den Haupttrissen, die als Draufsicht, Seitenansicht und Vorderansicht bezeichnet werden, steht die Projektionsebene jeweils senkrecht auf einer der Koordinatenachsen. Ist dies nicht der Fall, so wird die Parallelprojektion als axonometrisch bezeichnet. Eine axonometrische Projektion, bei der die Projektionsebene mit allen drei bzw. mit zwei Koordinatenachsen einen gleichen Winkel hat, wird als isometrisch bzw. dimetrisch bezeichnet. Sind alle drei Winkel unterschiedlich, so heißt diese Projektion trimetrisch.

Bei den schiefwinkligen Parallelprojektionen sind vor allem die Kavalierprojektion, bei der die Projektionsstrahlen in einem Winkel von arctan(1) = 45° auf die Projektionsebene treffen, und die Kabinettprojektion, bei der der Winkel arctan(2) = 63.4° beträgt, zu erwähnen.

Zur besseren Einordnung dieser vielfältigen Arten von Projektionen ist in Abb. 3.5-6 eine schematische Übersicht über die wichtigsten ebenen geometrischen Projektionen gegeben (vgl. dazu auch /Foley et al. 1990/).

Abb. 3.5-6: Übersicht der ebenen geometrischen Projektionen

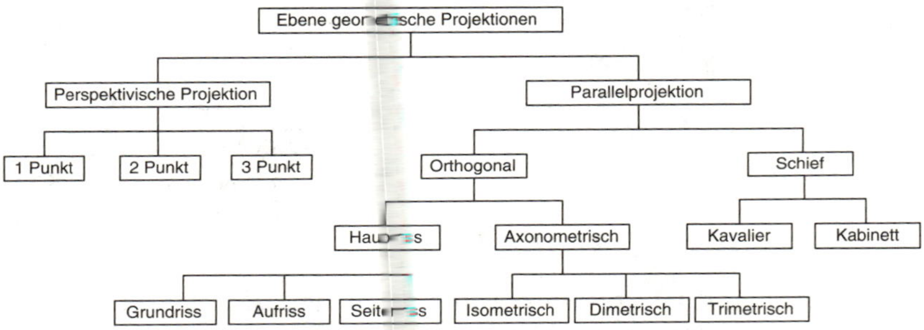

Mathematisch betrachtet kann eine orthogonale Parallelprojektion auf die xy-Ebene durch die folgende Transformation ausgedrückt werden:

$$\begin{bmatrix} x' \\ y' \\ z' \\ 1 \end{bmatrix} = \begin{bmatrix} 1 & 0 & 0 & 0 \\ 0 & 1 & 0 & 0 \\ 0 & 0 & 0 & 0 \\ 0 & 0 & 0 & 1 \end{bmatrix} \cdot \begin{bmatrix} x \\ y \\ z \\ 1 \end{bmatrix}. \qquad \textbf{(2)}$$

Durch den Wegfall der dritten Dimension bei der Parallelprojektion in die xy-Ebene werden die z-Koordinaten (sowohl positive als auch negative) der zu betrachtenden Punkte auf Null gesetzt. In Abb. 3.5-7 ist dieser Sachverhalt skizziert.

Die entsprechenden Transformationsmatrizen für die orthogonalen Projektionen in die anderen Ebenen können analog hergeleitet werden und sind in Abb. 3.5-8 schematisch dargestellt, wobei die dort angegebene Draufsicht dem Grundriss entspricht, die Seitenansicht dem Seitenriss und die Vorderansicht dem Aufriss.

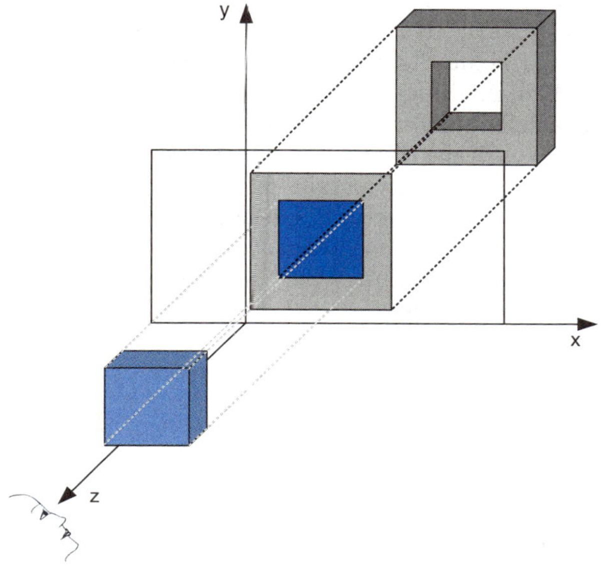

Abb. 3.5-7: Orthogonale Parallelprojektion in die xy-Ebene

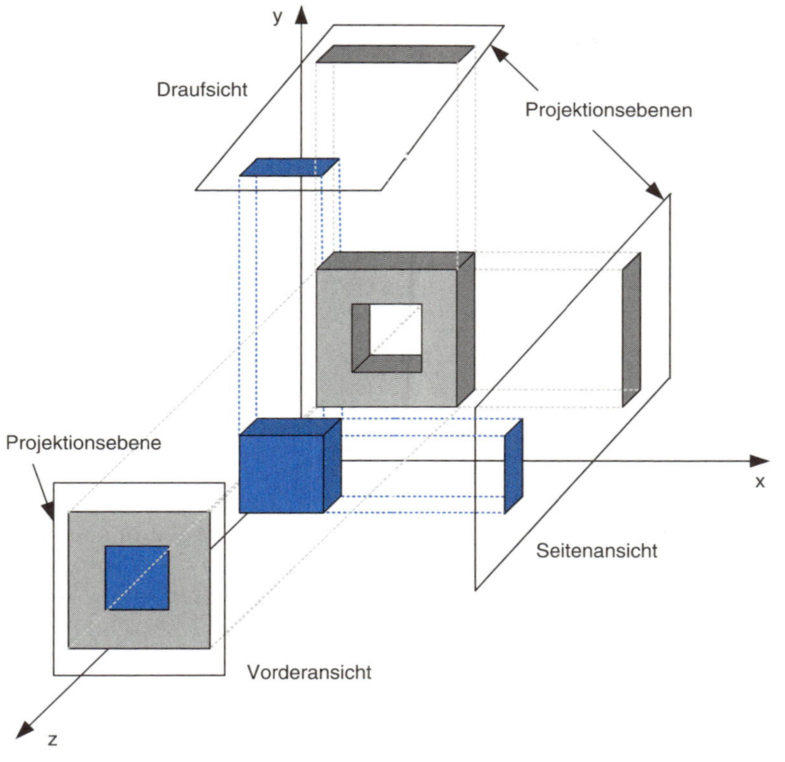

Abb. 3.5-8: Hauptrisse der orthogonalen Parallelprojektion

Die axonometrischen Parallelprojektionen werden dadurch charakterisiert, dass der Normalenvektor der Projektionsebene im isometrischen Fall den gleichen Winkel zu allen drei Koordinatenachsen, im dimetrischen Fall den gleichen Winkel zu zwei Koordinatenachsen und im trimetrischen Fall jeweils unterschiedliche Winkel zu allen drei Koordinatenachsen besitzt. Dies führt dazu, dass bei der isometrischen Parallelprojektion bei dem dargestellten Objekt die gleiche Skalierung entlang aller drei Koordinatenachsen zu beobachten ist und entsprechend eine gleichartige Skalierung entlang zweier Koordinatenachsen bei der dimetrischen Projektion. Bei der trimetrischen Projektion werden alle drei Koordinatenachsen unterschiedlich skaliert, wobei die Skalierung abhängig ist von den jeweiligen Winkeln des Normalenvektors der Projektionsebene mit den Koordinatenachsen. In Abb. 3.5-9 werden diese Projektionen schematisch dargestellt.

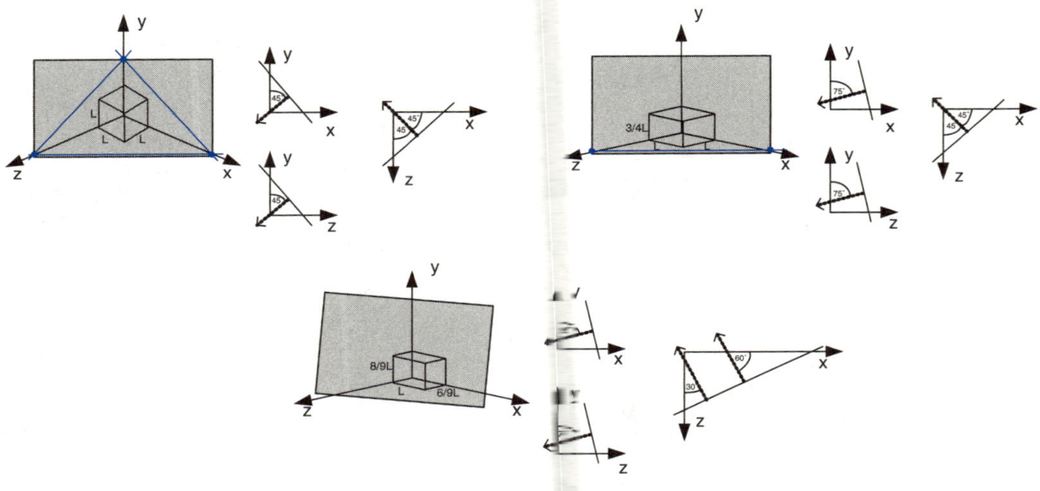

Abb. 3.5-9: Isometrische (o.l.), dimetrische (o.r.) und trimetrische (u.) Parallelprojektion

Die Transformationsmatrizen für die axonometrischen Parallelprojektionen können aus dem speziellen Fall der Projektion auf die xy-Ebene, der in der Gleichung (2) beschrieben ist, hergeleitet werden. Dazu muss die in der Gleichung (2) als Projektionsebene angegebene xy-Ebene mit Hilfe zweier geeigneter Rotationen in den Raum transformiert werden. θ_x und θ_y seien die beiden Winkel, in denen die Projektionsebene die x- bzw. y-Achse schneiden (vgl. Anhang B). Diese sind aufgrund der gegebenen Normalen und des Winkels, in dem die Normale die jeweilige Achse schneidet, leicht zu berechnen (vgl. Abb. 3.5-9). Damit ergibt sich:

$$\begin{bmatrix} x' \\ y' \\ z' \\ 1 \end{bmatrix} = \begin{bmatrix} \cos(\theta_x) & \sin(\theta_y)\cdot\sin(\theta_x) & \sin(\theta_y)\cdot\cos(\theta_x) & 0 \\ 0 & \cos(\theta_x) & -\sin(\theta_y) & 0 \\ 0 & 0 & 0 & 0 \\ 0 & 0 & 0 & 1 \end{bmatrix} \cdot \begin{bmatrix} x \\ y \\ z \\ 1 \end{bmatrix}. \quad \textbf{(3)}$$

Als Beispiel soll eine isometrische Projektion des in Abb. 3.5-10 angegebenen Einheitswürfels berechnet werden. Dazu sind θ_x und θ_y jeweils 45° (vgl. Abb. 3.5-9 oben links) und es ergibt sich die folgende Transformationsmatrix: Beispiel

$$\begin{bmatrix} x' \\ y' \\ z' \\ 1 \end{bmatrix} = \begin{bmatrix} \frac{1}{\sqrt{2}} & \frac{1}{2} & \frac{1}{2} & 0 \\ 0 & \frac{1}{\sqrt{2}} & -\frac{1}{\sqrt{2}} & 0 \\ 0 & 0 & 0 & 0 \\ 0 & 0 & 0 & 1 \end{bmatrix} \cdot \begin{bmatrix} x \\ y \\ z \\ 1 \end{bmatrix}.$$

Für die acht Punkte des Einheitswürfels ergeben sich die in Abb. 3.5-10 (rechts) angegebenen Bildkoordinaten und das entsprechende Bild.

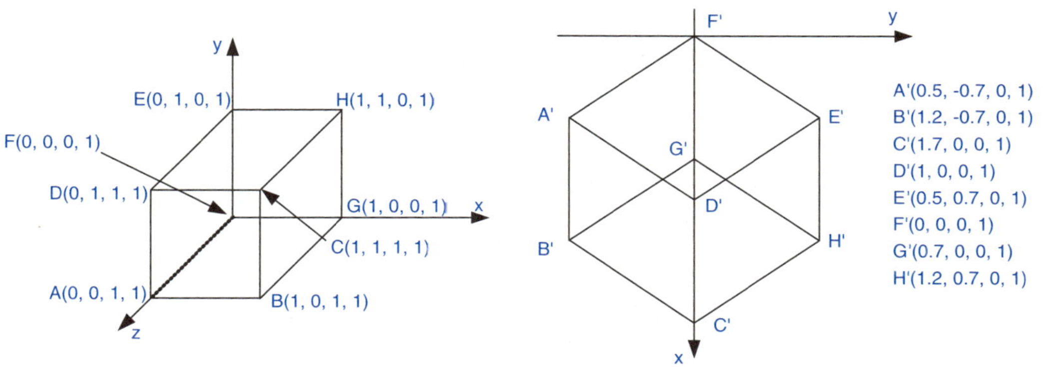

Abb. 3.5-10: Beispiel einer isometrischen Parallelprojektion

Bei den schiefwinkligen Parallelprojektionen treffen die Projektionsstrahlen in einem Winkel auf die Projektionsebene, der nicht 90° beträgt. Eine solche Parallelprojektion ist durch die Projektionsrichtung, also durch einen Richtungsvektor $\vec{v}$ und durch eine Bildebene, die durch einen Punkt P_b und einen Normalenvektor $\vec{n}$ gegeben ist, definiert (vgl. Abb. 3.5-11). Die Vektoren $\vec{v}$ und $\vec{n}$ haben eine unterschiedliche Richtung. Gesucht sind die Koordinaten des Bildpunktes P'.

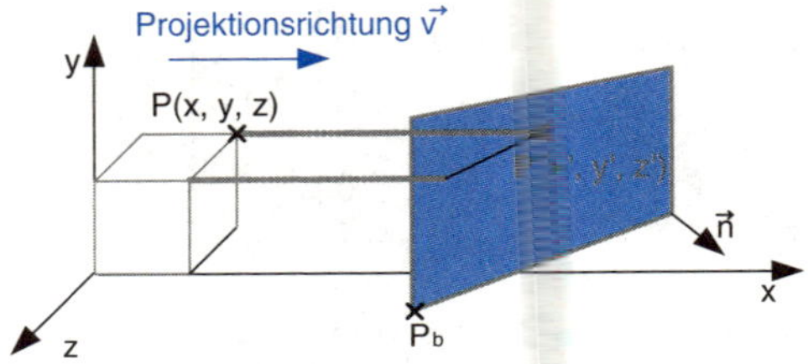

Abb. 3.5-11: Schiefwinklige Parallelprojektion

Sei nun der Einfachheit halber die xy-Ebene als Projektionsebene gegeben und der Richtungsvektor sei definiert durch $\vec{v} = (v_x, v_y, v_z)$. Damit der Projektionsstrahl nicht parallel zur z-Achse verläuft, muss $v_z \neq 0$ sein. Die Geradengleichung (vgl. Anhang B) für einen Projektionsstrahl, der durch den Punkt P(x, y, z) läuft, lautet:

$$g = P - \lambda \cdot \vec{v} = \begin{bmatrix} x \\ y \\ z \end{bmatrix} - \lambda \cdot \begin{bmatrix} v_x \\ v_y \\ v_z \end{bmatrix}$$

Den Schnittpunkt dieser Geraden mit der Projektionsebene (z = 0) erhält man durch $\lambda = \frac{z}{v_z}$. Somit gilt für die zu berechnenden Projektionskoordinaten $x' = x - \frac{z}{v_z} \cdot v_x$, $y' = y - \frac{z}{v_z} \cdot v_y$ und $z' = 0$.

In der üblichen Matrizenschreibweise ausgedrückt ergibt sich:

$$\begin{bmatrix} x' \\ y' \\ z' \\ 1 \end{bmatrix} = \begin{bmatrix} 1 & 0 & -\frac{v_x}{v_z} & 0 \\ 0 & 1 & -\frac{v_y}{v_z} & 0 \\ 0 & 0 & 0 & 0 \\ 0 & 0 & 0 & 1 \end{bmatrix} \cdot \begin{bmatrix} x \\ y \\ z \\ 1 \end{bmatrix}. \qquad \textbf{(4)}$$

In Abb. 3.5-12 wird diese Berechnung noch einmal schematisch dargestellt und es werden zwei Beispiele berechnet. Die mittlere Skizze entspricht einer Kavalierprojektion (45°), durch die orthogonal zur Projektionsebene liegende Strecken in ihrer ursprünglichen Länge erhalten bleiben. Im rechten Teil der Abb. 3.5-12 ist eine Kabinettprojektion (63.4°) zu sehen, bei der orthogonal zur Projektionsebene liegende Strecken um die Hälfte gekürzt werden.

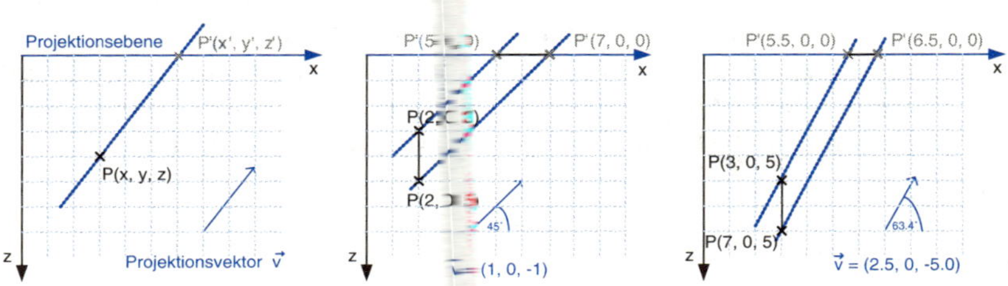

Abb. 3.5-12: Veranschaulichung der Kavalier- und Kabinettprojektion

Beispiel

Durch die in Gleichung (4) aufgestellte Matrix können nun dreidimensionale Objekte mit Hilfe der schiefwinkligen Parallelprojektion in eine Projektionsebene transformiert werden. In Abb. 3.5-13 wird dies für einen Einheitswürfel durchgeführt. Der linke Teil des Bildes zeigt den Originalwürfel mit seinen Koordinaten, in der Mitte ist die Berechnung einer Kavalierprojektion (45°) dargestellt und im rechten Teil des Bildes die Berechnung einer Kabinettprojektion (63.4°). Bei beiden Berechnungen fällt auf, dass sich die Geraden, die parallel zur Projektionsfläche liegen, nicht verändern. Bei der Kavalierprojektion verkürzen sich die nicht zur Projektionsebene parallel liegenden Geraden um ca. ein Drittel der ursprünglichen Länge, während sich bei der Kabinettprojektion eine Verkürzung auf die Hälfte der ursprünglichen Länge ergibt.

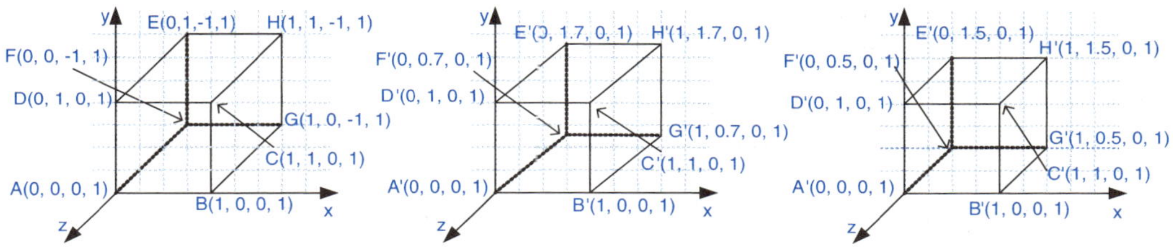

Abb. 3.5-13: Berechnung von Kavalier- (m.) und Kabinettprojektion (r.) für einen Einheitswürfel

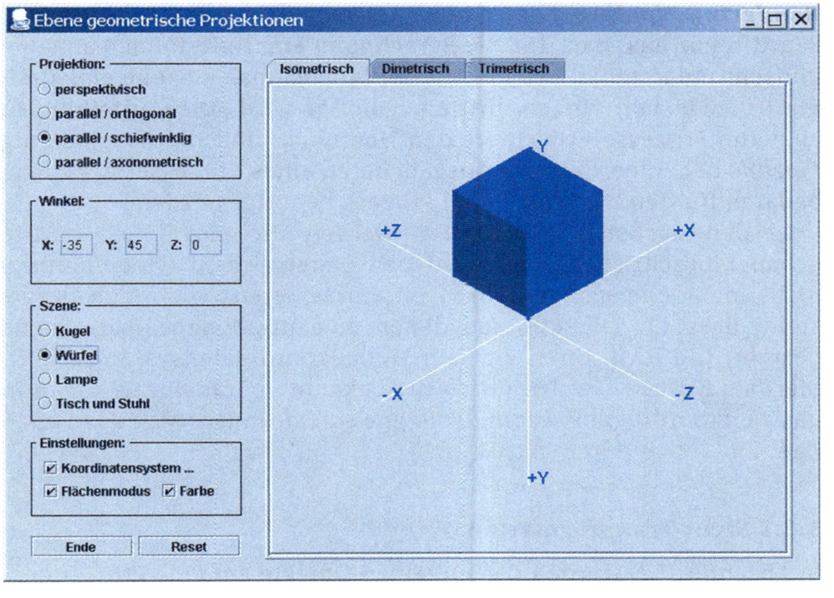

Abb. 3.5-14: Java-Anwendung zu den ebenen geometrischen Projektionen

Auch zu den ebenen geometrischen Projektionen befindet sich eine Beispielanwendung (vgl. Abb. 3.5-14) auf der beiliegenden CD-ROM, mit deren Hilfe alle hier vorgestellten Projektionsarten und deren Auswirkungen auf die Basisobjekte Kugel und Würfel, aber auch auf ein komplexeres Lampenobjekt und eine Szene mit einem Tisch und einem Stuhl sehr gut nachvollzogen werden können.

3.6 Transformation von Welt- in Bildkoordinaten

Die in den letzten Abschnitten beschriebenen Grundlagen können nun dazu verwendet werden, eine dreidimensionale Szene auf den zweidimensionalen Bildschirm zu transformieren. Dazu sind im Wesentlichen die in Abb. 3.6-1 dargestellten Einzelschritte durchzuführen.

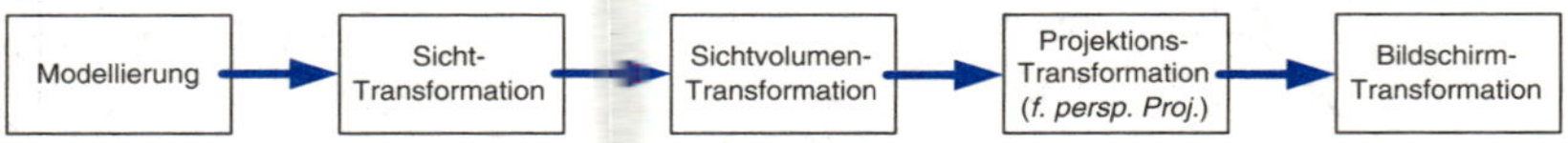

Abb. 3.6-1: Transformation von Welt- in Bildkoordinaten (Viewing-Pipeline)

Viewing-Pipeline

Diese Schritte werden in der Computergrafik zusammengefasst und als **Betrachtungstransformation**, ***Viewing-Pipeline*** oder ***Rendering-Pipeline*** bezeichnet. Letztendlich drücken aber alle Begriffe nur aus, dass für die Berechnung einer zweidimensionalen Bildschirmdarstellung aus einer dreidimensionalen Szene eine definierte Folge von Einzelschritten benötigt wird. Die Aufteilung in einzelne Prozesse erleichtert den Überblick, und die Bezeichnung *Pipeline* bedeutet, dass die Ausgabedaten eines Prozesses als Eingabedaten für den nachfolgenden Prozess benötigt werden.

In den nächsten Abschnitten werden die einzelnen Schritte genauer beschrieben, wobei auf den ersten Schritt (Modellierung) nicht mehr eingegangen wird. Es wurde bereits mehrfach dargestellt, dass die Objekte, aus denen eine dreidimensionale Szene besteht, i. d.R. in ihren eigenen Modellkoordinatensystemen definiert sind. Diese werden durch die bekannten Transformationen in das Weltkoordinatensystem der Szene transformiert (vgl. dazu auch Kap. 2).

3.6.1 Sicht-Transformation

In Abschnitt 3.5 wurden die einzelnen Objekte auf eine Projektionsebene projiziert, deren Ausmaße nicht genauer beschrieben wurden. Da aber nur ein Ausschnitt der Projektionsebene später auf den Bildschirm transformiert werden soll und kann, ist es sinnvoll, die Projektionsebene genauer zu beschreiben und darin ein Koordinatensystem zu definieren.

Mit Hilfe dieses Koordinatensystems, welches als **Sichtkoordinatensystem** bezeichnet wird, sind die Lage und die Orientierung der **Projektionsebene** (*View-Plane* (VP)) im dreidimensionalen Raum eindeutig festgelegt. Dazu wird die Beschreibung der Projektionsebene um die folgenden Bestandteile erweitert:

Sichtkoordinatensystem

- einen Referenzpunkt, auch *View-Reference-Point* (VRP) genannt, der in der Projektionsebene liegt und
- einen auf die Länge 1 normierten Normalenvektor, auch *View-Plane-Normal-Vector* (VPN) genannt, der senkrecht auf der Projektionsebene steht und auch als w-Achse des Sichtkoordinatensystems bezeichnet wird.

Das Sichtkoordinatensystem wird mit Hilfe eines Vektors definiert, der auch *View-Up-Vector* (VUP) genannt wird, dessen Ursprung im Referenzpunkt liegt und der festlegt, was auf der Projektionsebene oben liegt. Der *View-Up-Vector* darf nicht senkrecht auf der Projektionsebene stehen, denn die senkrechte Projektion dieses Vektors in die Projektionsebene definiert die so genannte v-Achse. Durch eine Drehung dieser v-Achse um -90° innerhalb der Projektionsebene (bezogen auf die w-Achse) entsteht die so genannte u-Achse. Die beiden Achsen definieren das zweidimensionale uv-Koordinatensystem der Projektionsebene. In diesem Koordinatensystem können nun die beiden Eckpunkte (u_{min}, v_{min}) und (u_{max}, v_{max}) zur Beschreibung des rechteckigen Bildausschnitts innerhalb der Projektionsebene angegeben werden. Dieses so genannte Fenster legt den sichtbaren Bereich der Projektionsebene fest und entspricht in seinem Seitenverhältnis dem des Ausgabegeräts.

Der schrittweise Aufbau der Koordinatenachsen des Sichtkoordinatensystems wird in Abb. 3.6-2 noch einmal skizziert.

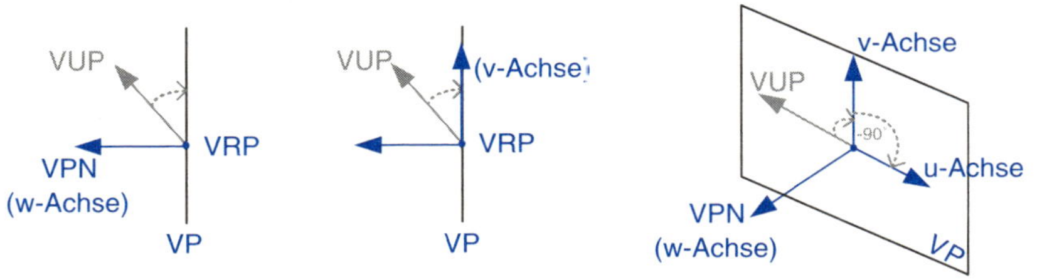

Abb. 3.6-2: (v. l. n. r.) Aufbau der Koordinatenachsen des Sichtkoordinatensystems

Dieses einfache Modell wird auch als **synthetisches Kameramodell** bezeichnet. Sämtliche Angaben werden in Weltkoordinaten durchgeführt. Der Betrachtungspunkt, also der Punkt, von dem aus die Szene durch das Fenster betrachtet werden soll, wird als Kamerastandpunkt, Augenpunkt oder als *Projection-Reference-Point* (PRP)

Synthetisches Kameramodell

bezeichnet. Er befindet sich in einem Abstand d von der Ebene in Richtung des Normalenvektors VPN auf der w-Achse.

Die einzelnen Schritte zum Aufbau des synthetischen Kameramodells werden in Abb. 3.6-3 noch einmal visualisiert.

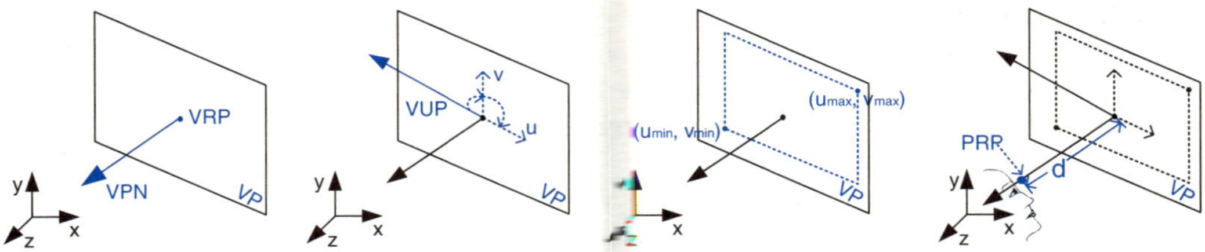

Abb. 3.6-3: (v. l. n. r.) Aufbau eines synthetischen Kameramodells

Das neue Sichtkoordinatensystem, welches auch als *View-Reference-Coordinate-System* (VRC) bezeichnet wird, stellt mit den Koordinatenachsen u, v und w ein rechtshändiges Koordinatensystem (vgl. Kap. 3.1) dar.

Im nächsten Schritt wird das neu definierte Sichtkoordinatensystem (VRC) in das Weltkoordinatensystem (WC) überführt. Dies ist ein typischer Anwendungsfall für die in Kap. 3.4 mit Formel (17) eingeführte Transformation von Koordinatensystemen. An dieser Stelle stehen aber die Einzelschritte der *Viewing-Pipeline* im Vordergrund und werden genau erklärt und es wird nachvollziehbar geschildert, weswegen die in Kap. 3.4 gezeigte Matrix nicht verwendet wird.

Zur Durchführung der Transformation des Sichtkoordinatensystems in das Weltkoordinatensystem sind zunächst eine Verschiebung des Referenzpunktes VRP in den Ursprung des Weltkoordinatensystems und danach jeweils die entsprechenden Rotationen um eine, zwei oder drei Koordinatenachsen des Sichtkoordinatensystems notwendig. Schematisch wird dieser Sachverhalt in Abb. 3.6-4 und algorithmisch durch die Tab. 3.6-1 dargestellt.

Abb. 3.6-4: (v. l. n. r.) Schematische Darstellung der Sicht-Transformation

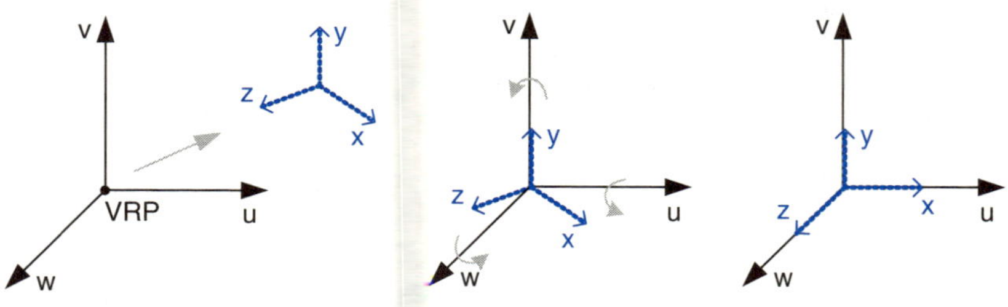

Sicht-Transformation

1.) Verschiebung des Referenzpunktes (VRP) in den Ursprung des Weltkoordinatensystems.

2.) Rotation um die y- und x-Achse, so dass die z-Achse auf dem Normalenvektor der Projektionsebene (w-Achse) liegt.

3.) Rotation um die z-Achse, so dass die Projektion des *View-Up*-Vektors auf die Projektionsebene (v-Achse) zur y-Achse wird. Damit liegt gleichzeitig die u-Achse auf der x-Achse.

Tab. 3.6-1: Transformation des Sichtkoordinatensystems in das Weltkoordinatensystem

Die Schritte 1.) bis 3.) für die Sicht-Transformation werden durch die folgenden Transformationsmatrizen realisiert:

$$\textbf{1.)}\ T = \begin{bmatrix} 1 & 0 & 0 & -vrp_x \\ 0 & 1 & 0 & -vrp_y \\ 0 & 0 & 1 & -vrp_z \\ 0 & 0 & 0 & 1 \end{bmatrix},\ \textbf{2.a)}\ R_y = \begin{bmatrix} \frac{vpn_z}{p} & 0 & -\frac{vpn_x}{p} & 0 \\ 0 & 1 & 0 & 0 \\ \frac{vpn_x}{p} & 0 & \frac{vpn_z}{p} & 0 \\ 0 & 0 & 0 & 1 \end{bmatrix},$$

$$\textbf{2.b)}\ R_x = \begin{bmatrix} 1 & 0 & 0 & 0 \\ 0 & p & -vpn_y & 0 \\ 0 & vpn_y & p & 0 \\ 0 & 0 & 0 & 1 \end{bmatrix}\ \text{und}\ \textbf{3.)}\ R_z = \begin{bmatrix} \frac{vup'_y}{q} & -\frac{vup'_x}{q} & 0 & 0 \\ \frac{vup'_x}{q} & \frac{vup'_y}{q} & 0 & 0 \\ 0 & 0 & 1 & 0 \\ 0 & 0 & 0 & 1 \end{bmatrix},$$

wobei VRP(vrp_x, vrp_y, vrp_z, 1), VPN = (vpn_x, vpn_y, vpn_z) mit $|VPN| = 1$. Der Vektor VUP' = (vup'_x, vup'_y, vup'_z) mit $|VUP'| = 1$ stellt den in die Projektionsebene projizierten Vektor VUP dar (v-Achse). Außerdem gilt $p = \sqrt{(vpn_x)^2 + (vpn_z)^2}$ und $q = \sqrt{(vup_x)^2 + (vup_y)^2}$. Da der VPN (w-Achse) senkrecht auf der Projektionsebene steht, muss mindestens die x- oder die z-Koordinate oder aber beide Koordinaten von 0 verschieden sein. Da der VUP' wiederum senkrecht auf dem VPN steht, sind mindestens seine x- oder seine y-Koordinate von 0 verschieden, so dass für p und q gilt, dass sie nie den Wert 0 annehmen können und damit die Division durch p bzw. q definiert ist.

3.6.2 Sichtvolumen-Transformation

Die Angabe des Fensters in der Projektionsebene legt den Ausschnitt im Seitenverhältnis des Ausgabegeräts fest, durch den die Szene betrachtet wird. Bei der Definition des synthetischen Kameramodells aus dem letzten Abschnitt wurde der Kamerapunkt im Abstand d auf der w-Achse des Sichtkoordinatensystems platziert. Angenommen von diesem Kamerapunkt aus würden nun Strahlen in die Eckpunkte des Sichtfensters in der Projektionsebene gelegt, so liegt ganz offensichtlich eine perspektivische Projektion vor. Befindet sich dagegen der Standpunkt der Kamera im Unendlichen auf der w-Achse, so berühren sich diese Strahlen nicht und es handelt sich um eine Parallelprojektion (vgl. Abb. 3.6-5).

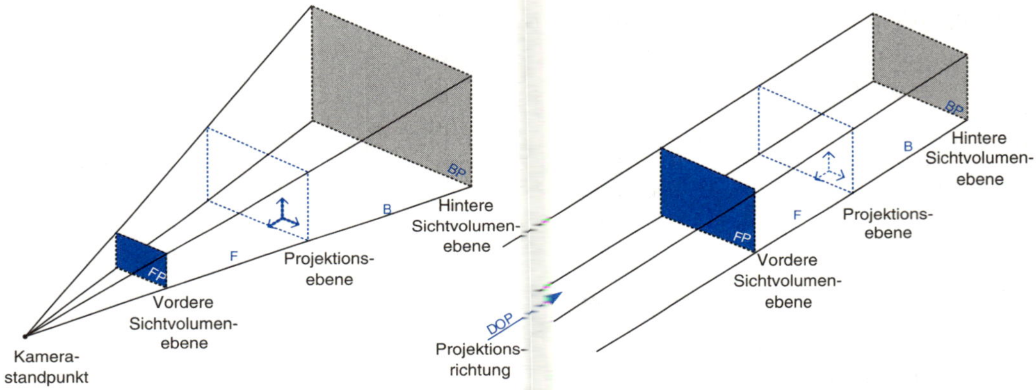

Abb. 3.6-5: Sichtvolumen bei perspektivischer (l.) und paralleler (r.) Projektion

Sichtvolumen

In beiden Fällen wird durch den Kamerastandpunkt und die Sichtstrahlen das so genannte **Sichtvolumen** definiert. Bei der perspektivischen Projektion besitzt es die Form eines Pyramidenstumpfes, bei der Parallelprojektion ist es ein unendlicher Quader, dessen Eindeutigkeit durch die Angabe einer Projektionsrichtung (*Direction of Projection* (DOP)) festgelegt wird. Zur Festlegung des sichtbaren Bereichs und aus Gründen der effizienten Berechnung einer Szene wird das Sichtvolumen in beiden Fällen durch zwei zur Projektionsebene parallele Flächen abgeschnitten, der so genannten vorderen (*Front Plane* (FP)) bzw. hinteren Sichtvolumenebene (*Back Plane* (BP)). Der Abstand der vorderen Sichtvolumenebene zur Projektionsfläche wird mit F angegeben, wogegen B den Abstand der Projektionsfläche zur hinteren Sichtvolumenebene bezeichnet.

Alle Objekte, die nicht in diesem Sichtvolumen liegen, werden abgeschnitten bzw. nicht weiter betrachtet. Die linke Seite der Abb. 3.6-5 zeigt das Sichtvolumen im Fall der perspektivischen Projektion, auf der rechten Seite wird das Sichtvolumen der Parallelprojektion dargestellt. Bei beiden Projektionen muss das Sichtvolumen in das so genannte **kanonische Sichtvolumen** transformiert werden.

Kanonisches Sichtvolumen

Im Fall der Parallelprojektion ist dies ein Einheitswürfel und bei der perspektivischen Projektion ist es ein regelmäßiger Pyramidenstumpf.

Die Transformation in das kanonische Sichtvolumen kann in einzelne, bereits bekannte, lineare Transformationen aufgeteilt werden. In Tab. 3.6-2 werden die Schritte für die perspektivische Projektion und die Parallelprojektion angegeben.

Sichtvolumen-Transformation für die	
perspektivische Projektion	**Parallelprojektion**
4.) Verschieben des Augenpunktes in den Ursprung.	**4.)** Nur bei schiefwinkliger Parallelprojektion wird eine Scherung durchgeführt, so dass die Sichtstrahlen parallel zur z-Achse liegen. (Bei einer rechtwinkligen Parallelprojektion ist dies nicht notwendig.)
5.) Durchführung einer Scherung, die die Mittellinie des Sichtvolumens mit der z-Achse in Übereinstimmung bringt.	**5.)** –
6.) Skalierung des bisher entstandenen Sichtvolumens in einen regelmäßigen Pyramidenstumpf.	**6.)** Verschiebung und Skalierung des bisher entstandenen Quaders in den Einheitswürfel.

Tab. 3.6-2: Transformation in kanonisches Sichtvolumen bei perspektivischer (l.) und paralleler (r.) Projektion

Da in den Schritten 1.) bis 3.) das Sichtkoordinatensystem mit den u-, v-, und w-Achsen in das Weltkoordinatensystem mit den x-, y- und z-Achsen transformiert wurde, liegen die jeweiligen Achsen zu diesem Zeitpunkt übereinander. Die u-Achse entspricht der x-Achse, die v-Achse der y-Achse und die w-Achse der z-Achse. Aus Gründen der Einfachheit werden deshalb ab hier jeweils nur noch die Bezeichnungen x-, y- und z-Achse verwendet.

Bei der perspektivischen Projektion ist im vierten Schritt der Augenpunkt PRP in den Ursprung zu verschieben. Da der Betrachter in Richtung der negativen z-Achse blickt, wird die Verschiebung durch die folgende Translation durchgeführt:

$$\mathbf{4._{per})}\ T_1 = \begin{bmatrix} 1 & 0 & 0 & -prp_x \\ 0 & 1 & 0 & -prp_y \\ 0 & 0 & 1 & -prp_z \\ 0 & 0 & 0 & 1 \end{bmatrix} \text{ mit } PRP(prp_x, prp_y, prp_z, 1).$$

Durch die im fünften Schritt durchzuführende Scherung soll die Mittellinie des Sichtvolumens, die durch den Augenpunkt PRP und den Mittelpunkt des Sichtfensters (CW = *center of view window*) verläuft, auf die z-Achse verschoben werden. Für die Scherung ergibt sich gemäß Formel (14) aus Abschnitt 3.3.5 die folgende Matrix:

$$\mathbf{5._{per})}\ SH_{per} = \begin{bmatrix} 1 & 0 & -\dfrac{vrp'_x + \frac{1}{2}(u_{min}+u_{max})}{vrp'_z} & 0 \\ 0 & 1 & -\dfrac{vrp'_y + \frac{1}{2}(v_{min}+v_{max})}{vrp'_z} & 0 \\ 0 & 0 & 1 & 0 \\ 0 & 0 & 0 & 1 \end{bmatrix},$$

wobei $VRP'(vrp'_x, vrp'_y, vrp'_z, 1)$ der Punkt sein soll, der durch die bisherigen Matrixmultiplikationen der Schritte 1.) bis 4.) aus dem ursprünglichen Referenzpunkt VRP hervorgegangen ist. Da durch die vorausgegangene Translation der Punkt PRP im Ursprung des Koordinatensystems liegt, ist die z-Koordinate des VRP' von 0 verschieden, so dass auch hier die Division durch vrp'_z definiert ist. Die Punkte (u_{min}, v_{min}) und (u_{max}, v_{max}) sind die Eckpunkte des Projektionsfensters aus Abb. 3.6-3.

Nach diesen fünf Schritten führt die z-Achse durch die Mitte des perspektivischen Sichtvolumens. Diese Situation ist im linken und mittleren Teil der Abb. 3.6-6 dargestellt.

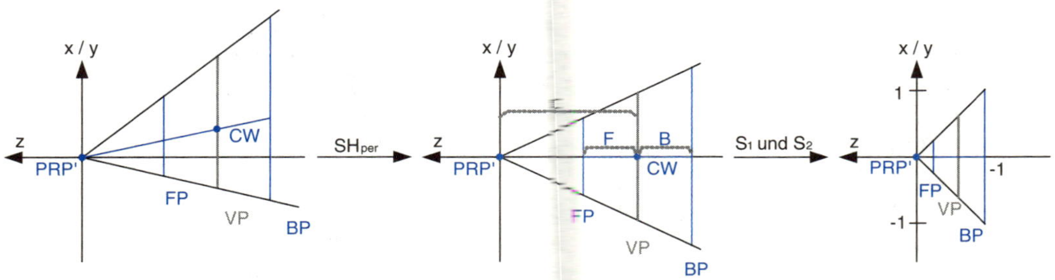

Abb. 3.6-6: Transformation der Mitte des Sichtvolumens auf die z-Achse und in das kanonische Sichtvolumen

Im letzten Schritt muss das Sichtvolumen dann noch in das kanonische Sichtvolumen transformiert werden. Dazu sind zwei Skalierungen notwendig, die durch die folgenden beiden Matrizen beschrieben werden können:

$$\textbf{6.a}_{\textbf{per}}\textbf{)}\; S_1 = \begin{bmatrix} \frac{2 \cdot d}{u_{max} - u_{min}} & 0 & 0 & 0 \\ 0 & \frac{2 \cdot d}{v_{max} - v_{min}} & 0 & 0 \\ 0 & 0 & 1 & 0 \\ 0 & 0 & 0 & 1 \end{bmatrix} \text{ und}$$

$$\textbf{6.b}_{\textbf{per}}\textbf{)}\; S_2 = \begin{bmatrix} \frac{1}{d + B} & 0 & 0 & 0 \\ 0 & \frac{1}{d + B} & 0 & 0 \\ 0 & 0 & \frac{1}{d + B} & 0 \\ 0 & 0 & 0 & 1 \end{bmatrix},$$

wobei d der Abstand vom Augenpunkt zum Sichtfenster ist und B den Abstand der Projektionsebene zur hinteren Sichtvolumenebene BP angibt. Im rechten Teil der Abb. 3.6-6 wird die Auswirkung dieser beiden Transformationen dargestellt.

Bei der Parallelprojektion muss der vierte Schritt nur dann ausgeführt werden, wenn es sich um eine schiefwinklige Projektion handelt. Um die nicht im rechten Winkel auf der Projektionsebene stehenden Projektionsstrahlen rechtwinklig auf die Projektionsebene treffen zu lassen, ist folgende Transformationsmatrix anzuwenden:

$$\textbf{4.}_{\textbf{par}}\textbf{)}\; SH_{par} = \begin{bmatrix} 1 & 0 & \frac{dop'_x}{dop'_z} & 0 \\ 0 & 1 & \frac{dop'_y}{dop'_z} & 0 \\ 0 & 0 & 1 & 0 \\ 0 & 0 & 0 & 1 \end{bmatrix},$$

wobei DOP' = (dop'_x, dop'_y, dop'_z) die Projektionsrichtung ist, so wie sich nach Durchführung der ersten drei Schritte ergibt (vgl. Abb. 3.6-7 links).

Durch diese Projektion werden die Seitenflächen des Sichtvolumens senkrecht zu den Koordinatenachsen platziert (vgl. Abb. 3.6-7 Mitte). In den letzten beiden Schritten der Parallelprojektion ist der bis dahin entstandene Quader mit einer Ecke in den Ursprung zu verschieben und anschließend in den Einheitswürfel zu skalieren. Das Ergebnis dieser Transformationen ist im rechten Teil der Abb. 3.6-7 dargestellt. Die dazu erforderlichen Transformationsmatrizen lauten:

$$\mathbf{6._{par})}\ T_2 = \begin{bmatrix} 1 & 0 & 0 & -u_{min} \\ 0 & 1 & 0 & -v_{min} \\ 0 & 0 & 1 & -F \\ 0 & 0 & 0 & 1 \end{bmatrix}$$

$$\mathbf{6._{par})}\ S = \begin{bmatrix} \frac{1}{u_{max} - u_{min}} & 0 & 0 & 0 \\ 0 & \frac{1}{v_{max} - v_{min}} & 0 & 0 \\ 0 & 0 & \frac{1}{B+F} & 0 \\ 0 & 0 & 0 & 1 \end{bmatrix}.$$

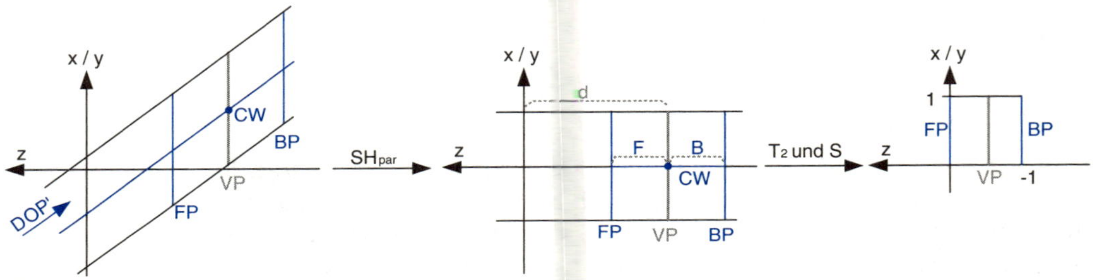

Abb. 3.6-7: Transformation in das kanonische Sichtvolumen der Parallelprojektion

3.6.3 Projektions-Transformation für perspektivische Projektion

Die Projektions-Transformation beschreibt die Abbildung des kanonischen Sichtvolumens der perspektivischen Projektion in den Einheitswürfel so wie er bei der Parallelprojektion bereits durch die Sichtvolumen-Transformation entsteht.

Abb. 3.6-8: »Aufklappen« des regelmäßigen Pyramidenstumpfs in einen Quader

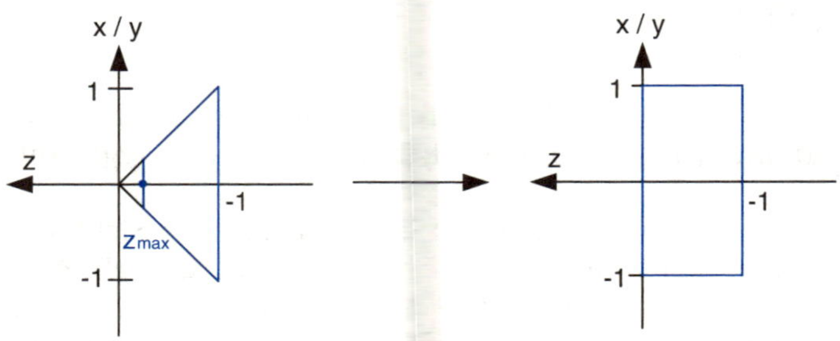

Dazu muss zunächst das kanonische Sichtvolumen (d.h. also der Pyramidenstumpf) in ein rechteckiges Volumen überführt werden, das durch $-1 \leq x \leq 1$, $-1 \leq y \leq 1$ und $0 \leq z \leq -1$ begrenzt wird (vgl. Abb. 3.6-8).

Diese Transformation wird durch die folgende Matrix A durchgeführt:

$$A = \begin{bmatrix} -1 & 0 & 0 & 0 \\ 0 & -1 & 0 & 0 \\ 0 & 0 & \frac{-1}{1 + z_{max}} & \frac{z_{max}}{1 + z_{max}} \\ 0 & 0 & 1 & 0 \end{bmatrix}, \text{ wobei } z_{max} = -\frac{d - F}{d + B} \text{ und } z_{max} \neq -1$$

ist, da F und B immer größer als 0 sind.

Nach Anwendung der obigen Matrix muss der Quader noch in x- und y-Richtung durch eine Skalierung um den Faktor ½ gestaucht werden und anschließend durch eine Translation in x- und y-Richtung um jeweils ½ mit einer Ecke in den Ursprung verschoben werden. Die Transformationsschritte für das »Aufklappen«, die Skalierung und die Translation werden in folgender Matrix A_E zusammengefasst:

$$A_E = \begin{bmatrix} -\frac{1}{2} & 0 & \frac{1}{2} & 0 \\ 0 & -\frac{1}{2} & \frac{1}{2} & 0 \\ 0 & 0 & \frac{-1}{1 + z_{max}} & \frac{z_{max}}{1 + z_{max}} \\ 0 & 0 & 1 & 0 \end{bmatrix}. \qquad \textbf{(7)}$$

Bei dieser Matrix ist zu beachten, dass das »Aufklappen« des Pyramidenstumpfes in einen Quader eine nichtlineare Operation darstellt, so dass durch deren Anwendung auf die Punkte der Szene die vierte Koordinate in der Regel einen Wert ungleich 1 annimmt. Eine Division der x-, y- und z-Koordinate durch den Wert der vierten Koordinate ergibt die gewünschten Punkte.

Dieser Schritt ist für die perspektivische Projektion in Tab. 3.6-3 zusammengefasst.

Projektions-Transformation für die perspektivische Projektion
7.) Überführung des regelmäßigen Pyramidenstumpfs in den im Ursprung liegenden Einheitswürfel.

Tab. 3.6-3: Transformation des Pyramidenstumpfs der perspektivischen Projektion in den Einheitswürfel

Anschließend hat auch das Sichtvolumen der perspektivischen Projektion die Form eines dreidimensionalen Einheitswürfels (vgl. Abb. 3.6-7 rechts). Das so entstandene Koordinatensystem ist nun auf die Länge 1 normiert und wird deshalb als *Normalized-Projection-Coordinate-System* (NPC) bezeichnet.

Damit ergibt sich für die Transformationsmatrix der jeweiligen Sichtvolumen in das kanonische Sichtvolumen die folgende Berechnung für die

perspektivische Projektion:

$$M_{per} = A_E \cdot S_2 \cdot S_1 \cdot SH_{per} \cdot T_1 \cdot R_z \cdot R_x \cdot R_y \cdot T \qquad \textbf{(5)}$$

und die Parallelprojektion:

$$M_{par} = S \cdot T_2 \cdot SH_{par} \cdot R_z \cdot R_x \cdot R_y \cdot T. \qquad \textbf{(6)}$$

Nach der Durchführung dieser Berechnungen befindet sich die gesamte Information über die Szene innerhalb des kanonischen Sichtvolumens. Bevor die Betrachtungstransformation weiter fortgeführt wird, können an dieser Stelle die Objekte oder Teile der Objekte, die außerhalb des Sichtvolumens liegen, abgeschnitten werden. Für die Berechnung des Abschneidens der Objekte am kanonischen Sichtvolumen gibt es verschiedene Verfahren. Ein Algorithmus dazu wird in Kapitel 4 vorgestellt.

Da für die Parallelprojektion und die perspektivische Projektion nun ein einheitliches und normiertes Koordinatensystem vorliegt, ist der letzte Schritt (vgl. Tab. 3.6-4), die Transformation des Einheitswürfels auf den Bildschirm, wieder für beide Projektionsarten gleich.

3.6.4 Bildschirm-Transformation

Im letzten Schritt der Betrachtungstransformation muss die Szene aus dem Einheitswürfel in das Ausgabemedium transformiert werden (vgl. Tab. 3.6-4). Das Ausgabemedium ist i. d.R. ein PC-Bildschirm, dessen Koordinatensystem auch als *Device-Coordinate-System* (DC) bezeichnet wird. Die Koordinaten dieses Systems sind ganze Zahlen, die in x-Richtung bis zu einer Größe x_{max} laufen und in y-Richtung bis y_{max} (vgl. Kap 2.1).

In der im letzten Schritt durchgeführten Bildschirm-Transformation werden die Werte der Objekte, die für die x- und y-Koordinaten jeweils im Intervall [0, 1] vorliegen, auf das Bildschirmraster mit seinen ganzen Zahlen transformiert.

Dies ist sehr einfach, da die einzelnen x- bzw. y-Werte nur mit den Werten für die maximalen Größen der Bildschirmzeilen bzw. -spalten, also x_{max} bzw. y_{max} multipliziert werden müssen. Bei der y-Koordinate ist darauf zu achten, dass die Werte umgekehrt werden, da sich der Ursprung des PC-Koordinatensystems in der linken oberen Ecke befindet. Nach der Multiplikation müssen die Werte noch auf ganze Zahlen abgerundet werden, damit sie auf dem Bildschirm als Pixel darstellbar sind (vgl. Kap. 2.1).

Die für die Bildschirm-Transformation benötigte Matrix setzt sich aus einer Skalierung in x- und y-Richtung und einer Translation in y-Richtung zusammen und lautet:

$$T = \begin{bmatrix} x_{max} & 0 & 0 & 0 \\ 0 & -y_{max} & 0 & y_{max} \\ 0 & 0 & 0 & 0 \\ 0 & 0 & 0 & 1 \end{bmatrix}. \quad \textbf{(8)}$$

Bildschirm-Transformation

8.)	Darstellung des dreidimensionalen Einheitswürfels auf dem zweidimensionalen Bildschirm.

Tab. 3.6-4: Bildschirm-Transformation für den Einheitswürfel

Beispiel

Die nach der Projektions-Transformation vorliegende Projektionsebene soll auf einen Bildschirm mit XSGA-Auflösung (1280 x 1024 Bildpunkte) transformiert werden, dessen Pixel Werte zwischen 0 und 1279 bzw. 1023 annehmen. Daraus ergeben sich für die vier Eckpunkte der Projektionsebene die folgenden Werte:

$$\begin{bmatrix} 0 \\ 1023 \\ 0 \\ 1 \end{bmatrix} = \begin{bmatrix} 1279 & 0 & 0 & 0 \\ 0 & -1023 & 0 & 1023 \\ 0 & 0 & 1 & 0 \\ 0 & 0 & 0 & 1 \end{bmatrix} \cdot \begin{bmatrix} 0 \\ 0 \\ 0 \\ 1 \end{bmatrix},$$

$$\begin{bmatrix} 1279 \\ 1023 \\ 0 \\ 1 \end{bmatrix} = \begin{bmatrix} 1279 & 0 & 0 & 0 \\ 0 & -1023 & 0 & 1023 \\ 0 & 0 & 1 & 0 \\ 0 & 0 & 0 & 1 \end{bmatrix} \cdot \begin{bmatrix} 1 \\ 0 \\ 0 \\ 1 \end{bmatrix},$$

$$\begin{bmatrix} 1279 \\ 0 \\ 0 \\ 1 \end{bmatrix} = \begin{bmatrix} 1279 & 0 & 0 & 0 \\ 0 & -1023 & 0 & 1023 \\ 0 & 0 & 1 & 0 \\ 0 & 0 & 0 & 1 \end{bmatrix} \cdot \begin{bmatrix} 1 \\ 1 \\ 0 \\ 1 \end{bmatrix} \text{ und}$$

$$\begin{bmatrix} 0 \\ 0 \\ 0 \\ 1 \end{bmatrix} = \begin{bmatrix} 1279 & 0 & 0 & 0 \\ 0 & -1023 & 0 & 1023 \\ 0 & 0 & 1 & 0 \\ 0 & 0 & 0 & 1 \end{bmatrix} \cdot \begin{bmatrix} 0 \\ 1 \\ 0 \\ 1 \end{bmatrix}.$$

Abb. 3.6-9 zeigt die Visualisierung dieses Beispiels.

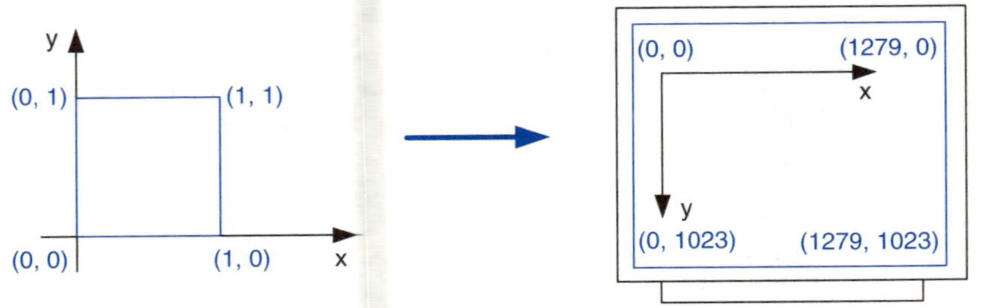

Abb. 3.6-9: Beispieltransformation in das Bildschirmkoordinatensystem

Die in diesem Abschnitt beschriebene Betrachtungstransformation (*Viewing-Pipeline*) ermöglicht es also, mit Hilfe von vielen, aber dennoch recht einfacher Transformationen eine dreidimensionale Szene auf ein zweidimensionales Ausgabemedium zu transformieren. In Abb. 3.6-10 und Tab. 3.6-5 werden die einzelnen durchzuführenden Schritte und die daraus resultierenden Koordinatensysteme noch einmal zusammenfassend dargestellt.

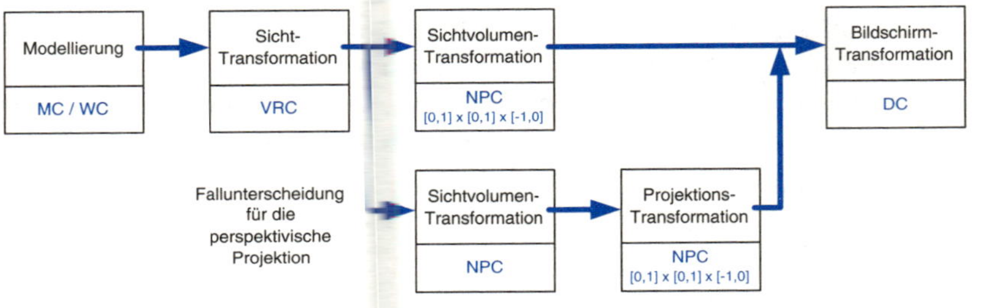

Abb. 3.6-10: Benötigte Koordinatensysteme bei der Transformation von Welt- in Bildkoordinaten

Sicht-Transformation

1.) Verschiebung des Referenzpunktes (VRP) in den Ursprung des Weltkoordinatensystems.

2.) Rotation um die y- und x-Achse, so dass die z-Achse auf dem Normalenvektor der Projektionsebene (w-Achse) liegt.

3.) Rotation um die z-Achse, so dass die Projektion des *View-Up*-Vektors auf die Projektionsebene (v-Achse) zur y-Achse wird.
Damit liegt gleichzeitig die u-Achse auf der x-Achse.

Tab. 3.6-5: Betrachtungstransformation

Sichtvolumen-Transformation für die	
perspektivische Projektion	**Parallelprojektion**
4.) Verschieben des Augenpunktes in den Ursprung.	**4.)** Nur bei schiefwinkliger Parallelprojektion wird eine Scherung durchgeführt, so dass die Sichtstrahlen parallel zur z-Achse liegen. (Bei einer rechtwinkligen Parallelprojektion ist dies nicht notwendig.)
5.) Durchführung einer Scherung, die die Mittellinie des Sichtvolumens mit der z-Achse in Übereinstimmung bringt.	**5.)** –
6.) Skalierung des bisher entstandenen Sichtvolumens in einen regelmäßigen Pyramidenstumpf.	**6.)** Verschiebung und Skalierung des bisher entstandenen Quaders in den Einheitswürfel.
Projektions-Transformation für die perspektivische Projektion	
7.) Überführung des regelmäßigen Pyramidenstumpfs in den im Ursprung liegenden Einheitswürfel.	**7.)** –
Bildschirm-Transformation	
8.) Darstellung des dreidimensionalen Einheitswürfels auf dem zweidimensionalen Bildschirm.	

Tab. 3.6-5: Betrachtungstransformation (Forts.)

Für die hier betrachtete Transformation von Welt- in Bildkoordinaten befindet sich auf der CD-ROM eine Java-Anwendung, mit der diese Thematik nachvollzogen werden kann. Abb. 3.6-11 gibt einen Überblick über die Benutzungsoberfläche der Anwendung.

Mit dieser Anwendung werden die einzelnen Schritte der hier vorgestellten *Viewing-Pipeline* anschaulich dargestellt. Es kann zwischen perspektivischer Projektion und Parallelprojektion ausgewählt werden. Die Darstellung erfolgt grafisch, wie in Abb. 3.6-11 zu sehen, oder in mathematischer Form durch Angabe der einzelnen Matrizen. Zusätzlich können einige der Parameter interaktiv verändert werden und es stehen verschiedene kleinere Beispielszenen zur Verfügung.

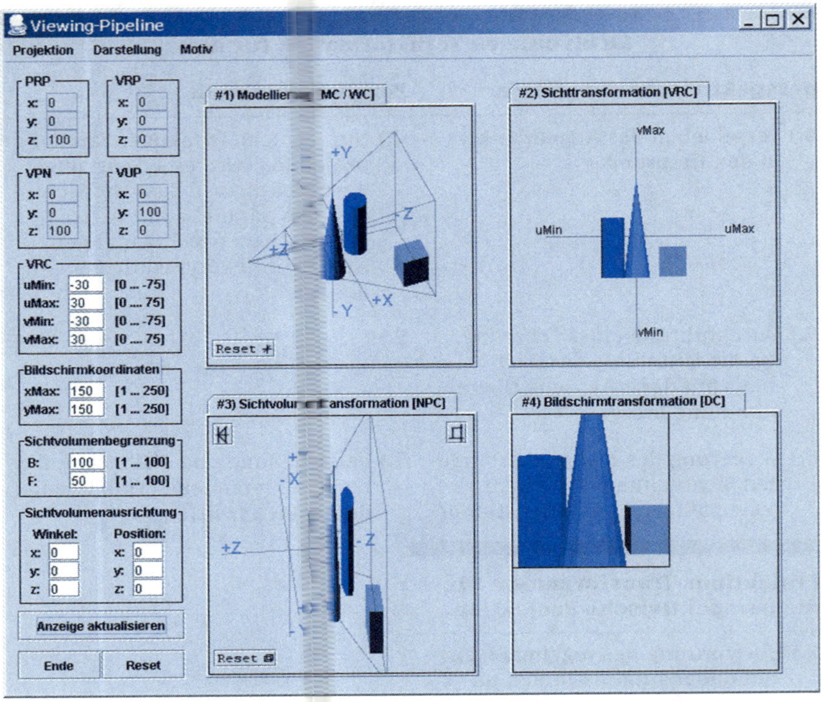

Abb. 3.6-11: Java-Anwendung zur Viewing-Pipeline

Betrachtungstransformation Unter einer Betrachtungstransformation versteht man den vollständigen Weg von der Modellierung einer dreidimensionalen Szene bis hin zur Darstellung auf einem zweidimensionalen Ausgabemedium.

Kanonisches Sichtvolumen Einheitswürfel (bei →Parallelprojektion) bzw. Einheitspyramidenstumpf (bei →perspektivischer Projektion), in den die gesamte Information der darzustellenden Szene durch verschiedene einfache Transformationsmatrizen projiziert wird.

Parallelprojektion Bei einer Parallelprojektion befindet sich das Projektionszentrum im Unendlichen und die →Projektionsebene wird durch einen Punkt und einen auf der Ebene senkrecht stehenden Vektor beschrieben.

Perspektivische Projektion Eine perspektivische Projektion besteht aus einem Projektionszentrum, welches nicht im Unendlichen liegt, und einer →Projektionsebene, die durch einen Punkt und einen auf der Ebene senkrecht stehenden Vektor beschrieben wird.

Projektion Eine Projektion ist eine Abbildung eines n-dimensionalen Punktes in einen Raum niedrigerer Dimension, i. d.R. eines dreidimensionalen Punktes in eine zweidimensionale Ebene.

Projektionsebene Ebene Fläche, auf der bei einer →Projektion die vom Projektionszentrum ausgehenden Sichtstrahlen auftreffen und einen Ausschnitt definieren.

Rendering-Pipeline →Betrachtungstransformation

Sichtkoordinatensystem Rechtwinkliges Referenzkoordinatensystem innerhalb der →Projektionsebene.

Sichtvolumen Der bei →perspektivischer Projektion durch Sichtstrahlen, vordere und hintere Sichtvolumenebene entstehende Pyramidenstumpf bzw. bei →Parallelprojektion der so entstehende Quader.

Synthetisches Kameramodell Einfaches Modell, welches die Lage und Orientierung der →Projektionsebene, den sichtbaren Ausschnitt der Szene und den Standpunkt des Betrachters einer Szene definiert.

Viewing-Pipeline → Betrachtungstransformation

Um eine dreidimensionale Szene möglichst realitätsnah in einem zweidimensionalen Ausgabemedium darzustellen, werden Projektionen benötigt. Die beiden Hauptarten sind die perspektivische Projektion, die Objekte sehr realitätsnah darstellt, und die Parallelprojektion.

Die Projektionen sind ein wichtiger Bestandteil der Betrachtungstransformation (auch *Rendering-* bzw. *Viewing-Pipeline* genannt), bei der die Objekte einer Szene aus den Weltkoordinaten in die Koordinaten des Ausgabemediums transformiert werden. Wichtige Schritte sind die Definition eines synthetischen Kameramodells, zu dem ein Augenpunkt und eine Projektionsebene gehören, und die anschließende Transformation dieses Sichtkoordinatensystems in ein Sichtvolumen. Das Sichtvolumen wird in ein kanonisches Sichtvolumen transformiert, welches dann auf das Koordinatensystem des Ausgabemediums transformiert wird.

/Barr 1984/
Barr Alan H., *Global and local Deformations of solid Primitives*, Computer Graphics Vol. 18 No. 3, July 1984, Seiten 21-30

/Foley et al. 1990/
Foley J., van Dam A., Feiner S., Hughes J., *Computer Graphics – Principles and Practise, 2nd Edition*, Addison-Wesley 1990, 1175 Seiten

/Rauber 1993/
Rauber Th., *Algorithmen in der Computergraphik*, Teubner 1993, 432 Seiten

/Watt 2002/
Watt Alan, *3D-Computergrafik*, Addison-Wesley 2002, 610 Seiten

1 Lernziel: *Die wichtigsten Eigenschaften von perspektivischen und Parallelprojektionen kennen.*

Muss-Aufgabe
Zeit 10 Min

Ergänzen Sie die nachfolgende Tabelle durch die in der Lehreinheit gemachten Angaben:

	Perspektivische Projektion	**Parallelprojektion**
Art der Abbildung		
Projektionsstrahlen		
Projektionszentrum		
Geraden		
Längen		
Winkel		

Muss-Aufgabe
Zeit 15 Min

2 Lernziel: *Eine perspektivische Projektion für verschiedene Punkte durchführen.*

Die folgenden fünf Punkte R1 bis R5 sollen perspektivisch dargestellt werden. Der Projektionspunkt liege im Punkt P(0, 0, 10), die Projektionsebene verlaufe in der yz-Ebene durch den Ursprung des dreidimensionalen Koordinatensystems.

R1(10, 10, -7.5)
R2(10, 10, -5)
R3(10, 10, 0)
R4(10, 10, 5)
R5(10, 10, 7.5)

a Stellen Sie dazu zunächst die Transformationsmatrix auf und wenden Sie diese dann auf alle Raumpunkte an.

b Interpretieren Sie die Ergebnisse.

Kann-Aufgabe
Zeit 20 Min

3 Lernziel: *Die verschiedenen Projektionsarten nachvollziehen können.*

Machen Sie sich mit der Java-Anwendung zur ebenen geometrischen Projektion vertraut. Starten Sie die auf der CD-ROM befindliche Anwendung und führen Sie die verschiedenen Projektionen durch.

Muss-Aufgabe
Zeit 30 Min

4 Lernziel: *Die Projektions-Transformation für eine einfache Szene durchführen können.*

Gegeben sei die folgende Szene, die eine Pyramide enthält und durch eine perspektivische Projektion dargestellt werden soll.

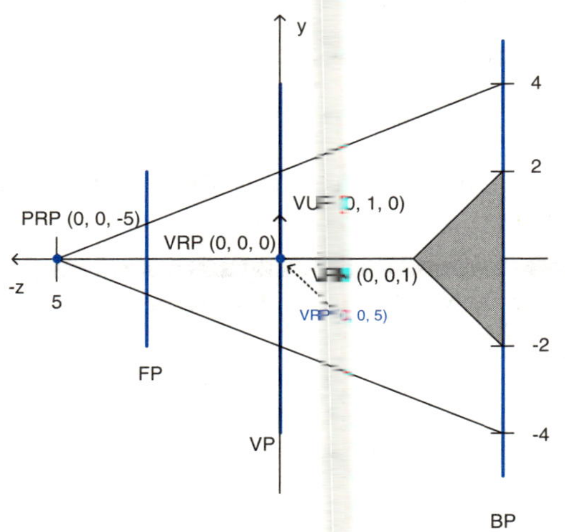

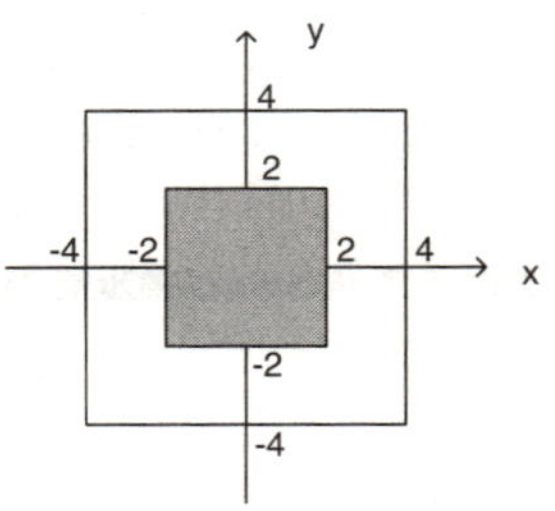

Der Pyramidenstumpf und die Pyramide seien durch folgende Punkte definiert:
F1(-1.2, 1.2, 7), F2(1.2, 1.2, 7), F3(1.2, -1.2, 7), F4(-1.2, -1.2, 7), F5 (-4, 4, 0), F6(4, 4, 0), F7(4, -4, 0), F8(-4, -4, 0) und O1(0, 0, 2), O2 (-2, 2, 0), O3(2, 2, 0), O4(2, -2, 0), O5(-2, -2, 0).
Stellen Sie zunächst die erforderlichen Matrizen T bis E auf, berechnen Sie anschließend die Gesamttransformationsmatrix M_{per} und wenden Sie diese dann auf alle Punkte an.

5 Lernziel: *Die Viewing-Pipeline nachvollziehen können.* Kann-Aufgabe Zeit 20 Min
Machen Sie sich mit der Java-Anwendung zur *Viewing-Pipeline* vertraut. Starten Sie die auf der CD-ROM befindliche Anwendung und führen Sie die einzelnen Schritte durch.

4 Grundlagen – Grafikalgorithmen

- Wissen, wie beliebige Polygone an einem Rechteck zugeschnitten werden. — wissen
- Wissen, wie das Zuschneiden von Polygonen vom zwei- auf den dreidimensionalen Fall erweitert wird.
- Wissen, wie für den Betrachter nicht sichtbare Flächen der Szene entfernt werden können.
- Wissen, welche Verfahren es für die Darstellung von grafischen Elementen auf einem Bildschirm gibt.
- Den Algorithmus von Cohen und Sutherland für das Zuschneiden von Linien verstehen. — verstehen
- Verstehen, welche verschiedenen Fälle beim Sutherland-Hodgman-Algorithmus beim Zuschneiden von Polygonen auftreten können.
- Warum führt das Prinzip der Rasterkonvertierung zur Treppeneffekten?
- Wie funktioniert der Bresenham-Algorithmus zum Zeichnen von Linien und Kreisen?
- Verstehen, wie der Tiefenpuffer-Algorithmus das Entfernen nicht sichtbarer Flächen gewährleistet.
- Die verschiedenen Algorithmen anhand der Beispielprogramme anwenden können. — anwenden

- Die Inhalte des Kapitels 3 werden als bekannt vorausgesetzt.
- Grundkenntnisse in der Programmiersprache Java sollten vorhanden sein.

4.1 Zuschneiden (*Clipping*)

Im vergangenen Kapitel wurden die Schritte vorgestellt, die dazu führen, Objekte einer Szene aus den Weltkoordinaten in die Bildschirmkoordinaten zu transformieren. Der Schritt der Sichtvolumen-Transformation stellt die Objekte der Szene im kanonischen Sichtvolumen dar, also in dem Bereich, der letztendlich auf dem Bildschirm dargestellt werden soll.

Nach dieser Transformation sind nur noch diejenigen Objekte der Szene zu betrachten, die ganz oder teilweise innerhalb des kanonischen Sichtvolumens liegen. Alle Objekte, die vollständig außerhalb dieses Bereichs liegen, brauchen nicht mehr betrachtet zu werden. Der Vorteil dieser Vorgehensweise ist klar, denn durch das Weglassen solcher Objekte kann die Komplexität der Szene und ihrer Darstellung reduziert werden.

Clipping

In der Computergrafik wird das **Zuschneiden** von Objekten an einem vorgegebenen Bereich als ***Clipping*** (engl.: *to clip* = klappen) bezeichnet, d.h. alle nicht für die Darstellung relevanten Teile werden am Rand der sichtbaren Szene umgangssprachlich formuliert »nach hinten weggeklappt«.

In Abb. 4.1-1 sind Beispiele für das Zuschneiden an einem vorgegebenen Bereich skizziert. Grundsätzlich werden hier nur rechteckige Bereiche betrachtet, da die Szene auf einem Bildschirm dargestellt werden soll.

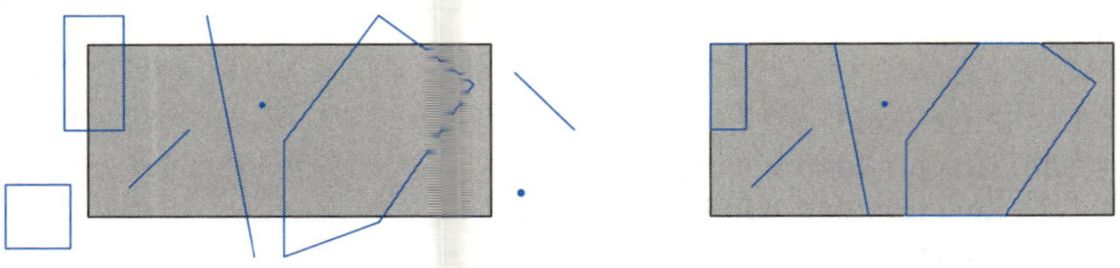

Abb. 4.1-1: Zuschneiden von Objekten an einem Rechteck (vorher / nachher)

Für den Menschen sind das Zuschneiden bzw. die Auswirkungen des Zuschneidens von Objekten an einem vorgegebenen Bereich sehr einfach zu erkennen. In Abb. 4.1-1 ist zu sehen, dass das Zu- bzw. Abschneiden von Objekten teilweise sehr einfach ist, wie z.B. bei dem vollständig außerhalb liegenden Quadrat unten links. Es kann aber auch komplizierter sein, wie z.B. beim Polygon in der rechten Hälfte des Bildes.

Die für das Zuschneiden der Polygone durchzuführenden Operationen sind wesentlich komplizierter, weswegen die nachfolgenden Abschnitte jeweils die allgemeine Vorgehensweisen und die zugehörigen Algorithmen beschreiben.

4.1.1 Zuschneiden von Punkten

Das Zuschneiden von Punkten an einem rechteckigen Bereich ist sicherlich die einfachste Form der Anwendung, die ebenso einfach zu berechnen ist:

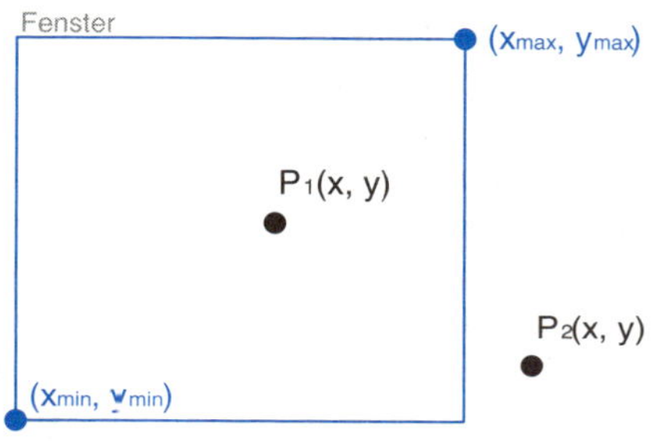

Abb. 4.1-2: Zuschneiden von Punkten an einem Fenster

Wie in Abb. 4.1-2 zu sehen ist, liegt ein Punkt innerhalb des Fensters, wenn Folgendes gilt:
$x_{min} \le x \le x_{max}$ und zugleich $y_{min} \le y \le y_{max}$.

4.1.2 Zuschneiden von Linien

Für die Lage von Linien bezüglich des rechtwinkligen Darstellungsbereichs gibt es vier unterschiedliche Möglichkeiten, die für das Zuschneiden gesondert betrachtet werden und die in Abb. 4.1-3 skizziert sind.

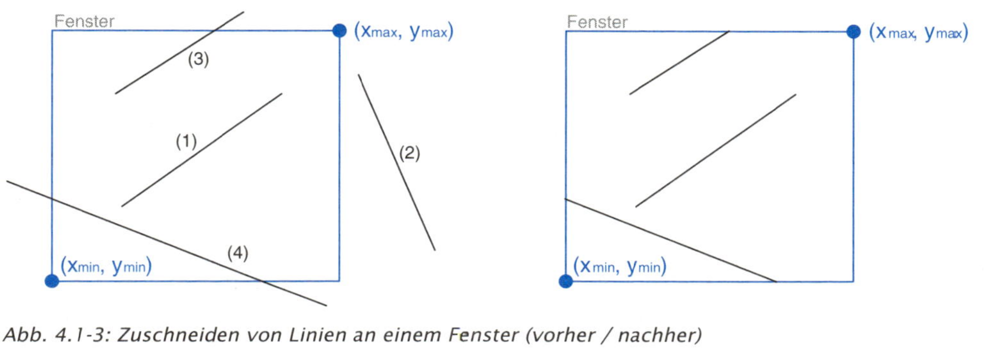

Abb. 4.1-3: Zuschneiden von Linien an einem Fenster (vorher / nachher)

- Die Linie befindet sich vollständig innerhalb des Fensters: Es gilt für alle Punkte – insbesondere für die beiden Endpunkte – der Linie die Bedingung des Abschnitts 4.1.1. (1)
- Die Linie befindet sich vollständig außerhalb des Fensters: Alle Punkte der Linie erfüllen demnach die Bedingung aus Abschnitt 4.1.1 nicht. (2)
- Ein Endpunkt der Linie befindet sich innerhalb und der andere außerhalb des Fensters: Dann ist der Schnittpunkt der Linie mit dem Fenster zu berechnen und die Linie erhält diesen Schnittpunkt als neuen Endpunkt. (3)
- Beide Endpunkte der Linie befinden sich außerhalb des Fensters, ein Teil der Linie führt aber durch das Fenster: In diesem Fall sind die beiden Schnittpunkte der Linie mit dem Fenster zu berechnen und als neue Endpunkte der Linie zu verwenden. (4)

Algorithmus von Cohen und Sutherland

Für das Zuschneiden von Linien hat sich der Algorithmus von Cohen und Sutherland in der Computergrafik als Lösung bewährt (vgl. /Foley et al. 1990/). Seine Effizienz wird dadurch erreicht, dass in diesem Algorithmus möglichst oft die Berechnung neuer Schnittpunkte der Linie durch eine wesentlich einfachere Bereichsprüfung ersetzt wird. Dazu wird der betrachtete Bereich in neun Teile aufgeteilt, die jeweils mit einem Bereichscode versehen sind (vgl. Abb. 4.1-4).

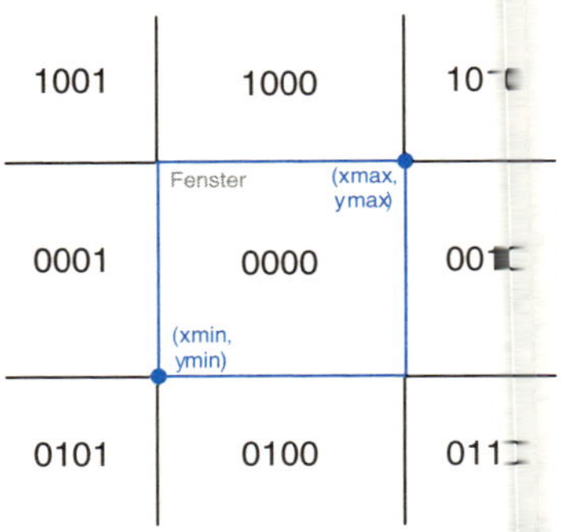

Abb. 4.1-4: Bereichsaufteilung des Algorithmus von Cohen und Sutherland

Der Bereichscode ist nach folgender Logik aufgebaut: Das erste Bit (immer von rechts her betrachtet) nimmt für die Bereiche den Wert 1 an, die links neben dem Fenster liegen. Das zweite Bit ist für die Bereiche auf 1 gesetzt, die rechts neben dem Fenster liegen. Das dritte Bit nimmt den Wert 1 in allen Bereichen unterhalb des Fensters an, während der Wert 1 an der Stelle des vierten Bits diejenigen Bereiche beschreibt, die oberhalb des Fensters liegen. Durch diese Codierung lassen sich Bereiche, die horizontal oder vertikal nebeneinander liegen, klar voneinander trennen, da sie sich um genau ein Bit in der Darstellung unterscheiden.

Damit berechnet werden kann, ob eine Linie sich ganz oder teilweise innerhalb des Fensters befindet, ist zunächst einmal jedem der beiden Endpunkte ein Bereichscode zuzuordnen. Für einen Punkt P(x, y) kann der Bereichscode sehr einfach ermittelt werden:

- Gilt $y_{max} - y < 0$, so nimmt das vierte Bit den Wert 1 an.
- Gilt $y - y_{min} < 0$, so wird das dritte Bit auf 1 gesetzt.
- Ist $x_{max} - x < 0$, dann ist das zweite Bit gleich 1.
- Und bei $x - x_{min} < 0$ hat das erste Bit den Wert 1.

Für zwei Endpunkte einer Linie $P_1(x_1, y_1)$ und $P_2(x_2, y_2)$ kann anschließend einfach ermittelt werden, ob sie beide innerhalb des Fensters liegen oder nicht:

- Ergibt die bitweise ODER-Verknüpfung ihrer Bereichscodes den Wert Null, so liegen beide Punkte und damit auch die Linie innerhalb des Fensters.
- Liegen beide Punkte an einer Seite oberhalb, unterhalb, rechts oder links des Fensters, so haben beide Bereichscodes an der entsprechenden Stelle eine 1 gesetzt. Dies kann dadurch entschieden werden, dass eine einfache UND-Operation auf die beiden Bereichscodes, genauer gesagt auf jede einzelne Bitposition, angewendet wird. Ist das Ergebnis an einer einzelnen Bitposition ungleich Null, so liegt die Linie vollständig außerhalb des Fensters und kann es nicht schneiden.

Kann durch die bisherigen einfachen Tests nicht ausgeschlossen werden, dass die Linie vollständig innerhalb bzw. außerhalb des Fensters liegt, so wird die Linie an einer der Geraden des Darstellungsfensters aufgeteilt und die bisherigen einfachen Tests werden auf die beiden Teile der Linie angewendet. Zur Auswahl der Geraden des Fensters, die mit der Linie geschnitten werden soll, kann der Bereichscode eines Linienendpunktes verwendet werden. Ist z.B. das zweite Bit gesetzt, so liegt der Punkt rechts neben dem Fenster und es sollte die rechte Begrenzungsgerade des Fensters verwendet werden.

Für einen Teil der so aufgeteilten Linie gilt dann, dass er mit Sicherheit vollständig außerhalb des Fensters liegt. Für den anderen Teil kann gelten, dass er nun vollständig innerhalb des Fensters liegt, und damit wäre das Verfahren an dieser Stelle beendet. Liegt der zweite Teil jedoch noch nicht vollständig innerhalb des Fensters, so muss die Linie an einer weiteren Geraden des Fensters unterteilt werden. Dadurch liegt wieder ein Teil der Linie vollständig außerhalb des Fensters, während der andere Teil nun vollständig innerhalb des Fensters liegt. Die maximal zwei Schnittpunkte S_1 und S_2 der ursprünglichen Linie mit dem Fenster sind nun gefunden und das Verfahren ist beendet.

Beispiel

Das in Abb. 4.1-5 dargestellte Beispiel zeigt zwei unterschiedliche Möglichkeiten der Linienposition: Die beiden Endpunkte der linken Linie befinden sich zwar außerhalb des Fensters, aber dennoch ist ein Teil der Linie auch Bestandteil des Fensters. Bei der rechten Linie liegt ein Endpunkt innerhalb und der andere Endpunkt außerhalb des Fensters. So ergibt die bitweise ODER-Verknüpfung der Bereichscodes der Endpunkte für beide Linien, dass sie nicht vollständig innerhalb des Fensters liegen. Auch die UND-Verknüpfung führt zu keinem klaren Ergebnis, da sich jeweils die Bitfolge 0000 ergibt. Damit ist keine einzige Bitposition ungleich Null, was darauf schließen lässt, dass die Bereiche, in denen die Endpunkte der Linien liegen, nicht horizontal oder vertikal nebeneinander liegen. Somit werden die beiden Linien an einer der Begrenzungsgeraden des Darstellungsfensters aufgeteilt. Für die linke Gerade wird zunächst die obere Begrenzungsgerade des Fensters als Teilungsgerade gewählt und somit der Schnittpunkt S_1 zwischen der Linie und der Fenstergeraden ermittelt. Die rechte Gerade wird an der rechten Begrenzungsgeraden des Fensters geteilt. Mit der Ermittlung dieses Schnittpunktes S_1 ist für diese Linie das Zuschneiden beendet, da sie nun vollständig innerhalb des Fensters liegt. Für die andere Gerade ist noch eine weitere Teilung an der linken Begrenzungsgeraden des Fensters notwendig. Mit der Ermittlung des Schnittpunktes S_2 der Linie und der linken Begrenzungsgeraden des Fensters ist auch das Zuschneiden dieser Geraden durch die Ermittlung der Schnittpunkte S_1 und S_2 beendet.

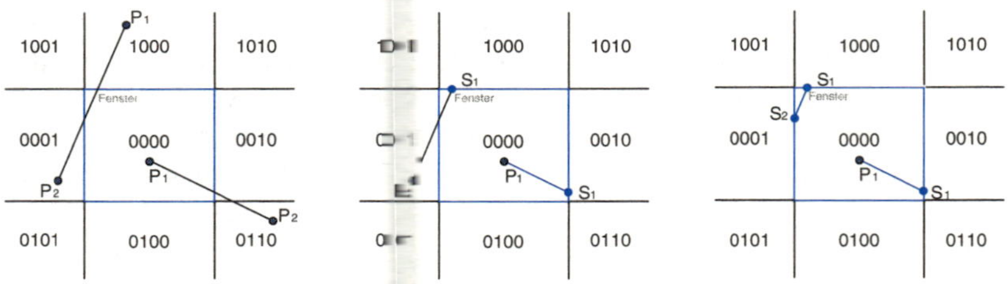

Abb. 4.1-5: Schematische Darstellung des Cohen-Sutherland-Algorithmus

Auf der beiliegenden CD-ROM befindet sich der Cohen-Sutherland-Algorithmus als Java-Anwendung, bei der der Benutzer durch das Anklicken zweier Punkte auf der Zeichenfläche eine Linie definiert, danach wird der Algorithmus durchgeführt und das Ergebnis anschließend angezeigt. Abb. 4.1-6 zeigt diese Anwendung im Überblick.

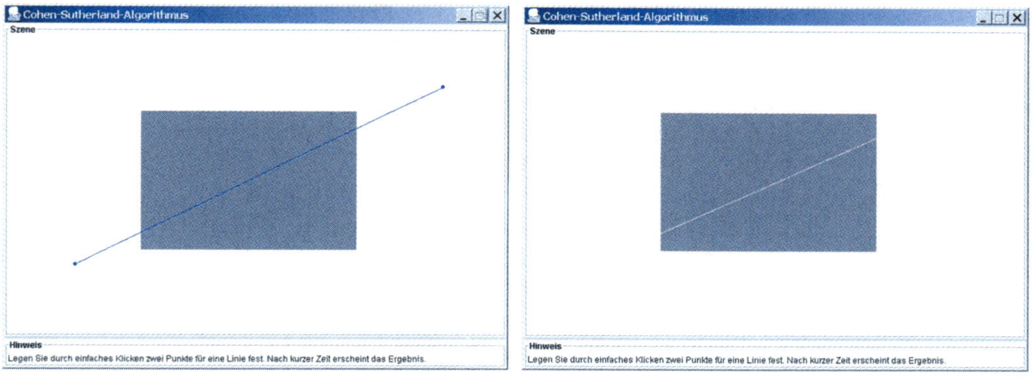

Abb. 4.1-6: Java-Anwendung des Cohen-Sutherland-Algorithmus

4.1.3 Zuschneiden von Polygonen

Beim Zuschneiden von Polygonen kann das im letzten Abschnitt angegebene Verfahren nicht ohne weiteres angewendet werden, da das Überprüfen, ob eine einzelne Linie eines Polygons innerhalb, außerhalb oder teilweise innerhalb des Bereichs liegt, zu falschen Ergebnissen führen kann, wie das einfache Beispiel aus Abb. 4.1-7 zeigt. Hierbei fällt auf, dass beim alleinigen Überprüfen der einzelnen Kanten eines Polygons die Oberflächenstruktur des Polygons verloren gehen kann, da ein einfaches Verbinden der Schnittpunkte der Linien mit den Geraden des Fensters in der Regel nicht zu einer korrekten Abbildung führt.

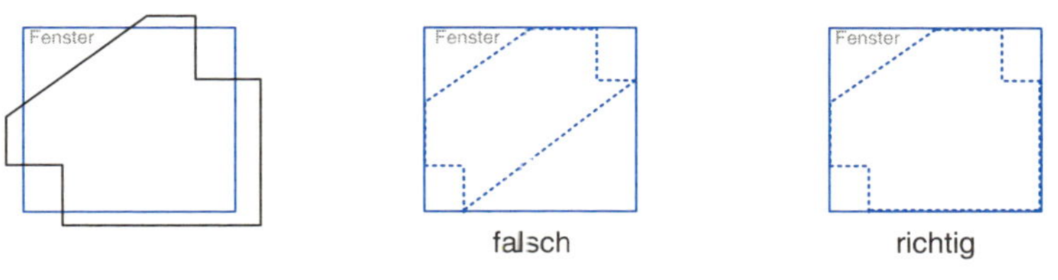

Abb. 4.1-7: Anwendung des Cohen-Sutherland-Algorithmus auf ein Polygon

Um ein Polygon richtig am Zeichenbereich zuschneiden zu können, sind noch zusätzliche Informationen notwendig, da Flächen und nicht Strecken zugeschnitten werden müssen. Zunächst werden die Kanten des Polygons der Reihe nach an den Geraden des Darstellungsfensters geschnitten. Dabei wird festgehalten, ob sich eine Kante innerhalb, außerhalb oder auf beiden Seiten des Fensters befindet.

Algorithmus von Sutherland und Hogdman

Der prinzipielle Ablauf des Zuschneidens von Polygonen mit Hilfe des Sutherland-Hodgman-Algorithmus (vgl. /Foley et al. 1990/) lässt sich wie folgt zusammenfassen:

- Der Algorithmus überführt ein gegebenes Polygon, welches zu Beginn aus seinen Eckpunkten besteht, in ein Ausgabepolygon.
- Das gegebene Polygon wird schrittweise an den vier Geraden des Darstellungsfensters zugeschnitten. Dabei ist jeweils zu entscheiden, welche Eckpunkte des gegebenen Polygons auch im Ausgabepolygon übernommen werden bzw. welche neuen Punkte hinzukommen. Es können die folgenden Fälle auftreten:
  1. Die Eckpunkte (A und B) der Kante des Polygons liegen beide außerhalb des Fensters (vgl. Abb. 4.1-8 (a)). In diesem Fall wird keiner der beiden Punkte in das Ausgabepolygon übernommen.
  2. Verläuft die gerichtete Kante (B – C) des Polygons bzgl. der Geraden des Bereichsfensters von außen nach innen (vgl. Abb. 4.1-8 (b)), so werden der Schnittpunkt S_1 und der Endpunkt C übernommen.
  3. Die Eckpunkte (C und D) der Kante des Polygons liegen beide innerhalb des Fensters (vgl. Abb. 4.1-8 (c)). In diesem Fall wird der Punkt D in das Ausgabepolygon übernommen.
  4. Verläuft die gerichtete Kante (D – A) des Polygons bzgl. der Geraden des Bereichsfensters von innen nach außen (vgl. Abb. 4.1-8 (d)), so wird der Schnittpunkt S_2 ins Ausgabepolygon übernommen.

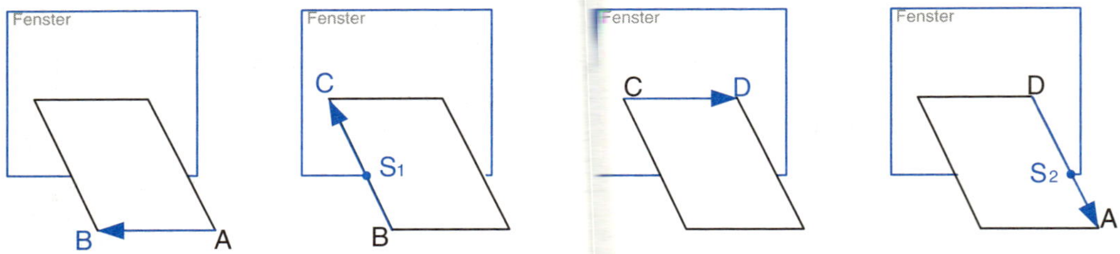

Abb. 4.1-8: Fälle des Sutherland-Hodgman-Algorithmus

- Diese Überprüfungen werden jeweils nacheinander für alle Kanten des Polygons an den einzelnen Geraden des Bereichsfensters durchgeführt. Das Eingabepolygon wird somit Schritt für Schritt in das Ausgabepolygon überführt. In Abb. 4.1-9 ist dies an einem Beispiel skizziert.

Beispiel Um die entsprechenden Schnittpunkte mit den Begrenzungsgeraden des Fensters zu ermitteln, wird das vorgegebene Polygon zunächst an der rechten, dann an der unteren, danach an der linken und letztlich an der oberen Fenstergeraden zugeschnitten. Diese vier Schritte sind in Abb. 4.1-9 von links nach rechts dargestellt. Ein Sonderfall ergibt sich für die rechte untere Ecke des Polygons. Nach dem *Clipping* an der rechten Begrenzungsgeraden des Fensters kann für diesen Punkt zunächst nur die x-Koordinate des Schnittpunktes angegeben werden. Durch das Zuschneiden an der unteren Begrenzungsgeraden kann die y-Koordinate ermittelt und somit die endgültigen Koordinaten des Schnittpunktes angegeben werden.

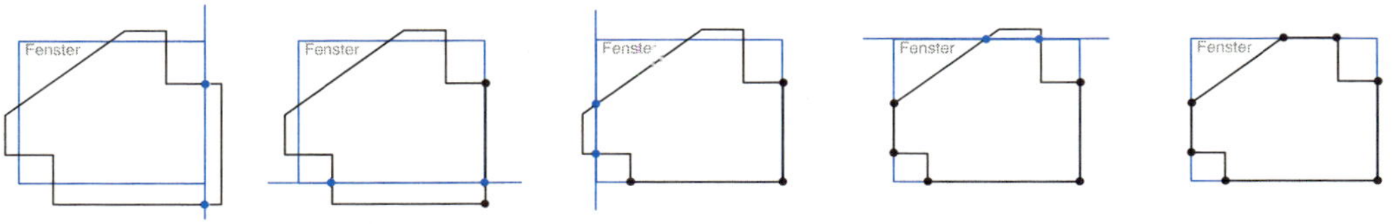

Abb. 4.1-9: Schritte des Sutherland-Hodgman-Algorithmus

Auch für den Sutherland-Hodgman-Algorithmus befindet sich ein Java-Programm auf der beiliegenden CD-ROM. In Abb. 4.1-10 ist die Benutzungsoberfläche abgebildet. Es kann eine beliebige Anzahl an Punkten der Reihe nach auf der Zeichenfläche eingetragen werden. Nach Angabe des vierten Punktes werden das Ursprungspolygon und das Ergebnispolygon gleichzeitig angezeigt.

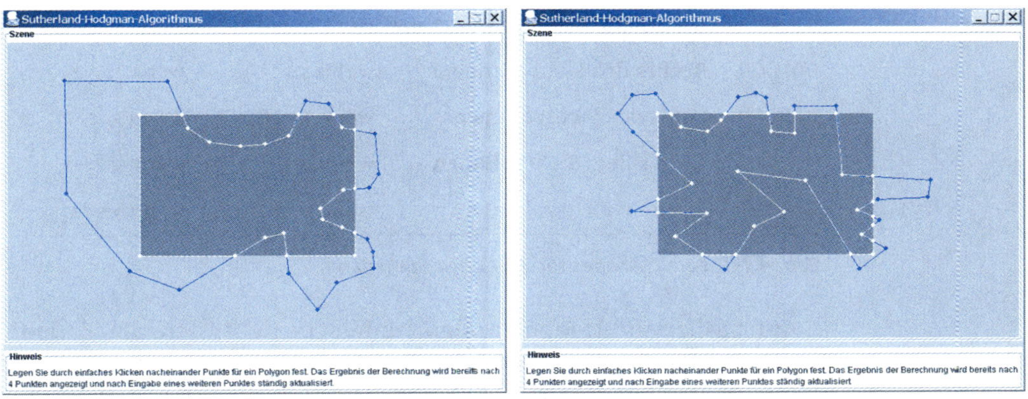

Abb. 4.1-10: Beispielprogramm zum Sutherland-Hodgman-Algorithmus

4.1.4 Zuschneiden von 3D-Objekten

Das Zuschneiden von dreidimensionalen Objekten ist eine Verallgemeinerung der in den letzten beiden Abschnitten vorgestellten Algorithmen. Wurden dort Linien an den Geraden des Bereichsfensters zugeschnitten, so müssen diese Linien nun an den sechs Ebenen eines dreidimensionalen Volumens abgeschnitten werden.

Dazu ist es notwendig, den Schnittpunkt einer Geraden mit einer Ebene berechnen zu können und die Zuordnung eines Teilstücks einer Geraden zu einem Bereichscode des Cohen-Sutherland-Algorithmus durchzuführen.

Für den dreidimensionalen Fall des Cohen-Sutherland-Algorithmus ist ein neuer Bereichscode zu entwerfen. Da sich ein Punkt bzgl. des vorhandenen Volumens oberhalb, unterhalb, rechts, links bzw. davor und dahinter befinden kann, besteht der Bereichscode im dreidimensionalen Fall für die potenziell auftretenden sechs Fälle aus jeweils 6 Bit. Die in Abschnitt 4.1-2 angegebenen Operationen für den Test, ob zwei Punkte innerhalb oder außerhalb des Bereichs liegen, können hier nun genauso einfach angewendet werden, nur dass sich das Ergebnis auf ein Volumen bezieht.

Tabelle 4.1-1 gibt eine Übersicht über das Setzen der einzelnen Bits bezogen auf das kanonische Sichtvolumen, das für die Parallelprojektion bereits ein Einheitswürfel und für die perspektivische Projektion noch ein regelmäßiger Pyramidenstumpf ist (vgl. Abb. 3.6-5).

Bit	**Lage des Punktes P(x, y, z)**	**Parallel-projektion**	**Persp. Projektion**
100000	Oberhalb des Sichtvolumens	wenn $y > 1$	wenn $y > z$
010000	Unterhalb des Sichtvolumens	wenn $y < 0$	wenn $y < -z$
001000	Rechts des Sichtvolumens	wenn $x > 1$	wenn $x > z$
000100	Links des Sichtvolumens	wenn $x < 0$	wenn $x < -z$
000010	Hinter dem Sichtvolumen	wenn $z > 1$	wenn $z < -1$
000001	Vor dem Sichtvolumen	wenn $z < 0$	wenn $z > z_{max}$

Tab. 4.1-1: Bereichscodes für 3D-Cohen-Sutherland

Im Sutherland-Hodgman-Algorithmus bezieht sich die Erweiterung auf den dreidimensionalen Fall nur noch auf die Frage, ob ein Punkt bzgl. einer Ebene, an der abgeschnitten werden soll, innerhalb bzw. außerhalb des kanonischen Sichtvolumens liegt. Dies entspricht der für den dreidimensionalen Raum um die z-Koordinate erweiterten Abfrage, die bereits in Abschnitt 4.1.1 für den zweidimensionalen Fall angegeben wurde.

Auch zum dreidimensionalen Zuschneiden von Linien bzw. Objekten befinden sich Java-Beispielprogramme auf der CD-ROM. Im linken Teil der Abb. 4.1-11 ist die Benutzungsoberfläche eines Programms zu sehen, in dem zufällig erzeugte Linien an einem Würfel zugeschnitten werden. Das Programm auf der rechten Seite schneidet ein Dreieck an den Ebenen eines Würfels zu. Das Dreieck kann vom Benutzer interaktiv in alle Richtungen bewegt werden.

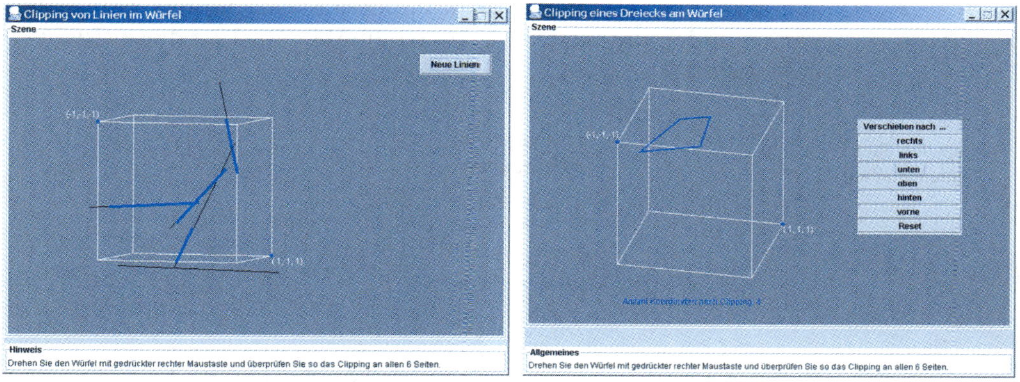

Abb. 4.1-11: Beispielprogramm zum 3D-Zuschneiden von Linien bzw. eines Dreiecks

4.2 Sichtbarkeit von Flächen

Um die Darstellung der Szene, in der jetzt nur noch die relevanten Szeneninhalte vorhanden sind, zu vereinfachen und gleichzeitig eine Verbesserung der Performanz zu erreichen, können nun noch die einzelnen Flächen auf Sichtbarkeit überprüft werden. Ist eine Fläche für den Betrachter überhaupt nicht sichtbar, dann braucht sie nicht dargestellt zu werden. Dies kann z.B. der Fall sein, wenn ein größeres Objekt ein kleineres verdeckt oder wenn eine Fläche auf der Rückseite eines Objekts liegt und somit dem Betrachter verborgen bleibt.

Objektraum-Algorithmus
Bildraum-Algorithmus

Algorithmen, die sich mit der Problematik der Sichtbarkeit der Flächen beschäftigen, können in zwei Kategorien unterteilt werden: die so genannten Objektraum- und die Bildraum-Algorithmen. In Objektraum-Algorithmen wird versucht, anhand der Lage der Polygone deren Sichtbarkeit zu entscheiden. Beim Bildraum-Algorithmus werden die einzelnen Pixel des Bildraums bzw. des Bildschirms betrachtet und es wird jeweils der Bildpunkt in der Farbe des sichtbaren Polygons eingefärbt.

4.2.1 Entfernung von Rückseiten (*Backface Culling*)

Ein Verfahren zur Entfernung abgewandter Polygone ist das so genannte ***Backface Culling*** (engl. *to cull* = aussuchen), bei dem auf eine einfache Art und Weise zunächst die Rückseiten von Objekten ermittelt und anschließend entfernt werden können.

Hierbei wird angenommen, dass die gesamte Szene in Polygonen vorliegt. Jedes Polygon besitzt einen Normalenvektor, der senkrecht auf ihm steht und vom Inneren des Objekts her betrachtet nach außen zeigt. Vom Augenpunkt aus gesehen sind also nur die Flächen sichtbar, deren Normalenvektor mit dem Blickrichtungsvektor einen Winkel bildet, der kleiner als 90° ist. In Abb. 4.2-1 ist dieser Sachverhalt skizziert.

Abb. 4.2-1: Prinzip des Backface Culling

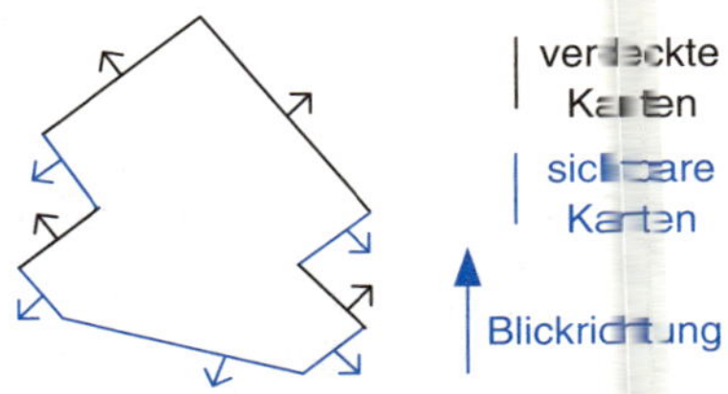

Diese Sichtbarkeitsberechnungen können bereits beim Erstellen einer Szene durchgeführt werden oder, noch effizienter, direkt nach der Sichtvolumen-Transformation (vgl. Katp. 3.6.2). Nach der Sichtvolumen-Transformation nämlich entspricht die Blickrichtung der z-Achse des Koordinatensystems. Alle Normalenvektoren, die einen Winkel von weniger als 90° mit der Blickrichtung aufspannen, haben eine positive z-Koordinate und können damit sehr leicht ermittelt werden. In beiden Fällen können nicht sichtbare Polygone der Szene jedoch schon früh entfernt werden, ohne dass dabei der dreidimensionale Charakter der Szene verloren geht.

Beispiel

In Abb. 4.2-2 sind zwei Beispiele für die Vereinfachung von komplexen Objekten durch das Entfernen verdeckter Teilflächen dargestellt.
In den jeweils linken Objekten sind alle für die Konstruktion des Objekts benötigten Polygone dargestellt, während im rechten Bild alle nicht sichtbaren Polygone entfernt wurden, was zu einer deutlichen Vereinfachung der Szene führt, da sich die Zahl der darzustellenden Polygone beinahe halbiert.

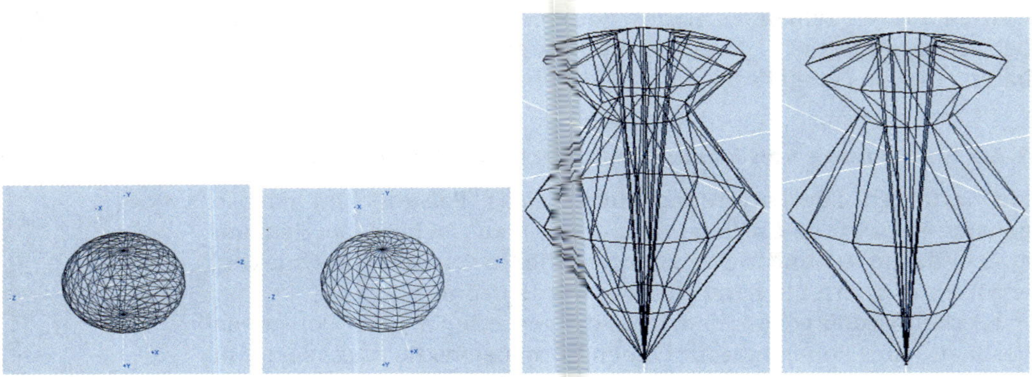

Abb. 4.2-2: Beispiele für das Entfernen verdeckter Polygone

4.2.2 Tiefenpuffer-Algorithmus (*z-Buffering*)

Ein Beispiel für einen Bildraum-Algorithmus stellt der so genannte **Tiefenpuffer-Algorithmus** dar, der auch unter den Namen ***z-Buffering*** oder **z-Puffer-Algorithmus** bekannt ist. Dieses Verfahren beruht darauf, dass die x- und y-Koordinaten der Objekte einer Szene nach der Projektion in das kanonische Sichtvolumen die Ausdehnung in x- bzw. y-Richtung auf dem Bildschirm angeben. Die z-Koordinate liefert hingegen die Tieferinformation über die Lage des Objekts im Raum. Jedes Pixel muss nun die Farbe des Objekts annehmen, welches dem Augenpunkt am nächsten liegt, also den größten z-Wert besitzt (vgl. Abb. 3.6-6 und 3.6-7).

Tiefenpuffer-Algorithmus

Prinzipiell arbeitet der Tiefenpuffer-Algorithmus wie folgt:

- Setze die Farbwerte der einzelnen Bildpunkte auf die Hintergrundfarbe und initialisiere den Tiefenpuffer mit einem sehr kleinen Wert.
- Trage für jedes Pixel eines darzustellenden Elements den z-Wert in den Tiefenpuffer ein, wenn dieser größer ist als der bisherige Wert an dieser Stelle, und schreibe die Farbe des Pixels in den Bildschirmspeicher.

Der letzte Schritt dieses Verfahrens ist natürlich sehr aufwendig: Für jedes darzustellende Objekt müssen alle Pixel ermittelt werden. (Ein Verfahren hierzu wird bei den Beleuchtungsalgorithmen in Kapitel 5 vorgestellt.) Auch die Reihenfolge der Objekte spielt eine wichtige Rolle bzgl. der Häufigkeit des Austauschens der z- und der Farbwerte. Werden die Objekte, die weiter vom Augenpunkt entfernt liegen, vor den näher liegenden betrachtet, so müssen wesentlich mehr Austauschoperationen durchgeführt werden als umgekehrt.

Der Vorteil dieses in der Computergrafik sehr oft verwendeten Verfahrens liegt darin, dass es für beliebig geformte Objekte verwendet werden kann. Damit lässt sich jede Szene darstellen. Ein Nachteil ist aber sicherlich, dass für den Tiefenpuffer für jedes Pixel ein dem Bildbereich entsprechender Speicherbereich zur Verfügung stehen muss.

Auf der beiliegenden CD-ROM befindet sich ein Java-Programm, in dem für drei verschiedene Objekte der Tiefenpuffer-Algorithmus angewendet wird. Durch Anklicken können die Objekte jeweils gegeneinander verschoben werden und die Auswirkungen bzgl. ihrer Darstellung werden direkt sichtbar. Die Benutzungsoberfläche dieses Programms ist in Abb. 4.2-3 zu sehen.

Der Tiefenpuffer-Algorithmus ist sehr einfach zu programmieren. Der nachfolgend angegebene Auszug aus dem Quelltext des in Abb. 4.2-3 dargestellten Programms zeigt eine mögliche Umsetzung.

Quelltext:	**Beschreibung:**

```
for(int i=0; i< fensterPuffer.getWidth(); i++)
   for(int j=0; j< fensterPuffer.getHeight();
      j++)
   {
      fensterPuffer.setRGB(i, j,
                     Color.black.getRGB());
      zPuffer[i][j]= -100;
   }
```

Kern des Tiefenpuffer-Algorithmus:

Das Darstellungsfenster und der Tiefenpuffer werden zunächst initialisiert.

```
//Für jedes Element führe die folgenden
//Schritte durch:
 for(int i=0; i < element.getWidth(); i++)
 {
   int x= i+ rechteckX;
   if (pruefeXBereich(x))
   {
     for(int j=0; j < element.getHeight(); j++)
     {
       int y = j+ rechteckY;
       if (pruefeYBereich(y))
       {
         int z = zRechteck[i][j];
         if (z > zPuffer[x][y])
         {   zPuffer[x][y]= z;
             fensterPuffer.setRGB(x, y,
                rechteck.getRGB(i, j));
         }
       }
     }
   }
 }
```

Ermittle die Breite und Höhe des betrachteten Elements (gilt hier beispielhaft für ein Rechteck).

Für jedes Pixel des Elements wird seine Tiefeninformation mit der im Tiefenpuffer vorhandenen Information verglichen und je nach Ergebnis der Wert für das entsprechende Pixel im Fensterpuffer gesetzt.
Außerdem wird für jede x- bzw. y-Koordinate überprüft, ob sie Bestandteil des Tiefenpuffers ist.

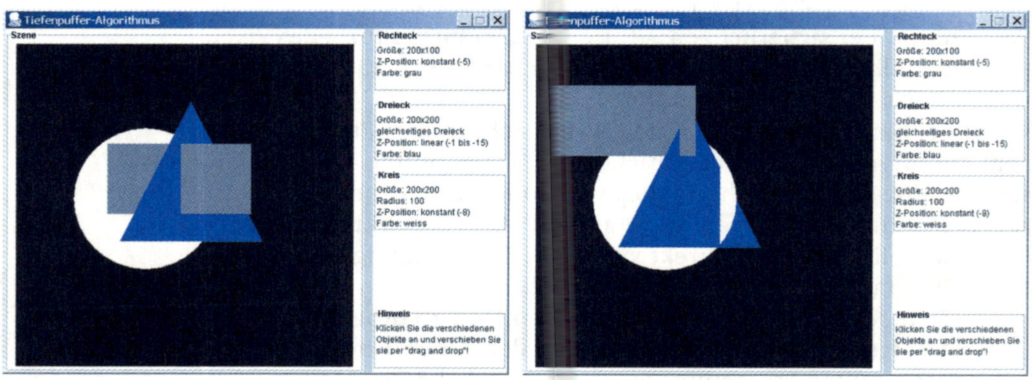

Abb. 4.2-3: Beispiele für die Arbeitsweise des Tiefenpuffer-Algorithmus

4.3 Rasterkonvertierung

Ein grafisches Objekt, wie z.B. ein Polygon, besteht aus kontinuierlich fortgesetzten Linien, die sich nicht an der durch die Pixel vorgegebenen Einteilung des Bildschirms orientieren. Zur Ausgabe auf einem Bildschirm ist also jedes Element der darzustellenden Szene in ein so genanntes Rasterbild zu konvertieren. Eine Linie, die bisher nur durch ihren Start- und Endpunkt definiert war, muss in ein entsprechendes Pixelmuster überführt werden. Dieser Vorgang wird als **Rasterkonvertierung** (***scan conversion***) bezeichnet. Wie bereits beim Tiefenpuffer-Algorithmus, wird auch bei der Rasterkonvertierung eines Objekts für jeden zugehörigen Bildpunkt ein Farbwert berechnet und im Bildspeicher abgelegt.

In Abb. 4.3-1 ist schematisch das Prinzip der Rasterkonvertierung skizziert. Aufgrund der groß dargestellten Pixel ist dabei bereits deutlich zu erkennen, dass bei der Rasterkonvertierung Darstellungsprobleme auftreten können.

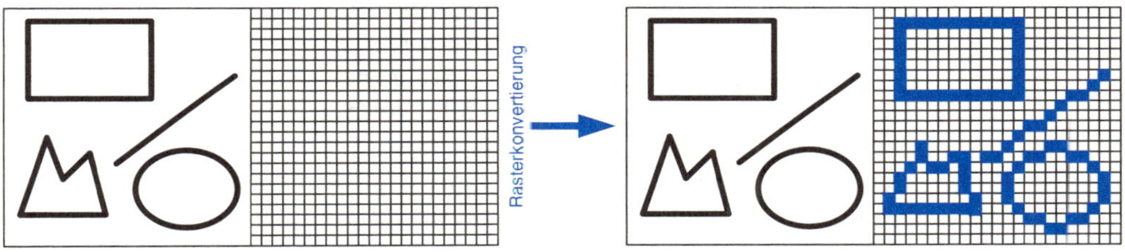

Abb. 4.3-1: Prinzip der Rasterkonvertierung

Ist das Raster, d.h. der Bildpunktbereich, sehr grob, so wird eine Linie nicht für das Auge erkennbar als Linie dargestellt, sondern eher als eine Treppe. Dieser Effekt wird aufgrund seiner Darstellung auch als **Treppeneffekt** (***Aliasing***) bezeichnet.

Im weiteren Verlauf des Kapitels werden verschiedene Vorgehensweisen zur Rasterkonvertierung von grafischen Elementen vorgestellt.

4.3.1 Rasterung von Linien

Bresenham-Algorithmus

Als wohl bekanntester Algorithmus für die Darstellung von Linien hat sich der im Jahre 1965 von Jack E. Bresenham entwickelte gleichnamige Algorithmus durchgesetzt. Mit einer Linie ist im Fall der Rasterkonvertierung eine Menge von Bildpunkten gemeint, die sehr nahe an der darzustellenden Ideallinie liegen und einen möglichst geraden Verlauf haben (vgl. Abb. 4.3-2). Bresenham entwickelte diesen Algorithmus zur Verbesserung der Steuerung eines Plotters und erhielt sogar ein Patentrecht darauf.

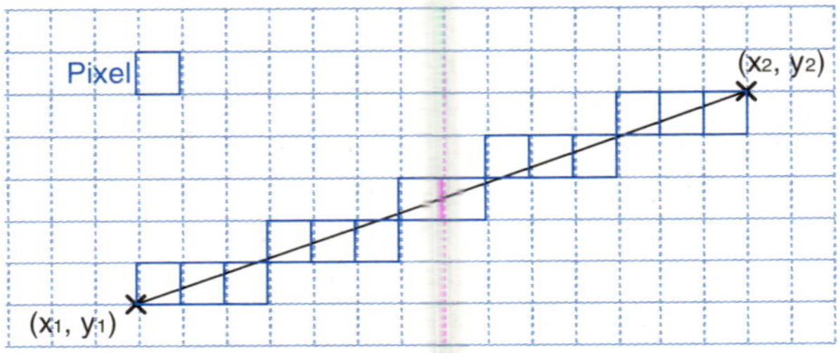

Abb. 4.3-2: Darstellung einer Linie in Bildpunkten

In der damaligen Zeit wie auch heute noch ist neben der Qualität der Darstellung zusätzlich die Geschwindigkeit von großer Bedeutung. Algorithmen, die eine Linie durch komplizierte Gleitpunkt-Arithmetik eventuell etwas genauer darstellen können, unterliegen in der Effizienz naturgemäß solchen, die mit reiner Ganzzahl-Arithmetik aufwarten.

Dem Algorithmus von Bresenham zum Zeichnen von Linien liegen zwei interessante Beobachtungen zugrunde, die letztendlich die Berechnung der einzelnen Rasterpunkte auf die einfachen Rechenoperationen Addition und Subtraktion reduzieren: Zum einen werden nur Linien betrachtet, deren Steigungswinkel zwischen 0° und 45° liegen, denn alle anderen Fälle können leicht auf diesen Fall zurückgeführt werden. Zum anderen ist aus Abb. 4.3-2 zu erkennen, dass sich bei der Rasterung der Linie die x-Koordinate in jedem Bildpunkt genau um 1 erhöht. Für die jeweils zugehörige y-Koordinate ist nur festzustellen, ob sie gleich bleibt oder sich maximal auch um 1 erhöht.

Ob sich die y-Koordinate in einem Schritt erhöht oder nicht, hängt davon ab, ob der Abstand zwischen dem y-Wert der tatsächlich zu zeichnenden Linie und dem gerade betrachteten y-Rasterwert positiv oder negativ ist. Dieser Abstand wird in Form eines Fehlerwertes (`error`) ausgedrückt. Im positiven Fall wird der y-Rasterwert um 1 erhöht, im negativen Fall wird der Wert nicht erhöht. Dies ist in Abb. 4.3-3 noch einmal schematisch dargestellt.

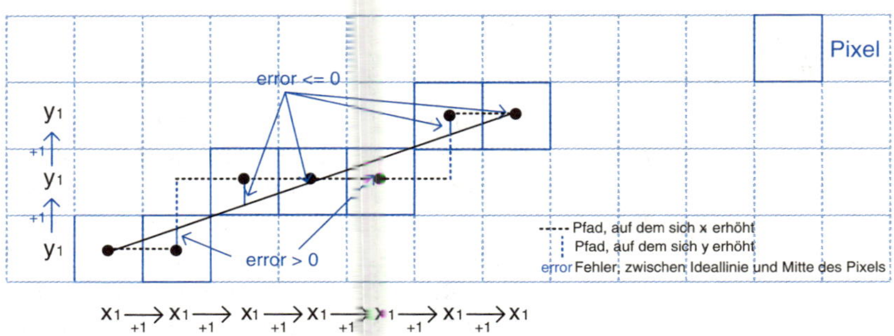

Abb. 4.3-3: Bresenham-Algorithmus für Linien im Detail

Algorithmisch betrachtet kann dieser Sachverhalt durch das folgende Java-Programm ausgedrückt werden:

Quelltext:	**Beschreibung:**
`int dx = x2 - x1;` `int dy = y2 - y1;`	Berechnung der Längen x1 bis x2 und y1 bis y2.
`int const1 = dx + dx;` `int const2 = dy + dy;`	Berechnung der Hilfskonstanten const1 und const2 als doppelte Länge der beiden vorher berechneten Strecken.
`int error = const2 - dx;`	Berechnung des Fehlerabstands zwischen der zu zeichnenden Linie und dem darzustellenden Pixel (vgl. Abb. 4.3-3).

`while ( x1 <= x2 )`
`{`
`  setPixel( x1, y1 );`
	Weg entlang der x-Achse von x1 bis x2 und Definition des Pixels (x1, y1).

`  x1++;`	Erhöhung von x1 um 1.
`  if ( error <= 0 )` `     error += const2;`	Ist der Fehlerwert kleiner oder gleich Null, so muss y1 nicht erhöht werden.
`  else` `  {`	Im anderen Fall ist y1 um 1 zu erhöhen.

`     y1++;`
`     error += const2 - const1;`
`  }`
`}`
	Die Berechnung des jeweiligen Fehlerwertes ist in Abb. 4.3-3 skizziert.

Mit diesem einfachen Algorithmus können nun Geraden im ersten Oktanten (das ist der Winkelraum zwischen 0° bis 45°) eines kartesischen Koordinatensystems gezeichnet werden, deren Steigungswinkel zwischen 0° und 45° liegt. Dies führt dazu, dass die x-Koordinate als Laufvariable verwendet wird. Die Fälle der anderen sieben Oktanten können leicht auf diesen Fall zurückgeführt werden. Soll z.B. eine Linie im zweiten Oktanten berechnet werden, so ist die y-Koordinate als Laufvariable zu nehmen. Für eine Linie im achten Oktanten kann der obige Algorithmus im Prinzip genauso verwendet werden, nur dass nicht der y-Wert erhöht, sondern erniedrigt werden muss. Ähnliche Überlegungen gelten für die anderen Oktanten.

4.3.2 Rasterung von Kreisen

Als effiziente Lösung für die Rasterung von Kreisen gibt es analog zur obigen Vorgehensweise auch einen Algorithmus von Bresenham. Dazu wird ein Kreis im zweiten Oktanten des kartesischen Koordinatensystems betrachtet und die entsprechenden x- bzw. y-Koordinaten um 1 erhöht bzw. vermindert. Die Punkte für die anderen Oktanten ergeben sich wieder durch Spiegelung.

Die Idee des Kreisalgorithmus von Bresenham ist in Abb. 4.3-4 skizziert. Ausgehend von einem Punkt (x_1, y_2) kommt als nächster Punkt, der die Kreislinie am besten approximiert, nur ($x_1 + 1$, y_1) oder ($x_1 + 1$, $y_1 - 1$) in Frage. Auch in diesem Fall wird dies durch eine Fehlerabschätzung berechnet, die im nachfolgenden Algorithmus angegeben ist. Es wird der Einfachheit halber davon ausgegangen, dass sich der Mittelpunkt des Kreises im Ursprung befindet. Ist dies nicht der Fall, so sind die x- bzw. y-Werte zu Beginn entsprechend zu verschieben.

Quelltext:

```
x1 = 0;
y1 = radius;

int error =  3 - 2*radius;

while ( x1 <= x2 )
{
  setPixel( x1, y1 );
  x1++;

  if ( error >= 0 )
  {
     error -= 4 * y1;
     y1--;
  }
  else error += (4 * x1) - 2;
}
```

Beispiel:

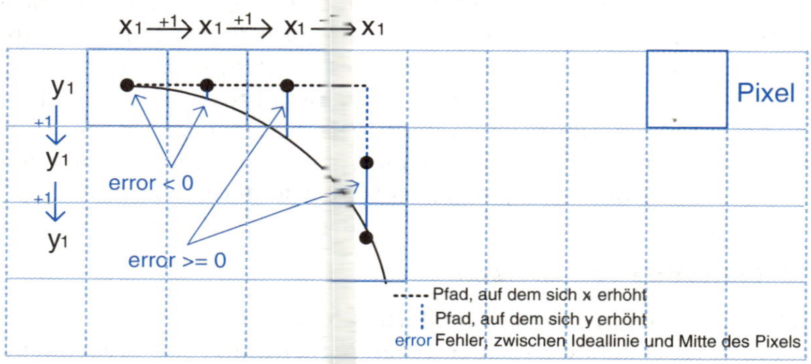

Abb. 4.3-4: Bresenham-Algorithmus für Kreise im Detail

Die beiden Beispielanwendungen zu den Algorithmen von Bresenham zur Rasterung von Linien bzw. von Kreisen befinden sich auf der beiliegenden CD-ROM. Insbesondere beim Zeichnen eines Kreises wird die Symmetrie deutlich, die ausgenutzt wird, um aus der alleinigen Berechnung der Pixel des 2. Oktanten alle anderen Werte des Kreises durch einfache Spiegelungen zu berechnen. In Abb. 4.3-5 ist die Benutzungsoberfläche dieses Programms abgebildet.

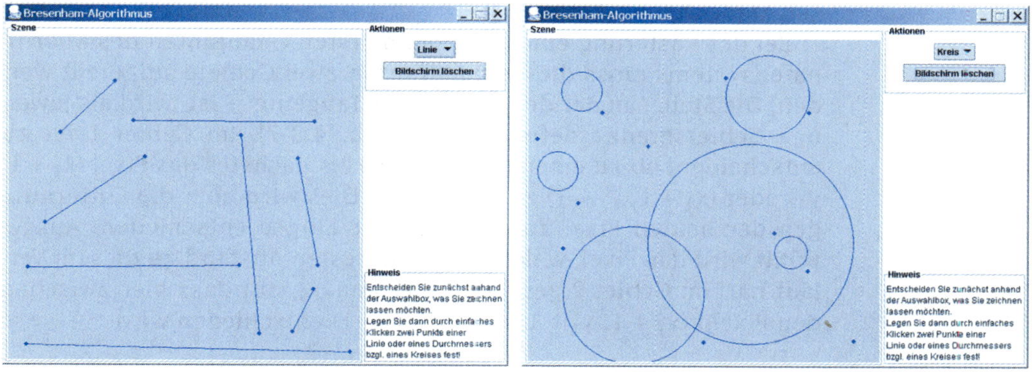

Abb. 4.3-5: Java-Programm zur Veranschaulichung der Bresenham-Algorithmen

4.3.3 Rasterung von Ellipsen

Die im letzten Abschnitt behandelten Kreise sind Spezialfälle von Ellipsen. In vielen Grafik- und Animationssystemen gibt es überhaupt keine Möglichkeit, einen Kreis zu zeichnen, sondern es können nur Ellipsen ausgewählt werden. Haben die beiden Parameter a und b der Ellipse die gleichen Werte, so handelt es sich um einen Kreis (vgl. Abb. 4.3-6).

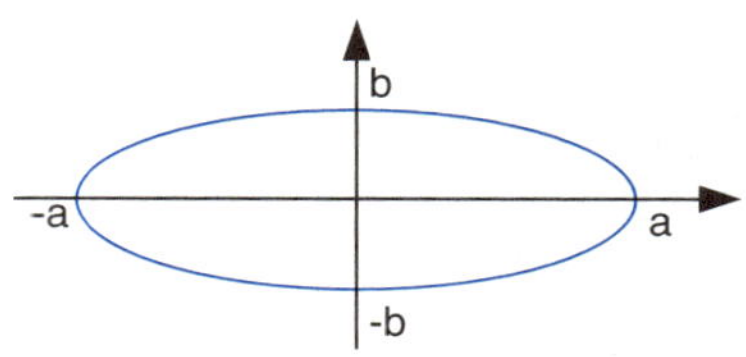

Abb. 4.3-6: Darstellung einer Ellipse

Mathematisch betrachtet lässt sich eine Ellipse, deren Ursprung im Mittelpunkt des Koordinatensystems liegt, durch die Gleichung $E(x, y) = b^2 \cdot x^2 + a^2 \cdot y^2 - a^2 \cdot b^2 = 0$ beschreiben. Auch in diesem Fall ist schnell einzusehen, dass für die Rasterung von Ellipsen ein Algorithmus im ersten Quadranten des Koordinatensystems ausreicht und sich die restlichen Punkte durch Spiegelungen ergeben. Ellipsen, deren Mittelpunkt nicht im Ursprung des Koordinatensystems liegt, werden durch Translation ihrer x- bzw. y-Koordinaten verschoben.

Das prinzipielle Vorgehen bei der Rasterung von Ellipsen ähnelt dem Vorgehen aus den beiden Bresenham-Algorithmen. Auf der beiligenden CD-ROM ist ein so genannter Mittelpunkt-Algorithmus zum Zeichnen von Ellipsen implementiert, dessen grafische Oberfläche in Abb. 4.3-8 zu sehen ist. In Abb. 4.3-7 ist die Vorgehensweise dieses Algorithmus skizziert.

Bei der Rasterung einer Ellipse im ersten Quadranten des Koordinatensystems muss dieser Quadrant in zwei Gebiete aufgeteilt werden. Die Stelle, an der der Anstieg der Tangente -1 ist, wird als jeweilige Gebietsgrenze definiert (vgl. Abb. 4.3-7). Im Gebiet 1 ist zu entscheiden, ob zu einem Pixel (x_1, y_1) als nächstes das Pixel ($x_1 + 1$, y_1) oder ($x_1 + 1$, $y_1 - 1$) zu wählen ist. Dies wird über die Entfernungen der beiden Pixel zum Verlauf der Ellipse entschieden. Ausgewählt wird das Pixel, welches den kürzesten Abstand zu diesem Verlauf hat. Im Gebiet 2 geschieht dies analog, nur dass hier zwischen den Pixeln ($x_1 + 1$, $y_1 - 1$) und (x_1, $y_1 - 1$) entschieden wird.

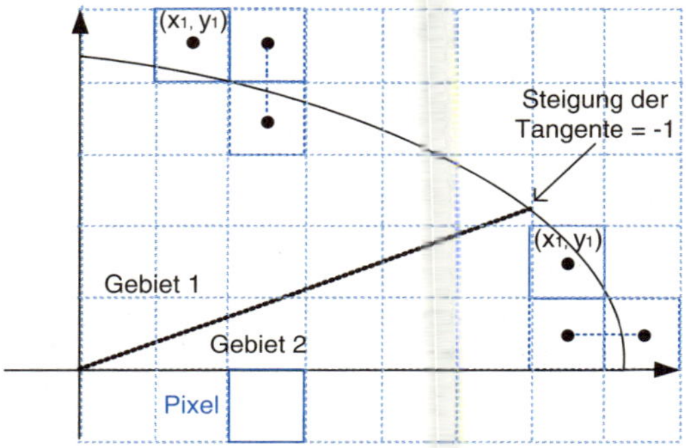

Abb. 4.3-7: Vorgehensweise beim Zeichnen von Ellipsen

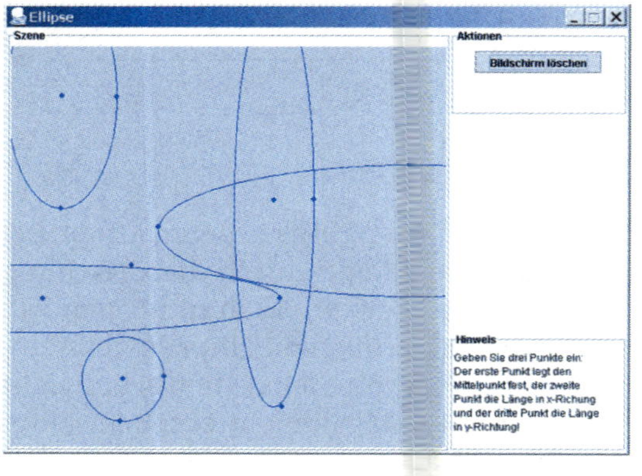

Abb. 4.3-8: Java-Programm zum Zeichnen von Ellipsen

4.3.4 Rasterung von Kurven

Der Vollständigkeit halber wird an dieser Stelle noch kurz auf das Zeichnen von Kurven eingegangen. Zu diesem Zweck werden in der Computergrafik sehr oft so genannte kubische Kurven eingesetzt. Ein Beispiel für die wohl wichtigste Art solcher Kurven sind die Bézier-Kurven, welche nach ihrem französischen Erfinder Pierre Bézier benannt wurden. Anwendungsgebiete dieser Kurven sind alle Arten von Modellierungen gekrümmter Flächen. Darum verwundert es nicht, dass Pierre Bézier in der Automobilbranche beschäftigt war.

Bézier-Kurven

Bildlich betrachtet kann man sich eine solche Bézier-Kurve als einen an zwei Enden eingespannten sehr biegsamen Stab vorstellen, auf den zwischen diesen Enden von bestimmten Punkten aus Kraft ausgeübt wird, durch die er gebogen wird. Je näher die Punkte an diesem Stab liegen, desto größer ist ihre ausgeübte Kraft auf ihn.

Mathematisch gesehen beginnt eine Bézier-Kurve im Punkt $P_0(x_0, y_0)$ und endet im Punkt $P_n(x_n, y_n)$. Zwischen diesen beiden Punkten wird ihr Verlauf durch bestimmte Kontrollpunkte $P_1, \ldots, P_{n-1}$ beeinflusst. Die Steigung im Startpunkt einer Bézier-Kurve ist gleich der Steigung der Geraden zwischen den Punkten P_0 und P_1. Im Endpunkt hat eine Bézier-Kurve die gleiche Steigung, wie die der Geraden zwischen P_{n-1} und P_n. In Abb. 4.3-9 ist ein Beispiel für eine Bézier-Kurve mit zwei Stützpunkten (P_1 und P_2) angegeben.

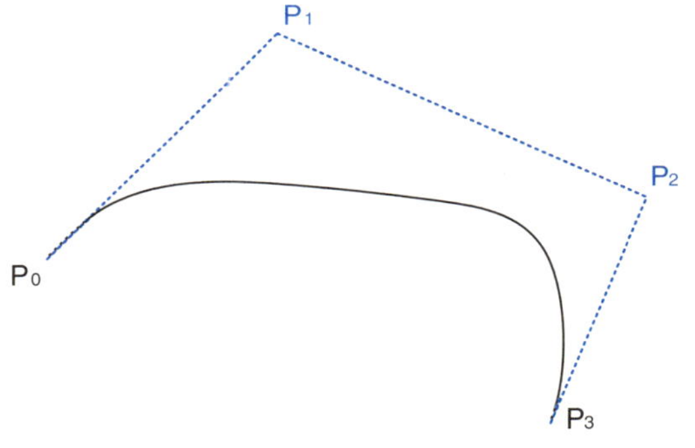

Abb. 4.3-9: Beispiel für eine Bézier-Kurve

Zum Ausprobieren befindet sich ein Java-Programm (vgl. Abb. 4.3-10) auf der beiliegenden CD-ROM, mit dem eine Bézier-Kurve mit insgesamt 16 Punkten eingegeben werden kann.

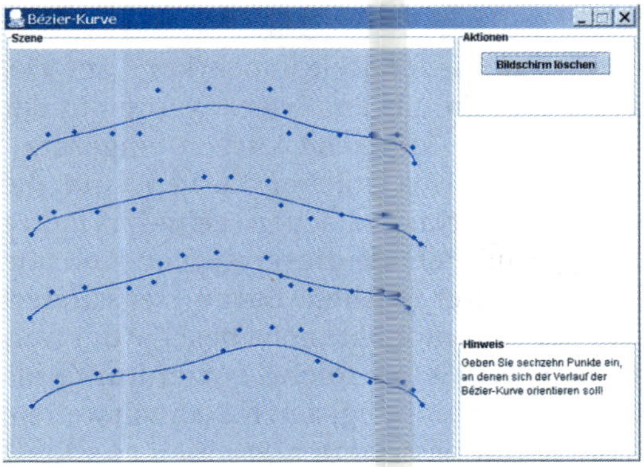

Abb. 4.3-10: Java-Programm zum Zeichnen von Bézier-Kurven

4.3.5 Füllen von Rechtecken

In den bisherigen Abschnitten wurde die Rasterung von kontinuierlichen Objekten, wie z.B. Linien oder Kreisen, beschrieben. Sollen solche Objekte aber als Ganzes dargestellt werden, müssen sie mit einer Farbe gefüllt werden und somit alle im Inneren liegenden Pixel errechnet und dargestellt werden. Zunächst wird ein Algorithmus beschrieben, der die inneren Pixel eines Rechtecks berechnet. Das Füllen eines Dreiecks mit einer Farbe wird im nächsten Kapitel noch ausführlich behandelt.

Das Füllen eines achsenparallelen Rechtecks ist eine einfache Angelegenheit: Die vier Eckpunkte des Rechtecks geben die Grenzen in x- und y-Richtung an. In jeder Rasterzeile, die das Rechteck schneidet, muss nun jedes Pixel gefüllt werden, welches innerhalb dieser Grenzen liegt.

Algorithmisch betrachtet kann das Füllen des Rechtecks durch zwei ineinander geschachtelte Schleifen gelöst werden. Im nachfolgenden Programmtext und in Abb. 4.3-11 wird dieser Sachverhalt dargestellt.

Quelltext:

```
int x, y;
int farbwert;


for (y = ymin; y <= ymax; y++)

  for (x = xmin; x <= xmax; x++)

      setPixel(x, y, farbwert);
```

Quelltext (Forts.):

```
/* Zwei ineinander geschachtelte for-Schleifen
   durchlaufen das Rechteck von unten links nach
   oben rechts und setzen die entsprechenden
   Pixel auf den Farbwert.
*/
```

Beispiel:

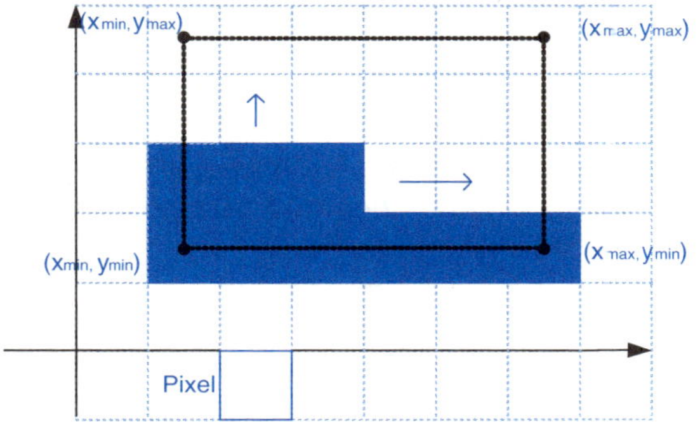

Abb. 4.3-11: Füllen eines Rechtecks

In Abb. 4.3-11 fällt bereits auf, dass es zu Problemen kommen kann, wenn zwei benachbarte Rechtecke so eng beieinander liegen, dass sie eine gemeinsame Kante haben. Diese Kante würde nach dem obigen Algorithmus doppelt gezeichnet.

Aus diesem Grund sollte bei der Darstellung der Bildpunkte am Rand des Rechtecks die folgende Regelung getroffen werden:

- Die Bildpunkte am Rand eines Rechtecks werden in zwei Halbebenen unterteilt, von denen die eine außerhalb und die andere innerhalb des Rechtecks liegt.
- Liegt die Halbebene, die sich innerhalb befindet, oberhalb einer horizontalen Kante oder rechts von einer vertikalen Kante, so wird dieser Bildpunkt als Teil des Rechtecks betrachtet und gezeichnet. In den anderen beiden Fällen wird der Bildpunkt nicht gezeichnet.

Aus dieser Vorgehensweise folgt, dass immer die untere und die linke Kante eines Rechtecks gezeichnet werden. Haben zwei Rechtecke eine gemeinsame Kante, so gehört diese Kante zum rechten der beiden, wenn die Rechtecke nebeneinander liegen, bzw. zum oberen, wenn sie übereinander liegen. Das unten rechts liegende Pixel und das oben links liegende Pixel würden zwar nach wie vor in beiden Rechtecken gezeichnet, was jedoch vernachlässigbar ist.

4.3.6 Füllen von Polygonen

Ein einfacher Algorithmus zum Füllen von Polygonen kann aus den bisherigen Algorithmen hergeleitet werden: Zunächst werden die Geraden eines Polygons mit Hilfe des in Abschnitt 4.3.1 vorgestellten Algorithmus von Bresenham dargestellt und anschließend wird Zeile für Zeile das Innere des Polygons gefüllt, ähnlich wie beim Füllen von Rechtecken aus dem vorherigen Abschnitt.

Scan-Line- Algorithmus

Ein weiteres Verfahren ist der so genannte ***Scan-Line*-Algorithmus**, bei dem das Polygon parallel zur x-Achse Zeile für Zeile durchlaufen wird und jeweils die innerhalb des Polygons liegenden Bildpunkte dargestellt werden. Damit dies funktioniert, muss das Polygon als geschlossener Linienzug vorliegen.

Die so genannte ***Scan*-Gerade** wird dann parallel zur x-Achse von oben nach unten über das Polygon geschoben und für jede Position dieser Geraden werden die Schnittpunkte mit dem Polygon berechnet. Ist das Polygon konvex, d. h., dass eine Verbindungslinie zwischen zwei Eckpunkten des Polygons immer vollständig innerhalb des Polygons verläuft, so gibt es immer genau zwei oder keinen Schnittpunkt mit der *Scan*-Geraden. Bei einem konkaven Polygon, bei dem mindestens eine Verbindungslinie zwischen zwei Eckpunkten eine Linie des Polygons schneidet, gibt es immer genau eine gerade Anzahl von Schnittpunkten, die nach ihrer Berechnung nach aufsteigenden x-Werten sortiert werden. Alle Pixel, die zwischen Paaren aufeinanderfolgender Schnittpunktpaare liegen, müssen anschließend gezeichnet werden.

Mit dem *Scan-Line*-Algorithmus können beliebige Polygone gefüllt werden. In Abb. 4.3-12 ist das Verfahren schematisch an einem konkaven Polygon dargestellt.

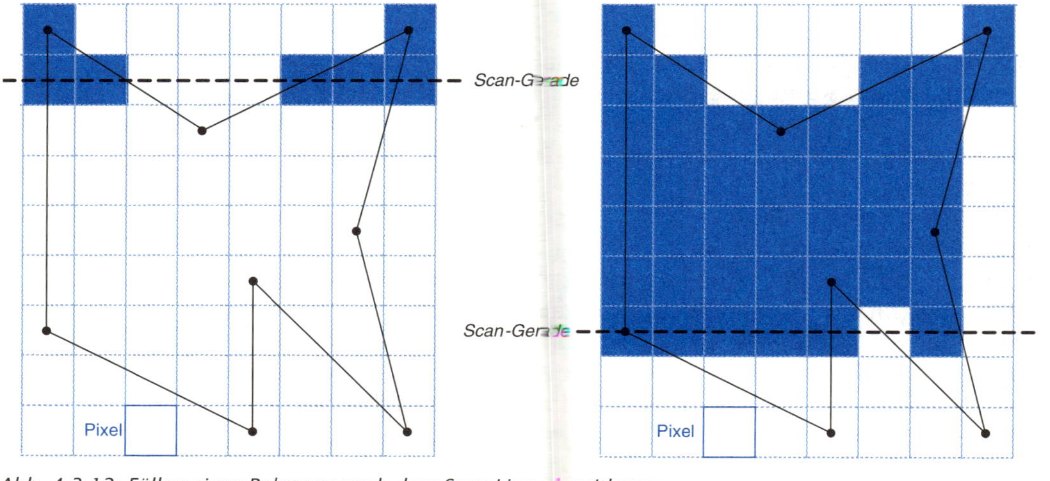

Abb. 4.3-12: Füllen eines Polygons nach dem Scan-Line-Algorithmus

Zum Füllen von Rechtecken und Polygonen gibt es auf der CD-ROM zwei Java-Programme. In Abb. 4.3-13 ist die Benutzungsoberfläche des Programms zum Füllen von Rechtecken dargestellt. Das Rechteck wird durch zwei Punkte festgelegt und anschließend nach dem oben beschriebenen Verfahren gefüllt. Die Benutzungsoberfläche des Programms zum Füllen von Polygonen ist in Abb. 4.3-14 zu sehen.

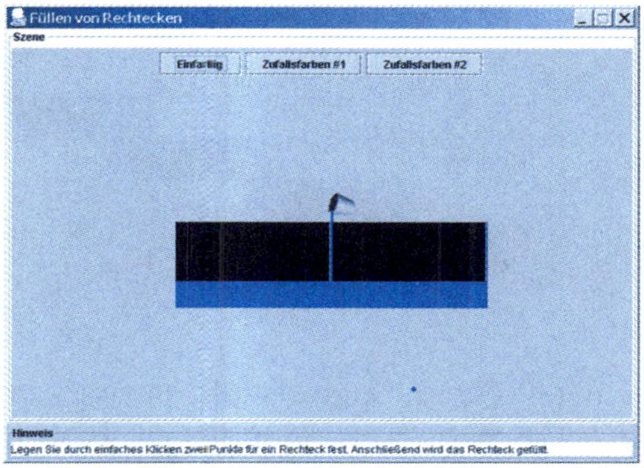

Abb. 4.3-13: Füllen eines Rechtecks

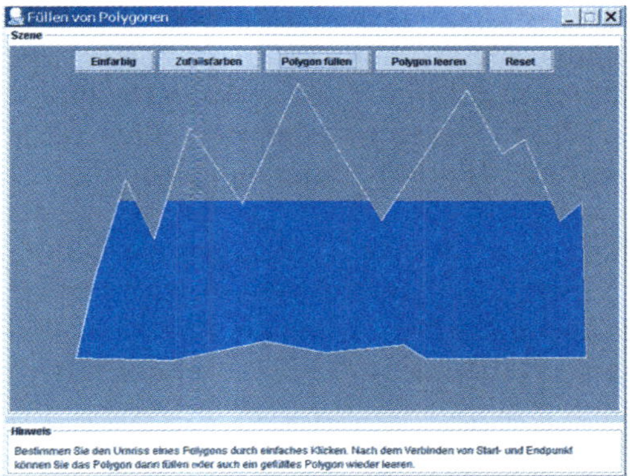

Abb. 4.3-14: Füllen eines Polygons

4.3.7 *Antialiasing*

Wie am Anfang dieses Abschnitts bereits erwähnt, kann bei der Rasterkonvertierung von grafischen Elementen der so genannte **Treppeneffekt**, auch als ***Aliasing*** bezeichnet, als Nebeneffekt auftreten. Dies liegt daran, dass zum Zeichnen einer Linie oder eines anderen grafischen Elements mindestens immer eine Breite von einem Pixel benötigt wird. Alle hier vorgestellten Verfahren sind in der Computergrafik gebräuchlich und beruhen darauf, dass ein einzelnes Pixel entweder gezeichnet wird oder nicht. In Abb. 4.3-2 ist aber zu erkennen, dass eine Linie einige Pixel auch nur teilweise berührt, diese aber nicht dargestellt werden.

Zur Vermeidung von Treppeneffekten ist es demnach notwendig, auch die Bildschirmpunkte zu berücksichtigen, die nur teilweise von einer Linie berührt werden. Diesen Punkten muss ein gewisser Teilbeitrag an der Darstellung der Linie zugewiesen werden. In Abb. 4.3-15 ist das Prinzip, welches als **Antialiasing** bezeichnet wird, skizziert.

Abb. 4.3-15: Antialiasing einer Linie

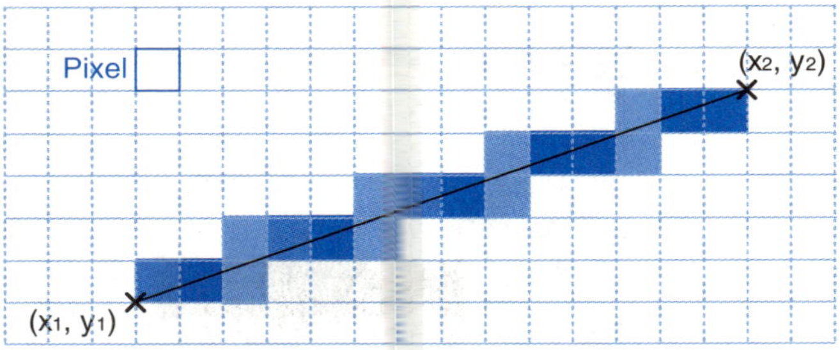

In der Computergrafik gibt es eine ganze Reihe von Verfahren, die sich mit der Vermeidung dieser Treppeneffekte beschäftigen (vgl. /Foley et al. 1990/). In Abb. 4.3-15 ist bereits ein sehr einfaches Verfahren angedeutet. Den Bildschirmpunkten werden unterschiedliche Intensitäten zugeordnet, je nachdem, wie groß der Grad der Überdeckung mit der Linie ist. Anstatt dies jeweils nur für einen einzigen Bildschirmpunkt durchzuführen, kann das Vorgehen auch für einen größeren Umgebungsbereich eines Bildschirmpunktes durchgeführt werden. Die Umgebung eines solchen Punktes wird dann durch eine vorgegebene Funktion gewichtet und daraus die jeweilige Intensität berechnet. Solche Funktionen werden auch als Filter bezeichnet.

In Kapitel 7.9 wird das Prinzip der Bildmanipulation mit Hilfe von Filterfunktionen anhand der Grafikbibliothek des Java-2D-APIs beschrieben. Moderne Grafikbibliotheken, wie z.B. das Java-3D-API, bieten dem Benutzer bei der Darstellung von Objekten die Möglichkeit, *Antialiasing* durchführen zu lassen, was zu einer Qualitätsverbesserung der Darstellung beiträgt. Aufgrund der dazu notwendigen mathematischen Berechnungen erhöht sich allerdings auch die Rechenzeit enorm. In Abb. 9.3-6 wird ein Beispiel für den Einsatz von *Antialiasing* im Java-3D-API gezeigt.

Aliasing Siehe →Treppeneffekt.
Antialiasing Verfahren zur Behebung von →Treppeneffekten.
Backface Culling Verfahren zur Feststellung der Sichtbarkeit einer Fläche eines grafischen Objekts. Ist eine Fläche nicht zu sehen, so braucht ihre Darstellung nicht weiter berechnet zu werden.
Clipping Siehe →Zuschneiden.
Rasterkonvertierung Letzter Schritt der *Viewing-Pipeline*, bei dem die darzustellenden Objekte, die aus Linien, Polygonen oder Kurven zusammengesetzt sind, auf die Bildschirmpunkte eines Ausgabegeräts abgebildet werden.
Scan conversion Siehe →Rasterkonvertierung.

Scan-Gerade Bildschirmzeile, mit der ein Polygon beim Füllen durchlaufen wird.

***Scan-Line*-Algorithmus** Algorithmus zum Füllen von Polygonen.

Tiefenpuffer-Algorithmus Bildraum-Algorithmus zur Abbildung von grafischen Elementen auf einen Bildschirm. Durch Berücksichtigung der z-Koordinate der anzuzeigenden Objekte wird das Problem der Berechnung der Sichtbarkeit von Flächen elegant gelöst.

Treppeneffekt Bei der →Rasterkonvertierung von grafischen Objekten auftretender Effekt, der dadurch entsteht, dass kontinuierliche Linien oder Kurven auf diskrete Bildschirmpunkte abgebildet werden.

Z-Buffering Siehe →Tiefenpuffer-Algorithmus.

Zuschneiden Um nur den sichtbaren Teil einer Szene darstellen zu können, müssen die Elemente, die sowohl innerhalb als auch außerhalb des kanonischen Sichtvolumens liegen, an dieses angepasst werden.

Nach der Transformation einer Szene in ein Sichtvolumen steht fest, welche Teile der Szene innerhalb dieses Volumens liegen und angezeigt werden müssen. Durch Zuschneiden (*Clipping*) der Szene an diesem Sichtvolumen werden überflüssige Teile der Szene abgeschnitten und brauchen in der weiteren Verarbeitung nicht mehr betrachtet zu werden. Auch nicht sichtbare Teile von Objekten, die innerhalb des Sichtvolumens liegen, können mit Hilfe des so genannten *Backface Culling* nun weggelassen werden.

Am Ende der *Viewing-Pipeline* wird die Rasterkonvertierung durchgeführt, bei der die kontinuierlichen Elemente der Szene, wie z.B. Linien, Polygone oder Kurven, auf die diskreten Bildpunkte abgebildet werden. Durch Anwendung des Tiefenpuffer-Algorithmus werden verdeckte Elementflächen korrekt dargestellt.

Bei der Rasterkonvertierung entstehen Treppeneffekte (*Aliasing*), die durch so genanntes *Antialiasing* vermindert werden können.

Steht fest welche Polygone auf dem Bildschirm dargestellt werden, so sind diese noch zu füllen. Dazu kann ein *Scan-Line*-Algorithmus verwendet werden, bei dem eine *Scan*-Gerade Zeile für Zeile über den Bildschirm geführt wird. Auf dieser Zeile werden dann unter Berücksichtigung der z-Werte des Tiefenpuffer-Algorithmus die Bildpunkte berechnet, die im Inneren des Polygons liegen.

/Foley et al. 1990/
Foley J., van Dam A., Feiner S., Hughes J., *Computer Graphics – Principles and Practise, 2nd Edition*, Addison-Wesley 1990, 1175 Seiten

/Watt 2002/
Watt Alan, *3D-Computergrafik*, Addison-Wesley 2002, 610 Seiten

1 Lernziel: *Verfahren zum Zuschneiden von Polygonen verstehen.* Muss-Aufgabe Zeit 20 Min

a Machen Sie sich mit dem auf der CD-ROM befindlichen Java-Programm für das Zuschneiden von Polygonen an einem Rechteck vertraut. Geben Sie ein beliebiges Polygon Punkt für Punkt ein und vergleichen Sie das Ergebnis des Zuschneidens mit Ihren Erwartungen.

b Schauen Sie sich anschließend die Java-Programme für das Zuschneiden von Linien und einem Dreieck für den dreidimensionalen Fall an.

Muss-Aufgabe
Zeit 10 Min

2 Lernziel: *Die verschiedenen Fälle des Algorithmus von Bresenham kennen.*
In Abschnitt 4.3.1 ist der Algorithmus von Bresenham für das Zeichnen von Linien im ersten Oktanten beschrieben. Die x-Koordinate wird in diesem Fall die treibende Koordinate genannt und die y-Koordinate muss je nach Fehlerwert inkrementiert werden. Geben Sie an, wie sich die x- und y-Koordinaten in den anderen sieben Oktanten verhalten. Welches ist die treibende Koordinate und wie muss die andere Koordinate in diesen Fällen verändert werden?

Muss-Aufgabe
Zeit 10 Min

3 Lernziel: *Das Prinzip des Tiefenpuffer-Algorithmus nachvollziehen können.*
Wie viele Objekte können maximal mit dem Tiefenpuffer-Algorithmus dargestellt werden?

Kann-Aufgabe
Zeit 10 Min

4 Lernziel: *Andere Grafikalgorithmen analysieren können.*
Ein anderer Bildraum-Algorithmus zur Berechnung verdeckter Flächen sortiert die darzustellenden Polygone bezüglich ihrer z-Koordinaten und zeichnet zunächst die am weitesten entfernt liegenden Polygone. Alle anderen Polygone werden einfach entsprechend aufsteigender z-Koordinaten über die schon berechneten Polygone gezeichnet. Vergleichen Sie dieses Verfahren mit dem Tiefenpuffer-Algorithmus und arbeiten Sie die Vor- und Nachteile heraus.

Muss-Aufgabe
Zeit 30 Min

5 Lernziel: *Rasterkonvertierung von grafischen Elementen verstehen.*
Machen Sie sich mit den auf der CD-ROM befindlichen Java-Programmen zur Rasterung von Linien, Kreisen, Ellipsen und Kurven sowie zum Füllen von Rechtecken und Polygonen vertraut.

Kann-Aufgabe
Zeit 20 Min

6 Lernziel: *Vermeidung von Treppeneffekten durchführen können.*
Erweitern Sie das Java-Programm zum Zeichnen von Linien nach dem Bresenham-Algorithmus um eine Komponente zur Vermeidung von Treppeneffekten. Setzen Sie dazu immer zwei übereinander liegende Bildpunkte auf einen Intensitätswert, der kleiner wird, je weiter der Bildpunkt von der darzustellenden Linie entfernt ist. Diese Entfernung wird im Java-Programm durch die Variable `error` bestimmt.

5 Grundlagen – *Rendering* (Teil 1)

- Wissen, was das Drahtmodell eines Objekts ist. — wissen
- Wissen, was man unter dem Begriff *Rendering* versteht.
- Wissen, welche unterschiedlichen Beleuchtungsmodelle es in der Computergrafik gibt.
- Verstehen, warum die Triangulierung von Objekten für das *Rendering* wichtig ist. — verstehen
- Den Aufbau von Farbmodellen verstehen.
- Den Unterschied zwischen direkten und indirekten Beleuchtungsmodellen verstehen.
- Umrechnungen zwischen den verschiedenen Farbmodellen durchführen können. — anwenden
- Objekte mit Hilfe des 3D-Baukastens erzeugen können.

- Das Kapitel 1 wird als bekannt vorausgesetzt.

5.1 Realistische 3D-Bilder

In den vorausgegangenen Kapiteln wurde in vielen Beispielen beschrieben, welche Schritte notwendig sind, um ein dreidimensionales Objekt auf ein zweidimensionales Ausgabemedium abzubilden. Dieser Weg ist von mathematischen Operationen geprägt, die sich auf die einzelnen Punkte der Objekte beziehen, die in einer Szene dargestellt werden sollen.

Drahtmodell

Ein Objekt ist demnach bisher im Wesentlichen durch seine Eckpunkte beschrieben worden. Verbindet man diese Punkte so, dass die Oberfläche des Objekts damit angedeutet wird, so spricht man in der Computergrafik von der Darstellung als **Drahtmodell** (engl.

wireframe model). Im Abschnitt über das Entfernen nicht sichtbarer Flächen waren in der Abb. 4.2-2 bereits das Drahtmodell einer Kugel und das Drahtmodell eines selbst definierten Objekts zu sehen. Für den technischen Vorgang der Berechnung der Lage der Objekte einer Szene auf dem Ausgabemedium reicht diese Betrachtungsweise auch völlig aus, da sie schnell ermittelt werden kann und effizient ist.

Rendering

Ziel der Computergrafik ist es aber, fotorealistische Bilder zu erzeugen, d.h. Bilder, die der Realität optimal entsprechen. Das ist allerdings kompliziert und erfordert, einfach ausgedrückt, das Ausfüllen der durch das Drahtmodell bestimmten Oberflächen mit einer Farbe oder einem Farbverlauf, wie es durch das Original vorgegeben ist. Dieser Prozess wird auch als ***Rendering*** (engl. *to render* = wiedergeben) bezeichnet und kann je nach verwendetem Verfahren zu unterschiedlichen Ergebnissen führen. Je aufwendiger und präziser gerechnet wird, desto realistischere Bilder können erwartet werden.

Außerdem kommen noch weitere Einflussgrößen hinzu, die in unserer Umwelt als physikalische Elemente vorhanden sind und bisher nicht betrachtet wurden, nun aber bei der Berechnung Berücksichtigung finden. So müssen z.B. die Beleuchtung der Szene und die Farben der einzelnen Objekte in die Darstellung einfließen. Bei der Farbe kommt zusätzlich noch die Oberflächenbeschaffenheit des Objekts hinzu: Handelt es sich bei einem Objekt beispielsweise um einen schwarzen Stuhl in einem Wohnraum, der kaum Licht reflektiert, oder um einen Spiegel, in dem der gesamte Raum zu sehen ist? Bei der Beleuchtung spielt die Art der Lichtquelle eine bedeutende Rolle, da Lichtquellen wie das Sonnenlicht oder ein Spotlicht bei der Innenraumbeleuchtung unterschiedliche Beleuchtungseigenschaften haben.

In der Computergrafik haben sich in den letzten Jahren so genannte Beleuchtungsmodelle etabliert, die sich in der Bildqualität und der Berechnungsdauer voneinander unterscheiden. Allen gemeinsam ist, dass sie versuchen, die physikalischen Gegebenheiten der Umwelt möglichst realitätsgetreu zu berechnen. Wie kompliziert dies allerdings sein kann, ist bereits in Kapitel 1 ausführlich beschrieben. Bei den Modellen, die zur Darstellung einer Szene verwendet werden, kann es sich also immer nur um mathematische Simulationen handeln, welche die tatsächlichen Beleuchtungsverhältnisse einer Szene nur annähernd berechnen. Dies ist bei der Beschreibung der in den folgenden Abschnitten dargestellten Darstellungsverfahren und -techniken immer zu berücksichtigten.

Triangulierung

Für die möglichst realitätsgetreue Darstellung einer Szene ist außerdem zu beachten, dass sie sich aus sehr vielen einzelnen Objekten zusammensetzt. Wie bereits in Kapitel 2 beschrieben (vgl. Abb. 2.7-3 und Abb. 2.7-7) kann sich auch ein einzelnes Objekt wiederum aus vielen kleinen Teilobjekten zusammensetzen. In der einfachen Darstellung des Tisches aus Abb. 2.7-3 besteht dieser bereits aus den vier Tischbeinen und der Tischplatte, also aus insgesamt fünf Teilobjekten.

Für die fotorealistische Darstellung einer Szene ist jedoch noch ein weiterer Aufteilungsschritt notwendig. Es reicht nämlich nicht aus, ein Objekt als Zusammenbau mehrerer Einzelobjekte zu betrachten, es müssen vielmehr diese Einzelobjekte noch weiter aufgeteilt werden, um kleinste Flächenelemente zu erhalten, die entsprechend der natürlichen Gegebenheiten eingefärbt und mit Eigenschaften versehen werden können. Üblicherweise wendet man **Triangulierung** an, bei der die Oberfläche eines einzelnen Objekts in kleine Dreiecke aufgeteilt wird. Soll beispielsweise eine realistische Beleuchtung des Quaders, der in Abb. 2.7-3 auf dem Tisch liegt, mit einem von der Seite leuchtenden Strahler dargestellt werden, so schwächt sich in der Realität die Lichtintensität von der Mitte der Quaderseite zu den Außenseiten ab. Würde die Seite des Quaders nur aus einer Fläche bestehen, so wäre dies von der Berechnung her sehr aufwendig bzw. gar nicht zu simulieren. Wird der Quader aber nicht nur in seine sechs rechteckigen Flächen aufgeteilt sondern jede dieser Flächen jeweils noch in zwei, vier oder noch mehr Dreiecke unterteilt, so kann der Verlauf der Lichtintensität besser berechnet werden.

Besonders wichtig ist die Triangulierung bei Objekten, wie z.B. einer Kugel, deren Oberfläche durch die Aufteilung in viele kleine einzelne Dreiecke viel einfacher zu berechnen ist, als durch die analytische Berechnung. Je feiner dabei die Aufteilung der Kugel in Dreiecke ist, desto besser kann die ideale runde Form der Kugel dargestellt werden. Der Einfluss der Triangulierung für die realitätsnahe Darstellung der Oberfläche ist in Abb. 5.1-1 dargestellt.

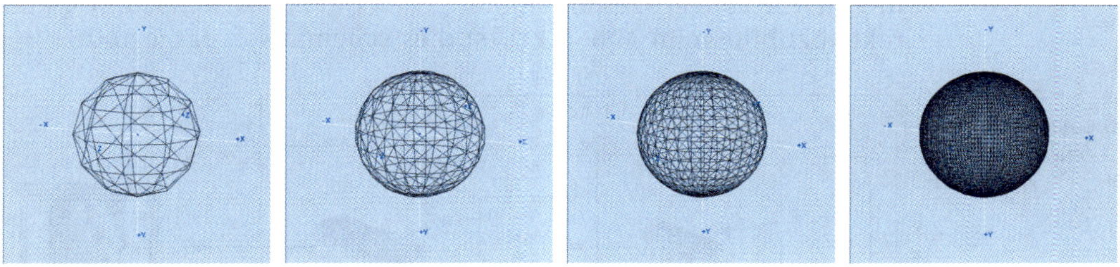

Abb. 5.1-1: Darstellung einer Kugel (v.l. n. r.) mit zunehmender Anzahl von Dreiecken

Die Triangulierung von Objekten bietet zwar auf der einen Seite eine Möglichkeit zur besseren Darstellung der Objekte, erzeugt aber auf der anderen Seite eine sehr große Anzahl von Teilobjekten, die alle während der gesamten *Viewing-Pipeline* (vgl. Kap. 3.6) bearbeitet werden müssen, denn üblicherweise findet die Triangulierung schon nach der Modellierung in Weltkoordinaten statt. Dennoch ist der Vorteil, dass es sich bei Dreiecken um mathematisch einfach handhabbare Objekte handelt nicht zu unterschätzen, so dass diese und die in den folgenden Abschnitten dargestellten Verfahren teilweise schon in spezielle Hardware eingebaut sind, wie z.B. in modernen Grafikkarten.

5.2 Farbmodelle

In den physikalischen Grundlagen des Kapitel 1 wurde bereits ausführlich auf die Entstehung der Spektralfarben als einzelne Komponenten des weißen Lichts eingegangen. Auch die Erzeugung weiterer Farben aus den Spektralfarben, z.B. durch Hinzumischen von Weiß und Schwarz, wurde dort beschrieben. Wie das menschliche Auge die Farben in der Natur wahrnimmt und verarbeitet war ebenfalls Inhalt dieses Kapitels. Für die Erzeugung realistischer Bilder im Computer müssen die Charakteristika von Farben in der Natur nun mit Hilfe eines mathematischen Modells simuliert werden, welches an die jeweiligen Ausgabegeräte angepasst ist.

Auf die genaue physikalische Beschreibung von Ausgabemedien wird an dieser Stelle bewusst verzichtet. Der in diesem Zusammenhang häufig beschriebene Aufbau von Röhren- oder LCD-Monitoren bzw. Technologien von Plottern oder Druckern soll hier vereinfacht werden. Bei all diesen Ausgabemedien kann davon ausgegangen werden, dass ein bestimmter Speicherbereich im Rechner, in dem das Bild berechnet wird, durch ein Grafiksubsystem auf die Bildpunkte eines Monitors transformiert bzw. an die Steuerung des Druckers weitergeleitet wird. Bei einem gängigen PC würde das Grafiksubsystem der Grafikkarte entsprechen, die die Aufgabe übernimmt, die vom Prozessor empfangenen Daten auf dem Monitor korrekt abzubilden. In Abb. 5.2-1 ist dies schematisch dargestellt.

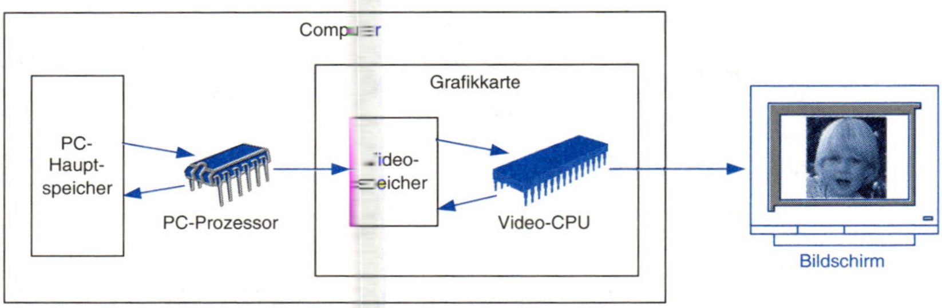

Abb. 5.2-1: Schematischer Aufbau von Grafikhardware

Je größer nun der Bildspeicher des Rechners bzw. der Speicher des Grafiksubsystems ist, desto mehr Farben können angezeigt werden. Dies ist eine Grundlage für die in der Computergrafik verwendeten Farbmodelle, die in den folgenden Abschnitten genauer beschrieben werden.

Grundsätzlich werden diese Modelle in physikalisch-technische und in wahrnehmungsorientierte Modelle eingeteilt.

5.2.1 Schwarz-Weiß-Modell

Das **Schwarz-Weiß-Modell** ist das einfachste Modell zur Darstellung von Bildern. Ein in diesem Modell dargestelltes Bild hat nur schwarze und weiße Bildpunkte, die über die Werte 0 und 1 codiert werden. Physikalisch gesehen ist daher pro Bildpunkt auch nur ein einziges Bit im Speicher notwendig.

Beispiel

Ein Bild in der Größe von 1024 x 768 Bildpunkten könnte demnach in $\frac{1024 \cdot 768}{8 \cdot 1024} = 96\,\text{kBytes}$ abgespeichert werden.

Bitmap-Modus

In vielen Anwendungsprogrammen der Computergrafik heißt dieser Darstellungsmodus auch ***Bitmap*-Modus** und die dargestellten Bilder werden als Strichzeichnungen bezeichnet.

5.2.2 Graustufen-Modell

Je mehr unterschiedliche Töne zwischen Schwarz und Weiß, auch als **Graustufen** bezeichnet, dargestellt werden sollen, desto mehr Bits müssen für die Speicherung pro Bildpunkt vorgesehen werden. Die vier Töne Schwarz, Dunkelgrau, Hellgrau und Weiß können bereits mit zwei Bits dargestellt werden. 8 verschiedene Graustufen benötigen drei Bits, 16 Graustufen 4 und 32 Graustufen 5 Bits (vgl. Abb. 5.2-2).

Bei einem Graustufen-Modell, das eine Speichertiefe von 8 Bits, also ein Byte pro Bildpunkt, erlaubt, ergeben sich 256 verschiedene Graustufen, die zwischen Schwarz und Weiß einen kontinuierlichen und für das menschliche Auge als übergangslose Abstufung wahrnehmbaren Verlauf ergeben (vgl. Abb. 5.2-2).

Beispiel

Ein Graustufenbild in der Größe von 1024 x 768 Bildpunkten und einer 8-Bit-Darstellung pro Bildpunkt benötigt

$\frac{1024 \cdot 768 \cdot 8}{8 \cdot 1024} = 768\,\text{kBytes}$ zur Speicherung.

Graustufenbilder werden in vielen Bereichen, wie z.B. in Zeitungen oder im Internet, eingesetzt, wenn es darum geht, Informationen platzsparend aber dennoch in guter Qualität darzustellen. Beispiele für solche Bilder in diesem Buch sind u.a. die Abb. 1.1-12 und 1.2-1 (links).

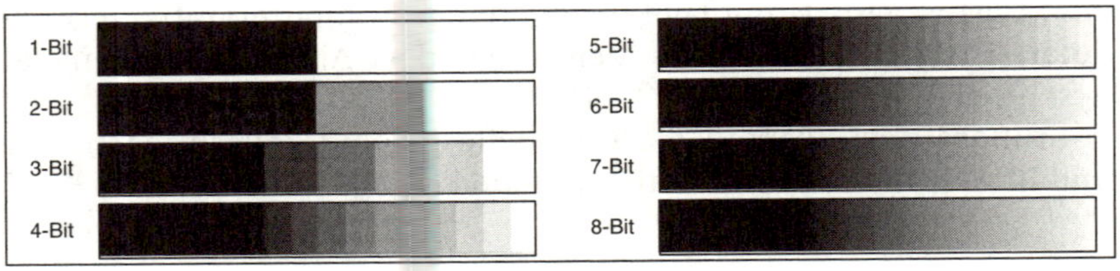

Abb. 5.2-2: Darstellung von Graustufen

5.2.3 RGB-Modell

Das Bild des Monitors eines PCs baut sich pro Bildpunkt durch das Mischen der drei Farben Rot, Grün und Blau auf. Bei dem nach dieser Vorgehensweise benannten **RGB-Modell** handelt es sich somit um ein physikalisch-technisches Farbmodell, welches auch als additives Farbmodell bezeichnet wird.

Durch das Mischen bzw. das Aufaddieren der drei Farben Rot, Grün und Blau, die auch Primärfarben heißen, können andere Farben erzeugt werden. Die drei Primärfarben sind dabei jeweils mit einer Intensität im Wertebereich [0, 1] angegeben.

Beispiel

Die RGB-Werte (1, 1, 1) stellen die Farbe Weiß und (0, 0, 0) die Farbe Schwarz dar. Um Gelb zu erhalten, müssen die Werte (1, 1, 0) gewählt werden. Violett ergibt sich durch (1, 0, 1) und ein mittleres Grau wird über die Werte (0.5, 0.5, 0.5) dargestellt.
Für das Blau dieses Buches wurde im Druck die Sonderfarbe Pantone 295 verwendet. Diese entspricht umgerechnet ungefähr den RGB-Werten (0, 0.22, 0.42). Wenn Sie beispielsweise versuchen, diese Werte in den weiter unten angegebenen Java-Programmen (vgl. Abb. 5.2-7 und Abb. 5.2-8) einzustellen, so ist zu beachten, dass jeder Bildschirm andere Einstellungen für Helligkeit, Kontrast, Anzahl der darstellbaren Farben und Farbtemperatur hat. Daher kann sich die angezeigte Farbe auf dem Bildschirm deutlich von der Farbe des Buches unterscheiden. Versuchen Sie es aber ruhig einmal: Stellen Sie die Farbwerte ein und halten Sie dann das Buch neben Ihren PC-Bildschirm.

Da der Wertebereich der drei Primärfarben zwischen 0 und 1 liegt, können diese auch als Achsen eines dreidimensionalen kartesischen Koordinatensystems betrachtet werden. Der Farbraum, den sie aufspannen, kann als Einheitswürfel angesehen werden. Demnach sind alle auf einem PC-Bildschirm darstellbaren Farben in diesem Einheitswürfel enthalten. Auf der Diagonalen vom Ursprung (0, 0, 0) zum Punkt (1, 1, 1) liegen alle Graustufen dieses Modells.

In Abb. 5.2-3 ist der Einheitswürfel schematisch dargestellt. Dabei fällt sofort auf, dass dieses Modell wenig intuitiv ist. Da es aber der physikalischen Erstellung der Farben auf einem PC-Bildschirm entspricht, ist es für die Computergrafik das wohl wichtigste Modell.

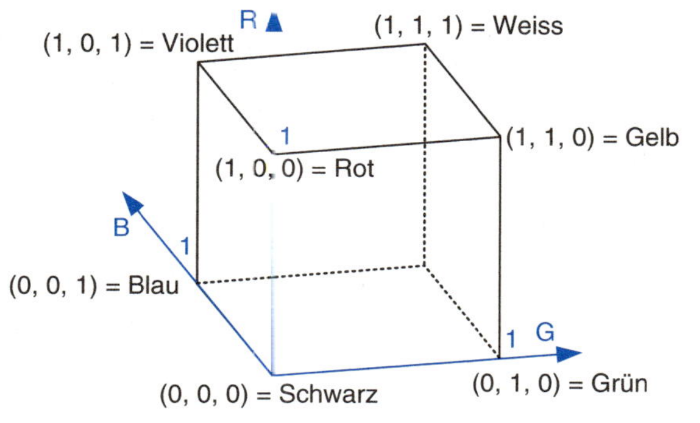

Abb. 5.2-3: RGB-Würfel

Die Anzahl der für alle Farben insgesamt vorhandenen Bits verleiht diesem Modell auch den Namen 24-Bit-Modell oder *True-Color*-Darstellung, da über diese Codierung die vom menschlichen Auge wahrnehmbaren ca. 7 Millionen Farben bzw. um die 100 Graustufen dargestellt werden.

Im Speicher belegen RGB-Bilder pro Farbe 8 Bit. Damit sind insgesamt $256 \cdot 256 \cdot 256 = 16.777.216$ verschiedene Farben darstellbar. In diesen ca. 16 Millionen Farben sind genau 256 verschiedene Graustufen enthalten, da für die Graustufen jeweils gleiche Werte für Rot, Grün und Blau benötigt werden.

Beispiel

Ein Bild der Größe von 1024 x 768 Bildpunkten benötigt

$$\frac{1024 \cdot 768 \cdot 24}{8 \cdot 1024 \cdot 1024} = 2.25 \text{ MBytes zur Speicherung im RGB-Farbmodell.}$$

Wie vorher bereits angedeutet, ist es schwierig, eine Vorstellung einer Farbe zu entwickeln, die durch drei andere Farben festgelegt wird. Aus diesem Grund wurden in der Computergrafik weitere Farbmodelle entwickelt, die auf einer Beschreibung von Farbton, Sättigung und Helligkeit basieren. Diese Modelle, die HSV und HLS genannt werden, sind für den Menschen verständlicher und werden weiter unten beschrieben.

5.2.4 CMYK-Modell

Ein weiteres physikalisch-technisches Farbmodell ist das so genannte **CMYK-Modell**. Es beruht im Gegensatz zum RGB-Modell auf dem Prinzip der subtraktiven Farbmischung. Die Abkürzung CMYK steht für die Farben ***Cyan*** (Mischfarbe aus Blau und Grün), ***Magenta*** (Violett), ***Yellow*** (Gelb) und Schwarz. Schwarz wird dabei als Schlüsselfarbe eingesetzt und durch ***Key*** (Schlüssel) abgekürzt.

Dieses Farbmodell wird typischerweise im Druckprozess, also beispielsweise bei Farblaser- oder Tintenstrahldruckern eingesetzt.

Beispiel

In einem handelsüblichen Tintenstrahldrucker müssen Sie zwei Farbpatronen einsetzen: Eine Patrone, die mit Schwarz gefüllt ist, und eine weitere, die die Farben *Cyan*, *Magenta* und *Yellow* enthält. In modernen Farblaserdruckern sind alle vier Farben in einzelnen Patronen enthalten, die auch jeweils einzeln ausgetauscht werden können.

Beim CMYK-Modell entsteht eine Farbe durch das Mischen von *Cyan*, *Magenta* und *Yellow*. Werden alle drei Farben subtraktiv miteinander gemischt, so entsteht Schwarz. Wird dieses Modell in einem Würfel dargestellt, so liegt nun, im Gegensatz zum RGB-Modell, die Farbe Weiß im Ursprung und nicht mehr die Farbe Schwarz. Die anderen Farben werden deshalb durch die von Weiß abgezogenen Anteile von *Cyan*, *Magenta* und *Yellow* beschrieben und nicht mehr durch deren Addition zur Farbe Schwarz. Den Unterschied zwischen additiver und subtraktiver Farbmischung zeigt Abb. 5.2-4.

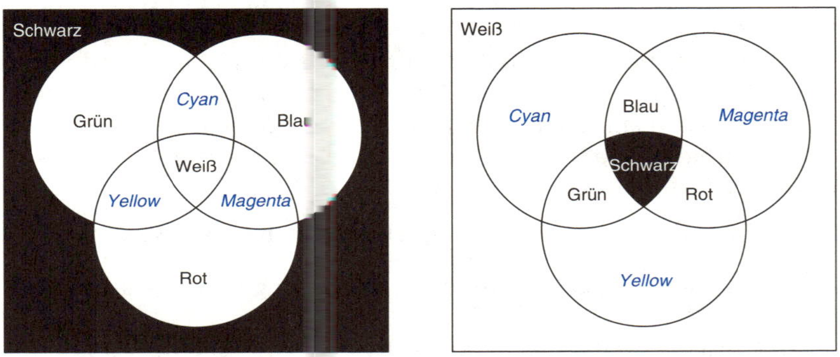

Abb. 5.2-4: Additive (RGB-Modell links) und subtraktive (CYMK-Modell rechts) Farbmischung

Beispiel

Beim Druckprozess in einem Tintenstrahldrucker wird Schwarz nicht durch das Mischen von *Cyan*, *Magenta* und *Yellow* erzeugt, sondern durch den Einsatz der Schlüsselfarbe Schwarz. Dies liegt daran, dass durch den Einsatz der Schlüsselfarbe ein dunkleres Schwarz entsteht, als es sich durch die Mischung der drei anderen Farben ergeben würde. Außerdem gibt es noch einen technischen Grund: Die Zeit zum Trocknen der Schlüsselfarbe ist wesentlich kürzer als die Zeit zum Trocknen der Mischung der drei Farben *Cyan*, *Magenta* und *Yellow*.

Ansonsten entspricht der Druckvorgang auf einem Blatt weißen Papiers der physikalischen Simulation der Reflexion weißen Lichts. Das Aufbringen von *Cyan* (Blau/Grün) sorgt dafür, dass kein rotes Licht mehr von der Oberfläche des Papiers reflektiert wird, sondern nur noch die blauen und grünen Anteile des Lichts. Wird *Yellow* auf das Papier gedruckt, so werden keine blauen Lichtanteile mehr reflektiert.

Da das CMYK-Modell und das RGB-Modell sich nur durch die subtraktive bzw. additive Vorgehensweise bei der Farbmischung unterscheiden, ist eine Umrechnung zwischen diesen Modellen sehr einfach und kann wie folgt vorgenommen werden:

[C, M, Y] = [1, 1, 1] - [R, G, B] und [R, G, B] = [1, 1, 1] - [C, M, Y].

5.2.5 HSV-Modell

Wie bereits erwähnt, ist die intuitive Vorstellungskraft, welche Farbe bei der Addition bzw. Subtraktion von Grundfarben bei den physikalisch-technischen RGB- bzw. CYMK-Modellen entsteht, nicht sehr ausgeprägt. Aus diesem Grund wurden in der Computergrafik die Modelle entwickelt, die auf das Wahrnehmungsempfinden des Menschen orientiert sind.

Das so genannte **HSV-Modell** ist ein Beispiel für ein solches wahrnehmungsorientiertes Modell, welches sich am Farbton (***H**ue*), an der Sättigung (***S**aturation*) und am Wert (***V**alue*) einer Farbe orientiert.

Der erste Parameter (*Hue*) beschreibt, an welcher Stelle sich die Farbe im Farbspektrum befindet. Die Sättigung (*Saturation*) einer Farbe liegt zwischen 0 und 100, was bei 0 einer Graustufe entspricht und bei 100 einer leuchtenden Farbe. Der Wert (*Value*) einer Farbe ist ein Synonym für die Helligkeit, also für die wahrgenommene Strahlungsintensität.

In der Literatur erfolgt die Darstellung dieses Modells häufig in einer Pyramide (vgl. Abb. 5.2-5). Bei der Beschreibung des Modells in einer solchen Form sind bei einer Helligkeit von Null (V = 0) weder Farbton noch Sättigung zu erkennen. Der Farbton wird durch die Angabe einer Gradzahl zwischen 0° und 360° festgelegt.

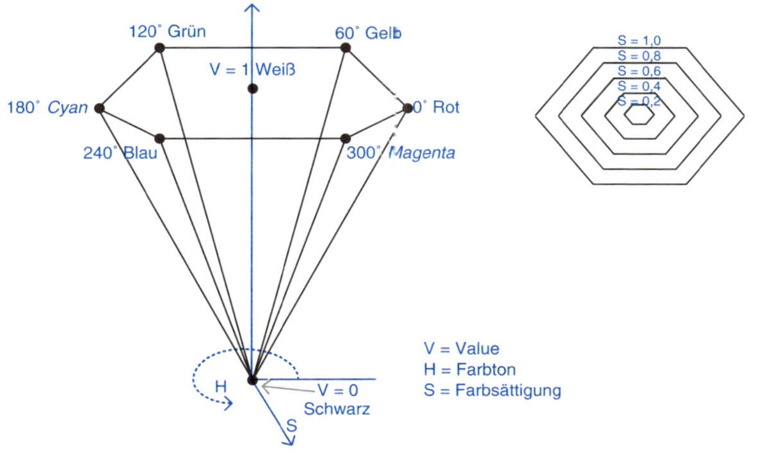

Abb. 5.2-5: Das HSV-Farbmodell

Den sechs Ecken der Grundseite der Pyramide sind folgende Farbwerte zugeordnet: Rot bei 0°, Gelb bei 60°, Grün bei 120°, Blaugrün bei 180°, Blau bei 240° und Violett bei 300°. Die Sättigung wird zwischen 0 und 1 angegeben und entspricht dem Abstand vom Mittelpunkt der Grundfläche der Pyramide zu den Eckpunkten der Grundfläche. Die Sättigung beschreibt den Grauanteil der Farbe. Je weiter dieser Wert von der senkrechten Achse entfernt liegt, umso kräftiger wird die Farbe. Andersherum betrachtet, befinden sich im HSV-Modell die Grauwerte zwischen Schwarz und Weiß auf der zentralen Achse der Pyramide.

5.2.6 HLS-Modell

Als weiteres wahrnehmungsorientiertes Farbmodell in der Computergrafik ist noch das **HLS-Modell** zu erwähnen. Es baut, wie das HSV-Modell, auf dem Farbton (***H**ue*) und der Sättigung (***S**aturation*) auf und benutzt als dritten Parameter die Helligkeit (***L**ightness*).

Grafisch betrachtet kann das HLS-Modell als eine Doppelpyramide dargestellt werden (vgl. Abb. 5.2-6). Der Unterschied zwischen dem HLS- und dem HSV-Modell bezüglich des Farbtons liegt darin, dass im HLS-Modell bei 0° der Farbton Blau liegt, was einer Drehung um 120° entspricht. Der Grauanteil der Farbe wird durch die Sättigung bestimmt. Bei geringer Sättigung erhöht sich der Grauanteil, was der gleichen Vorgehensweise wie im HSV-Modell entspricht. Der dritte Parameter des HLS-Modells beschreibt die Helligkeit einer Farbe. Liegt die Helligkeit bei 0, so wird jeder Farbton zu Schwarz, ist die Helligkeit sehr groß und liegt bei 1, so wird jeder Farbton zu Weiß.

Abb. 5.2-6: Das HLS-Farbmodell

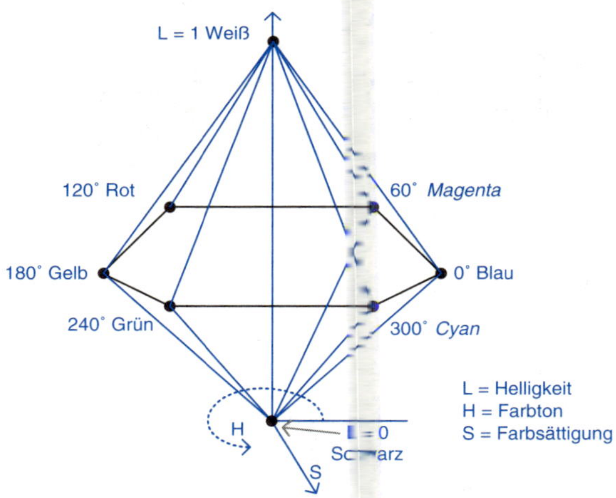

Beispiel

Die beiden in der Computergrafik häufig verwendeten Farbmodelle – das RGB- und das HSV-Modell – sind von so großer Bedeutung, dass es in der Java-Bibliothek (*Swing*) zur Erzeugung von grafischen Benutzungsoberflächen bereits ein eigenes Element (`JColorChooser`) gibt, welches das RGB- und das HSV-Farbmodell miteinander verbindet und einfach in eine Benutzungsoberfläche eingebaut werden kann (vgl. Kap. 7.8). In Abb. 5.2-7 ist die grafische Benutzungsoberfläche einer kleinen Anwendung dargestellt, die dieses Element verwendet.
In der linken Abbildung sind die Auswahl und die Darstellung der Farbe Blau angegeben. Durch einfaches Umschalten auf den Dateireiter HSB kann die Auswahl direkt in den Parametern des HSV-Modells angesehen werden. (Zu bemerken ist an dieser Stelle noch, dass das HLS-Modell auch häufig als HSB-Modell bezeichnet wird.)

Das in Abb. 5.2-7 dargestellte Java-Programm befindet sich auch auf der beiliegenden CD-ROM.

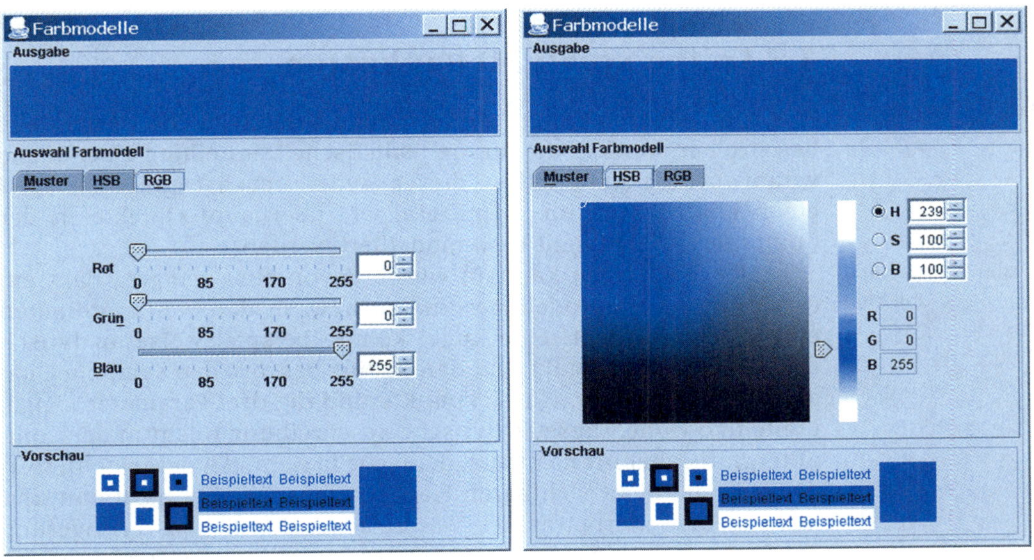

Abb. 5.2-7: Java-Programm zur Veranschaulichung der RGB- und HSV-Farbmodelle

Als weiteres Java-Programm ist auf der CD-ROM eine Anwendung enthalten, mit der zwischen RGB-, CMYK- und HSV-Modell umgeschaltet werden kann. Die Auswahl der Farbe ist über die Eingabe der Zahlenwerte oder mit Hilfe der Maus über das Verschieben der Werteskala durchzuführen. In Abb. 5.2-8 sind die grafischen Benutzungsoberflächen dieser Anwendung dargestellt.

Abb. 5.2-8: Java-Programm zur Veranschaulichung der Farbmodelle

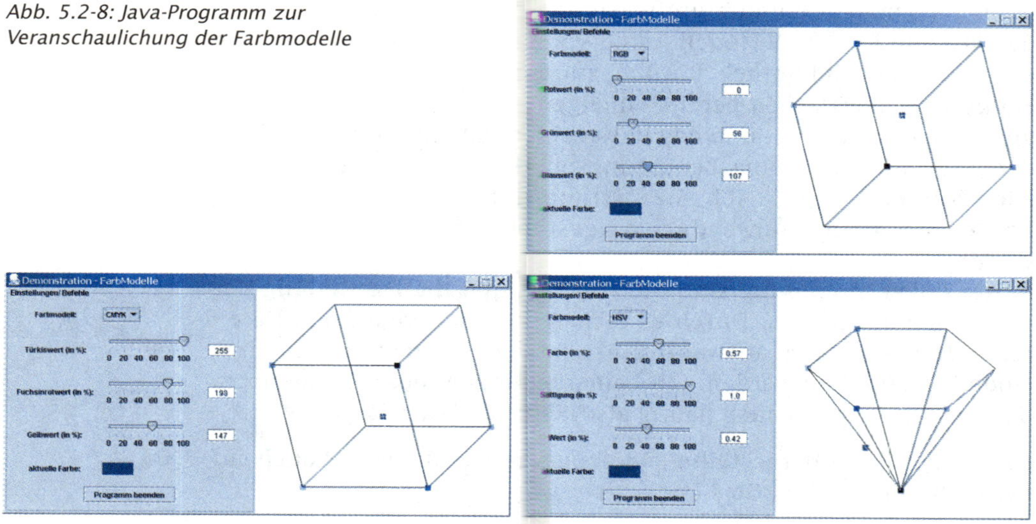

5.3 Fallbeispiel: 3D-Baukasten

Bevor im weiteren Verlauf dieses Kapitels die Beleuchtungsmodelle beschrieben werden, die für die realistische Darstellung einer Szene verantwortlich sind, soll an dieser Stelle zunächst ein Fallbeispiel einen Eindruck davon vermitteln, wie überhaupt Objekte in der Computergrafik erstellt bzw. modelliert werden.

Modellierung von Objekten

In den bisherigen Kapiteln wurde davon ausgegangen, dass ein Objekt in seinen Modellkoordinaten bzw. in den Weltkoordinaten einer Szene vorliegt. Eine Kugel könnte beispielsweise analytisch durch ihren Mittelpunkt und den Radius beschrieben sein, ein Quader durch einen der acht Eckpunkte und die drei Parameter Länge, Breite und Höhe. Diese analytische Beschreibung reicht in der Computergrafik aber oft nicht aus, denn wie in Kapitel 4 dargestellt, werden z.B. die nicht sichtbaren Flächen eines Objekts bestimmt und nicht mehr weiterbetrachtet, was zu einer deutlichen Verringerung der Rechenzeit von bis zu 50 % bei der Darstellung führen kann. Was sind aber die Rückseiten eines Quaders oder einer Kugel, wenn diese Objekte in der oben angegebenen analytischen Form vorliegen? Im Fall des Quaders ist dies anschaulich klar, bei einer Kugel kann dies aber aus der analytischen Definition nur sehr aufwendig berechnet werden.

Auch die im letzten Abschnitt eingeführten Farben machen die realistische Darstellung einer Szene nicht einfacher. Ein Quader besteht aus sechs Flächen, die alle jeweils mit einer Farbe dargestellt werden können. Was passiert aber, wenn der Quader in einer

Szene einen Verlauf z.B. von Schwarz nach Weiß, wie er im 8-Bit Graustufen-Modell aus Abb. 5.2-2 zu sehen ist, haben soll? Auch hier reicht offensichtlich die Darstellung des Quaders in sechs Flächen nicht aus. Eine weitere Steigerung der Schwierigkeit bei der realistischen Darstellung von Objekten kommt durch die in den nächsten Abschnitten beschriebenen Beleuchtungsmodelle und Texturen hinzu. Hier ist es von enormer Wichtigkeit, die Objektoberflächen durch das Verfahren der Triangulierung darzustellen.

Die Schwierigkeiten, die bei der Beschreibung einzelner Objekte bestehen, treten erst recht bei zusammengesetzten Objekten auf. Soll beispielsweise ein Quader mit einem runden Loch in der Mitte konstruiert werden, so wird dies häufig durch zwei Objekte, z.B. ein Quader und ein in der Mitte liegender Zylinder, die durch eine boole'sche Operation voneinander subtrahiert werden, durchgeführt. Auch für das daraus entstehende neue Objekt ist eine Triangulierung zur Darstellung erforderlich.

Solid Modeling

In der Computergrafik wird das Konstruieren von Objekten unter dem Begriff *Solid Modeling* zusammengefasst (vgl. /Foley et al. 1990/ und /Watt 2002/). Eine detailliertere Beschreibung der verschiedenen Arten der Modellierung von Objekten würde den Rahmen dieses Buches aber bei weitem sprengen, so dass an dieser Stelle nur ein Fallbeispiel (3D-Baukasten) vorgestellt wird, mit dem es einfach und anschaulich möglich ist, Objekte zu konstruieren und abzuspeichern. In einem darauf aufbauenden Fallbeispiel (3D-Szeneneditor), welches im weiteren Verlauf dieses Kapitels noch beschrieben wird, können diese Objekte dann zu einer Szene zusammengefügt und mit unterschiedlichen *Rendering*-Verfahren dargestellt werden.

3D-Baukasten

Das hier präsentierte Fallbeispiel hat den Namen **3D-Baukasten** und ist ein Java-Programm, mit dem einfache Objekte bis hin zu selbst definierten Rotationskörpern konstruiert werden können. Nach dem Start des Programms erscheint die in Abb. 5.3-1 dargestellte grafische Benutzungsoberfläche.

Im linken Bereich des Programms befindet sich ein dreidimensionales Koordinatensystem, in dem die Eingaben für die einzelnen Objekte mit Hilfe der Maus vorgenommen werden können. Wird dieses Koordinatensystem mit der rechten Maustaste angeklickt, so kann es gedreht werden. Im rechten Teil der Benutzungsoberfläche wird der Verlauf der Konstruktion angezeigt. Dies geschieht, z.B. bei der Konstruktion eines Quaders, zunächst durch das Festlegen der Grundfläche und anschließend durch die Angabe der Höhe. Bei der ersten Eingabe wird in der linken Hälfte des Programms die Draufsicht (in diesem Fall die xz-Ebene) und bei der zweiten Eingabe automatisch die Vorderansicht (xy-Ebene) dargestellt.

Abb. 5.3-1: Startbildschirm des 3D-Baukastens

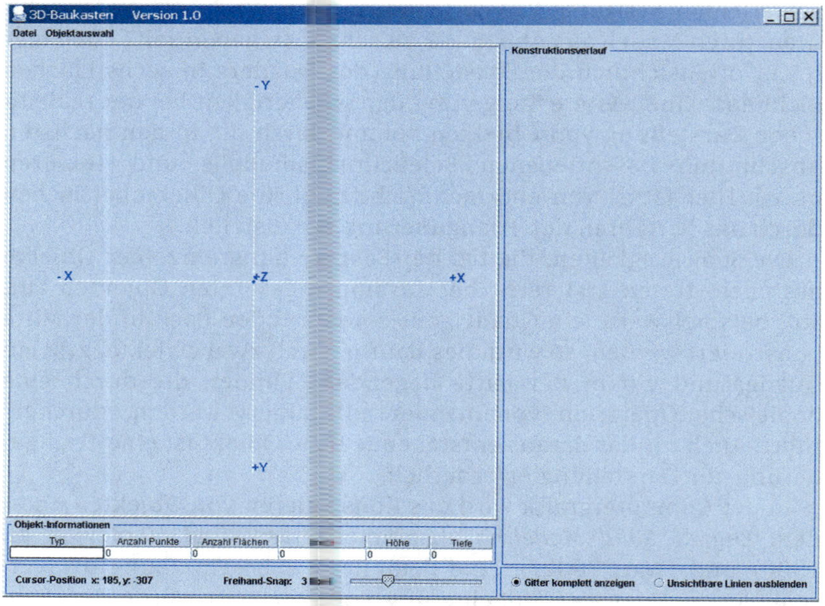

Grundobjekte

Im 3D-Baukasten steht eine Vielzahl von Grundobjekten und Rotationskörpern zur Verfügung, die aus einem Menü ausgewählt werden können. Bei den Grundobjekten sind neben einem Würfel und einem Quader u.a. auch noch Pyramide, Kegel und Zylinder vorhanden (vgl. Abb. 5.3-2). Die jeweiligen Konstruktionsvorschriften sind intuitiv nachvollziehbar und erleichtern die Erstellung der einzelnen Objekte sehr.

Abb. 5.3-2: Grundobjekte und Rotationskörper des 3D-Baukastens

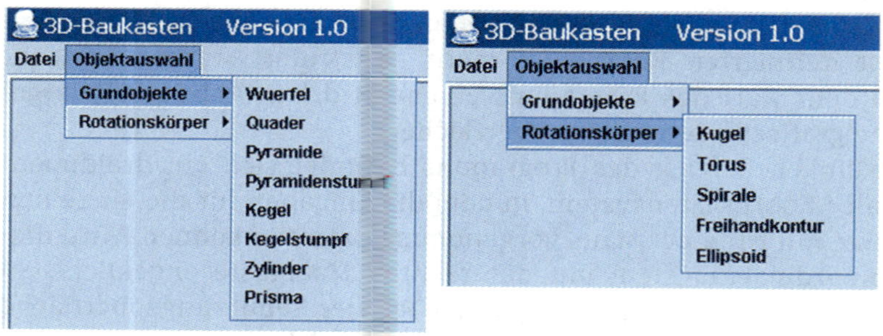

Rotationskörper

Rotationskörper sind Objekte, deren Querschnittsflächen Kreise sind. Die Radien dieser einzelnen Kreise werden über Funktionen ermittelt. Als so genannte Rotationskörper gelten Kugel, Torus und Spirale (vgl. Abb. 5.3-2). Ihr Aufbau wird vorzugsweise durch die Angabe der Schritte festgelegt, mit welchen z.B. der Querschnitt eines Torus um die Achse des Mittelpunktes gelegt werden soll.

Ein weiterer Rotationskörper ist die so genannte Freihandkontur, mit der der Benutzer durch die Eingabe einer selbst definierten Kontur das Aussehen des Rotationskörpers festlegt. In Abb. 5.3-3 ist die Definition einer Freihandkontur dargestellt. Dabei wird im ersten Bild die Kontur durch das Zeichnen des Umrisses an der y-Achse festgelegt. Im zweiten Bild wird die Anzahl der Rotationsschritte angegeben und im letzten Bild ist die Vorderansicht des so definierten Objekts zu erkennen.

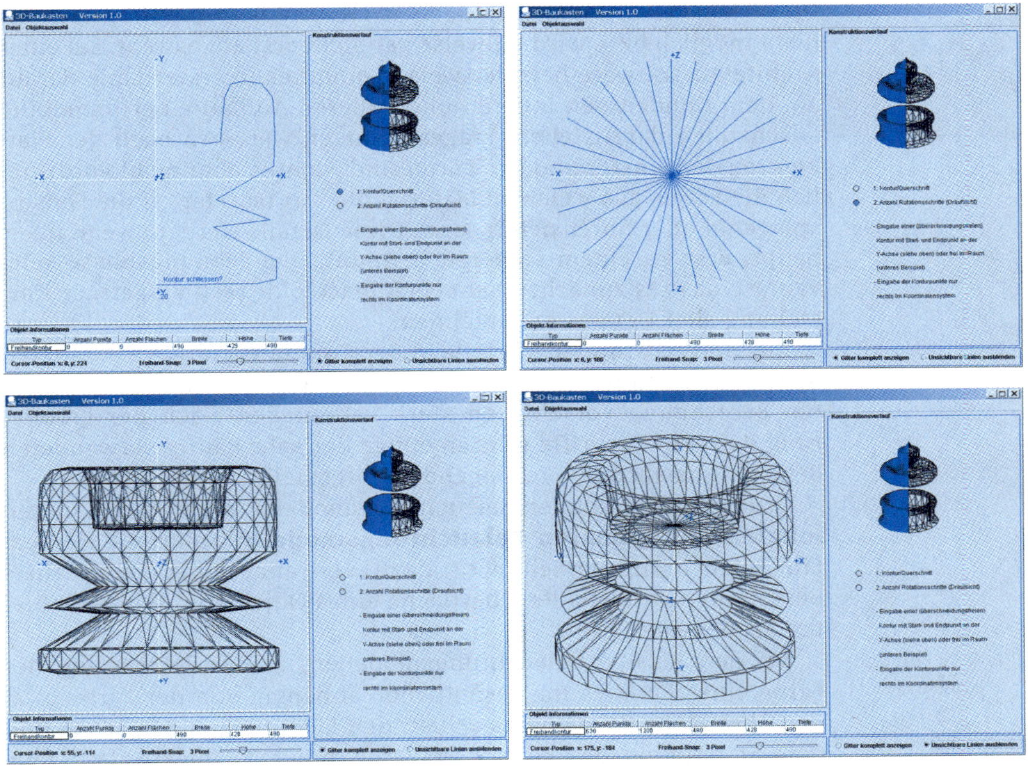

Abb. 5.3-3: Definition eines frei erstellten Objekts

Bei allen auf diese Art und Weise definierten 3D-Objekten erfolgt eine Triangulierung, wie im Fall der Kugel aus Abb. 5.1-1, wobei der Benutzer die Auflösung der Oberfläche in Dreiecke teilweise selber bestimmen kann. Die so konstruierten Objekte können in einer Datei abgespeichert werden.

Mit dem hier vorgestellten 3D-Baukasten können in einer intuitiven Vorgehensweise einfache Objekte erzeugt werden. Das in Java geschriebene Programm befindet sich auch auf der beiliegenden CD-ROM.

5.4 Beleuchtungsmodelle

In der Computergrafik ist in den letzten Jahrzehnten sehr viel Forschungsleistung in die Entwicklung realitätsnaher Beleuchtungsmodelle geflossen. Wie bereits in Kapitel 1 ausführlich beschrieben, ist Licht eine sehr komplexe physikalische Erscheinung, die bei der Darstellung von realistischen Szenen im Computer nur simuliert bzw. angenähert werden kann.

Eine präzise und vollständige Berücksichtigung der Gesetze der Optik ist aus Gründen der Rechenzeit in der Computergrafik oft nicht möglich bzw. wird teilweise gar nicht erst angestrebt. Bei einer Architektursoftware beispielsweise kommt es in erster Linie darauf an, dem Kunden den inneren und äußeren Aufbau einer Immobilie anschaulich darzustellen. Fragestellungen wie etwa nach der Platzierung der Fenster und der Türen sind wichtig, aber nicht vordringlich die Frage, aus welchem Material die Tür ist oder ob die Fenster spiegelnd oder durchsichtig sind. Diese Details werden, wenn überhaupt, erst zu einem späteren Zeitpunkt der Planungsphase relevant, so dass es zunächst nicht wichtig ist, eine realitätsgetreue Darstellung aller Details zu berechnen.

Aus diesen Gründen sind die in der Computergrafik verwendeten Beleuchtungsmodelle oftmals gegenüber den physikalisch korrekten Berechnungsvorschriften stark vereinfacht. Nach der Erläuterung der Grundbegriffe werden einige der sehr häufig verwendeten Beleuchtungsmodelle im Folgenden vorgestellt.

Grundsätzlich können Beleuchtungsmodelle in die so genannten **lokalen** und **globalen Beleuchtungsmodelle** unterteilt werden. Ein Beleuchtungsmodell wird dazu verwendet, die Farbe eines bestimmten Punktes der Oberfläche eines Objekts in der betrachteten Szene festzulegen.

Lokale Beleuchtungsmodelle

Bei den lokalen Beleuchtungsmodellen ist die Berechnung der Farbe eines Punktes im Wesentlichen abhängig von der Farbe bzw. der Oberfläche des Objekts selbst, den Lichtquellen der Szene und dem Standpunkt des Betrachters. Alle anderen Objekte der Szene haben keinen Einfluss auf die Berechnung.

Die lokalen Beleuchtungsmodelle sind einfache Modelle, in denen eine Szene in sehr kurzer Zeit dargestellt werden kann, wobei die Qualität der Darstellung bei weitem nicht als fotorealistisch bezeichnet werden kann.

Das wohl einfachste lokale Beleuchtungsmodell ist die ambiente Beleuchtung. Hier wird davon ausgegangen, dass jedes Objekt eine gewisse Lichtmenge besitzt, die es ausstrahlt. In diesem Modell werden keine anderen Lichtquellen benötigt.

Bei der diffusen Reflexion wird das auf die Objektoberfläche einfallende Licht einer Lichtquelle mit berücksichtigt und es ergibt sich eine matte, von allen Seiten her betrachtet gleiche Helligkeit der Objekte. Die Helligkeit eines Objekts variiert vom Abstand des Objekts zur Lichtquelle und der Richtung, in der die Lichtquelle strahlt. Die Lichtstrahlen, die von der Lichtquelle ausgesendet werden, werden von den Objekten ideal reflektiert, d.h. es geht kein Licht verloren und die Lichtstrahlen reflektieren gleichmäßig in alle Richtungen.

Die spekulare Reflexion, als drittes Beispiel für ein lokales Beleuchtungsmodell, berücksichtigt zusätzlich zur diffusen Reflexion noch die Materialeigenschaften des Objekts und den Standpunkt des Betrachters. Treffen nämlich die Richtung der Betrachtung und die Lichtstrahlen der Lichtquelle aufeinander, so entstehen Glanzlichter auf der Oberfläche des Objekts, die nicht die Materialfarbe spiegeln, sondern die Farbe der Lichtquelle. Solche dann auf einem Objekt glänzend erscheinenden Stellen, die auch als *Highlights* bezeichnet werden, reflektieren die Lichtstrahlen nicht mehr gleichmäßig in alle Richtungen, sondern spiegeln sie nach den Gesetzen der Reflexion (vgl. Kap. 1.1).

Globale Beleuchtungsmodelle

In einem globalen Beleuchtungsmodell kommt zu den Eigenschaften der gerade beschriebenen lokalen Beleuchtungsmodelle noch hinzu, dass die Farbe des Objektpunktes nun auch von allen anderen Objekten der Szene beeinflusst werden kann.

Diese Beschreibung deutet an, dass die Berechnung einer Szene in einem globalen Beleuchtungsmodell extrem aufwendig ist. Die Berücksichtigung aller anderen Objekte zur Berechnung der Helligkeit eines einzelnen Objektpunktes führt aber auch dazu, dass eine solche Szene als fotorealistisch bezeichnet werden kann. Ein weiterer Indikator für die sehr gute Qualität, die mit globalen Beleuchtungsmodellen erzielt wird, ist die Berücksichtigung des Schattenwurfs von Objekten, die mit den lokalen Beleuchtungsmodellen nicht dargestellt werden kann.

Beispiele für globale Beleuchtungsmodelle, in denen der Einfluss aller Objekte auf die Beleuchtung einer Szene betrachtet wird, sind das Strahlverfolgungsverfahren (*Ray Tracing*) und das Lichtenergiekalkül (*Radiosity*). Diese werden in Kap. 6 beschrieben.

Lichtquellen

Um eine Szene möglichst realitätsnah darzustellen, ist eine gewisse Anzahl von Lichtquellen erforderlich. Lichtquellen in der Computergrafik simulieren die physikalischen Lichtquellen, wie etwa die Sonne oder eine Kerze. Sie unterscheiden sich durch die Stärke und die Farbe des ausgestrahlten Lichts. In einer darzustellenden Szene spielt aber auch die Position und die Geometrie der Lichtquelle eine entscheidende Rolle. Grundsätzlich werden Lichtquellen in direkte und indirekte Lichtquellen unterteilt.

Ambientes Licht

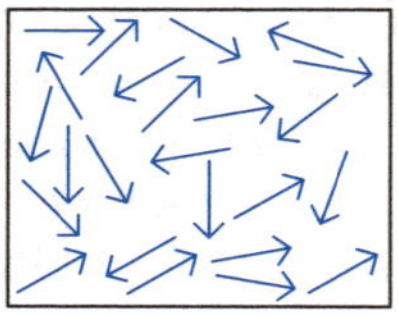

Als indirekte Lichtquelle kann das im obigen Beispiel beschriebene **ambiente Licht** gelten. Dieses in der Natur nicht auftretende Licht, welches einem Objekt eine eigene Helligkeit gibt und es sozusagen zum Strahlen bringt, sorgt in der Computergrafik dafür, dass eine Szene auch dann betrachtet werden kann, wenn keine anderen Lichtquellen vorhanden sind. Mit Hilfe des ambienten Lichts wird die Grundhelligkeit einer Szene festgelegt. Aus diesem Grund wird ambientes Licht auch oft als Umgebungs- oder Streulicht bezeichnet.

Punktlicht

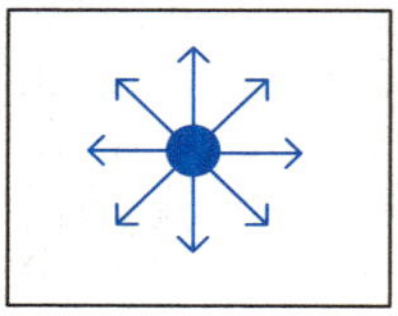

Punktlicht ist ein Beispiel für eine direkte Lichtquelle. Das Licht einer Punktlichtquelle strahlt gleichmäßig in alle Richtungen und die Intensität der Lichtstrahlung nimmt mit zunehmender Entfernung ab.

Beispiel Eine einfache Glühbirne ist ein Beispiel für eine Punktlichtquelle.

Gerichtetes Licht

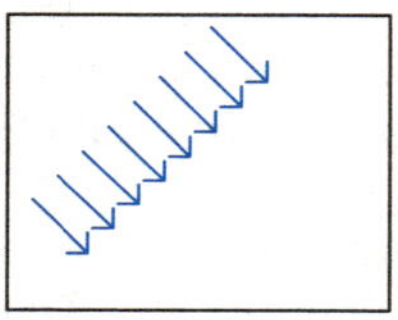

Gerichtetes Licht wird von einer weit entfernt liegenden Punktlichtquelle ausgesendet. Die Lichtstrahlen einer solchen Lichtquelle verlaufen beinahe parallel und haben im Gegensatz zur Punktlichtquelle eine immer gleichbleibende Intensität.

Beispiel Die Sonne ist ein Beispiel für eine Punktlichtquelle, die aber so weit entfernt ist, dass ihre Strahlen annähernd parallel auf der Erdoberfläche eintreffen.

Flächenlicht

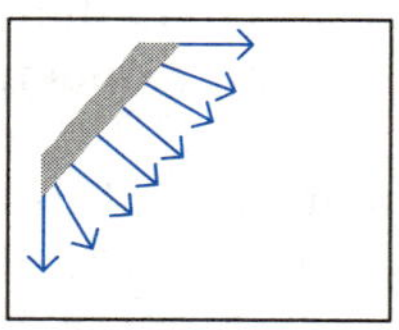

Beim **Flächenlicht** wird eine Fläche als direkte Lichtquelle betrachtet, von der ausgehend diffuses Licht ausgestrahlt wird. Auch hier muss der Abstand der Lichtquelle zu einem Objekt in die Intensitätsberechnung mit einbezogen werden.

Beispiel Flächenlichtquellen, wie etwa eine Neonröhre in einem Büroraum, werden hauptsächlich beim globalen Beleuchtungsverfahren *Radiosity* eingesetzt (vgl. Kap. [illegible]).

Spotlicht

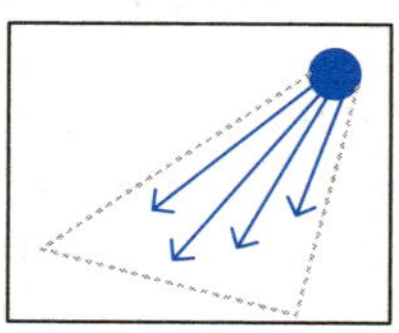

Eine punktförmige Lichtquelle, die das Licht innerhalb eines begrenzten Winkels abstrahlt, wird als **Spotlicht** bezeichnet. Ein Spotlicht ist ebenfalls ein Beispiel für eine direkte Lichtquelle.

Beispiel

Spotlichter können zur Simulation von Scheinwerfern und Strahlern in Szenen eingesetzt werden. Die Intensität der Strahlung nimmt zu den Rändern des Begrenzungswinkels ab.

Schattierungsverfahren

Nicht zu verwechseln mit den Beleuchtungsmodellen sind die so genannten Schattierungsverfahren. In diesen Verfahren wird festgelegt, wann und wie ein Beleuchtungsmodell angewendet wird.

Als Beispiele für Schattierungsverfahren werden im nächsten Kapitel *Flat*-, Phong- und Gouraud-*Shading* betrachtet (vgl. Kap. 5.5).

Reflexionsmodelle

Neben den Beleuchtungsmodellen, in denen beschrieben wird, von welchen Quellen das Licht ausgesendet wird, gibt es auch die so genannten **Reflexionsmodelle**. Mit Hilfe dieser Modelle wird beschrieben, wie das Licht von Objekten, von denen keine Lichtstrahlen in einer Szene ausgehen, reflektiert wird.

Grundsätzlich wird bei den Reflexionsmodellen davon ausgegangen, dass ein Lichtstrahl auf die Oberfläche eines Objekts trifft und von dort aus in Abhängigkeit der Oberflächeneigenschaften des Objekts reflektiert wird.

Beispiel

Dass die Reflexionsmodelle zur besseren Simulation der Lichtverhältnisse in einer Szene unbedingt benötigt werden, kann an folgendem Beispiel leicht nachvollzogen werden: In einer Küche wird die Arbeitsplatte durch ein Spotlicht, welches in einem Hängeschrank darüber angebracht ist, angeleuchtet. Dieses leuchtet die Arbeitsplatte in einem begrenzten Winkel, wie oben beschrieben wurde, aus. Stehen außerhalb dieses Winkels aber noch Gegenstände, wie z.B. Tassen und Teller, auf der Arbeitsplatte, so sind diese sichtbar, obwohl sie nicht im direkten Einfluss des Spotlichts stehen. Dies liegt daran, dass von der Arbeitsplatte die Lichtstrahlen des Spotlichts auf die Gegenstände reflektiert werden und diese selbst wieder eine Reflexionseigenschaft haben, die die Lichtstrahlen weiterleitet.

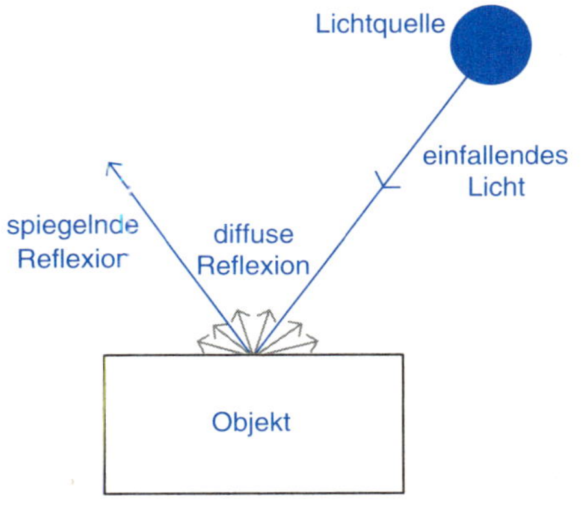

Abb. 5.4-1: Reflexionsmodelle

Diffuse Reflexion

Bei der **diffusen Reflexion** wird das Licht in alle Richtungen gleichmäßig mit konstanter Intensität reflektiert (vgl. Abb. 5.4-1). Dieses Modell entspricht in der Realität einer matten Objektoberfläche, die von allen Seiten her betrachtet die gleiche Oberflächenfarbe besitzt.

Die diffuse Reflexion wird häufig auch als Lambert-Reflexion bezeichnet, da die Helligkeit eines Punktes nur vom Winkel zwischen der Oberflächennormalen und der Richtung zur Lichtquelle abhängt und die Intensität des abgestrahlten Lichts mit dem Lambert'schen-Gesetz berechnet wird (vgl. /Foley et al. 1990/ und /Watt 2002/).

Spiegelnde Reflexion

Wird eine Oberfläche z.B. durch ein nahe stehendes Spotlicht beleuchtet, so fällt auf, dass ein gewisser Glanz auf dieser Oberfläche entsteht. Dieser Glanz entsteht durch die so genannte **spiegelnde Reflexion**, bei der berücksichtigt wird, dass ein großer Teil des einfallenden Lichts in einem bestimmten Winkel nahezu vollständig von der Oberfläche reflektiert wird (vgl. Abb. 5.4-1). Auf der Oberfläche erscheint dann ein heller Punkt (*Highlight*), der annähernd die Farbe der Lichtquelle annimmt. Bewegt sich der Betrachter, so bewegt sich der helle Punkt auf der Oberfläche ebenfalls.

Eine spiegelnde Reflexion wird nach dem so genannten Phong-Reflexionsmodell (vgl. /Foley et al. 1990/ und /Watt 2002/) berechnet. Dieses Modell berücksichtigt die Materialeigenschaft, den Normalenvektor der Oberfläche, den Betrachterstandpunkt und die Lichtquelle und liefert in der Computergrafik sehr realitätsnahe Ergebnisse.

3D-Baukasten Spezielles Java-Programm dieses Buches, mit dem einzelne 3D-Objekte erstellt und abgespeichert werden können.

Ambientes Licht Unter ambientem Licht wird die Eigenhelligkeit von Objekten oder das gleichmäßige Umgebungslicht, welches z.B. durch Staub in der Atmosphäre entsteht, verstanden. Ambientes Licht hat keine bestimmte Richtung.

Bitmap-Modus Bildpunkte werden in diesem Modus entweder Schwarz oder Weiß dargestellt, so dass zur Speicherung eines Bildes 1 Bit pro Bildpunkt ausreicht.

CMYK-Modell Dieses Farbmodell wird vorwiegend beim Druckprozess eingesetzt. Ausgehend von einem weißen Blatt werden die drei Farben *Cyan* (Blau/Grün), *Magenta* (Violett) und *Yellow* (Gelb) aufeinander gedruckt. Das Mischen von *Cyan* und *Magenta* ergibt Blau, *Cyan* und *Yellow* ergeben Grün und *Magenta* und *Yellow* ergeben Rot. Werden *Cyan*, *Magenta* und *Yellow* gleichzeitig gemischt, so entsteht Schwarz. Dieses Schwarz ist aber i. d.R. nicht satt genug, so dass in der Praxis die Zusatzfarbe Schwarz verwendet wird. Diese wird dann als Schlüsselfarbe (*Key*) bezeichnet.

Diffuse Reflexion In der Realität besitzen die meisten Objekte eine rauhe und keine ideal spiegelnde Oberfläche, so dass einfallende Lichtstrahlen nicht nur in eine einzige, sondern in viele unterschiedliche Richtungen reflektiert werden. Dies wird als diffuse Reflexion bezeichnet.

Drahtmodell (*wireframe model*) Repräsentation der Oberfläche eines Objekts, bei der entweder die einzelnen Eckpunkte durch Linien oder die

Krümmung der Oberflächen durch Kurven dargestellt wird.

Flächenlicht Strahlt eine begrenzte Fläche Licht ab, so wird dies als Flächenlicht bezeichnet. Die Intensität dieses Lichts nimmt mit zunehmender Entfernung ab.

Gerichtetes Licht Die parallel einfallenden Lichtstrahlen einer unendlich weit entfernten Lichtquelle werden als gerichtetes Licht bezeichnet.

Globales Beleuchtungsmodell In globalen Beleuchtungsmodellen werden im Gegensatz zu →lokalen Beleuchtungsmodellen die Interaktionen bzgl. des Lichteinfalls aller Objekte einer Szene berücksichtigt.

Graustufen Graustufen geben die Helligkeitsunterschiede zwischen Schwarz und Weiß an.

HLS-Modell Modell, welches eine Farbe durch die Parameter Farbton (*Hue*), Helligkeit (*Lightness*) und Sättigung (*Saturation*) darstellt.

HSV-Modell Modell, welches eine Farbe durch die Parameter Farbton (*Hue*), Sättigung (*Saturation*) und Helligkeitswert (*Value*) darstellt. Dieses Modell entspricht der menschlichen Wahrnehmung von Farbe.

Lokales Beleuchtungsmodell In einem lokalen Beleuchtungsmodell werden nur die Interaktionen von Oberflächen zu den Lichtquellen berücksichtigt. Im Gegensatz zu →globalen Beleuchtungsmodellen werden keine Interaktionen der Oberflächen untereinander betrachtet.

Punktlicht Eine Punktlichtquelle versendet die Lichtstrahlen gleichmäßig in alle Richtungen. Die Intensität eines Punktlichts nimmt mit größer werdender Entfernung ab.

Reflexionsmodell Ein Reflexionsmodell beschreibt in welcher Art und Weise die auf ein Objekt einfallenden Lichtstrahlen zurückgeworfen werden. Beispiele für solche Modelle sind die →diffuse Reflexion und die →spiegelnde Reflexion.

RGB-Modell Farbmodell, welches der Farbdarstellung auf Monitoren entspricht. Jede Farbe setzt sich dabei aus der Kombination verschiedener Intensitäten der Primärfarben Rot, Grün und Blau zusammen.

Schwarz-Weiss-Modell Siehe →*Bitmap*-Modus.

Rendering Unter dem englischen Begriff *Rendering* versteht man in der Computergrafik das Erzeugen von Bildern aus vorgegebenen Modellen.

Spiegelnde Reflexion Objekte, die eine ideal spiegelnde Oberfläche besitzen, reflektieren einfallende Lichtstrahlen in genau eine Richtung. Dies wird als spiegelnde Reflexion bezeichnet.

Spotlicht Ein Spotlicht sendet die Lichtstrahlen kegelförmig und damit in einer begrenzten Umgebung aus. Die Intensität eines Spotlichts nimmt mit zunehmender Entfernung ab.

Triangulierung Aufteilung der Oberfläche eines Objekts in ein Netz aus Dreiecken, welches wie eine Haut über die Oberfläche gespannt wird.

Der Prozess der Erzeugung von möglichst fotorealistischen Bildern heißt in der Computergrafik *Rendering*. Dazu werden aus den einzelnen Drahtmodellen der Objekte einer Szene durch Triangulierung viele kleine Dreiecke erzeugt, die die Oberfläche der Objekte wie eine Haut überziehen und anschließend dargestellt werden. Diese Darstellung geschieht durch das Ausfüllen der Dreiecke mit einer entsprechenden Farbe.

Es gibt verschiedene Farbmodelle, angefangen beim Schwarz-Weiß-Modell (*Bitmap*-Modus) über das Graustufen-Modell bis hin zu den echten Farbmodellen, dem RGB-, dem CMYK-, dem HSV- und dem HLS-Modell. Während das RGB-Modell und das CMYK-Farbmodell der

Physik von Monitoren bzw. Druckern entsprechen, beschreiben das HSV- und das HLS-Modell eher das Farbempfinden von Menschen.

Die Erzeugung von einzelnen Objekten und deren Triangulierung wird durch das Fallbeispiel 3D-Baukausten, ein Java-Programm, welches auf der beiliegenden CD-ROM zu finden ist, unterstützt.

Realitätsnahe Bilder können erst dann dargestellt werden, wenn in einer Szene eine adäquate Beleuchtung herrscht. Dazu dienen lokale und globale Beleuchtungsmodelle. Zu den lokalen Modellen, die nur die Interaktion eines Objekts mit einer Lichtquelle berücksichtigen, gehören die ambiente, diffuse und spekulare Beleuchtung. Globale Beleuchtungsmodelle sind komplexer, weil sie auch die Auswirkung der Objekte untereinander berücksichtigen.

Ambientes Licht wird als indirekte Lichtquelle bezeichnet. Es beschreibt eine Art Umgebungslicht bzw. die Leuchtkraft eines einzelnen Objekts. Zu den direkten Lichtquellen gehören Punktlicht, gerichtetes Licht, Flächenlicht und Spotlicht.

Ein Reflexionsmodell simuliert die Reflexion des auf ein Objekt einfallenden Lichts. Grundsätzlich wird zwischen diffuser und spiegelnder Reflexion unterschieden.

/Foley et al. 1990/
Foley J., van Dam A., Feiner S., Hughes J., *Computer Graphics – Principles and Practise, 2nd Edition*, Addison-Wesley 1990, 1175 Seiten
/Watt 2002/
Watt Alan, *3D-Computergrafik*, Addison-Wesley 2002, 610 Seiten

Muss-Aufgabe
Zeit 5 Min

1 Lernziel: *Den Prozess des Rendering verstehen.*
Geben Sie die Vor- und Nachteile der Triangulierung von Objekten für den Prozess des *Rendering* an.

Muss-Aufgabe
Zeit 10 Min

2 Lernziel: *Umrechnungen zwischen den Farbmodellen durchführen können.*
Schauen Sie sich die nachfolgenden Beschreibungen von Farben in den verschiedenen Farbmodellen an. Versuchen Sie aufgrund dieser Angaben die Farbe verbal zu beschreiben. Überprüfen Sie anschließend Ihre Vermutung, indem Sie die Werte in die Programme der Abb. 5.2-7 oder 5.2-8 eingeben.
a RGB-Modell: [128, 255, 0], [255, 150, 255] und [128, 0, 128]
b CMYK-Modell: [127, 0, 255], [128, 255, 255] und [200, 100, 0]
c HSV-Modell: [0.24, 1.0, 1.0], [1.0, 0.0, 0.6] und [0.5, 0.5, 0.0]

Kann-Aufgabe
Zeit 10 Min

3 Lernziel: *Die Unterschiede zwischen RGB- und CYMK-Farbmodell verstehen.*
Sie halten einen Vortrag und nutzen dazu einen Datenprojektor. Der Monitor Ihres PCs zeigt ein völlig normales Bild. Das durch

den Datenprojektor projizierte Bild aber hat einen starken Grünstich. Was vermuten Sie könnte die Ursache dafür sein?
Während Ihres Vortrags wollen Sie ein Bild für einen interessierten Zuhörer ausdrucken. Sie haben zufälligerweise einen Tintenstrahldrucker dabei, dessen Patronen bis auf die Patrone für die Farbe Gelb alle voll sind. Welche Farben können Sie noch korrekt darstellen?

4 Lernziel: *Den 3D-Baukasten kennen lernen.*
Machen Sie sich mit dem Java-Programm 3D-Baukasten vertraut, erzeugen Sie einige Objekte und speichern Sie diese ab.

Muss-Aufgabe
Zeit 15 Min

5 Lernziel: *Beleuchtungsmodelle verstehen.*
Geben Sie jeweils drei Materialien an, von denen Sie glauben, dass sie gut diffus bzw. spiegelnd reflektieren.

Muss-Aufgabe
Zeit 10 Min

5 Grundlagen – *Rendering* (Teil 2)

- Wissen, welche Bedeutung Schattierungsverfahren haben. — wissen
- Wissen, wie *Flat*-, Gouraud- und Phong-*Shading* prinzipiell ablaufen.
- Wissen, was Texturen sind.
- Die Unterschiede zwischen *Flat*-, Gouraud- und Phong-*Shading* kennen. — verstehen
- Das Prinzip des *Texture Mapping* verstehen.
- Verstehen, wie Schatten in den lokalen Beleuchtungsmodellen erzeugt werden können.
- Modellierung von Szenen mit dem 3D-Szeneneditor durchführen können. — anwenden
- Schattierungsverfahren mit dem 3D-Szeneneditor anwenden können.

- Die Kapitel 5.1 bis 5.4 müssen durchgearbeitet sein.

5.5 Schattierungsverfahren

In den im letzten Abschnitt vorgestellten Beleuchtungsmodellen wurde beschrieben, wie die Lichtstrahlen an einer Stelle der Objektoberfläche reflektieren. Die Berechnung der Farbwerte auf der gesamten Oberfläche wird mit Hilfe so genannter **Schattierungsverfahren** durchgeführt. Ein Objekt wird dazu, wie bereits erwähnt, in Dreiecke aufgeteilt. Je kleiner die für die Aufteilung verwendeten Dreiecke sind, desto exakter können die Oberfläche eines Objekts angenähert und die Beleuchtungseffekte realitätsnah dargestellt werden. Die für diese Beleuchtungseffekte am häufigsten verwendeten Schattierungsverfahren werden in diesem Abschnitt vorgestellt.

5.5.1 Flat-*Shading*

Konstante Schattierung

Das wohl einfachste Verfahren zur Berechnung der Farbwerte für die Oberfläche eines Objekts ist das so genannte ***Flat-Shading***, welches auch als konstante Schattierung bezeichnet wird.

Beim *Flat-Shading* erhält ein einzelnes Dreieck nur einen einzigen Farbwert. Dieser Farbwert ergibt sich aus dem Mittelwert der drei Farbwerte an den Eckpunkten des Dreiecks. Um diesen zu berechnen sind, wie in Kapitel 5.3 beschrieben, die jeweiligen Normalenvektoren an den Eckpunkten des Dreiecks erforderlich. Der so gemittelte Farbwert ist dann für das gesamte Dreieck zu verwenden (vgl. Abb. 5.5-1).

Die Berechnung der Punkte und das Füllen mit dem Farbwert kann mit Hilfe des in Kapitel 4.3-6 vorgestellten *Scan-Line*-Algorithmus durchgeführt werden.

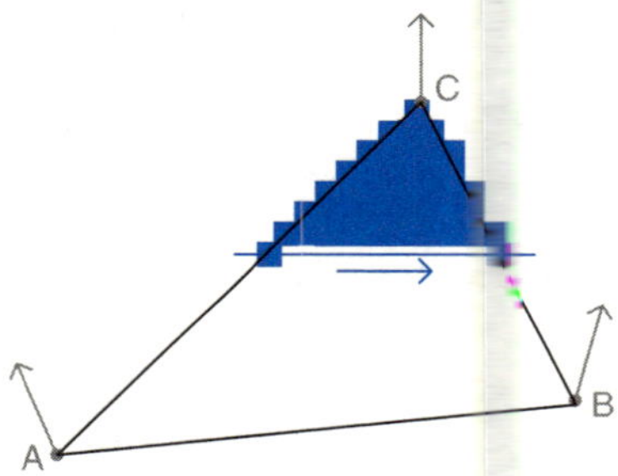

Abb. 5.5-1: Prinzip des Flat-Shading

Der Vorteil dieser Art der Schattierung liegt eindeutig in der Schnelligkeit der Berechnung. Allerdings ergeben sich durch die Verwendung von nur einer Farbe pro Dreieck auch gravierende Qualitätseinbußen. Zwischen den einzelnen Dreiecken erscheinen Kanten mit starken Unterschieden in der Helligkeit. Da solche Unterschiede vom menschlichen Auge verstärkt wahrgenommen werden (vgl. Kap. 1.2), entstehen keine glatten Flächen. Dieser Effekt wird auch als **Mach-Band-Effekt** bezeichnet und ist in Abb. 5.5-2 dargestellt. In dieser Abb. sind deutlich die Grenzen der Dreiecke zu erkennen, obwohl sich die Farben der einzelnen Dreiecke nur minimal unterscheiden.

Zusätzlich zum Mach-Band-Effekt erscheint die Oberfläche eines Objekts beim *Flat-Shading* matt und ohne Kontur, da bei diesem Verfahren Lichtreflexe, Transparenz und auch Schatten unberücksichtigt bleiben.

Diese negativen Effekte des *Flat-Shading* können vermieden werden, wenn die Anzahl der Dreiecke erhöht wird. Die daraus resultierende deutliche Steigerung der Rechenzeit steht allerdings nicht im Verhältnis zur gewonnenen Bildqualität.

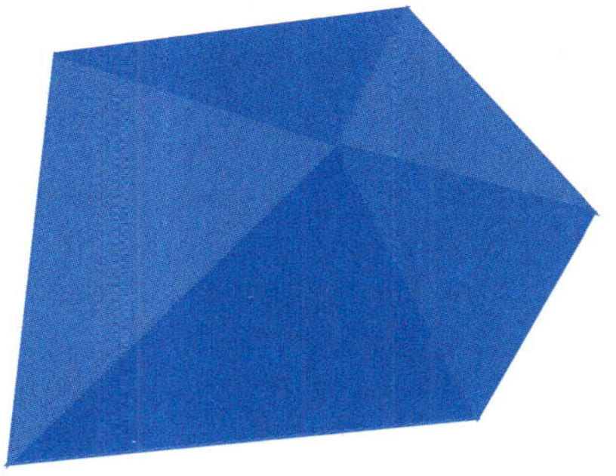

Abb. 5.5-2: Demonstration des Mach-Band-Effekts

Beispiel

In Abb. 5.5-3 sind zwei Bilder zu sehen, die mit diesem Verfahren erzeugt wurden. Deutlich zu erkennen sind die Mach-Band-Effekte.

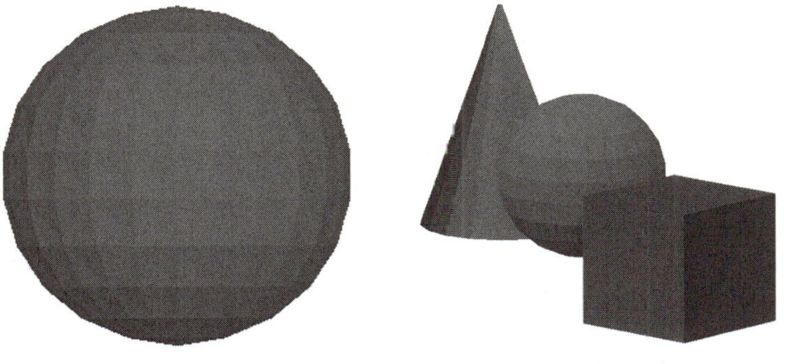

Abb. 5.5-3: Objektbeispiele, die mit Flat-Shading schattiert wurden

Obwohl die Bildqualität des *Flat-Shading* nicht als fotorealistisch bezeichnet werden kann, wird dieses Verfahren in der Praxis durchaus häufig angewendet. Wann immer eine Szene schnell erstellt werden muss und es zunächst nur auf die Übermittlung eines räumlichen Eindrucks ankommt, ist das *Flat-Shading* sicherlich den übrigen Schattierungsverfahren vorzuziehen. Ein Beispiel für diese Art des Einsatzes ist die dreidimensionale Konstruktion von Bauteilen in der Industrie. Hier kommen häufig Werkzeuge zum Einsatz, mit denen die Bauelemente dreidimensional und konstant schattiert dargestellt werden, damit sie z.B. in Echtzeit drehbar sind. Ein Beispiel für ein solches Werkzeug wird in Kapitel 11.5 vorgestellt.

5.5.2 Gouraud-*Shading*

Beim so genannten **Gouraud-*Shading***, welches nach seinem Erfinder Henri Gouraud benannt wurde, werden zunächst die Farbwerte in den Eckpunkten eines Dreiecks berechnet und dann innerhalb der Fläche des Dreiecks linear interpoliert, so dass ein Farbverlauf entsteht.

Bei der Durchführung des Verfahrens sind die Normalenvektoren in den Eckpunkten des Dreiecks zu berücksichtigen. Insbesondere bei gekrümmten Flächen müssen diese durch die Bildung des Mittelwerts aus den Normalen der angrenzenden Flächen berechnet werden. Abb. 5.5-4 skizziert die Berechnung, wobei die blauen Pfeile jeweils die beiden Normalen der aneinander grenzenden Flächen angeben. Der graue Pfeil symbolisiert die daraus errechnete Normale des Mittelwerts.

Sind die Farbwerte und die Normalen an den Eckpunkten ermittelt, so kann das Ausfüllen des Dreiecks wieder mit dem *Scan-Line*-Algorithmus (vgl. Kap. 4.3.6) durchgeführt werden. Hierbei ist zu beachten, dass im Gegensatz zum *Flat-Shading* nun in jedem Punkt der Dreiecksfläche ein neuer Farbwert interpoliert werden muss. Beim *Flat-Shading* ist dies für alle Punkte nur ein einziges Mal durchzuführen.

Abb. 5.5-4: Berechnung der Normalen beim Gouraud-Shading

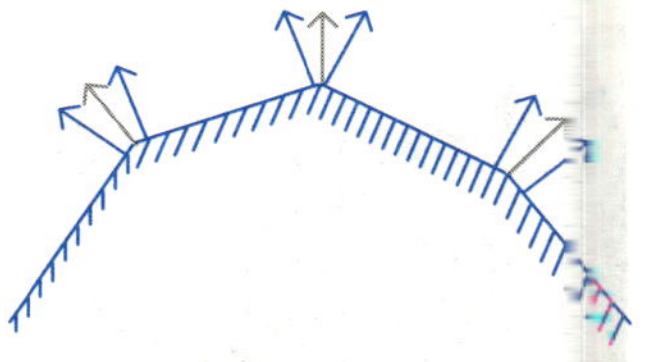

Als Schattierungsverfahren wird das Gouraud-*Shading* bereits seit 1971 eingesetzt. Der prinzipielle Ablauf des Verfahrens ist in Abb. 5.5-5 dargestellt. In dieser Abb. ist zu erkennen, dass die Farbwerte der Eckpunkte auf den Linien des Dreiecks interpoliert werden. Zusätzlich werden die Farbwerte auch auf der *Scan*-Geraden interpoliert, so dass durch diese bilineare Interpolation ein gleichmäßiger Farbverlauf entsteht.

Abb. 5.5-5: Schematischer Ablauf des Gouraud-Shading

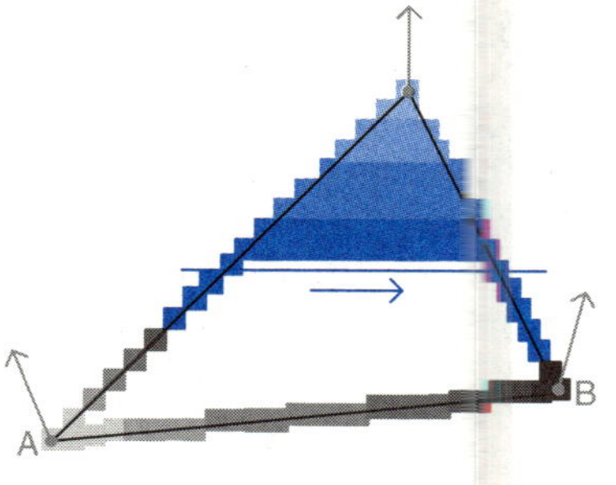

Aus der obigen Beschreibung wird sofort klar, dass es sich beim Gouraud-*Shading* um eine Verbesserung des *Flat-Shadings* handelt. Dies wird auf Kosten einer Erhöhung der Rechenzeit, die für die

Schattierung aufgewendet werden muss, erreicht. Durch die Berechnung der Normalen und des Farbverlaufs zwischen den Eckpunkten des Dreiecks verringern sich die harten Kontraste zwischen den Dreiecken und es ergeben sich weichere Kantenverläufe, so dass auch eine Objektkrümmung angedeutet wird.

Für Objekte, bei denen ein harter Kontrast zwischen den Polygonkanten erwünscht ist, würde dieses Verfahren zu einer Verschlechterung der Darstellung führen. Für solche Objekte muss dann die Mittelwertbestimmung der Normalen entfallen.

Auch die Berechnung von Glanzlichtern (*Highlights*) auf Objekten wird durch das Gouraud-*Shading* aufgrund der Aufteilung der Oberfläche in Dreiecke nicht richtig dargestellt. Die Aufteilung einer gekrümmten Oberfläche in Dreiecke und die Berechnung der Normalen an den Eckpunkten dieser Dreiecke lässt die tatsächliche Krümmung eines Objekts unberücksichtigt. Dadurch können Fehler bei der Berechnung der spekularen Reflexion auftreten, die dazu führen, dass ein Glanzlicht auf einem Objekt gar nicht oder nur verzerrt dargestellt wird. Durch die Erhöhung der Anzahl der Dreiecke kann dieser Effekt zwar gemindert werden, was aber wiederum zu einer Erhöhung der Rechenzeit führt.

Beispiel

Abb. 5.5-6 zeigt die Szenen aus Abb. 5.5-3, die nun mit dem Gouraud-*Shading* erzeugt wurden. Es ist eine deutliche Qualitätsverbesserung gegenüber dem *Flat-Shading* zu erkennen, wobei den Objekten aber jegliche Glanzlichter fehlen und die Oberflächen matt erscheinen.

Abb. 5.5-6: Objektbeispiele, die mit Gouraud-Shading schattiert wurden

5.5.3 Phong-*Shading*

Die dritte Art der Berechnung einer Schattierung stellt das **Phong-*Shading*** dar. Dieses Verfahren arbeitet ähnlich wie das Gouraud-*Shading*. Hinzu kommt allerdings, dass beim Phong-*Shading* in jedem Punkt die Normale berechnet wird.

Dies hat zur Folge, dass trotz der Aufteilung einer Oberfläche eines Objekts in Dreiecke der ursprüngliche Verlauf dieser Oberfläche simuliert wird, was zu weicheren Farbverläufen und zur richtigen Darstellung von Glanzlichtern führt. Abb. 5.5-7 skizziert das Prinzip dieses Verfahrens. Die schwarze Linie stellt den Verlauf der Oberfläche eines Objekts dar, die blaue Linie die Annäherung durch die Aufteilung in Dreiecke und die grauen Pfeile deuten die Approximation dieses Verlaufs durch die Interpolation der Normalenvektoren an.

Abb. 5.5-7: Schematischer Ablauf des Phong-Shading

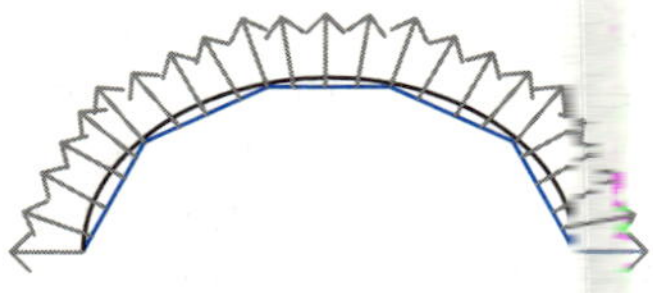

Ein mit Phong-*Shading* berechnetes Bild wirkt sehr realitätsnah, wobei allerdings berücksichtigt werden muss, dass dieses Verfahren einen hohen Rechenaufwand benötigt.

Beispiel

Abb. 5.5-8 stellt die gleichen Szenen aus den Abb. 5.5-3 und 5.5-6 dar, nun aber mit Phong-*Shading*. In diesem Beispiel ist eine deutliche Steigerung der Qualität der Szenen zu erkennen, da nun die Glanzlichter z.B. auf der Kugel berücksichtigt und dargestellt werden.

Abb. 5.5-8: Objektbeispiele, die mit Phong-Shading schattiert wurden

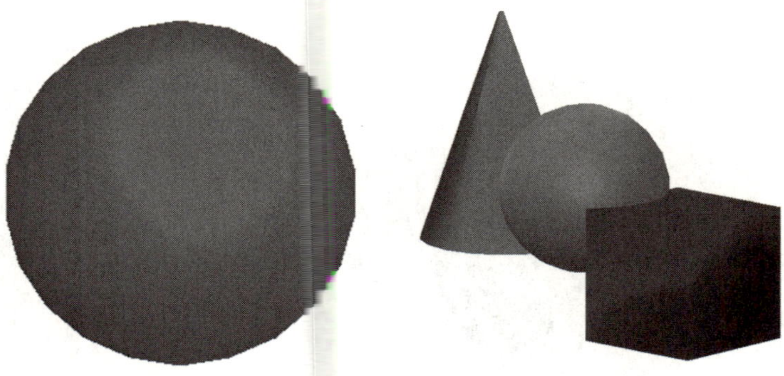

Seinen Namen erhielt das Phong-*Shading* nach dem Beleuchtungsmodell von Bui-Tuong Phong, welches im Jahre 1975 an der Stanford University in den USA entwickelt wurde (vgl. /Foley et al. 1990/ und /Watt 2002/).

In diesem Modell wird davon ausgegangen, dass das von einem Objekt reflektierte Licht aus den drei Komponenten

- diffuse Reflexion,

- spiegelnde Reflexion und
- ambienter Lichtanteil

besteht. Durch diese starke Vereinfachung der tatsächlichen physikalischen Verhältnisse kann der Aufwand zur Berechnung einer Szene in einigermaßen erträglichem Rahmen im Vergleich zur erzielten Qualität gehalten werden.

Die Lichtintensität in einem Punkt auf der Objektoberfläche stellt sich mathematisch wie folgt dar:

$I = I_{ambient} + I_{diffus} + I_{spekular}$,

mit $I_{ambient} = I_l \cdot amb$, $I_{diffus} = I_l \cdot \cos_{nl} \cdot dif$ und

$I_{spekular} = I_l \cdot \cos_{nh}^{phong} \cdot spek$.

I_l ist die Intensität der Lichtquelle, *amb*, *dif* und *spek* sind die jeweiligen ambienten, diffusen bzw. spekularen Reflexionsgrade der Fläche. Der Winkel zwischen der Lichtquelle und der Flächennormalen wird durch $\cos_{nl}$ angegeben, der Winkel zwischen dem Betrachtungsvektor und dem reflektierten Strahl durch $\cos_{nh}$. Der Exponent *phong* wird auch als Materialkoeffizient bezeichnet. Durch den Materialkoeffizienten wird der Winkel eingestellt, in dem der Lichtstrahl, der auf das Objekt trifft, reflektiert bzw. gestreut wird. Ein großer Exponent führt zu glänzenden Oberflächen, ein kleiner Exponent zu diffuser Reflexion.

5.6 Fallbeispiel: 3D-Szeneneditor

Das in Kapitel 5.3 vorgestellte Fallbeispiel des 3D-Baukastens dient zur Erzeugung von dreidimensionalen Objekten und kann sozusagen als Vorstufe zu dem in diesem Abschnitt beschriebenen **3D-Szeneditor** angesehen werden. Mit dem 3D-Szeneneditor können die einzelnen Objekte auf einfache Art und Weise zu 3D-Szenen zusammengesetzt werden.

Auch dieses Fallbeispiel ist vollständig in Java programmiert und auf der beiliegenden CD-ROM enthalten. Mit Hilfe des Programms kann zum einen den Objekten aus dem 3D-Baukasten eine Farbe zugewiesen werden, zum anderen können aber auch mehrere Objekte zu einer Gruppe zusammengefasst werden. Daraus ergibt sich die Möglichkeit, beliebige Szenen zu entwerfen und abzuspeichern.

Diese Szenen können anschließend mit einem der im letzten Abschnitt vorgestellten Schattierungsalgorithmen dargestellt und das Ergebnis in den Bildformaten PNG oder JPG gespeichert werden.

Das Bildformat PNG ist ein universelles Format, welches vom *World Wide Web* Konsortium anerkannt ist und von modernen *Browsern* unterstützt wird. Es verwendet eine verlustfreie Bildkompression, so dass keine Bildinformationen beim Speichern oder Betrachten eines Bildes verloren gehen.

Beim Bildformat JPG wird eine Kompression eingesetzt, die zu Verlusten bei der Bildqualität führt. Die Daten können durch die Komprimierung stufenweise auf bis zu ca. 2% der ursprünglichen Größe verkleinert werden. Dies ist natürlich ein enormer Vorteil, um z.B. ein Bild auf einer Seite im Internet sehr klein (in Bytes) und schnell übertragbar zu machen. Der eindeutige Nachteil des Verfahrens ist allerdings der Verlust an Schärfe und Farbtiefe bei der Kompression.

Beispiel

Abb. 5.6-1 zeigt einige Beispiele von Szenen, die mit dem 3D-Szeneneditor erstellt wurden. Diese Bilder machen bereits die sehr große Vielfalt dieses Programms deutlich: Die einzelnen Objekte sind in den verschiedenen Qualitätsstufen vom Drahtmodell bis hin zum Phong-*Shading* dargestellt. Es gibt unterschiedliche Beleuchtungsmöglichkeiten und die Konstruktion von unterschiedlichen Szenen ist recht einfach.

Abb. 5.6-1: Szenen, die mit dem 3D-Szeneneditor erstellt wurden

Bedienung

Die Bedienung des 3D-Szeneneditors ist sehr einfach und intuitiv. Nach dem Start des Programms erscheint die in Abb. 5.6-2 dargestellte Benutzungsoberfläche.

Das Programm hat ein einziges Ansichtsfenster, in dem die gesamte Szene modelliert, gedreht und von allen Seiten betrachtet werden kann.

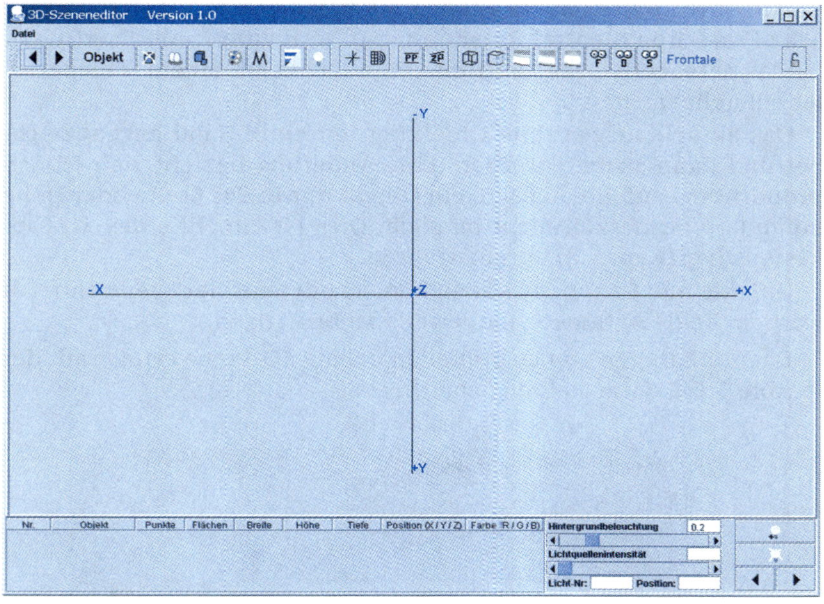

Abb. 5.6-2: Startbildschirm des 3D-Szeneneditors

In diesem Ansichtsfenster befindet sich das Koordinatensystem, welches mit gedrückter rechter Maustaste rotiert und mittels der nebenstehenden Schaltfläche ausgeblendet werden kann.

Eine Szene kann im Ansichtsfenster von vorne (Frontansicht = F), von oben (Draufsicht = D) oder von der Seite (Seitenansicht = S) betrachtet werden. Die voreingestellte Sicht ist die Frontansicht. Nur wenn eine dieser Sichten eingestellt ist, ist es möglich, Objekte, Gruppen und Lichtquellen (einstellbar über das Kontextmenü der rechten Maustaste) zu verschieben bzw. Objekte und Gruppen zu rotieren. Bei Rotation der gesamten Szene wird der Hinweis auf die zuletzt eingestellte Ansicht ausgeblendet.

Falls die drei vorherigen Schaltflächen oder Aktionen mit der linken/rechten Maustaste keine Wirkung zeigen, so ist das Schloss eingerastet. Diese Verriegelung ist bei Berechnungszeiten von über 5 Sekunden aktiviert und verhindert den Wechsel zur Gitterdarstellung bei unbeabsichtigter Betätigung der Maus. Die Betätigung der Schaltfläche mit dem offenen Schloss hebt die Verriegelung wieder auf.

Der 3D-Szeneneditor bietet durch das Aktivieren des Hilfsliniensymbols die Möglichkeit, Hilfslinien oder konzentrische Kreise zum Ausrichten der Objekte anzuzeigen.

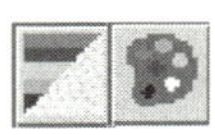

Durch die Aktivierung der Farbsymbole kann die Auswahl der Hintergrund- und der Objektfarbe vorgenommen werden.

Zur Ansicht einer Szene stehen die Parallel- und die perspektivische Projektion (Zentralprojektion) zur Verfügung. Sofern aktiviert, ist das perspektivische Zentrum unten rechts mit einem Schieberegler einstellbar.

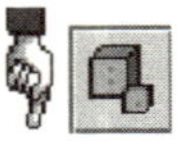

Das aktuell ausgewählte Objekt ist mit einer Hand gekennzeichnet und kann skaliert werden. Eine Änderung bezieht sich jedoch proportional auf alle Achsen, ein Objekt nur in der Breite oder Höhe zu ändern ist derzeit nicht möglich. Dies ist mit Hilfe des 3D-Baukastens (vgl. Kap. 5.3) durchzuführen.

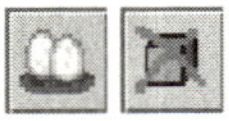

Objekte und Gruppen können kopiert oder aus der Szene entfernt werden. Beide Aktionen sind jeweils zu bestätigen.

Lichtquellen

Das Hinzufügen von Lichtquellen in eine 3D-Szene erfolgt mit der in Abb. 5.6-3 dargestellten Schaltfläche.

Abb. 5.6-3: Definition von Lichtquellen

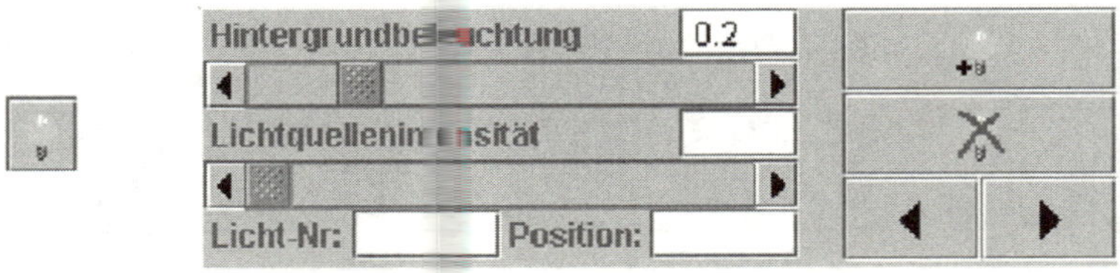

Soll eine weitere Lichtquelle hinzugefügt werden, so ist die Schaltfläche »Lichtquelle mit Pluszeichen« zu drücken und der Benutzer kann sich mit »links«, »rechts«, »unten«, »oben«, »vorne« für eine fest vorinstallierte Beleuchtung entscheiden. Wird die Auswahl »manuell« gewählt, so ist die Position durch Bewegung im Raum (analog zu Objekten und Gruppen) frei definierbar.

Wichtige Attribute von Objekten sind neben der Farbe auch die Reflexionseigenschaften der Oberfläche. Die in Abb. 5.6-4 dargestellten Schaltfläche und die Schieberegler legen diese Eigenschaften fest.

Abb. 5.6-4: Definition von Objektattributen

Der diffuse und der spiegelnde Reflexionskoeffizient sind die aus den vergangenen Abschnitten bekannten Größen. Der Materialkoeffizient aus dem Phong-Modell (vgl. Kap. 5.5.3) legt den Winkel fest, in dem ein Lichtstrahl, der auf ein Objekt trifft, reflektiert wird. Ein hoher Materialkoeffizient steht dabei für einen kleinen Streuwinkel, ein kleiner Wert des Materialkoeffizienten für einen großen Streuwinkel.

Um beispielsweise ein schönes Glanzlicht auf einem Objekt beim Phong-*Shading* zu erhalten, sollte der diffuse Anteil zurückgenommen werden, während der spiegelnde Anteil zu erhöhen ist. Außerdem gilt: Je größer der Materialkoeffizient ist, umso kleiner aber intensiver bzw. heller ist das Glanzlicht.

Gruppierung von Objekten

Bei der Entwicklung dieses Fallbeispiels und des 3D-Baukastens aus Kapitel 5.3 wurden die Schwerpunkte neben der Umsetzung der Schattierungsalgorithmen auf das Vorhandensein von möglichst vielen Objekten gelegt, um somit ein System zu schaffen, mit dem die in der Theorie vorgestellten Verfahren der Computergrafik anschaulich nachvollzogen werden können. Die Konstruktion von komplexen Objekten aus diesen vielen Einzelobjekten ist dennoch möglich: Zuerst müssen die einzelnen Objekte mit dem 3D-Baukasten konstruiert und anschließend in einer Instanz des Szeneneditors zusammengesetzt werden. Dort können sie dann als Gruppe abgespeichert werden. Mit Hilfe einer weiteren Instanz des Szeneneditors sind die so entstandenen Gruppen dann zu einer Szene zu arrangieren.

Darstellungsarten

Insgesamt können mit dem 3D-Szeneneditor die in Abb. 5.6-5 aufgeführten Darstellungsarten Drahtmodell (alle Flächen), Drahtmodell (nur sichtbare Flächen), *Flat*-, Gouraud- und Phong-*Shading* eingestellt werden.

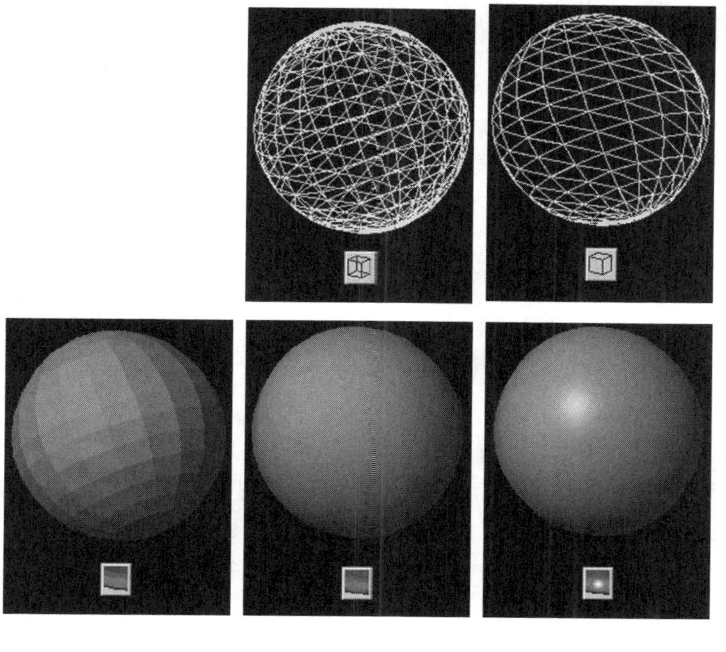

Abb. 5.6-5: Darstellungsarten

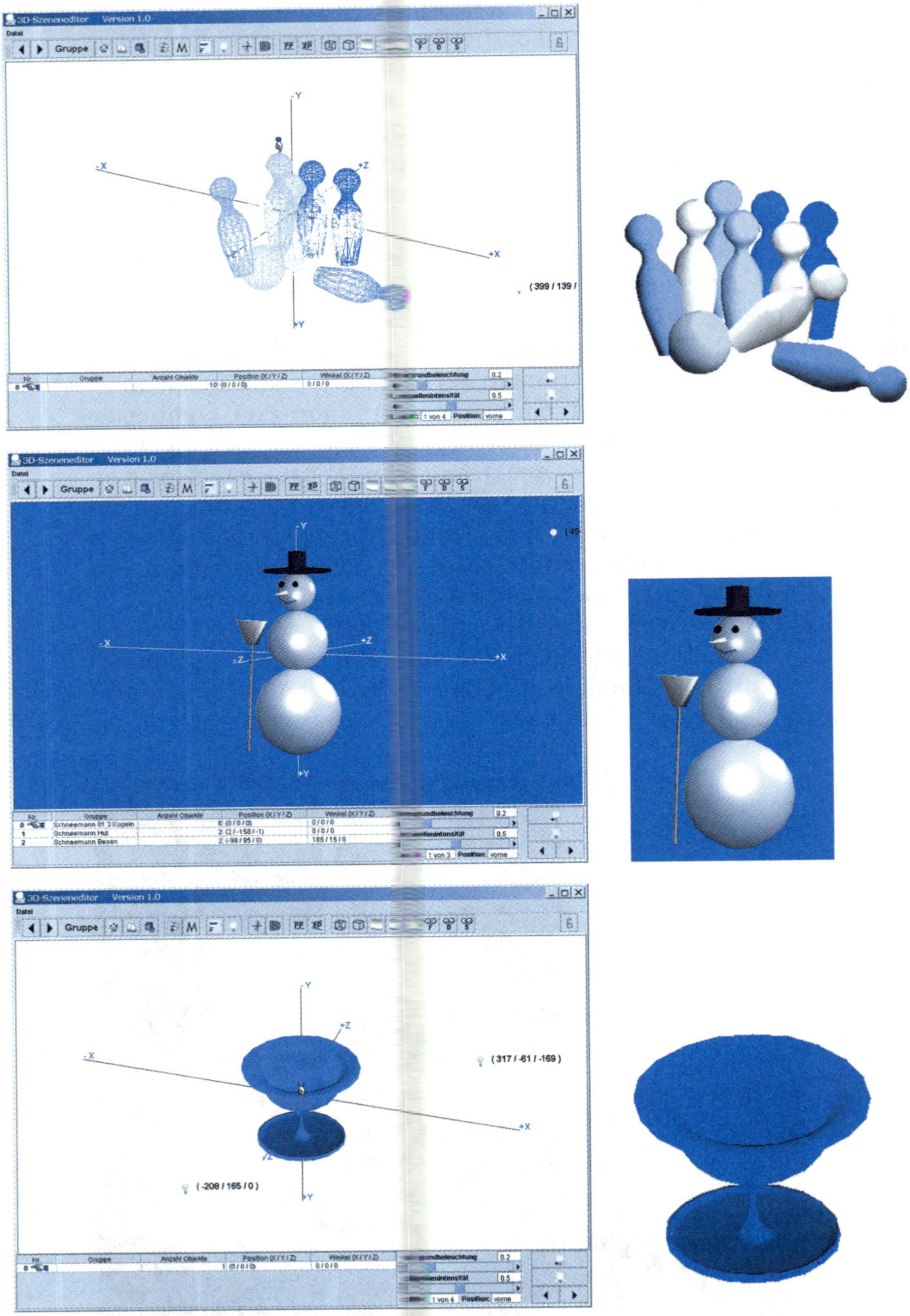

Abb. 5.6-6: Bearbeitung von Szenen mit dem 3D-Szeneneditor

Bearbeitung von Szenen

Die Bearbeitung und die Darstellung von 3D-Szenen sind mit diesem Java-Programm sehr einfach. Szenen, wie z.B. aus Abb. 5.6-1, sind in Verbindung mit dem 3D-Baukasten leicht zu erstellen. Anschließend können die grundlegenden Eigenschaften der in diesem Kapitel vorgestellten Beleuchtungsmodelle und Schattierungsalgorithmen angewendet werden.

Der 3D-Szeneneditor und der 3D-Baukasten können als Fallbeispiele zur anschaulichen Aufbereitung der hier vorgestellten Thematik verwendet werden und sind, auch im Quelltext, auf der CD-ROM enthalten.

Abb. 5.6-6 zeigt die Anwendung des 3D-Szeneneditors und nebenstehend die jeweils daraus resultierenden Bildergebnisse.

5.7 Textur

Mit den Schattierungsverfahren aus den vorausgegangenen Abschnitten dieses Kapitels können bereits qualitativ hochwertige Bilder erstellt werden. Zur Erzeugung fotorealistischer Bilder ist es jedoch notwendig, dass noch mehr Details einer Szene bzw. von Objekten in einer akzeptablen Zeit darstellbar sind. Beispielsweise dienen die beiden globalen Beleuchtungsmodelle *Ray Tracing* und *Radiosity*, die in Kapitel 6 vorgestellt werden, zur Verbesserung der Simulation der Lichtverhältnisse.

Oberflächen-beschaffenheit

Die möglichst realistische Darstellung der Oberflächen von Objekten ist ein anderes wichtiges Verfahren zur Verbesserung der Bildqualität. In den bisherigen Schattierungsverfahren wurde davon ausgegangen, dass es sich bei einer Objektoberfläche um ein in kleine Polygone aufgeteiltes Gebiet handelt, welches das eintreffende Licht nach gewissen Modellen reflektiert. Die Beschaffenheit der Oberfläche blieb dabei unberücksichtigt.

Repräsentiert ein solches Objekt in einer 3D-Szene aber beispielsweise einen mit einem Blumenmuster verzierten Teppich in einem Wohnzimmer oder aber eine Außenmauer eines Wohnhauses, die verklinkert ist, so können diese Eigenschaften mit den bisherigen Verfahren nicht effizient dargestellt werden.

Zur realistischen Darstellung solcher Objekteigenschaften dient in der Computergrafik eine **Textur**. Texturen sind vereinfacht gesagt Bilder, die auf ein vorgegebenes Objekt aufgetragen werden. Im obigen Fall läge das Muster des Teppichs bzw. ein Bild von einem oder mehreren Klinkersteinen in einer Bilddatei vor. Diese Bilder sind dann auf die Oberfläche des Objekts aufzutragen. Im Fall des Teppichs ist nur ein Bild notwendig, während das Bild eines oder mehrerer Klinkersteine vielfach auf die Oberfläche des Hauses neben- bzw. untereinander aufzutragen ist.

Texture Mapping

Dieses Verfahren wird auch als ***Texture Mapping*** bezeichnet. Der Kern des Verfahrens besteht aus der Projektion eines zweidimensionalen Bildes auf eine dreidimensionale Oberfläche. Das dreidimensionale Objekt erhält dadurch eine Oberfläche, die realistischer wirkt und seine physikalischen Oberflächeneigenschaften besser zur Geltung bringt.

Vorgehensweise

Das Auftragen einer Textur erfolgt entweder fest, z.B. in Form eines 2D-Bildes, oder prozedural durch die Angabe einer Funktion, die den Bildpunkten des Objekts eine Farbe zuweist. Im ersten Fall ist das Bild in einem zweidimensionalen Koordinatensystem, dem Textur-Bildraum, definiert. Ein einzelner Bildpunkt der Textur kann über die Koordinaten s und t angesprochen werden (vgl. Abb. 5.7-1 links).

Wie aus Kapitel 3.6 bekannt, liegt ein dreidimensionales Objekt der Szene in den (u, v, w)-Koordinaten des Sichtsystems vor oder, nach dem Durchlaufen der *Viewing-Pipeline*, in den x- und y-Koordinaten des Ausgabegeräts.

Außerdem ist die Transformation von Objekten von einem Koordinatensystem in ein anderes aus Kapitel 3 bekannt. Daher kann die prinzipielle Vorgehensweise des *Texture Mapping* wie in Abb. 5.7-1 skizziert, durchgeführt werden.

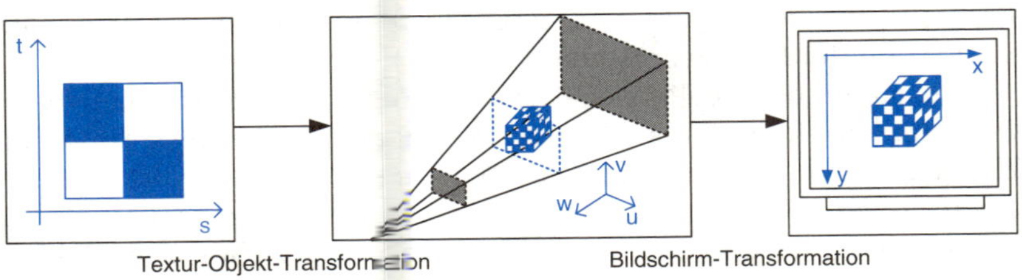

Abb. 5.7-1: Prinzip des Texture Mapping

Wie in Abb. 5.7-1 zu erkennen ist, kann die Textur zunächst durch eine Textur-Objekt-Transformation auf die einzelnen Objekte im Sichtvolumen aufgebracht und anschließend auf der Projektionsebene bzw. auf dem Bildschirm angezeigt werden.

Grafikbibliotheken

In der Praxis ist das Aufbringen von Texturen auf Objekte eine schnelle und effiziente Art und Weise, in einer Szene Realitätsnähe zu erzeugen. Die in den Kapiteln 7 – 10 vorgestellten Grafikbibliotheken Java-2D-API, OpenGL, Java-3D-API und die Modellierungssprache VRML/X3D besitzen alle Operationen, um Muster oder Bilder auf 3D-Objekte aufzutragen. Beschreibungen dieser Funktionen bzw. konkrete Implementierungen sind als Beispiele in den Kapitel 7.8.3, 9.4 und 10.4 angegeben.

Einen noch leichteren Umgang mit Texturen bzw. umfangreiche Textur-Bibliotheken bieten professionelle 3D-Werkzeuge, wie sie in Kapitel 11 vorgestellt werden.

5.8 Schatten

In den in diesem Kapitel vorgestellten Verfahren *Flat-*, Gouraud- und Phong-*Shading* bleibt der Schattenwurf der Objekte unberücksichtigt. Schatten sind aber ein weiterer wichtiger Punkt auf dem Weg zu möglichst realitätsnahen Darstellungen in der Computergrafik. Die im Kapitel 6 beschriebenen Verfahren berechnen den Schattenwurf von Objekten, weil sie als globale Modelle die Interaktion der einzelnen Objekte in einer Szene berücksichtigen. Dies führt allerdings zu einem erheblich höheren Rechenaufwand.

Kapitel 1.1.4 beschreibt bereits, wie Schatten entstehen und welche Arten von Schatten es gibt. Durch die Anwendung der in Kapitel 4.2 dargestellten Algorithmen zur Bestimmung der Sichtbarkeit von Flächen in einer Szene kann auch ein Verfahren für die Berechnung von Schatten in Bildern hergeleitet werden, die mit *Flat-*, Gouraud- und Phong-*Shading* berechnet wurden. Dazu sind grundsätzlich die Flächen von Objekten zu ermitteln, die von einer Lichtquelle in der Szene aus nicht »sichtbar« sind. Die Lichtquelle ist sozusagen der Standpunkt des Betrachters und die von dort aus nicht sichtbaren Flächen sind zu bestimmen. Solche Bereiche sind von allen Lichtquellen aus zu berechnen und als weitere Flächen der Szene abzuspeichern. Dies kann z.B. mit einem modifizierten *Backface Culling* durchgeführt werden.

Solange sich keine der Lichtquellen verändert, behalten diese Schattenflächen ihre Gültigkeit, egal von welchem Standpunkt aus die Szene betrachtet wird. Zur Erzeugung der Szene werden zunächst alle sichtbaren Flächen wie üblich nach den in diesem Kapitel beschriebenen Schattierungsalgorithmen berechnet und gegebenenfalls mit einer Textur belegt. Flächen, die von einem Schatten überdeckt sind, benötigen zur Darstellung beispielsweise nur ihren ambienten Lichtanteil, der auch noch mit einem Grauton gemischt werden kann.

Ein solches Verfahren erzeugt bereits sehr realistische Ergebnisse, ist aber, wie die obige Beschreibung bereits vermuten lässt, sehr aufwendig bei der Berechnung.

3D-Szeneneditor Spezielles Java-Programm dieses Buches, mit dem 3D-Szenen modelliert und mit den Schattierungsverfahren →*Flat-*, →Gouraud- oder →Phong-*Shading* oder als Drahtmodell dargestellt und als PNG- oder JPG-Dateien abgespeichert werden können.

Flat-Shading Einfaches und gleichzeitig schnelles Verfahren zur Schattierung von Objekten, die in Dreiecken aufgeteilt vorliegen. Jedes Dreieck erhält dabei eine einzige Farbe, die sich aus dem Mittelwert der Farben an den Eckpunkten des Dreiecks ergibt.

Gouraud-*Shading* Verfahren zur Schattierung von Objekten, die in Dreiecken aufgeteilt vorliegen. Dabei wird die Farbschattierung eines Dreiecks durch Interpolation der Farben an den Eckpunkten berechnet. Das Verfahren verleiht der Oberfläche eines Objekts ein scheinbar glattes Aussehen und ist gut für Objekte geeignet, die eine überwiegend diffus reflektierende Oberfläche haben.

Mach-Band-Effekt Der Mach-Band-Effekt ist ein Sinnesphänomen der menschlichen Wahrnehmung, welches auf einer künstlichen Verstärkung der Kontrastwahrnehmung beruht. Trifft eine helle Fläche auf eine dunkle Fläche, so erscheint auf der hellen Seite ein schmales noch helleres Band und auf der dunklen Seite ein schmales noch dunkleres Band, so dass der Kontrast verstärkt wahrgenommen wird.

Phong-*Shading* Verfahren zur Schattierung von Objekten, die aufgeteilt in Dreiecken vorliegen. Die Farbschattierung eines Dreiecks wird, wie beim →Gouraud-Shading, durch Interpolation der Farben an den Eckpunkten berechnet, wobei zusätzlich der Normalenvektor in jedem darzustellenden Punkt berücksichtigt wird. Das Verfahren ist gut für Objekte geeignet, die eine überwiegend spiegelnd reflektierende Oberfläche haben.

Schattierungsverfahren In einem Schattierungsverfahren wird die Umsetzung eines Beleuchtungsmodells zur Bestimmung der Farbe und der Intensität der Bildpunkte von Objekten durchgeführt.

Textur Die Originalübersetzung dieses aus dem Griechischen stammenden Begriffs heißt Gewebe. In der Computergrafik sind Texturen zweidimensionale Bilder oder Muster, mit denen ein dreidimensionales Objekt wie mit einem Gewebe überzogen wird.

Texture Mapping Verfahren, um →Texturen auf Objekte zu legen.

Beleuchtungsmodelle sind vereinfachte Simulationen der Physik des Lichts, die in der Computergrafik verwendet werden. In Schattierungsverfahren werden diese Beleuchtungsmodelle in konkreten Algorithmen nutzbar gemacht, so dass Objekte, deren Oberfläche zur besseren Verarbeitung in kleine Dreiecke zerlegt wird, eine der Beleuchtung mehr oder weniger exakt entsprechende Farbe bekommen.

Das einfachste Schattierungsverfahren ist das *Flat-Shading*, bei dem einem Dreieck eines Objekts eine einzige Farbe zugewiesen wird. Durch den sehr häufig auftretenden Mach-Band-Effekt ist dieses Verfahren qualitativ schlecht. Beim etwas aufwendigeren Gouraud-*Shading* wird die Farbe des Dreiecks zwischen den Eckpunkten interpoliert, ähnlich wie beim Phong-*Shading*, bei dem allerdings noch die Normale der einzelnen Punkte berücksichtigt wird.

Mit dem 3D-Szeneneditor, einem in Java geschriebenen Programm, können diese Schattierungsverfahren auf 3D-Szenen angewendet werden.

Für die realitätsnahe Darstellung von Objekten können diese mit einer Textur überzogen werden. Das Verfahren zur Durchführung wird auch als *Texture Mapping* bezeichnet.

/Foley et al. 1990/
Foley J., van Dam A., Feiner S., Hughes J., *Computer Graphics – Principles and Practise, 2nd Edition*, Addison-Wesley 1990, 1175 Seiten
/Watt 2002/
Watt Alan, *3D-Computergrafik*, Addison-Wesley 2002, 610 Seiten

1 Lernziel: *Das Grundprinzip von Schattierungsalgorithmen verstehen.*
Warum werden bei den Schattierungsalgorithmen Dreiecke als Aufteilung für die Objektoberflächen benutzt? Ist auch eine Aufteilung mit anderen geometrischen Objekten möglich? Worin bestehen die Vor- und Nachteile?

Muss-Aufgabe
Zeit 10 Min

2 Lernziel: *Unterschiede zwischen den Schattierungsverfahren kennen.*

a Stellen Sie in einer Tabelle gegenüber, wie die Qualität der Ergebnisse beim *Flat*-, Gouraud- und Phong-*Shading* durch die verschiedenen Arten der Beleuchtung und einem unterschiedlichen Grad der Triangulierung beeinflusst wird.

b Warum erzeugen diese Verfahren keine Schatten?

Muss-Aufgabe
Zeit 15 Min

3 Lernziel: *Unterschiede zwischen Gouraud- und Phong-Shading kennen.*
Vergleichen Sie den Rechenaufwand zwischen Gouraud- und Phong-*Shading*.

Kann-Aufgabe
Zeit 15 Min

4 Lernziel: *Den 3D-Szeneneditor kennen lernen.*
Machen Sie sich mit dem Java-Programm 3D-Szeneneditor vertraut, erzeugen Sie dreidimensionale Szenen und speichern Sie diese.

Muss-Aufgabe
Zeit 45 Min

5 Lernziel: *Das Prinzip des Texture Mapping verstehen.*
Beschreiben Sie die Vorteile des *Texture Mapping* im Vergleich zur Modellierung von Objekten mit geometrischen Details.

Muss-Aufgabe
Zeit 10 Min

6 Grundlagen – *Rendering* (Teil 3)

- Wissen, worin sich lokale und globale Beleuchtungsmodelle unterscheiden.
- Den *Ray-Casting*-Algorithmus als Alternative zum Tiefenpuffer-Algorithmus kennen.
- Die Unterschiede zwischen den beiden Schattierungsverfahren *Ray-Tracing* und *Radiosity* kennen.
- Verstehen, wie Lichtstrahlen von der Kamera bis zur Lichtquelle zurückverfolgt werden können.
- Verstehen, wie der einfache *Ray-Casting*-Algorithmus zum *Ray-Tracing*-Algorithmus erweitert wird.
- Die Beleuchtung einer Szene als Summe der Lichtanteile einzelner Lichtquellen und reflektierter und gebrochener Lichtstrahlen kennen.
- Die Beispielprogramme verstehen und anwenden.
- Einfache Beispiele mit dem Werkzeug POV-Ray™ nachvollziehen können.

wissen

verstehen

anwenden

- Die Beleuchtungs- und Schattierungsmodelle aus Kap. 5.4 – 5.5 werden als bekannt vorausgesetzt.

6.1 Strahlverfolgungsverfahren (*Ray-Tracing*)

Lokale und globale Beleuchtungsmodelle

Das Kapitel 5 hat die Beleuchtungsmöglichkeiten einer Szene durch den Einsatz verschiedener Lichtquellen, die so genannte lokale Beleuchtung einer Szene, und die daraus resultierende Berechnung mit Hilfe der *Flat*-, Gouraud- oder Phong-*Shading*-Algorithmen vorgestellt. In der Realität emittieren die direkten Lichtquellen aber nur einen geringen Anteil des für die Beleuchtung einer Szene benötigten Lichts. Weitaus größer ist der Anteil des Lichts, das durch Objekte der Szene reflektiert oder transmittiert wird. Die Gesamtheit aus indirekt reflektierten und durch transparente Objekte hindurchgelassenen Lichtstrahlen bezeichnet man deshalb als globale Beleuchtung einer Szene.

Für die Berücksichtigung globaler Beleuchtungsquellen in einer Szene gibt es das Modell der **Strahlverfolgung** (***Ray-Tracing***), welches in diesem Abschnitt näher beschrieben wird, und das Modell des **Lichtenergiekalküls** (***Radiosity***), das in Kap. 6.2 vorgestellt wird.

Während das Strahlverfolgungsverfahren alle sichtbaren Flächen und deren Schattierung gleichzeitig berechnet, trennt das Lichtenergiekalkül die Berechnung der sichtbaren Flächen von der Berechnung der Schattierung.

Grundidee

Das Strahlverfolgungsverfahren ist das ältere der beiden Verfahren und dient der Darstellung von sehr komplexen »Interaktionen« zwischen verschiedenen Lichtquellen. Das schon vor 1630 bekannte Verfahren, das René Descartes 1637 anwendete, um die Form des Regenbogens zu erklären, basiert auf folgender Grundidee: Einzelne diskrete Lichtstrahlen werden unter Berücksichtigung der aus der Physik bekannten Gesetze für die Brechung von Lichtstrahlen und die ideale Spiegelung verfolgt, um somit den Prozess der Lichtausbreitung nachvollziehen zu können.

Beispiel

Abb. 6.1-1 zeigt eine vereinfachte Darstellung der Lichtausbreitung am Beispiel einer Glühbirne. Von dieser direkten Lichtquelle werden Lichtstrahlen in alle Richtungen des Raumes ausgestrahlt. Während der senkrechte Strahl in der Mitte der Abbildung die Szene direkt wieder verlässt, also ohne Brechung oder Ablenkung auf die Begrenzung der Szene trifft, treten die anderen Strahlen in Wechselwirkung mit den dargestellten Objekten. Der Quader als solider Körper lenkt den einfallenden Lichtstrahl so ab, dass auch dieser die Szene verlässt. Die Kugel hat eine reflektierende Oberfläche, weswegen ein Lichtstrahl in Richtung des Quaders abgelenkt und an diesem nochmals gebrochen wird. Der zweite auf die Kugel einfallende Lichtstrahl verlässt ebenfalls sofort nach der Ablenkung an der Kugeloberfläche die Szene.

Abb. 6.1-1: Lichtausbreitung einer direkten Lichtquelle

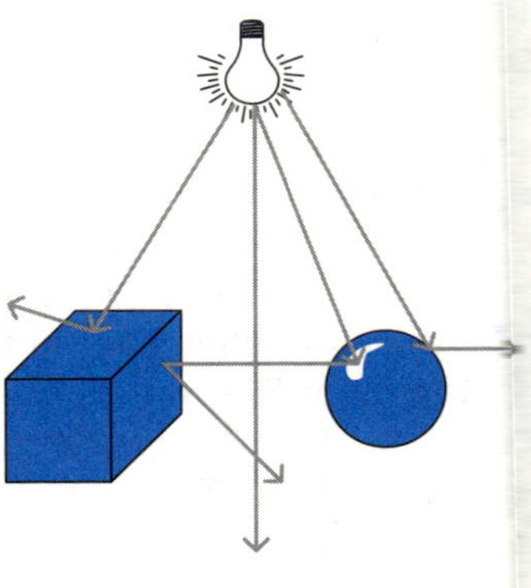

Geschichte

Da eine große Anzahl der von den Lichtquellen ausgesendeten Strahlen nicht das Auge des Betrachters erreicht, kehren die in der Computergrafik angewendeten Algorithmen das Verfahren um, was aufgrund der aus der Physik bekannten Umkehrbarkeit der Reflexion möglich ist. Hier wird nicht der Weg von der Lichtquelle ausgehend verfolgt, sondern vom Standpunkt des Betrachters. Somit kann die Menge der betrachteten Strahlen auf diejenigen Strahlen beschränkt werden, die durch einen Bildschirmpunkt verlaufen. Ein erster einfacher Algorithmus zur Strahlverfolgung wurde 1968 von Appel mit dem ***Ray-Casting***-Algorithmus vorgestellt und ist schematisch in Abb. 6.1-2 dargestellt.

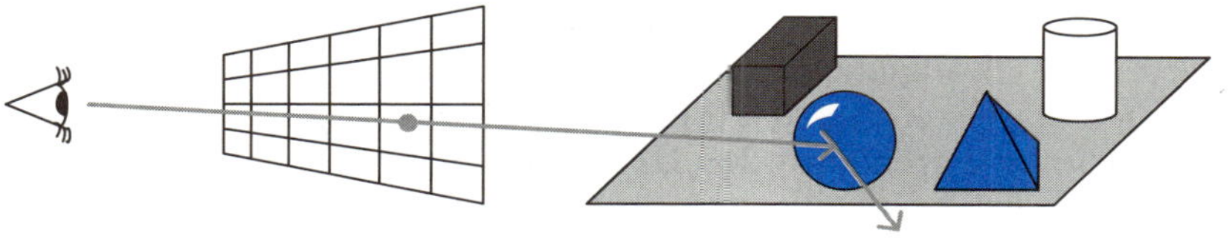

Abb. 6.1-2: Strahlverfolgung in der Computergrafik

Für jeden einzelnen Strahl werden im *Ray-Casting*-Algorithmus zwei verschiedene Fälle unterschieden:

1 Der betrachtete Strahl hat keinen Schnittpunkt mit einer Oberfläche eines Szenenobjekts. Daher erhält er die Hintergrundfarbe der Szene.

2 Der betrachtete Strahl hat einen Schnittpunkt mit einer Oberfläche eines Szenenobjekts. Dann wird derjenige Schnittpunkt mit dem Objekt bestimmt, der dem Betrachter am nächsten liegt und dieser als sichtbar angenommen. Die anderen Schnittpunkte des Strahls mit der Objektoberfläche sind verdeckt und brauchen deshalb nicht weiter betrachtet werden.

Diese einfache Fallunterscheidung ist in Abb. 6.1-3 schematisch dargestellt.

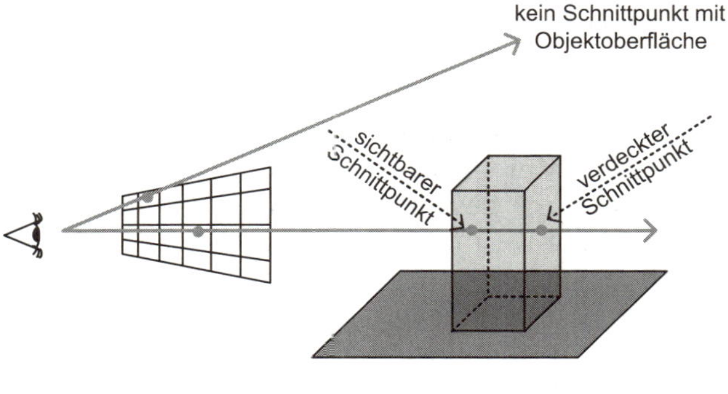

Abb. 6.1-3: Fallunterscheidung im Ray-Casting-Algorithmus von Appel

Ähnlich wie der Tiefenbuffer-Algorithmus stellt auch der einfache *Ray-Casting*-Algorithmus lediglich die Sichtbarkeit von Objektoberflächen fest, da weder Lichtquellen noch die durch das Material des Objekts erzeugte Absorption oder Brechung berücksichtigt wird.

Ray-Tracing

Um eine fotorealistische Darstellung einer Szene zu erzielen, müssen deshalb nicht nur die einzelnen Strahlen weiterverfolgt, sondern auch die unterschiedlichen Lichtquellen, die auf die Szene Einfluss nehmen, berücksichtigt werden. Während im konventionellen Strahlverfolgungsverfahren nur die ideal reflektierten und ideal gebrochenen Strahlen untersucht werden, werden im allgemeinen Fall auch die Lichtanteile aus ambienten, reflektierten und transmittierten Strahlen beobachtet.

Die einfache Fallunterscheidung des *Ray-Casting*-Algorithmus wird für den allgemeinen *Ray-Tracing*-Algorithmus, der 1980 von Whitted vorgestellt wurde, folgendermaßen erweitert:

1 Der Strahl durchquert die Szene ohne auf ein Objekt zu treffen. Dann erhält der entsprechende Bildschirmpunkt die Farbe des Szenenhintergrunds. Diese Projektionsstrahlen brauchen für die weitere Berechnung des Bildes nicht berücksichtigt werden und erhalten den Wert 0 für den Beleuchtungsanteil, da sie keinen Einfluss auf die Beleuchtung der Szene nehmen.

2 Der Strahl trifft auf ein Objekt der Szene. Die weitere Verfolgung des Strahls ist abhängig von den Oberflächeneigenschaften des getroffenen Objekts:

- **a** Hat das Objekt eine undurchsichtige und nicht spiegelnde Oberfläche, so kann an dieser Stelle das lokale Beleuchtungsmodell des Objekts berechnet werden.
- **b** Bei einem Objekt mit ideal spiegelnder Oberfläche wird der Projektionsstrahl an der Oberfläche reflektiert und es muss ein neu entstandener Strahl, der Reflexionsstrahl, berechnet werden.
- **c** Ein transparentes Objekt bricht den einfallenden Projektionsstrahl und reflektiert ihn gleichzeitig an der Objektoberfläche, so dass zwei neue Strahlen berechnet werden müssen: der Brechungsstrahl und der Reflexionsstrahl.

Die Beleuchtungsanteile der einzelnen Strahlen, die man zur Abgrenzung vom Projektionsstrahl auch als Sekundärstrahlen bezeichnet, werden zum Beleuchtungsanteil des Projektionsstrahls addiert und die Gesamtsumme aller Beleuchtungsanteile ergibt den gewünschten Wert für den Lichtanteil des betrachteten Projektionsstrahls.

Berechnungsformel

Um die Farbe eines einzelnen Bildschirmpunktes berechnen zu können, wird die gewichtete Summe aus den für den Projektionsstrahl berechneten Beleuchtungsanteil und das Phong-Modell (vgl.

Kap. 5.4) für die Schattierung berücksichtigt und mathematisch mit folgender Formel ausgedrückt:

$$I = k_a I_H + k_d \sum_{Lq} I_{Lq}(N \cdot L_{Lq}) + k_s(I_s + \sum_{Lq} I_{Lq}(A \cdot R_{Lq})^c) + k_t I_t, \text{ wobei}$$

k_a den ambienten Reflexionskoeffizienten,
I_H die Intensität der Hintergrundbeleuchtung,
k_d den diffusen Reflexionskoeffizienten,
I_{Lq} die Intensität der auf das Objekt wirkenden Lichtquelle,
N die Normale der Ebene,
L_{Lq} den Vektor zur Lichtquelle,
k_s den spiegelnden Reflexionskoeffizienten,
I_s die globale Reflexionsintensität,
A den Vektor zum Augenpunkt (Betrachtungsvektor),
R_{Lq} den Reflexionsvektor für die Lichtquelle Lq,
c den spekularen Exponenten,
k_t den materialabhängigen Transmissionskoeffizienten (für transparente Objekte) und
I_t die zu k_t gehörige Transmissionsintensität darstellen.

Berechnung von Schatten

Außer für die Weiterverfolgung der einzelnen Strahlen werden die sichtbaren Schnittpunkte zusätzlich noch für die Berechnung von Schatten benötigt. Dazu wird von jedem Schnittpunkt aus jeweils ein Strahl, der so genannte Schattenstrahl, zu jeder direkten Lichtquelle ausgesendet. Wird dieser Schattenstrahl von keinem nichttransparenten Objekt unterbrochen, so ist das von der Lichtquelle ausgesendete Licht in der Intensitätsberechnung für den Schnittpunkt zu berechnen. Befindet sich andernfalls ein nicht-transparentes Objekt zwischen Lichtquelle und dem betrachteten Objekt, so liegt das betrachtete Objekt im Schatten des anderen. In diesem Fall braucht das von der Lichtquelle ausgesandte Licht nicht für die Intensitätsberechnung des Schnittpunktes berücksichtigt werden.

Implementierung des rekursiven Algorithmus von Whitted

Da für die Ermittlung des Farbwertes eines einzelnen Projektionsstrahls alle Beleuchtungsanteile von den an diesem Punkt entstandenen reflektierten oder gebrochenen Strahlen bekannt sein müssen, handelt es sich bei dem *Ray-Tracing*-Algorithmus um einen rekursiven Algorithmus. Die rekursive Verfolgung eines Strahls ist grundsätzlich immer dann beendet, wenn er eine direkte Lichtquelle erreicht oder die Szene verlässt.

Das Zurückverfolgen eines Strahls kann aber unter Umständen unendlich viele Strahlen erzeugen. So zum Beispiel, wenn zwei spiegelnde Oberflächen einander gegenüberliegen. Dann wird das auf der einen Oberfläche entstandene Bild auf die andere gespiegelt und dieses Bild zusammen mit seiner Umgebung wieder zurück auf die erste Oberfläche, so dass sich ein unendlicher Zyklus von Spiegelungen ergibt. Da diese idealen Spiegelbedingungen in der Realität aber nur sehr selten vorkommen und diese Berechnungen zudem einen sehr großen Rechenaufwand erfordern, kann der Algorithmus auch durch folgende Bedingungen terminiert werden:

- Die Energie des verfolgten Strahls wird zu gering oder
- die vorgegebene Rekursionstiefe ist erreicht.

Für die erste Bedingung gilt, dass ein Strahl bei jeder Reflexion oder Brechung einen Teil seiner Energie verliert, da diese in Form von Wärme an die Umgebung abgegeben wird. Dadurch wird die Intensität eines Strahls nach mehreren Reflexionen und Brechungen so schwach, dass dieser Strahl keinen Beitrag mehr zur Gesamtintensität des betrachteten Projektionsstrahls leistet. In allen weiteren Schritten des Algorithmus wird dieser Strahl aufgrund seiner zu geringen Energie nicht mehr weiter betrachtet. Da die Gesamtintensität eines Strahls aber erst dann berechnet werden kann, wenn alle Teilintensitäten seiner Sekundärstrahlen bekannt sind, wird in der Computergrafik üblicherweise die zweite Abbruchbedingung verwendet, bei der dem Algorithmus von vornherein ein Wert für die Rekursionstiefe übergeben wird. Ein Projektionsstrahl wird also unabhängig von der Lichtintensität so lange zurückverfolgt, bis die maximale Rekursionstiefe erreicht ist. Es ist klar, dass sich die Bildqualität mit dem Anstieg der Rekursionstiefe verbessert.

Verfahrensschritte

Die nachfolgende Auflistung zeigt alle für das *Ray-Tracing* notwendigen Verfahrensschritte so, wie sie vom Algorithmus abgearbeitet werden:

1 **Schnittpunktberechnung für jeden Projektionsstrahl des Bildschirms**: Hat ein Projektionsstrahl mehrere Schnittpunkte mit einem oder mehreren Objekten einer Szene, so wird derjenige Schnittpunkt bestimmt, der vom Betrachter aus gesehen am nächsten liegt. Gibt es keinen Schnittpunkt mit einem Objekt der Szene, wird der zum Projektionsstrahl gehörige Bildschirmpunkt mit der Hintergrundfarbe der Szene eingefärbt.

2 **Berechnung der Normalen** des Objekts, das einen Schnittpunkt mit dem Projektionsstrahl hat **und der lokalen Beleuchtung**, z. B. mit dem Phong-Modell. Dabei werden alle Lichtquellen der Szene berücksichtigt. Außerdem wird über die oben vorgestellte Schattenberechnung festgestellt, ob die Lichtquellen tatsächlich Einfluss auf die lokale Beleuchtung des Schnittpunktes haben.

3 **Berücksichtigung der Transparenz**: Für transparente Objekte wird der Transmissionsstrahl ermittelt und als Sekundärstrahl weiterverfolgt.

4 **Berücksichtigung von spiegelnden Oberflächen**: Für Objekte mit spiegelnden Oberflächen wird der ideale Reflexionsstrahl berechnet und als zweiter Sekundärstrahl ausgesendet.

5 **Berechnung der Reflexions- und Transmissionsstrahlen** (= Sekundärstrahlen) für die nächste Rekursionsstufe.

6 Solange es keinen Schnittpunkt mit einer Lichtquelle gibt oder der Bildhintergrund noch nicht erreicht wurde, werden die Schritte 1 – 5 wiederholt, bis die gewünschte Rekursionstiefe erreicht ist.

7 **Berechnung der Intensität bzw. der Farbe des betrachteten Bildschirmpunktes** als gewichtete Summe der Intensitäten aller zugehörigen Sekundärstrahlen.

Performanz des *Ray-Tracing*-Algorithmus

Aus der Menge der durchzuführenden Berechnungen von Sekundärstrahlen kann sehr leicht abgeleitet werden, dass der Aufwand für die notwendigen Berechnungen bei zunehmender Zahl von Objekten und deren Eigenschaften sowie unterschiedlichen Lichtquellen extrem hoch werden kann. Whitted stellte anhand von Laufzeitmessungen fest, dass 75% der Ausführungszeit seines *Ray-Tracing*-Algorithmus nur für die Schnittpunktberechnungen verwendet wurde und 12% der Ausführungszeit für die Berechnung der lokalen Beleuchtung. Für die Menge der zu berechnenden Schnittpunkte gilt folgende Faustregel: Sie ist proportional zum dem Produkt aus der Anzahl der Strahlen und der Anzahl der Objekte und wächst exponentiell mit der Anzahl der Objekte der betrachteten Szene.

Beispiel

Auf der beiliegenden CD-ROM befindet sich eine Anwendung zum Verfolgen einzelner Strahlen in einer Szene, deren Benutzungsoberfläche in Abb. 6.1-4 (oben links) dargestellt ist. Wählen Sie zunächst im unteren Gitter den Bildschirmpunkt aus, durch den der Projektionsstrahl zurückverfolgt werden soll. Im rechten Bild der Abb. 6.1-4 ist die animierte Strahlverfolgung für einen Bildschirmpunkt dargestellt. Im unteren Bild wurden alle Bildschirmpunkte animiert.

Bewertung des Strahlverfolgungsverfahrens

Beim Strahlverfolgungsverfahren handelt es sich um ein fotorealistisches Darstellungsverfahren, das vor allem für Szenen mit transparenten und spiegelnden Objekten geeignet ist. Die Szene kann dabei beliebig komplexe Objekte enthalten, die sogar ineinander verschachtelt sein können. Mit dem rekursiven *Ray-Tracing*-Algorithmus werden gleichzeitig sichtbare Flächen, Objektschatten sowie Transparenz und Reflexion ermittelt. Durch die Berücksichtigung der Umkehrbarkeit der Reflexion wird die Menge der Lichtstrahlen einer Szene auf die Menge der für die Projektionsstrahlen relevanten Strahlen reduziert. Neben diesen Vorteilen weist das Strahlverfolgungsverfahren aber – außer den bereits beschriebenen Performanzproblemen, die z. B. eine Darstellung in Echtzeit verbieten – auch einige gravierende Nachteile auf: Die durch den *Ray-Tracing*-Algorithmus ermittelten Schatten haben stets scharfe Konturen. Zur Erzeugung weicherer Halbschatten müssen rechenaufwendigere *Ray-Tracing*-Verfahren eingesetzt werden. Außerdem kann es durch die Berechnung der Farbwerte einzelner Bildschirmpunkte zu *Aliasing*-Effekten (vgl. Kap. 4.3.7) kommen, die bei der Darstellung der Szenen ausgeglichen werden müssen.

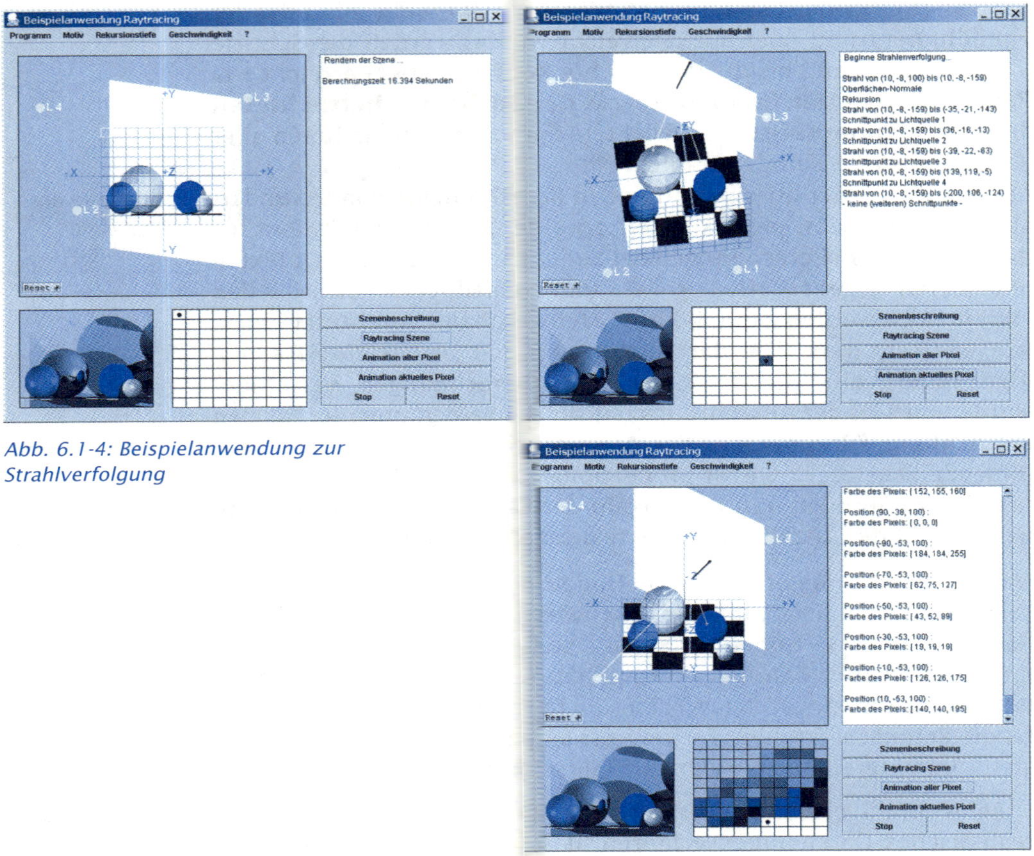

Abb. 6.1-4: Beispielanwendung zur Strahlverfolgung

6.2 Lichtenergiekalkül (*Radiosity*)

Prinzip

Im Kapitel 6.1 wurde erläutert, dass sich das Strahlverfolgungsverfahren besonders für die Darstellung von spiegelnden Reflexionen und Transmissionen eignet. Außerdem wird die ambiente Beleuchtung einer Szene nur in einem konstanten Term berücksichtigt. Daher kann es bei der Anwendung von *Ray-Tracing*-Algorithmen zu fehlerhaften Darstellungen kommen, wenn die darzustellenden Szenen nur wenige oder gar keine spiegelnde Reflexionen enthalten bzw. die Beleuchtung der Szenen von ambienten Lichtquellen bestimmt wird. Diese Form der Beleuchtung ist aber besonders in Innenräumen von großer Bedeutung, da dort 30 – 80 % der Beleuchtung nicht aus direkten Lichtquellen stammen, sondern das Ergebnis von Oberflächenreflexionen sind (vgl. Abb. 6.2-1).

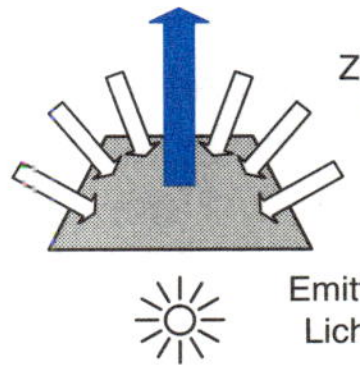

Abb. 6.2-1: Beispiel für Oberflächenreflexion

Aufgrund dieser Erkenntnis entwickelten Goral und Greenberg bereits 1983 auf Basis des aus der Energietechnik stammenden Prinzips der Energieerhaltung ein physikalisch basiertes Modell, das eine realistischere Darstellung von ambientem Licht ermöglicht. Dieses Modell geht von folgenden acht Annahmen aus:

- Die Beleuchtungsstärke einer Szene ist zeitunabhängig, da zwischen der durch die Lichtquellen zugeführten Strahlungsenergie und der Absorption der Oberflächen der Szeneobjekte ein Gleichgewicht besteht.
- Die natürliche Umgebung ist von reflektierenden Oberflächen geprägt – ideal spiegelnde Oberflächen sind in der Realität eher die Ausnahme.
- Die betrachteten Oberflächen der Szene sind diffus reflektierend, transparente Oberflächen existieren somit nicht.
- Die Szene ist frei von Medien, wie z. B. Nebel, die die Eigenschaften der Lichtstrahlen verändern würden.
- Jede Oberfläche nimmt eine vorgegebene Farbe an, so dass Farbänderungen oder Farbverläufe nicht möglich sind. Für die Darstellung von Farbverläufen muss daher die Oberfläche in entsprechend kleine Teilflächen unterteilt werden, die dann einen konstanten Farbwert annehmen.
- Die auf die einzelnen Teilflächen eintreffende Energie ist konstant.
- Jedes einzelne Oberflächenelement strahlt dieselbe Energie aus.
- Bei den betrachteten Systemen handelt es sich um abgeschlossene Systeme, in denen keine Energie verloren geht.

Das Lichtenergiekalkül, das ein physikalisches Beleuchtungsverfahren ist, besteht aus zwei Schritten, die nur nacheinander ausgeführt werden können: Verfahren

1. Die Oberfläche aller Flächenelemente wird in so kleine Flächenelemente (*Patches*) unterteilt, dass diese als ebene Polygone betrachtet werden können. Für jedes dieser Flächenelemente wird dann ein konstanter Strahlungswert berechnet, der unabhängig von der Position des Betrachters ist. Dieser Vorgang wird auch als *Meshing* bezeichnet.

2 Der zweite Schritt legt die Position des Betrachters fest, weswegen beim Positionswechsel des Betrachters auch nur dieser Schritt erneut durchgeführt werden muss. Die Strahlungswerte können dann aus dem ersten Schritt übernommen werden.

Die nachfolgenden Abschnitte stellen die für die einzelnen Schritte benötigten Formeln kurz vor.

6.2.1 Berechnung der Strahlungswerte

Für die Berechnung der Intensitäten der einzelnen Flächenelemente wird angenommen, dass alle Oberflächen perfekt diffus reflektieren, so dass der aus der Physik bekannte Lambert'sche Cosinussatz gilt. Die Strahlungsdichte eines Flächenelements ist definiert als die Energie, die von diesem pro Flächeneinheit und pro Zeiteinheit abgestrahlt wird. Wie bereits in Abb. 6.2-1 gesehen, setzt sich die ausgesendete Lichtenergie eines Flächenelements aus der emittierten und der reflektierten Energie zusammen. Für die emittierte Energie ist der Wert für alle Flächenelemente außer für Lichtquellen selbst gleich null. Abhängig von den Reflexionseigenschaften des betrachteten Flächenelements ist die reflektierte Energie: Sie ist umso größer, je reflektierender die Oberfläche ist. Daher lässt sich die von einem Flächenelement ausgestrahlte Energie unter Berücksichtigung der physikalischen Gesetze wie folgt als Summe beschreiben (vgl. /Rauber 1993/):

$$B_i = E_i + R_i \sum_{j=1}^{n} B_j F_{ji},$$

wobei B_i und B_j die von den Flächenelementen i und j ausgesendeten Lichtenergien sind und E_i die Lichtenergie, die das betrachtete Element aufgrund seiner Eigenschaften emittiert – also nur für Lichtquellen berücksichtigt wird. Der Koeffizient R_i beschreibt die Reflexionseigenschaften des i-ten Flächenelements. F_{ji} repräsentiert den so genannten **Formfaktor**, der angibt, welcher Anteil der vom Flächenelement j ausgesendeten Energie direkt Einfluss auf das Flächenelement i nimmt.

Diese Summenformel lässt sich direkt in die in der Computergrafik übliche Matrixnotation überführen:

$$\begin{bmatrix} 1 - R_1F_{11} & -R_1F_{12} & \dots & -R_1F_{1n} \\ -R_2F_{21} & 1 - R_2F_{22} & \dots & -R_2F_{2n} \\ \vdots & \vdots & \dots & \\ -R_nF_{n1} & -R_nF_{n2} & \dots & 1 - R_nF_{nn} \end{bmatrix} \cdot \begin{bmatrix} B_1 \\ B_2 \\ \vdots \\ B_n \end{bmatrix} = \begin{bmatrix} E_1 \\ E_2 \\ \vdots \\ E_n \end{bmatrix}. \qquad \textbf{(1)}$$

Das Gleichungssystem wird in der Regel für alle vorkommenden Wellenlängen des Lichts einzeln gelöst, da der Reflexionskoeffizient R_i und die emittierte Energie E_i von der Wellenlänge abhängig sind.

Für die endgültige Lösung dieses Gleichungssystems müssen die noch fehlenden Formfaktoren bestimmt werden.

6.2.2 Berechnung der Formfaktoren

Die Formfaktoren zur Berechnung der obigen Matrix werden ebenfalls gesondert bestimmt. Sie repräsentieren den vom Betrachterstandpunkt unabhängigen Anteil der von einem Flächenelement ausgesendeten Energie, der von der anderen betrachteten Fläche aufgenommen wird. Sie lassen sich allgemein wie folgt definieren:

$$F_{ij} = \frac{\text{Strahlungsenerige, die Flächenelement i verlässt und Flächenelement j direkt trifft}}{\text{Strahlungsenergie, die Flächenelement i in alle Richtungen einer auf das Flächenelement aufgesetzten Halbkugel verlässt}} \,.$$

Dabei liegt folgende Situation vor: Es wird eine Halbkugel mit dem Radius 1 konstruiert, deren Mittelpunkt der Basisfläche die Mitte des betrachteten Flächenelements A_i darstellt. Der Mittelpunkt des Flächenelements A_i wird nun mit allen Eckpunkten des Flächenelements A_j verbunden. Auf der Oberfläche der Halbkugel ergibt sich nun eine Projektion, die im Verhältnis zu den beiden betrachteten Flächenelementen steht. Wird diese Projektion der betrachteten Fläche nun orthogonal auf die Basisfläche der Halbkugel projiziert, so kann man das Verhältnis der daraus resultierenden Fläche auf der Basis der Halbkugel mit dem betrachteten Flächenelement A_i berechnen. Die geometrische Interpretation des Formfaktors ist also das Verhältnis der Basisfläche einer Halbkugel zur Orthogonalprojektion der auf die Halbkugel projizierten Fläche, um damit die Menge der in die betrachtete Richtung abgestrahlten Energie festlegen zu können. Dieser komplexe Sachverhalt der Bildung von Halbkugeln über Flächenelementen und der Projektion von diesen Flächenelementen ist in Abb. 6.2-2 dargestellt.

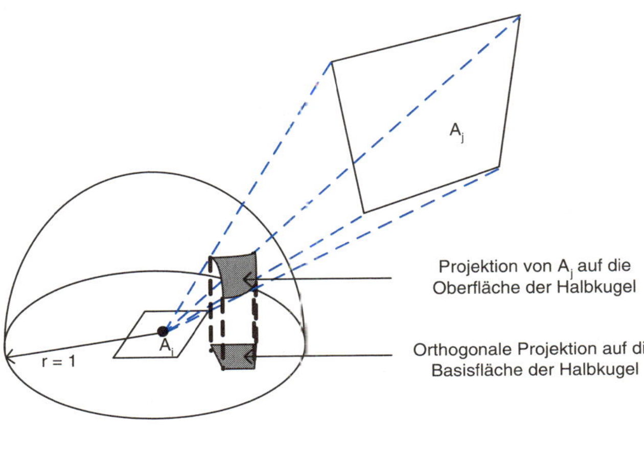

Abb. 6.2-2: Geometrische Interpretation der Formfaktoren

Für die Berechnung der Formfaktoren bedeutet dies, dass zwei Flächenelemente A_{j1} und A_{j2} genau dann denselben Formfaktor haben, d. h. den gleichen Teil der von A_i abgestrahlten Energie, wenn sie die gleiche Projektion auf die Oberfläche der Einheitskugel haben. Aufgrund der Projektion der Flächenelemente auf eine Halbkugel wird dieses Verfahren zur Berechnung der Formfaktoren auch als **Halbkugel-Methode** bezeichnet.

Im Allgemeinen ist die Berechnung von Oberflächen auf einer Halbkugel in der Computergrafik aber sehr aufwendig, weswegen die Halbkugel-Methode in der Regel durch die so genannte **Halbwürfel-Methode** ersetzt wird. Dabei wird anstelle der das Flächenelement umgebenden Halbkugel mit dem Radius 1 ein Halbwürfel mit der Kantenlänge 2 verwendet, dessen Mittelpunkt sich im Mittelpunkt des Flächenelements A_i befindet, so dass sich die Situation, wie in Abb. 6.2-3 dargestellt, ergibt.

Abb. 6.2-3: Halbwürfel-Methode

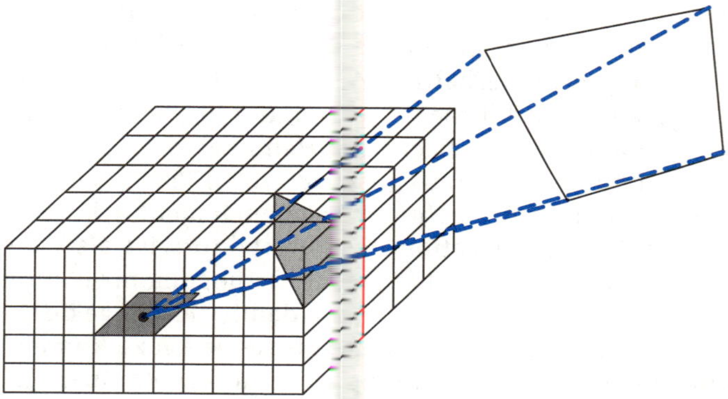

Bei der Halbwürfel-Methode ergibt sich der Formfaktor F_{ij} als Summe der Werte aller Flächenteile des Halbwürfels, die von der abstrahlenden Energie betroffen wurden. In Abb. 6.2-3 entspricht dies den hellgrau eingezeichneten Punkten.

Nach der Ermittlung der Formfaktoren kann das in Abschnitt 6.2.1 vorgestellte Gleichungssystem gelöst werden.

6.2.3 Darstellung des Bildes

Im zweiten Schritt des Lichtenergiekalküls wird das vom Betrachtungspunkt der Szene abhängige Bild berechnet und ausgegeben. Dazu muss zwischen den einzelnen Flächenelementen, deren abgestrahlte Energiemengen gerade berechnet wurden, ein Ausgleich ermittelt werden. Auf dem dargestellten Bild werden somit keine Übergänge zwischen den Intensitätswerten der einzelnen Flächenelemente sichtbar, so dass sich eine realistische und gleichmäßige

Farbdarstellung ergibt. Hierzu wendet man das Verfahren der **bilinearen Interpolation** an, so wie es in ähnlicher Weise schon für das Gouraud-*Shading* vorgestellt wurde. Beim Lichtenergiekalkül beinhaltet die bilineare Interpolation folgende Schritte:

- Die für die einzelnen Flächenelemente errechneten Intensitätswerte werden auf die Eckpunkte des Flächenelements übertragen.
- Aus diesen Punkten sind zunächst die Intensitätswerte der Seitenkanten zu ermitteln und anschließend für jeden Punkt dieses Flächenelements durch lineare Interpolation der endgültige Strahlungswert.

Beispiel

In Abb. 6.2-4 ist der Vorgang der bilinearen Interpolation über die Eckpunkte der Flächenelemente schematisch am mittleren Element dargestellt. Die einzelnen Bilder zeigen von links nach rechts zunächst die Vorgabe für die Intensitätswerte der Flächenelemente, danach die Berechnung der Intensitätswerte für die jeweiligen Eckpunkte des betrachteten Flächenelements aus den vier an diesem Eckpunkt zusammentreffenden Flächenelementen und schließlich die Ermittlung eines linearen Verlaufs für das betrachtete Flächenelement.

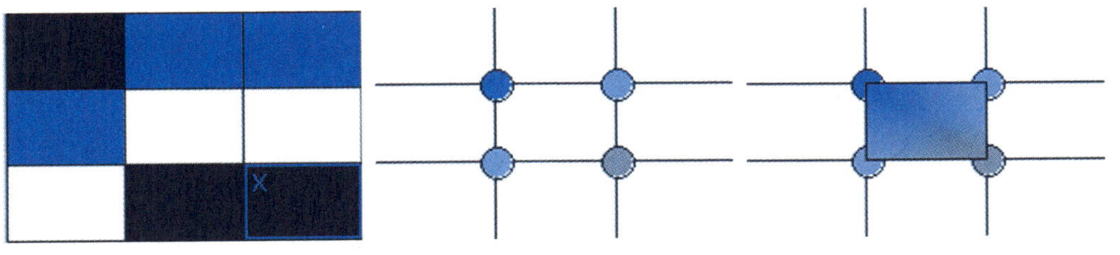

Abb. 6.2-4: Berechnung der endgültigen Radiosity-Werte

Nach diesen Berechnungen liegen alle Informationen über die Szene vor, so dass sie jetzt aus jeder beliebigen Sicht eines Betrachters dargestellt werden kann. Diese Darstellung erfolgt in der Regel in Kombination mit einem vereinfachten *Ray-Tracing*-Verfahren, durch das über die Angabe des Betrachterstandpunkts ermittelt wird, welche Flächenelemente für den Betrachter sichtbar sind und daher dargestellt werden müssen. Aus der vollständigen Ermittlung der Intensitätswerte aller einzelnen Flächenelemente der Szene ergibt sich ein enormer Vorteil: Wird die Position des Betrachters verändert, so muss lediglich der letzte Schritt des Verfahrens, also die Darstellung der Szene mittels eines *Ray-Tracing*-Verfahrens, wiederholt werden. Eine erneute rechenaufwendige Ermittlung der Formfaktoren ist nicht erforderlich.

Beispiel

Zur Veranschaulichung des Verfahrens der bilinearen Interpolation befindet sich auf der beiliegenden CD-ROM eine Anwendung, deren Benutzungsoberfläche in Abb. 6.2-5 dargestellt ist.

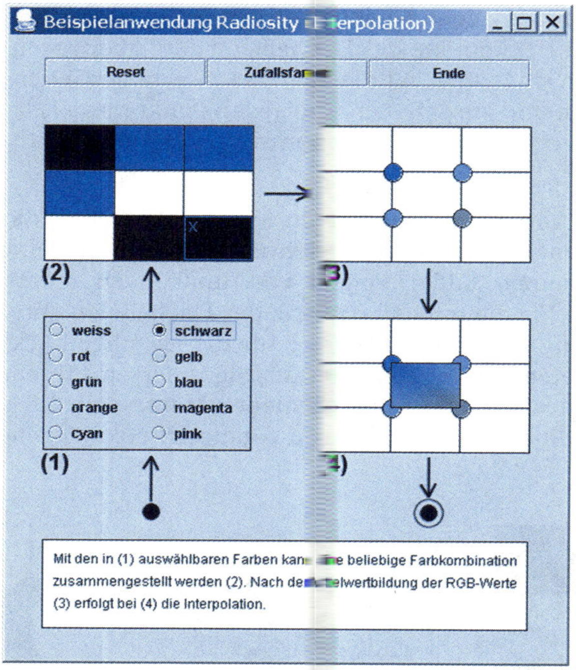

Abb. 6.2-5: Beispielanwendung zur bilinearen Interpolation

Färben Sie zunächst die im Feld (2) dargestellten Flächenelemente mit einer Farbe aus Feld (1) beliebig ein. In Feld (3) ist die lineare Interpolation der Eckpunkte des mittleren Feldes dargestellt. Die lineare Interpolation des gesamten Flächenelements kann dann in Feld (4) betrachtet werden. Die Schaltfläche »Zufallsfarben« belegt die Flächenelemente in Feld (2) mit zufällig ermittelten Farbwerten.

Bewertung des Lichtenergiekalküls

Das Lichtenergiekalkül ist ein Beleuchtungsverfahren, das den Energieaustausch zwischen einzelnen Flächenelementen der Szene betrachtet. Jedes Flächenelement, das Licht aus einer Lichtquelle erhält, absorbiert einen Teil der Energie und reflektiert den anderen Teil in alle Richtungen des Raumes, so dass letztlich alle Flächenelemente als Lichtquellen betrachtet werden, die ihren Beleuchtungsbeitrag zur Gesamtszene leisten. Das Lichtenergiekalkül eignet sich daher besonders gut für die Darstellung von Innenraumszenen. Ein großer Nachteil des Verfahrens ist der enorme Rechenaufwand, der für die Berechnung der Formfaktoren und für die Berechnung des Gleichungssystems für alle Wellenlängen des vorkommenden Lichts durchgeführt werden muss. Sind die Formfaktoren allerdings einmal berechnet, kann auf diese Werte für alle weiteren Darstellungen der Szene aus anderen Betrachtungspunkten zurückgegriffen werden, so dass das Bild direkt angezeigt werden kann.

6.3 Fallbeispiel - Spiegelvitrine

POV-Ray
MORAY

Um Verfahren wie das Strahlverfolgungsverfahren oder das Lichtenergiekalkül für die Darstellung einer Szene zu nutzen, sind spezielle Anwendungen erforderlich. Für das Fallbeispiel einer Spiegelvitrine wurde die Anwendung POV-Ray (*Persistence of Vision™ Raytracer*) verwendet, welche zur Darstellung von fotorealistischen Szenen mit dem Strahlverfolgungsverfahren genutzt werden kann. Die Anwendung wurde von vielen Programmierern in ihrer Freizeit entwickelt und steht bis heute im Internet unter http://www.povray.org zur Verfügung.

Zur Modellierung von Szenen kann das Modellierungswerkzeug MORAY™ verwendet werden, welches ebenfalls unter der obigen Internetadresse bzw. unter http://www.stmuc.com/moray/ erhältlich ist.

Die Versionen, mit denen das hier beschriebene Fallbeispiel modelliert und berechnet werden kann, befinden sich auf der beiliegenden CD-ROM.

Eine Szene kann mit einem einfachen Texteditor oder dem Programm MORAY™ beschrieben werden. Die Beschreibung der einzelnen Objekte der Szene erfolgt über eine spezielle Darstellungssprache, die so genannte *Scene Description Language*, die anschließend in einer Datei mit der Endung .pov abgespeichert wird. Diese Datei, die sämtliche Informationen über die Elemente der Szene, die Lichtquellen und den Standpunkt des Betrachters enthält, wird vom Programm MORAY™ automatisch dem Programm POV-Ray™ beim Aufruf übergeben, das dann aus den in der Textdatei enthaltenen Informationen das fotorealistische Bild berechnet.

Für die in diesem Beispiel gezeigte Spiegelvitrine wurden zunächst die Spiegelvitrine und die darin enthaltenen Objekte, wie z. B. eine Likörflasche mit Gläsern und ein Schachspiel modelliert (vgl. Abb. 6.3-1). Die einzelnen Objekte wurden anschließend in der Spiegelvitrine platziert.

Abb. 6.3-2 zeigt die Darstellung der gesamten Szene nach dem durch POV-Ray™ durchgeführten *Rendering*.

Abb. 6.3-1: (v.l.n.r.) Spiegelvitrine und darin enthaltene Objekte

Abb. 6.3-2: Mit POV-Ray™ dargestellte Szene

Bilineare Interpolation Verfahren zur Ermittlung der endgültigen Intensitätswerte einzelner Flächenelemente, bei dem die Intensitätswerte linear zwischen den Eckpunkten des Flächenelements interpoliert werden.

Formfaktor Anteil der vom Flächenelement j ausgesendeten Energie, der direkt Einfluss auf das Flächenelement i nimmt.

Halbkugel-Methode Verfahren zur Berechnung der → Formfaktoren eines Flächenelements beim Lichtenergiekalkül.

Halbwürfel-Methode Verfahren zur Berechnung der → Formfaktoren eines Flächenelements beim Lichtenergiekalkül, das einfacher durchzuführen ist als die geometrisch korrekte → Halbkugel-Methode.

Lichtenergiekalkül Verfahren zur Berechnung von fotorealistischen Innenraumszenen, das auf dem Energieerhaltungssatz beruht.

Radiosity Siehe → Lichtenergiekalkül.

Ray-Casting → Strahlverfolgungs-verfahren, bei dem nur die Sichtbarkeit von Objekten über die Schnittpunkte des Strahls mit den Objektoberflächen bestimmt werden kann.

Ray-Tracing Siehe → Strahlverfolgungsverfahren. Unterscheidet sich vom → *Ray-Casting* dadurch, dass zusätzlich auch die Lichtquellen und die Brechnung bzw. Absorption der Objektoberflächen berücksichtigt werden.

Strahlverfolgungsverfahren *Rendering*-Verfahren, bei dem ausgehend vom Standpunkt des Betrachters einzelne Strahlen durch die Bildelemente des Bildschirms gesendet werden und das sich besonders für ideal spiegelnde Oberflächen eignet.

Für eine fotorealistische Darstellung von Szenen müssen neben den lokalen Lichtquellen der Szene auch die globalen Beleuchtungseigenschaften einer Szene berücksichtigt werden. Globale Beleuchtungsmodelle, die dies leisten, heißen Strahlverfolgung (*Ray-Casting* bzw. *Ray-Tracing*) und Lichtenergiekalkül (*Radiosity*). Während sich das Strahlverfolgungsverfahren besonders gut für die Darstellung von spiegelnden Oberflächen eignet, kommt das Lichtenergiekalkül bei der Berechnung von Innenraum-Szenen zum Einsatz, da diese einen hohen Anteil von diffus reflektiertem Licht aufweisen. Um diese Reflexionen zwischen den einzelnen Flächenelementen korrekt darstellen zu können, muss für jedes Flächenelement der Formfaktor mit Hilfe der Halbkugel- oder der Halbwürfel-Methode bestimmt werden. Der endgültige Intensitätswert eines Flächenelements wird durch das Verfahren der bilinearen Interpolation bestimmt. Ein enormer Nachteil beider Verfahren ist der sehr hohe Rechenaufwand, der zur Darstellung der Szene erforderlich ist und es zur Zeit noch unmöglich macht, Bilder in Echtzeit darstellen zu können.

/Foley et al. 1990/
Foley J., van Dam A., Feiner S., Hughes J., *Computer Graphics – Principles and Practise, 2nd Edition*, Addison-Wesley 1990, 1175 Seiten
/Rauber 1993/
Rauber Th., *Algorithmen in der Computergraphik*, Teubner 1993, 432 Seiten
/Watt 2002/
Watt Alan, *3D-Computergrafik*, Addison-Wesley 2002, 610 Seiten

Muss-Aufgabe
Zeit 10 Min

1 Lernziel: *Die Unterschiede, Vor- und Nachteile des Strahlverfolgungsverfahrens und des Verfahrens zum Lichtenergiekalkül darstellen können.*
Vervollständigen Sie die nachstehende Tabelle durch die in diesem Kapitel gemachten Angaben.

Merkmal	***Ray-Tracing***	***Radiosity***
Darstellung von Schatten		
Darstellung transparenter Objekte		
Berücksichtigung von Brechung an Objektoberflächen		
Berücksichtigung von Reflexionen		

Muss-Aufgabe
Zeit 10 Min

2 Lernziel: *Das Strahlverfolgungsverfahren verstehen.*
Machen Sie sich mit der Java-Anwendung zum Strahlverfolgungsverfahren vertraut. Starten Sie die auf der CD-ROM befindliche Anwendung und führen Sie die einzelnen Schritte für verschiedene Bildschirmelemente durch.

Muss-Aufgabe
Zeit 10 Min

3 Lernziel: *Das Verfahren des Lichtenergiekalküls verstehen.*
Machen Sie sich mit der Java-Anwendung zur bilinearen Interpolation vertraut. Starten Sie die auf der CD-ROM befindliche Anwendung und führen Sie verschiedene Farbinterpolationen durch.

Kann-Aufgabe
Zeit 15 Min

4 Lernziel: *Das Fallbeispiel der Spiegelvitrine nachvollziehen können.*
Starten Sie die auf der CD-ROM befindliche Anwendung MORAY™ und laden Sie das Fallbeispiel der Spiegelvitrine. Versuchen Sie den Quelltext zur Beschreibung der Szene nachzuvollziehen und betrachten Sie anschließend das berechnete Ergebnis. Finden Sie mindestens fünf Stellen in dem dargestellten Bild, die durch Anwendung des *Ray-Tracing*-Verfahrens wesentlich realistischer aussehen als bei einer Darstellung ohne *Ray-Tracing*.

7 Programmierung – Grundkurs Java-2D-API (Teil 1)

wissen

- Den grundsätzlichen Aufbau der Java-Klassenhierarchie kennen.
- Die wichtigsten Pakete des Java-2D-API kennen.
- Wissen, was der Grafikkontext ist und welche Attribute er hat.
- Wissen, welche einfachen Objekte es gibt und welche Attribute zu ihrer Erzeugung definiert sein müssen.
- Die unterschiedlichen Möglichkeiten zur Konstruktion komplexer Objekte kennen.

verstehen

- Die grundsätzliche Philosophie und das Vorgehen zur Darstellung von Objekten mit der Java-2D-API kennen.
- Den Unterschied zwischen Benutzer- und Gerätekoordinatensystem verstehen.
- Die unterschiedlichen Möglichkeiten zur Konstruktion komplexer Objekte kennen.

anwenden

- Die verschiedenen geometrischen Basisobjekte erzeugen und anzeigen können.
- Mit Hilfe der Klassen `GeneralPath` und `Area` komplexe geometrische Objekte aufbauen können.
- Die sieben Attribute des Grafikkontextes auf einfache grafische Objekte anwenden können.

- Grundlegende Kenntnisse der objektorientierten Programmierung und der Programmiersprache Java sollten vorhanden sein.
- Die Inhalte des Kapitels 2 werden vorausgesetzt.

7.1 Grundlagen

Die *Java2-Platform* bietet dem Programmierer mit dem **Java-2D-API** (***A**pplication **P**rogramming **I**nterface*) eine umfangreiche Klassenbibliothek, mit der auf sehr einfache Art und Weise zweidimensionale Grafiken erstellt werden können und die die Ausgabe von Text und die Bearbeitung von Bildern unterstützt. Viele Pakete der *Java2-Platform*, wie z.B. das *Abstract Windowing Toolkit* (AWT) und die *Swing*-Klassenbibliothek, bauen auf Zeichenoperationen des Java-2D-API auf.

In seiner heutigen Form steht das Java-2D-API seit der Version 1.2 des *Java Development Kit* (JDK) zur Verfügung. Zwar waren in älteren Versionen einige einfache Grafikklassen vorhanden, umfangreich erweitert wurden sie aber erst in der Version 1.2 des JDK.

Einfache und einheitlich aufgebaute Modelle sind wesentliche Eigenschaften des Java-2D-API. Sie unterstützen den Umgang mit geometrischen Formen, Texten und Bildern und erlauben eine geräteunabhängige Ausgabe der Zeichnungen.

`java.awt.Graphics2D`

Die Klasse `Graphics2D` aus dem Paket `java.awt` ist die zentrale Komponente für das Darstellen von Objekten. Seit dem JDK 1.2 erweitert sie die Klasse `java.awt.Graphics`, in der die traditionellen Grafikeigenschaften von Java enthalten sind (vgl. Abb. 7.1-1). Die Klasse `Graphics` ist direkt aus der Wurzelklasse `Object` der Java-Klassenbibliothek abgeleitet.

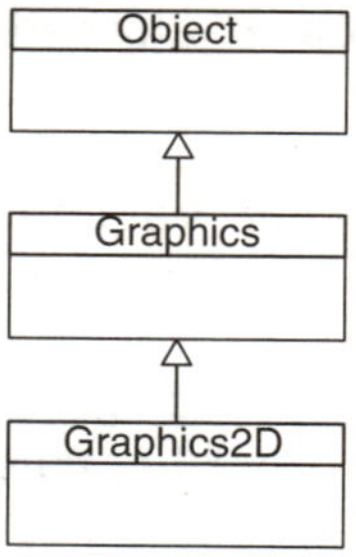

Abb. 7.1-1: Klassenhierarchie von `Graphics2D`

7.2 Koordinatensysteme

Das Java-2D-API unterstützt zwei Koordinatensysteme, das so genannte **Benutzerkoordinatensystem** (*User Coordinate System*) und das **Gerätekoordinatensystem** (*Device Coordinate System*). Während das Benutzerkoordinatensystem Grundlage des Szenenaufbaus ist, wird das Gerätekoordinatensystem für die geräteunabhängige Ausgabe benötigt. Hierbei wird das Benutzerkoordinatensystem in das jeweilige Koordinatensystem des Ausgabegeräts transformiert.

7.2.1 Benutzerkoordinatensystem

User Coordinate System

Bei der 2D-API-Programmierung wird grundsätzlich mit dem Benutzerkoordinatensystem gearbeitet, das unabhängig von einem Ausgabegerät ist. In diesem rechtwinkligen Koordinatensystem liegt der Ursprung im Schnittpunkt zwischen der horizontalen x- und der vertikalen y-Achse (vgl. Abb. 7.2-1). Ein Punkt P wird durch die Angabe seiner x- und y-Koordinate, die beide größer gleich Null sind, angegeben. Alle Operationen der Klasse `Graphics2D`, die die Angabe von Koordinaten erfordern, beziehen sich auf dieses Koordinatensystem.

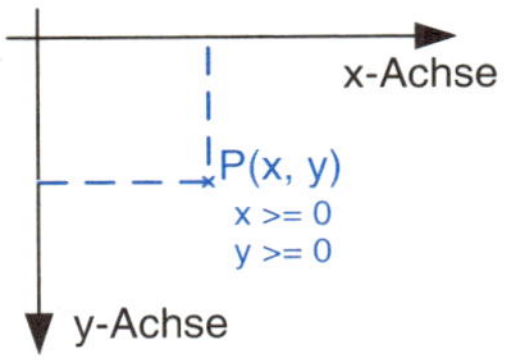

Abb. 7.2-1: Benutzerkoordinatensystem des Java-2D-API

7.2.2 Gerätekoordinatensystem

Device Coordinate System

Das Koordinatensystem eines Ausgabegeräts ist abhängig von der Definition des Herstellers und kann somit beliebig bzw. von Gerät zu Gerät unterschiedlich sein. Die Daten des anzuzeigenden Objekts müssen durch eine geeignete Transformation in das entsprechende Gerätekoordinatensystem umgeformt werden (vgl. Abb. 7.2-2). Dazu muss jeder Punkt P, der im Benutzerkoordinatensystem definiert ist, durch eine entsprechende Transformation in einen Punkt P' des Gerätekoordinatensystems überführt werden.

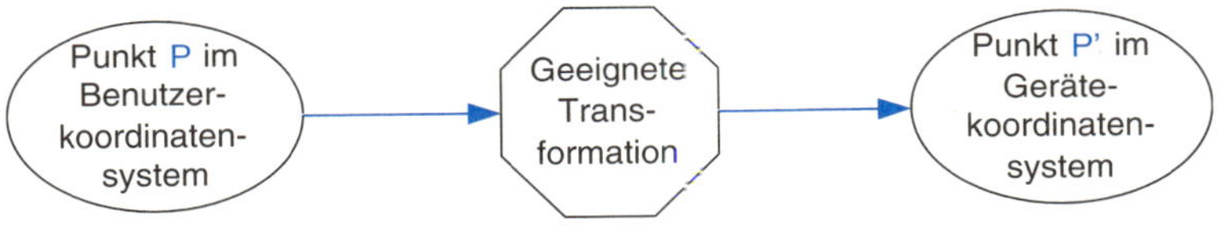

Abb. 7.2-2: Transformation von Benutzerkoordinaten zu Gerätekoordinaten

Eine solche Transformation kann mit Hilfe der Klasse `java.awt.geom.AffineTransform` durchgeführt werden. Da sie während des Zeichnens durch den Interpreter ausgeführt wird, bleibt diese Aktion für den Benutzer unsichtbar, er sieht lediglich das Ergebnis.

Bei der Ausführung dieser Transformation wird standardmäßig angenommen, dass 72 so genannte *Units* einer Länge von einem Inch entsprechen. Auf typischen Bildschirmen, die mit einer Auflösung von 72 dpi (*dots per inch*, Punkte pro Inch) arbeiten, bedeutet dies, dass die Größe eines Pixels genau einer *Unit* entspricht. Eine Linie, die beispielsweise 3 *Units* lang ist, wird also durch 3 Pixel auf dem Bildschirm dargestellt. Wird die gleiche Linie auf einem Drucker mit einer Auflösung von 144 dpi ausgegeben, so müssen zwar weitaus mehr Pixel gezeichnet werden, physikalisch ist die Linie aber genauso lang, wie diejenige auf dem Bildschirm. Da die Transformation der darzustellenden Objekte erst dann erfolgt, wenn die gesamte Szene erstellt ist und ausgegeben werden soll, gewährleistet das Java-2D-API die Unabhängigkeit vom Ausgabegerät und dessen Auflösung. Diese nützliche Eigenschaft wird durch ein Objekt der Klasse `java.awt.GraphicsConfiguration` realisiert, welches zu jedem Objekt der Klasse `Graphics2D` assoziiert ist und Informationen über das Ausgabegerät beinhaltet.

7.3 Darstellung von Objekten

Grafikkontext

Grafische Benutzungsoberflächen bestehen aus einzelnen Komponenten, wie z.B. Textfeldern oder Schaltflächen. Eine einzelne Komponente stellt jedoch für sich allein noch keine grafische Oberfläche dar. Um beispielsweise eine Schaltfläche anzuzeigen, wird ein so genannter Behälter (*Container*) benötigt. In Behältern können Komponenten zusammengefasst und gruppiert werden. Ein Beispiel für einen solchen Behälter ist ein einfaches Fenster (`javax.swing.JFrame`).

`paint()`

Auf den so genannten **Grafikkontext** einer Komponente, der mit seinen Attributen quasi eine Zeichenfläche darstellt, kann nun über das zugehörige Objekt der Klasse `Graphics` zugegriffen werden. Eine Komponente wird vom Interpreter durch Aufruf der Operation `paint()` gezeichnet. Als Parameter wird der Operation `paint()` ein Objekt der Klasse `Graphics` übergeben. Damit ergibt sich die Signatur `public void paint(Graphics g)`.

Aus Gründen der Kompatibilität wurde nach Übergang vom JDK 1.1 auf das JDK 1.2, wie in der Signatur erkennbar, der Operation `paint()` als Parameter ein Objekt der Klasse `Graphics` übergeben. Um aber die seit dem JDK 1.2 neuen umfangreichen Eigenschaften der Klasse `Graphics2D` nutzen zu können, sollte zu Beginn der Operation `paint()` eine Typumwandlung des übergebenen Objekts der Klasse `Graphics` auf ein Objekt der Klasse `Graphics2D` durchgeführt werden. Dies ist ohne Probleme möglich, da in Java Objekte einer Basisklasse in einer Vererbungshierarchie zuweisungskompatibel zu Objekten ihrer Oberklassen sind. Damit ergibt sich folgender grundsätzlicher Aufbau der Operation `paint()`:

```
public void paint(Graphics g)
{
   Graphics2D g2d = (Graphics2D)g;
   //Für das Objekt g2d sind hier nun die Zeichenoperationen
   // aufzurufen.
   ...
}
```

Zeichnen von Objekten

Nachdem in der Operation `paint()`ein Objekt der Klasse `Graphics2D` erzeugt worden ist, kann es gezeichnet werden. Dazu sind die folgenden Schritte durchzuführen:

- Zunächst sind die benötigten Attribute des Grafikkontextes zu setzen. Wird beispielsweise ein Text gezeichnet, so ist das Attribut `Font` zu setzen bzw. ein Objekt dieser Klasse zu erzeugen. (Die Attribute des Grafikkontextes werden im Verlauf dieses Kapitels noch ausführlich beschrieben.)
- Im zweiten Schritt ist dann ein Grafikobjekt zu wählen, welches gezeichnet werden soll. Das 2D-API stellt insgesamt drei Arten von Grafikobjekten zur Verfügung. Neben einfachen geometrischen Objekten, wie z.B. Rechtecken oder Ellipsen, stehen Textobjekte und Bildobjekte zur Verfügung. Beispielsweise könnte ein Objekt der Klasse `java.lang.String` erzeugt werden, um anschließend dargestellt zu werden.
- Der letzte Schritt besteht aus dem Senden einer Botschaft an das Objekt der Klasse `Graphics2D` mit dem Aufruf, das übergebene Objekt darzustellen bzw. zu zeichnen.
  Die Operation `drawString()` dient dazu, eine Zeichenkette auszugeben, und die gesetzten Parameter des Grafikkontextes, wie z.B. `Font`, geben an, in welcher Form diese Zeichenkette dargestellt wird.

Die Einfachheit dieses Prinzips wird durch das folgende Beispiel, bei dem eine Zeichenkette auf die Zeichenfläche eines Fensters geschrieben wird, demonstriert:

Beispiel

Quelltext:	**Beschreibung:**
`import java.awt.font.*;` `import javax.swing.*;`	Importieren der benötigten Pakete.
`public class MyHello2DAPI extends JFrame` `{`	

`  public MyHello2DAPI()`
`  { super("MyHello2DAPI");`
 	
`    setBounds(0, 0, 400, 150);`
`    setBackground(Color.white);`
`    setForeground(Color.blue);`
	Konstruktor, der den Namen und die Größe des Fensters festlegt und die Farben für den Hintergrund und die Schriftfarbe setzt.

`    addWindowListener(new`
`                        WindowAdapter()`
`    { public void windowClosing(`
`                        WindowEvent e)`
`          {  System.exit(0);  }     });`
	Hinzufügen des `Window-Listeners`, um das Fenster zu schließen und das Programm zu beenden.

`    setVisible(true);` `  }`	Anzeigen des Fensters.

Quelltext (Forts.): | **Beschreibung (Forts.):**

```
  public void paint(Graphics g)
  {
    Graphics2D g2d = (Graphics2D) g;
    g2d.setFont(new Font("Arial",
            Font.BOLD|Font.ITALIC,48));
    g2d.drawString("HELLO 2D-API",
                    30, 100);
  }

  public static void main(String args[])
  { new MyHello2DAPI();
  }
}
```

Typumwandlung des Parameters g der Klasse Graphics auf ein Objekt g2d der Klasse Graphics2D.
Setzen der Schriftart (hier Arial), in der geschrieben werden soll.
Zeichnen des Strings.

Ein Objekt der Klasse wird erzeugt.

Nach Übersetzen und Aufruf der Klasse `MyHello2DAPI.class` entsteht das in Abb. 7.3-1 dargestellte Ergebnis:

Abb. 7.3-1: Ausgabefenster der Java-Anwendung `MyHello2DAPI`

Grundsätzlich wird also in einem Objekt der Klassen `Graphics` bzw. `Graphics2D` das Ausgabebild so weit initialisiert und aufgebaut, dass es dann nur noch in das entsprechende Ausgabegerät gezeichnet werden muss.

Geräteunabhängige Ausgabe

Dazu unterstützt das Java-2D-API verschiedene Arten von Ausgabegeräten:

- **Bildschirm**
  Die bereits erwähnten Komponenten von Benutzungsoberflächen (AWT und *Swing*) aus den Paketen `java.awt` und `javax.swing` besitzen die Operation `paint()`, die ein Objekt der Klasse `Graphics` als Eingabeparameter benötigt, welches dann auf dem Bildschirm dargestellt wird.
- **Drucker**
  Objekte, die eine Druckausgabe unterstützen, implementieren das Interface `java.awt.print.Printable`. Dies wird von einem Objekt der Klasse `java.awt.print.PrinterJob` benutzt und hat eine Operation `print()`, die als Eingabeparameter ein Objekt der Klasse `Graphics` benötigt.
- **Speicher**
  Das Ergebnis einer Zeichenoperation kann auch in einen Speicherbereich geschrieben werden, der nicht direkt angezeigt oder

gedruckt wird. Dazu ist zunächst aus der Klasse `java.awt.Image` mit Hilfe der Operation `getGraphics()` ein Objekt der Klasse `Graphics` zu erstellen. Dieses Objekt kann genutzt werden, um ein Bild, bestehend aus einfachen Grafikobjekten, Texten oder Bildern, zu erzeugen und mit Hilfe der Operation `paint()` wie gewohnt in das Objekt der Klasse `Image` zu schreiben. Wird ein Zeichenobjekt der Klasse `Graphics2D` benötigt, so ist die Operation `createGraphics()` aus der Klasse `java.awt.image.BufferedImage` zu benutzen.

Es wird deutlich, dass ein Objekt der Klasse `Graphics2D` unabhängig von einem Ausgabegerät erzeugt und initialisiert wird. Diese Geräteunabhängigkeit ist eine Eigenschaft des Java-2D-API, die die grundsätzliche Java-Philosophie der Plattformunabhängigkeit auch auf die Grafikprogrammierung erweitert.

Das Zusammenspiel zwischen der zentralen Klasse `Graphics2D` des Java-2D-API, den grafischen Elementen, dem Grafikkontext und den Ausgabegeräten wird in Abb. 7.3-2 skizziert. Die einzelnen Attribute des Grafikkontextes werden in den Abschnitten 7.7.1 bis 7.7.6 beschrieben.

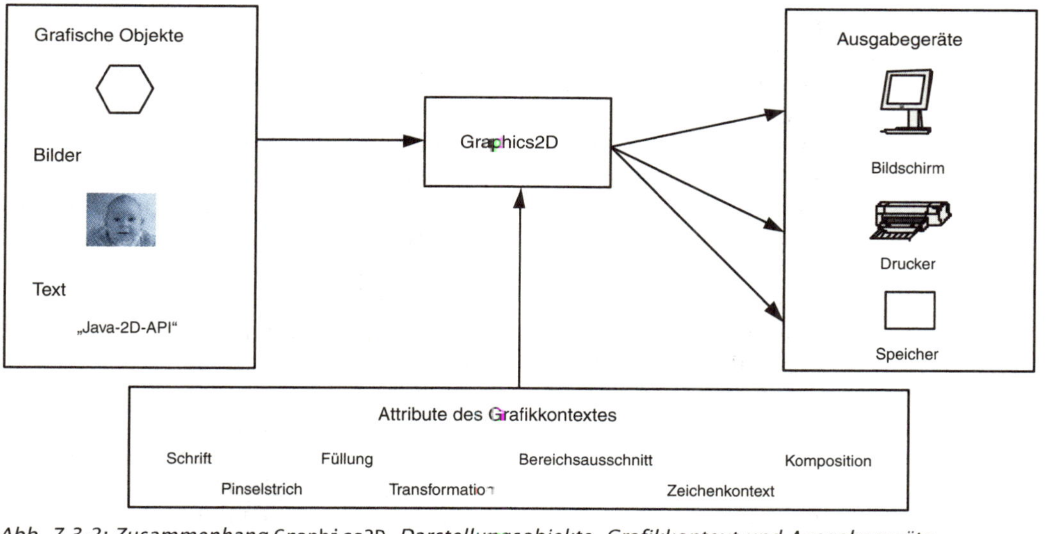

Abb. 7.3-2: Zusammenhang `Graphics2D`*, Darstellungsobjekte, Grafikkontext und Ausgabegeräte*

7.4 Grafikobjekte

In diesem Abschnitt werden die umfangreichen grafischen Grundelemente des Java-2D-API in Form von intuitiven Beispielen behandelt und vorgestellt.

7.4.1 Geometrische Objekte (*Shapes*)

`java.awt.geom`

Ein geometrisches Objekt wird durch seinen **Umriss**, auch ***Shape*** genannt, beschrieben. Dieser wird in der Regel durch das Zusammenfügen mehrerer primitiver Einzelteile, wie beispielsweise Rechtecke und Ellipsen, zusammengesetzt. Im Paket `java.awt.geom` des Java-2D-API sind eine Reihe primitiver geometrischer Objekte definiert, aus denen sich leicht komplexere Gebilde konstruieren lassen. Im Einzelnen sind dies die Klassen

- `Point2D`
- `Arc2D`
- `CubicCurve2D`
- `Ellipse2D`
- `Line2D`
- `QuadCurve2D`
- `Rectangle2D`
- `RectangularShape`
- `RoundRectangle2D`.

Mit Ausnahme der Klasse `Point2D` implementiert jede dieser Klassen das Interface `java.awt.Shape`, welches eine gemeinsame Menge von Operationen zum Beschreiben von zweidimensionalen Objekten bereitstellt.

`java.awt.Shape`

Das Interface `java.awt.Shape` vereinheitlicht die verschiedenen geometrischen Formen bzgl. ihrer Geometrieeigenschaften. Die Klasse `java.awt.Graphics2D` weiß grundsätzlich nichts über die Geometrie von Objekten. Im Interface `java.awt.Shape` sind daher Operationen definiert, mit deren Hilfe die meisten geometrischen Objekte bzw. Umrisse beschrieben werden können. Ein Objekt der Klasse `Graphics2D` kann die geometrischen Objekte zeichnen bzw. füllen, die das Interface `Shape` implementieren.

Alle geometrischen Objekte besitzen als gemeinsame Eigenschaft ein Begrenzungsrechteck, welches das kleinstmögliche Rechteck darstellt, das das gesamte Objekt umschließt.

Um den Umriss eines Objekts zu beschreiben, benutzt das Interface `java.awt.Shape` ein Objekt der Klasse `java.awt.geom.PathIterator` (vgl. Abschnitt 7.5.1). Dieses Objekt beschreibt iterativ einen durch Geraden und Kurven in Segmente aufgeteilten Umriss. Die Gesamtheit aller Segmente bezeichnet man als Pfad.

Im Interface `java.awt.Shape` sind eine ganze Reihe von Operationen definiert, die das umgebende Rechteck eines geometrischen Objekts zurückliefern (z.B. `getBounds()`). Außerdem gibt es Operationen, mit denen getestet werden kann, ob ein Punkt innerhalb eines geometrischen Objekts liegt (z.B. `contains(Point2D p)`).

Diese Operationen können sozusagen als Obermenge betrachtet werden, die auf alle geometrischen Objekte anwendbar ist. Die Auflistung aller Operationen würde den Rahmen dieses Kapitels allerdings sprengen. Deshalb sei zur Beschreibung dieser Operationen auf die im Java-2D-API integrierte Dokumentation hingewiesen.

Die spezifischen Eigenschaften der einzelnen geometrischen Objekte werden in den folgenden Abschnitten dargestellt.

7.4.2 Punkt

`java.awt.geom.Point2D`

Aus der Klasse `java.awt.geom.Point2D` kann das wohl einfachste geometrische Objekt, der zweidimensionale Punkt, erzeugt werden, der durch seine x- und y-Koordinaten beschrieben wird. Der Konstruktor ist eine abstrakte Operation, die erst in den direkt abgeleiteten Klassen `Point`, `Point2D.Float` und `Point2D.Double` die Werte der Attribute `x` und `y` mit *Integer*-, *Float*- oder *Double*-Werten initialisiert. *Integer*-, *Float*- bzw. *Double*-Zahlen gehören zu den elementaren Datentypen der Programmiersprache Java (vgl. /Zeppenfeld 2003/).

7.4.3 Linie

`java.awt.geom.Line2D`

Auch die Klasse `java.awt.geom.Line2D` ist abstrakt. Sie besitzt die konkreten Unterklassen `Line2D.Double` und `Line2D.Float`.

Das Zeichnen einer Linie ist sehr einfach und wird im folgenden Beispielprogramm (vgl. Abb. 7.4-1) dargestellt.

Beispiel
Abb. 7.4-1: Zeichnen einer Linie

Quelltext:

```
public void paint (Graphics g)
{
  Graphics2D g2d = (Graphics2D) g;

  g2d.setStroke(new BasicStroke(2));

  g2d.setPaint(Color.blue);

  g2d.draw(new Line2D.Double (
      40.0d, 40.0d, 150.0d, 150.0d));

}
```

Ausgabe:

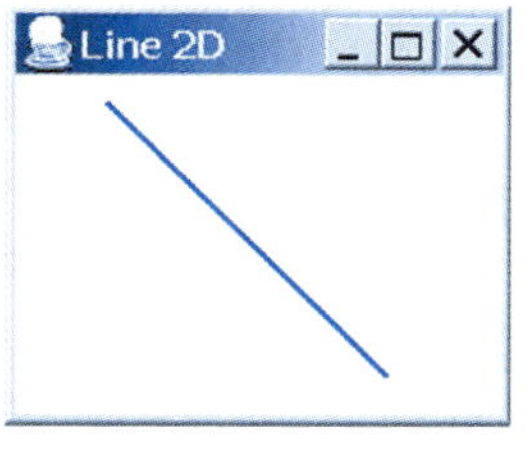

Weiterhin gibt es in der Klasse `Line2D` Operationen, mit denen man beispielsweise die einzelnen x- und y-Koordinaten der Endpunkte der Linie als Rückgabewerte erhält (`getX1()`, `getY1()` etc.), zur Bestimmung des Abstands eines Punktes zu einer Linie (`double ptLineDist(double x1, double y1, double x2, double y2, double x0, double y0)`), wobei `x0` und `y0` die Koordinaten des Punktes sind, dessen Abstand von der Linie zwischen den Punkten `x1`, `y1` und `x2`, `y2` bestimmt werden soll), zur Bestimmung der Position eines Punktes relativ zu einer Line (`int relativeCCW(double x, double y)`) und zur

Bestimmung des umgebenden Rechtecks einer Linie (Rectangle2D getBounds2D()).

Weitere nützliche Operationen dienen zur Überprüfung auf die Überschneidung zweier Linien (intersects(...)) und auf Gleichheit von Linien (equals(...)).

7.4.4 Rechteck

java.awt.geom.Rectangle2D

Direkte Unterklassen der abstrakten Klasse java.awt.geom.Rectangle2D sind die Klassen Rectangle, Rectangle2D.Double und Rectangle2D.Float. Die Klasse Rectangle2D ist Unterklasse der abstrakten Klasse java.awt.RectangularShape, in der viele Basisoperationen, wie z.B. get-Operationen für die Attribute, vorhanden sind.

Abb. 7.4-2 zeigt den Quelltext zur Erzeugung eines Objekts der Klasse Rectangle und die daraus entstandene Ausgabe.

Beispiel

Abb. 7.4-2: Zeichnen eines Rechtecks mit verstärktem Rand

Quelltext: **Ausgabe:**

```
public void paint (Graphics g)
{
  Graphics2D g2d = (Graphics2D) g;

  Shape shape = new Rectangle(30, 40, 140, 80);

  g2d.setPaint(Color.blue);
  g2d.fill(shape); //Füllen des Rechtecks
  g2d.setStroke(new BasicStroke(10));
  g2d.setPaint(Color.gray);

  g2d.draw(shape);
}
```

In diesem Beispiel wird zunächst ein Rechteck erzeugt und einem Objekt der Klasse Shape zugewiesen. Die Zeichenfarbe des Grafikkontextes wird auf »blau« gesetzt und das Rechteck damit gefüllt. Danach wird der Rand des Rechtecks in der Stärke von 10 Pixeln in der Farbe »grau« gezeichnet.

Durch weitere Operationen der Klasse Rectangle2D können beispielsweise die einzelnen Parameter eines Rechtecks gesetzt werden (setRect(...)) bzw. die Attribute eines Rechtecks an den Aufrufer zurückgeliefert werden (getX(), getWidth() usw.).

In den Klassen Rectangle2D.Float und Rectangle2D.Double gibt es Operationen, mit denen zwei Rechtecke vereinigt (createUnion(...)) bzw. überlagert (createIntersection()) werden können. Außerdem sind Operationen vorhanden, die die Gleichheit von Rechtecken überprüfen und angeben, ob ein Punkt innerhalb oder außerhalb eines Rechtecks liegt und ob eine Linie ein Rechteck schneidet oder nicht.

7.4.5 Abgerundetes Rechteck

java.awt.geom.
RoundRectangle2D

Die Klasse `RoundRectangle2D` verhält sich ebenso wie die Klasse `Rectangle`. Ihre Unterklassen sind `RoundRectangle2D.Double` und `RoundRectangle2D.Float`. Als Konstruktor kann beispielsweise verwendet werden:

- `RoundRectangle2D.Double(double x, double y, double width, double height, double arcw, double ardh)`
  Zeichnet ein Rechteck mit der oberen linken Ecke bei (x, y), einer Länge von `width` und einer Höhe von `height`. Die Ecken sind abgerundet und ihre Form wird durch die Werte von `arcw` (=Bogenweite) und `arch` (=Bogenhöhe) bestimmt. Die Bedeutung der einzelnen Parameter ist in Abb. 7.4-3 skizziert.

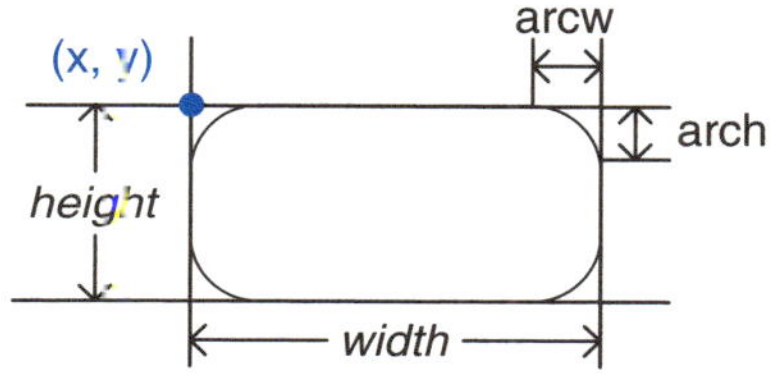

Abb. 7.4-3: Parameter eines abgerundeten Rechtecks

Beispiel
Abb. 7.4-4: Zeichnen eines abgerundeten Rechtecks

Quelltext:

```
public void paint (Graphics g)
{
  Graphics2D g2d = (Graphics2D) g;
  Shape shape = new RoundRectangle2D.Double(
        30.0d, 40.0d, 140.0d, 80.0d,
        70.0d, 10.0d);

  g2d.setPaint(Color.gray);
  g2d.fill(shape); //Füllen des
                   //abger. Rechtecks
  g2d.setStroke(new BasicStroke(10));
  g2d.setPaint(Color.blue);
  g2d.draw(shape);
}
```

Ausgabe:

Zu diesem geometrischen Objekt gibt es natürlich auch viele weitere Operationen, die beispielsweise das umgebende, rechtwinklige Rechteck liefern und testen, ob ein Punkt oder ein anderes Rechteck innerhalb oder außerhalb liegen und ob das Rechteck sich mit einem anderen Rechteck überschneidet.

7.4.6 Quadratische Kurven

java.awt.geom.
QuadCurve2D

Quadratische Kurven werden durch ein Polynom zweiten Grades, also durch die Formel $a \cdot x^2 + b \cdot x + c$, dargestellt und im Java-2D-API durch die abstrakte Klasse `java.awt.geom.QuadCurve2D` repräsentiert. Auch hier sind die konkreten Objekte in den abgeleiteten Klassen `QuadCurve2D.Float` und `QuadCurve2D.Double` zu erzeugen. Der Konstruktor einer quadratischen Kurve sieht folgendermaßen aus:

- `QuadCurve2D.Double(double x1, double y1, double ctrlx, double ctrly, double x2, double y2)`
  Zur Definition einer quadratischen Kurve werden drei Punkte benötigt: Der Startpunkt (x1, y1), der Endpunkt (x2, y2) und der Kontrollpunkt (`ctrlx`, `ctrly`), der den Schnittpunkt der Tangenten, die im Start- und Endpunkt an der Kurve liegen, darstellt. Abb. 7.4-5 veranschaulicht diesen Sachverhalt.

Abb. 7.4-5: Parameter einer quadratischen Kurve

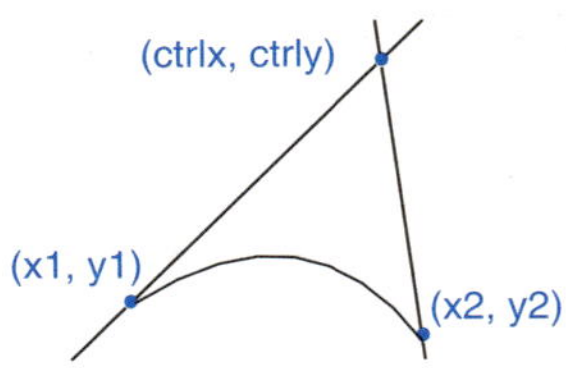

Beispiel
Abb. 7.4-6: Zeichnen einer quadratischen Kurve

Quelltext:

```
public void paint (Graphics g)
{
  Graphics2D g2d = (Graphics2D) g;

  Shape shape = new QuadCurve2D.Double(
        0,80,100,200,200,30);

  g2d.setPaint(Color.blue);
  g2d.setStroke(new BasicStroke(3));

  g2d.draw(shape);
}
```

Ausgabe:

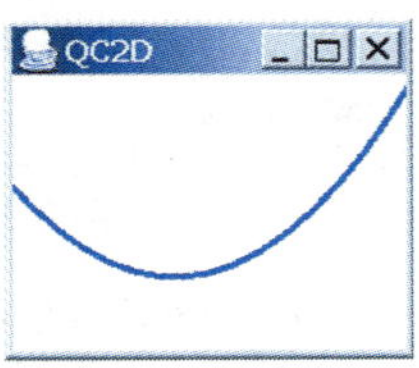

Sollen einzelne Parameter einer quadratischen Kurve neue Werte erhalten, so kann die Operation `setCurve(...)` jeweils für die `Float`- bzw. `Double`-Parameter verwendet werden. Die einzelnen x- und y-Koordinaten werden durch die entsprechenden `get`-Operationen, wie z.B. `getCtrlX()`, zurückgeliefert.

Weitere Operationen dieser Klasse dienen dem Testen, ob die Kurve in einem Rechteck enthalten ist, dem Berechnen der Steigung einer Kurve, dem Lösen der quadratischen Gleichung und der Aufteilung einer Kurve in kleinere Abschnitte.

7.4.7 Kubische Kurven

`java.awt.geom.CubicCurve2D`

Kubische Kurven werden durch ein Polynom dritten Grades, also durch $a \cdot x^3 + b \cdot x^2 + c \cdot x + d$, beschrieben und können in der Java-2D-API als Objekte der Klassen `java.awt.geom.CubicCurve2D.Float` und `java.awt.geom.CubicCurve2D.Double` dargestellt werden. Die beiden Klassen sind aus der abstrakten Klasse `java.awt.geom.CubicCurve2D` abgeleitet.

Eine kubische Kurve besitzt einen Startpunkt $P_1(x_1, y_1)$, einen Endpunkt $P_2(x_2, y_2)$ und zwei Kontrollpunkte $K_1(ctrlx_1, ctrly_1)$ und $K_2(ctrlx_2, ctrly_2)$. Es liegt jeweils an P_1 und P_2 eine Tangente an, die durch P_1 und den Kontrollpunkt K_1 bzw. durch P_2 und den Kontrollpunkt K_2 verläuft. Diese voneinander unabhängigen Tangenten definieren die Steigung der Kurve in den Punkten P_1 bzw. P_2. Zwischen den Punkten P_1 und P_2 wird dann das Polynom dritten Grades berechnet, wie es in Abb. 7.4-7 dargestellt ist.

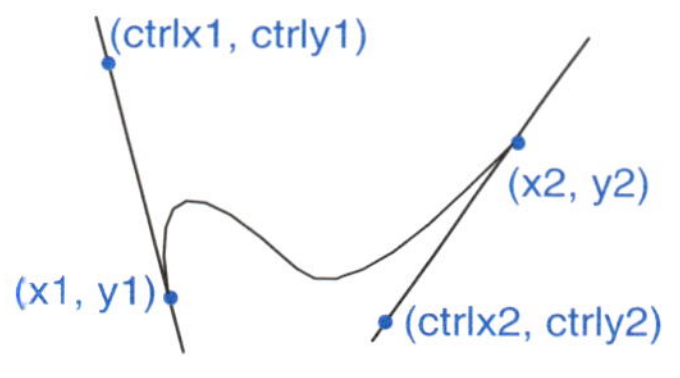

Abb. 7.4-7: Parameter einer kubischen Kurve

Der Konstruktor `CubicCurve2D.Double(double x1, double y1, double ctrlx1, double ctrly1, double ctrlx2, double ctrly2, double x2, double y2)` kann zur Erzeugung einer kubischen Kurve verwendet werden, wobei die Bedeutung der Parameter aus der obigen Beschreibung und Abb. 7.4-7 hervorgeht.

Beispiel
Abb. 7.4-8: Zeichnen einer kubischen Kurve

Quelltext:

```
public void paint (Graphics g)
{
  Graphics2D g2d = (Graphics2D) g;

  Shape shape = new CubicCurve2D.Double(
                0, 80, 50, 250,
                120, 0, 200, 80);
  g2d.setPaint(Color.blue);
  g2d.setStroke(new BasicStroke(3));

  g2d.draw(shape);
}
```

Ausgabe:

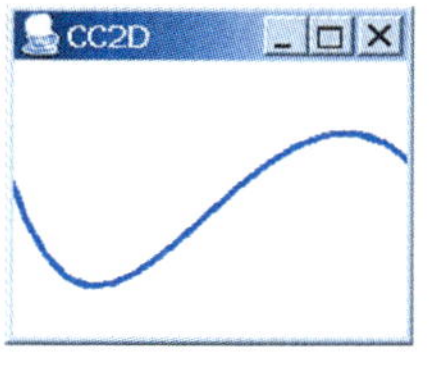

Auch für die kubischen Kurven gibt es eine ganze Reihe weiterer Operationen, ähnlich denen der quadratischen Kurven.

7.4.8 Ellipse

java.awt.geom.Ellipse2D

Eine Ellipse wird, genau so wie ein Rechteck, durch einen Mittelpunkt, eine Höhe und eine Breite definiert. Haben die Höhe und die Breite gleiche Werte, so entsteht ein Kreis. Wie bei den anderen geometrischen Objekten werden die konkreten Objekte aus den Klassen `java.awt.geom.Ellipse2D.Float` und `java.awt.geom.Double` erzeugt, die sich beide aus `java.awt.geom.Ellipse2D` ableiten. Im Konstruktor `Ellipse2D.Double(double x, double y, double width, double height)` werden diese Werte gesetzt.

Beispiel
Abb. 7.4-9: Zeichnen einer Ellipse

Quelltext:

```
public void paint (Graphics g)
{
  Graphics2D g2d = (Graphics2D) g;

  Shape shape = new Ellipse2D.Double(40,
                 55, 120, 80);
  g2d.setPaint(Color.blue);
  g2d.setStroke(new BasicStroke(2));

  g2d.draw(shape);
}
```

Ausgabe:

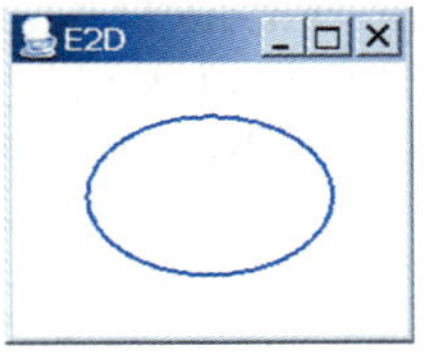

Da `Ellipse2D` aus der Klasse `java.awt.geom.RectangularShape` abgeleitet ist, stehen den Unterklassen `Ellipse2D.Float` und `Ellipse2D.Double` eine Vielzahl von Operationen zur Verfügung.

7.4.9 Ellipsenausschnitt

java.awt.geom.Arc2D

Ausschnitte aus Ellipsen können durch die Klasse `java.awt.geom.Arc2D` bzw. durch ihre konkreten Unterklassen `Arc2D.Float` und `Arc2D.Double` gezeichnet werden. Dabei ist es möglich, drei verschiedene Ausschnittsarten zu erzeugen, die in Abb. 7.4-10 dargestellt sind.

Abb. 7.4-10: Ausschnittsarten einer Ellipse

Die verschiedenen Ausschnittsarten können durch drei Konstanten angegeben werden. Es existiert unter anderem der folgende Konstruktor:

- `Arc2D.Double(double x, double y, double width, double height, double start, double extend, int type)`
  Zeichnet einen Ellipsenausschnitt in das durch die ersten vier

Parameter definierte Rechteck. Der Parameter `start` gibt den Winkel des Ellipsenausschnitts an, von dem aus gestartet werden soll, der Parameter `extend` den Winkel, den der Ausschnitt insgesamt haben soll. Der Typ des Ellipsenausschnitts kann `OPEN`, `CHORD` und `PIE` sein, was den in Abb. 7.4-10 dargestellten Ausschnittsarten entspricht. Wie die Winkel `start` und `extend` angetragen werden, ist in Abb. 7.4-11 skizziert. In dieser Skizze hat der Parameter `start` den Wert 0.0 und der Parameter `extend` den Wert 90.0.

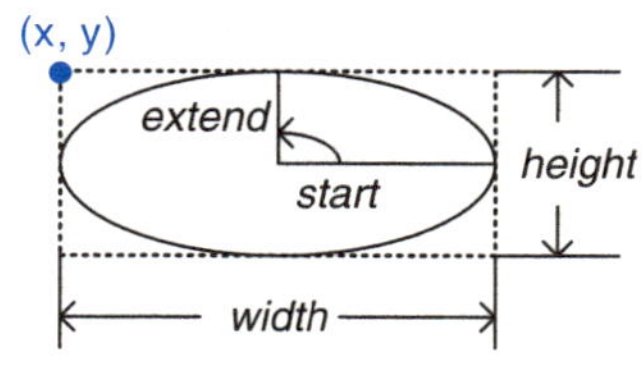

Abb. 7.4-11: Parameter eines Ellipsenausschnitts

Beispiel
Abb. 7.4-12: Zeichnen eines Ausschnitts aus einer Ellipse

Quelltext: **Ausgabe:**

```
public void paint (Graphics g)
{
  Graphics2D g2d = (Graphics2D) g;

  g2d.setStroke(new BasicStroke(2));

  g2d.setPaint(Color.blue);

  g2d.draw(new Arc2D.Double (40.0d,
                40.0d, 120.0d, 150.0d,
                45.0d, 90.0d, Arc2D.PIE));
}
```

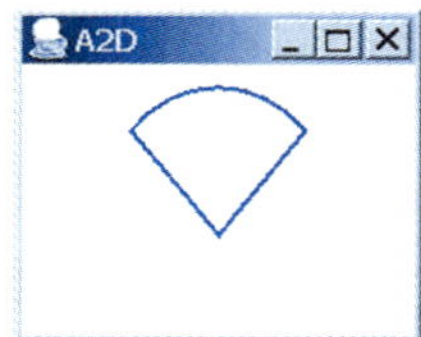

Im Beispiel wird eine Ellipse mit dem Mittelpunkt (40, 40) gezeichnet, die eine Breite von 120 und eine Höhe von 150 Pixeln hat. Der Ausschnitt beginnt bei 45° und beträgt von dort 90°. Wie diese Winkel angetragen werden, ist in Abb. 7.4-11 skizziert. Da für die Ausschnittsart die Konstante `PIE` vorgegeben wird, wird der Ellipsenausschnitt als Tortenstück angezeigt.

Auch für die Objekte der Klassen `Arc2D.Float` bzw. `Arc2D.Double` gibt es wieder viele verschiedene Operationen zur einfachen Darstellung, wie z.B. das Setzen der Parameter durch die Operationen `setArc(...)` bzw. `setArcByCenter(...)`, das Herauslesen der einzelnen Parameter durch die Operationen `getX()` oder `getAngleStart()`, der Test auf Enthaltensein eines Punktes oder eines Rechtecks durch die Operation `contains(...)` und die übliche Operation `getBounds()`, mit der die Koordinaten des umgebenden Rechtecks erhalten werden können.

7.5 Zusammenbau komplexer Objekte

In der Java-2D-API sind nicht nur elementare geometrische Objekte vorhanden, sondern es wird auch der Aufbau bzw. die Konstruktion beliebig zusammengesetzter Objekte unterstützt. Welche Möglichkeiten es dazu gibt, wird in den folgenden Abschnitten beschrieben.

7.5.1 Pfaditerator

java.awt.geom. PathIterator

Wie bereits in Abschnitt 7.4.1 bei der Definition des Interfaces `java.awt.Shape` erwähnt, kann der Umriss eines Objekts durch seinen Pfad angegeben werden. Die Beschreibung eines Pfades ist eine einfache Aneinanderreihung von Befehlen, in denen angegeben wird, wie man von einem Punkt auf der Zeichenfläche zu einem anderen Punkt gelangt. Jede Instruktion beschreibt somit ein Stück des Weges.

Beispiel

Um beispielsweise ein Dreieck zu beschreiben, könnte folgende Sequenz von Instruktionen benutzt werden: Gehe zum Punkt (0, 0); Zeichne eine Linie nach (40, 0); Zeichne eine Linie nach (20, 40); Zeichne eine Linie nach (0, 0).

In der Java-2D-API wird der Umgang mit solchen Pfaden durch das Interface `java.awt.geom.PathIterator` unterstützt, mit dessen Hilfe durch den Umriss eines geometrischen Objekts navigiert werden kann. Dazu wird, beginnend bei einem Startpunkt, durch die einzelnen Segmente des Umrisses gelaufen, ähnlich wie im gerade beschriebenen Beispiel.

Der `PathIterator` kann für alle Objekte verwendet werden, die das Interface `java.awt.Shape` implementieren.

Das Interface `java.awt.geom.PathIterator` definiert die folgenden Konstanten:

- `static final int SEG_MOVETO` (Sprung an eine Stelle des Pfades, ohne etwas zu zeichnen.)
- `static final int SEG_LINETO` (Zeichnen einer Linie vom derzeitigen Standpunkt aus.)
- `static final int SEG_QUADTO` (Zeichnen einer quadratischen Kurve vom derzeitigen Standpunkt aus.)
- `static final int SEG_CUBICTO` (Zeichnen einer kubischen Kurve vom derzeitigen Standpunkt aus.)
- `static final int SEG_CLOSE` (Zeichnen einer Linie zurück zum letzten Punkt, der mit `SEG_MOVETO` angegeben wurde. Da ein Pfad auch aus mehreren Unterpfaden bestehen kann, die alle mit einem `SEG_MOVETO`-Befehl beginnen, wird mit `SEG_CLOSE` also zum Beginn des letzten Unterpfads gesprungen.)

Das aktuelle Segment eines Pfads kann mit der folgenden abstrakten Operation betrachtet werden:

- `int currentSegment(float[] coords)`
  Als Rückgabewert dieser Operation wird der Typ des Segments, also eine der zuvor angegebenen Konstanten, zurückgeliefert. Die zum Segment gehörigen Koordinaten werden im Feld `coords` an den Aufrufer zurückgeliefert, wobei Folgendes gilt: `SEG_LINETO` und `SEG_MOVETO` liefern ein Koordinatenpaar zurück, welches den nächsten Punkt angibt; `SEG_QUADTO` liefert zwei Paare von Koordinaten zurück, das erste ist der Endpunkt der quadratischen Kurve, das zweite Paar ist der Kontrollpunkt;
  von `SEG_CUBICTO` werden drei Koordinatenpaare zurückgeliefert, der Endpunkt und die beiden Kontrollpunkte; ein `SEG_CLOSE` liefert keine Koordinaten zurück.

Beispiel

Beim Durchlaufen des Umrisspfades und Ausgabe der entsprechenden Konstanten und der Koordinaten für das Beispiel des abgerundeten Rechtecks aus Abb. 7.4-4 würde sich die folgende Ausgabe ergeben:

Abb. 7.5-1: Darstellung des Pfades eines abgerundeten Rechtecks

Quelltext: **Ausgabe:**

```
move to 30.0, 45.0
line to 30.0, 115.0

cubic to 30.0, 117.76, 45.67, 120.0, 65.0, 120.0
line to 135.0, 120.0

cubic to 154.32, 120.0, 170.0, 117.76,
                              170.0, 115.0
line to 170.0, 45.0

cubic to 170.0, 42.23, 154.32, 40.0, 135.0, 40.0
line to 65.0, 40.0

cubic to 45.67, 40.0, 30.0, 42.23, 30.0, 45.0
close
```

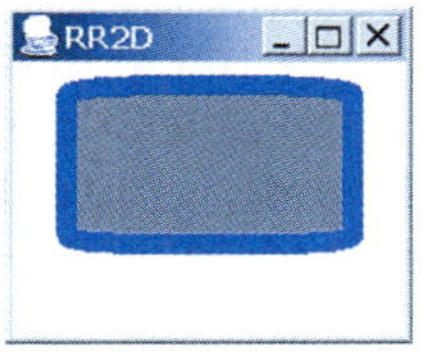

Das Interface `java.awt.geom.PathIterator` definiert u.a. noch eine weitere Operation (`getWindingRule()`), mit der bestimmt werden kann, welche Teile eines geometrischen Objekts zu seinem Inneren gehören und welche außerhalb liegen. Das Verfahren zur Bestimmung des Äußeren und Inneren eines Objekts wird im nachfolgenden Abschnitt beschrieben.

7.5.2 Geometrischer Pfad

java.awt.geom.
GeneralPath

Eine weitere Möglichkeit den Umriss eines geometrischen Objekts zu definieren, ist die Verwendung der Klasse `java.awt.geom.GeneralPath`. Sie dient dem Erstellen eines eigenen Umrisses durch den Aufbau eines geometrischen Pfads, der aus geraden Linien, quadratischen und kubischen Kurven konstruiert wird.

Beim Erstellen eines Objekts der Klasse `GeneralPath` muss als Parameter eine so genannte Umwicklungsregel (*Winding Rule*) übergeben werden. Diese legt das Verfahren fest, nach dem das Innere und Äußere des Objekts bestimmt wird. Dazu existieren die beiden Integer-Konstanten `WIND_EVEN_ODD` und `WIND_NON_ZERO`, die die entsprechenden Regeln, die Gerade-Ungerade-Regel (*Even-Odd Rule*) und die Ungleich-Null-Umwicklungsregel (*Non-zero Winding Number Rule*), repräsentieren. Da die englische Bezeichnung dieser Verfahren zweifelsfrei die in der Computergrafik gebräuchlichere Version ist, soll diese auch im weiteren Verlauf des Abschnitts verwendet werden.

Even-Odd Rule

Die *Even-Odd Rule* bestimmt das Innere bzw. Äußere eines Objekts nach der Idee, eine Halbgerade von einem Punkt P ins Äußere des geometrischen Objekts zu legen (vgl. Abb. 7.5-2):

1 Beim Zeichnen der Halbgerade von einem Punkt P beginnend, werden die Linien, die die Halbgerade kreuzen, mitgezählt.

2 Ist die Anzahl der gekreuzten Linien ungerade, so liegt der Punkt P im Inneren des Objekts. Im anderen Fall liegt P außerhalb.

Dabei wird folgende Idee verfolgt: Der Endpunkt der Halbgerade liegt definitiv außerhalb des Objekts. Ist die Zahl der Linienschnittpunkte ungerade, muss sich der Ausgangspunkt innerhalb des Objekts befunden haben. Beträgt der Wert beispielsweise 3, so ist man durch die dritte Kreuzung in das Äußere des Objekts gelangt und muss also vorher im Inneren des Objekts gewesen sein. Durch die zweite Kreuzung ist man demnach in das Innere und durch die erste wiederum in das Äußere des Objekts gelangt. Daher liegt der Ausgangspunkt innerhalb des Objekts. Umgekehrt ist es bei gerader Anzahl der Linienkreuzungen nur möglich, dass sich der Ausgangspunkt außerhalb des Objekts befunden hat. Abb. 7.5-2 demonstriert diesen Sachverhalt:

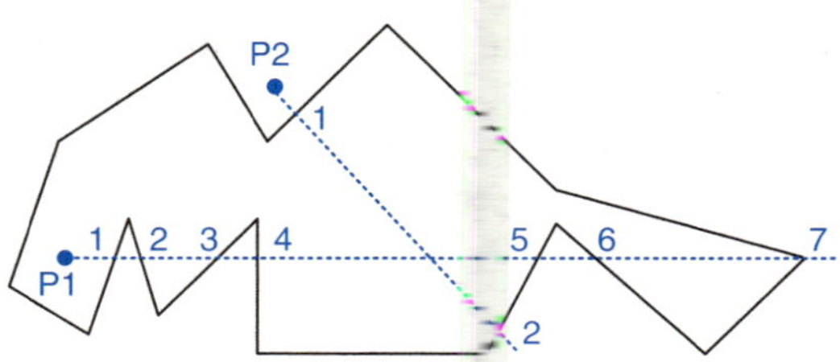

Abb. 7.5-2: Anwendung der Even-Odd Rule

Non-zero Winding Number Rule

Bei der *Non-zero Winding Number Rule* wird gemessen, wie oft ein Punkt P von einem Polygon umschlossen wird (oder wie oft sich das Polygon um diesen Punkt P »wickelt« (engl.: *winding*)). Dabei beruht das Vorgehen auf der Überlegung, dass sich ein Punkt nur dann innerhalb eines Objekts befindet, wenn der Punkt von dessen Kanten »umwickelt« wird. Diese »Umwicklung« wird wie folgt festgestellt (vgl. Abb. 7.5-3):

1 Von einem Punkt P aus wird eine Halbgerade ins Äußere des Objekts gezeichnet und darauf geachtet, dass keine Ecken des Objekts berührt werden.

2 Die Umwicklungszahl (*winding number*) wird auf Null gesetzt.

3 Falls die Halbgerade eine Kante des Objekts schneidet, die von »links nach rechts« orientiert ist, wird die Umwicklungszahl um eins erhöht.

4 Falls die Halbgerade eine Kante des Objekts schneidet, die von »rechts nach links« orientiert ist, wird die Umwicklungszahl um eins erniedrigt.

5 Ist die Umwicklungszahl nach Durchlaufen der Halbgeraden nicht gleich Null, so liegt der Punkt P innerhalb des Objekts, ansonsten außerhalb.

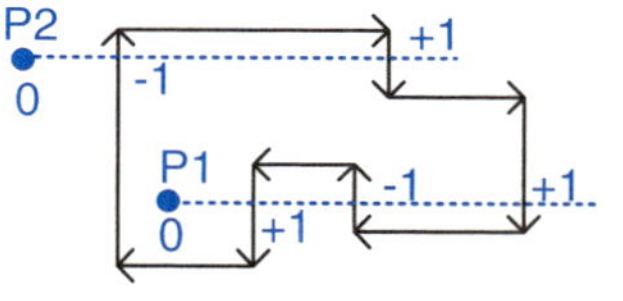

Abb. 7.5-3: Anwendung der Non-zero Winding Number Rule

Für ein Objekt der Klasse `GeneralPath` existieren mehrere Konstruktoren, bei denen u.a. auch die Art der zu verwendenden Umwicklungsregel angegeben werden kann (z.B. `GeneralPath(int windingRule)`). Das Begrenzungsrechteck eines Objekts dieser Klasse kann durch die Operation `getBounds()` erhalten werden. Ob ein Punkt innerhalb oder außerhalb eines Objekts der Klasse `GeneralPath` liegt, kann z.B. mit der Operation `boolean contains(double x, double y)` getestet werden. Ferner kann u.a. mit der Operation `boolean contains(double x, double y, double w, double h)` getestet werden, ob sich ein Rechteck innerhalb oder außerhalb des Objekts der Klasse `GeneralPath` befindet. Enthält ein Objekt dieser Klasse kein Rechteck, so kann mit der Operation `boolean intersects(double x, double y, double w, double h)` festgestellt werden, ob sich das Objekt mit dem übergebenen Rechteck überschneidet.

Ein Objekt der Klasse `GeneralPath` setzt sich aus Segmenten zusammen, die einzeln mit den Operationen `moveTo()`, `lineTo()`, `quadTo()`, `curveTo()` und `closePath()` zusammengesetzt werden können.

Beispiel

Das folgende Beispiel zeigt Ausschnitte aus dem Programmtext zur Erzeugung der im Bildschirmfenster dargestellten stilisierten Kirche. Auch hierzu ist der komplette Programmtext auf der beiliegenden CD-ROM enthalten.

Abb. 7.5-4: Beispiel zur Verwendung von GeneralPath

Quelltext:

```
. . .
GeneralPath gp = new GeneralPath();

gp.moveTo(30.0f, 230.0f);  // Turm ohne Basis
gp.lineTo(30.0f, 110.0f);
gp.moveTo(60.0f, 110.0f);
gp.lineTo(60.0f, 230.0f);
gp.moveTo(30.0f, 230.0f);

. . .

gp.moveTo(30,110); //Kuppel
gp.curveTo(-10, 50, 100, 50, 60, 110);
. . .
gp.lineTo(240.0f, 150.0f); //Dachunterkante
gp.moveTo(30, 70); //Dach
gp.lineTo(45, 30);

. . .

g2d.draw(gp);
```

Ausgabe:

7.5.3 Zusammengesetzte Objekte

java.awt.geom.Area

Die Operationen der Klasse `java.awt.geom.Area` des Java-2D-API bieten weitere Möglichkeiten zur benutzerdefinierten Konstruktion von geometrischen Objekten an. In dieser Klasse wird das Interface `java.awt.Shape` implementiert, um dadurch das Innere eines geometrischen Objekts zu definieren. Die Klasse `Area` benutzt die im letzten Abschnitt definierten Regeln, um das Innere und Äußere eines Objekts zu bestimmen.

Ein Objekt der Klasse `Area` wird durch das Zusammenfügen einer oder mehrerer Objekte, die ebenfalls wieder Objekte der Klasse `Area` sind, aufgebaut. Dazu stehen die folgenden Operationen zur Verfügung:

- `void add(Area specifiedArea)`
  Das als Parameter übergebene Objekt der Klasse `Area` wird dem aktuellen Objekt hinzugefügt.
- `void subtract(Area specifiedArea)`
  Das durch diese Operation entstehende Objekt setzt sich aus dem aktuellen Objekt und dem übergebenen Objekt zusammen. Davon

abgezogen werden jene Regionen, in denen sich die beiden Objekte, das aktuelle und das übergebene Objekt, überschneiden.

- `void intersect(Area anotherArea)`
  Das durch diese Operation entstehende Objekt setzt sich aus der Region zusammen, in der sich das aktuelle Objekt mit dem übergebenen Objekt überschneidet.
- `void exclusiveOr(Area anotherArea)`
  Das durch diese Operation entstehende Objekt setzt sich aus der Region zusammen, die das aktuelle Objekt und das übergebene Objekt nicht gemeinsam haben.

Weitere nützliche Operationen der Klasse `Area` sind beispielsweise `isRectangular()` oder `isPolygonal()`, die einen boole'schen Wert zurückliefern, je nachdem, ob der Umriss des aktuellen Objekts ein Rechteck oder ein Polygon ist. Außerdem stehen in dieser Klasse noch die üblichen Operationen zum Test auf das Enthaltensein eines Punktes bzw. eines Rechtecks, die Umformung in ein Objekt der Klasse `PathIterator` und die Rückgabe des umspannenden Rechtecks zur Verfügung.

Beispiel

In Abb. 7.5-5 werden Beispiele für die Anwendung der Kompositionsoperationen der Klasse `Area` angegeben. Oben links ist das Ausgangsbild zu sehen, welches ein sich überschneidendes abgerundetes Rechteck und eine Ellipse zeigt. Oben rechts ist die Anwendung der Operation `add()` zu sehen, unten links die Operation `subtract()`, unten rechts die Operation `exclusiveOR()` und in der Mitte wird die Operation `intersect()` angewendet. Dabei ist jeweils das abgerundete Rechteck das aktuelle Objekt und die Ellipse das übergebene Objekt.

Abb. 7.5-5: Anwendung der Konstruktionsoperationen der Klasse Area

Quelltext:

```
. . .
Shape shapeRR_2 = new
     RoundRectangle2D.Double(...);
Area areaRR_2 = new Area(shapeRR_2);
Shape shapeE_2 = new Ellipse2D.Double(..);
Area areaE_2 = new Area(shapeE_2);
   // Zwei Objekte der Klasse Area
   // wurden erzeugt

areaRR_2.add(areaE_2);

. . .

g2d.draw(areaRR_2);

. . .
```

Ausgabe:

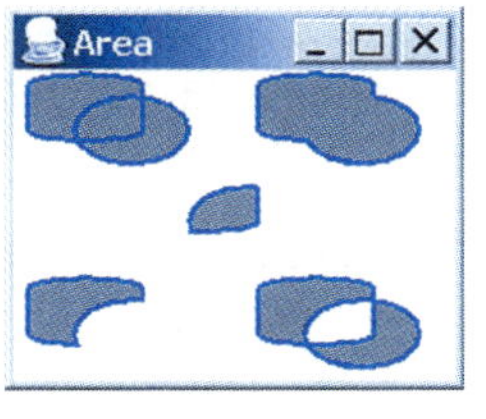

Benutzerkoordinatensystem (*User Coordinate System*) Koordinatensystem, das vom Java-2D-API unterstützt wird und in dem eine Szene oder ein Objekt definiert wird.

Gerätekoordinatensystem (*Device Coordinate System*) Koordinatensystem des Ausgabegeräts (z.B. Bildschirm, Drucker etc.).

Grafikkontext Umgebungsparameter, durch die die Ausgabeoptionen geometrischer Objekte, Texte oder Bilder im Java-2D-API definiert werden können.

Java-2D-API Umfangreiche Klassenbibliothek der *Java2-Platform* zur Unterstützung des Aufbaus und des Zeichnens von zweidimensionalen Bildern.

Shape Im Java-2D-API Bezeichnung für die geschlossene Umrisslinie eines grafischen Objekts.

Umriss →*Shape*

Das Java-2D-API ist eine umfangreiche Klassenbibliothek, die in die *Java2-Platform* integriert ist und die zweidimensionale Grafikprogrammierung stark vereinfacht. Grundsätzlich werden drei Arten von grafischen Objekten unterstützt: einfache geometrische Objekte, Texte und Bilder. Komplexere Objekte (*Shapes*) werden durch ihren Umriss beschrieben. Das Vorgehen zur Darstellung einer Szene bzw. eines Bildes ist sehr einfach. Zunächst sind die Objekte, die gezeichnet werden sollen, durch das Erzeugen und das Setzen ihrer Attribute im Benutzerkoordinatensystem festzulegen. Außerdem sind die Attribute des Grafikkontextes zu initialisieren bzw. zu erzeugen, die die Art der Darstellung und den anzuzeigenden Bereich repräsentieren. Diese Objekte werden einem Objekt der zentralen Klasse `Graphics2D` zur Verfügung gestellt, welches dann die Szene im Gerätekoordinatensystem darstellt.

/Foley et al. 1990/
Foley J., van Dam A., Feiner S., Hughes J., *Computer Graphics – Principles and Practise, 2nd Edition*, Addison-Wesley 1990, 1175 Seiten

/Knudsen 1999/
Knudsen J., *Java 2D Graphics*, O'Reilly 1999, 339 Seiten

/Hardy 2000/
Hardy V. J., *Java-2D-API Graphics*, Sun Microsystems Press 2000, 509 Seiten

/Zeppenfeld 2003/
Zeppenfeld K., *Objektorientierte Programmiersprachen*, Spektrum Akademischer Verlag 2003, 350 Seiten

Muss-Aufgabe
Zeit 10 Min

1 Lernziel: *Verständnis für die Klassenhierarchie des Java-2D-API entwickeln.*

Verschaffen Sie sich einen Überblick über die Klassenhierarchie des Java-2D-API, indem Sie versuchen, die in dieser Lehreinheit beschriebenen Klassen ihren Paketen zuzuordnen und für jedes Paket einen Hierarchiebaum anzufertigen.

Kann-Aufgabe
Zeit 10 Min

2 Lernziel: *Den geräteunabhängigen Ansatz der Java-2D-API verstehen.*

Im Java-2D-API wird standardmäßig angenommen, dass 72 so genannte *Units* eine Länge von einem Inch haben. Wie müsste eine

Transformation aussehen, die ein Bild mit einer so angenommenen Auflösung auf einem Drucker, der mit einer Auflösung von 600 dpi arbeitet, ausdruckt?

3 Lernziel: *Zusammenhang zwischen Grafikkontext und zu zeichnendem geometrischen Objekt erkennen.*
Schreiben Sie ein Java-Programm, in dem Sie ein einfaches geometrisches Objekt, beispielsweise eine Ellipse, mit den verschiedenen Ausprägungen der Attribute Pinselstrich, Füllung, Transformation und Bereichsausschnitt des Grafikkontextes zeichnen.

Muss-Aufgabe
Zeit 20 Min

4 Lernziel: *Einen Objektumriss erstellen können.*
Schreiben Sie ein Java-Progamm, in dem Sie die Umrisslinien eines Ihnen bekannten Gebäudes mit Hilfe der Klasse `GeneralPath` erzeugen. Füllen Sie diese Umrisslinien mit einem zyklischen Farbverlauf.

Muss-Aufgabe
Zeit 30 Min

5 Lernziel: *Eine zusammengesetzte Fläche erstellen können.*
Schreiben Sie ein Java-Progamm, in dem Sie die folgenden Gebäude jeweils mit Hilfe eines Objekts der Klasse `Area` aufbauen. Setzen Sie das Gesamtobjekt aus Einzelobjekten zusammen und achten Sie dabei auf die in der Skizze sichtbaren Umrisslinien.

Muss-Aufgabe
Zeit 25 Min

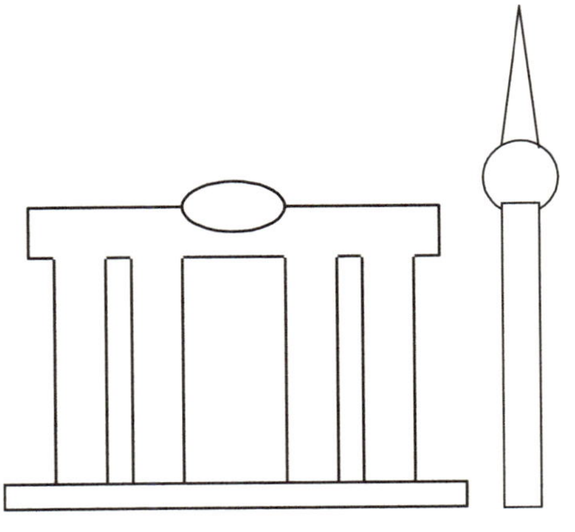

7 Programmierung – Grundkurs Java-2D-API (Teil 2)

- Den grundsätzlichen Aufbau der Java-Klassenhierarchie kennen. — wissen
- Die wichtigsten Pakete des Java-2D-API kennen.
- Wissen, wie Zeichenketten mit den Klassen `Font`, `FontMetrics`, `TextLayout` und `AttributedCharacterIterator` manipuliert werden können.
- Die drei verschiedenen Farbmodelle kennen.
- Die Möglichkeiten der Bildbearbeitung kennen.
- Die grundsätzliche Philosophie und das Vorgehen zur Darstellung von Objekten mit der Java-2D-API kennen. — verstehen
- Die Fallbeispiele verstehen und anwenden können und auf dieser Grundlage selbstständig neue Programme entwickeln können.
- Eine Zeichenkette jeweils unter Verwendung der Klassen `Font`, `FontMetrics`, `TextLayout` und `AttributedCharacterIterator` auf verschiedene Art und Weise darstellen können. — anwenden
- Die sieben Attribute des Grafikkontextes auf einfache grafische Objekte anwenden können.
- Monochrome Farben, Farbverläufe und Texturen erzeugen und ausgeben können.
- Ein Bild jeweils unter Verwendung der verschiedenen Filterungsarten manipulieren können.

- Grundlegende Kenntnisse der objektorientierten Programmierung und der Programmiersprache Java sollten vorhanden sein.
- Kapitel 2 und Kapitel 7.1 – 7.5 werden vorausgesetzt.

7.6 Zeichensätze und Text-Layout

Das Java-2D-API bietet umfangreiche Möglichkeiten Text zu bearbeiten. Durch Operationen der Klasse `java.awt.Font` werden verschiedene Textarten gezeichnet. Mit Hilfe der Klasse `java.awt.font.TextLayout` kann Text angezeigt und benutzerspezifisch angepasst werden.

7.6.1 Zeichensätze

java.awt.Font

Ein Objekt der Klasse `java.awt.Font` stellt einen einzelnen Zeichensatz dar und kann durch den Konstruktor `Font(String name, int style, int size)` erzeugt werden. Der Name eines Objekts der Klasse `Font` ist eine Zeichenkette, welche die Schrift bezeichnet, wie z.B. Arial oder Times New Roman. Der Stil gibt die Art des Zeichensatzes an und kann durch die Konstanten `PLAIN` (normale Schrift), `ITALIC` (kursive Schrift) und `BOLD` (fette Schrift) definiert werden. Der dritte Parameter gibt die Größe des Zeichensatzes in Punkten an.

Wie im ersten Beispiel dieses Kapitels bereits dargestellt, wird durch die Operation `setFont(...)` der Zeichensatz im Grafikkontext gesetzt, und alle daraufhin mit der Operation `drawString(...)` ausgegebenen Zeichenketten werden solange in diesem Zeichensatz dargestellt, bis ein anderes Objekt der Klasse `Font` im Grafikkontext gesetzt wird.

Um die zur Verfügung stehenden Schriften des Systems, auf dem das Programm läuft, zu ermitteln, gibt es in der abstrakten Klasse `java.awt.GraphicsEnvironment` die Operation `abstract Font[] getAllFonts()`.

Aus einem vorhandenen Zeichensatz kann durch die Operation `deriveFont(...)` ein neuer benutzerdefinierter Zeichensatz erstellt werden.

Eine weitere Klasse des Java-2D-API, die Informationen zu einem Zeichensatz enthält, ist die Klasse `java.awt.FontMetrics`. Hier können alle Informationen über die Metrik eines Zeichensatzes, wie sie in Abb. 7.6-1 beschrieben ist, erhalten werden (vgl. dazu auch Anhang C).

`java.awt.FontMetrics`

Abb. 7.6-1: Metrik eines Zeichensatzes

- `int getAscent()` Liefert die Entfernung zwischen der Basislinie und der oberen Grenze eines Buchstabens (den sog. Aufstrich).
- `int getDescent()` Liefert die Entfernung zwischen der Basislinie und der unteren Grenze eines Buchstabens (den sog. Abstrich).
- `int getHeigth()` Liefert die Gesamthöhe (Summe von Aufstrich, Abstrich und Führung).
- `int stringWidth()` Liefert die Gesamtbreite einer Zeichenkette in Punkten (vgl. Anhang C).
- `int charWidth()` Liefert die Breite eines einzelnen Zeichens in Punkten (vgl. Anhang C).

Beispiel

Quelltext:

```
. . .
Font f1 = new Font("Arial", Font.PLAIN, 48);
Font f2 = new Font("Times New Roman", Font.PLAIN, 48);
g2d.setFont(f1);
g2d.drawString("Dies ist ein Text in Arial.", 20, 80);
g2d.setFont(f2);
g2d.drawString("Dies ist noch ein Text in Times New Roman.",
   20, 170);
. . .
```

Ausgabe:

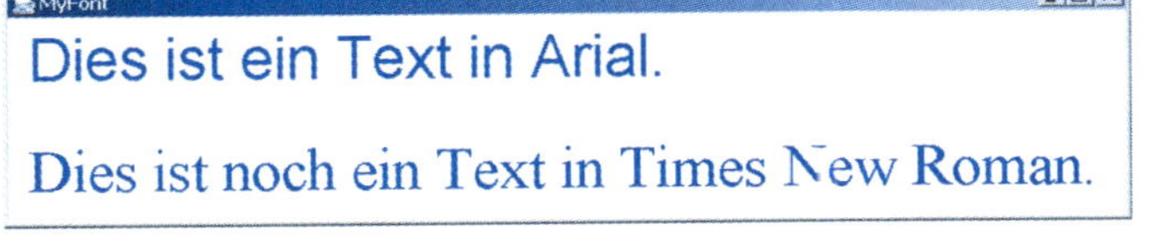

Abb. 7.6-2: Beispiel für die Anwendung der Klasse Font

7.6.2 TextLayout

java.awt.font.TextLayout

Um das Layout von Texten zu beeinflussen, gibt es im Java-2D-API die Klasse `java.awt.font.TextLayout`. Damit ist es möglich, eine Textausgabe nach eigenen Wünschen zu gestalten.

Als Konstruktor dieser Klasse kann die Operation `TextLayout(String text, Font font, FontRenderContext frc)` verwendet werden, wobei die ersten beiden Parameter bekannt sind und der dritte Parameter ein Objekt der Klasse `java.awt.font.FontRenderContext` darstellt. Mit Objekten dieser Klasse kann die Darstellung des Zeichensatzes beeinflusst werden.

Beispiel

Quelltext:

```
Graphics2D g2d=(Graphics2D)g;

AffineTransform at_1 = new AffineTransform();
at_1.setToShear(0.5, 0);
FontRenderContext frc_1 = new FontRenderContext(at_1, true, false);
Font f_1 = new Font("Arial", Font.PLAIN, 48);
TextLayout tl_1 = new TextLayout("Dies ist ein Text in Arial.", f_1, frc_1);
tl_1.draw(g2d, 30, 80);

AffineTransform at_2 = new AffineTransform();
at_2.setToShear(0, -0.1);
FontRenderContext frc_2 = new FontRenderContext(at_2, false, false);
Font f_2 = new Font("Times New Roman", Font.PLAIN, 48);
g2d.setFont(f_2);
TextLayout tl_2 = new TextLayout("Dies ist noch ein Text in Times New Roman.",
                    f_2, frc_2);
tl_2.draw(g2d, 30, 170);
. . .
```

Ausgabe:

Abb. 7.6-3: Beispiel für die Anwendung der Klasse TextLayout

Im obigen Beispiel wird bereits die Klasse `AffineTransform` benutzt. Diese wird in Kapitel 7.7.3 genauer beschrieben.

7.6.3 Text-Attribute

Um einen Text zu formatieren, kann das Interface java.text.AttributedCharacterIterator benutzt werden, welches nicht zum Java-2D-API gehört. Dieses Interface ermöglicht, dass eine Zeichenkette iterativ mit verschiedenen Formatanweisungen durchlaufen werden kann. Als Formatierungsangaben können z.B. Schriftarten, -stile und Farben gesetzt werden.

java.text.AttributedCharacterIterator

Um dies durchzuführen, ist zunächst eine Instanz der Klasse java.text.AttributedString mit folgendem Konstruktor zu erstellen:

- AttributedString(String text) Eine neue attributierte Zeichenkette wird für das übergebene Objekt der Klasse String erstellt. Die Buchstaben dieser Zeichenkette stellen die Informationen dar, die in verschiedenen Varianten angezeigt werden sollen.

Dann können für ein beliebiges Teilstück der attributierten Zeichenkette unterschiedliche Darstellungsarten zugewiesen werden, wobei das Teilstück einfach durch die Position der Buchstaben bestimmt werden kann.

- void addAttribute(AttributedCharacterIterator.Attribute attribute, Object value) Fügt der attributierten Zeichenkette ein neues Attribut hinzu. Das Attribut stammt aus der Klasse java.awt.font.Textattribut. Der Wert dieses Textattributs wird durch den Parameter value bestimmt.
- void addAttribute(AttributedCharacterIterator.Attribute attribute, Object value, int beginIndex, int endIndex) Wie vorher, nur dass das neue Attribut auf die Buchstaben eines Teils der Zeichenkette, beginnend bei beginIndex und endend bei endIndex, angewendet wird.

Um die attributierte Zeichenkette wie gewohnt ausgeben zu können, muss mit der Operation AttributedString.getIterator() ein Objekt der Klasse AttributedCharacterIterator ermittelt werden und an die Operation drawString() aus der Klasse Graphics2D übergeben werden.

Beispiel

Das Beispiel zeigt die Ausgabe der Zeichenkette »Sonnenblumen sind gelb und schwarz«, deren einzelne Worte unterschiedlich attributiert sind. Über das Attribut UNDERLINE mit der Ausprägung UNDERLINE_LOW_DASHED werden die ersten zwölf Zeichen der Zeichenkette, nämlich das Wort »Sonnenblumen«, unterstrichen dargestellt. Über das Attribut SWAP_COLORS mit der Ausprägung SWAP_COLORS_ON werden die Farben der Worte »sind« und »und« invertiert, so dass die Schriftfarbe nun Weiß und die Hintergrundfarbe Blau ist. Die Darstellung der Worte »gelb« und »schwarz« wird durch einen Farbverlauf zwischen Gelb und Schwarz erzeugt. (Für das unten stehende Bild wurde beim Farbverlauf aus drucktechnischen Gründen die Farbe Gelb durch Blau ersetzt.)

Quelltext:

```
public void paint(Graphics g)
{ Graphics2D g2d=(Graphics2D)g;
  Font f1 = new Font("Arial", Font.PLAIN, 48);
  Font f2 = new Font("Times New Roman", Font.PLAIN, 48);
  AttributedString as = new AttributedString ("Sonnenblumen sind gelb und
                                               schwarz.");
  as.addAttribute(TextAttribute.FONT, f1);
  as.addAttribute(TextAttribute.FOREGROUND, new GradientPaint
                      ( 0,0, Color.yellow, 0,10, Color.black , true ), 18,22);
  . . .
  as.addAttribute(TextAttribute.UNDERLINE, TextAttribute.
                UNDERLINE_LOW_DASHED, 0,12);
  as.addAttribute(TextAttribute.SWAP_COLORS, TextAttribute.
                SWAP_COLORS_ON, 13,17);
  . . .
  g2d.drawString(as.getIterator(), 20, 150);
}
```

Ausgabe:

Abb. 7.6-4: Beispiel für die Anwendung einer attributierten Zeichenkette

7.7 Grafikkontext

Rendering Wie bereits erwähnt, werden die Attribute eines Objekts der Klasse `Graphics2D` auch als **Grafik-** bzw. ***Rendering-Kontext*** bezeichnet. Unter dem Begriff ***Rendering*** wird das Erzeugen bzw. das Zeichnen von Szenen verstanden.

Um Texte, geometrische Objekte oder Bilder mit Hilfe des Java-2D-API zu zeichnen, ist zunächst der Grafikkontext zu definieren. Dazu existieren insgesamt sieben verschiedene Operationen, welche die Form der Darstellung eines Objekts der Klasse `Graphics2D` manipulieren (vgl. Abb. 7.3-2).

7.7.1 Pinselstrich (*Stroke*)

`java.awt.Stroke` Mit Hilfe des **Pinselstrich-** bzw. ***Stroke*-Attributs** des Grafikkontextes kann der Umriss des zu zeichnenden Objekts festgelegt werden. Die Breite der Umrisslinie eines Objekts, die Form der Enden eines Linienzuges oder auch die Art des Zusammenfügens zweier Umrisslinien wird durch das Setzen der entsprechenden Attribute definiert. Weiterhin kann auch angegeben werden, ob eine Linie gestrichelt dargestellt wird oder nicht.

Das Interface `java.awt.stroke` wird von der Klasse `java.awt.BasicStroke`, die direkt aus der Klasse `Object` abgeleitet ist, implementiert. In den vergangenen Beispielen wurden bereits Objekte der Klasse `BasicStroke` verwendet.

Beispiel

Im folgenden Beispiel wird die einfache Erzeugung eines Objekts der Klasse `BasicStroke` demonstriert. Der in Abb. 7.3.1 dargestellte Schriftzug wird hier mit einer dünneren aber gestrichelten Umrisslinie dargestellt. Die Parameter des Konstruktors der Klasse `BasicStroke` geben an, wie breit die Linie dargestellt werden soll und welchen Stil die Linie an ihren Enden hat (`CAP_BUTT` = einfache Linie mit geraden Enden, `CAP_ROUND` = Linie mit abgerundeten Enden oder `CAP_SQUARE` = Linie, die durch Rechtecke mit einer Dicke von einer halben Strichstärke ergänzt wird). Außerdem kann festgelegt werden, wie eine Linie mit anderen Linien verknüpft werden kann (`JOIN_BEVEL` = die Ecke der beiden zusammentreffenden Linien wird abgeflacht dargestellt, `JOIN_MITER` = die Ecke läuft spitz zusammen und `JOIN_ROUND` = die Ecke wird abgerundet dargestellt). Wird als Verbindungsstil `JOIN_MITER` gewählt, muss zusätzlich das Maß der Gehrung angegeben werden, d.h. hier wird das Ausmaß der spitzen Ecke festgelegt. Bei jedem anderern Verbindungsstil wird dieses Maß ignoriert.
Das Feld `dash[]` gibt den Abstand der Strichelung in Punkten an. Mehrere Werte, die hintereinander in das Feld geschrieben werden, erhalten die folgende Bedeutung: 1. Wert = Länge des 1. Strichs, 2. Wert = Länge der Unterbrechung, 3. Wert = Länge des 2. Strichs, 4. Wert = Länge der zweiten Unterbrechung usw.

Quelltext:

```
public void paint (Graphics g)
{
  Graphics2D g2d = (Graphics2D) g;
  float dash[] = {3.5f};
  BasicStroke stroke = new BasicStroke(
     2.0f,                     //Breite
     BasicStroke.CAP_ROUND, //Endungsstil
     BasicStroke.JOIN_ROUND,//Verbindungsstil
     10.0f,                    //Gehrung
     dash,    //Abstand der Strichelung
     0.0f);  //Offset Beginn Strichelung
  g2d.setStroke(stroke);
  . . .
  g2d.draw(...);
}
```

Ausgabe:

Abb. 7.7-1: Quelltext und Ausgabefenster der Java-Anwendung MyStroke

Der letzte Parameter des Konstruktors wird als Phase bezeichnet und gibt an, um wie viele Punkte reduziert die Länge des ersten Strichs angezeigt wird (vgl. dazu auch Anhang C).

Im obigen Quelltext ist nur die Erzeugung eines Objekts der Klasse `BasicStroke` angegeben. Zum Erzeugen der Umrisslinien einer Zeichenkette sind einige weitere Operationen notwendig.

Der Einfachheit halber werden in diesem und auch in den folgenden Beispielen immer nur die wesentlichen Auszüge aus den entsprechenden Java-Quelltexten angegeben. Diese sind ausreichend, um die einfache Anwendung des gerade beschriebenen Themas beispielhaft nachvollziehen zu können. Der vollständige Quelltext aller verwendeten Programme befindet sich auf der beiliegenden CD-ROM.

7.7.2 Füllung (*Paint*)

`java.awt.Paint`

Das Füllen von breiten Umrissen, Flächen oder Texten mit einer Farbe, einem Muster oder einem Farbverlauf wird durch das Interface `java.awt.Paint` definiert. Die Klassen `java.awt.Color`, `java.awt.GradientPaint` und `java.awt.TexturePaint` sind alle direkt aus der Klasse `Object` abgeleitet und implementieren dieses Interface.

Beispiel

Quelltext: **Ausgabe:**

```
public void paint (Graphics g)
{
  Graphics2D g2d = (Graphics2D) g;

  g2d.setFont(new Font("Arial",Font.BOLD|Font.ITALIC,48));
  g2d.setPaint(Color.blue);
  g2d.drawString("JAVA", 30, 100);

  GradientPaint gp = new GradientPaint ([illegible].0f, 170.0f,
                     Color.blue, 180.0f, 2[illegible].0f , Color.white);
  g2d.setPaint(gp);

  g2d.drawString("2D API", 15, 170);
}
```

Abb. 7.7-2: Quelltext und Ausgabefenster der Java-Anwendung MyPaint_1

Zu Beginn dieses Beispiels wird zunächst durch die Operation `setFont(...)` dem Grafikkontext die Schriftart mitgeteilt, in der geschrieben werden soll. Danach setzt die Operation `setPaint()` den Füllmodus auf die Farbe blau und die Zeichenkette »Java« wird in dieser Farbe gezeichnet.
Das anschließend erzeugte Objekt der Klasse `GradientPaint` erhält als Parameter den Start- und den Endpunkt des Farbverlaufs, jeweils mit der entsprechenden Farbe, die an diesen Punkten angezeigt wer-

den soll. Es entsteht hier also ein Farbverlauf von links nach rechts, der mit Blau beginnt und bei Weiß endet und zusätzlich auf die Breite des Ausgabefensters angepasst ist. In diesem Farbverlauf wird die Zeichenkette »2D API« in die Bildschirmausgabe geschrieben.

Für die Anwendung `MyPaint_2` wurde im letzten Teil, dessen Quelltext und Bildschirmausgabe in Abb. 7.7-3 zu sehen sind, zunächst ein Muster mit Hilfe eines Objekts der Klasse `java.awt.image.BufferedImage` definiert. Wie bereits beschrieben, kann mit Hilfe dieser Klasse ein Bild, in diesem Fall der Größe 5 x 5-Pixel, in einen Speicherbereich gezeichnet werden. In der Ausgabe ist zu erkennen, dass es sich dabei um eine kleine weiße Ellipse auf blauem Hintergrund handelt.

Nach der Erzeugung des Musters, auf die an dieser Stelle nicht näher eingegangen werden soll, wird ein Objekt der Klasse `TexturePaint` erzeugt, dem als Parameter das Objekt der Klasse `BufferedImage`, also das Muster, und ein Rechteck übergeben werden. Das Rechteck liegt im Benutzerkoordinatensystem vor und ist genauso groß wie das Muster, also 5 x 5 Pixel. Danach wird dieses Muster durch die Operation `setPaint(...)` als »Malfarbe« des Grafikkontextes gesetzt und die bereits bekannte Zeichenkette in einer selbst definierten Farbe in die Ausgabe geschrieben.

Quelltext:

```
public void paint (Graphics g)
{ . . .
  BufferedImage bi = new BufferedImage
             (5, 5, BufferedImage.TYPE_INT_RGB);
  Graphics2D texture = bi.createGraphics();
  // Füllen des BufferedImage mit einem Muster
  . . .
  Rectangle r = new Rectangle(0,0,5,5);
  TexturePaint tp = new TexturePaint(bi,r);
  g2d.setFont(new Font("Arial",Font.BOLD|Font.ITALIC,48));
  g2d.setPaint(tp);

  g2d.drawString("JAVA", 30, 100);
  g2d.drawString("2D API", 15, 170);
}
```

Ausgabe:

Abb. 7.7-3: Quelltext und Ausgabefenster der Java-Anwendung MyPaint_2

7.7.3 Transformationen

In der Klasse `java.awt.geom.AffineTransform` bietet das Java-2D-API affine Abbildungen (vgl. Kap. 2) an, mit deren Hilfe Translation (Verschiebung), Rotation, Skalierung (Vergrößerung bzw. Verkleinerung)

`java.awt.geom.AffineTransform`

und beliebige Kombinationen aus diesen Umformungen durchgeführt werden können.

Der Benutzer hat die Möglichkeit, eine neue Transformation zu erzeugen, indem ein neues Objekt der Klasse `AffineTransform` initialisiert wird, oder Operationen der Klasse `Graphics2D` zu benutzen, um die Standardtransformationen zu verändern. Die Anwendung von Transformationen auf die Koordinaten eines geometrischen Objekts erfolgt, wie in Kap. 2 theoretisch beschrieben, durch eine Matrizenmultiplikation auf die Koordinaten des Ursprungspunktes, die durch diese Multiplikation in die Koordinaten des neuen Punktes transformiert werden.

Die Klasse `AffineTransform` kann somit auch verwendet werden, um eine Transformation des Benutzerkoordinatensystems in das Gerätekoordinatensystem (vgl. Kap. 7.2) durchzuführen.

Initial arbeitet der Grafikkontext des Java-2D-API mit einer Matrix M, die als Einheitsmatrix definiert ist und deren Multiplikation keine Auswirkungen auf die Koordinaten hat. Sollen nun bestimmte Operationen, wie z.B. Rotation, Translation oder Skalierung, durchgeführt werden, muss diese Matrix mit der entsprechenden Transformationsmatrix multipliziert werden. Die Anwendung der Transformationsmatrix wird in einem Schritt auf den Ausgangskoordinaten durchgeführt. Damit dies funktioniert, werden homogene Koordinaten verwendet (vgl. Kap. 2). Eine Neuberechnung entspricht somit der Gleichung $\begin{bmatrix} x' \\ y' \\ 1 \end{bmatrix} = \begin{bmatrix} m_{00} & m_{01} & m_{02} \\ m_{10} & m_{11} & m_{12} \\ 0 & 0 & 1 \end{bmatrix} \cdot \begin{bmatrix} x \\ y \\ 1 \end{bmatrix}$, was in Matrixschreibweise $P' = M \cdot P$ bedeutet, wobei P(x, y) den ursprünglichen Punkt und P'(x', y') den durch die Transformationsmatrix M veränderten Punkt darstellt. Für die Matrix M werden als Werte sechs Variablen `m00`, ..., `m12` vom Typ `Double` als Attribute der Klasse `AffineTransform` gespeichert.

Zum Erzeugen und zur Verwendung der Transformationsmatrizen stehen mehr als 30 Operationen in dieser Klasse zur Verfügung. Für die genaue Beschreibung sei auf die Dokumentation der Java-2D-API Klassenbibliothek verwiesen.

Beispiel

Im Beispiel der Abb. 7.7-1, bei dem die Umrisslinien des Schriftzuges »2D API« gezeichnet wurden, wurde bereits eine affine Transformation zum Platzieren des Schriftzuges in das Fenster verwendet, aber im Ausschnitt des Quelltextes nicht angegeben. Diese Anwendung wird nun um eine Rotation und eine Skalierung ergänzt, so dass sich der Schriftzug diagonal durch das Fenster zieht. Außerdem wird gezeigt, wie durch die Klassen `java.awt.font.FontRenderContext` und `java.awt.font.TextLayout` die Umrisslinie der Zeichenkette »2D API« bestimmt werden kann.

Abb. 7.7-4: Quelltext und Ausgabefenster der Java-Anwendung `MyTransform`

Quelltext: **Ausgabe:**

```
public void paint (Graphics g)
{ . . .
  AffineTransform at = new AffineTransform();
  at.shear(-0.45, 0.0);
  at.rotate(-45.0f);
  at.translate(-100, 230);
  at.scale(1.0, 1.8);
  Font font = new Font("Arial",Font.BOLD,48);
  FontRenderContext frc = new
           FontRenderContext(at,false,false);
  TextLayout tl = new TextLayout(
                      "2D API",font,frc);
  Shape outline = tl.getOutline(at);

  g2d.setColor(Color.blue);
  g2d.draw(outline);
}
```

7.7.4 Bereichsausschnitt (*Clipping*)

`java.awt.Graphics`

Das Java-2D-API stellt als weiteres Attribut des Grafikkontextes auch Operationen zur Wahl des Bereichsausschnitts zur Verfügung. Der Anwender kann wählen, welcher Ausschnitt eines geometrischen Objekts oder eines Bildes angezeigt werden soll. Die Festlegung des Bereichs, in dem gezeichnet werden soll, wird auch als ***Clipping*** (vgl. Kap. 4) bezeichnet. Im zweidimensionalen Fall kann das natürlich auf sehr einfache Weise durch ein Rechteck oder ein Objekt mit einer geschlossenen Umrisslinie, welches ja auch als ***Shape*** bezeichnet wird, angegeben werden. Aus der Klasse `java.awt.Graphics` dient dazu die Operation `setClip(...)`.

Beispiel

Abb. 7.7-5: Quelltext und Ausgabefenster der Java-Anwendung `MyClipping`

Quelltext: **Ausgabe:**

```
public void paint (Graphics g)
{ . . .
  g2d.setFont(new
Font("Arial",Font.BOLD|Font.ITALIC,48));
  g2d.setPaint(Color.blue);
  g2d.setClip(30, 70, 150, 20);
  g2d.drawString("JAVA", 30, 100);

  GradientPaint gp = new GradientPaint
     (15.0f, 170.0f, Color.blue, 180.0f,
      220.0f , Color.white);

  g2d.setPaint(gp);
  g2d.setClip(40, 0, 100, 200);
  g2d.drawString("2D API", 15, 170);
}
```

Das Beispiel für das *Paint*-Attribut aus Abb. 7.7-2 wird hier um zwei *Clipping*-Bereiche erweitert, in welche die jeweiligen Zeichenketten hineingeschrieben werden.

7.7.5 Zeichenkontext (*Rendering Hint*)

`java.awt.RenderingHints`

Unter dem so genannten **Zeichenkontext** (***Rendering Hint***) werden Attribute verstanden, mit denen die Qualität der Darstellung beeinflusst werden kann. Oft ist es sinnvoll, die Auflösung einer Zeichnung zu Gunsten der Erstellungsgeschwindigkeit zu senken oder zu Gunsten der Qualität zu erhöhen. Zu diesem Zweck stellt das Java-2D-API in der Klasse `java.awt.RenderingHints` eine Reihe von Attributen zur Verfügung.

Ein Beispiel für eine Qualitätsverbesserung ist das Attribut `KEY_ANTIALIASING`, mit dem eine geglättete Darstellung von Linien und Kurven erzeugt werden kann und die so genannten »Treppeneffekte«, die durch Pixelverschiebung an den Rändern entstehen, vermieden werden können (vgl. Kap 4.3). Die Kanten der darzustellenden Objekte werden mit Setzen des `VALUE_ANTIALIAS_ON`-Attributs durch einen Farbverlauf weicher dargestellt. Dies führt zu einer deutlich längeren Laufzeit des Programms, da die Unterdrückung von Treppeneffekten rechenintensiv ist.

Beispiel

Das Beispiel des *Paint*-Attributs aus Abb. 7.7-2 wird hier mit dem Qualitätsattribut des *Antialiasing* ergänzt. Auf dem abgebildeten Bildschirmabzug ist eine deutlich geglättete Schrift zu erkennen. Führen Sie dieses Programm selber auf Ihrem Rechner aus und Sie werden eine deutliche Verlängerung der Laufzeit feststellen.

Abb. 7.7-6: Quelltext und Ausgabefenster der Java-Anwendung MyRenderingHints

Quelltext:

```
public void paint (Graphics g)
{ . . .
  g2d.setFont(new Font(
         "Arial",Font.BOLD|Font.ITALIC,48));

  g2d.setPaint(Color.blue);

  g2d.setRenderingHint
      (RenderingHints.KEY_ANTIALIASING,
       RenderingHints.VALUE_ANTIALIAS_ON);

  g2d.drawString("JAVA", 30, 100);

  . . .
}
```

Ausgabe:

7.7.6 Komposition (*Composition*)

java.awt. Composite

Im Java-2D-API ist es möglich einzelne Objekte miteinander zu verbinden, was auch als Komposition bezeichnet wird. Dabei wird ein grafisches Element, die so genannte Quelle (*source*), mit einem anderen Element, dem Ziel (*destination*), in einer kontrollierten Weise kombiniert. Damit ist es beispielsweise möglich, Farbeffekte und Transparenz zu erzeugen.

Die Interfaces `java.awt.Composite` und `java.awt.CompositeContext` arbeiten zusammen, um zwei grafische Elemente miteinander zu verbinden. Wird ein solches Element von einem anderen überlagert, so sind verschiedene Arten der Komposition möglich. Dies wird durch die Attribute `Clear`, `Source-over`, `Source-in` und `Source-out` ausgedrückt, deren Wirkung in Abb. 7.7-7 durch zwei überlagerte Ellipsen skizziert wird. Für die Attribute `Destination-over`, `Destination-in` und `Destination-out` sind die Überlagerungen entsprechend anders herum angeordnet. In der Skizze wird jeweils die vollständige Überlagerung durchgeführt. Als Parameter könnte aber noch zusätzlich der Grad der Transparenz der Komposition angegeben werden.

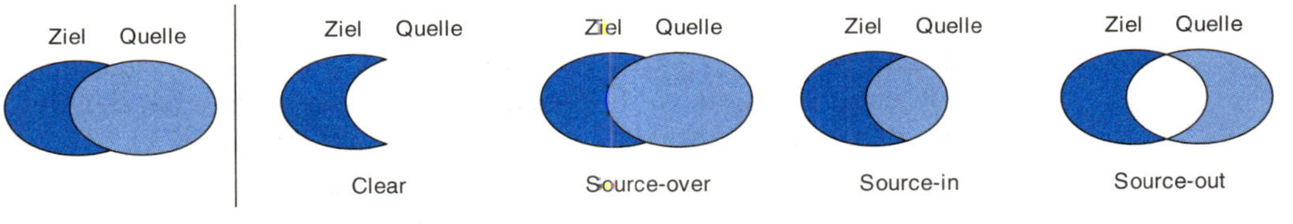

Abb. 7.7-7: Mögliche Arten der Komposition zweier Objekte

Die Klasse `java.awt.AlphaComposite` implementiert das Interface `Composite`. Zur Durchführung der Komposition wird von dieser Klasse ein Objekt erzeugt und die entsprechenden Parameter der Überlagerung und der Transparenz werden gesetzt.

Beispiel

In diesem Beispiel wird der Schriftzug in der linken Hälfte mit einem grauen Rechteck überlagert. Im Quelltext ist der höchste Wert der Überlagerung (75%) angegeben. Die Transparenz der Überlagerung in den drei Ausgabefenstern geht von 25% über 50% bis hin zu 75% (v.l. n. r.).

Quelltext:

```
public void paint (Graphics g)
{ Graphics2D g2d = (Graphics2D) g;
  g2d.setFont(new Font("Arial",Font.BOLD|Font.ITALIC,48));
  g2d.setPaint(Color.blue);
```

Quelltext (Forts.):

```
    g2d.setRenderingHint(RenderingHints.KEY_ANTIALIASING,
                         RenderingHints.VALUE_ANTIALIAS_ON);
    g2d.drawString("JAVA", 30, 80);

    g2d.setComposite(AlphaComposite.getInstance(AlphaComposite.
                     SRC_OVER, 0.75f));
    g2d.setPaint(Color.gray);
    g2d.fillRect(0, 0, 100, 250);
}
```

Ausgabe:

Abb. 7.7-8: Quelltext und Ausgabefenster der Java-Anwendung MyComposition

7.8 Farben

Die Veränderung der Farbe einzelner Objekte wird durch das Java-2D-API ebenfalls sehr vielfältig unterstützt. Wie bereits bei der Definition des Grafikkontextes beschrieben, gibt es die drei Klassen `java.awt.Color`, `java.awt.GradientPaint` und `java.awt.TexturePaint`, mit denen einfache Farben, lineare Farbverläufe und Texturen dargestellt werden können. Alle drei Klassen implementieren das Interface `java.awt.Paint`. Dieses Interface gibt eine Reihe von Operationen vor, die jede Klasse implementieren muss, um verschiedene Farben als Gestaltungsmittel verwenden zu können.

7.8.1 Monochrome Farben

`java.awt.Color` Durch das Erzeugen eines Objekts der Klasse `Color` können Farben aus verschiedenen Farbmodellen erstellt werden. Unterstützt werden das RGB- und das HSB-Farbmodell (vgl. Kap. 5). Neben der Definition der Farbe kann auch noch ein zusätzlicher so genannter Alpha-Wert angegeben werden. Der Alpha-Wert gibt die Transparenz der Farbe an. Die Klasse `Color` bietet eine umfangreiche Menge an Konstruktoren, mit denen die Attribute dieser Farbmodelle und der Alpha-Wert initialisiert werden können. Neben diesen Konstruktoren gibt es einige Konstanten, die Standard-RGB-Werte repräsentieren:

- `public static final Color white`
- `public static final Color lightGray`
- `public static final Color gray`

- `public static final Color darkGray`
- `public static final Color black`
- `public static final Color red`
- `public static final Color pink`
- `public static final Color orange`
- `public static final Color yellow`
- `public static final Color green`
- `public static final Color magenta`
- `public static final Color cyan`
- `public static final Color blue`

Im Abschnitt 7.4 wurden bereits die Konstanten `white` und `blue` für die Darstellung von Schriftzügen angewendet. Die Klasse `Color` bietet natürlich auch Operationen an, die z.B. die einzelnen Grundfarben, aus denen ein Objekt dieser Klasse zusammengesetzt ist, angeben. Operationen, wie z.B. `getRed()` oder `getAlpha()`, liefern dem Aufrufer die jeweiligen Werte für den Rotanteil bzw. den Alpha-Wert zurück.

Wird eine Operation benötigt, welche die Werte der einzelnen Farbanteile als eine *Integer*-Zahl bzw. als ein Objekt der Klasse `Color` zurückliefert, so können z.B. die Operationen `int getRGB()` oder `Color getHSBColor(...)` verwendet werden.

Außerdem existiert noch eine Umformungsoperation `Color getColor()` in mehreren Ausprägungen, die aus der Repräsentation einer Farbe als Zeichenkette ein Objekt der Klasse `Color` liefert.

Für die Darstellung einer Farbe im HSB-Farbmodell (vgl. Kap. 5.2) stehen ebenfalls einige Operationen zur Verfügung, wie z.B. `Color getHSBColor(...)`. Die Helligkeit eines Objekts in diesem Farbmodell kann durch die Operationen `Color brighter(...)` und `Color darker(...)` beeinflusst werden.

Zu guter Letzt stellt das Java-2D-API natürlich auch eine Umformung vom RGB-Farbmodell zum HSB-Farbmodell und umgekehrt durch die beiden Operationen `RGBtoHSB()` und `HSBtoRGB()` zur Verfügung.

Beispiel

Mit der Klasse `javax.swing.JColorChooser` wird dem Benutzer eine vielseitige Komponente aus der *Swing*-Klassenbibliothek zur Verfügung gestellt, um die hier beschriebenen Farbmodelle und Umwandlungsroutinen einzusetzen bzw. auszuprobieren (vgl. Kap. 5.2).

7.8.2 Farbverläufe

`java.awt.GradientPaint`

Farbverläufe können auf zwei verschiedene Arten erzeugt werden. Es gibt lineare azyklische und lineare zyklische Farbverläufe. Ein linearer Farbverlauf ist ein gleichmäßiger Übergang von einer Farbe zu einer anderen. Dazu kann die Richtung des Verlaufs anhand zweier Punkte angegeben werden. Ein azyklischer Farbverlauf ist ein einmaliger Farbverlauf von einer Farbe C_1, die bei einem Punkt P_1 beginnt, hin zu einer Farbe C_2, die an einem Punkt P_2 endet. Zwischen den beiden Punkten findet ein gleichmäßiger Übergang der beiden Farben statt, der durch eine lineare Interpolation berechnet wird. Dagegen beginnt bei einem zyklischen Farbverlauf nach dem Erreichen von P_2 ein erneuter Verlauf von C_2 nach C_1 usw.

Objekte der Klasse `java.awt.GradientPaint` realisieren diese Farbverläufe mit folgenden Konstruktoren:

- `GradientPaint(float x1, float y1, Color c1, float x2, float y2, Color c2)` Realisiert einen linearen azyklischen Farbverlauf zwischen den Punkten `(x1, y1)` und `(x2, y2)` mit der Ausgangsfarbe `c1` und der Zielfarbe `c2`.
- `GradientPaint(Point2D pt1, Color c1, Point2D pt2, Color c2)` Wie vorher, nur werden anstatt der einzelnen Koordinaten für die Punkte nun zwei Objekte der Klasse `Point2D`, die bereits im Verlauf dieses Kapitels beschrieben wurde, verwendet.
- `GradientPaint(float x1, float y1, Color c1, float x2, float y2, Color c2, boolean cyclic)` Wie vorher, nur, dass mit dem Parameter `cyclic` angegeben wird, ob der Farbverlauf zyklisch (= `true`) oder azyklisch (= `false`) sein soll.

Beispiel

Im nachfolgenden Beispiel wird ein azyklischer Farbverlauf von der linken oberen Ecke des Fensters hin zur rechten unteren Ecke des Fensters erzeugt. Die Farben verlaufen dabei von Blau nach Weiß. Zum Zeichnen dieses Farbverlaufs wird ein Rechteck gefüllt.

Abb. 7.8-1: Erzeugen eines azyklischen Farbverlaufs

Quelltext:

```
public void paint(Graphics g)
{ Graphics2D g2d=(Graphics2D)g;
  //Rechteck erzeugen
  Rectangle2D rect = new
     Rectangle2D.Double(0,0,200,255);

  //Verlaufsfarbe erzeugen:
  GradientPaint gp = new GradientPaint
    (0,0, Color.blue,      //P1,C1
     200,255, Color.white, //P2,C2
     false                 //azyklisch);
  g2d.setPaint( gp ); //Verlaufsfarbe setzen
  g2d.fill( rect );   //Rechteck mit Verlauf
                      //füllen
}
```

Ausgabe:

Für den zyklischen Farbverlauf ist im obigen Beispiel nur der Übergabeparameter vom Typ `boolean` zu ändern und der zweite Punkt beliebig auf die Hauptdiagonale des Rechtecks zu setzen. Der Abstand des Punktes auf der Hauptdiagonalen bestimmt dabei, wie oft ein Farbzyklus durchlaufen wird. Je näher der Punkt an dem Ausgangspunkt liegt, desto häufiger findet ein zyklischer Farbverlauf statt.

Quelltext: **Ausgabe:**

```
public void paint(Graphics g)
{ Graphics2D g2d=(Graphics2D)g;
  //Rechteck erzeugen
  Rectangle2D rect = new
     Rectangle2D.Double(0,0,200,255);

  //Verlaufsfarbe erzeugen:
  GradientPaint gp = new GradientPaint
    (0,0, Color.blue,      //P1,C1
     25,30, Color.white,   //P2,C2
     true                  //zyklisch);
  g2d.setPaint( gp ); //Verlaufsfarbe setzen
  g2d.fill( rect );   //Rechteck mit Verlauf
                      //füllen
}
```

Abb. 7.8-2: Erzeugen eines zyklischen Farbverlaufs

7.8.3 Texturen

java.awt.TexturePaint

Mit Hilfe der Klasse `java.awt.TexturePaint` können **Texturen** gezeichnet werden. Dazu ist ein neues Objekt dieser Klasse mit dem Konstruktor `TexturePaint(BufferedImage texture, Rectangle2D anchor)` zu erstellen. Dabei wird das Bild `texture`, welches ein Objekt der Klasse `BufferedImage` ist, wie eine Kachel von der Größe des Rechtecks `anchor` in ein Raster gezeichnet.

Beispiel

Das nachfolgende Beispiel wandelt ein einzelnes Bild, welches im JPEG-Format im Dateisystem vorhanden ist, zu einem Objekt der Klasse `BufferedImage` um. Dieses Bild wird anschließend als Textur genutzt, mit der das Fenster gefüllt wird.

Quelltext: **Ausgabe:**

```
public void paint(Graphics g)
{
  Graphics2D g2d= (Graphics2D) g;

  Image img =getToolkit().getImage("orginal.jpg");
  BufferedImage bi = new BufferedImage
                   (75, 75, BufferedImage.TYPE_INT_RGB);

  bi.createGraphics().drawImage(img, 0, 0, this);

  TexturePaint tp = new TexturePaint
                  (bi,new Rectangle2D.Double (0,0,75,75));

  g2d.setPaint( tp ); //Verlaufsfarbe setzen
  g2d.fill(new Rectangle2D.Double(0,0,200,255));
}
```

Abb. 7.8-3: Erzeugen einer Textur aus einem einfachen Bild

Bei der Ausgabe scheinen die Bilder der ersten Reihe am oberen Rand abgeschnitten zu sein. In Wirklichkeit wird aber das Bild genauso wie der Titel des Fensters auf den Ursprung positioniert und der Titel in den Vordergrund gesetzt, so dass in diesem Bereich die Textur verdeckt ist.

7.9 Bildbearbeitung

Neben der komfortablen Bearbeitung von geometrischen Objekten und Text bietet das Java-2D-API viele interessante Möglichkeiten zur Bearbeitung von Bildern. Dazu gibt es die beiden Interfaces `java.awt.image.BufferedImageOp` und `java.awt.image.RasterOp` und einige Klassen, wie z. B. `java.awt.image.ColorConvertOp` oder `java.awt.image.LookupOp`, die diese Interfaces implementieren und Operationen zur Bildbearbeitung bereitstellen. Die Art der Bildbearbeitung, die das Java-2D-API zur Verfügung stellt, wird auch als Filterung bezeichnet und bezieht sich auf Bilder, die als *Bitmap* bzw. in gerasterter Form vorliegen. In den folgenden Beispielen wird auf die wesentlichen Möglichkeiten der Bearbeitung von Bildern mit dem Java-2D-API eingegangen.

7.9.1 Wertetabellen

`java.awt.image.LookupOp`

Eine Möglichkeit der Filterung von gerasterten Bildern besteht in der Verwendung von so genannten Wertetabellen oder ***Look-Up-Tabellen*** (**LUT**). Dabei ist folgendermaßen vorzugehen: Die Pixelwerte des Ursprungsbildes werden als Indexwerte einer Wertetabelle interpretiert, die beispielsweise als Feld implementiert ist. Im Ausgabebild sind dann die Pixelwerte des Ursprungsbildes durch die Inhalte des entsprechenden Feldes der Wertetabelle zu ersetzen, wie in Abb. 7.9-1 skizziert.

Abb. 7.9-1: Beispiel einer Wertetabelle

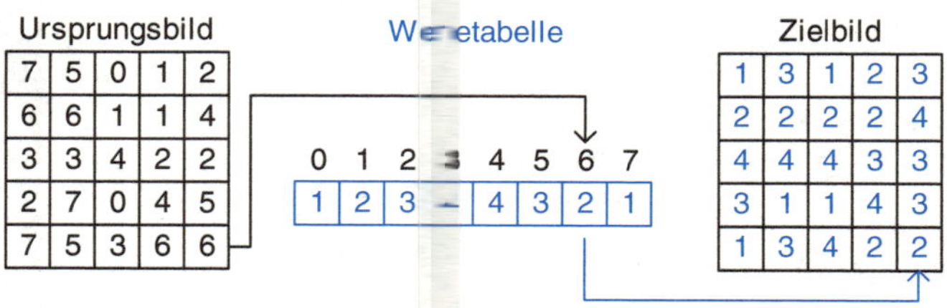

Beispiel

Das Beispiel zeigt die Erzeugung einer Wertetabelle, die die Farbwerte des Originalbildes umkehrt und damit das Negativ liefert. Dazu wird, wie bereits in anderen Beispielen gezeigt, das Originalbild aus einer Datei in ein Objekt der Klasse `BufferedImage` geladen.

Im nächsten Schritt wird eine Wertetabelle als Objekt der Klasse `ByteLookupTable` erzeugt. Dazu muss zunächst ein Feld der Größe 256 mit den inversen Farbwerten von 255 bis 0 initialisiert werden. Dann wird diese Wertetabelle als Parameter zur Erzeugung eines Objekts der Klasse `LookupOp` übergeben. Zum Schluss erzeugt der Aufruf der Operation `filter(...)` aus dem Originalbild das Negativ, welches dann angezeigt wird.

Quelltext: **Ausgabe:**

```
public void paint(Graphics g)
{  Graphics2D g2d=(Graphics2D)g;
   Image img = Toolkit.getDefaultToolkit().getImage
               ("original.jpg"); //Laden des Originalbildes

   BufferedImage bi = new BufferedImage(200, 170,
                              BufferedImage.TYPE_INT_RGB);
   bi.createGraphics().drawImage(img, 0, 0, this);

   //Originalbild: g2d.drawImage(bi, 0, 20, 200, 170, null);
   //Erzeugen der neuen Wertetabelle
   byte reverse[] = new byte[256];
   for (int i = 0; i < 256; i++)
   { reverse[i] = (byte) (255-i);}
   ByteLookupTable lut = new ByteLookupTable(0, reverse);

   LookupOp lop = new LookupOp(lut, null); // Umkehrung des
                                           // Bildes
   lop.filter(bi, bi);
   // Zeichnen des neuen Bildes
   g2d.drawImage(bi, 0, 20, 200, 170, null);
}
```

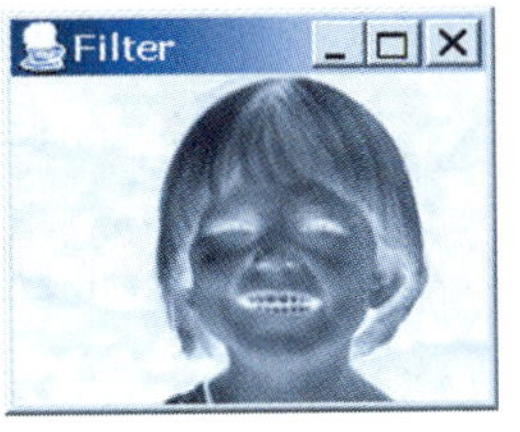

Abb. 7.9-2: Anwendungsbeispiel zum Umgang mit Filterung durch Wertetabellen

Die Ergebnisse dieser einfachen Filterung sind rechts neben dem Quelltext zu sehen, wobei unschwer zu erkennen ist, dass es sich beim oberen Bild um das Original und beim unteren Bild um das Negativ handelt. Mit dieser Filterung können natürlich auch Effekte, wie z.B. Aufhellen oder Abdunkeln oder eine Kontrasterhöhung bzw. -verminderung durchgeführt werden.

7.9.2 Skalierungsfilter

`java.awt.image.RescaleOp`

Mit einem **Skalierungsfilter** werden auf den einzelnen Bildpunkten lineare Operationen, wie beispielsweise eine Multiplikation oder eine Addition mit einem Wert, durchgeführt. Diese Veränderungen können dann den Kontrast und die Helligkeit eines Bildes beeinflussen. Die Berechnungsformel für einen einzelnen Bildpunkt lautet `neuerBildpunkt = (alterBildpunkt * skalierungsFaktor) + offset`.

Ist der Skalierungsfaktor größer als 1, so erhöht sich der Kontrast des Bildes, liegt er zwischen 0 und 1, so wird der Kontrast vermindert. Die Addition mit einem konstanten Wert für den *Offset* erhöht die Helligkeit des Bildes, wenn der Wert positiv ist. Bei negativen Werten wird die Helligkeit vermindert.

Beispiel — Der Aufbau eines Objekts der Klasse `java.awt.image.RescaleOp` ist sehr einfach. Es brauchen nur der Skalierungsfaktor und der *Offset* als Werte übergeben zu werden. Im folgenden Quelltext wird das Aufhellen eines Bildes demonstriert.

Quelltext:

```
public void paint(Graphics g)
{  Graphics2D g2d=(Graphics2D)g;

   //Laden des Originalbildes
   Image img =
       Toolkit.getDefaultToolkit().getImage("original.jpg");
   BufferedImage bi = new BufferedImage(200, 170,
                       BufferedImage.TYPE_INT_RGB);
   bi.createGraphics().drawImage(img, 0, 0, this);

   //Zeichnen des Originalbildes
   //g2d.drawImage(bi, 0, 20, 200, 170, null);

   float scaleFactor = 1.5f;
   float offset = 10.0f;

   RescaleOp rescale = new RescaleOp(scaleFactor,
                       offset, null);
   rescale.filter(bi, bi);

   g2d.drawImage(bi, 0, 20, 200, 170, null);
}
```

Ausgabe:

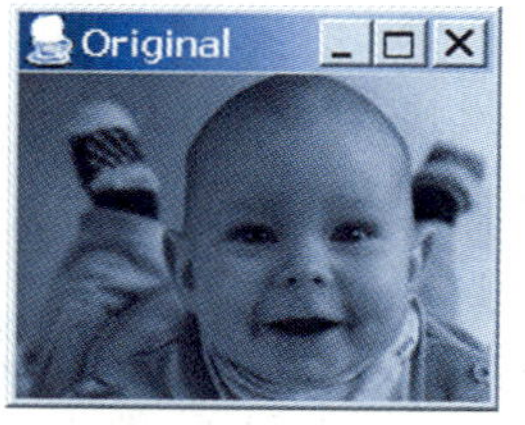

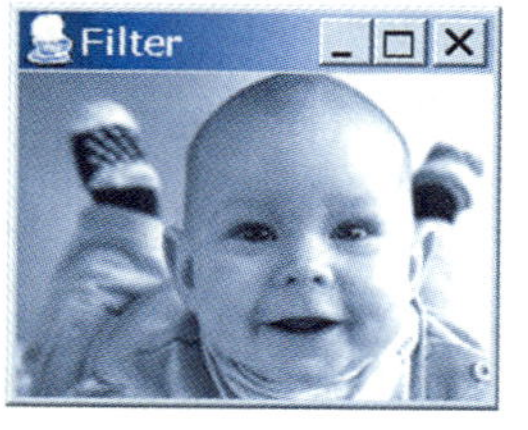

Abb. 7.9-3: Anwendungsbeispiel zum Umgang mit Filterung durch Skalierungsfaktoren

7.9.3 Farbkonvertierungsfilter

`java.awt.image.ColorConversionOp`

Farbkonvertierungsfilter werden benutzt, um die Farbwerte eines Bildpunktes von einem Farbraum in einen anderen zu konvertieren. Die entsprechende Operation wird durch ein Objekt der Klasse `java.awt.image.ColorConversionOp` ausgeführt. Diesem muss als Parameter ein Objekt der Klasse `java.awt.color.ColorSpace` übergeben werden, in dem der neue Farbraum spezifiziert wird. Im unteren Beispiel wird der Farbraum durch die Konstante `ColorSpace.CS_GRAY` angegeben.

Beispiel

Als Beispiel für die Anwendung eines Farbkonvertierungsfilters wird hier der Ausschnitt aus dem Quelltext angegeben, der ein farbiges Originalbild in ein Bild mit Graustufen konvertiert. Der Effekt der Operation kann nicht wie bisher durch ein Vorher-Nachher-Bildpaar angegeben werden, da es sich bei den in diesem Abschnitt gezeigten Bildern schon um Graustufenbilder gehandelt hat. Zur Veranschaulichung des Effekts kann das zugehörige Programm der CD-ROM mit einem beliebigen Farbbild getestet werden.

Quelltext:

```
public void paint(Graphics g)
{  . . .
 ColorConvertOp colorConvert = new ColorConvertOp(
            ColorSpace.getInstance(ColorSpace.CS_GRAY), null);
 colorConvert.filter(bi, bi);
 g2d.drawImage(bi, 0, 20, 200, 170, null);
}
```

7.9.4 Umgebungsfilter

`java.awt.image.ConvolveOp`

Durch **Umgebungsfilter** (*Convolution Filter*) können Effekte, wie z.B. die Erhöhung der Schärfe, Verwischungen oder die Erkennung von Kanten, erzielt werden. Um diese Effekte zu erreichen, werden die Bildpunkte, die in der Umgebung eines zu berechnenden Pixels liegen, zur Neuberechnung herangezogen. Dazu wird eine so genannte Umgebungsmatrix (*Convolution Matrix* oder *Convolution Kernel*) aufgestellt, in der die Gewichtung der Nachbarpixel zur Neuberechnung angegeben wird.

Beispiel

Im hier programmierten Beispiel wird ein Objekt der Klasse `java.awt.image.Kernel` erzeugt. In der dazu benötigten Matrix, die als Parameter übergeben wird, ist ein Filter zur Berechnung von Kanten im Bild angegeben.
Die eigentliche Ausführung der Operation geschieht mit einem Objekt der Klasse `java.awt.image.ConvolveOp`.

Abb. 7.9-4: Anwendungsbeispiel zum Umgang mit Filterung durch Umgebungsfilter

Quelltext:

```
public void paint(Graphics g)
{  Graphics2D g2d=(Graphics2D)g;
   //Laden des Originalbildes
   Image img =
          Toolkit.getDefaultToolkit().getImage("original.jpg");
   BufferedImage biSrc = new BufferedImage(200, 170,
                              BufferedImage.TYPE_INT_RGB);
```

Quelltext (Forts.):

```
   biSrc.createGraphics().drawImage(img, 0, 0, this);
   . . .
   // Festlegung der Matrix zur
   // Kantendetektion
   float data[] = {1.0f, 0.0f, -1.0f,
                   1.0f, 0.0f, -1.0f,
                   1.0f, 0.0f, -1.0f};
   Kernel kernel = new Kernel(3, 3, data);
   // Anwendung der Matrix auf das
   // Originalbild
   ConvolveOp convolve = new ConvolveOp(kernel,
      ConvolveOp.EDGE_NO_OP, null);
   convolve.filter(biSrc, biDest);

   g2d.drawImage(biDest, 0, 20, 200, 170, null);
}
```

Ausgabe:

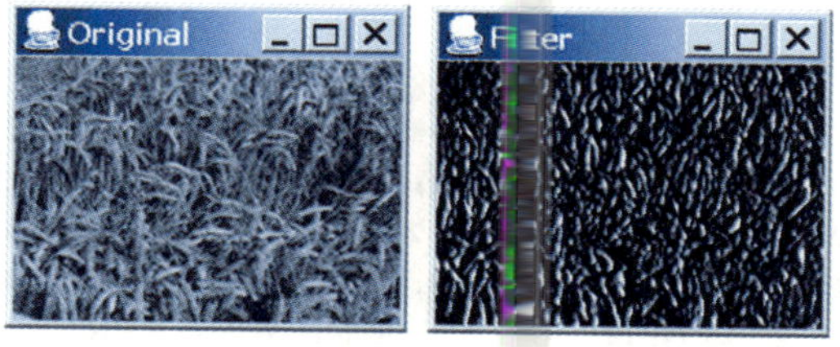

7.9.5 Transformationsfilter

java.awt.image.AffineTransformOp

Affine Transformationen können ebenfalls auf Bildern ausgeführt werden. Dazu ist zunächst ein Objekt der Klasse `java.awt.geom.AffineTransform` zu erzeugen und mit den Transformationsparametern zu initialisieren. Durch das Objekt `java.awt.image.AffineTransformOp` kann das Bild dann verändert werden.

Beispiel

Das in diesem Beispiel verwendete Bild wird jeweils um die Scherungsfaktoren 0,5 auf der x- und der y-Achse transformiert.

Abb. 7.9-5: Anwendungsbeispiel zum Umgang mit Filterung durch Transformationsfilter

Quelltext:

```
public void paint(Graphics g)
{
   Graphics2D g2d=(Graphics2D)g;
   //Laden des Originalbildes
   Image img = Toolkit.getDefaultToolkit().getImage
                                        ("original.jpg");
```

Quelltext (Forts.):

```
    BufferedImage biSrc = new BufferedImage(200, 170,
                             BufferedImage.TYPE_INT_RGB);
    biSrc.createGraphics().drawImage(img, 0, 0, this);
    . . .
    AffineTransform transform = new AffineTransform();
    transform.setToScale(1.0, 1.0);
    transform.setToShear(0.5, 0.5);

    AffineTransformOp op = new AffineTransformOp(transform, null);

    op.filter(biSrc, biDest);
    g2d.drawImage(biDest, 0, 20, 200, 170, null);
}
```

Ausgabe:

7.9.6 Bandfilter

Eine weitere Möglichkeit des Java-2D-API Bilder zu verändern, bieten die so genannten **Bandfilter**. Hiermit können z.B. die Farben eines Bildes herausgestellt oder das inverse Farbspektrum berechnet werden.

`java.awt.image.BandCombineOp`

In diesem Beispiel werden die inversen Farbwerte eines Bildes berechnet.

Beispiel

Abb. 7.9-6: Anwendungsbeispiel zum Umgang mit Filterung durch Bandfilter

Quelltext:

```
public void paint(Graphics g)
{
   Graphics2D g2d=(Graphics2D)g;
   Image img = Toolkit.getDefaultToolkit().
                          getImage("original.jpg");
   BufferedImage biSrc = new
           BufferedImage(200, 170,BufferedImage.TYPE_INT_RGB);
   biSrc.createGraphics().drawImage(img, 0, 0, this);
   Raster srcRaster = biSrc.getRaster();

   . . .
```

Quelltext (Forts.):

```
    float INVERSE_BAND_MATRIX[][] = {{-1.0f, 0.0f, 0.0f},
                                      {0.0f, -1.0f, 0.0f},
                                     {0.0f, 0.0f, -1.0f}};

    BandCombineOp bandCombineOp = new BandCombineOp
                                   (INVERSE_BAND_MATRIX, null);
    bandCombineOp.filter(srcRaster, destRaster);

    g2d.drawImage(biDest, 0, 20, 200, 170, null);
}
```

Ausgabe:

7.10 Beispielanwendungen

Auf der beiliegenden CD-ROM befinden sich zwei weitere *Applets*, die noch einmal die Anwendung von Texturen und Zeichensätzen demonstrieren sollen. Der zugehörige Quelltext ist bewusst einfach gehalten und soll anhand eines Wechsels zwischen mehreren Texturen die Verwendung von grafischen Elementen, wie z.B. Schaltflächen, und das Erstellen von *Applets* demonstrieren.

Im Beispiel Textur_Bsp.java können fünf verschiedene Bilder als Basis für »Tapetenmuster« ausgesucht werden. Abb. 7.10-1 zeigt eine der Varianten dieses *Applets*.

Das *Applet* Font_Bsp zeigt dem Anwender noch einmal die Verwendung verschiedener Zeichensätze. Ein Bildschirmabzug ist in Abb. 7.10-2 zu sehen.

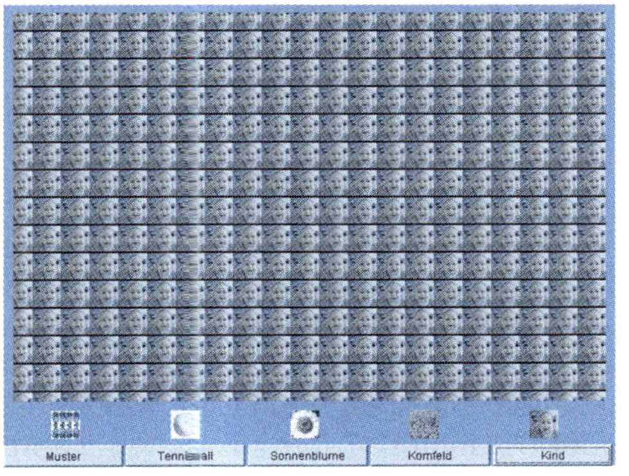

Abb. 7.10-1: *Ausgabe der Beispielanwendung* Textur_Bsp

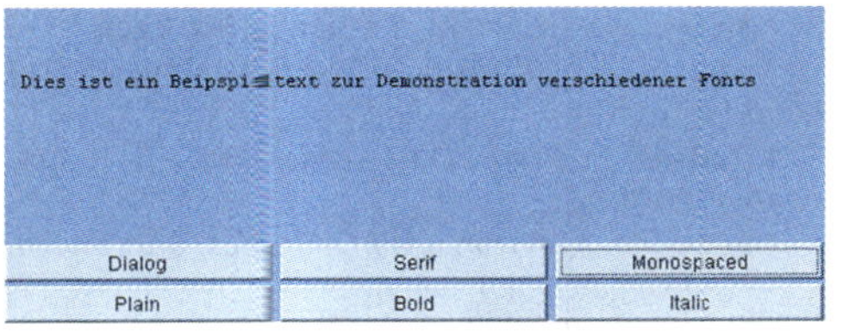

Abb. 7.10-2: *Ausgabe der Beispielanwendung* Font_Bsp

Bandfilter Filter zur Manipulation der Farben eines Bildes.
Clipping Abschneiden eines Bildes am Rand eines Rahmens oder eines Umrisses.
Farbkonvertierungsfilter Transformation der Farbwerte eines Bildes in einen anderen Farbraum.
Grafikkontext Umgebungsparameter, durch die die Ausgabeoptionen geometrischer Objekte, Texte oder Bilder im Java-2D-API definiert werden können.
LUT Abkürzung für *Look-Up*-Tabelle. Mit Hilfe einer *Look-Up*-Tabelle kann eine Transformation von Daten durch Zuordnung von Werten durchgeführt werden. Diese werden in einer gesonderten Tabelle abgelesen und benötigen deshalb keine Rechenoperationen.
Pinselstrich-Attribut Parameter des Grafikkontextes, mit dem die Umrisslinie eines Objekts festgelegt werden kann.
Rendering Englische Bezeichnung für das Zeichnen bzw. das Darstellen von Szenen.
Rendering Hint →Zeichenkontext
Rendering-Kontext →Grafikkontext, →Rendering
Skalierungsfilter Filter, mit dem auf den einzelnen Bildpunkten lineare Operationen durchgeführt werden können.
Stroke →Pinselstrich-Attribut
Textur Zur realistischen Visualisierung von Objekten gehört die detailgetreue Darstellung ihrer Oberflächen. Dies kann durch das Auftragen einer Textur erreicht werden, was auch als *Texture Mapping* bezeichnet wird. Man bedient sich dabei eines zweidimensionalen digitalen Bildes, welches auf ein dreidimensionales Objekt projiziert wird. Das 3D-Objekt erhält dadurch eine detailgetreue Oberfläche, die schöner wirkt und physikalische Eigenschaften wie Rauhigkeit, Unregelmäßigkeit oder Durchsichtigkeit bekommt.
Umgebungsfilter Filter, mit dem Effekte, wie z.B. die Erhöhung der Bildschärfe, erzielt werden können.
Zeichenkontext Attribut des →Grafikkontextes des Java-2D-API, durch das die Qualität der Zeichnung verbessert werden kann.

Das Java-2D-API ist eine umfangreiche Klassenbibliothek, die in die *Java2-Platform* integriert ist und die zweidimensionale Grafikprogrammierung stark vereinfacht. Die Umgebungsparameter, durch die die Ausgabeoptionen geometrischer Objekte, Texte oder Bilder im Java-2D-API definiert werden können, werden als Grafikkontext (*Rendering*-Kontext) bezeichnet. Als Attribute können z.B. Schriftart, Pinselstrich (*Stroke*), Bereichsausschnitt (*Clipping*), Textur und Zeichenkontext (*Rendering Hint*) gesetzt werden.

Im Java-2D-API sind auch umfangreiche Möglichkeiten der Bildbearbeitung vorhanden, sodass die erstellten Bilder z.B. durch Wertetabellen (LUT), Farbkonvertierungsfilter, Bandfilter, Skalierungsfilter oder Umgebungsfilter zusätzlich manipuliert werden können.

/Foley et al. 1990/
Foley J., van Dam A., Feiner S., Hughes J., *Computer Graphics – Principles and Practise, 2nd Edition*, Addison-Wesley 1990, 1175 Seiten
/Knudsen 1999/
Knudsen J., *Java 2D Graphics*, O'Reilly 1999, 339 Seiten
/Hardy 2000/
Hardy V. J., *Java-2D-API Graphics*, Sun Microsystems Press 2000, 509 Seiten

Muss-Aufgabe
Zeit 15 Min

1 Lernziel: *Text-Attribute anwenden können.*
Schreiben Sie ein Programm, in dem die einzelnen Buchstaben des Wortes »Regenbogen« in den Farben eines Regenbogens erscheinen.

Muss-Aufgabe
Zeit 25 Min

2 Lernziel: *Bildmanipulationen mit Umgebungsfiltern durchführen können.*
Gegeben sei das folgende Bild der FH-Dortmund. Das Bild und das Programm zu seiner Erzeugung befinden sich auf der CD-ROM.

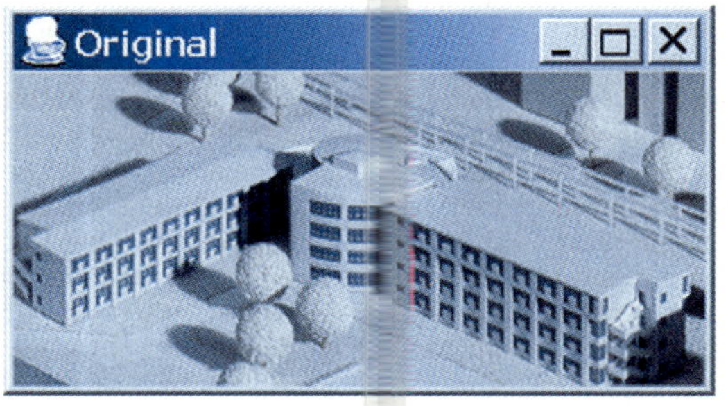

a Schreiben Sie ein Java-Programm, in dem Sie dieses Bild mit Hilfe eines Umgebungsfilters weichzeichnen. (Hierzu ist eine 3x3 Matrix zu verwenden, deren Werte alle 1/9 betragen.)

b Die Stärke des Weichzeichnereffekts lässt sich über die Größe der verwendeten Matrix einstellen. Verändern Sie Ihr unter a) geschriebenes Programm so, dass ein stärkerer Weichzeichnereffekt eintritt.

Welcher Effekt kann unter Verwendung des folgenden Filters erzielt werden?

```
float wasfuereinFilter[] = {0.0f, -1.0f, 0.0f,
                            -1.0f, 4.0f, -1.0f,
                             0.0f, -1.0f, 0.0f};
Kernel kernel = new Kernel(3, 3, wasfuereinFilter);
```

3 Lernziel: *Bildmanipulationen mit Farbkonvertierungsfiltern durchführen können.*
Transformieren Sie das Bild aus Aufgabe 2 mit einem Farbkonvertierungsfilter in ein echtes Graustufenbild.

Muss-Aufgabe
Zeit 10 Min

4 Lernziel: *Bildmanipulationen durchführen können.*
Schreiben Sie ein Java-Programm, in dem Sie ein Bild einlesen, welches Sie anschließend durch eine affine Transformation skalieren und rotieren lassen können. Außerdem soll das Bild, je nach Benutzereingabe, heller oder dunkler gemacht werden können.

Kann-Aufgabe
Zeit 45 Min

8 Programmierung – Grundkurs OpenGL-API

- Wissen, wie eine OpenGL-Applikation strukturiert ist. *wissen*
- Wissen, auf welche Arten Punkte zu selbst definierten Körpern verbunden werden können.
- Wissen, wie die Erscheinung von Objekten geändert werden kann.
- Die unterschiedlichen Lichtquellen in OpenGL kennen und wissen, welche Auswirkungen diese auf eine Szene haben.
- Den Unterschied zwischen einer Animation und einer Interaktion kennen.
- Verstehen, wie die OpenGL-Bibliothek genutzt werden kann. *verstehen*
- Die allgemeine Schreibweise von OpenGL-Befehlen verstehen.
- Verstehen, wie eine Textur auf ein Objekt aufgetragen wird.
- Die Reihenfolge der in OpenGL verwendeten Transformationsschritte verstehen.
- Die bereits vordefinierten Grundkörper verwenden und selbst definierte Grundkörper erstellen können. *anwenden*
- Transformationen auf einem Objekt ausführen können.
- Animation und Interaktion in einer OpenGL-Szene anwenden können.

- Grundlegende Kenntnisse der Programmiersprache C sollten vorhanden sein.
- Kapitel 2 und 3 werden vorausgesetzt.

8.1 Grundlagen

OpenGL-API

Das **OpenGL-API** (***Open*** ***G****raphics* ***L****ibrary* ***A****pplication* ***P****rogramming* ***I****nterface*) ist eine Bibliothek von Grafikbefehlen zur Programmierung von 2D- und 3D-Anwendungen. Sie ist unabhängig von Betriebssystemen und den darauf laufenden Fenstersystemen und kann wohl als die Mutter aller Grafikbibliotheken bezeichnet werden. Dies liegt daran, dass sich an der Definition von OpenGL viele namhaften Firmen (u. a. Microsoft, IBM, Intel, SUN, Hewlett-Packard und Silicon Graphics) beteiligten und sich zum OpenGL *Architecture Review Board*, einem unabhängigen Konsortium, zusammenschlossen. Die erste Spezifikation von OpenGL wurde im Jahre 1992 veröffentlicht.

Bis dahin gab es viele verschiedene firmenspezifische, plattformabhängige Grafikbibliotheken und die Portierung von Grafikprogrammen war nur mit einem hohen Aufwand möglich. Auch die Firma Silicon Graphics Inc. (SGI) entwickelte eine eigene Grafikbibliothek – die IrisGL. Das besondere an IrisGL war, dass sie plattformunabhängig aber dennoch performant war. SGI entschied sich, diese Grafikbibliothek zur Schaffung einer Standardbibliothek in der Grafikprogrammierung dem Konsortium zur Verfügung zu stellen. Eine firmenspezifische Lösung hätte sich vermutlich nicht in diesem Maße durchsetzen können. Die im Jahr 1992 veröffentlichte erste Spezifikation von OpenGL basierte zu einem großen Teil auf IrisGL.

Obwohl die OpenGL schon 1992 eingeführt wurde, erreichte sie den industriellen Durchbruch erst im Jahre 1995, als die Firma Microsoft sie in ihre Betriebssysteme Windows95® und WindowsNT® integrierte. Mit dem OpenGL-API ist es ohne weiteres möglich, komplexe dreidimensionale Szenen zu erstellen, diese durch Animation und Interaktion zu verfeinern und das Darstellen von der Hardware auf der Grafikkarte des Rechners durchführen zu lassen. Mittlerweile ist das OpenGL-API die meistverbreitete Schnittstelle für 3D-Software.

Logo der OpenGL

API-Hierarchie

Die Plattformunabhängigkeit des OpenGL-API wird durch den Verzicht von Funktionen, die nur auf einem bestimmten Fenstersystem laufen, erreicht. Somit ist es mit dem API aber auch nicht möglich, Fenster zu erstellen oder Benutzereingaben entgegenzunehmen.

Bestandteil jeder OpenGL-Implementierung ist zum einen das *Low-Level*-API der OpenGL, die den Kern des Systems darstellt, und die **GLU** (*Open**GL**-**U**tility-Library*), die auf dem *Low-Level*-API aufbaut und diese um ca. 50 Befehle erweitert. Hierzu gehören beispielsweise Befehle zur Erzeugung von Basisobjekten (z. B. Kugel und

Zylinder), um bei der Modellierung von visuellen Objekten nicht nur auf Punkte und Linien zurückgreifen zu müssen.

Spezielle Erweiterungen, die auf das OpenGL-*Low-Level*-API und die GLU zugreifen, machen es dem System erst möglich, Fenster zu erzeugen bzw. Benutzereingaben entgegenzunehmen. Diese Erweiterungen sind abhängig vom jeweiligen Betriebssystem. Unter anderem existiert die GLX für das X Window System®, die AGL für den Apple Macintosh® und die WGL für die Microsoft Windows® Betriebssysteme. Bei der Anwendung dieser Fenstersysteme sind bestimmte Teile eines Grafikprogramms nicht portabel. Aus diesem Grund wurde die frei verfügbare Bibliothek **GLUT** (*Open**GL**-**U**tility-**T**oolkit*) entwickelt. Mit Hilfe der Befehle dieser Bibliothek können spezifische Funktionen eines Fenstersystems gekapselt werden. Außerdem bietet GLUT eine einfache Schnittstelle zur Programmiersprache C, welche unabhängig vom Betriebssystem gleiche Ergebnisse bei der Ausgabe liefert.

www.opengl.org

Die aktuellen Versionen der hier vorgestellten Grafikbibliotheken befinden sich unter der Internetadresse http://www.opengl.org.

Nomenklatur

Zur besseren Unterscheidung der Herkunft eines Grafikbefehls unterliegt der Name von OpenGL-Befehlen und -Variablen einer gewissen Syntax. So beginnen die dem *Low-Level-System* angehörenden Befehle mit `gl`, die in der *Utility-Library* integrierten mit `glu` und diejenigen, die zu GLUT gehören, mit `glut`. Konstanten zeichnen sich dadurch aus, dass sie nur aus Großbuchstaben und Unterstrichen, welche die einzelnen Worte voneinander trennen, bestehen.

OpenGL-Entwicklungsumgebung

OpenGL-Programme werden üblicherweise in der Programmiersprache C geschrieben. Neben einem C-Compiler wird für die Entwicklung eines OpenGL-Programms unter Windows zusätzlich noch eine Bibliothek benötigt. Bei einigen Entwicklungsumgebungen ist die OpenGL-Bibliothek bereits vorinstalliert, wie z. B. bei Microsoft Visual C++ oder Dev-C++. Die Bibliothek besteht aus *Header-*, *Library-* und DLL-Dateien und befindet sich auch unter der oben angegebenen Internetadresse.

www.bloodshed.net

Alle in diesem Kapitel vorgestellten OpenGL-Programmbeispiele wurden mit dem Dev-C++-Compiler übersetzt. Das Programm, welches zur Kategorie Freie Software gehört, befindet sich zusammen mit einer Installationsanleitung auf der beiliegenden CD-ROM. Alle weiteren Informationen zu dieser Software befinden sich unter der Internetadresse http://www.bloodshed.net.

OpenGL als Zustandsautomat

Das Grundprinzip bei der Gestaltung einer Szene in OpenGL basiert auf einem Zustandsautomaten. Während des Aufbaus einer Szene befindet sich das OpenGL-System in verschiedenen internen Zuständen, wie z. B. die aktuelle Zeichenfarbe oder die Art der Polygondarstellung. Diese Zustände werden so lange beibehalten, bis durch einen neuen Funktionsaufruf in einen anderen Zustand gewechselt wird. Ein erstes Beispiel soll dieses Grundprinzip und den Umgang mit OpenGL verdeutlichen.

Beispiel

Im Beispiel `Viereck.c` wird ein blaues Rechteck auf einem weißen Hintergrund gezeichnet. Dazu sind Funktionen zur Initialisierung (`initialisiereSzene()`) und zum Zeichnen auf dem Bildschirm (`zeichneSzene()`) zu definieren. Der Umgang mit dem Fenster wird durch Befehle des GLUT-Systems in der Funktion `main()` behandelt.

Abb. 8.1-1: Quelltext, Beschreibung und Ausgabefenster der Anwendung `Viereck.c`

Quelltext: / **Beschreibung:**

```
#include <GL/glut.h>
```

In dieser *Header*-Datei werden alle OpenGL-Befehle bereitgestellt.

```
void initialisiereSzene(void)
{ glClearColor(1.0, 1.0,
               1.0, 1.0)
  glMatrixMode(GL_PROJECTION);
  glLoadIdentity();
  glOrtho(-1.0, 1.0, -1.0, 1.0,
          -1.0, 1.0);
}
```

Initialisierung der Szene durch Festlegen der Hintergrundfarbe und der Projektionsart (hier orthogonale Projektion).

```
void zeichneSzene (void)
{ glClear(GL_COLOR_BUFFER_BIT);
```

Der Hintergrund wird auf die durch den Befehl `glClear()` bestimmte Farbe gesetzt.

```
  glColor3f(0.0, 0.0, 1.0);
```

Der Befehl `glColor3f()` setzt die aktuelle Zeichenfarbe auf Blau.

```
  glRectf(-0.5, -0.5, 0.5, 0.5);
```

Zeichnet ein Rechteck bzw. ein Quadrat mit den Eckpunkten (-0.5, -0.5) und (0.5, 0.5).

```
  glFlush();
}
```

Zwingt OpenGL dazu, sofort mit der Ausgabe der Szene zu beginnen.

```
int main (int argc, char** argv)
{ glutInit(&argc, argv);
  glutInitDisplayMode(GLUT_
         SINGLE | GLUT_RGB);
  glutInitWindowSize(200, 200);
  glutInitWindowPosition(200,
                         200);
  glutCreateWindow("OpenGL
                    Viereck");
```

In der Funktion `main()` wird die Initialisierung von GLUT, die Definition des Anzeigemodus, die Angabe der Größe und der Position des Fensters und das Erzeugen eines neuen Fensters durchgeführt.

```
  initialisiereSzene();
  glutDisplayFunc(zeichneSzene);
```

Hier erfolgt die Initialisierung der Szene und die Mitteilung an GLUT, welche Funktion für das Zeichnen der Szene verantwortlich ist.

```
  glutMainLoop();
  return 0;
}
```

Die Szene wird solange gezeichnet, bis das Programm durch den Benutzer beendet wird.

Ausgabe:

Da das OpenGL-API an keine Programmiersprache gebunden ist, definiert es eigene elementare Datentypen. Einige davon sind in Tab. Tab. 8.1-1. aufgelistet.

Abkürzung:	**Datentyp:**	**OpenGL-Bezeichnung:**
s	16-bit Ganzzahl	`GLshort`
i	32-bit Ganzzahl	`GLint`
f	32-bit Fließkommazahl	`GLfloat`
d	64-bit Fließkommazahl	`GLdouble`

Tab. 8.1-1: Elementare Datentypen des OpenGL-API

Die in diesem Kapitel vorgestellten Beispiele verwenden die C-Schnittstelle von GLUT. Daher ist es auch möglich, die Datentypen der Programmiersprache C zu nutzen. Da die Genauigkeiten von Datentypen in unterschiedlichen Systemen voneinander abweichen können, werden allerdings nur die in der Tab. 8.1-1 dargestellten Datentypen eingesetzt. Damit ist die bereits erwähnte Plattformunabhängigkeit der Programmbeispiele gesichert.

Befehlssyntax

Im Beispiel `Viereck.c` (vgl. Abb. 8.1-1) wird der Befehl `glRectf()` zum Zeichnen eines Rechtecks verwendet. Das `f` am Ende des Befehls gibt an, dass Übergabeparameter vom Typ `GLfloat` erwartet werden. Bei Verwendung des Befehls `glRecti()` müssen die Übergabeparameter vom Typ `GLint` sein. Die allgemeine Schreibweise des Befehls lautet `void glRect{isdf}[v](Type coords)`. Einer von den Buchstaben in den geschweiften Klammern muss zur Angabe des Datentyps verwendet werden. Der optionale Parameter `v` gibt an, dass die Parameter in Form eines Feldes zu übergeben sind.

Beim Befehl `glRectf()` werden immer vier Parameter erwartet bzw. ein Parameter der Länge vier in Form eines Feldes. Bei einigen

Befehlen kann zusätzlich die Anzahl der Parameter gewählt werden. Dies ist bei dem im Quelltext verwendeten Befehl `glColor3f()` mit der allgemeinen Schreibweise `void glColor{3 4}{isdf}[v](Type coords)` der Fall, durch den die Angabe einer Farbe über drei oder vier Parameter erfolgen kann.

8.2 Vordefinierte Grundkörper

Zur Erzeugung geometrischer Grundkörper können die in der GLU angebotenen Basisobjekte verwendet werden. Diese Grundkörper sind mittels quadratischer Gleichungen beschrieben und als Datenstruktur gespeichert.

Eine Kugel, ein Zylinder und zwei Versionen einer Kreisscheibe können mit den nachfolgenden Funktionen gezeichnet werden. Der Funktionsparameter `*qobj` entspricht einem Zeiger auf die oben genannte Datenstruktur.

- `void gluSphere(GLUquadricObj *qobj, GLdouble radius, GLint slices, GLint stacks)`
  Erstellt eine Kugel im Ursprung mit dem gegebenen Radius `radius`, der Einteilung `slices` um die z-Achse herum (entspricht den Längengraden) und der Einteilung `stacks` entlang der z-Achse (entspricht den Breitengraden).
- `void gluCylinder(GLUquadricObj *qobj, GLdouble baseRadius, GLdouble topRadius, GLdouble height, GLint slices, GLint stacks)`
  Erzeugt einen Zylinder, einen Kegelstumpf oder einen Kegel entlang der z-Achse, wobei die Parameter `slices` und `stacks` die gleiche Bedeutung wie bei der Kugel haben. Der Parameter `baseRadius` entspricht dem Radius der unteren Kreisscheibe und `topRadius` dem der oberen. Der Mittelpunkt der unteren Kreisscheibe befindet sich im Ursprung und der der oberen auf der z-Achse mit der Koordinate `height`. Besitzen beide Radien den gleichen Wert, so handelt es sich um einen Zylinder, der oben und unten offen ist. Besitzen die beiden Radien unterschiedliche Werte, handelt es sich um einen Kegelstumpf. Ist einer der Radien gleich Null, so entsteht ein Kegel.
- `void gluDisk(GLUquadricObj *qobj, GLdouble innerRadius, GLdouble outerRadius, GLint slices, GLint rings)`
  Diese Funktion erstellt eine Kreisscheibe in der xy-Ebene. Als Parameter werden u. a. zwei Radien übergeben. Der Radius `outerRadius` bestimmt die Größe der Kreisscheibe. Falls `innerRadius` größer als Null gewählt wird, erstellt OpenGL ein Loch inmitten der Kreisscheibe mit dem Radius `innerRadius`. Die Anzahl der Unterteilungen der Kreisscheibe wird durch `Slices` festgelegt,

ähnlich wie Tortenstücke eine Torte aufteilen. In wie viel Ringe die Kreisscheibe unterteilt wird, ist durch `Rings` definiert.

- `void gluPartialDisk(GLUquadricObj *qobj, GLdouble innerRadius, GLdouble outerRadius, GLint slices, GLint rings, GLdouble startAngle, GLdouble sweepAngle)`
  Erstellt einen Ausschnitt aus einer Kreisscheibe, ähnlich einem Tortenstück. Als Parameter sind zwei Winkel zu übergeben. Der Übergabeparameter `startAngle` ist der Winkel relativ zur y-Achse. Zwischen dem Wert von `startAngle` und `(360°-sweepAngle)` befindet sich der zu zeichnende Teil des Objekts.

Beispiel

Im Beispiel `GLUGrundkoerper.c` können wahlweise alle vier Grundkörper der GLU angezeigt werden. Um die Ausrichtung der Körper im dreidimensionalen Raum nachzuvollziehen, ist zusätzlich das Koordinatensystem im Ausgabebild dargestellt. Die Auswahl der Geometrie wird mit der rechten Maustaste über ein Menü gesteuert.

Quelltext:

```
void zeichneSzene (void)
{ GLUquadricObj *qobj = gluNewQuadric();
  . . .
  glClear(GL_COLOR_BUFFER_BIT);
  glColor3f(0.0, 0.0, 0.0);
  . . .
  if (gluQuadric == GLU_SPHERE)
    gluSphere(qobj, 1.75, 16, 8);
  if (gluQuadric == GLU_CYLINDER)
    gluCylinder(qobj, 1.4, 0.5, 2.0, 15, 5);
  if (gluQuadric == GLU_DISK)
    gluDisk(qobj, 0.6, 2.3, 20, 4);
  if (gluQuadric == GLU_PARTIALDISK)
    gluPartialDisk(qobj, 0.6, 2.3, 20, 4, 0.0, 300.0);
  . . .
  glFlush();
}
```

Beschreibung:

Zu Beginn wird der Zeiger auf die Datenstruktur deklariert und initialisiert und die Hintergrundfarbe definiert und gezeichnet.

Die Variable `gluQuadric` definiert die Art des Grundkörpers.

Ausgabe der Szene.

Ausgabe:

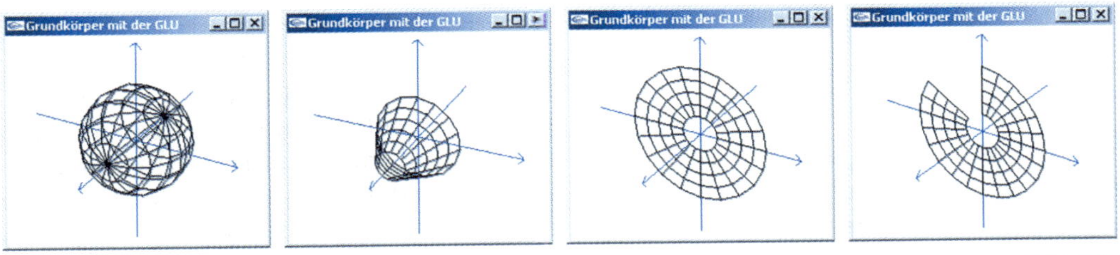

Abb. 8.2-1: Quelltext, Beschreibung und Ausgabefenster der Anwendung `GLUGrundkoerper.c`

8.3 Selbst definierte Körper

Um komplexe Figuren zu modellieren, reichen die bereits vorhandenen Grundkörper oft nicht aus. Daher gibt es in OpenGL die Möglichkeit, diese Körper durch ihre Eckpunkte zu beschreiben. Ein Eckpunkt wird mit dem Befehl `void glVertex{234}{sifd}[v](Type coords)` definiert. Um eine Eckpunktliste zu beginnen, ist der Befehl `glBegin(GLenum mode)` zu verwenden und um sie zu beenden der Befehl `glEnd(void)`.

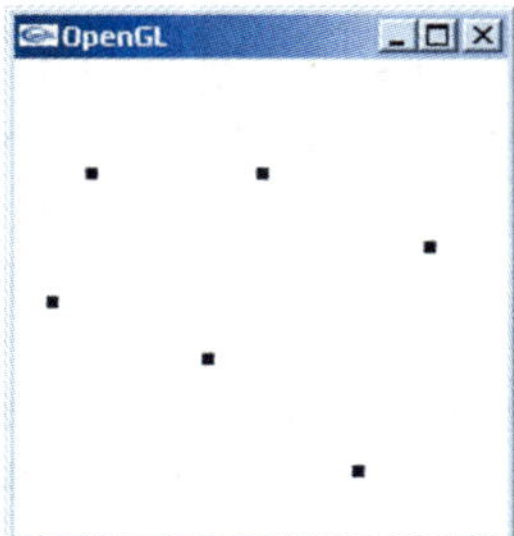

Abb. 8.3-1: GL_POINTS

Der Parameter `mode` legt die Verbindungsart der Punkte fest. Die Eckpunkte können grundsätzlich zu Linien, Dreiecken, Vierecken oder Vielecken verbunden werden. Der Wert `GL_POINTS` stellt eine Ausnahme dar und verbindet die Punkte nicht (vgl. Abb. 8.3-1).

Im Beispielprogramm `GeometrischGrundkoerper.c`, welches sich auch auf der CD-ROM befindet, können die verschiedenen Verbindungsarten getestet werden.

Mit dem Parameter `GL_LINES` werden jeweils zwei Punkte zu einer Linie verbunden, `GL_LINE_STRIP` verbindet zwei aufeinander folgende Punkte zu einer Linie und `GL_LINE_LOOP` verfährt ebenso, verbindet jedoch zusätzlich den letzten Punkt mit dem ersten Punkt (vgl. Abb. 8.3-2).

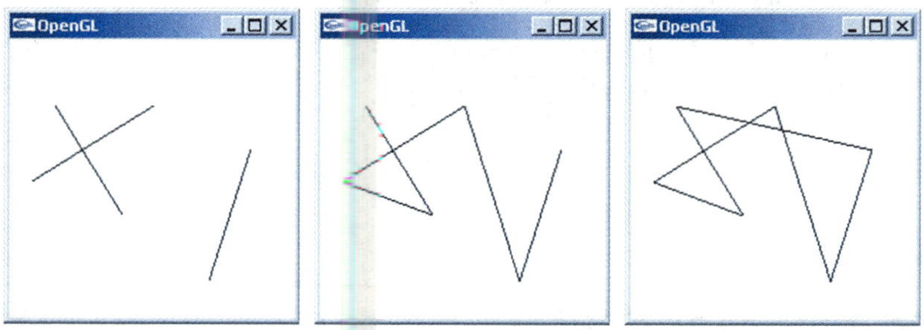

Abb. 8.3-2: (v. l. n. r.) GL_LINES, GL_LINE_STRIP *und* GL_LINE_LOOP

Die Variable `GL_TRIANGLES` verbindet je drei Punkte zu einem Dreieck. Um ein zusammenhängendes Gebilde von Dreiecken zu erstellen, gibt es zwei Möglichkeiten: Mittels `GL_TRIANGLE_STRIP` bilden die ersten drei Punkte ein Dreieck und jeder weitere Punkt wird in Form eines Dreiecks mit dem letzten und dem vorletzten Punkt verbunden. Die zweite Möglichkeit stellt `GL_TRIANGLE_FAN` dar, wobei die ersten drei Eckpunkte ein Dreieck bilden und jeder weitere Punkt ein neues Dreieck mit dem vorherigen und dem ersten Punkt. Diese Verbindungsarten sind in Abb. 8.3-3 dargestellt.

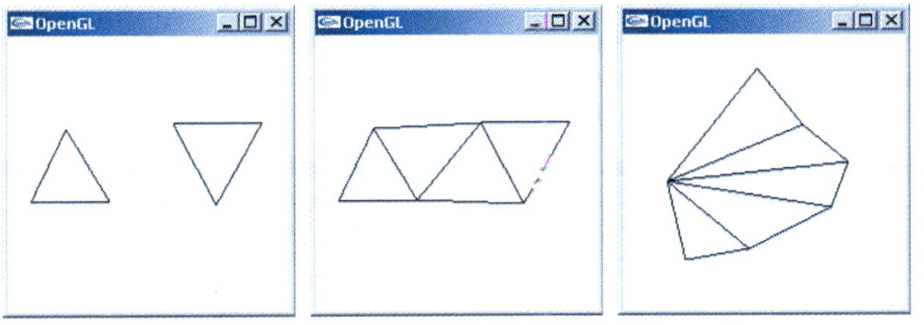

Abb. 8.3-3: (v. l. n. r.) GL_TRIANGLES, GL_TRIANGLE_STRIP *und* GL_TRIANGLE_FAN

Vierecke können durch den Parameter GL_QUADS gebildet werden. Ein Objekt aus aneinander gereihten Vierecken erzeugt GL_QUAD_STRIP (vgl. Abb. 8.3-4).

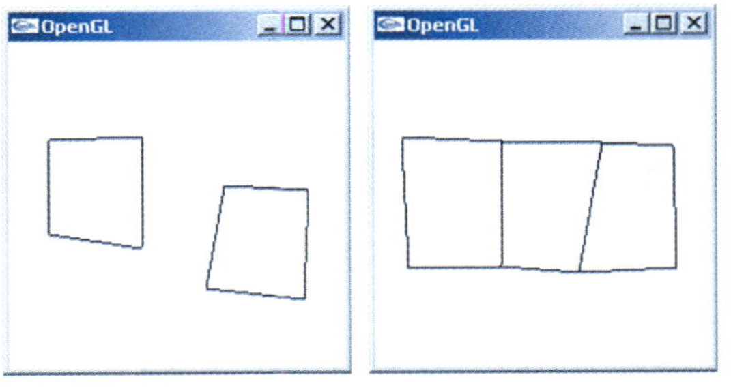

Abb. 8.3-4: (v. l. n. r.) GL_QUADS *und* GL_QUAD_STRIP

OpenGL bietet auch die Möglichkeit, aus der Liste der Eckpunkte mittels GL_POLYGON ein Vieleck zu konstruieren (vgl. Abb. 8.3-5). Jedoch ist zu beachten, dass OpenGL aus Performanzgründen keine Vielecke, die Löcher enthalten, dessen Kanten sich kreuzen oder die nicht konvex sind, zeichnen kann. Polygone, die diese Regeln erfüllen, zeichnen sich dadurch aus, dass zwei beliebige im Inneren des Polygons liegende Punkte gewählt und durch eine Linie verbunden werden können, ohne dass diese eine Kante des Polygons schneidet. Außerdem ist darauf zu achten, dass alle Punkte eines Polygons in einer zweidimensionalen Ebene liegen, da sonst nach diversen Transformationen ein konvexes Polygon entstehen könnte. Bei dem Versuch, ein solches nicht erlaubtes Polygon zu zeichnen, ist nicht vorhersehbar, wie das Polygon erscheint.

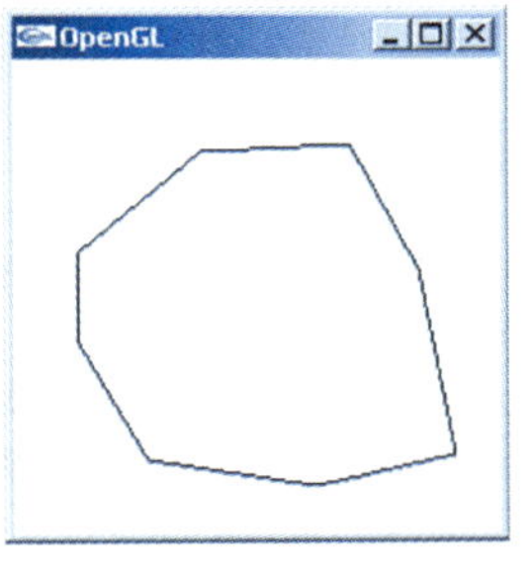

Abb. 8.3-5: GL_POLYGON

Beispiel Um die teilweise komplexen Zusammenhänge der Verbindungsmodi zu veranschaulichen, kann mit dem Programm `GeometrischeGrundkoerper.c` eine eigene Eckpunktliste mittels der linken Maustaste erstellt werden. Mit einem Menü, welches über die rechte Maustaste erreicht wird, kann bestimmt werden, wie die Punkte verbunden werden sollen. Die Ergebnisse der unterschiedlichen Verbindungsarten sind in Abb. 8.3-1 bis 8.3-5 dargestellt.

Quelltext:

```
typedef GLfloat Punkt2f[2];
. . .
typedef struct
{ int anzahlPunkte;
  Punkt2f punkt[100];
} PunktListe;

PunktListe punkte;
. . .
void zeichneSzene(void)
{ int i;
  . . .
  switch (modus)
  { case GL_POINTS:{glBegin(GL_POINTS);break;}
    case GL_LINES:{glBegin(GL_LINES);  break;}
    . . .
    case GL_POLYGON:{glBegin(GL_POLYGON); break;}
  }
  for (i = 0; i<punkte.anzahlPunkte; i++)
  { glVertex2f(punkte.punkt[i][0], punkte.punkt[i][1]);
  }
  glEnd();
  . . .
  glFlush();
}
```

Beschreibung:

Typdefinition für einen 2D-Punkt der Genauigkeit `GLfloat`.

Definition einer Struktur, in der die Eckpunkte gespeichert werden.

Deklaration einer Variablen für die Eckpunktliste.

Funktion, die für das Zeichnen der Szene zuständig ist.

Die Variable modus wird vom Benutzer mittels des Menüs gesetzt.

Alle einzelnen Punkte, die mit der Maus ausgewählt wurden, werden innerhalb einer Schleife zur Eckpunktliste zusammen gesetzt.

OpenGL unterscheidet zwischen der Vorder- und der Rückseite eines Polygons. So ist es beispielsweise möglich, die Rückseite eines geschlossenen Körpers, die für den Betrachter der Szene verborgen bleibt, nicht mitzuzeichnen. Werden die Eckpunkte eines Polygons gegen den Uhrzeigersinn definiert, so wird dies als die Vorderseite des Polygons interpretiert.

Beispiel Im Beispiel `Quader.c` wird ein Quader erstellt, welcher beliebige Ausmaße annehmen soll. Dies wird durch eine Funktion gesteuert. Im folgenden Quelltext wurden alle Vierecke so erstellt, dass deren Vorderseite nach außen zeigt.

Quelltext: **Ausgabe:**

```
void quader (float x, float y, float z)
{ glBegin(GL_QUADS);
  //vorne
   glVertex3f(-x, +y, +z); glVertex3f(-x, -y, +z);
   glVertex3f(+x, -y, +z); glVertex3f(+x, +y, +z);
  //hinten
   glVertex3f(+x, +y, -z); glVertex3f(+x, -y, -z);
   glVertex3f(-x, -y, -z); glVertex3f(-x, +y, -z);
  //links
   glVertex3f(-x, +y, -z); glVertex3f(-x, -y, -z);
   glVertex3f(-x, -y, +z); glVertex3f(-x, +y, +z);
  //rechts
   glVertex3f(+x, +y, +z); glVertex3f(+x, -y, +z);
   glVertex3f(+x, -y, -z); glVertex3f(+x, +y, -z);
  //oben
   glVertex3f(-x, +y, -z); glVertex3f(-x, +y, +z);
   glVertex3f(+x, +y, +z); glVertex3f(+x, +y, -z);
  //unten
  glVertex3f(+x, -y, -z); glVertex3f(+x  -y, +z);
  glVertex3f(-x, -y, +z); glVertex3f(-x  -y, -z);
 glEnd();
}
```

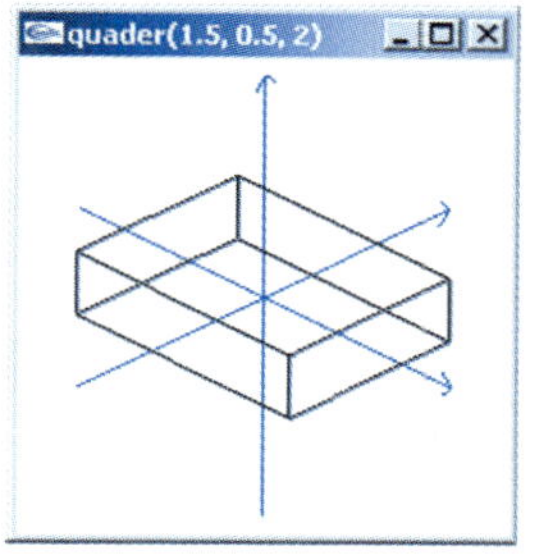

Abb. 8.3-6: Quelltext und Ausgabefenster der Anwendung `Quader.c`

Innerhalb der Funktion `quader()` des Beispiels `Quader.c` werden 24 Punkte zur Eckpunktliste hinzugefügt. Hierbei handelt es sich – von den Koordinaten her betrachtet – allerdings nur um 8 verschiedene Punkte. Die Anzahl der Funktionsaufrufe lässt sich mit Hilfe von *Vertex-Arrays*, in denen Listen von Punkten definiert werden können, reduzieren. Dazu werden zunächst die 8 Eckpunkte in einem Feld gespeichert. Intern wird jedem Eintrag in diesem Feld der Reihenfolge entsprechend ein Index zugewiesen. Über diesen Index kann auf den Punkt zugegriffen werden. In einem weiteren Feld, in diesem Fall der Größe 24, werden nun die Indizes in der Reihenfolge abgespeichert, in der die jeweiligen Punkte miteinander verbunden werden sollen. Da nun wesentlich weniger Befehle auszuführen sind, hat das Verfahren der *Vertex-Arrays* eine Steigerung der Performanz sowie eine bessere Lesbarkeit und Wartbarkeit des Quelltextes zur Folge. Die Funktion `quaderVertexArray()` des Beispiels `Quader.c` erstellt einen Quader mittels *Vertex-Arrays*.

Quelltext:	**Beschreibung:**

`void quaderVertexArray(float x,`
`      float y, float z)`
`{ GLfloat punkte[] = {-x,+y,+z,-x,`
`                      -y,+z,+x,-y,+z,`
`                      +x,+y,+z,+x,+y,`
`                      -z,+x,-y,-z,`
`                      -x,-y,-z,-x,+y,`
`                      -z};`
	Speichern der 8 Eckpunkte in einem Feld.

`  GLubyte punktVerbindungsliste[] =`
`                {0,1,2,3,4,5,6,7,`
`                 7,6,1,0,3,2,5,4,`
`                 7,0,3,4,5,2,1,6};`
	Über die Indizes werden die Punkte zu einem Feld hinzugefügt, das die Verbindungsreihenfolge der Eckpunkte festlegt.

`  glEnableClientState(` `           GL_VERTEX_ARRAY);`	Aktiviert die Benutzung von *Vertex-Arrays*.
`  glVertexPointer(3, GL_FLOAT,` `                0, punkte);`	Das Feld punkte beinhaltet Punkte, die aus 3 Koordinaten vom Typ `GLfloat` bestehen.

`  glDrawElements(GL_QUADS, 24,`
`           GL_UNSIGNED_BYTE,`
`           punktVerbindungsliste);`
`}`
	Gibt an, in welcher Art das Feld `punktVerbindungsListe` interpretiert werden soll. Hier werden jeweils 4 aufeinander folgende Punkte zu einem Viereck zusammengefügt.

8.4 Erscheinung von Objekten

8.4.1 Erscheinung von Polygonen

Darstellungsmodus

Aufgrund der Unterscheidung zwischen Vorder- und Rückseite eines Polygons können diese beiden Seiten auch unterschiedlich gezeichnet und dargestellt werden. Dazu wird der Befehl `glPolygonMode(GLenum face, GLenum mode)` eingesetzt. Die Variable `mode`, die einem der drei Werte `GL_POINT`, `GL_LINE` oder `GL_FILL` entsprechen muss, bestimmt, ob die Punkte einzeln, durch Linien verbunden oder als ausgefüllte Fläche dargestellt werden. Die Variable `face` kann die Werte `GL_FRONT`, `GL_BACK` oder `GL_FRONT_AND_BACK` annehmen und bestimmt dadurch, auf welche Seite bzw. Seiten des Polygons sich der Darstellungsmodus auswirkt.

Culling

Unter dem Begriff ***Culling*** (engl. *to cull* = aussuchen) versteht man das Ausblenden nicht sichtbarer Flächen (vgl. Kap. 4.2). Damit dieses Verfahren auf eine Szene angewendet werden kann, muss definiert werden, welche Fläche eines Polygons eine Vorder- bzw. welche eine Rückseite darstellt. Mit dem Befehl `glEnable(GL_CULL_`

FACE) wird das *Culling* aktiviert. Welche Seite eines Polygons nicht darzustellen ist, ist durch den Aufruf von glCullFace(GLenum mode) gesteuert, wobei mode analog zur Variablen face für den Darstellungsmodus die Werte GL_FRONT, GL_BACK oder GL_FRONT_AND_BACK annehmen kann.

Zeichenfarbe

Die aktuelle Darstellungsfarbe wird durch den Aufruf der Funktion glColor3f(GLfloat r, GLfloat g, GLfloat b) festgelegt. Die drei Parameter bestimmen den Rot-, Grün- und Blau-Anteil der Farbe (vgl. Kap. 5.2). Es gibt grundsätzlich zwei verschiedene Möglichkeiten, um die Oberflächen von Polygonen einzufärben. Bleibt die Zeichenfarbe bei der Erzeugung des Polygons konstant, so entsteht gemäß dem Prinzip des Zustandsautomaten ein einfarbiges Polygon. Ändert sich jedoch die Farbe bei der Definition der Eckpunktliste, so interpoliert OpenGL zwischen diesen Farbwerten.

Beispiel

Das Beispiel Farbverlauf.c erzeugt einen schwarzen, einen blauen und einen weißen Punkt innerhalb der Eckpunktliste eines Dreiecks. Durch diese Definition entsteht ein Farbverlauf zwischen den Eckpunkten des Dreiecks.

Quelltext:

```
void zeichneSzene (void)
{ glClear(GL_COLOR_BUFFER_BIT);
  . . .
  glBegin(GL_TRIANGLES);
    glColor3f(1, 1, 1);  glVertex3f(-2, 0, -2);
    glColor3f(0, 0, 1);  glVertex3f(2, 0, 0);
    glColor3f(0, 0, 0);  glVertex3f(-2, 0, +2);
  glEnd();
  . . .
  glFlush();
}
```

Ausgabe:

Abb. 8.4-1: Quelltext und Ausgabefenster der Anwendung Farbverlauf.c

8.4.2 Transparente Objekte

Überblenden

Innerhalb einer Szene können sich Objekte ganz oder teilweise überdecken. Beim **Überblenden** werden die Farbwerte einzelner Objekte miteinander vermischt. Mit Hilfe dieses Verfahrens lassen sich unterschiedliche Effekte wie z. B. Transparenz oder Farbfilterung erzielen. Das Mischverhältnis bzw. die Stärke der Transparenz wird durch den Alpha-Wert festgelegt.

Beispiel

Quelltext:

```
void initialisiereSzene (void)
{ glClearColor(1.0, 1.0, 1.0, 1.0);
  glEnable(GL_BLEND);
  glBlendFunc(GL_SRC_ALPHA, GL_ONE_MINUS_SRC_ALPHA);
}

void zeichneSzene (void)
{ glClear(GL_COLOR_BUFFER_BIT);
  glColor3f(0.0, 0.0, 0.0);
  quader(0.7, 0.7, 0.7);
  glColor4f(0.0, 0.0, 1.0, 0.3);
  quader(1.5, 1.5, 1.5);
  glFlush();
}
```

Ausgabe:

Abb. 8.4-2: Quelltext und Ausgabefenster der Anwendung Transparenz.c

Das Beispiel Transparenz.c definiert den Alpha-Wert beim Setzen der aktuellen Darstellungsfarbe mit Hilfe des Befehls glColor4f(GLfloat r, GLfloat g, GLfloat b, GLfloat a) als vierten Parameter. Zum Aktivieren des Überblendens wird die Funktion glEnable(GL_BLEND) aufgerufen. Durch den Aufruf des Befehls glBlendFunc(GLenum sfactor, GLenum dfactor) mit den im Quelltext dargestellten Parametern ergibt sich die Transparenz des äußeren Quaders.

8.4.3 Texturen

Das OpenGL-*Low-Level*-API stellt keine Funktionen zum Laden von Bildern, die als Texturen genutzt werden können, zur Verfügung. Entweder wird eine eigene Implementierung eingesetzt oder es muss auf eine bereits vorhandene Funktion zurückgegriffen werden. Beispielsweise bietet die Hilfsbibliothek glaux.h eine solche Funktion an.

Mit Hilfe der Operation glGenTextures(GLsizei n, GLuint *textureNames) werden n unterschiedliche Namen für n Texturen generiert und in dem Feld textureNames abgelegt. Der Befehl glBindTexture(GLenum target, GLuint texture) aktiviert das Textur-Objekt und ordnet ihm einen Namen zu. Der erste Parameter legt fest, ob es sich um eine ein-, zwei- oder dreidimensionale Textur handelt. Demnach kann target die Werte GL_TEXTURE_1D, GL_TEXTURE_2D oder GL_TEXTURE_3D annehmen. Als zweiter Parameter wird dem Befehl das mit den generierten Namen gefüllte Feld übergeben. Anschließend muss das Bild mit einer *Loader*-Funktion geladen werden. Eigenschaften der Textur sind mit dem Befehl glTexImage{1 2 3}D() festgelegt und im Textur-Objekt gespeichert.

Mipmapping

Je weiter sich ein Objekt bzw. eine Textur vom Betrachter entfernt, desto kleiner muss es bzw. sie gezeichnet werden. OpenGL unterstützt dazu das so genannte *Mipmapping*. Dabei handelt es sich um ein Optimierungsverfahren zur besseren Darstellung von Texturen. Beim Skalieren eines texturierten Objekts wird aus unterschiedlichen Auflösungsstufen der Textur gewählt. Der Befehl `gluBuild2DMipmaps(GLenum target, GLint internalFormat,GLint width, GLint height, GLenum format, GLenum type, void *texels)` automatisiert dieses Verfahren für 2D-Texturen, indem die Berechnung der einzelnen Auflösungsstufen durchgeführt wird und intern die Funktion `glTexImage2D()` aufruft, um die einzelnen Bilder zu laden.

Mit Hilfe der Funktion `glEnable(GL_TEXTURE_2D)` wird die Nutzung von 2D-Texturen aktiviert. Um ein Objekt mit einer Textur zu belegen, müssen die Koordinaten der Textur Ecken des Objekts zugewiesen werden. Mit dem Befehl `glTexCoord2f()` werden Texturkoordinaten definiert.

Beispiel

Unter Verwendung von Texturen wird im Beispiel `Textur.c` ein Würfel erstellt. Die Bilder der sechs Seitenflächen liegen im Bitmap-Format vor. Zum Laden der einzelnen Dateien wird eine in der *Header*-Datei glaux.h definierte *Loader*-Funktion `auxDIBImageLoad(char[] path)` verwendet.

Quelltext: / **Beschreibung:**

```
#include <gl/glaux.h>
GLuint texturName[6];

void initialisiereSzene(void)
{ char *(pfad[]) = {"eins.bmp", "zwei.bmp", "drei.bmp",
                    "vier.bmp", "fuenf.bmp", "sechs.bmp"};
```

Speichern der Dateinamen in einem Feld.

```
  AUX_RGBImageRec *textur[6];
  int i;
  glGenTextures(6, &texturName[0]);
```

Die Namen der Texturen werden generiert.

```
  for (i = 0; i < 6; i++)
  { glBindTexture(GL_TEXTURE_2D, texturName[i]);
    textur[i] = auxDIBImageLoad(pfad[i]);
    gluBuild2DMipmaps(GL_TEXTURE_2D, 3, textur[i]->sizeX,
                      textur[i]->sizeY, GL_RGB,
                      GL_UNSIGNED_BYTE, textur[i]->data);
  }
```

Den sechs Texturobjekten werden die sechs geladenen Bilder zugeordnet.

```
  glEnable(GL_TEXTURE_2D);
}
```

Die Nutzung von 2D-Texturen wird aktiviert.

Quelltext (Forts.): **Beschreibung (Forts.):**

```
void quader (float x, float y, float z)
{ glBindTexture(GL_TEXTURE_2D, texturName[0]);
  glBegin(GL_QUADS);
  //vorne
  glTexCoord2f(0.0f, 1.0f); glVertex3f(-x, +y, +z);
  glTexCoord2f(0.0f, 0.0f); glVertex3f(-x, -y, +z);
  glTexCoord2f(1.0f, 0.0f); glVertex3f(+x, -y, +z);
  glTexCoord2f(1.0f, 1.0f); glVertex3f(+x, +y, +z);
  glEnd();
  . . . // analog für alle anderen Seiten
}
```

Die Texturkoordinaten werden den Eckpunkten der Würfelvorderflächen zugewiesen.

```
void zeichneSzene (void)
{ glClear(GL_COLOR_BUFFER_BIT | GL_DEPTH_BUFFER_BIT);
  glColor3f(1.0, 1.0, 1.0);
  . . .
  quader(1.0, 1.0, 1.0);
  . . .
}
```

Darstellung des Würfels.

Ausgabe:

Abb. 8.4-3: Quelltext, Beschreibung und Ausgabefenster der Anwendung Textur.c

8.5 Beleuchtung einer Szene

Die Beleuchtung einer dreidimensionalen Szene hat einen sehr großen Einfluss auf die realitätsgetreue Darstellung. Für die Beleuchtungsberechnungen sind allerdings nicht nur die Lichtquellen relevant, sondern auch die Materialeigenschaften des beleuchteten Objekts und das gewählte Schattierungsverfahren (vgl. Kap. 5).

Schattierungsverfahren

OpenGL unterstützt das *Flat-* und das Gouraud-*Shading*. Beim *Flat-Shading* werden für jede Fläche ein Normalenvektor und daher nur ein Farbwert berechnet. Hingegen ist beim standardmäßig in OpenGL verwendeten Gouraud-*Shading* jedem Eckpunkt ein Normalenvektor zugewiesen. Die Farbe im Inneren des Polygons ergibt sich dann aus der Interpolation der Farbwerte in den Eckpunkten. Das hat zur Folge, dass bei diesem Verfahren die Übergänge zwischen den einzelnen Polygonen weicher sind (vgl. Kap. 5). Der Befehl `glShadeModel(GLenum mode)` legt das Schattierungsverfahren der Szene fest.

Normalenvektor

Damit eine Lichtquelle das Erscheinungsbild von Objekten einer Szene beeinflussen kann, müssen Normalenvektoren definiert werden. Die Normalenvektoren der Grundkörper (vgl. Kap. 8.2) der OpenGL-*Utility-Library* können automatisch durch die Funktion `gluQuadricNormals(GLUquadricObj *qobj, GLenum normals)` generiert werden. Wie oben bereits erwähnt, ist für die Berechnung der Normalenvektoren das für die Szene gewählte Schattierungsverfahren relevant. Die Variable `normals` kann die Werte `GLU_FLAT` für das *Flat-Shading*-Verfahren oder `GLU_SMOOTH` für das Gouraud-*Shading*-Verfahren annehmen.

Bei selbst definierten Körpern sind die Normalenvektoren zu berechnen und über den Befehl `glNormal3{bsidf}(TYPE x, TYPE y, TYPE z)` für jeden Eckpunkt zu definieren. Entweder wird dieser Funktion ein bereits auf die Länge Eins normierter Vektor übergeben oder die automatische Normalisierung mit `glEnable(GL_NORMALIZE)` bzw. `glDisable(GL_NORMALIZE)` aktiviert bzw. deaktiviert.

Lichtquellen

Um eine Szene mit einer oder mehreren Lichtquellen (vgl. Kap. 5) auszustatten, muss mit `glEnable(GL_LIGHTING)` zunächst die Beleuchtung aktiviert werden. Es können bis zu acht Lichtquellen in die Szene integriert und über eine der Konstanten `GL_LIGHT0` bis `GL_LIGHT7` angesprochen werden. Auf die Eigenschaften bzw. Parameter der Lichtquelle kann mit dem Befehl `glLight{if}[v](GLenum light, GLenum pname, TYPE *param)` Einfluss genommen werden. Dabei werden der Name der Lichtquelle, der Name des zu verändernden Parameters und der neue Wert dieses Parameters übergeben. Die möglichen Parameter sind in Tabelle 8.5-1 aufgelistet.

Name des Parameters:	**Beschreibung:**
`GL_POSITION`	Vierdimensionaler Vektor (x, y, z, W), der bestimmt, ob es sich um eine Punktlichtquelle (W = 0.0) oder um eine gerichtete Lichtquelle (W ≠ 0.0) handelt. Eine gerichtete Lichtquelle befindet sich in unendlicher Entfernung. Im ersten Fall bestimmen x, y und z die Position und im zweiten Fall die Richtungen der Lichtquelle. Der voreingestellte Standardwert beträgt (0.0, 0.0, 1.0, 0.0).

Tab. 8.5-1: Die Parameter einer OpenGL-Lichtquelle

Name des Parameters:	Beschreibung:
GL_AMBIENT	Die Farbe des ambienten Lichtanteils wird mit dem übergebenen vierdimensionalen (R, G, B, A)-Feld bestimmt. Der vierte Parameter des Feldes bestimmt hier den Alpha-Wert des Lichts. Der Standardwert für den ambienten Anteil ist (0.0, 0.0, 0.0, 1.0).
GL_DIFFUSE	Bei der Verwendung dieses Parameters wird ein vierdimensionales (R, G, B, A)-Feld erwartet, das die Farbe des diffusen Lichtanteils bestimmt. Der vorbelegte Wert für GL_LIGHT0 beträgt (1.0, 1.0, 1.0, 1.0) und für alle anderen Lichtquellen (0.0, 0.0, 0.0, 1.0).
GL_SPECULAR	Das vierdimensionale (R, G, B, A)-Feld, das bei der Verwendung des Parameters GL_SPECULAR übergeben wird, bestimmt die Farbe des spiegelnden Lichtanteils. Die Standardwerte sind wie bei GL_DIFFUSE belegt.

Tab. 8.5-1: Die Parameter einer OpenGL-Lichtquelle (Forts.)

Spotlichtquelle

In der Realität wird mit zunehmendem Abstand zu einer Lichtquelle das Licht schwächer. Dies kann bei einer Punktlichtquelle über die Parameter GL_CONSTANT_ATTENUATION, GL_LINEAR_ATTENUATION und GL_QUADRATIC_ATTENUATION simuliert werden. Außerdem können die Parameter einer Punktlichtquelle, die in Tabelle 8.5-2 angegeben sind, so angepasst werden, dass eine Spotlichtquelle entsteht.

Name des Parameters:	Beschreibung:
GL_SPOT_CUTOFF	Dieser Wert gibt die Hälfte des Öffnungswinkels des Lichtkegels an. Der vorbelegte Wert ist 180° und definiert eine Punktlichtquelle, die Licht in alle Richtungen emittiert.
GL_SPOT_DIRECTION	Bestimmt die Richtung des Lichtkegels. Der Standardwert beträgt (0.0, 0.0, -1.0).
GL_SPOT_EXPONENT	Die Abschwächung des Lichts vom Zentrum des Lichtkegels zu den Außenseiten kann mit diesem Wert beeinflusst werden. Der Wert muss zwischen 0.0 und 128.0 liegen. Je höher er ist, desto stärker wird das Licht im Zentrum des Lichtkegels gebündelt. Der Standardwert ist 0.0.

Tab. 8.5-2: Die Parameter einer Spotlichtquelle

Globale Beleuchtungseigenschaften

Neben den lokalen Beleuchtungseigenschaften von Lichtquellen werden von OpenGL auch globale Beleuchtungseigenschaften einer Szene unterstützt. Über die Funktion `glLightModel{if}[v](GLenum` pname, TYPE *param) sind diese zu definieren. Nimmt der Parameter pname den Wert GL_LIGHT_MODEL_AMBIENT an, sorgt ein globales ambientes Licht für ein allgemeines Aufhellen der Szene. Die Farbe des Lichts wird mit dem Parameter param bestimmt.

Materialeigenschaften

Damit auf beleuchteten Objekten Schattierungen entstehen, müssen Materialeigenschaften mit der Funktion glMaterial{if}[v](GLenum face, GLenum pname, GLenum param) definiert werden. Der Parameter face kann die Werte GL_FRONT, GL_BACK oder GL_FRONT_AND_BACK annehmen und bestimmt damit, welche Seite des Objekts von der Materialdefinition betroffen ist. Der Parameter pname bezeichnet die Materialeigenschaft und param den zugehörigen Wert. Ein Material definiert die Reflexionsfarben für die entsprechenden ambienten, diffusen und spiegelnden Lichtanteile. Erhält pname beispielsweise den Wert GL_AMBIENT, so wird param ein RGBA-Farbvektor übergeben. Fällt ambientes Licht auf ein Objekt ein, entspricht die Reflexionsfarbe dem durch param definierten Wert. Alle Parameter werden in der Tabelle 8.5-3 beschrieben.

Name des Parameters:	**Beschreibung:**
GL_AMBIENT	Bei Verwendung dieses Parameters wird ein vierdimensionales (R, G, B, A)-Feld erwartet, das bestimmt, in welcher Farbe ein Objekt erscheint, wenn es nicht direkter Beleuchtung ausgesetzt ist. Der vorbelegte Wert ist (0.2, 0.2, 0.2, 1.0).
GL_DIFFUSE	Analog zu GL_AMBIENT bestimmt dieser Parameter die Farbe eines Objekts bei direkter Beleuchtung. Der Standardwert ist (0.8, 0.8, 0.8, 1.0).
GL_SPECULAR	In welcher Farbe Glanzlichter auf Objekten erscheinen sollen, kann bei Verwendung des Parameters GL_SPECULAR mit dem übergebenen Feld gewählt werden. Der Standardwert ist (0.0, 0.0, 0.0, 1.0).
GL_EMMISION	Wird glMaterial mit diesem Parameter aufgerufen, scheint es, als ob das Objekt Licht in der Farbe param abgibt. Der vorbelegte Wert ist (0.0, 0.0, 0.0, 1.0).
GL_SHININESS	Der übergebene Wert muss zwischen dem Wertebereich 0.0 und 128.0 liegen. Er bestimmt, wie groß das Glanzlicht erscheint, welches mit GL_SPECULAR gesetzt wurde. Je größer der Wert, desto gebündelter ist das Glanzlicht. Der Standardwert beträgt 0.0.

Tab. 8.5-3: Die Parameter für Materialeigenschaften

Beispiel

Im Beispiel `Beleuchtung.c` wird wahlweise eine Kugel oder ein Zylinder von einer Lichtquelle beleuchtet. Die Auswahl des Grundkörpers und dessen Erscheinungsfarbe wird mit dem Menü der rechten Maustaste ausgeführt. Damit die beiden beleuchteten Grundkörper korrekt dargestellt werden, muss OpenGL alle verdeckten Flächen vor dem Zeichnen entfernen. Dies wird durch Aktivieren des Tiefentests erreicht.

Quelltext: / **Beschreibung:**

```
GLfloat ambient_blau[]={0.0, 0.0, 1.0, 1.0};
GLfloat emissive_blau[]={0.0, 0.0, 1.0, 1.0};
GLfloat diffuse_blau[]={0.0, 0.0, 1.0, 1.0};
GLfloat specular_blau[]={0.9, 0.9, 0.9, 1.0};
GLfloat shininess_blau[]={10.0};
```

Definition eines blauen Materials.

```
. . .
```

Die Definitionen für die anderen Materialien erfolgen analog.

```
void initialisiereSzene(void)
{ GLfloat licht_position[] = {0.0, 0.0, 100.0, 0.0};
  GLfloat weisses_licht[] = {0.8, 0.8,0.8, 1.0};
  GLfloat lichtmodell_ambient[] = {1.0, 1.0, 1.0, 1.0};
  glClearColor(1.0, 1.0, 1.0, 1.0);
  glShadeModel(GL_SMOOTH);
```

Definition von Position und Farbe der Lichtquelle und Farbe des globalen ambienten Lichtes.

```
  glLightfv(GL_LIGHT0, GL_POSITION, licht_position);
  glLightfv(GL_LIGHT0, GL_DIFFUSE, weisses_licht);
  glLightModelfv(GL_LIGHT_MODEL_AMBIENT,
                 lichtmodell_ambient);
```

Setzen der zuvor definierten Werte.

```
  glDepthFunc(GL_LEQUAL);
  glEnable(GL_LIGHTING);
  glEnable(GL_LIGHT0);
  glEnable(GL_DEPTH_TEST);
}
```

Beleuchtung, Lichtquelle und Tiefentest für die Entfernung verdeckter Flächen aktivieren.

```
void zeichneSzene (void)
{ GLUquadricObj *qobj = gluNewQuadric();
  gluQuadricNormals(qobj, GLU_SMOOTH );
  glClear(GL_COLOR_BUFFER_BIT | GL_DEPTH_BUFFER_BIT);
```

Normalenvektoren für die Grundkörper werden berechnet.

```
  glMaterialfv(GL_FRONT, GL_AMBIENT, ambient_blau);
  glMaterialfv(GL_FRONT, GL_EMISSION, emissive_blau);
  glMaterialfv(GL_FRONT, GL_DIFFUSE, diffuse_blau);
  glMaterialfv(GL_FRONT, GL_SPECULAR, specular_blau);
  glMaterialfv(GL_FRONT, GL_SHININESS, shininess_blau);
```

Setzen des blauen Materials.

```
  gluSphere(qobj, 2.5, 16, 16);
  glFlush();
}
```

Zeichnen der Kugel.

Ausgabe:

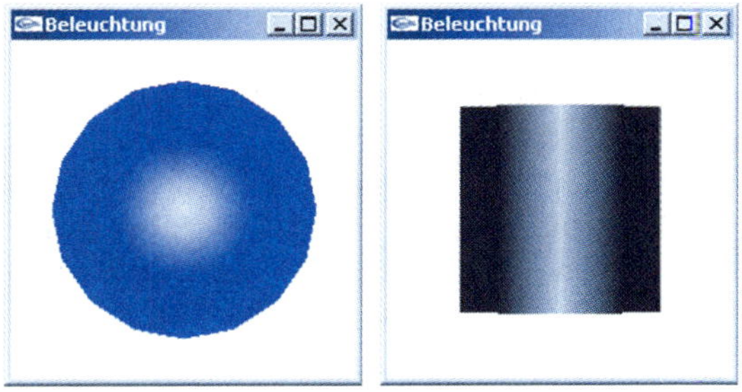

Abb. 8.5-1: Quelltext, Beschreibung und Ausgabefenster der Anwendung `Beleuchtung.c`

8.6 Transformationen

Bis eine Szene wie gewünscht auf dem Bildschirm erscheint, müssen die aus der *Viewing-Pipeline* (vgl. Kap. 3.6) bekannten Transformationsstufen der Abb. 8.6-1 durchlaufen werden.

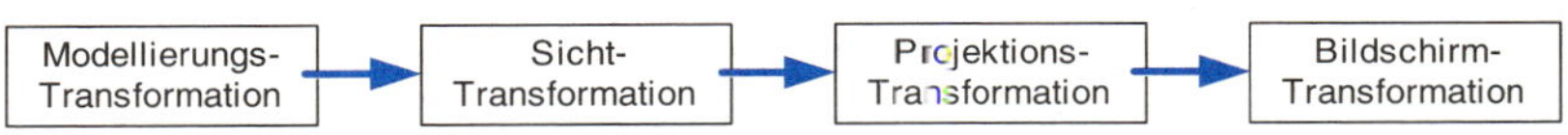

Abb. 8.6-1: Vereinfachte Darstellung der OpenGL-Viewing-Pipeline

Mit Hilfe von Modellierungs-Transformationen werden Objekte einer Szene manipuliert. Eine Kamera, die mit Hilfe der Sicht-Transformation positioniert wird, nimmt diese Szene auf. Durch die Projektions-Transformation wird die 3D-Szene auf dem Bildschirm abgebildet und schließlich passt die Bildschirm-Transformation die Szene an die Größe des Ausgabefensters an.

Modellierungs-Transformation

Eine für die Modellierungs-Transformationen benötigte 4x4-Matrix M ergibt sich durch die Multiplikation der verschiedenen Matrizen für Translation, Rotation und/oder Skalierung. Diese Matrix M wird anschließend mit allen Punkten P des zu transformierenden Objekts multipliziert. Das transformierte Objekt ist durch die Punkte $P' = M \cdot P$ definiert (vgl. Kap. 3.3). Eine 4x4-Einheitsmatrix wird durch den Befehl `glLoadIdentity()` erzeugt, so dass eine definierte Ausgangssituation für die nachfolgenden Transformationen geschaffen ist. Mit dem Befehl `glLoadMatrix{fd}(T)` wird die Einheitsmatrix durch die Matrix T ersetzt. Alternativ kann mit `glMultMatrix{fd}(T)` die übergebene Matrix T mit der aktuellen Matrix M multipliziert werden. Für die Transformationsarten Translation, Rotation und Skalierung können die benötigten Matrizen T mit den nachfolgenden Befehlen erzeugt und direkt mit der aktuellen Transformationsmatrix M multipliziert werden, so dass sich die Matrix $M' = M \cdot T$ ergibt.

- `void glTranslate{fd}(x, y, z)`
  Eine Translation um die angegebenen Werte wird durchgeführt.
- `void glRotate{fd}(angle, x, y, z)`
  Dieser Befehl bewirkt eine Rotation um den Winkel `angle` in mathematisch positiver Richtung (entgegen dem Uhrzeigersinn). Die Achse, um die diese Rotation stattfindet, wird durch die aktuelle Position und den übergebenen Vektor (x, y, z) bestimmt.
- `void glScale{fd}(x, y, z)`
  Skalierung um die übergebenen Werte. Nehmen x, y und/oder z negative Werte an, so wird das Objekt an der jeweiligen Achse gespiegelt. Bei einem Wert größer als Eins wird es gestreckt und bei einem Wert zwischen Null und Eins gestaucht. Es ist darauf zu achten, dass OpenGL bei einer Skalierung auch die Normalenvektoren des Objekts skaliert. Diese müssen danach gegebenenfalls wieder normiert werden.

Sicht-Transformation

Die voreingestellte Position der Kamera ist der Ursprung und die Blickrichtung entspricht der negativen z-Achse. Um die Position und Blickrichtung zu ändern, können wie auch bei den Modellierungs-Transformationen die oben dargestellten Befehle verwendet werden. Alternativ kann ein Befehl aus der OpenGL *Utility-Library* zur Positionierung der Kamera benutzt werden:

- `void gluLookAt(GLdouble posX, GLdouble posY, GLdouble posZ, GLdouble centerX, GLdouble centerY, GLdouble centerZ, GLdouble upX, GLdouble upY, GLdouble upZ)`
  Dieser Befehl setzt die Kamera an die Position (posX, posX, posY). Auf den Punkt (centerX, centerY, centerZ) ist die Kamera fokussiert und zum Festlegen der Orientierung der Kamera wird ein Vektor (upX, upY, upZ) angegeben, der aus Sicht der Kamera nach oben zeigt.

Modelview-Matrix

Die Modellierungs-Transformation und die Sicht-Transformation unterscheiden sich nur im Vorzeichen der jeweiligen Operation. Dies ist anschaulich klar, denn ob ein Objekt nach rechts verschoben wird und die Kamera stationär bleibt, oder ob die Kamera nach links verschoben wird und das Objekt stationär bleibt, führt in beiden Fällen zum gleichen Ergebnis. Aus diesem Grund wird für die Modellierungs- und für die Sicht-Transformation ein und dieselbe Matrix, die ***Modelview-Matrix***, verwendet. Wenn Modellierungs- oder Sicht-Transformationen ausgeführt werden, muss zunächst der Befehl `glMatrixMode(GL_MODELVIEW)` aufgerufen werden, um dem OpenGL-System zu signalisieren, dass sich alle folgenden Transformationsbefehle auf die *Modelview*-Matrix beziehen.

Verkettung von Transformationen

Wie bereits in Kap. 2.4 gezeigt, ist die Matrixmultiplikation nicht kommutativ, so dass auch in OpenGL bei der Verkettung von Transformationen auf die Reihenfolge der Multiplikationen zu achten ist. Ein Objekt, welches zuerst verschoben und dann rotiert wird, kann eine andere Position erhalten als ein Objekt, welches zuerst rotiert und dann verschoben wird. Wie bereits in den Grundlagen beschrieben (vgl. Kap. 2 u. 3), werden auch in OpenGL die Matrizen jeweils von rechts an die *Modelview*-Matrix multipliziert.

Beispiel

Innerhalb des Beispiels `Zylinder.c` werden drei Zylinder in einem Koordinatensystem ausgegeben. Der erste Zylinder befindet sich im Ursprung des Koordinatensystems und wird als Drahtgittermodell gezeichnet. Der blaue Zylinder wird zuerst 45° um die z-Achse rotiert und dann fünf Einheiten in Richtung der positiven x-Achse verschoben. Der schwarze Zylinder wird mit den gleichen Transformationswerten zuerst verschoben und dann um den Ursprung rotiert.

Quelltext:

```
void zeichneSzene (void)
{ //Drahtgittermodell
  gluCylinder(qobj, 0.5, 0.5, 2.0, 15, 5);
  . . .
  //blauer Zylinder
  glTranslatef(5.0, 0.0, 0.0);
  glRotatef(45.0, 0.0, 0.0, 1.0);
  gluCylinder(qobj, 0.5, 0.5, 2.0, 15, 5);
  . . .
  //schwarzer Zylinder
  glRotatef(45.0, 0.0, 0.0, 1.0);
  glTranslatef(5.0, 0.0, 0.0);
  gluCylinder(qobj, 0.5, 0.5, 2.0, 15, 5);
  . . .
}
```

Ausgabe:

Abb. 8.6-2: Quelltext und Ausgabefenster der Anwendung `Zylinder.c`

Hierarchische Modelle

Eine dreidimensionale Szene wird in der Computergrafik typischerweise nach logischen Gesichtspunkten hierarchisch strukturiert. Bei dieser hierarchischen Modellierung sind komplizierte Objekte in den meisten Fällen aus einfachen Objekten, den bereits vordefinierten Grundkörpern, zusammengesetzt.

Alle Objekte werden jeweils in Abhängigkeit des Objekts positioniert, welches sich in der darüber liegenden Ebene der Hierarchie befindet. An der Wurzel eines hierarchischen Modells können Transformationen ausgeführt werden, die sich auf alle darunter liegenden Hierarchie-Ebenen des Modells auswirken.

Um dies zu ermöglichen, gibt es in OpenGL nicht nur eine *Modelview*-Matrix, sondern einen ganzen **Matrix-Stapel**. Das oberste Element dieses Stapels ist die aktuelle *Modelview*-Matrix. Die jeweils aktuelle Position bzw. die aktuelle *Modelview*-Matrix wird mit dem Befehl `glPushMatrix()` auf dem Stapel gesichert. Danach können bestimmte Objekte positioniert werden. Mit dem Aufruf der Funktion `glPopMatrix()` wird die aktuelle Position verworfen und die zuvor gesicherte wiederhergestellt.

Beispiel

Im Beispiel `Tisch.c` ist ein Tisch bestehend aus einer runden Tischplatte und vier Beinen modelliert. Dabei werden nur die beiden vordefinierten Grundobjekte `Cylinder` und `Disk` verwendet. Die Kreisscheibe wird benötigt, da das Grundobjekt `Cylinder` unten und oben offen ist und nicht geschlossen werden kann. Die vier Tischbeine und die Tischplatte werden in Abhängigkeit von der zuvor gesicherten Position festgelegt. Somit ist es möglich den Tisch als Gesamtobjekt zu verschieben, zu rotieren und zu skalieren. Eine Skizze des hierarchischen Modells des Tisches ist in Abb. 8.6-3 zu sehen. Der Quelltext und die Ausgabe des Programms befinden sich in Abb. 8.6-4.

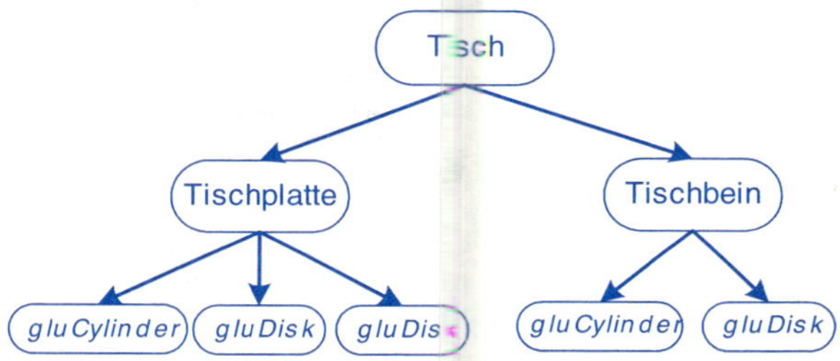

Abb. 8.6-3: Hierarchisches Modell des Tisches

Abb. 8.6-4: Quelltext, Beschreibung und Ausgabefenster der Anwendung `Tisch.c`

Quelltext: | **Beschreibung:**

```
void zeichneSzene (void)
{ int i = 0;
  GLUquadricObj *qobj = gluNewQuadric();
  gluQuadricNormals(qobj, GLU_SMOOTH );
  glClear(GL_COLOR_BUFFER_BIT);
  glPushMatrix();
  glTranslatef(0.0, 1.5, 0.0);
  glPushMatrix(); //Tisch

  glPushMatrix(); //Tischplatte
  gluCylinder(qobj, 2.0, 2.0, 0.2, 30, 5);
  glPushMatrix();
  glRotatef(180.0, 1.0, 0.0, 0.0);
  gluDisk(qobj, 0, 2.0, 30, 5);
  glPopMatrix();
  glTranslatef(0.0, 0.0, 0.2);
  gluDisk(qobj, 0, 2.0, 30, 5);
  glPopMatrix();
  glTranslatef(0.0, 0.0, 0.2);
```

Quelltext	Beschreibung
`gluQuadricNormals(...)` … `glPushMatrix(); //Tisch`	Sicherung der *Modelview*-Matrix auf dem Stapel. Der gesamte Tisch wird verschoben und auf dem Stapel gesichert.
`glPushMatrix(); //Tischplatte` … `glTranslatef(0.0, 0.0, 0.2);`	Sicherung der aktuellen *Modelview*-Matrix, um die nachfolgenden Transformationen bei der Modellierung der Tischplatte später verwerfen zu können. Die Kreisscheibe wird um 180° gedreht, damit die Normalenvektoren nach außen zeigen.

Quelltext (Forts.):	**Beschreibung (Forts):**
`for (i = 0; i < 4; i++)` `//Tischbein 1 bis 4`	Verwerfen der vorherigen Transformation.
`{ glPushMatrix();` `glRotatef(i*90.0, 0.0, 0.0, 1.0);` `glTranslatef(1.7, 0.0, 0.0);` `GluCylinder(qobj, 0.1, 0.1, 3.0, 10, 3);` `glTranslatef(0.0, 0.0, 3.0);` `gluDisk(qobj, 0, 0.1, 10, 3);` `glPopMatrix();` `}`	Die vier Tischbeine werden bezüglich dieses Punktes positioniert.
`glPopMatrix();`	Verwerfen der aktuellen *Modelview*-Matrix, so dass sie den gleichen Wert hat wie vor der Modellierung des Tisches.
`glPopMatrix();` `glutSwapBuffers();` `}`	

Ausgabe:

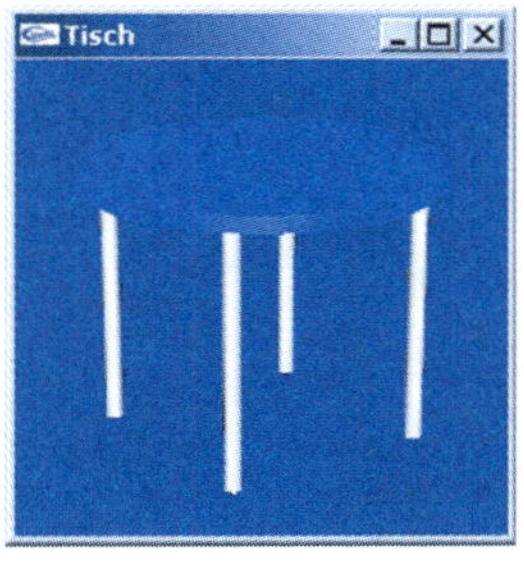

Eine Projektion beschreibt die Abbildung einer dreidimensionalen Szene auf eine zweidimensionale Ebene. Im OpenGL-API werden die Projektionsarten Parallelprojektion und perspektivische Projektion unterstützt (vgl. Kap. 3.5). Für die Projektions-Transformation gibt es eine eigene Matrix. Mit dem Befehl `glMatrixMode(GL_PROJECTION)` wird dem OpenGL-System mitgeteilt, dass sich alle folgenden Transformationsbefehle auch auf die Projektionsmatrix auswirken. Folgende Befehle werden vom OpenGL-API zur Verfügung gestellt:

Projektions-Transformation

- `void glFrustrum(GLdouble left, GLdouble right, GLdouble bottom, GLdouble top, GLdouble near, GLdouble far)`
  Dieser Befehl multipliziert die aktuelle Projektionsmatrix mit der erzeugten Matrix für eine perspektivische Projektion. Befindet sich der Standpunkt der Kamera bei (0, 0, 0), so beschreiben die beiden Koordinaten (`left`, `bottom`, `-near`) und (`right`, `top`, `-near`) die linke untere bzw. die rechte obere Ecke der vorderen Sichtvolumenebene des Pyramidenstumpfes. Die beiden Parameter `near` und `far` definieren den jeweiligen Abstand der vorderen und hinteren

Sichtvolumenebene zum Kamerastandpunkt, müssen ungleich sein und nehmen nur positive Werte an (vgl. Abb. 8.6-5 rechts).

- `void glOrtho(GLdouble left, GLdouble right, GLdouble bottom, GLdouble top, GLdouble near, GLdouble far)`
  Dieser Befehl multipliziert die aktuelle Projektionsmatrix mit der Matrix für die Parallelprojektion. Befindet sich der Standpunkt der Kamera bei (0, 0, 0), so beschreiben die beiden Koordinaten (`left`, `bottom`, `-near`) und (`right`, `top`, `-near`) die linke untere bzw. die rechte obere Ecke der vorderen Sichtvolumenebene des Quaders. Die Parameter `near` und `far` können bei der Parallelprojektion beliebige Werte annehmen (vgl. Abb. 8.6-5 links).

Neben dem Befehl `glFrustum()` gibt es im OpenGL-*Utility*-API einen Befehl `gluPerspective(GLdouble fovy, Gldouble aspect, glDouble near, GLdouble far)`, der ebenfalls eine perspektivische Projektion realisiert, jedoch andere Parameter zur Beschreibung des Kegelstumpfes verwendet. Der Parameter `fovy` ist der vertikale Blickwinkel in der yz-Ebene und `aspect` beschreibt das Seitenverhältnis der vorderen Sichtvolumenebene (Breite/Höhe).

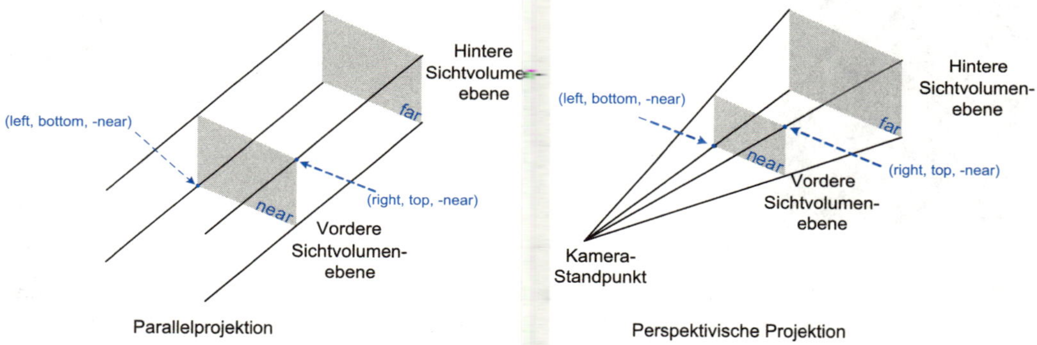

Abb. 8.6-5: Sichtvolumen der Parallelprojektion und der perspektivischen Projektion in OpenGL

Bildschirm-Transformation

Für die anschließende Darstellung auf einem Bildschirm müssen die Koordinaten der Szene noch in die Bildschirmkoordinaten umgerechnet werden. Diese Aufgabe übernimmt der Befehl `glViewport(GLint x, GLint y, GLint width, GLint height)`. Die beiden Parameter `x` und `y` bestimmen die linke untere Ecke und die Parameter `width` und `height` die Breite bzw. Höhe des Fensters, in das das Bild transformiert werden soll.

Beispiel

Das Beispiel `Transformation.c` zeichnet eine beleuchtete Kugel, die durch eine Skalierung manipuliert wurde. Die Kamera ist mit Hilfe der Sicht-Transformation so positioniert, dass sie die skalierte Kugel erfassen kann. Bevor die Sicht- und Modellierungs-Transformationen die *Modelview*-Matrix ändern, wird diese mit dem Befehl `glLoadIdentity()` auf die 4x4-Einheitsmatrix gesetzt.

Eine perspektivische Projektions-Transformation bildet die dreidimensionale Szene auf eine zweidimensionale Projektionsebene ab. Vorher wird die Projektionsmatrix analog zur *Modelview*-Matrix auf die Einheitsmatrix gesetzt, damit vorangegangene Projektions-Transformationen diese neue Transformation nicht verfälschen. Schließlich passt die Bildschirm-Transformation die Szene an die Größe des Ausgabefensters der OpenGL-Applikation an.

Abb. 8.6-6: Quelltext, Bescheibung und Ausgabefenster der Anwendung `Transformation.c`

Quelltext: / **Beschreibung:**

```
void veraendereFenstergroesse(
                    int breite, int hoehe)
{ glViewport(0, 0, breite, hoehe)
  glMatrixMode(GL_PROJECTION);
  glLoadIdentity();
  gluPerspective(15.0,breite/hoehe,1.0,
                35.0);
```

Durchführung der Bildschirmtransformation und Aufruf der Projektionstransformation.

```
  glMatrixMode(GL_MODELVIEW);
  glLoadIdentity();
  gluLookAt(0.0, 0.0, 35.0,
            0.0, 0.0, 0.0,
            0.0, 1.0, 0.0);
 //alternativ: glTranslatef(0.0, 0.0,
                              -35.0);
}
```

Initialisieren der Sicht-Transformation.
Die Translation der Kamera in Richtung der positiven z-Achse liefert das gleiche Resultat wie die Translation des Objekts in Richtung der negativen z-Achse.

```
void zeichneSzene (void)
{ GLUquadricObj *qobj = gluNewQuadric();
  gluQuadricNormals(qobj, GLU_SMOOTH );
  glClear(GL_COLOR_BUFFER_BIT |
          GL_DEPTH_BUFFER_BIT);
  glPushMatrix();
  glEnable(GL_NORMALIZE);
```

Damit nach der Skalierung die Normalenvektoren noch die Länge Eins haben, wird das automatische Normalisieren der Normalenvektoren aktiviert.

```
  . . .
  glScalef(4.5, 1.0, 2.0);
  gluSphere(qobj, 1.0, 32, 32);
 glPopMatrix();
 glFlush();
}
```

Skalieren und Zeichnen der Kugel.

```
int main (int argc, char** argv)
{ . . .
  glutDisplayFunc(zeichneSzene);
  . . .
}
```

Darstellung der Szene im Ausgabefenster.

Ausgabe:

8.7 Animation und Interaktion

Animation

Eine Animation kann in OpenGL realisiert werden, indem das System zur Laufzeit mit dem Befehl `glutPostRedisplay()` aufgefordert wird, die Szene neu zu zeichnen. Wie aus den zahlreichen Bespielen dieses Kapitels zu erkennen ist, werden innerhalb einer Funktion `zeichneSzene()` einer OpenGL-Applikation die zu zeichnenden Elemente einer Szene mit ihren Attributen definiert. Wenn der Aufruf des Befehls `glutPostRedisplay()` am Ende dieser Funktion erfolgt, wird das System dazu veranlasst, die Szene neu zu zeichnen und die Operation `zeichneSzene()` erneut zu durchlaufen, so dass Änderungen in den Attributen der zu zeichnenden Elemente wirksam werden.

Eine Kamerafahrt kann somit beispielsweise dadurch realisiert werden, dass die Kamera in der Funktion `zeichneSzene()` ständig um einen bestimmten Vektor verschoben wird. Durch den Aufruf des Befehls `glutPostRedisplay()` wird die Funktion `zeichneSzene()` immer wieder ausgeführt, wodurch sich die Kamera schrittweise bewegt.

Alternativ ist es möglich, eine zeitgesteuerte Animation mit Hilfe der Funktion `glutTimerFunc(int msecs, void (*func)(int value), value)` zu erstellen. Der Parameter `msecs` gibt dabei die Anzahl der Millisekunden an, die verstreichen, bevor die übergebene Funktion, auf die der zweite Parameter zeigt, erneut aufgerufen wird. Im Beispiel `Animation.c` (vgl. Abb. 8.6-7) wird diese zeitgesteuerte Vorgehensweise angewendet.

Doppelte Pufferung

Bei schnellen Animationen treten häufig störende Effekte wie z. B. Flimmern auf. OpenGL bietet daher die Möglichkeit, das Verfahren der **Doppelten Pufferung** zu aktivieren. Dabei werden zwei Bildspeicher zur Verfügung gestellt. Das Bild des vorderen Speichers wird ausgegeben und das darauf folgende Bild zeitgleich im hinteren Speicher berechnet. Ist das Bild im hinteren Speicher bereit für die Ausgabe, werden die beiden Speicher in ihrer Funktion vertauscht. Das Bild des hinteren Speichers wird nun angezeigt, während das nächste Bild im vorderen Speicher für die Darstellung vorbereitet wird. Dieser Tausch zwischen berechnendem und anzeigendem Bildspeicher geschieht mit dem Befehl `glutSwapBuffers()` jeweils am Ende der Funktion `zeichneSzene()`.

Beispiel

Das Beispiel `Animation.c` erweitert das vorherige Beispiel `Transformation.c`, so dass sich die skalierte Kugel zwei Mal um die x-Achse dreht.

Abb. 8.7-1: Quelltext, Beschreibung und Ausgabefenster der Anwendung `Animation.c`

Quelltext:	**Beschreibung:**
`GLfloat winkelX= 0;`	Variable zur Übergabe der Rotationswinkel an die Rotationsmatrix.

`void zeichneSzene (void)`
`{ GLUquadricObj *qobj = gluNewQuadric();`
`  gluQuadricNormals(qobj, GLU_SMOOTH );`
`  glClear(GL_COLOR_BUFFER_BIT |`
`          GL_DEPTH_BUFFER_BIT);`
`  glPushMatrix();`	

`  glRotatef((GLfloat)winkelX, 1.0, 0.0, 0.0);`
`  glEnable(GL_NORMALIZE);`
`  . . .`
	Rotation um die x-Achse.

`  glScalef(4.5, 1.0, 2.0);`
`  gluSphere(qobj, 1.0, 32, 32);`
`  glPopMatrix();`
	Ausgabe der skalierten Kugel.

`  glutSwapBuffers();` `}`	Vertauschen der beiden Bildspeicher.
`void animiereSzene (int rotationszaehler)` `{ if (rotationszaehler == 360) return;`	Abbruch nach zwei Umdrehungen.
`  glutPostRedisplay();`	Ausgabe der Szene.
`  winkelX += 2;` `  rotationszaehler++;`	Rotationswinkel für die nächste Ausgabe erhöhen.

`  glutTimerFunc(30, animiereSzene,`
`                rotationszaehler);`
`}`
	Die Funktion wird in 30 Millisekunden erneut ausgeführt.

`int main (int argc, char** argv)` `{ glutInit(&argc, argv);`	
`  glutInitDisplayMode(GLUT_DOUBLE | GLUT_RGB |` `                      GLUT_DEPTH);`	Die Doppelte Pufferung wird aktiviert.
`  glutInitWindowSize(200, 200);` `  glutInitWindowPosition(200, 200);`	

`  glutCreateWindow("Animation");`
`  init();`
`  glutDisplayFunc(zeichneSzene);`
`  . . .`
`  animiereSzene(0);`
	Funktion für die Animation der Szene aufrufen.

`  return 0;` `}`	

Ausgabe:

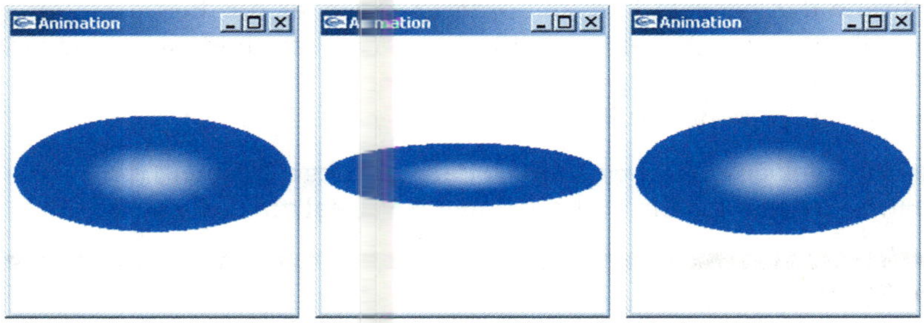

Interaktion

Bei einer Interaktion erfolgt die Änderung der Objektattribute nicht wie bei der Animation über die Zeit, sondern in Abhängigkeit von Benutzereingaben. GLUT stellt unter anderem die folgenden Funktionen für die Verarbeitung von Ereignissen zur Verfügung, die durch Eingaben des Benutzers über die Tastatur oder die Maus ausgelöst werden:

- `void glutMouseFunc(void (*func)(int button, int state, int x, int y))`
  Immer dann, wenn eine Schaltfläche mit der Maus gedrückt oder losgelassen wurde, wird die übergebene Funktion ausgeführt. Der Parameter `button` kann die Werte `GLUT_LEFT_BUTTON`, `GLUT_MIDDLE_BUTTON` oder `GLUT_RIGHT_BUTTON` annehmen, `state` kann die Werte `GLUT_UP` oder `GLUT_DOWN` annehmen und gibt somit an, ob die Maustaste gedrückt oder losgelassen wurde. Die beiden Parameter `x` und `y` geben die aktuelle Position der Maus innerhalb des Fensters wieder, an der die Aktion durchgeführt wurde.
- `void glutMotionFunc(void (*func)(int x, int y))`
  Die übergebene Funktion wird jedes Mal ausgeführt, wenn sich die Maus bei gedrückter Taste bewegt. Die beiden Parameter `x` und `y` geben dabei die jeweils aktuelle Position der Maus an.
- `void glutKeyboardFunc(void (*func)(char key, int x, int y))`
  Bei jedem Tastendruck wird die übergebene Funktion ausgeführt. Sie erhält den ASCII-Code der gedrückten Taste und die Mausposition als Parameter.

Beispiel

Die skalierte Kugel des vorangegangenen Beispiels (vgl. Abb. 8.6-7) wird in dem Beispiel `Interaktion.c` nicht in Abhängigkeit von der Zeit um die x-Achse rotiert, sondern interaktiv bei gedrückter linker Maustaste in Abhängigkeit von der y-Koordinate der Mausposition gedreht.

Quelltext:	**Beschreibung:**

`float winkelX = 0;`
`int alty = 0.0;`
`int rotationsModus = 0;`	

`void maus (int knopf, int status,` `           int x, int y)`	Funktion, die beim Drücken einer beliebigen Maustaste ausgeführt wird.

`{ if (knopf == GLUT_LEFT_BUTTON)`
`     rotationsModus = 1;`
`  else`
`     rotationsModus = 0;`
`}`
	Bei gedrückter linker Maustaste wird der Variablen `rotationsModus` der Wert 1 zugewiesen.

`void bewegung (int x, int y)`	Funktion, die beim Bewegen der Maus aufgerufen wird.

`{ if (rotationsModus == 1)`
`  { if (alty > y) { winkelX = winkelX-5; }`
`    if (alty < y) { winkelX = winkelX+5; }`
	Nur wenn die Variable `rotationsModus` den Wert 1 hat, wird der Winkel für die Rotation um die x-Achse geändert.

`    alty = y;`	Sichern der alten Mausposition in der Variablen `alty`.

`    glutPostRedisplay();`
`  }`
`}`
	Aufforderung, die Szene neu zu zeichnen.

`int main (int argc, char** argv)`
`{ . . .`
`  glutMotionFunc(bewegung);`
`  glutMouseFunc(maus);`
`  . . .`
`}`	

Culling Verfahren zur Bestimmung verdeckter Flächen, dies sind z. B. Flächen, die vom Betrachter abgewandt sind, die in einer Szene nicht dargestellt werden sollen.

Doppelte Pufferung Minimiert mit Hilfe zweier Bildspeicher das Flimmern beim Aktualisieren des Fensterinhaltes, so dass Animationen realisiert werden können, deren Bildübergänge fließend erscheinen.

GLU Die OpenGL-*Utility-Library* ist fester Bestandteil des →OpenGL-API und erweitert das OpenGL-*Low-Level*-API unter anderem um Befehle zur Erzeugung von Basisobjekten.

GLUT Das OpenGL-*Utility-Library-Toolkit* stellt die Portabilität des Quelltextes sicher, indem es Funktionen anbietet, die unabhängig vom Fenstersystem sind und z. B. Fenster erzeugen oder Benutzereingaben entgegennehmen. GLUT ist kein fester Bestandteil des →OpenGL-API.

Matrix-Stapel OpenGL verwaltet für →*Modelview*- und Projektions-Matrizen jeweils einen eigenen Stapel. Dadurch werden hierarchische Modelle erstellt, bei denen mehrere Teilobjekte relativ zu einem Objekt positioniert werden können.

Modelview-Matrix In OpenGL werden Modellierungs- und Sicht-Transformationen zu einer *Modelview*-Matrix zusammengefasst. Damit Transformationen Einfluss auf diese Matrix haben, muss der Befehl `glMatrixMode(GL_MODELVIEW)` ausgeführt werden.

OpenGL-API Das *Open Graphics Library API* ist eine hardwarenahe, Betriebssystem- und Fenstersystem-unabhängige Softwareschnittstelle zur

Programmierung von 2D- und 3D-Anwendungen, bestehend aus dem OpenGL-*Low-Level*-API und der →GLU.

Überblenden Objekte, die sich aus Sicht der Kamera vor anderen befinden, werden später in den Bildspeicher übertragen und überschreiben nicht die Farbwerte der Pixel der bereits vorhandenen Objekte, sondern beide Farbwerte werden vermischt. Mit diesem Verfahren lassen sich unterschiedliche Effekte, wie z. B. Transparenz, erzielen.

Mit dem OpenGL-API ist es auf einfache Art und Weise möglich, 2D- und 3D-Anwendungen zu programmieren. Durch die GLU (OpenGL-*Utility-Library*) können bereits vordefinierte Grundkörper verwendet werden. Die Erscheinung von Objekten kann durch Texturen beeinflusst werden. Beim Überblenden wirken Objekte transparent. Nicht sichtbare Oberflächen von Objekten werden durch *Culling* für das Darstellen der Szene entfernt. Das Einbinden von Lichtquellen in die Szene und die dadurch resultierenden Schattierungseffekte auf den Objekten lassen die Szene dreidimensional und realistischer erscheinen. Modellierungs- und Sicht-Transformationen, die in der *Modelview*-Matrix zusammengefasst sind, dienen dazu, die Objekte und die Kamera in der Szene zu positionieren, um später mit der Projektions-Transformation die Szene auf eine zweidimensionale Ebene zu transformieren. Der Matrix-Stapel wird zum Erstellen komplexer hierarchischer Modelle benötigt. Unter Verwendung von Funktionen der GLUT (OpenGL-*Utility-Library-Toolkit*) können Animationen und Interaktionen in einer OpenGL-Szene erstellt und durch Anwendung des Verfahrens der Doppelten Pufferung optimiert angezeigt werden.

/OpenGL Programming Guide/

Woo M., Neider J., Davis T., Shreiner D., *OpenGL Programming Guide. The Official Guide to Learning OpenGL*, Version 1.2, Addison-Wesley, 1999, 730 Seiten

/OpenGL Reference Manual/

Shreiner D., *OpenGL Reference Manual. The Official Reference Document to OpenGL* Third Edition, Version 1.2, Addison-Wesley, 1999, 704 Seiten

/Go To C-Programmierung/

Krüger Guido, *Go To C-Programmierung. Das Lern- und Nachschlagewerk für den C-Programmierer*, Addison-Wesley, 1998, 816 Seiten

Muss-Aufgabe
Zeit 25 Min

1 Lernziel: *Selbst definierte Objekte erstellen können.*
Verändern Sie das Beispiel `Viereck.c` aus Kapitel 8.1 (vgl. Abb. 8.1-1) so, dass nicht ein blaues Rechteck, sondern eine Kreisscheibe angezeigt wird. Das Objekt ist durch berechnete Punkte selbst zu definieren. Für die Berechnung des Kreises erstellen Sie eine Funktion `void kreisscheibe(double radius, int segmente)`, die als Parameter den Radius und die Anzahl der Segmente, aus denen der Kreis besteht, erhält. Das Ergebnis ist als Drahtgittermodell in der nebenstehenden Abbildung dargestellt.

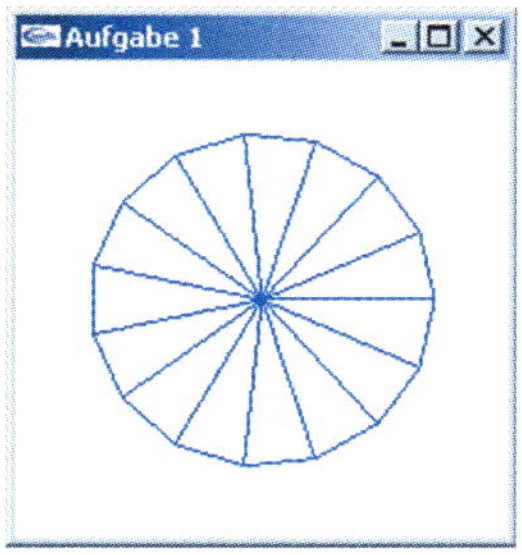

2 Lernziel: *Wichtige Konzepte des OpenGL-API erläutern können.*

Muss-Aufgabe
Zeit 15 Min

a Zeigen Sie anhand eines einfachen Beispiels, dass OpenGL nach dem Prinzip eines Zustandsautomaten arbeitet!

b Welche unterschiedlichen Möglichkeiten gibt es, um die Erscheinung eines Objekts zu ändern?

c Welche Schattierungsverfahren werden in OpenGL unterstützt und wie unterscheiden sie sich voneinander?

d Warum werden die Modellierungs-Transformationen und die Sicht-Transformation in einem OpenGL-Programm zu einer *Modelview*-Matrix zusammengefasst?

3 Lernziel: *Vordefinierte Grundkörper verwenden und Transformationen anwenden können.*

Muss-Aufgabe
Zeit 25 Min

Verändern Sie das Beispiel `GLUGrundkoerper.c` aus Kap. 8.2 (vgl. Abb. 8.2-1) so, dass ein geschlossener Zylinder unter Verwendung der vordefinierten Grundobjekte `gluCylinder()` und `gluDisk()` erstellt wird. Die Funktion `void geschlossenerZylinder(GLUquadricObj *qobj, double radius, double hoehe, int segmente, int einteilung)` soll diese Aufgabe übernehmen. Dabei hat der Zylinder oben und unten den gleichen Radius `radius` und besitzt die Höhe `hoehe`. Der Zylinder, der die Einteilung `segmente` entlang der z-Achse (entspricht den Längengraden) und die Einteilung `einteilung` entlang der z-Achse (entspricht den Breitengraden) hat, soll sich dabei im Koordinatenursprung befinden. Das Ergebnis ist als Drahtgittermodell in der nebenstehenden Abbildung dargestellt.

9 Programmierung – Grundkurs Java-3D-API (Teil 1)

- Die wichtigsten Klassen des Java-3D-API zum Aufbau einer Szene kennen. — wissen
- Wissen, welche Klassen bei der Erzeugung von Grundobjekten, Textobjekten und selbst definierten Objekten eine Rolle spielen.
- Wissen, was man unter der Datenstruktur Szenengraph versteht und ihre einzelnen Elemente kennen.
- Wie werden primitive geometrische Körper und selbst definierte Objekte erzeugt? — verstehen
- Das Einbinden und Anordnen von Objekten innerhalb einer Szene verstehen.
- Szenen mit Grundobjekten erzeugen können. — anwenden
- Komplexere selbst definierte Objekte mit Hilfe der Klasse `GeometryArray` erstellen können.
- Das Erscheinungsbild eines visuellen Objekts durch ein Objekt der Klasse `Appearance` festlegen können.
- Transformationen auf einem Objekt durchführen können.

- Grundlegende Kenntnisse der objektorientierten Programmierung und der Programmiersprache Java sollten vorhanden sein.
- Die Kapitel 2 und 3 werden vorausgesetzt.
- Kapitel 7 wird zum besseren Verständnis als Vorbereitung empfohlen.

9.1 Grundlagen

java.sun.com Java-3D-API

Das **Java-3D-API** (*Application Programming Interface*) ist eine Klassenbibliothek, die nicht direkt in die *Java2-Platform* integriert ist, sondern eine Standarderweiterung darstellt. Ihre erste Version 1.0

wurde der Fachwelt 1998 auf der Konferenz SIGGRAPH 98 vorgestellt. Seitdem werden jährlich aktualisierte und erweiterte Versionen veröffentlicht. Die aktuelle Version 1.3 ist im Internet bei Sun Microsystems Inc. unter http://java.sun.com/products/java-media/3D/index.html kostenlos für die Betriebssysteme Windows und Solaris in den Fassungen OpenGL und DirectX erhältlich.

Die Java-3D-Klassenbibliothek bietet dem Entwickler die Möglichkeit, dreidimensionale Szenen aufzubauen. Außerdem existieren zahlreiche Möglichkeiten, mit deren Hilfe z.B. Animationen, Interaktionen und Audioeffekte erstellt werden können. Das Java-3D-API dient sozusagen als Schnittstelle zu einem System, welches für die Darstellung der erstellten Szenen verantwortlich ist.

Die wichtigsten Möglichkeiten, die das Java-3D-API dem Anwender bietet, werden im Verlauf dieses Kapitels am Beispiel eines Schachspiels vorgestellt, dessen komplexe Figuren alle mit Hilfe des Java-3D-API erstellt wurden. Anhand der Figur des Bauern wird der Weg der Erstellung schrittweise in den einzelnen Abschnitten dieses Kapitels praxisnah erläutert.

Philosophie des Java-3D-API

Der Aufbau einer dreidimensionalen Szene im Java-3D-API erfolgt durch das Erzeugen einzelner Objekte, die in einer Baumstruktur zusammengefasst und als **Szenengraph** bezeichnet werden. Dieser beschreibt die gesamte Szene, die dargestellt werden soll, und wird als das **Universum** (***virtual universe***) bezeichnet. Im Szenengraph werden die Geometrie, Beleuchtung, Platzierung, Orientierung und Erscheinung von grafischen und Audioobjekten festgelegt. Dabei braucht sich der Entwickler nicht mit dem eigentlichen Vorgang der Darstellung, der in der Computergrafik als ***Rendering*** bezeichnet wird, zu beschäftigen. Dies geschieht, wie im Fall des Java-2D-API, automatisch und unabhängig vom Ausgabemedium (vgl. Kap. 7).

Szenengraph

Die Wurzel des Szenengraphen wird durch das Universum repräsentiert, welches die gesamte Szene enthält. Es ist aufgeteilt in einzelne Orte (`Locale`), in denen Teile der Szene beschrieben werden. Für jeden einzelnen Ort teilt sich der Graph in zwei Zweige: den Inhaltszweig (*content branch*), der alle Objekte und deren Eigenschaften enthält, und den Darstellungszweig (*view branch*), der für die Darstellung der Szene verantwortlich ist. Die einzelnen Objekte der Szene werden als Formen (`Shape`) bezeichnet und stellen Blattknoten (`Leaf`) in der Baumstruktur dar. In der Regel enthält jeder dieser Blattknoten zwei Komponenten (`NodeComponent`), welche die Geometrie (`Geometry`) und das Aussehen (`Appearance`) des Objekts bestimmen. Enthält eine Szene mehrere Objekte, so können diese zu einer inhaltlichen Gruppe (`BranchGroup`) und/oder zu einer Transformationsgruppe (`TransformGroup`) zusammengefasst werden. Während die inhaltliche Gruppe nur Informationen über die Gruppierung der visuellen Elemente einer Szene zusammenfasst, stellt die

Transformationsgruppe eine feste Gruppierung der Teilobjekte zu einem Gesamtobjekt dar. Das bedeutet, dass Transformationen nicht mehr auf den einzelnen Objekten ausgeführt werden, sondern dass die gewünschte Transformation immer auf das zusammengesetzte Objekt angewendet wird.

Beziehungen im Szenengraphen

Ausgehend von der Wurzel eines Szenengraphen kann jeder Knoten eine beliebige Anzahl an Nachfolgeknoten oder auch Kindknoten haben, allerdings hat jeder Knoten genau einen Vorgängerknoten, den so genannten Elternknoten. Diese Beziehung wird **Eltern-Kind-Beziehung** (***parent-child-relationship***) genannt. Außerdem können Referenz-Beziehungen erstellt werden, durch die einzelne Objekte auf definierte Geometrien oder Vereinbarungen für das Aussehen zurückgreifen können.

Grafische Darstellungen von Szenengraphen sind am einfachsten an konkreten Beispielen nachzuvollziehen. Aus diesem Grund befinden sich die ersten Szenengraphen in Abb. 9.4-2 und 9.5-2.

Aufbau der Klassenhierarchie des Java-3D-API

Der Aufbau des Szenengraphen steht in engem Zusammenhang mit der Struktur der Klassenbibliothek des Java-3D-API. In Abb. 9.1-1 sind einige wichtige Klassen dargestellt, die für den Aufbau einer Szene von großer Bedeutung sind. Die abgebildeten Klassen befinden sich im Paket `javax.media.j3d`.

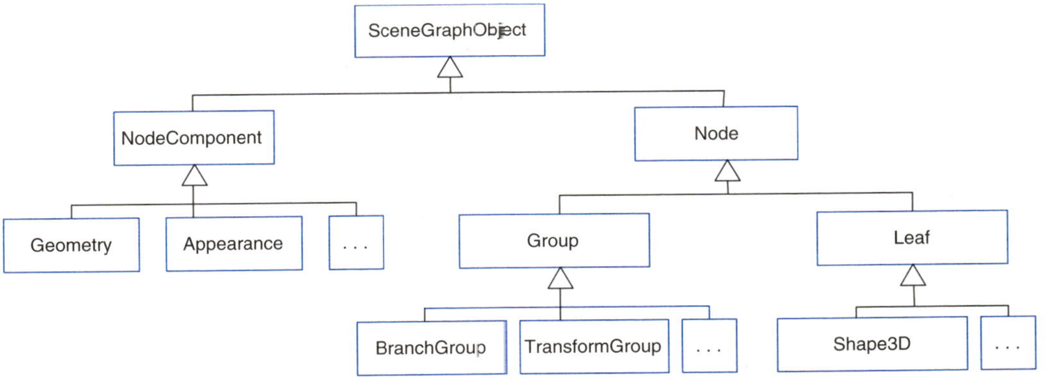

Abb. 9.1-1: Wichtige Klassen in der Java-3D-API

Alle Objekte, die in einem Szenengraphen platziert werden können, sind aus der Klasse `SceneGraphObject` abgeleitet. Sie sind entweder ein eigenständiger Knoten (`Node`) oder Bestandteil eines Knotens (`NodeComponent`). Jeder Knoten ist entweder Bestandteil einer Gruppe (`Group`), die z.B. ein Objekt der Klasse `BranchGroup` oder der Klasse `TransformGroup` sein kann, oder ein Blattknoten (`Leaf`), der ein konkretes Objekt mit einer konkreten Form darstellt.

9.2 Primitive Körper

Im Java-3D-API besitzt jeder Körper eine Erscheinung, welche durch seine Form (`Geometry`) und sein Aussehen (`Appearance`) definiert wird. Obwohl das Aussehen und die Erscheinung eines Objekts erst ausführlich im Abschnitt 9.3 behandelt werden, sind bereits hier die Konstruktoren der Klassen der Vollständigkeit halber mit berücksichtigt.

Zur Erstellung einfacher dreidimensionaler Objekte bietet das Java-3D-API im Paket `com.sun.j3D.utils.geometry` für die einzelnen Basisobjekte Kugel, Quader, Zylinder und Kegel jeweils eine eigene Klasse an. Neben den Standardkonstruktoren, welche die Objekte mit voreingestellten Werten erstellen, können über verschiedene weitere Konstruktoren Objekte mit individuellen Eigenschaften erzeugt werden:

Grundkörper: Konstruktoren:	
Kugel (`Sphere`)	■ `Sphere()` Erzeugt eine Kugel mit einem Radius von einer Längeneinheit. ■ `Sphere (float radius)` Erzeugt eine Kugel mit dem vorgegebenen Radius `radius`. ■ `Sphere (float radius, Appearance appearance)` Erzeugt eine Kugel mit dem vorgegebenen Radius `radius` und dem Aussehen `appearance`.
Quader (`Box`)	■ `Box()` Erzeugt einen Würfel mit einer Kantenlänge von zwei Längeneinheiten. ■ `Box (float xdim, float ydim, float zdim, Appearance appearance)` Erzeugt einen Quader, dessen Breite, Höhe und Tiefe über die Werte `xdim`, `ydim` und `zdim` festgelegt und dessen Aussehen über `appearance` definiert wird.
Zylinder (`Cylinder`)	■ `Cylinder ()` Erzeugt einen Zylinder mit einem Radius von einer Längeneinheit und einer Höhe von zwei Längeneinheiten. ■ `Cylinder (float radius, float height)` Erzeugt einen Zylinder mit dem vorgegebenen Radius `radius` und der Höhe `height`. ■ `Cylinder (float radius, float height, Appearance appearance)` Erzeugt einen Zylinder mit dem vorgegebenen Radius `radius`, der Höhe `height` und dem Aussehen `appearance`.

Tab. 9.2-1: Grundkörper des Java-3D-API

Grundkörper:	Konstruktoren:
Kegel (Cone)	■ `Cone()` Erzeugt einen Kegel mit einem Radius von einer Längeneinheit und einer Höhe von zwei Längeneinheiten. ■ `Cone (float radius, float height)` Erzeugt einen Kegel mit dem vorgegebenen Radius `radius` und der Höhe `height`. ■ `Cone (float radius, float height, Appearance appearance)` Erzeugt einen Kegel mit dem vorgegebenen Radius `radius`, der Höhe `height` und dem Aussehen `appearance`.

Tab. 9.2-1: Grundkörper des Java-3D-API (Forts.)

Beispiel

Im folgenden Beispiel wird ein Zylinder erzeugt und in den Szenengraphen eingebunden. Der Radius des Zylinders beträgt 0,7 Längeneinheiten, die Höhe 0,3 Längeneinheiten. Für das Aussehen des Zylinders wird der Standardkonstruktor der Klasse `Appearance` verwendet.

Quelltext:

```
. . .
import com.sun.j3d.utils.geometry.*;
. . .

public BranchGroup erzeugeInhaltszweig()
{
   BranchGroup dieWurzel=new BranchGroup();

   dieWurzel.addChild(new Cylinder(0.7f,
       0.3f, new Appearance()));

}
. . .
```

Ausgabe:

Abb. 9.2-1: Quelltext und Ausgabefenster der Anwendung `ZylinderApp.java`

9.3 Selbst definierte Körper

Um die am Anfang des Kapitels erwähnte Beispielanwendung eines Schachbretts mit seinen Figuren zu erstellen, reichen die Grundkörper des Java-3D-API nicht aus. In der nachfolgenden zweidimensionalen Konstruktionszeichnung der einzelnen Figuren sind alle Grundkörper schwarz eingezeichnet. Alle blau eingefärbten Teilobjekte müssen selbst definiert werden.

Für die Konstruktion von Objekten stehen dem Entwickler die Klassen `GeometryArray` und `GeometryInfo` zur Verfügung, die in den nachfolgenden Abschnitten detailliert erläutert werden.

Abb. 9.3-1: Konstruktionszeichnung der Schachfiguren

Punkt

Grundlage für die Konstruktion aller Körper ist die Klasse `Point3f`, die aus der abstrakten Klasse `javax.vecmath.Tuple3f` abgeleitet ist und deren Objekte Punkte im dreidimensionalen Raum repräsentieren. Die Koordinaten können mit der Genauigkeit einer `float`-Variablen angegeben werden, sodass sich folgender Konstruktor ergibt: `public Point3f(float x, float y, float z)`. Des Weiteren stellt das Java-3D-API eine Klasse `Point3d` zur Verfügung, deren Objektkoordinaten die Genauigkeit einer `double`-Variablen annehmen können. Die Bezeichnung »`3d`« mit einem kleingeschriebenen »`d`« bezieht sich am Ende des Klassennamens also nicht auf die Dreidimensionalität der Objekte, sondern auf den Datentyp, den die Werte der einzelnen Koordinaten annehmen.

9.3.1 Konstruktion von Objekten mit GeometryArray

`GeometryArray`

Die Klasse `GeometryArray` mit ihren Unterklassen ist die wichtigste Klasse für die Konstruktion von selbst definierten Objekten. Vom Anwender selbst definierte Objekte werden durch einzelne Punkte beschrieben. Je nach Wahl der Unterklasse von `GeometryArray` können vier verschiedene Verbindungsarten zwischen den Punkten hergestellt werden, wobei jeder Punkt maximal in einer Verbindung enthalten ist:

Unterklasse:	**Verbindungsart der Punkte:**
`PointArray`	Menge von Punkten, die nicht miteinander verbunden sind.
`LineArray`	Jeweils zwei aufeinander folgende Punkte des Feldes werden mit einer Linie verbunden (z.B. von Punkt[0] nach Punkt[1] und dann von Punkt[2] nach Punkt[3] usw.).

Tab. 9.3-1: Verbindungsarten für Punkte in Unterklassen der Klasse `GeometryArray`

Unterklasse:	Verbindungsart der Punkte:
TriangleArray	Jeweils drei Punkte des Feldes werden zu einem Dreieck verbunden (z.B. 1. Dreieck: Punkt[0], Punkt[1] und Punkt[2], 2. Dreieck: Punkt[3], Punkt[4] und Punkt[5] usw.).
QuadArray	Jeweils vier Punkte des Feldes werden zu einem Viereck verbunden (z.B. 1. Viereck: Punkt[0], Punkt[1], Punkt[2] und Punkt[3]; 2. Viereck: Punkt[4], Punkt[5], Punkt[6] und Punkt[7] usw.).

Tab. 9.3-1: Verbindungsarten für Punkte in Unterklassen der Klasse GeometryArray *(Forts.)*

Die Klasse GeometryStripArray ist eine abstrakte Unterklasse der Klasse GeometryArray und besitzt folgende konkrete Unterklassen zur Verbindung der Punkte:

Unterklasse:	Verbindungsart der Punkte:
LineStripArray	Beginnend beim Punkt[0] werden alle Punkte mit einer durchgehenden Linie verbunden (z.B. von Punkt[0] nach Punkt[1], dann nach Punkt[2] usw.).
TriangleStripArray	Jeweils drei aufeinander folgende Punkte des Feldes werden zu einem Dreieck verbunden (z.B. 1. Dreieck: Punkt[0], Punkt[1] und Punkt[2]; 2. Dreieck: Punkt[1], Punkt[2] und Punkt[3] usw.), d.h. im Gegensatz zu Objekten der Klasse TriangleArray sind hier die einzelnen Punkte Bestandteil mehrerer Dreiecke.
TriangleFanArray	Wie beim LineStripArray werden alle Punkte durch eine durchgehende Linie verbunden. Außerdem wird jeder Punkt des Feldes mit dem Punkt[0] verbunden.

Tab. 9.3-2: Verbindungsarten für Punkte in Unterklassen der Klasse GeometryStripArray

Die einzelnen Verbindungsarten werden durch Objekte der entsprechenden Klasse erzeugt.

IndexedGeometryArray

Mit Hilfe von Objekten der Klasse IndexedGeometryArray wird eine Punktmenge definiert, deren Punkte jeweils mit einem Index versehen sind. Dies hat vor allem bei sehr komplexen Figuren den Vorteil, dass nur noch die einzelnen Eckpunkte eines Körpers angegeben werden müssen. Diese Eckpunkte können dann über ihren Index angesprochen und für verschiedene Verbindungsarten mehrfach eingesetzt werden. Für die Erstellung eines einfachen Quaders bedeutet dies: Anstelle der 6 Flächen des Quaders mit jeweils 4 Punkten (= 24 Punkte), die mit Hilfe der Klasse QuadArray erstellt wurden, reicht es bei Objekten der Klasse IndexedGeometryArray aus, die 8 Eckpunkte des Objekts anzugeben und über diese die einzelnen Flächen zu definieren.

Shape3D

Mit Hilfe der Klasse javax.media.j3d.Geometry lässt sich die Form eines visuellen Körpers konstruieren. Um einen selbst definierten Körper darstellen zu können, muss dieser als Form einem Objekt der Klasse Shape3D übergeben werden, das mit einem der folgenden Konstruktoren erzeugt wird.

- `Shape3D()`
  Erzeugt ein Objekt mit Standard-Parametern.
- `Shape3D(Geometry geometry)`
  Erzeugt ein Objekt mit gegebener Geometrie.
- `Shape3D(Geometry geometry, Appearance appearance)`
  Erzeugt ein Objekt mit gegebener Geometrie und festgelegtem Aussehen.

Wichtige Operationen dieser Klasse sind:

- `void setGeometry(Geometry geometry)`
  Setzt die Referenz zu einem einzelnen Objekt der Klasse Geometry.
- `void addGeometry(Geometry geometry)`
  Fügt ein Objekt der Klasse Geometry zur Liste der Objekte der Klasse Geometry als Referenz hinzu.
- `void setAppearance(Appearance appearance)`
  Setzt die Referenz zum Objekt der Klasse Appearance.

Beispiel

Mit Hilfe der Klasse KreisscheibeApp.java wird eine Kreisscheibe konstruiert, die in den einzelnen Schachfiguren Verwendung findet. Dazu wird zunächst die Klasse Kreisscheibe definiert, die aus Primitive abgeleitet und folgendermaßen aufgebaut ist: Die Operation erstelleKreisscheibe() erzeugt ein Feld diePunkte[] vom Typ Point3d, in dem die einzelnen Punkte der Kreisscheibe gespeichert werden. Nach der Berechnung der einzelnen Punkte erfolgt die Initialisierung des Objekts der Klasse TriangleFanArray. Dem Konstruktor wird dabei die Variable int n übergeben, die als Wert die Anzahl der Punkte des Kreises bzgl. eines weiteren Punktes besitzt. Dieser zusätzliche Punkt entspricht dem Anfangspunkt und ist notwendig, um die Kreisscheibe zu schließen. Als zweiter Parameter wird dem Konstruktor eine Konstante übergeben, die die Art der Punkte festlegt. Der dritte Parameter ist ein Feld, das die Menge der Punkte der einzelnen Flächen speichert. Da die Kreisscheibe nur aus einer Fläche besteht, besitzt das Feld punkteProStreifen[] nur den Wert n. Die in der Operation erzeugeInhaltszweig() dieser Klasse gemachten Angaben zur Definition der Erscheinung des Objekts sind für die Darstellung der einzelnen Linien erforderlich. Abschließend wird die Kreisscheibe in das virtuelle Universum integriert.

Quelltext: / **Beschreibung:**

```
class Kreisscheibe extends Primitive{
  Shape3D eineForm;

  public Kreisscheibe(int punktanzahl,
         float radius, Appearance einAussehen)
  { eineForm = new Shape3D();
    eineForm.setGeometry(erstelleKreisscheibe(
                     punktanzahl, radius));
    eineForm.setAppearance(einAussehen);
    this.addChild(eineForm);
  }
  private Geometry erstelleKreisscheibe(int punktanzahl,
                                float radius)
  {
    TriangleFanArray eineGeometrie;
    int n = punktanzahl + 1;
    Point3d diePunkte[] = new Point3d[n];
    int punkteProStreifen[] = {n};
    int a;
    double arc;
    double x, y;
    diePunkte[0] = new Point3d(0.0d, 0.0d,0.0d);
    for(arc = 0,a = 0; a < n-1;
            arc = 2.0*Math.PI/(punktanzahl-1) * ++a)
    { x = (double) (radius * Math.cos(arc));
      y = (double) (radius * Math.sin(arc));
      diePunkte[a+1] = new Point3d(x, y, 0.0d);
    }
    eineGeometrie = new TriangleFanArray (n,
        TriangleFanArray.COORDINATES, punkteProStreifen);
    eineGeometrie.setCoordinates(0, diePunkte);
    return eineGeometrie;
  }
  public void setAppearance(Appearance eineAussehen){}
  public Appearance getAppearance(int nummer)
  { return null;
  }
  public Shape3D getShape(int nummer)
  { return eineForm;
  }
}
```

Beschreibung:

- Ein Objekt der Klasse Shape3D wird deklariert.
- Der Wert des Parameters punktanzahl ist die Anzahl der Punkte der Kreisscheibe.
- In der Operation erstelleKreisscheibe wird ein Objekt der Klasse TriangleFanArray erzeugt und initialisiert.
- Der Mittelpunkt der Kreisscheibe wird in diePunkte[0] gespeichert. Die anderen Punkte des Kreises werden innerhalb der Schleife in das Feld diePunkte[] gespeichert. Initialisierung des Objekts der Klasse TriangleFanArray.
- Überschreiben der abstrakten Operationen der Oberklasse Primitive.

In Abb. 9.3-2 ist die Kreisscheibe als Ausgabe des Beispielprogramms `KreisscheibeApp.java` zu sehen. Hierbei ist deutlich die typische Verbindungsart eines Objekts der Klasse `TriangleFanArray` zu erkennen: Alle Punkte des Kreises sind mit dem Mittelpunkt und mit den angrenzenden Punkten verbunden. Im Sinne der Objektorientierung wird diese Kreisscheibe im folgenden Beispiel zur Definition eines Kegelstumpfs wieder verwendet.

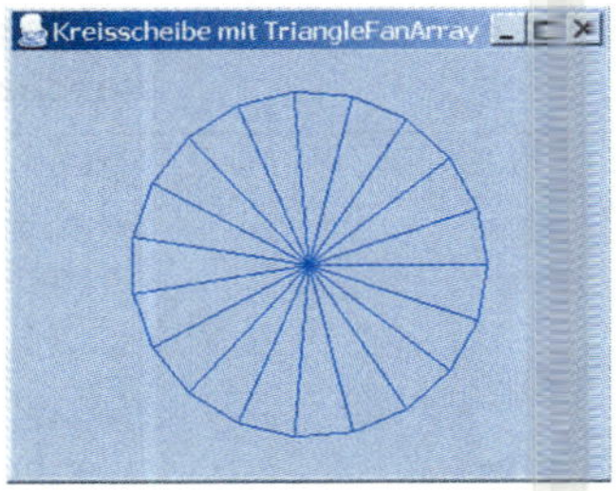

Abb. 9.3-2: Ausgabefenster der Klasse `KreisscheibeApp.java`

Für die Erstellung der einzelnen Schachfiguren werden noch weitere selbst definierte Körper, wie z.B. ein Kegelstumpf oder ein Torus, benötigt. In Abb. 9.3-1 sind diese blau eingefärbt.

Es ist hier nicht möglich, auf die selbst definierten Klassen detailliert einzugehen, sie befinden sich jedoch alle auf der CD-ROM und können jeweils einzeln ausprobiert werden.

Anhand des Beispiels `KegelstumpfApp.java` soll erläutert werden, wie ein Kegelstumpf basierend auf der vorgestellten Kreisscheibe erstellt werden kann. Dieser Kegelstumpf repräsentiert den Körper der Schachfiguren. Er besteht aus einer oberen kleineren und einer unteren größeren Kreisscheibe und deren Verbindungen. So kann die Klasse `Kreisscheibe` vollständig wieder verwendet werden und muss für den Kegelstumpf nur um den Parameter Höhe (`höhe`) ergänzt werden, der den Abstand zwischen den beiden Kreisscheiben angibt.

Beispiel

Der Quelltext dieses Beispiels beschreibt den Konstruktor der Klasse `Kegelstumpf` und die Operation `erstelleVerbindung()`. Innerhalb dieser Operation ist die geometrische Verbindung der beiden Kreisscheiben mit Hilfe eines Objekts der Klasse `TringleStripArray` beschrieben. Im Feld `diePunkte[]` sind alle Punkte der Verbindung gespeichert. Dazu werden diejenigen Punkte gewählt, die bereits die Form der beiden Kreisscheiben definieren. Allerdings ist darauf zu achten, dass die Punkte in der richtigen Reihenfolge in das Feld eingetragen werden. Aus diesem Grund wird in der `for`-Schleife mit Hilfe der beiden `if`-Anweisungen abwechselnd je ein Punkt der oberen und ein Punkt der unteren Kreisscheibe hinzugefügt.

Quelltext:

```
public Kegelstumpf(int punktanzahlKreis, float radius1,
       float radius2, float höhe, Appearance einAussehen)
{ eineForm = new Shape3D();
  eineForm.addGeometry(erstelleVerbindung(
              punktanzahlKreis, radius1,radius2,höhe));
  eineForm.addGeometry(erstelleKreisscheibe(
                     punktanzahlKreis,radius1,höhe/2));
```

Beschreibung:

Konstruktor

Mit Hilfe der Operation `addGeometry()` werden die einzelnen Teile des visuellen Körpers zusammengefügt.

Quelltext: **Beschreibung:**

```
  eineForm.addGeometry(erstelleKreisscheibe(
                      punktanzahlKreis,radius2,-höhe/2));
  eineForm.setAppearance(einAussehen);
  this.addChild(eineForm);
}
```

```
private Geometry erstelleVerbindung(int punktanzahlKreis,
        double radius1, double radius2, double zPosition)
{ TriangleStripArray eineGeometrie;
  int punktanzahl = punktanzahlKreis*2;
  Point3d diePunkte[] = new Point3d[punktanzahl];
```

Operation `erstelleVerbindung()`. Durch `radius1` wird die obere, durch `radius2` die untere Kreisscheibe definiert.

```
  int punkteProStreifen[]={punktanzahl};
  double b=2*Math.PI/(punktanzahlKreis-1);
  for(int i = 0, a = 0; i < punktanzahl; a++)
  { if(i%2 == 0)
    { diePunkte[i++] = new Point3d(radius1*Math.cos(b*a),
                      radius1*Math.sin(b*a),zPosition/2);
    }
    if(i%2 == 1)
    { diePunkte[i++] = new Point3d(radius2*Math.cos(b*a),
                    radius2*Math.sin(b*a),-zPosition/2);
    }
  }
```

Füllen des Feldes `diePunkte[]` mit den Punkten innerhalb der for-Schleife.

```
  eineGeometrie = new TriangleStripArray (punktanzahl,
       TriangleStripArray.COORDINATES, punkteProStreifen);
  eineGeometrie.setCoordinates(0, diePunkte);
  return eineGeometrie;
}
```

Erzeugen eines Objekts der Klasse `TriangleStripArray` und Setzen der Koordinaten.

Abb. 9.3-3 zeigt das Ausgabefenster der Klasse `KegelstumpfApp.java`. Anschaulich zu erkennen ist hier die Verbindungsstruktur der Klasse `TriangleStripArray`, durch die das typische Dreieckmuster auf der Mantelfläche des Kegelstumpfs entsteht.

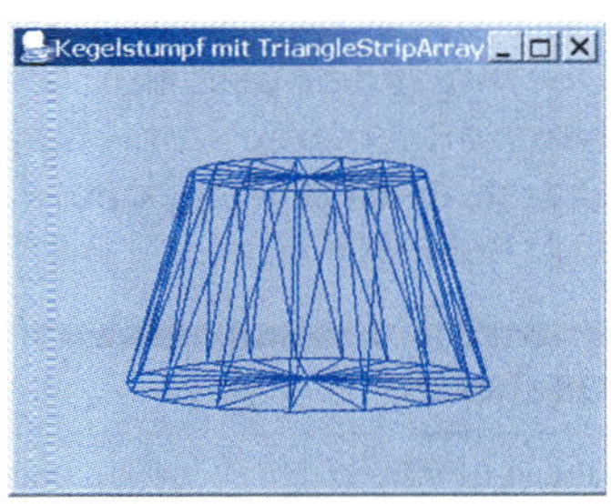

Abb. 9.3-3: Ausgabefenster der Klasse `KegelstumpfApp.java`

9.3.2 Erstellen von Objekten mit GeometryInfo

Neben der Konstruktion selbst definierter Objekte mit Hilfe der Klasse GeometryArray und ihrer Unterklassen bietet das Java-3D-API auch die Möglichkeit, Objekte mit der Klasse com.sun.j3d.utils.geometry.GeometryInfo zu erstellen. In dieser Klasse werden einige Vorgänge automatisiert, deren manueller Programmierung es beim Einsatz der Klasse GeometryArray bedarf. Beispielsweise müssen Objekte nicht aus Dreiecken zusammengesetzt, sondern können aus beliebigen Polygonen erstellt werden.

GeometryInfo

Ein Objekt der Klasse GeometryInfo wird mit Hilfe des folgenden Konstruktors erstellt:

- GeometryInfo(int primitive)
  Erzeugt ein Objekt der Klasse GeometryInfo mit gegebener Art der Geometrie. Die Art der Geometrie kann durch nachstehende Konstanten festgelegt werden: POLYGON_ARRAY, QUAD_ARRAY, TRIANGLE_ARRAY, TRIANGLE_FAN_ARRAY oder TRIANGLE_STRIP_ARRAY.

Um beispielsweise ein Objekt der Klasse GeometryInfo zu erzeugen, bei dem die Punkte eventuell nicht zu ebenen Polygonen angeordnet werden sollen, ist dem Konstruktor als Parameter die Konstante GeometryInfo.POLYGON_ARRAY zu übergeben. Der Kopf des Springers beim Schachspiel ist ein Beispiel für die Verwendung dieser Konstante.

Durch den Einsatz einiger Hilfsklassen wie Triangulator, Stripifier und NormalGenerator, die im selben Paket wie die Klasse GeometryInfo definiert sind, werden die Vorgänge zur Erzeugung von selbst definierten Objekten stark vereinfacht. Ein Objekt der Klasse Triangulator wird erstellt, um die Polygone durch Anwendung der Operation triangulate() in Dreiecke zu zerlegen. Durch die Klasse NormalGenerator können die für die Wechselwirkung mit Lichtquellen benötigten Normalen generiert werden. Die Hilfsklasse Stripifier wird zur Steigerung der Performanz eingesetzt und bewirkt, dass benachbarte Dreiecke zusammengeführt werden, um eine effizientere Darstellung zu ermöglichen.

Beispiel

Der folgende Ausschnitt aus dem Quelltext zeigt das oben beschriebene allgemeine Vorgehen zur Erzeugung eines Objekts mit der Klasse GeometryInfo und den Hilfsklassen Triangulator, Stripifier und NormalGenerator.

Quelltext:

```
GeometryInfo gi = new GeometryInfo(GeometryInfo.POLYGON_ARRAY);
gi.setCoordinates(diePunkte);
gi.setStripCounts(punkteProStreifen);

Triangulator tr = new Triangulator();
tr.triangulate(gi);
```

Quelltext (Forts.):

```
NormalGenerator ng = new NormalGenerator();
ng.generateNormals(gi);

Stripifier st = new Stripfier();
st.stripify(gi);

Shape3D visuellesObjekt = new Shape3D();
visuellesObjekt.setAppearance(einAussehen);
visuellesObjekt.setGeometry(gi.getGeometryArray());
```

Auf der CD-ROM sind nicht nur die Quelltexte der Beispiele und des gesamten Schachspiels vorhanden, sondern auch eine vollständige Dokumentation aller verwendeten Klassen. Unterstützt durch Skizzen können dort Aufbau und Konstruktion der einzelnen Teilobjekte nachvollzogen werden.

9.3.3 *Loader*

Loader

Die manuelle Erstellung von Objekten ist sehr aufwendig. Daher ist es wichtig, bereits definierte Objekte, die in anderen Dateiformaten vorliegen, in eine Java-Anwendung einbinden zu können. Das Java-3D-API bietet dazu so genannte ***Loader*** an.

Im Paket `com.sun.j3d.loaders` stellt das Java-3D-API Grundlagen zur Verfügung, um eine Klasse zu programmieren, mit der ein eigenes Dateiformat geladen werden kann. Zudem gibt es bereits zwei beispielhafte Implementierungen dieser grundlegenden Klassen für die Grafikformate *Wavefront obj* und *Lightwave 3D*. Diese befinden sich in den Paketen `com.sun.j3d.loaders.objectfile` und `com.sun.j3d.loaders.lw3d`.

Im Internet existieren bereits zahlreiche Beispiele solcher Klassen für die gängigsten Grafikformate. Tabelle 9.3-3 gibt einen Überblick über einige der Klassen.

3D-Anwendung/Sprache:	**Datei-Format:**
3ds max	*.3DS
Caligari True Space	*.COB
AutoCAD Drawing Interchange File	*.DXF
Imagine	*.IOB
PLAY	*.PLAY

Tab. 9.3-3: Grafikformate, für die Loader zur Verfügung stehen

3D-Anwendung/Sprache:	Datei-Format:
Solid Works	*.SLD
Visual Toolkit	*.VTK
Virtual Reality Modeling Language (VRML)	*.WRL

Tab. 9.3-3: Grafikformate, für die Loader zur Verfügung stehen (Forts.)

9.3.4 Textobjekte

Neben den geometrischen Objekten können mit dem Java-3D-API auch zwei- und dreidimensionale Textobjekte erstellt werden.

Text2D Zweidimensionale Textobjekte werden mit Hilfe der Klasse `com.sun.j3d.utils.geometry.Text2D` erzeugt und wie geometrische Objekte in den Szenengraphen eingebunden:

- `Text2D(String text, Color3f color, String fontName, int fontSize, int fontStyle)`
  Erzeugt ein Objekt der Klasse `Text2D` mit den Parametern darzustellender Text, Schriftfarbe, Schriftart, Schriftgröße und Schriftstil.

Text3D Soll ein dreidimensionales Textobjekt in eine Szene eingebunden werden, so ist die Klasse `Text3D` zu verwenden und die Vorgehensweise bei der Einbindung zu verändern, da diese Klasse aus der Klasse `Geometry` abgeleitet ist und daher von einem Objekt der Klasse `Shape3D` referenziert werden muss. Um dies durchführen zu können, wird zunächst ein Objekt der Klasse `Font3D` durch den folgenden Konstruktor erzeugt:

- `Font3D(Font font, FontExtrusion extrudePath)`
  Erzeugt ein Objekt mit gegebener Schrift und Extrusion, also der Tiefe bzw. Dicke der Schrift.

Als nächstes ist ein Objekt der Klasse `Text3D` zu erzeugen:

- `Text3D(Font3D font3D, String string, Point3f position)`
  Erzeugt ein Objekt mit übergegebenem Objekt der Klasse `Font3D`, darzustellendem Text und der Position des Textes.

Anschließend wird das Textobjekt einem Objekt der Klasse `Shape3D` übergeben:

- `Shape3D(Geometry geometry)`
  Erzeugt ein Objekt, dem das Objekt der Klasse `Text3D` als Parameter übergeben wird.

Dieses Objekt der Klasse `Shape3D` wird nun in die Szene eingebunden.

Beispiel Das folgende Beispiel zeigt die Erzeugung eines einfachen dreidimensionalen Schriftzugs, dessen Dreidimensionalität durch Rotationen um die x- und die y-Achse und durch Hinzufügen zweier gerichteter Lichtquellen hervorgehoben wird. Das Aussehen des Schriftzugs wird durch Objekte der Klassen Appearance und Material festgelegt. Die Definition der einzelnen Parameter kann an dieser Stelle nicht vollständig beschrieben werden, so dass dazu auf /Java-3D-API Tutorial/ verwiesen wird.

Quelltext:

```
public BranchGroup createBranchGraph()
{
  BranchGroup dieWurzel = new BranchGroup();

  Appearance einAussehen = new Appearance();
  //Material wird blau eingefärbt, damit der Schriftzug blau
  //eingefärbt wird.
  Material material = new Material(new Color3f(0.0f, 0.0f,
       1.0f), new Color3f(0.0f, 0.0f, 1.0f), new Color3f(0.0f,
       0.0f, 1.0f), new Color3f(0.7f, 0.7f, 0.7f), 10.0f);
  material.setLightingEnable(true);
  einAussehen.setMaterial(material);

  //Erzeugen des darzustellenden Textobjekts
  Font3D eineSchrift = new Font3D(new Font("Helvetica",
                       Font.PLAIN, 3), new FontExtrusion());
  Text3D einText = new Text3D(eineSchrift, "3D-Schriftzug",
                   new Point3f(-10.0f, -0.8f, 0.0f));
  . . .
  //Text wird einem Objekt der Klasse Shape3D übergeben und
  //erhält sein Aussehen.
  Shape3D eineForm = new Shape3D();
  shape3d.setGeometry (einText);
  shape3d.setAppearance(einAussehen);
  . . .
  //Rotation des Schriftzuges und Hinzufügen mehrerer
  //Lichtquellen, um Dreidimensionalität hervorzuheben
. . .
}
```

Ausgabe:

Abb. 9.3-4: Quelltext und Ausgabefenster der Anwendung Text3DApp.java

9.4 Erscheinung von Objekten

Für das Aussehen bzw. das Erscheinungsbild eines visuellen Objekts sind Objekte der Klasse `javax.media.j3d.Appearance` verantwortlich. Diese referenzieren Klassen, die aus `NodeComponent` abgeleitet sind und über die die Darstellungs- und Materialeigenschaften eines Objekts definiert werden können.

Appearance bundle

Die Zusammenfassung der visuellen Eigenschaften der referenzierten Objekte wird auch als ***Appearance bundle*** bezeichnet.

Mit Hilfe der Klasse `ColoringAttributes` können die Farbe und das *Rendering*-Verfahren (vgl. Kap. 5) für unbeleuchtete visuelle Objekte festgelegt werden. Für beleuchtete Objekte wird die Klasse `Material` verwendet, durch die z.B. die ambienten, diffusen oder spekularen Farbanteile eines Objekts definiert werden können (vgl. Kap. 5). Durch die Klasse `RenderingAttributes` kann Einfluss auf den Darstellungsvorgang genommen werden, die Klasse `TransparencyAttributes` bestimmt die Durchsichtigkeit eines Objekts.

Die Darstellungseigenschaften von Punkten, Linien und Polygonen werden durch die Klassen `PointAttributes`, `LineAttributes` und `PolygonAttributes` definiert. Die letzte dieser Klassen wurde bereits im Beispiel `KreisscheibeApp.java` verwendet, um die einzelnen Punkte der Kreisscheibe durch Linien zu verbinden.

Beispiel

Im folgenden Beispiel wird ein weißer Kegel erstellt, der einen durchsichtig erscheinenden Zylinder durchsticht. Der Kegel wird mit einem Standardobjekt der Klasse `Appearance` erzeugt. Über ein Objekt der Klasse `Material` erhält der Zylinder die Farbe Blau und durch das Setzen der `TransparencyAttributes` erscheint er fast durchsichtig, so dass der Teil des Kegels der sich in dem Zylinder befindet hellblau eingefärbt zu sein scheint.

Abb. 9.4-1: Quelltext und Ausgabefenster der Anwendung `AussehenApp.java`

Quelltext:

```
//Den Inhaltszweig erzeugen
public BranchGroup createBranchGraph()
{ BranchGroup dieWurzel = new BranchGroup();

  //einen einfachen weißen Kegel zur Szene hinzufügen
  dieWurzel.addChild(new Cone(0.4f, 1.3f, new Appearance()));

  //einen fast durchsichtigen blauen Zylinder zur Szene
  //hinzufügen
  Appearance einAussehen = new Appearance();
  Material einMaterial = new Material(
    new Color3f(0.0f, 0.0f, 1.0f), new Color3f(0.0f, 0.0f, 1.0f),
    new Color3f(0.0f, 0.0f, 1.0f), new Color3f(0.7f, 0.7f, 0.7f),
    10.0f);
```

Quelltext (Forts.):

```
  einAussehen.setMaterial(einMaterial);
  TransparencyAttributes eineTransparenz = new
     TransparencyAttributes (TransparencyAttributes.FASTEST, 0.4f);
  einAussehen.setTransparencyAttributes(eineTransparenz);
  dieWurzel.addChild(new Cylinder(0.5f, 0.8f, einAussehen));

  dieWurzel.compile();
  return dieWurzel;
}
```

Ausgabe:

Da in diesem Beispiel erstmalig mehr als ein Objekt in einer Beispielszene enthalten ist, zeigt Abb. 9.4-2 die Visualisierung der in Abschnitt 9.1 theoretisch eingeführten Datenstruktur des Szenengraphen. Die beiden Objekte der Szene wurden hierbei direkt in die Wurzel des Inhaltszweigs eingefügt. Die verwendete Notation ist den von der Firma Sun Microsystems Inc. veröffentlichten Tutorien zum Java-3D-API entlehnt (vgl. /Java-3D-API Tutorial/).

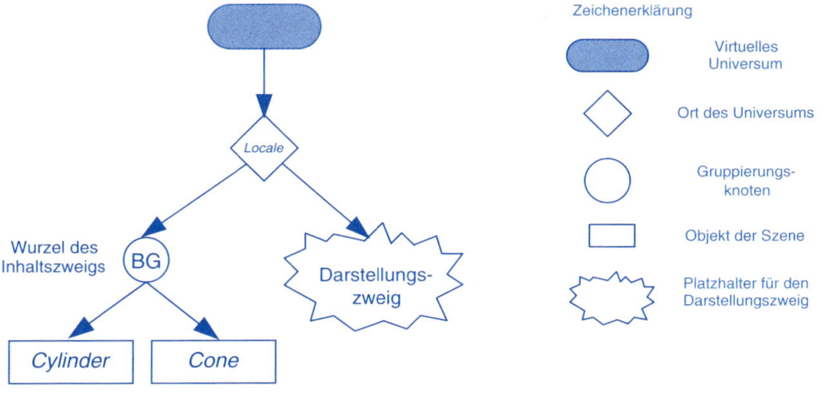

Abb. 9.4-2: Szenengraph der Anwendung `AussehenApp.java`

Textur

Zwei- oder dreidimensionale Texturen können auf Objekte durch die Klassen Texture2D bzw. Texture3D aufgetragen werden. Dies kann entweder über einen Koordinatenbereich geschehen, in dem die Textur sichtbar sein soll, oder über eine Referenz zu einem Bildobjekt, dessen Übertragung auf die Objektoberfläche mit Hilfe von generierten Koordinaten erfolgt.

Für die Einbindung einer Textur über ein Referenzobjekt ist zunächst ein Objekt der Klasse TextureLoader, die im Paket com.sun.j3d.utils.image enthalten ist, zu erzeugen. Danach wird das Bild in ein Objekt der Klasse ImageComponent geladen und anschließend dem Objekt der Klasse Texture2D übergeben. Zum Schluss wird dem Aussehen (Appearance) des Objekts das Texturobjekt zugewiesen.

Beispiel

Das folgende Beispiel zeigt eine aus blauen Ziegelsteinen bestehende Wand, die als Textur auf einen Zylinder aufgetragen ist.

Quelltext:

```
BranchGroup createSceneGraph()
{ BranchGroup dieWurzel = new BranchGroup();
  Appearance einAussehen = new Appearance();
  TextureLoader einLoader = new TextureLoader("mauer.jpg", this);
  ImageComponent2D einBild = einLoader.getImage();
  Texture2D eineTextur = new Texture2D(Texture.BASE_LEVEL,
            Texture.RGBA, einBild.getWidth(), einBild.getHeight());
  eineTextur.setImage(0, einBild);
  einAussehen.setTexture(eineTextur);

  dieWurzel.addChild(new Cylinder(0.3f, 1.8f,
               Primitive.GENERATE_TEXTURE_COORDS, einAussehen));
  return dieWurzel;
}
```

Ausgabe:

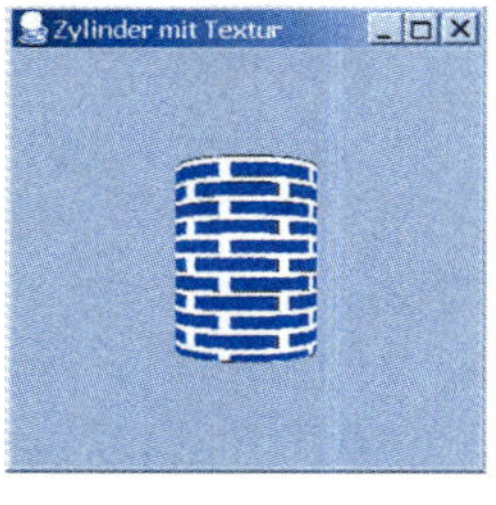

Abb. 9.4-3: Quelltext und Ausgabefenster der Anwendung TexturApp.java

Die hier beschriebenen Klassen bieten eine Fülle von Möglichkeiten, um das Aussehen eines Objekts zu definieren. Allerdings würde es den Rahmen dieses Kapitels sprengen sie alle zu beschreiben.

9.5 Transformationen

Die bisherigen Beispiele beschränkten sich auf die als Standard definierte Darstellung eines Objekts im Ursprung des Koordinatensystems. Für den Aufbau komplexer Szenen ist es jedoch erforderlich, einzelne Objekte zu transformieren, um sie aus dem Ursprung heraus an die richtige Stelle zu verschieben. Für diese Transformationen bietet das Java-3D-API mathematische Klassen und vordefinierte Transformationen an.

Matrix, Vektor

In den Kapiteln 2, 3 und 7 wurden bereits allgemeine Transformationen und die Transformationen des Java-2D-API ausführlich beschrieben. Transformationen, die auf ein Objekt ausgeübt werden, werden durch Matrizen realisiert. Im Java-3D-API geschieht dies mit Hilfe der Klassen `Matrix3f`, `Matrix3d`, `Matrix4f` und `Matrix4d`, über deren Objekte die entsprechenden Transformationsmatrizen definiert werden können. Außerdem können Objekte der Klasse `Vector3f` bzw. `Vector3d`, die einzelne dreidimensionale Vektoren repräsentieren, verwendet werden.

Transformationen

Um ein visuelles Objekt transformieren zu können, ist zunächst ein Objekt der Klasse `Transform3D` mit Hilfe der folgenden Konstruktoren zu erstellen:

- `Transform3D()`
  Erzeugt ein Objekt, welches mit der 4x4-Einheitsmatrix initialisiert wird.
- `Transform3D(Matrix4f m1)`
  Erzeugt ein Objekt, welches mit der übergegebenen 4x4-Matrix initialisiert wird.

Einige wichtige Operationen der Klasse `Transform3D` lauten:

- `void mul(Transform3D t1)`
  Multipliziert das Objekt `t1` mit dem aufrufenden Objekt (`this = this * t1`).
- `void setScale(Vector3d scale)`
  Verändert den Skalierungsfaktor der momentanen Transformation `scale` in der x-, y- und z-Komponente.
- `void setRotation(Matrix3f m1)`
  Setzt die Rotationskomponente der Transformation. Bestehende Skalierungsfaktoren bleiben erhalten.
- `void rotX(double angle)`
  Rotation gegen den Uhrzeigersinn mit gegebenem Winkel um die x-Achse. (Für die y- und z-Komponenten entsprechend.)

- `void setTranslation(Vector3f trans)`
  Setzt die Translationskomponente der Transformation.

Zur Transformation eines Objekts in der Szene wird die Klasse `TransformGroup` benötigt, die mit einem Objekt der Klasse `Transform3D` initialisiert wird:

- `TransformGroup(Transform3D t1)`
  Erzeugt ein Objekt der Klasse `TransformGroup` mit einem übergebenen Objekt `t1` der Klasse `Transform3D`.

Beispiel

Abb. 9.5-1 zeigt einen blauen Zylinder und einen blauen Kegel, die jeweils durch eine eigene Transformation aus dem Ursprung der Szene an ihren Darstellungsort verschoben wurden.

Abb. 9.5-1: Quelltext und Ausgabefenster der Anwendung `TransformationApp.java`

Quelltext:

```
//Zylinder zur Szene hinzufügen
Transform3D Translation1 = new Transform3D();
Translation1.setTranslation(new
                    Vector3f(0.3f,0.3f,0.0f));
TransformGroup Transformationsgruppe1 =
         new TransformGroup(Translation1);
Transformationsgruppe1.addChild(new Cylinder(
       0.5f,0.15f,Primitive.GENERATE_
       NORMALS,200,200,einAussehen));
dieWurzel.addChild(Transformationsgruppe1);

//Kegel zur Szene hinzufügen
Transform3D Translation2 = new Transform3D();
Translation2.setTranslation(new Vector3f(
                        -0.3f,-0.3f,0.0f));
TransformGroup Transformationsgruppe2 =
         new TransformGroup(Translation2);
Transformationsgruppe2.addChild(new Cone(
        0.3f,0.5f,Primitive.GENERATE_
        NORMALS,200,200,einAussehen));
dieWurzel.addChild(Transformationsgruppe2);
```

Ausgabe:

Auch für dieses Beispiel soll in einer Skizze exemplarisch der Szenengraph dargestellt werden, der sich von dem vorausgehenden Szenengraphen in Abb. 9.4-2 durch die Anordnung der beiden Objekte unterscheidet. In diesem Beispiel sind beide Objekte Bestandteil einer eigenen Gruppe (TG = *Transform Group*), durch die sie unabhängig voneinander aus dem Ursprung verschoben werden können:

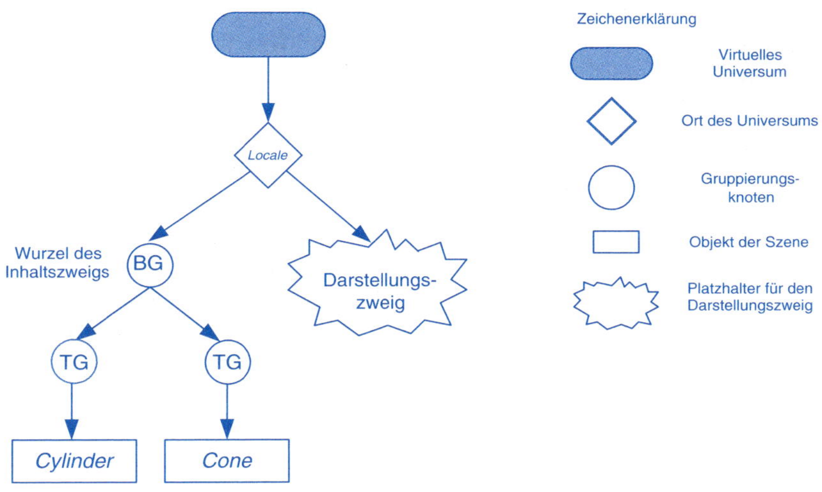

Abb. 9.5-2: Szenengraph der Anwendung `TransformationApp.java`

Appearance bundle Ein Objekt der Klasse `Appearance` mit den Referenzen z.B. zu Objekten der Klassen `Texture`, `Material`, `PolygonAttributes` wird als *Appearance bundle* bezeichnet. Hierüber wird die Erscheinung eines visuellen Objekts, wie z.B. die Farbeigenschaften, festgelegt.

Eltern-Kind-Beziehung (***parent-child relationship***) In einer Baumstruktur übliche Verbindung zweier Knoten, wobei zu beachten ist, dass ein Kind-Objekt nur ein Eltern-Objekt besitzen darf. Ein Eltern-Objekt darf aber mehrere Kind-Objekte besitzen.

Java-3D-API Umfangreiche Klassenbibliothek, die eine Standarderweiterung der *Java2-platform* darstellt. Mit Hilfe dieses API können dreidimensionale Szenen erstellt werden.

Loader Klasse, durch die Objekte, die in anderen Grafikformaten erstellt worden sind, in eine Java-3D-Szene geladen werden können.

Rendering Der englische Begriff *Rendering* bezeichnet die Erstellung eines zweidimensionalen Bildes aus einem mehrdimensionalen Modell. Dieses Modell besteht aus der geometrischen Beschreibung einer Szene, die durch zusätzliche Parameter, die das Aussehen und die Eigenschaften der einzelnen Komponenten beschreiben, ergänzt wird.

Szenengraph Ein Szenengraph ist eine Baumstruktur, in der das komplette virtuelle →Universum der darzustellenden Szene beschrieben wird.

Universum (***virtual universe***) Das Universum stellt die komplette Beschreibung der Szene dar.

Das Java-3D-API ist eine sehr umfangreiche und benutzerfreundliche Klassenbibliothek, mit der dreidimensionale Szenen konstruiert und in Java programmiert werden können. Zur Konstruktion werden die Szenen mittels eines Graphen, des so genannten Szenengraphen, beschrieben. Der Szenengraph ist eine Baumstruktur, in der voneinander abhängige Elemente der Szene durch eine Eltern-Kind-Beziehung beschrieben werden. Die Wurzel des Graphen wird Universum genannt und beschreibt die gesamte Szene.

Mit Hilfe einzelner Klassen des Java-3D-API kann der Benutzer selbst definierte Objekte erstellen, an die ein Erscheinungsbild

(*Appearance bundle*) geknüpft werden kann. Durch so genannte *Loader*-Klassen können Objekte, die in anderen Grafikformaten spezifiziert sind, in eine Szene eingebunden werden.

/Java-3D-API Tutorial/
Bouvier D., *Getting Started with the Java-3D-API – A Tutorial for Beginners*, Sun Microsystems, http://java.sun.com, 2002

Muss-Aufgabe
Zeit 10 Min

1 Lernziel: *Verständnis für die Datenstruktur Szenengraph entwickeln.* Werfen Sie einen Blick in die mit javadoc angefertigte Dokumentation zum Schachspiel, die sich auf der CD-ROM befindet. Öffnen Sie die Dokumentation zur Klasse `Queen`. Dort ist eine Abbildung dargestellt, die die Zusammensetzung der Figur aus den einzelnen Unterobjekten verdeutlicht. Fertigen Sie einen Szenengraphen einer Szene an, die diese Spielfigur auf blauem Hintergrund weiß abbildet.

Muss-Aufgabe
Zeit 25 Min

2 Lernziel: *Selbst definierte Objekte erstellen können.*

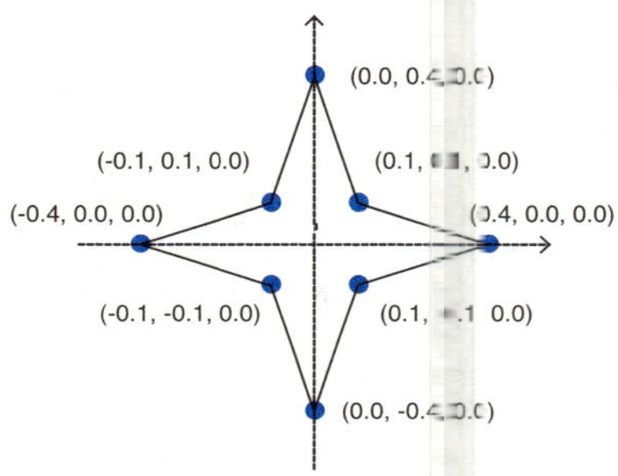

Erstellen Sie das in der nebenstehenden Abbildung dargestellte Objekt, welches eine sternförmige Fläche hat. Orientieren Sie sich an dem Beispiel `TriangleFanArrayApp.java` aus diesem Kapitel bzw. auf der CD-ROM. Erzeugen Sie eine Klasse `StarGeometry`, die aus `Primitive` abgeleitet ist. Innerhalb dieser Klasse ist eine Operation `starGeometry()` zu definieren, die ein Objekt der Klasse `Geometry` zurückliefert. Verwenden Sie für das Erstellen der Geometrie ein Objekt der Klasse `LineStripArray`. Die einzelnen Punkte sollen durch weiße Linien miteinander verbunden sein.

Muss-Aufgabe
Zeit 25 Min

3 Lernziel: *Szenen mit Grundobjekten erstellen und Transformationen auf ein Objekt ausüben können.*

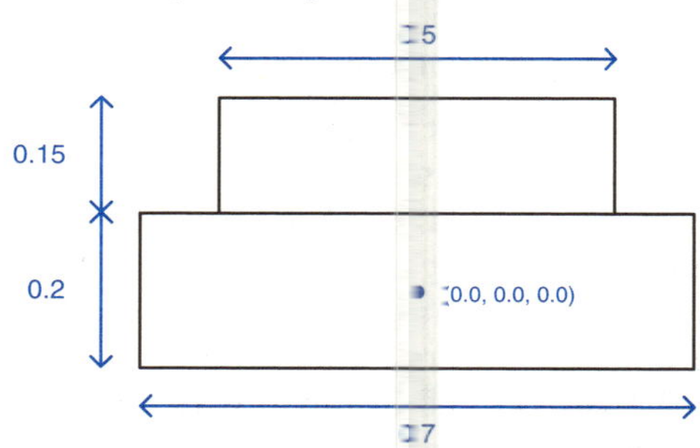

Erstellen Sie zwei Objekte der Klasse `Cylinder`, die wie in der rechten Abbildung aneinander auszurichten sind. Die Größenangaben sind ebenfalls der Abbildung zu entnehmen. Die Erscheinung soll durch ein Standardobjekt der Klasse `Appearance` festgelegt sein.

9 Programmierung – Grundkurs Java-3D-API (Teil 2)

- Verschiedene Möglichkeiten für das *Rendering* in der Java-3D-API kennen. — wissen
- Unterschiedliche Beleuchtungsvarianten für Szenen kennen.
- Wissen, welche Arten von Audioobjekten unterstützt werden.
- Die Möglichkeiten des Java-3D-API für das Erstellen von Animationen und Interaktionen kennen.
- Das Einbinden und Anordnen selbst definierter Objekte innerhalb einer Szene verstehen. — verstehen
- Die Vorgehensweise beim Einbinden eines Objekts der Klasse `Behavior` verstehen.
- Die Fallbeispiele verstehen und anwenden können und auf dieser Basis eigene Applikationen entwickeln können.
- Animationen und Interaktionen durch das Einbinden von einem Objekt der Klasse `Behavior` realisieren können. — anwenden
- Komplexe Szenen in einem Szenengraphen darstellen können.

- Grundlegende Kenntnisse der objektorientierten Programmierung und der Programmiersprache Java sollten vorhanden sein.
- Die Kapitel 2 und 3 werden vorausgesetzt.
- Kapitel 7 wird zum besseren Verständnis als Vorbereitung empfohlen.
- Die Abschnitte 9.1 – 9.5 werden vorausgesetzt.

9.6 Szenengestaltung

Szenengraph

Alle Objekte des virtuellen Universums werden in einer Baumstruktur – dem **Szenengraphen** – dargestellt. Bevor aber genauer auf die Gestaltung einer Szene eingegangen wird, wird zunächst die allgemeine Vorgehensweise der Darstellung einer Szene (*Rendering*) mit der **Java-3D-API** erläutert.

Rendering

Um die Objekte des virtuellen Universums darstellen zu können, muss zunächst die Operation `compile()` für den Inhaltszweig der Szene durchgeführt werden. Dadurch erhalten die darin enthaltenen Objekte den Status `live` und sind nun für das *Rendering* durch den Darstellungszweig bereit.

Der gesamte Ablauf der geräteunabhängigen Darstellung der Szene wird im Darstellungszweig des Szenengraphen (*view branch*) spezifiziert. (Ein Beispiel für einen Szenengraphen ist in Abb. 9.6-2 dargestellt.)

Soll der Darstellungszweig komplett ausprogrammiert werden, muss zunächst für die Darstellungsplattform ein eigenes Objekt geschaffen werden, das jeweils einen physikalischen Körper zur Modellierung der Eigenschaften des Betrachters und eine physikalische Umgebung enthält. Diese werden mit einem Objekt der Zeichenfläche des AWT und einem Objekt der Klasse `Canvas3D` verknüpft, das wiederum ein Objekt der Klasse `Screen3D` referenziert.

`SimpleUniverse`

Das etwas komplizierte Vorgehen kann durch den Einsatz der Klasse `SimpleUniverse` aus dem Paket `com.sun.j3d.utils.universe` stark vereinfacht werden.

Konstruktion einer Szene

Durch die Verwendung eines Objekts der Klasse `SimpleUniverse` sind zur Konstruktion einer Szene lediglich die folgenden Schritte notwendig:

1. Erstellen eines Objekts der Klasse `Canvas3D`, um ein dreidimensionales Objekt auf einem Bildschirm darstellen zu können.
2. Erzeugen eines Objekts der Klasse `SimpleUniverse`, wobei dem Konstruktor dieser Klasse das vorher erzeugte Objekt der Klasse `Canvas3D` übergeben wird. Anpassen der Instanz der Klasse `SimpleUniverse`.
3. Konstruieren des Inhaltszweigs (*content branch*).
4. Übersetzen des Inhaltszweigs, um die einzelnen Objekte mit ihren Eigenschaften für die Darstellung aufzubereiten.
5. Anhängen des Inhaltszweigs an den Ort (`Locale`) des Objekts der Klasse `SimpleUniverse`.

Die hierfür benötigten Operationen der Klasse `SimpleUniverse` lauten:

- `void addBranchGraph(BranchGroup bg)`
  Diese Operation hängt den Inhaltszweig an einen Ort des Objekts der Klasse `SimpleUniverse` an.
- `static getPreferredConfiguration()`
  Operation der Klasse `java.awt.GraphicsConfiguration`, um die bevorzugte Konfiguration (`GraphicsConfiguration`) des Systems zu bestimmen.
- `ViewingPlatform getViewingPlatform()`
  Gibt die `ViewingPlatform` des Szenengraphen zurück.

Außerdem wird die Operation compile() der Klasse BranchGroup angewendet:

- void compile()
  Wenn ein Objekt der Klasse BranchGroup kompiliert wird, so ist der Zweig, der sich unterhalb dieses Objekts befindet, effizient auf den Darstellungsvorgang vorbereitet.

Eine weitere wichtige Operation für das Konstruieren einer einfachen Szene ist die Operation setNominalViewingTransform(). Sie entstammt der Klasse ViewingPlatform und bezieht sich auf das in der Java-3D-API verwendete rechtshändige Koordinatensystem (vgl. Kap. 3.1):

- void setNominalViewingTransform()
  Die Position des Auges befindet sich normalerweise im Ursprung des Koordinatensystems. Wenn nun ein Objekt im Ursprung erstellt würde, könnte dieses nicht erkannt werden, da sich dann das Auge des Betrachters innerhalb des Objekts befindet. Mit dieser Operation wird die Position des Auges um 2,41 Einheiten in Richtung der positiven z-Achse verschoben (vgl. /Java-3D-API Tutorial/).

Den Status live erhalten die Objekte zusätzlich auch durch die Anwendung der Operation addBranchGraph(). Damit werden sie nach der Kompilierung zur Darstellung freigegeben und können gezeichnet werden. Müssen für die Darstellung der Szene die Eigenschaften einzelner Objekte verändert werden, wie es z.B. bei Animationen nötig wird, so sind dem Objekt noch Fähigkeiten (*Capabilities*) zuzuweisen. Diese Fähigkeiten definieren, in welcher Form der Szenengraph, nachdem er kompiliert wurde bzw. den Status live erhalten hat, noch gelesen bzw. verändert werden darf. Beispiele für diese Fähigkeiten sind ALLOW_APPEARANCE_READ und ALLOW_APPEARANCE_WRITE, mit deren Hilfe die Eigenschaften des Aussehens gelesen bzw. verändert werden dürfen und analog dazu ALLOW_GEOMETRY_READ und ALLOW_GEOMETRY_WRITE, mit denen die geometrischen Eigenschaften gelesen bzw. verändert werden dürfen.

Beispiel

Im Beispiel EinfacheSzene.java wird zunächst die Erzeugung einer trivialen Szene ohne ein einziges Objekt demonstriert. Die Operation erstelleInhaltszweig() erzeugt den Inhaltszweig. In diesem Fall wird nur ein Objekt der Klasse BranchGroup erstellt und zurückgegeben. Das bedeutet also, dass sich noch kein visuelles Objekt in der Szene befindet. Beim Ausführen der Applikation bleibt der Inhalt des Fensters daher schwarz.

Quelltext:	**Beschreibung:**

`import java.awt.*;`
`import javax.swing.*;`
`import javax.media.j3d.*;`
`import com.sun.j3d.utils.universe.*;`
 	
`public class EinfacheSzene extends JFrame`
`{`
	Importieren der benötigten AWT- und *Swing*-Klassen. Importieren der benötigten Pakete des Java-3D-API.

`  public EinfacheSzene()`
`  { getContentPane().setLayout(new BorderLayout());`
`    GraphicsConfiguration eineKonfiguration =`
`             SimpleUniverse.getPreferredConfiguration();`
`    Canvas3D eineZeichenfläche = new Canvas3D(`
`                              eineKonfiguration);`
`    getContentPane().add("Center", eineZeichenfläche);`
	Die bevorzugte Konfiguration (`GraphicsConfiguration`) wird an den Konstruktor der Klasse `Canvas3D` übergeben.

`    SimpleUniverse einfachesUniversum =`
`                 new SimpleUniverse(eineZeichenfläche);`
`    einfachesUniversum.getViewingPlatform().`
`             setNominalViewingTransform();`
`    einfachesUniversum.addBranchGraph(erstelleInhaltszweig());`
	Erzeugung und Anpassung eines Objekts der Klasse `SimpleUniverse`. Den Hauptzweig an den Ort des Universums hängen.

`    setSize(180,180);`
`    setVisible(true);`
`  }`	

`  public BranchGroup erstelleInhaltszweig()`
`  {`
`    BranchGroup dieWurzel=new BranchGroup();`
`    dieWurzel.compile();`
`    return dieWurzel;`
`  }`
	Operation zur Erstellung des Inhaltszweigs der Szene, der in diesem Fall leer ist.

`  public static void main(String args[]){`
`    new EinfacheSzene();`
`  }`
`}`
	Erzeugen und Darstellen der Szene.

Beispiel

Im Beispiel `Bauer1App.java` wird die Spielfigur Bauern eines Schachspiels konstruiert. Der Aufbau der Spielfigur ist in der Skizze (vgl. Abb. 9.6-1) zu erkennen.

Die Basis der Figur bilden zwei flache Zylinder. Darauf befindet sich ein geschlossener Torus. Der Körper der Figur besteht aus einem Kegelstumpf, so wie er in Abschnitt 9.3.1 vorgestellt wurde, und drei weiteren geschlossenen Tori mit unterschiedlichen Radien.

Den Abschluss bildet eine einfache Kugel, so dass die Figur insgesamt aus acht einzelnen Objekten besteht. Zusätzlich zu den geometrischen Eigenschaften werden die Materialeigenschaften festgelegt, so dass der Bauer als Grundfarbe die Farbe Weiß (bzw. Schwarz) erhält und die wulstförmigen Ausformungen der drei kleineren Tori sowie der kleinere Zylinder immer in Blau dargestellt werden.

Der folgende Ausschnitt aus dem Quelltext soll den Aufbau der Spielfigur erläutern. Der Quelltext der gesamten Anwendung befindet sich auf der CD-ROM.

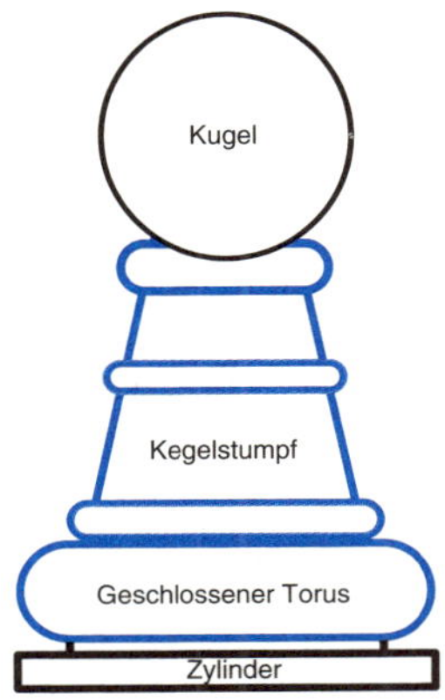

Abb. 9.6-1: Spielfigur Bauer

Quelltext:

```
Transform3D eineSkalierung= new Transform3D();
eineSkalierung.setScale(new Vector3d(0.03f, 0.03f,
 0.03f));
TransformGroup obersteTransformationsgruppe =
               new TransformGroup(eineSkalierung);
. . .
Vector3f dieTranslationen[] = new Vector3f[8];
Primitive dieTeilobjekte[] = new Primitive[8];
Transform3D dieTransformationen[] = new Transform3D[8];
Appearance dasAussehen[] = new Appearance[2];
Appearance sekundäresAussehen = new Appearance();
Material blauesMaterial = new Material(
         new Color3f(0.0f, 0.0f, 1.0f),
         new Color3f(0.0f, 0.0f, 1.0f),
         new Color3f(0.0f, 0.0f, 1.0f),
         new Color3f(0.7f, 0.7f, 0.7f), 10.0f);
sekundäresAussehen.setMaterial(blauesMaterial);
. . .
dieTranslationen[0] = new Vector3f(0.0f, 0.5f, 0.0f);
. . .
dieTranslationen[7] = new Vector3f(0.0f, 16f, 0.0f);
. . .
dasAussehen[0] = new Appearance();
dasAussehen[1] = sekundäresAussehen;
. . .
dieTeilobjekte[0] = new Cylinder(
               6f, 1f,Cylinder.GENERATE_NORMALS, 50, 50,
                 dasAussehen[0]);
dieTeilobjekte[1] = new Cylinder(
                    4.5f, 0.5f, Cylinder.GENERATE_NORMALS,
                    50, 50, dasAussehen[1]);
```

Beschreibung:

Objekt der Klasse Transform3D und drei Felder mit jeweils acht Elementen, in denen die Translation, der eigentliche Grundkörper und ggfs. weitere Transformationen deklariert werden. Das Feld appearance[] enthält lediglich zwei Elemente, die die Grundfarbe der Spielfigur und die Farbe der umgebenden Tori enthalten.

Definition der Materialeigenschaften der blauen (=secondaryAppearance) Objekte.

Definition der Materialeigenschaften für die einzelnen Teilobjekte.

Quelltext (Forts.): **Beschreibung (Forts.):**

```
. . .
dieTeilobjekte[7] =  new Sphere(3.6f,dieAussehen[0]);
. . .
dieTransformationen[0] = new Transform3D();
dieTransformationen[1] = new Transform3D();
dieTransformationen[2] = new Transform3D();
dieTransformationen[2].rotX(Math.PI/2);
dieTransformationen[3] = new Transform3D();
. . .
dieTransformationen [7] = new Transform3D();
```

Festlegen der weiteren benötigten Transformationen der einzelnen Teilobjekte.

In Abb. 9.6-2 sind das Ausgabefenster der Anwendung Bauer1App.java sowie eine Skizze des Szenengraphen dargestellt. Die Symbole und die Darstellung des Szenengraphen orientieren sich an der von der Firma Sun Microsystems Inc. bereitgestellten Dokumentation zum Java-3D-API (vgl. /Java-3D-API Tutorial/).

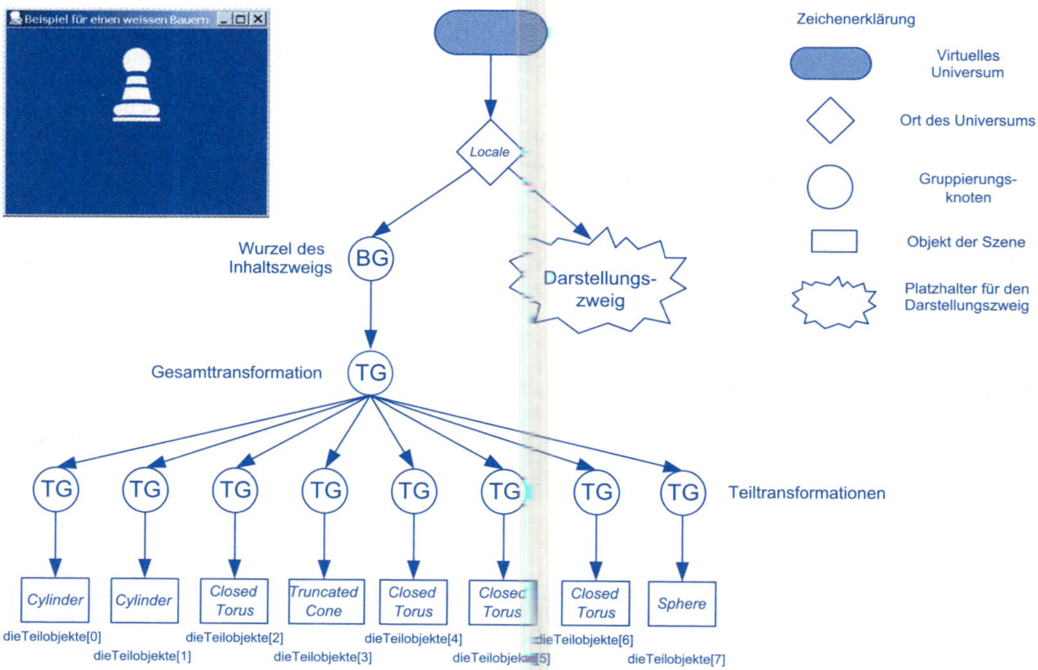

Abb. 9.6-2: Ausgabefenster der Anwendung Bauer1App.java mit Ausschnittsvergrößerung sowie zugehörigem Szenengraphen

9.6.1 Hintergrund

Mit Hilfe der Klasse Background kann der Hintergrund einer Szene gestaltet werden, der – wie bereits aus den vorgestellten Beispielanwendungen erkennbar ist – standardmäßig schwarz dargestellt wird. Die folgenden Konstruktoren zeigen drei verschiedene Gestaltungsmöglichkeiten auf:

Background

- Background(Color3f color)
  Erzeugt ein Hintergrundobjekt mit gegebener Farbe.
- Background(ImageComponent2D image)
  Erzeugt ein Hintergrundobjekt mit gegebenem Bild.
- Background(BranchGroup branch)
  Erzeugt ein Hintergrundobjekt mit gegebener Geometrie.

Dem letzten Konstruktor wird ein Objekt der Klasse BranchGroup übergeben. Diesem Objekt können mehrere Objekte der Klasse Shape3d mit referenziertem Objekt der Klasse Geometry untergeordnet sein.

Soll z.B. ein blauer Hintergrund in die Szene integriert werden, so sind die folgenden Zeilen in den Quelltext einzufügen:

Beispiel

```
Background einHintergrund = new Background(
                    new Color3f(0.0f, 0.0f, 1.0f));
einHintergrund.setApplicationBounds(new BoundingSphere());
dieWurzel.addChild(bg);
```

Die Operation setApplicationBounds() der Klasse Background spezifiziert die Region des virtuellen Universums, in der der Hintergrund sichtbar ist. Als Parameter wird ein Objekt der Klasse Bounds erwartet. BoundingBox bzw. BoundingSphere sind Unterklassen von Bounds, d. h. die Umgebung nimmt entweder die Form eines Quaders oder die einer Kugel an. Eine Kugel mit dem Radius 1.0 wird durch den parameterlosen Konstruktor der Klasse BoundingSphere erzeugt.

9.6.2 Beleuchtung einer Szene

Im Java-3D-API stehen dem Anwender unterschiedliche Arten von Lichtquellen zur Verfügung. Diese sind Ableitungen der abstrakten Klasse javax.media.j3d.Light. Die Klasse Light definiert Operationen, mit denen die grundlegenden Eigenschaften von Lichtquellen angegeben werden können. Die von der Lichtquelle beeinflusste Umgebung wird durch die Operation void setInfluencingBounds(Bounds region) eingegrenzt und durch void setColor(Color3f color) wird die Farbe des Lichts definiert. Die Operation void setEnable(boolean state) schaltet eine Lichtquelle ein oder aus.

Mit Hilfe der Operation void addScope(Group scope) können konkrete Objekte der Szene in den von der Lichtquelle beleuchteten Bereich aufgenommen werden.

Die unterschiedlichen Arten einer Lichtquelle werden durch die konkreten Klassen `AmbientLight`, `DirectionalLight`, `PointLight` oder `SpotLight` repräsentiert (vgl. Kap. 5).

Generierung von Normalen

Um die Auswirkung einer Lichtquelle auf ein Objekt festzulegen, müssen die Normalen (also die zur Körperoberfläche senkrecht stehenden Vektoren) des Objekts generiert werden. Die Grundkörper der Klassen `Cylinder`, `Box`, `Sphere` und `Cone` besitzen den Parameter `primflags` des ganzzahligen Datentyps `Integer`. Wird dieser auf `Primitive.GENERATE_NORMALS` gesetzt, so werden die Normalen des entsprechenden Grundkörpers automatisch generiert.

Bei den mit der Klasse `GeometryArray` selbst definierten Körpern müssen die Normalen für jeden Punkt, der im Feld `GeometryArray` einfügt wurde, berechnet und durch einen Vektor vom Typ `Vector3f` angegeben werden. Dies geschieht über die Operation `setNormals()` der Klasse `GeometryArray`.

Erstellen einer Szene mit Lichtquellen

Die Vorgehensweise bei der Erstellung einer Szene, in die eine Lichtquelle integriert werden soll, lässt sich folgendermaßen beschreiben:

1. Erzeugen einer Lichtquelle.
- Die Grenzen setzen, in denen sich die beleuchteten Objekte befinden sollen.
- Die Lichtquelle zum Szenengraphen hinzufügen.

2. Ein visuelles Objekt erzeugen.
- Die Normalen generieren.
- Die Eigenschaften des visuellen Objekts mit der Klasse `Material` festlegen.

Beispiel

Das folgende Beispiel zeigt einen schwarzen Bauern des Schachspiels auf blauem Hintergrund. Außerdem wurden eine ambiente und eine gerichtete Lichtquelle und die für die Beleuchtungseffekte benötigten Normalen der Objekte erzeugt.

Quelltext: | **Beschreibung:**

```
private Geometry erstelleVerbindung(int punktanzahlKreis,
                double radius1, double radius2, double höhe)
{
  TriangleStripArray eineGeometrie;
  int punktanzahl = punktanzahlKreis*2;
  Point3d diePunkte[] = new Point3d[punktanzahl];

  Vector3f dieNormalen[] = new Vector3f[punktanzahl];

  int punkteProStreifen[]={punktanzahl};
  double r;
  double b = 2*Math.PI/(punktanzahlKreis-1);
  for(int i = 0, a = 0; i < punktanzahl; a++)
```

Im Feld `dieNormalen[]` vom Typ `Vector3f` werden die Normalen gespeichert.

Quelltext (Forts.): **Beschreibung (Forts.):**

```
  { if(i%2 == 0)
    { diePunkte[i++] = new Point3d
        (radius1*Math.cos(b*a),radius1*Math.sin(b*a),höhe/2);
      dieNormalen[i-1] = new Vector3f(
                  (float)(Math.cos(b*a)*höhe),
                  (float)(Math.sin(b*a)*höhe),
                  (float)(radius2-radius1));
      dieNormalen[i-1].normalize();
  }
  if(i%2 == 1)
  { diePunkte[i++] = new Point3d(radius2*Math.cos(b*a),
                      radius2*Math.sin(b*a), -höhe/2);
    dieNormalen[i-1] = new Vector3f(
                  (float)(Math.cos(b*a)*höhe),
                  (float)(Math.sin(b*a)*höhe),
                  (float)(radius2-radius1));
    dieNormalen[i-1].normalize();
  }
}
```

Die Normalen des Kegelstumpfs werden berechnet und abgespeichert. Die Operation normalize() normalisiert einen Vektor auf die Länge 1.

```
eineGeometrie = new TriangleStripArray (punktanzahl,
        TriangleStripArray.COORDINATES | TriangleStripArray.
        NORMALS, punkteProStreifen);
eineGeometrie.setCoordinates(0, diePunkte);
     eineGeometrie.setNormals(0, dieNormalen);
return eineGeometrie;
}
```

Das Objekt eineGeometrie ist ein Feld von Punkten und Normalen. Mit der Operation setNormals() werden die Normalen gesetzt.

```
AmbientLight ambientesLicht = new AmbientLight(
                          true, new Color3f(1.0f,1.0f,1.0f));
ambientesLicht.setInfluencingBounds(
                new BoundingSphere(new Point3d(), 10000.0f));
obersteTransformationsgruppe.addChild(ambientesLicht);
```

Ambientes Licht wird erzeugt, die Grenzen bestimmt und die Lichtquelle zum Szenengraphen hinzugefügt.

```
DirectionalLight gerichtetesLicht = new DirectionalLight();
gerichtetesLicht.setInfluencingBounds(
                new BoundingSphere(new Point3d(), 10000.0f));
obersteTransformationsgruppe.addChild(gerichtetesLicht);
```

Direktes Licht zur Szene hinzufügen.

```
Background einHintergrund = new Background(
                            new Color3f(0.05f, 0.05f, 0.5f));
einHintergrund.setApplicationBounds(
                 new BoundingSphere(new Point3d(), 1000.0f));
obersteTransformationsgruppe.addChild(einHintergrund);
. . .
```

Der blaue Hintergrund wird erstellt, die Grenzen gesetzt und zum Szenengraphen hinzugefügt.

Um Treppeneffekte in der Szene zu vermeiden, wurde das ***Antialiasing*** durch die Operation `einfachesUniversum.getViewer().getView().setSceneAntialiasingEnable(true)` für die gesamte Szene aktiviert, was bei der Geschwindigkeit der Darstellung der Szene zu

Performanzeinbußen führt. Die Ausgabe des Programms ist in Abb. 9.6-3 dargestellt.

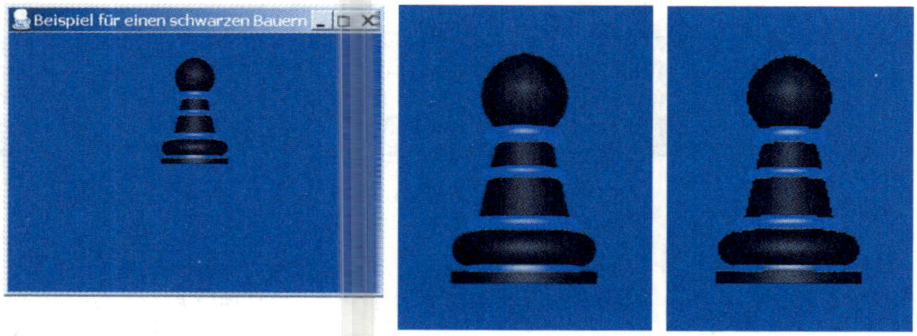

Abb. 9.6-3: Anwendung `Bauer2App.java` *mit Ausschnittsvergrößerung und Ausschnittsvergrößerung ohne Antialiasing (v. l. n. r.)*

9.7 Verhalten von Objekten

`Behavior`

Mit Hilfe der abstrakten Klasse `javax.media.j3d.Behavior` kann das Verhalten von Objekten definiert werden, so wie es für Animationen und Interaktionen notwendig ist. Hier kann zum Beispiel festgelegt werden, wie ein Objekt auf die Bewegung der Maus, einen Mausklick oder das Drücken der Tasten der Tastatur reagieren soll.

Da sich bei Animationen und Interaktionen der Inhaltszweig dynamisch verändern kann, müssen für die Darstellung außerdem noch die notwendigen Fähigkeiten (*Capabilities*, vgl. Kap. 9.6) gesetzt werden.

9.7.1 Interaktionen

Um **Interaktionen**, also durch Benutzereingaben angeregte Aktionen, umzusetzen, werden z. B. die Klassen `KeyNavigatorBehavior`, `MouseBehavior` oder `PickMouseBehavior` eingesetzt. In Objekten dieser Klassen kann eine Eingabe des Benutzers über die Tastatur oder die Maus verarbeitet werden.

Verhalten

Neben diesen vordefinierten Klassen, die auf konkrete Aktionen des Benutzers reagieren, können auch Klassen definiert werden, in denen das Verhalten eines Objekts beschrieben wird. Diese werden aus der Klasse `Behavior` abgeleitet und besitzen neben dem Konstruktor eine Referenz zum betreffenden Objekt. Außerdem müssen die Operationen `void initialize()` und `void processStimulus()` überschrieben werden. Erstere legt die notwendigen Bedingungen für das Hinzufügen des Objekts zum Szenengraphen fest, während die zweite Operation eine kugelförmige Umgebung um das Objekt positioniert, so dass z.B. bei Durchfahrt der Maus durch diese Umgebung das entsprechende Verhalten ausgelöst wird.

Für die Einbindung eines Objekts der Klasse `Behavior` in den Szenengraphen sind folgende Schritte durchzuführen:

- Ein Zielobjekt des Typs `TransformGroup`, auf welches das Objekt der Klasse `Behavior` Einfluss nehmen soll, erstellen und zum Szenengraphen hinzufügen.
- Ein Objekt der Klasse `Behavior` erzeugen und zum Szenengraphen hinzufügen.
- Eine Referenz zwischen dem Zielobjekt und dem Objekt der Klasse `Behavior` erstellen.
- Die Umgebung, in der das gewünschte Verhalten für das Objekt wirksam sein soll (*scheduling region*), muss definiert werden.

Die in diesem Zusammenhang wichtigen Operationen der Klasse `Behavior` sind:

- `void setSchedulingBounds(Bounds region)`
  Die für das Verhalten des Objekts gültige Umgebung (*sheduling region*) wird gesetzt.
- `void wakeupOn(WakeUpCondition criteria)`
  Festlegen der »*wakeup*«-Bedingung. Diese wird bei der Erzeugung selbst definierter Objekte der Klassen `Behavior` eingesetzt. Die oben kurz beschriebene Operation `processStimulus()` wird nur dann aufgerufen, wenn die »*wakeup*«-Bedingungen erfüllt sind. Die Klasse `WakeupCondition` ist eine abstrakte Oberklasse. Entweder kann ein Objekt der Klasse `WakeupCondition` durch ein Objekt der Klasse `WakeupCriterion` festgelegt sein oder aus einer Kombination mehrerer Objekte dieser Klassen bestehen.

Da durch die Interaktion der Inhaltszweig des Szenengraphen nach dem Übersetzen noch verändert werden muss, erhalten die Zielobjekte *Capabilities*, so wie es bereits im Abschnitt 9.6 beschrieben wurde.

Beispiel

Das Beispiel `Bauer3App.java` ergänzt den Bauern aus der Anwendung `Bauer1App.java` um die folgende Interaktion: Der Bauer soll auf Bewegungen der Maus reagieren, indem er durch Maussteuerung rotiert und vergrößert bzw. verkleinert werden kann. Standardmäßig wird dazu im Java-3D-API die Rotation auf die linke Maustaste und die Skalierung auf die mittlere Maustaste gelegt (vgl. /Java-3D-API Tutorial/).

Quelltext:

```
. . .
MouseZoom einMausZoom = new MouseZoom();
einMausZoom.setTransformGroup(obersteTransformationsgruppe);
einMausZoom.setSchedulingBounds(new BoundingSphere(new Point3d(), 100000.0f));

derInhaltszweig.addChild(einMausZoom);
```

Quelltext (Forts.):

```
MouseRotate eineMausRotation = new MouseRotate();
eineMausRotation.setTransformGroup(obersteTransformationsgruppe);
eineMausRotation.setSchedulingBounds(new BoundingSphere(new Point3d(),
                                     10000.0f));

derInhaltszweig.addChild(eineMausRotation);
. . .
```

Ausgabe:

Abb. 9.7-1: Quelltext für die Interaktion durch die Maus und Ausgabefenster der Applikation `Bauer3App.java`

Picking

In einer größeren Szene, wie beispielsweise in einem voll funktionsfähigen Schachspiel, müssen die einzelnen Figuren unabhängig voneinander angeklickt werden können. Mit Hilfe einer weiteren Eigenschaft, des so genannten *Picking*, können visuelle Objekte unabhängig voneinander angesprochen werden. Das Java-3D-API stellt hierfür die Klassen `PickRotateBehavior`, `PickTranslateBehavior` und `PickZoomBehavior` zur Verfügung.

Die Zuweisung dieses Verhaltens zu einem visuellen Objekt wird folgendermaßen durchgeführt:

- Der Szenengraph muss alle visuellen Objekte der Szene enthalten.
- Ein Objekt der Klasse `PickingBehavior` ist zu erstellen. Dem Konstruktor muss unter anderem ein Zielobjekt des Typs `BranchGroup` übergeben werden. In dem Zweig unterhalb dieses Zielobjekts sollten sich die visuellen Objekte, auf die das *Picking*-Verfahren wirken soll, befinden. Zudem werden die aktuelle Zeichenfläche des Typs `Canvas3D` und ein Objekt des Typs `Bounds`, in dem die *Picking*-Aktion wirksam ist, übergeben.
- Das Objekt der Klasse `PickingBehavior` ist zum Szenengraphen hinzuzufügen.
- Die visuellen Objekte sind mit den nötigen Eigenschaften auszustatten, indem das Objekt der Klasse `TransformGroup`, das auf den Szenengraphen bezogen oberhalb des Elementes bzw. der Elemente eines visuellen Objekts liegt, die nötigen Fähigkeiten erhält. Dazu werden die Konstanten `ALLOW_TRANSFORM_WRITE`,

ALLOW_TRANSFORM_READ und ENABLE_PICK_REPORTING verwendet. Wenn dieser Parameter gesetzt worden ist, kann das visuelle Objekt nach einem Klick auf die Zeichenfläche die zugewiesene Aktion ausführen.

Beispiel

Für die Applikation Bauer4App.java wird die Applikation Bauer3App.java dahingehend erweitert, dass beim Anklicken eines Bauern ein transparenter Quader um die Figur erscheint. Dadurch wird die Auswahl dieser Figur symbolisiert. Ein Mausklick neben den Bauern deaktiviert die Figur und blendet den weißen Quader wieder aus.

Abb. 9.7-2: Quelltext und Ausgabefenster der Applikation Bauer4App.java

Quelltext:

```
. . .
Appearance einAussehen = new Appearance();
Material einMaterial = new Material(new Color3f(1.0f, 0.0f,
        1.0f), new Color3f(0.0f, 0.0f, 1.0f), new Color3f(
        0.0f, 0.0f, 1.0f), new Color3f(0.0f, 0.0f, 0.0f), 10.f);
einAussehen.setMaterial(einMaterial);
TransparencyAttributes eineTransparenzeigenschaft = new
   TransparencyAttributes(TransparencyAttributes.FASTEST, 0.4f);
einAussehen.setTransparencyAttributes(
   eineTransparenzeigenschaft);
Box transparenterQuader = new Box(
   1.0f, 1.0f, 1.0f, Box.ENABLE_APPEARANCE_MODIFY,einAussehen);
temporäreTransformation = new Transform3D();
transparenterQuaderTG = new TransformGroup(
                         temporäreTransformation);
transparenterQuaderTG.addChild(transparenterQuader);
transparenterQuaderTG.setCapability(
                    transparenterQuaderTG.ALLOW_TRANSFORM_WRITE);
transparenterQuaderTG.setCapability(
                    transparenterQuaderTG.ALLOW_TRANSFORM_READ);
temporäreTG = new TransformGroup();
temporäreTG.addChild(transparenterQuaderTG);
obersteTG.addChild(temporäreTG);
MausVerhalten einMausVerhalten = new MausVerhalten(
         eineZeichenfläche, derInhaltszweig, new BoundingSphere(
         new Point3d(), 1000.0f), transparenterQuaderTG);
. . .
```

Ausgabe:

9.7.2 Animation

Durch das Einbinden von Objekten der Klasse `Interpolator` in den Szenengraphen können **Animationen** erstellt werden. Die Klasse `Interpolator` ist eine aus `Behavior` abgeleitete Klasse und beschreibt somit ebenfalls das Verhalten von visuellen Objekten. Ein Objekt der Klasse `Interpolator` referenziert ein Objekt der Klasse `javax.media.j3d.Alpha`, welches die Informationen über die zeitliche Abfolge der Animation enthält. Soll beispielsweise eine Kugel, die sich innerhalb einer Szene befindet, so animiert werden, dass sie sich auf und ab bewegt, so steuert ein Objekt der Klasse `Alpha` diese Bewegung. Das Objekt der Klasse `Alpha` kann dabei nur Werte zwischen 0 und 1 annehmen, wobei beim Wert 0 die Animation angehalten ist, also eine statische Szene erzeugt wird, und bei 1 durch den Ablauf der Animation eine dynamische Szene entsteht. Liegt der Wert von `Alpha` zwischen 0 und 1, dann zeigt sich ein Beschleunigungsverhalten.

Durch den folgenden Konstruktor lässt sich ein Objekt der Klasse `Alpha` erzeugen:

- `Alpha(int loopCount, int mode, long triggerTime,`
  `long phaseDelayDuration, long increasingAlphaDuration,`
  `long increasingAlphaRampDuration, long alphaAtOneDuration,`
  `long decreasingAlphaDuration, long decreasingAlphaRampDuration,`
  `long alpha-AtZeroDuration)`

Die beiden ersten Parameter haben die folgende Bedeutung:

- `loopCount`
  Steuert die Anzahl der Wiederholungen z.B. von Bewegungen. Bei Übergabe von -1 wird die Wiederholung unendlich oft ausgeführt.
- `mode`
  Dieser Parameter kann beispielhaft anhand der oben beschriebenen animierten Kugel erläutert werden. Es gibt zwei Konstanten, die hier als Parameter übergeben werden können: `INCREASING_ENABLE` und `DECREASING_ENABLE`. Soll beispielsweise die Kugel nach oben bewegt werden und, sobald sie oben angekommen ist, sich wieder von unten nach oben bewegen, so wird `INCREASING_ENABLE` verwendet. Soll sich die Kugel permanent auf und ab bewegen, so werden beide Konstanten verwendet und durch ein +-Zeichen verknüpft.

Die übrigen Parameter bestimmen den zeitlichen Ablauf der Animation. In Abb. 9.7-3 ist angegeben, welche Parameter welche Zeiten und Phasen der Animation beeinflussen.

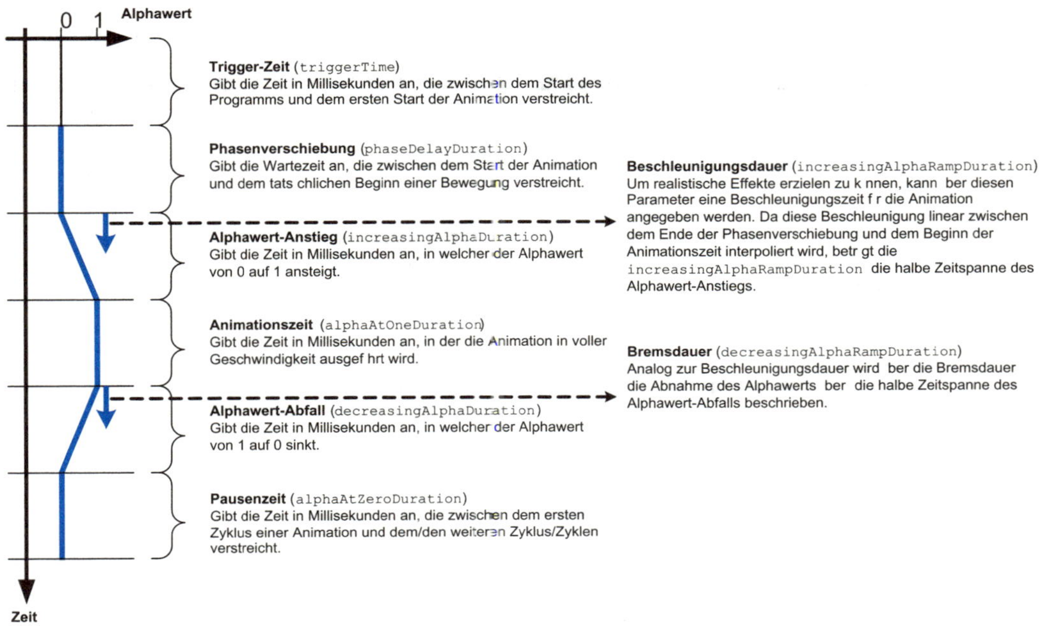

Abb. 9.7-3: Zeitparameter eines Objekts der Klasse `Alpha`

In der Java-3D-API gibt es viele verschiedene Unterklassen der Klasse `Interpolator`, die unterschiedliche Arten der Animation erzeugen. Soll z.B. in Abhängigkeit der Zeit die Farbe des visuellen Körpers geändert werden, so ist die Klasse `ColorInterpolator` zu verwenden. Wird die Position des Objekts verändert, so ist die Klasse `PositionInterpolator` zu wählen. Als weitere wären noch `RotationInterpolator` zur kontinuierlichen Drehung von Objekten, `ScaleInterpolator` zur Größenänderung von Objekten und `TransparencyInterpolator` zur Veränderung der Durchsichtigkeit eines Objekts zu nennen. Die Programmierung einer Animation kann zusammenfassend wie folgt beschrieben werden:

- Das Zielobjekt ist zu erstellen, zum Szenengraphen hinzuzufügen und mit den nötigen Fähigkeiten (*Capabilities*) auszustatten.
- Ein Objekt der Klasse `Alpha` ist zur Steuerung der Animation zu erzeugen.
- Ein Objekt der Klasse `Interpolator` ist zu erstellen, welches das Zielobjekt und das Objekt der Klasse `Alpha` referenziert.
- Die Region des Objekts der Klasse `Interpolator`, in der die Animation durchgeführt werden soll, ist zu definieren.
- Das Objekt der Klasse `Interpolator` ist zum Szenengraphen hinzuzufügen.

Beispiel

In dem folgenden Beispiel Bauer5App.java bewegt sich der Bauer mit Hilfe eines Positionsinterpolators entlang der x-Achse hin und her.

Quelltext: | **Beschreibung:**

```
public BranchGroup erstelleInhaltszweig(Canvas3D
                                        eineZeichenfläche)
{ BranchGroup dieWurzel = new BranchGroup();
  BoundingSphere einEinflussbereich = new BoundingSphere();
  TransformGroup dasZielobjekt = new TransformGroup();
  dasZielobjekt.setCapability(
              TransformGroup.ALLOW_TRANSFORM_WRITE);
```

Erzeugen des Zielobjekts.

```
  Alpha einAlphaObjekt = new Alpha (-1,
          Alpha.INCREASING_ENABLE + Alpha.DECREASING_ENABLE,
          0, 0, 6000, 0, 1000, 6000, 0, 1000);
```

Erzeugen des zum Zielobjekt gehörigen Objekts der Klasse Alpha.

```
  PositionInterpolator einInterpolator = new
          PositionInterpolator (einAlphaObjekt, dasZielobjekt);
```

Erzeugen eines Objekts der Klasse PositionInterpolator.

```
  einInterpolator.setSchedulingBounds(einEinflussbereich);
  einInterpolator.setStartPosition(-1.0f);
```

Setzen der Grenzen und der Startposition.

```
  Transform3D temporäreTransformation = new Transform3D();
  temporäreTransformation.setTranslation(
                    new Vector3f(0.0f, -.5f, 0.0f));
  TransformGroup eineTranslationDesBauern = new
                    TransformGroup(temporäreTransformation);
  dieWurzel.addChild(eineTranslationDesBauern);
  eineTranslationDesBauern.addChild(dasZielobjekt);
  temporäreTransformation = new Transform3D();
  temporäreTransformation.set(0.05f);
  TransformGroup eineSkalierungDesBauern = new
                    TransformGroup(temporäreTransformation);
  eineSkalierungDesBauern.addChild(new Bauer(0,1));
  dasZielobjekt.addChild(eineSkalierungDesBauern);
  dieWurzel.addChild(einInterpolator);

  //Lichtquelle hinzufügen
  //Hintergrund setzen

  dieWurzel.compile();
  return dieWurzel;
}
```

Das Zielobjekt zum Szenengraphen hinzufügen.

Ausgabe:

Abb. 9.7-4: Quelltext, Beschreibung und Ausgabefenster zu drei verschiedenen Zeitpunkten der Animation der Anwendung `Bauer5App.java`

9.8 Audio

Um Audioobjekte zu einer Szene hinzuzufügen, werden Objekte der Klasse `javax.media.j3d.Sound` erzeugt. Diese Klasse ist aus der Klasse `Leaf` abgeleitet und eine abstrakte Oberklasse. Daraus abgeleitete Unterklassen, die unterschiedliche Audioobjekte repräsentieren, lauten:

- `BackgroundSound`
  Die Klasse `BackgroundSound` ist eine direkte Ableitung aus der Klasse `Sound`. Mit Hilfe dieser Klasse kann ein Audioobjekt erzeugt werden, welches sozusagen keine konkrete Position und Richtung besitzt. Der Ton ist also an jeder Position des Raumes gleichermaßen zu hören.
- `PointSound`
  Die Klasse `PointSound` ist ebenfalls direkt aus der Klasse `Sound` abgeleitet und verhält sich äquivalent zu einer Punktlichtquelle. Der Unterschied besteht nur darin, dass die Quelle nicht Lichtstrahlen, sondern Schallwellen emittiert.
- `ConeSound`
  Die Klasse `ConeSound` ist aus der Klasse `PointSound` abgeleitet. Die Schallwellen werden nicht in alle Richtungen gleichermaßen verteilt, sondern sind auf einen gewissen Winkel eingeschränkt. Diese Klasse verhält sich also äquivalent zur Klasse `SpotLight`.

Die Objekte dieser Klassen können mit einem parameterlosen Konstruktor erzeugt werden. Einige wichtige Operationen aller Klassen sind:

- `setSchedulingBounds(Bounds region)`
  Definiert die Umgebung, in der das Audioobjekt zu hören ist.

- `setLoop(int loopCount)`
  Bestimmt, wie oft das Audioobjekt hintereinander abgespielt werden soll. Wird 0 übergeben, so wird der Ton nur einmal abgespielt. Bei -1 wird das Audioobjekt permanent wiederholt.
- `setEnable(boolean state)`
  Aktiviert bzw. deaktiviert das Audioobjekt.

Für das Abspielen von Audiodaten wird ein Objekt der Klasse `MediaContainer` benötigt. Ein Objekt dieser Klasse kann mit einem parameterlosen Konstruktor erzeugt werden, wobei die Operation `setURLObject(java.net.URL url)` den Pfad zu der Audiodatei setzt. Über die Operation `setSoundData(MediaContainer soundData)` wird ein solches Objekt eingebunden.

Beispiel Die Figur des Bauern wird in diesem Beispiel um ein Audioobjekt erweitert. Beim Anklicken des Objekts mit der Maus soll nun nicht nur der weiße Quader erscheinen, sondern es ist auch die Bezeichnung der Figur zu hören. Der nachfolgende Quelltext wird in die Klasse `PickHighLightBehavior` integriert und ist in der Applikation `Bauer6App.java` auf der CD-ROM abgelegt.

Quelltext: | **Beschreibung:**

```
URL eineURL;
try
{ eineURL = new URL("file:Pawn.wav"); }
catch (Exception e) {return;}
```

Der Pfad zur Audiodatei wird angegeben und in einem Objekt der Klasse URL gespeichert.

```
einAudioobjekt = new PointSound();
einAudioobjekt.setSchedulingBounds(
                einEinflussbereich);
eineWurzel.addChild(einAudioobjekt);
```

Ein Objekt der Klasse `PointSound` wird erzeugt und zum Szenengraphen hinzugefügt.

```
MediaContainer eineAudiodatei = new
                MediaContainer();
eineAudiodatei.setCapability(
           MediaContainer.ALLOW_URL_WRITE);
eineAudiodatei.setCapability(
           MediaContainer.ALLOW_URL_READ);
eineAudiodatei.setURLObject(eineURL);
eineAudiodatei.setCacheEnable(true);
einAudioobjekt.setLoop(0);
einAudioobjekt.setCapability(
           PointSound.ALLOW_ENABLE_WRITE);
einAudioobjekt.setSoundData(
           eineAudiodatei);
```

Die Eigenschaften und Fähigkeiten werden definiert.

9.9 Fallbeispiel – Schachspiel

Im Verlauf dieses Kapitels sind anhand der Figur des Bauern eines Schachspiels viele der Möglichkeiten, die das Java-3D-API dem Anwender bietet, beispielhaft vorgestellt worden. Von den einfachen Basisobjekten und selbst konstruierten Figuren über deren Erscheinungsbild bis hin zu Licht- und Klangeffekten wurde ein Streifzug durch diese mächtige Klassenbibliothek unternommen und in ihre Philosophie bei der Programmerstellung eingeführt.

Als Fallbeispiel ist aber nicht nur eine einzelne Spielfigur eines Schachspiels entworfen worden, sondern ein komplettes Spielbrett mit allen Figuren. Alle Möglichkeiten des Java-3D-API, die bei der Erstellung des Bauern Anwendung fanden, sind auf die anderen Figuren des Schachspiels übertragen worden.

Dabei sind Figuren, wie etwa der Springer, sicherlich besonders schwierig von Hand zu erstellen. Um das Nachvollziehen dieses umfangreichen Fallbeispiels zu erleichtern, ist der gesamte Quellcode ausführlich beschrieben und dokumentiert worden. Die mit Hilfe von `javadoc` generierte Dokumentation befindet sich auf der CD-ROM. Durch Aufruf der Datei `index.html` kann ein Überblick über die einzelnen Klassen und ihre Zusammenhänge gewonnen werden. Alle Klassen der Schachfiguren sind mit dem entsprechenden Bild der jeweiligen Figur beschrieben. Die verschiedenen Möglichkeiten zur Definition von Körpern werden z.B. in den Klassen `BowSolid` (bogenförmiger Körper), `TruncatedCone` (Kegelstumpf), `ClosedTorus` (geschlossener Torus) vorgestellt, die Teilobjekte der einzelnen Figuren repräsentieren.

Das Schachbrett, auf dem die Schachfiguren positioniert wurden, wird durch die Klasse `ChessBoard` repräsentiert. Die Klasse `ChessGame` ist die zentrale Klasse des Projekts und stellt somit die ausführbare Klasse dar. Innerhalb dieser Klasse ist die Operation `setChessman()` definiert, in der die einzelnen Schachfiguren erzeugt und mit Hilfe der Konstanten `A1`, `A2` usw. auf dem Schachbrett positioniert werden. Wenn die Datei `ChessGame.class` ausgeführt wird, ist darauf zu achten, dass die Audioausgabe aktiviert ist. In Abb. 9.9-1 sind einige Bilder dieses Fallbeispiels zu sehen.

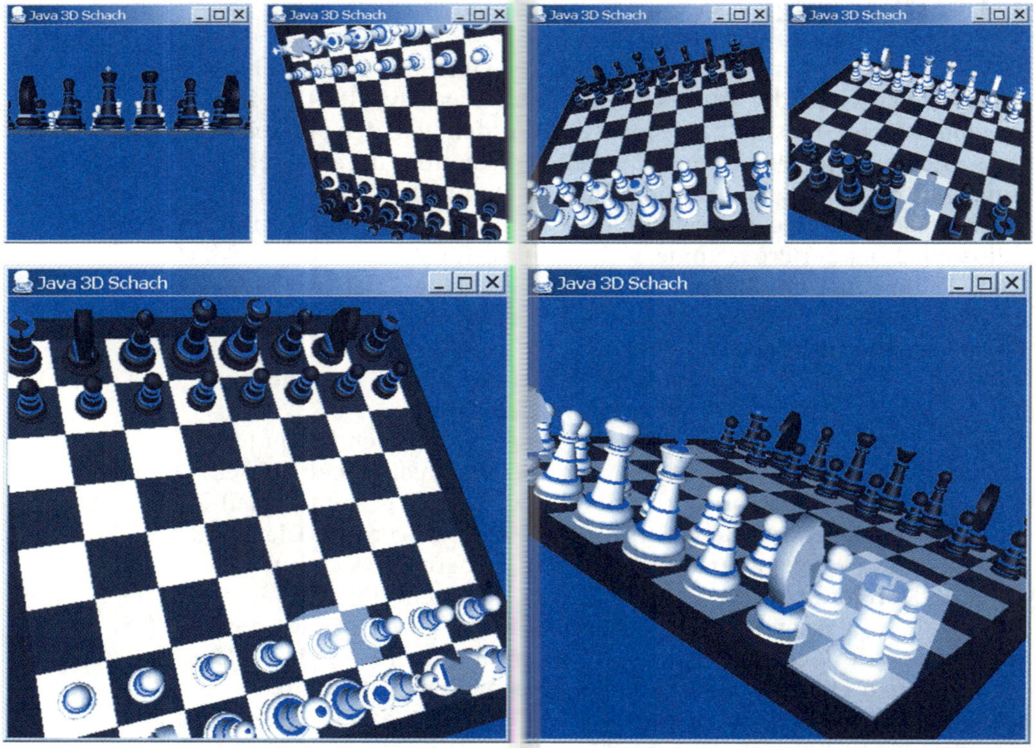

Abb. 9.9-1: Ausgabefenster der Anwendung ChessGame.java

Aliasing Beschreibt Bildunregelmäßigkeiten, die so genannten Treppeneffekte.

Antialiasing Verfahren der Bildglättung, um →*Aliasing* zu vermeiden.

Animation Ein visueller Körper ist animiert, wenn ihm über einen Interpolator ein zeitabhängiges Verhalten zugesprochen worden ist.

Interaktion Durch Benutzereingaben angeregte Aktion, die durch Objekte der Klasse Behavior erzeugt wird.

Java-3D-API Umfangreiche Klassenbibliothek, die eine Standarderweiterung der *Java2-platform* darstellt. Mit Hilfe dieses API können dreidimensionale Szenen erstellt werden, in denen zusätzlich Animationen und Interaktionen erzeugt werden können.

Szenengraph Ein Szenengraph ist eine Baumstruktur, in der das komplette »virtuelle Universum« der darzustellenden Szene beschrieben wird.

Während sich der Inhaltszweig des Szenengraphen nur mit dem Inhalt der Szene sowie deren Erscheinung beschäftigt, ist der Darstellungszweig des Szenengraphen für die geräteunabhängige Darstellung der Szene verantwortlich. Um nicht die gesamte *Rendering-Pipeline* ausprogrammieren zu müssen, bietet das Java-3D-API die Klasse SimpleUniverse an, mit deren Hilfe der Inhaltszweig direkt dargestellt werden kann. Um realitätsgetreue Szenen zu erzeugen, kann die Szene z.B. um Lichtquellen und Hintergrundbilder ergänzt werden. Über Interpolatoren und Sensoren lassen sich Animationen und Interaktionen realisieren. Außerdem bietet die Java-3D-API Operationen zum *Antialiasing* an, um die Qualität der dargestellten Bilder zu verbessern.

/Java-3D-API Tutorial/
Bouvier D., *Getting Started with the Java-3D-API – A Tutorial for Beginners*, Sun Microsystems Inc., http://java.sun.com, 2002

1 Lernziel: *Das Java-3D-API verstehen und seine Möglichkeiten nachvollziehen können.* — Muss-Aufgabe, Zeit 30 Min
Machen Sie sich mit dem Fallbeispiel des Schachspiels vertraut.

2 Lernziel: *Erscheinungsbild eines visuellen Objekts mit Hilfe der Klasse Appearance festlegen können und wissen, wie man Lichtquellen in eine Szene integriert.* — Muss-Aufgabe, Zeit 30 Min
Erstellen Sie eine Szene, die aus einer im Koordinatenursprung liegenden Kugel besteht. Fügen Sie zu der zu erstellenden Szene ein Objekt der Klasse `AmbientLight` und ein Objekt der Klasse `DirectionalLight` hinzu. Legen Sie die Eigenschaften der Erscheinung (`Appearance`) der Kugel so fest, dass unter Verwendung der Klasse `Material` Schattierungseffekte auf der Kugel sichtbar sind.

3 Lernziel: *Interaktionen durch das Einbinden eines Objekts der Klasse Behavior realisieren.* — Kann-Aufgabe, Zeit 20 Min
Erweitern Sie die Szene der Aufgabe 2 um die Fähigkeit, die Kugel mit Hilfe der rechten Maustaste zu verschieben. Verwenden Sie hierzu die Klasse `PickTranslateBehavior`.

10 Programmierung – Grundkurs VRML / X3D

wissen

- Die Basiskonzepte der beiden grafischen Beschreibungssprachen VRML und X3D kennen.
- Wissen, wie sich ein Szenengraph aus einzelnen Knoten zusammensetzt.
- Wissen, wie Grundobjekte, Textobjekte und selbst definierte Objekte erzeugt werden.
- Wissen, wie das Aussehen einzelner Objekte verändert werden kann.
- Die verschiedenen Beleuchtungsmöglichkeiten einer Szene kennen.
- Die Möglichkeiten der VRML / X3D für Animation und Interaktion kennen.
- Die Umsetzung der VRML-Knoten auf XML-Elemente der X3D kennen.

verstehen

- Den Aufbau komplexer Szenen aus Grundobjekten und selbst definierten Objekten verstehen.
- Die Vorgehensweise zur Veränderung der Objekt- und Szenengestaltung kennen.
- Verstehen, inwieweit sich VRML und X3D unterscheiden.

anwenden

- Fehler in der Syntax der VRML erkennen können.
- Komplexere selbst definierte Objekte mit Hilfe des *IndexedFaceSet*-Knotens erstellen können.
- Ein einfaches Beispiel zu einer komplexen virtuellen Welt erweitern können.
- 2D-Transformationen Translation, Skalierung und Rotation auf Punkte anwenden können.
- Die in diesem Kapitel vorgestellten Beispiele nachvollziehen können.

- Die Grundlagen der 2D- und 3D-Grafik (Kap. 2 und Kap. 3) werden vorausgesetzt.

10.1 Geschichte

Die ***V**irtual **R**eality **M**odeling **L**anguage* (VRML) ist keine Programmiersprache im eigentlichen Sinn, sondern eine Beschreibungssprache. Mit ihr können interaktive dreidimensionale Objekte und virtuelle Welten durch spezielle VRML-*Browser* plattformunabhängig im ***W**orld **W**ide **W**eb* (WWW) dargestellt werden.

Bereits kurze Zeit nach der Einführung des WWW beschäftigten sich weltweit viele Personen und Firmen mit der Entwicklung dreidimensionaler Benutzungsoberflächen und den Schnittstellen für dieses neue Medium mit dem Ziel, eine einfache Beschreibungsart zum Aufbau und zur Wiedergabe virtueller Welten zu erstellen.

VRML 1.0

Die Ursprünge der heutigen **VRML** finden sich auf der ersten internationalen Konferenz über das Internet im Jahre 1994. Dort gab es eine eigene Sitzung zu dem Thema *Virtual Reality Markup Language and the World Wide Web*, in der Mark Pesce und Tony Parisi der staunenden Öffentlichkeit einen ersten Prototyp vorstellten. Die erste Bedeutung der Bezeichnung VRML orientierte sich dabei stark an der *Hypertext Markup Language* (HTML), hatte aber inhaltlich wenig damit zu tun. Deshalb verschwand im Laufe der Zeit auch die Bezeichnung *Markup* und wurde durch den treffenderen Ausdruck *Modeling* ersetzt: Die Idee eines unabhängigen Dateiformats zur Beschreibung und Navigation von bzw. in 3D-Welten war geboren. Als Endung für dieses neue Dateiformat wurde *.wrl* als Abkürzung für *world* gewählt.

Auf Grund der schnellen Weiterentwicklung des Internets musste auch die Definition dieser Beschreibungssprache weiter vorangetrieben werden. Deshalb entschied man sich, weitestgehend auf vorhandene Dateiformate aufzusetzen und verwendete größtenteils das *Open-Inventor-ASCII-File*-Format der Firma Silicon Graphics Inc. (SGI). Dieses Format wurde ursprünglich entwickelt, um die Erstellung realistischer 3D-Szenen nicht nur erfahrenen Programmierern, sondern auch Entwicklern mit geringen Kenntnissen in der Grafikprogrammierung zu ermöglichen. Das *ASCII-File*-Format wurde um Komponenten ergänzt, die die Kompatibilität mit dem *World Wide Web* herstellten, so dass bereits im April 1995 die Spezifikation der VRML 1.0 vorgestellt werden konnte.

Alle Formate und Spezifikationen, auch die von Firmen entwickelten, wurden vollständig freigegeben und der Öffentlichkeit zugänglich gemacht. Auf der Konferenz SIGGRAPH 95 kam es zu einem Aufruf an die Interessenten der VRML, diese Beschreibungsform und Software zur Erstellung und Navigation weiterzuentwickeln. Gleichzeitig versuchte man mit der Gründung der *VRML Architecture Group* (VAG) die vielen Aktivitäten zu bündeln, zu koordinieren und einen Standard für virtuelle Realität im Internet zu schaffen.

VRML 2.0

Als Ergebnis dieser Aktivitäten wurde im August 1996, auf der SIGGRAPH 96, die Spezifikation VRML 2.0 vorgestellt. In dieser Spezifikation gab es bereits Schnittstellen zu JavaScript und Java, die eine Einbindung dieser beiden Sprachen des Internets ermöglichten. Die Gründung des VRML-Konsortium (VRMLC) sollte die Verbreitung und die Weiterentwicklung dieses Standards sichern.

VRML97
www.vrml.org

Im folgenden Jahr arbeitete man weiter an der Verbesserung der Sprache und im April 1997 wurde die Spezifikation unter dem Namen VRML97 zum *Draft international Standard* 14772 der *International Standards Organization* (ISO) erklärt, der im September 1997 als endgültiger Standard akzeptiert wurde. Die vollständige Spezifikation ist unter `http://www.vrml.org/Specifications/VRML97` erhältlich.

www.web3d.org

Wer heute unter der Adresse `www.vrml.org` nach Informationen zur VRML sucht, stellt fest, dass eine automatische Umleitung auf die Seite `www.web3d.org` vorgenommen wird. Das Web3D-Konsortium ist die Nachfolgeorganisation des VRML-Konsortiums und beschäftigt sich unter anderem mit der Weiterentwicklung der VRML. Derzeit wird an der X3D – einer XML-fähigen (*e**X**tensible **M**arkup **L**anguage*) Variante der VRML – gearbeitet, die diese vollständig ablösen und zum neuen Standard virtueller Welten im Internet werden soll.

Logo der X3D

10.2 Grundlagen

VRML-*Browser*
VRML-*Plug In*

Zur Betrachtung einer VRML-Szene werden lediglich der Quelltext der Szene und ein **VRML-*Browser*** benötigt. Mit solch einem *Browser* ist es möglich, die durch die Datei beschriebene Szene zu betrachten und durch sie zu navigieren. Es wird prinzipiell zwischen VRML-*Browsern*, die eigenständige Anwendungen sind, und **VRML-*Plug-Ins*** unterschieden, die eine Erweiterung eines HTML-*Browsers*, wie z.B. Microsoft Internet Explorer oder Netscape Navigator, darstellen.

ww.vrml.org/vrml

Eine Zusammenstellung der derzeit auf dem Markt verfügbaren VRML-*Browser* oder -*Plug-Ins* befindet sich unter `www.vrml.org/vrml/browpi.htm`. Die in diesem Kapitel vorgestellten Beispiele sind mit dem Cortona VRML-Client der Firma ParallelGraphics (`www.parallelgraphics.com`) erstellt worden. Dieses *Plug-In* für die gängigen *Browser* unterstützt die VRML97 vollständig, ist leicht zu installieren und ist kostenfrei. Ein weiteres populäres *Plug-In* ist der Cosmo-Player der Firma Cosmo Software (`www.cai.com/cosmo`), der ebenfalls kostenlos erhältlich ist. Es gibt viele weitere Werkzeuge, die allerdings hier nicht alle erwähnt werden können.

Navigation durch virtuelle Welten

Der VRML-*Browser* bietet verschiedene Möglichkeiten, eine **Navigation** durch die virtuelle Welt durchzuführen und diese zu erkunden. Der hier verwendete Cortona VRML-Client präsentiert neben dem eigentlichen Fenster zwei Werkzeugleisten. Über die horizontale Leiste kann die Position des Betrachters in der virtuellen Welt verändert werden. Mit Hilfe der Schaltfläche *view* können verschiedene Betrachtungspunkte gewählt werden und durch Betätigen der Schaltfläche *align* wird die Ausgangsstellung der Kamera angenommen. Die Ausgangsszene kann durch die Schaltfläche *restore* wieder hergestellt werden und die Schaltfläche *fit* passt die Größe der virtuellen Welt so an, dass sie vollständig im Bildschirmausschnitt betrachtet werden kann. Mit Hilfe der vertikalen Werkzeugleiste wird die Art der Navigation festgelegt. Dazu werden die Fortbewegungsarten Gehen (*walk*), Fliegen (*fly*) und Untersuchen (*study*) angeboten. Bei jeder dieser Fortbewegungsarten kann zwischen den Optionen *plan* (»in der horizontalen Ebene gehen«), *pan* (»sich in der vertikalen Ebene bewegen«), *turn* (»Drehen des Betrachters in der horizontalen Ebene«) und *roll* (»Drehung der Szene um die vertikale Ebene«) ausgewählt werden.

Installieren Sie das hier verwendete *Plug-In* in Ihrem *Browser* und probieren Sie die verschiedenen Bewegungsarten durch die virtuelle Welt an den nachfolgenden Beispielen, die alle auf der beiliegenden CD-ROM enthalten sind, selbst aus.

Erstellen einer Szene

Prinzipiell gibt es zwei Möglichkeiten, eine Szene zu erstellen. Da die VRML eine lesbare Beschreibungsart ist, genügt ein einfacher Texteditor, in dem die Szene beschrieben wird. Anschließend wird die erstellte Datei mit der Endung *.wrl* abgespeichert. Eine solche Datei kann dann in den VRML-*Browser* geladen und sofort betrachtet werden. Ein einfaches Beispiel für ein solches Vorgehen ist in Abb. 10.2-1 zu sehen.

Beispiel

Im Quelltext der virtuellen Welt wird ein einfacher blauer Würfel definiert. Die Szene wird mit dem Cortona VRML-*Plug-In* im Microsoft Internet Explorer angezeigt. Mit Hilfe der Navigationstasten des *Plug-Ins*, die im *Browser* am linken und unteren Rand zu sehen sind, kann durch die Szene navigiert werden.

Abb. 10.2-1: Einfaches VRML-Beispiel

Quelltext:

```
#VRML V2.0 utf8

Shape
{
  appearance Appearance
   {
     material Material {
       diffuseColor 0 0 1}
   }

  geometry Box {}
}
```

Darstellung im *Browser*:

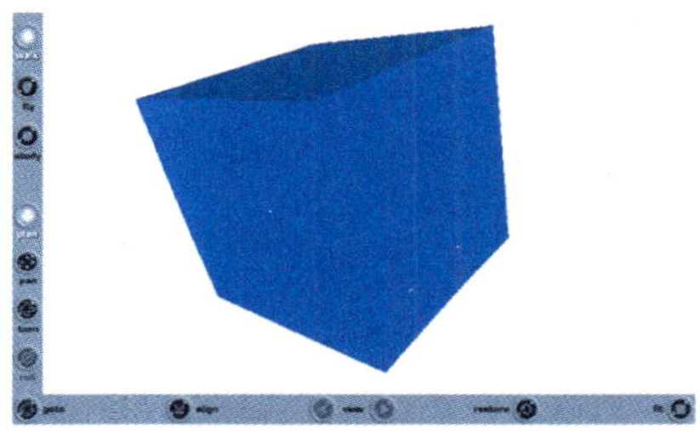

Komfortabler als der Umgang mit Papier und Bleistift bzw. einem einfachen Editor ist der Einsatz des Editors VRMLPad der Firma ParallelGraphics. Er ist ebenfalls unter `www.parallelgraphics.com` zu erhalten und unterstützt das Editieren von VRML-Dateien.

Die zweite Möglichkeit zur Erzeugung von VRML-Welten ist die Verwendung von grafischen Modellierungswerkzeugen. Ähnlich wie bei den VRML-*Browsern* gibt es auch hier eine ganze Reihe weiterer Werkzeuge, die über das Internet bereitgestellt werden. Eine aktuelle Liste findet sich unter `www.vrml.org/vrml`.

10.3 Die VRML-Syntax

Knoten

Jede virtuelle Welt wird aus einer Reihe von ähnlichen Grundelementen zusammengesetzt, die als **Knoten** (*nodes*) bezeichnet werden und jeweils aus einem Typbezeichner und einem Paar geschweifter Klammern bestehen. Diese Knoten beschreiben jeweils einzelne Objekte oder Teile eines Objekts und legen Aussehen und Verhalten fest. Ein einfaches Beispiel für einen Knoten ist der in Abb. 10.2-1 gezeigte Würfel. Nach dem Typbezeichner, in diesem Beispiel `Box`, folgt ein Paar geschweifter Klammern. Für jeden Knoten kann mit der Kennzeichnung `DEF` ein beliebiger, selbst gewählter Name festgelegt werden. Soll dieser Knoten an mehreren Stellen der virtuellen Welt verwendet werden, so kann er über den Befehl USE und den Namen des Knotens direkt angesprochen werden, ohne alle Attribute und Feldwerte erneut anzugeben.

Beispiel

Soll z.B. der Würfel aus Abb. 10.2-1 mehrfach wieder verwendet werden, würde dies folgendermaßen aussehen:

```
DEF Würfel Box{}                    # Definition eines Knotens mit der
                                    # Bezeichnung Würfel
  Shape {                           # Aufruf des Knotens im Programm
    appearance Appearance {
    material Material {}
  }
  geometry USE Würfel
}
```

Die Knotennamen dürfen dabei nur Buchstaben, Ziffern und Unterstriche enthalten und beginnen vereinbarungsgemäß mit einem Großbuchstaben.

Die in Tab. 10.3-1 dargestellten Wörter sind in VRML reserviert und dürfen nicht als Namen verwendet werden.

■ DEF	■ NULL	■ TRUE	■ exposedField
■ EXTERNPROTO	■ PROTO	■ USE	■ Field
■ FALSE	■ ROUTE	■ eventIn	
■ IS	■ TO	■ eventOut	

Tab. 10.3-1: Reservierte Wörter der VRML

Felder

Innerhalb der geschweiften Klammern eines Knotens können in beliebiger Reihenfolge Attribute festgelegt werden, die auch als **Felder** (*fields*) des Knotens bezeichnet werden. Durch die Initialisierung dieser Eigenschaften werden die einzelnen Knoten individualisiert, ähnlich dem Klassen- und Objektkonzept in der Objektorientierung. Die Ausprägungen der einzelnen Attribute legen beispielsweise die Größe, die Farbe, die Beschriftung oder die Position der einzelnen Objekte fest. Dazu wird das jeweilige Attribut mit einem konkreten Wert, der als Feldwert bezeichnet wird und einen definierten Datentyp besitzt, angegeben. Ist für ein Attribut in der geschweiften Klammer kein Wert angegeben, so werden die vordefinierten Einstellungen für dieses Attribut übernommen. Außerdem ist es möglich, dass einzelne Feldwerte wiederum Knoten enthalten, so dass eine Schachtelung von Knoten und Attributen entstehen kann.

Felder, die nur einen Wert annehmen können, werden als *singlevalued* bezeichnet und der zugehörige Datentyp beginnt mit dem Kürzel SF. Als *multivalued* (MF) werden Felder bezeichnet, die mehrere

Werte enthalten können. Das Wertefeld hierfür wird in eckigen Klammern geschrieben und die einzelnen Werte werden jeweils durch ein Komma getrennt.

Attributnamen beginnen im Gegensatz zu den Knotennamen immer mit einem Kleinbuchstaben. Ist der Name aus zwei oder mehreren Bezeichnern zusammengesetzt, so wird jeder Bezeichner innerhalb des Namens mit einem Großbuchstaben begonnen.

Dateistruktur

Wie in Abb. 10.2-1 bereits zu erkennen, beginnt eine VRML-Datei mit dem Zeichen #, der Festlegung der verwendeten Version und dem Zeichensatz, der für den Quelltext benutzt wird. Das Zeichen # kennzeichnet in VRML eigentlich einzeilige Kommentare, nur als erstes Zeichen in der ersten Zeile einer VRML-Datei wird es vom *Browser* überlesen. Die in dem Beispiel verwendete Version ist die VRML 2.0. Ab dieser Version können nicht nur Zeichen des ASCII-Zeichensatzes interpretiert werden, sondern es sind alle Zeichensätze erlaubt, die dem Format UTF-8 (*Universal Coded Character Set Transformation Format*) entsprechen. Jede VRML-Datei beginnt demnach mit der Zeile `#VRML V2.0 utf8`, die auch als *Header* bezeichnet wird.

Ein VRML-*Browser* weist alle VRML-Dateien, die eine andere erste Zeile haben, mit dem Hinweis auf eine ungültige bzw. unbekannte Sprache zurück. Eine weitere wichtige Eigenschaft von VRML ist, dass die Sprache zwischen Groß- und Kleinschreibung unterscheidet.

Zur Trennung von syntaktischen Elementen werden in einer VRML-Datei die Zeichen Komma, Leerzeichen, Tabulator, neue Zeile und Wagenrücklauf verwendet. Diese Zeichen wirken nicht innerhalb von Zeichenketten, die in doppelten Anführungszeichen eingeschlossen sind.

Da VRML-Szenen schnell zu komplexen Dateien führen, können sie effizient mit den üblichen Kompressionsverfahren, wie z.B. Winzip oder Gnu-Zip komprimiert werden. Die meisten *Browser* können die Archiv-Dateien mit den Endungen *.wrl.zip* oder *.wrl.gz* direkt verarbeiten.

10.3.1 Definierte Grundkörper

Ähnlich wie im Java-3D-API (vgl. Kap. 9) bietet auch VRML die einfachen geometrischen Körper Kugel, Quader, Zylinder und Kegel als vordefinierte Formen an. In Tab. 10.3-2 sind die verschiedenen Formen mit den zugehörigen Namen der Geometrieknoten, den möglichen Feldwerten sowie den Standardwerten dargestellt.

Vordefinierte Grundkörper	**Kugel** (*Sphere*)	**Quader** (*Box*)	**Zylinder** (*Cylinder*)	**Kegel** (*Cone*)
Felder	Die Größe der Kugel wird nur über den Wert des Radius definiert: `{radius 2.0}`.	Die drei Feldwerte im Feld `size` geben die Breite, Höhe und Tiefe des Quaders an: `size {2.0 2.0 2.0}`.	Der Zylinder wird durch die Feldwerte `radius` für den Radius und `height` für die Höhe bestimmt: `{ radius 1.0 height 2.0 }` Über die boole'schen Felder `bottom` (Grundfläche), `side` (Zylindermantel) und `top` (Deckfläche) kann eingestellt werden, ob die betreffenden Flächen angezeigt werden.	Der Kegel wird über den Radius der Grundkreisfläche (`bottomRadius`) und die Höhe (`height`) festgelegt: `{ bottomRadius 1.0 height 2.0 }` Durch die beiden boole'schen Attribute `side` und `bottom` kann angegeben werden, ob der Kegelmantel (`side TRUE`) und die Grundfläche (`bottom TRUE`) des Zylinders dargestellt werden.
Standardwerte	`Sphere {}` zeichnet eine Kugel mit dem Radius 1.0.	`Box {}` erzeugt einen Würfel mit der Kantenlänge 2.0.	`Cylinder {}` zeigt einen Zylinder mit Radius 1.0 und Höhe 2.0, bei dem beide Grundflächen und der Zylindermantel wiedergegeben werden.	`Cone {}` stellt einen Kegel mit Grundkreisradius 1.0 und Höhe 2.0 dar, bei dem Kegelmantel und Grundfläche sichtbar sind.
Abbildung				

Tab. 10.3-2: Grundkörper der VRML

10.3.2 Selbst definierte Körper

Coordinate-Knoten

Um komplexere Objekte zu modellieren, bietet VRML spezielle Knoten an, mit denen Punkte, Linien und Flächen im Raum definiert werden können. Diese Teilelemente können beliebig zu neuen Formen zusammengesetzt werden.

Als Grundlage für alle Formen dienen Raumkoordinaten, die mit Hilfe des Koordinatenknotens beschrieben werden und einen Punkt eindeutig im Koordinatensystem festlegen. Dieser Knoten besitzt das Attribut Point, in das die x-, die y- und die z-Koordinate des Raumpunktes eingetragen werden.

Beispiel

Der nachfolgende Ausschnitt aus einem VRML-Programm definiert einen Raumpunkt mit den Koordinaten (10, -10, 10):

```
Coordinate {
   Point [
          10.0 -10.0 10.0
         ]
}
```

Sollen mehrere zusammenhängende Punkte, wie z.B. die Eckpunkte eines Polygons, festgelegt werden, so ist eine so genannte Punktmenge zu benutzen. Der zugehörige Knoten heißt PointSet, beinhaltet den Koordinatenknoten und kann beliebig viele Punkte im Feld Point aufnehmen.

Beispiel

Der nachfolgende Quelltext zeigt eine Punktmenge, die die Eckpunkte eines Tetraeders enthält:

Abb. 10.3-1: Punktmenge eines Tetraeders

Quelltext:

```
#VRML V2.0 utf8

Background { skyColor 1.0 1.0 1.0}

Shape{  appearance Appearance{
        material Material {}
  }

  geometry PointSet{
    coord Coordinate{
      point[
              1.0 0.0 0.0       # Punkt vorne rechts
              0.0 0.0 1.0       # Punkt vorne oben
              0.0 1.0 0.0       # Punkt vorne links
              -1.0 -1.0 -1.0    # Punkt hinten unten
            ]
    }
} }
```

Darstellung im *Browser*:

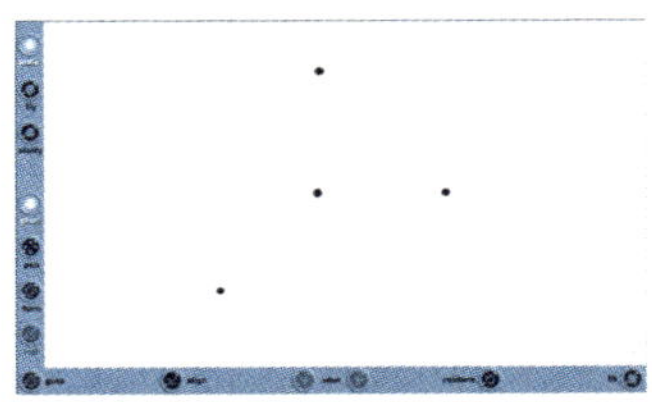

Koordinatenindex

Um diese Punkte später einzeln verwenden zu können, werden sie mit einem Koordinatenindex versehen, d.h. jedem Raumpunkt wird automatisch eine laufende Nummer zugeordnet. Im Beispiel der Eckpunkte des Tetraeders erhält der erste Punkt den Index 0, der zweite den Index 1, der dritte den Index 2 und der vierte Punkt den Index 3. Dieser Koordinatenindex wird zur Darstellung von Linien und Flächen benötigt. Im weiteren Quelltext müssen dann nicht wiederholt die Koordinaten der einzelnen Punkte angegeben werden, sondern die Punkte können direkt über ihren Indexwert angesprochen werden.

Liniendefinition

Zur Definition einer Linie wird der Knoten `IndexedLineSet` verwendet, der die Indexwerte einzelner Raumpunkte enthält. Die Schreibweise [0, 1, 2] verbindet den Raumpunkt 0 mit dem Raumpunkt 1. Von dort aus wird eine Linie zum Raumpunkt 2 gezeichnet. Werden mehrere Linien im Feld `coordIndex` festgelegt, so werden die einzelnen Linien durch das Trennzeichen »-1« voneinander getrennt.

Beispiel

Um aus der Punktmenge ein durch einfache Linien dargestelltes Drahtmodell des Tetraeders zu erhalten, wird der obige Quelltext folgendermaßen modifiziert:

Abb. 10.3-2: Drahtmodell eines Tetraeders

Quelltext: **Darstellung im *Browser*:**

```
#VRML V2.0 utf8
Background { skyColor 1.0 1.0 1.0}

Shape{ appearance Appearance{
       material Material {}
  }
  geometry IndexedLineSet {
    coord Coordinate {
      point [ 1.0 0.0 0.0     # Index 0
              0.0 0.0 1.0     # Index 1
              0.0 1.0 0.0     # Index 2
              -1.0 -1.0 -1.0  # Index 3
            ]        }
  coordIndex [   0,1,2,0,-1 # vorderes Dreieck
                 0,1,3,0,-1 # hinteres Dreieck
                 0,2,3,0,-1 # unteres Dreieck
                 1,3,2,1    # linkes Dreieck
             ]
} }
```

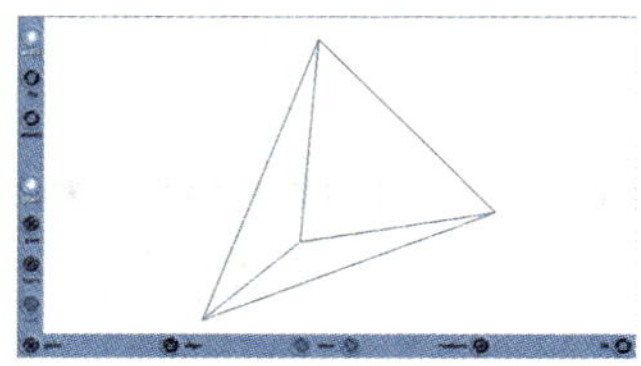

Flächendefinition

Um ein Oberflächenmodell des Tetraeders zu erstellen, kann ebenfalls der Koordinatenindex verwendet werden, allerdings im Geometrieknoten `IndexedFaceSet`. Auch hier werden die einzelnen Flächen bei der Definition durch das Trennzeichen »-1« voneinander getrennt.

Beispiel

Um aus der Punktmenge ein einfaches Oberflächenmodell des Tetraeders zu erhalten, ist der Quelltext aus dem letzten Beispiel folgendermaßen zu modifizieren:

Quelltext:	**Darstellung im *Browser*:**

```
#VRML V2.0 utf8

Background { skyColor 1.0 1.0 1.0}

Shape{
  appearance Appearance{
  material Material {diffuseColor 0 0 1}
  }

  geometry IndexedFaceSet {
    solid FALSE
    coord Coordinate {
      point [
              1.0 0.0 0.0     # Index 0
              0.0 0.0 1.0     # Index 1
              0.0 1.0 0.0     # Index 2
              -1.0 -1.0 -1.0 # Index 3
      ]
    }

  coordIndex [
    0,1,2,0,-1 # vorderes Dreieck
    0,1,3,0,-1 # hinteres Dreieck
    0,2,3,0,-1 # unteres Dreieck
    1,3,2,1    # linkes Dreieck
    ]
  }
}
```

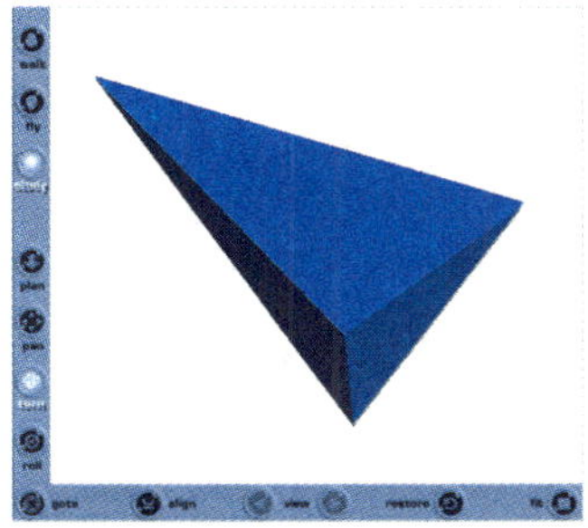

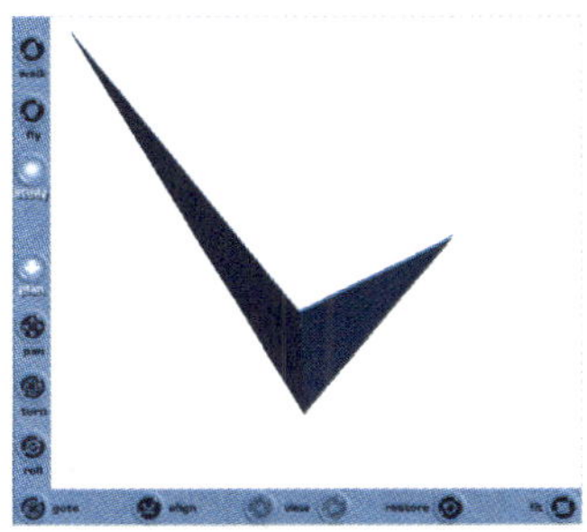

Abb. 10.3-3: Oberflächenmodelle eines Tetraeders

Im Knoten `IndexedFaceSet` wurde zusätzlich das boole'sche Attribut `solid` eingefügt und auf `FALSE` gesetzt. Dies hat zur Folge, dass der Körper als Festkörper betrachtet wird und automatisch die vorne liegenden Flächen des Objekts die dahinter liegenden Flächen überdecken. Diese Flächen brauchen daher nicht berechnet werden, was zu einer schnelleren Darstellung führt. Abb. 10.3-3 zeigt das Tetraeder, bei dem das Attribut `solid` auf `FALSE` gesetzt wurde. Die untere Abbildung zeigt das Tetraeder, bei dem das Attribut `solid` auf `TRUE` gesetzt wurde.

Höhenprofil

In der VRML gibt es zusätzlich noch eine besondere Art der Oberflächendarstellung: die Darstellung von Höhenprofilen mit Hilfe des Knotens `ElevationGrid`. Zunächst ist die Größe des Feldes in der xz-Ebene anhand der x-Dimension (`xDimension`) und der z-Dimension (`zDimension`) sowie der Abstand der einzelnen Gitterpunkte voneinander in x-Richtung (`xSpacing`) und in z-Richtung (`zSpacing`) festzulegen. Für jeden einzelnen Gitterpunkt wird dann der Höhenwert im Feld `height` angegeben. Dieses Feld enthält genauso viele Elemente wie die Anzahl der Gitterpunkte der Grundfläche. Der erste Höhenwert wird dem linken unteren Gitterpunkt zugewiesen. Alle folgenden Gitterwerte werden zeilenweise von links nach rechts den entsprechenden Gitterpunkten zugeordnet. Die Bezeichnung `ElevationGrid` beschreibt sehr anschaulich die Vorgehensweise zur Erstellung eines Höhenprofils: Zunächst wird ein ebenes Gitter (*grid*) erzeugt und anschließend weist man über den Höhenwert die 3. Dimension zu, die angibt, um wie viele Einheiten der Punkt aus der Ebene in y-Richtung erhöht wurde.

Beispiel

Im nachfolgenden Beispiel ist das Höhenprofil einer Fläche von 5 * 10 Punkten dargestellt:

Abb. 10.3-4: Einfaches Höhenprofil

Quelltext: | **Darstellung im *Browser*:**

```
Shape{
  appearance Appearance{
    material Material {
        diffuseColor 0 0 1}
  }

  geometry ElevationGrid {
    xDimension 5
    zDimension 10
    xSpacing 1.0
    zSpacing 1.0
    height [
         0.0, 0.0, 0.0, 0.0, 0.0, 0.0, 0.0, 0.0, 0.0, 0.0
         0.0, 1.0, 1.5, 1.0, 0.0, 0.0, 0.8, 1.7, 0.8, 0.0
         0.0, 0.5, 2.5, 1.5, 0.0, 0.3, 1.0, 3.0, 1.0, 0.0
         0.0, 1.0, 1.5, 1.0, 0.0, 0.0, 0.8, 1.7, 0.8, 0.0
         0.0, 0.0, 0.0, 0.0, 0.0, 0.0, 0.0, 0.0, 0.0, 0.0
    ]}
}
```

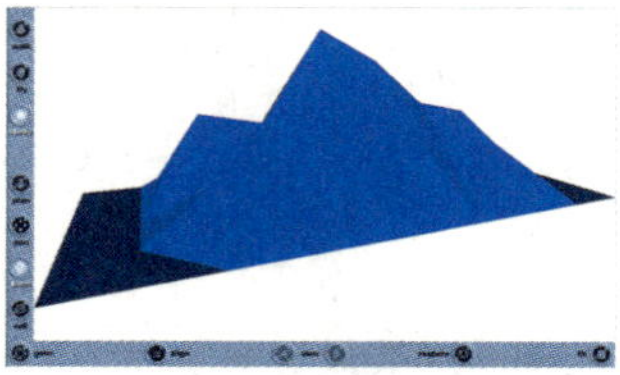

10.3.3 Text

Über einen speziellen Geometrieknoten können auch Texte in der VRML dargestellt werden. Dieser Textknoten beinhaltet folgende Felder:

Das Feld `string` nimmt in eckigen Klammern die darzustellenden Zeichenketten auf. Jede einzelne Zeichenkette wird von Hochkommata umschlossen. Mehrere Zeichenketten werden durch ein Komma voneinander getrennt, das gleichzeitig einen Zeilenumbruch bei der Darstellung erzeugt. Über das Attribut `fontStyle` können Angaben zu Größe, Ausrichtung, Schriftart und Textverlauf gemacht werden. Durch das Feld `horizontal` wird definiert, dass die Zeichenketten horizontal dargestellt werden, das Attribut `justify` legt die Ausrichtung des Textes fest. Die absolute Länge der dargestellten Zeichenkette kann über das Attribut `length` festgelegt werden: Ist die Zeichenkette kürzer als die angegebene Länge, wird sie gestreckt, anderenfalls gestaucht. Durch Festlegung des Feldes `maxExtent` kann die maximale Länge aller Zeichenketten des Knotens bestimmt werden.

Beispiel

Das nachfolgende Beispiel zeigt die Darstellung eines einfachen Textes, der in der Schriftart Serif mit variablem Zeichenabstand in der Größe 1.0 und fett gedruckt wird. Der Text wird horizontal zentriert dargestellt.

Abb. 10.3-5: Einfache Textausgabe

Quelltext: | **Darstellung im *Browser*:**

```
#VRML V2.0 utf8

Shape  {
  appearance Appearance {
    material Material { }
  }

  geometry Text {
    string ["Prof. Dr. Klaus
            Zeppenfeld","",
            "Lehrbuch", "der",
            "Grafikprogrammierung"]
    fontStyle  FontStyle {
      family  "Serif"
      style  "Bold"
      size  1.0
      horizontal  TRUE
      justify "MIDDLE"
    }
  }
}
```

10.4 Oberflächeneigenschaften

Appearance-Knoten

Neben den geometrischen Eigenschaften können in der VRML auch die Materialeigenschaften von Objekten definiert werden. Dazu stellt der übergeordnete Objektknoten `Shape` den so genannten Erscheinungsknoten (`Appearance`) zur Verfügung, in dem ein Materialknoten oder ein Texturknoten eingebettet ist. Durch den Materialknoten können die Farbe, die Transparenz und die Schattierung eines Objekts bestimmt werden. Dem Texturknoten wird ein Bild oder ein Videoclip übergeben, sodass diese anstelle der ursprünglichen Oberfläche sichtbar sind.

`Material`-Knoten

Erst durch das Hinzufügen von Lichtquellen zu einer Szene werden die einzelnen Objekte für den Betrachter sichtbar. Durch die Definition der Oberflächeneigenschaften eines Objekts kann sein Verhalten gegenüber den Lichtquellen angegeben werden. Die Oberflächeneigenschaften eines Objekts, die sich aus Reflexion, Transparenz und Eigenleuchten zusammensetzen, werden durch den Materialknoten (`Material`) bestimmt. Dazu können die folgenden Felder des Materialknotens gesetzt werden:

- **Diffuse Farbe** (`diffuseColor`): Hiermit wird die Farbe des Objekts beschrieben. Diese Farbe wird von einem Objekt mit gleicher Intensität in alle Richtungen ausgestrahlt und durch die Angabe normierter RGB-Werte definiert.
- **Ambiente Intensität** (`ambientReflection`): Hintergrundbeleuchtung, die durch viele Lichtbrechungen entsteht und somit die Grundhelligkeit einer Szene darstellt. Diese hängt nur von der Anzahl der Lichtquellen ab, nicht aber von ihrer Richtung. Der Wert der Reflexion liegt zwischen 0 und 1.
- **Spiegelnde Farbe** (`specularColor`): Trifft Licht auf ein spiegelndes Objekt, so entstehen ein oder mehrere Glanzpunkte auf dem Objekt. Die Farbe dieser Glanzpunkte wird durch die spekulare Reflexion als RGB-Wert angegeben.
- **Emittierte Farbe** (`emissiveColor`): Das Scheinen eines Objekts mit seiner eigenen Farbe kann durch Koeffizienten für die drei Grundfarben angegeben werden, deren Werte zwischen 0 und 1 liegen. Die Farbe des emittierten Lichts wirkt sich nicht auf andere Objekte aus.
- **Leuchtkraft** (`shininess`): Durch dieses Feld wird angegeben, wie stark ein Objekt reflektiert. Der Wert des Attributs liegt zwischen 0 (für matte Objekte) und 1 (für hochglänzende Objekte).
- **Transparenz** (`transparency`): Die Durchsichtigkeit eines Objekts wird durch diesen Feldwert angegeben, der ebenfalls Werte zwischen 0 (undurchsichtige Objekte) bis 1 (vollständig durchsichtige Objekte) annimmt.

Beispiel Abb. 10.4-1 zeigt einen stark leuchtenden Kegel, über den ein fast durchsichtiger Zylinder gestülpt ist.

Quelltext:

```
#VRML V2.0 utf8
Background {skyColor 1.0 1.0 1.0}
Transform { rotation 1 0 0 .45
        children [
          Shape { geometry Cone {height 3}
                  appearance Appearance {
                  material Material {
                           diffuseColor 0 0.3 0.7
                           emissiveColor 0 0 0.8
                              }
     }}
```

Darstellung im *Browser*:

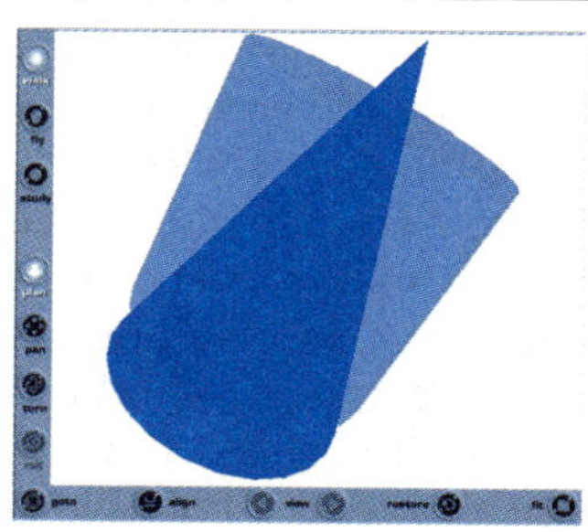

Quelltext (Forts.):

```
                Shape { geometry Cylinder
                     {}
                       appearance Appearance {
                       material Material {
                       diffuseColor 0 0 1
                       transparency 0.5}
          }}
]}
```

Abb. 10.4-1: Beispiel für die Definition von Materialeigenschaften

Texture-Knoten

Abhängig davon, ob ein Bild oder ein Videoclip auf der Oberfläche des Objekts angezeigt werden soll, wird der Knoten `ImageTexture` bzw. der Knoten `MovieTexture` anstelle des Materialknotens angewendet. Bilder können als *gif-*, *jpeg-* oder *png-*Dateien integriert werden. Videoclips werden in den Knoten `MovieTexture` eingebunden und müssen als *mpeg-*Datei vorliegen. Beide Knoten besitzen das Feld `url`, in das der relative Pfad der Datei in Hochkommata eingeschlossen angegeben wird. Liegen *wrl-*Datei und Bild bzw. Videoclip in einem Verzeichnis, so reicht es aus, nur den Dateinamen in Hochkommata anzugeben, so wie es im folgenden Beispiel beschrieben ist.

Beispiel

```
Shape {
Geometry Sphere {}
   Appearance Appearance {
   Texture ImageTexture{url "ziegel.gif"}
   }
}
```

Beispiel

In welcher Weise ein Bild auf die einzelnen Körper und auf einen Schriftzug aufgetragen wird, zeigt die Abb. 10.4-2. Das obere Bild, das den Ausschnitt einer Mauer darstellen soll, wurde als *gif-*Datei abgespeichert und in einer VRML-Welt auf die verschiedenen Grundformen angewendet.

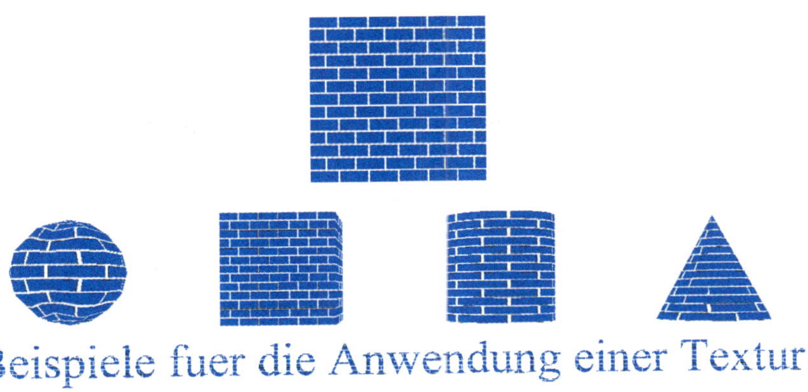

Abb. 10.4-2: Anwendung einer Textur auf geometrische Primitive

Um Texturen auf Polygone, selbst definierte Formen oder Höhenprofile aufzutragen, wird analog zum obigen Beispiel vorgegangen: Zunächst wird der Materialknoten durch den entsprechenden Texturknoten ersetzt und die darzustellende Datei im Feld `url` angegeben.

Der Knoten `MovieTexture` enthält im Gegensatz zum Knoten `ImageTexture` noch zwei weitere Felder namens `loop` und `speed`. Wird das boole'sche Attribut `loop` auf `TRUE` gesetzt, so wird der Videoclip in einer Endlosschleife immer wieder abgespielt. Das Feld `speed` legt die Abspielgeschwindigkeit des Clips fest, wobei 1.0 die voreingestellte normale Abspielgeschwindigkeit von 100% repräsentiert.

Color-Knoten

Außer der Festlegung der Materialeigenschaften und der Texturen können auch individuelle Farbverläufe zur Gestaltung der Objektoberfläche erstellt werden. Dazu werden die benötigten Farben als RGB-Werte in einem Farbknoten definiert, wie im folgenden Beispiel zu erkennen ist.

Beispiel

```
Color {
   color [
     1.0 1.0 1.0, # weiß
     0.0 0.0 0.0, # schwarz
     0.0 0.0 1.0, # blau
   ]}
```

Besitzt der Farbknoten mehr als einen RGB-Farbwert, werden die einzelnen Werte durch ein Komma voneinander getrennt. Wird der Farbknoten in dieser Weise in eine Punktmenge mit drei Punkten eingefügt, so wird der erste Punkt weiß, der zweite schwarz und der dritte blau gezeichnet.

Farbindex

Ein Farbindex (`ColorIndex`) kann sowohl für Linien im Knoten `IndexedLineSet` wie auch für Flächen im Knoten `IndexedFaceSet` verwendet werden. Dabei beginnt der Index wie beim Koordinatenindex mit dem nullten Element und enthält genauso viele Elemente wie der Farbknoten Farben.

ColorPerVertex-Attribut

Das Attribut `colorPerVertex` steht in den Knoten `IndexedLineSet`, `IndexedFaceSet` und `ElevationGrid` zur Verfügung. Nimmt es den Wert `FALSE` an, so wird das jeweilige Element gleichmäßig in einer Farbe dargestellt. Dazu muss lediglich die Zeile `colorPerVertex FALSE` in die Liste der Attribute des Knotens aufgenommen werden. Wird das Attribut auf `TRUE` gesetzt, so können einzelne Linien oder Flächen einen Farbübergang bzw. eine gesonderte Farbe erhalten.

Beispiel

Die nachfolgende Abb. 10.4-3 zeigt das bisher in den Beispielen benutzte Tetraeder, bei denen zwei Seiten schwarz und zwei Seiten blau eingefärbt wurden. Außerdem ist das nun farblich gestaltete Höhenprofil aus Abb. 10.3-3 zu sehen. Der zugehörige Quelltext ist allerdings sehr umfangreich und befindet sich auf der CD-ROM.

Abb. 10.4-3: Tetraeder mit zweifarbiger Oberfläche und farblich gestaltetes Höhenprofil

Quelltext:

```
#VRML V2.0 utf8

Background { skyColor 1.0 1.0 1.0}

Shape{

  geometry IndexedFaceSet {
  ....(vgl. Oberflächenmodell des Tetraeders)

   #Erzeugen eines Farbübergangs
    colorPerVertex FALSE
    color Color {
       color [
           0.0 0.0 0.0, # Index 0: schwarz
           0.0 0.0 1.0  # Index 1: blau
      ]
    }
    # Die Farben werden den einzelnen
    # Flächen des
    # Tetraeders zugewiesen
      colorIndex [0,1,0,1]
  }
}
```

Darstellung im *Browser*:

10.5 Modellierung

Koordinatensystem

Die VRML verwendet ein rechtshändiges Koordinatensystem (vgl. Kap. 3.1). Mit Blick auf den PC-Bildschirm ist also die positive x-Achse nach rechts gerichtet, die positive y-Achse nach oben und die positive z-Achse geht vom Bildschirm auf den Betrachter zu.

Transformationen

In den bisher vorgestellten Beispielen konnte schon beobachtet werden, dass geometrische Objekte grundsätzlich in die Mitte des Koordinatensystems platziert werden. Um komplexe Szenen zu erzeugen, müssen die einzelnen Objekte aus dem Ursprung verschoben werden. Dazu bietet die VRML die drei Grundtransformationen Translation, Rotation und Skalierung an (vgl. Kap. 4). Um das Objekt aus dem Mittelpunkt des Koordinatensystems an seinen eigentlichen Standort zu transformieren, werden die so genannten Transformationsknoten verwendet.

Eine Translation setzt sich aus drei Werten zusammen, die bestimmen, wie weit das Objekt in Richtung der x-, y- und z-Achse verschoben werden soll. Die Rotation wird durch vier Parameter definiert. Die ersten drei Attributwerte bestimmen den Punkt, durch den die Rotationsachse vom Ursprung aus führt. Der vierte Wert gibt den Drehwinkel in Radianten an. Ein positiver Wert bedeutet dabei ein Rotieren gegen den Uhrzeigersinn. Um eine Skalierung durchzuführen, müssen drei Werte angegeben werden, durch die das Objekt beliebig in Richtung der x-, y- oder z-Achse vergrößert oder verkleinert werden kann. Das Objekt wird dabei relativ zum Ursprung skaliert und nicht relativ zum Mittelpunkt des Objekts. Deshalb ist es einfacher, das Objekt zuerst zu skalieren und dann zu positionieren, da es sonst zu Verschiebungen kommen kann. Bei der Interpretation des Quellcodes wird ein Objekt immer zuerst skaliert, dann rotiert und zuletzt verschoben, gleichgültig wie die Reihenfolge der Angaben im Transformationsknoten ist. Sollen die Transformationen in einer anderen Reihenfolge ausgeführt werden, so müssen die Transformationen durch ineinander geschachtelte Transformationsknoten definiert werden.

Beispiel

Dieses Beispiel zeigt ein aus zwei Quadern und einem über den Knoten `IndexedFaceSet` definierten Prisma erstelltes einfaches Modell einer Kirche. Dazu wurde der erste Quader, der den Turm der Kirche darstellt, im Ursprung belassen. Der zweite Quader soll den Innenraum der Kirche darstellen und ist daher um 3.5 Einheiten auf der positiven x-Achse und um eine Einheit in Richtung der negativen y-Achse verschoben. Das schwarze Prisma für das Dach ist direkt auf den Turm aufgesetzt und muss daher in Richtung der positiven y-Achse verschoben werden. Die entstandene Szene ist in Abb. 10.5-1 dargestellt.

Quelltext: **Darstellung im *Browser*:**

```
# Turm, ohne Transformation
Shape {  appearance Appearance {
             material Material{
                diffuseColor 0.0 0.0 1.0
             }}
         geometry Box {size 2.0 5.0 2.0}}
#Innenraum,
#Translation in pos. x- und neg. y-Richtung
Transform {
  children [  Shape { appearance Appearance{
                          material Material{
                             diffuseColor 0.0 0.0 1.0
                          }}
                    geometry Box {size 5.0 3.0 2.0}
             }]
  translation 3.5 -1.0 0.0
}
#Dach, Translation in pos. y-Richtung
Transform {
  children [  Shape { appearance Appearance{
                          material Material{
                             diffuseColor 0.0 0.0 0.0
                          }}
                    geometry IndexedFaceSet {
                    #Definition des Prismas für das Dach
             }]
  translation 0.0 3.5 0.0
}
```

Abb. 10.5-1: Einfaches Modell einer Kirche durch Translation geometrischer Grundformen

10.6 Aufbau komplexer Szenen

Nachdem die vergangenen Abschnitte die Definition und die Positionierung einzelner Objekte behandelt haben, wird nun der Aufbau komplexer Szenen, ihre Beleuchtung, die Gestaltung von Hintergründen sowie die Festlegung einzelner Beobachtungspunkte vorgestellt.

10.6.1 Gruppierung von Elementen

Szenengraph

Zur Beschreibung einer Szene wird in einer VRML-Datei ein **Szenengraph** aufgebaut. Ein Szenengraph ist eine rekursive Baumstruktur, in deren Knoten einzelne Teilszenen oder Einzelobjekte definiert werden (vgl. auch Kap. 9.1). Aufgrund der Definition einer Szene als Baumstruktur kann ein Knoten selbst wiederum als ein Behälter für einen oder mehrere andere Knoten betrachtet werden. Diese Art von

Knoten wird als Gruppenknoten bezeichnet, wie z.B. der Transformationsknoten aus dem Beispiel der Abb. 10.5-1, in dem mehrere Objekte angeordnet werden können. Die aus einem Gruppenknoten abgeleiteten Kindknoten können wiederum Gruppenknoten oder Blattknoten sein. Blattknoten sind beispielsweise die geometrischen Elemente oder Textobjekte. Die Rekursionstiefe des Darstellungsbaumes ist bei den Blattknoten erreicht, d.h. Blattknoten können keine Kindknoten mehr enthalten (vgl. Abb. 10.6-1). Oft enthalten sie jedoch noch untergeordnete Knoten, wie z.B. geometrische oder Erscheinungsknoten.

Abb. 10.6-1: Beispiel für einen Szenengraphen

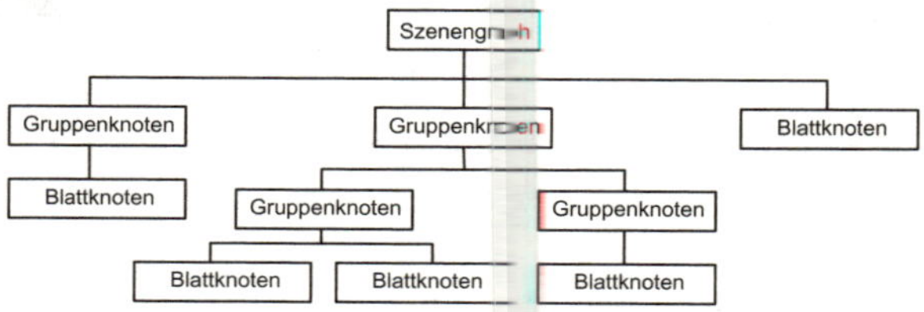

Group-Knoten

Neben dem Transformationsknoten gibt es noch einen weiteren, allgemeineren Knoten, durch den einzelne Objekte zu einer Gruppe zusammengefasst werden können und der als Gruppenknoten (Group) bezeichnet wird. Dieser Knoten wird immer dann verwendet, wenn mehrere Objekte eine logische Einheit in ihrem Verhalten bilden.

Beispiel

```
Group {
    Children [ Liste aller Kindknoten ]
}
```

10.6.2 Beleuchtung

In allen bisherigen Beispielen wurde die Standardlichtquelle (Headlight) der VRML verwendet. Darüber hinaus gibt es drei weitere Arten von Lichtquellen: parallel gerichtetes Licht (DirectionalLight), Punktlichtquellen (PointLight) und Spotlicht (SpotLight). Allen Lichtquellen gemeinsam sind die Felder ambientIntensity, dessen Werte die Beiträge der Lichtquelle zum ambienten Licht angeben, Color, wodurch die Farbe des Lichts bestimmt und mit Hilfe des intensity-Feldes in der Leuchtkraft skaliert wird, und das boole'sche Feld On, mit dem die Lichtquelle ein- bzw. ausgeschaltet wird. Für das DirectionalLight können über das Feld direction zusätzlich die Komponenten eines Richtungsvektors angegeben werden, in dessen Richtung die Lichtquelle strahlt. Die Punktlichtquelle und der Scheinwerfer besitzen noch zusätzliche Attribute zur Festlegung der Position der Lichtquelle (location), zur Richtung der Lichtkegelachse (direction), der Reichweite (radius) und zur Abschwächung der Intensität des Lichts mit zunehmendem Abstand von der Lichtquelle (attenuation). Der Scheinwerfer ist die komplexeste Lichtquelle. Für ihn kann noch die gesamte Strahlbreite (beamWidth) sowie die Weite des äußeren Kegelmantels (cutOffAngle) als Winkelmaß angegeben werden.

Beispiel

Um die Auswirkung der unterschiedlichen Lichtquellen zu demonstrieren, zeigt das folgende Beispiel drei Kugeln, die von einer gerichteten Lichtquelle (oben), einer Punktlichtquelle (unten links) und einem Scheinwerfer (unten rechts) jeweils mit blauem Licht beleuchtet werden. Der zu dieser Szene zugehörige Szenengraph ist ebenfalls angegeben. Aus der Abb. 10.6-2 ist deutlich zu erkennen, dass die Kugeln trotz des gezielten Einsatzes von Lichtquellen keine Schatten werfen. Die hierfür benötigten Berechnungen sind für die VRML zu aufwendig, um sie in Echtzeit ausführen zu können.

Quelltext: **Darstellung im *Browser*:**

```
Transform {
   translation -4 0 0
   children [ Shape {
          geometry Sphere {}
          appearance Appearance {
          material Material
          {diffuseColor 0.5 0.5 0.5}}},
          DirectionalLight {
          direction -1 -1 -1
          color 0 0 1}]}
PointLight { location 0 2 2
             color 0 0 1
             radius 2 }
Shape { geometry Sphere {}
        appearance Appearance {
        material Material
          {diffuseColor 0.5 0.5 0.5}}},
          SpotLight {
          direction 0 -1 -1
          Color 0 0 1
          Location 4 4 4
          radius 5 }
Transform { translation 4 0 0
              children [
              Shape {
                geometry Sphere {}
              appearance Appearance {
              material Material
         { diffuseColor 0.5 0.5 0.5}}},
] }
```

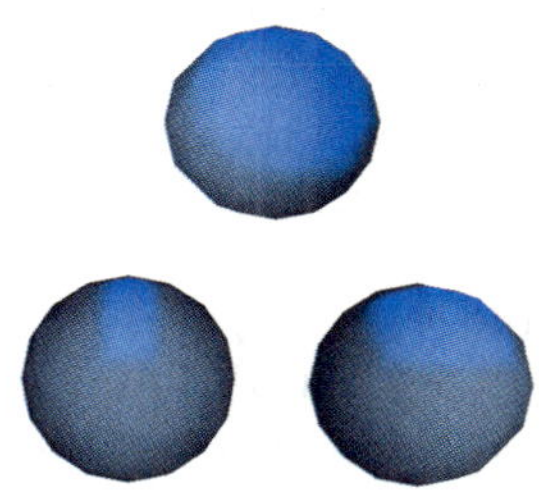

Abb. 10.6-2: Verwendung unterschiedlicher Lichtquellen

Abb. 10.6-2 (Forts.)

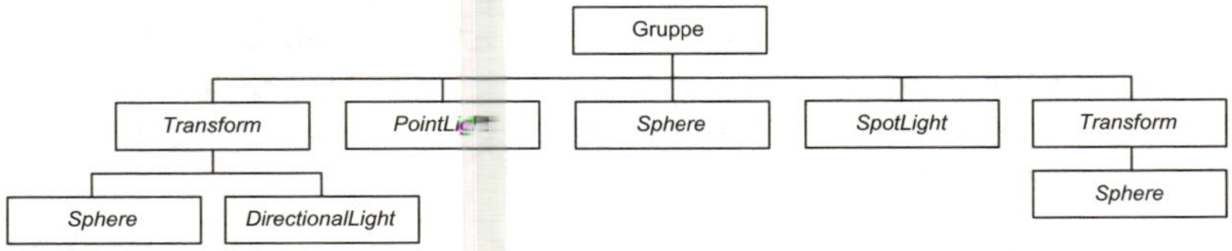

10.6.3 Hintergrund

Standardmäßig arbeitet die VRML mit einem schwarzen Bildhintergrund. Für die Beispiele dieses Kapitels wurde oft am Anfang der Datei die Zeile `Background {skyColor 1.0 1.0 1.0}` eingefügt, so dass der Hintergrund auf die Farbe Weiß gesetzt wurde.

Mit Hilfe des Hintergrundknotens lassen sich jedoch nicht nur einfarbige Hintergründe erzeugen: Durch die Felder `skyColor`, `skyAngle`, `groundColor` und `groundAngle` können Hintergründe erzeugt werden, die einen Himmel, einen Horizont und einen Untergrund darstellen, so dass die gesamte Szene plastischer und wirklichkeitsgetreuer wirkt. Alle Elemente des Hintergrundknotens (`Background`) sind unendlich weit vom Betrachter entfernt und können somit nicht erreicht werden. Die Farbe des Himmels einer Szene wird durch die Felder `skyColor` und `skyAngle` definiert. Ist der Hintergrund einfarbig, so ist nur das Feld `skyColor` mit einer Farbe definiert. Soll ein Verlauf von oben nach unten realisiert werden, so sind die Farben, die von oben nach unten angezeigt werden sollen, im Feld `skyColor` zu definieren. Darüber hinaus ist im Feld `skyAngle` anzugeben, nach welchen Winkeln, beginnend beim Nordpol, die Farbveränderung durchgeführt werden soll. Die Farbe des Untergrundes wird nach dem gleichen Schema mit den Feldern `groundColor` und `groundAngle` erzeugt.

Beispiel

Das Beispiel erzeugt einen realistisch wirkenden Szenenhintergrund. Der Himmel wird, beginnend beim Nordpol, mit einem Farbverlauf von Blau nach Weiß eingefärbt. Der Farbverlauf des Untergrundes beginnt beim Südpol mit einem dunkelgrauen Farbton und endet am Horizont in einem hellgrauen Farbton. Die Farbinterpolation verläuft von den jeweiligen Polen zum Horizont hin, wobei den Polen kein Winkelwert zugeordnet wird. Daher enthalten die Felder `skyAngle` bzw. `groundAngle` jeweils einen Winkelwert weniger, als Farben für den Farbverlauf angegeben wurden.

Abb. 10.6-3: Ein einfacher Szenenhintergrund

Quelltext:	**Darstellung im *Browser*:**

```
Background {
  skyColor [
       0.0 0.1 0.5,
       0.0 0.3 0.5,
       0.1 0.5 1.0,
       1.0 1.0 1.0]

  skyAngle [0.785, 1.176 ,1.571]

  groundColor [
        0.0 0.0 0.0,
        0.25 0.25 0.25,
        0.5 0.5 0.5,
        0.75 0.75 0.75]

  groundAngle [0.785, 1.176, 1.571]
}
```

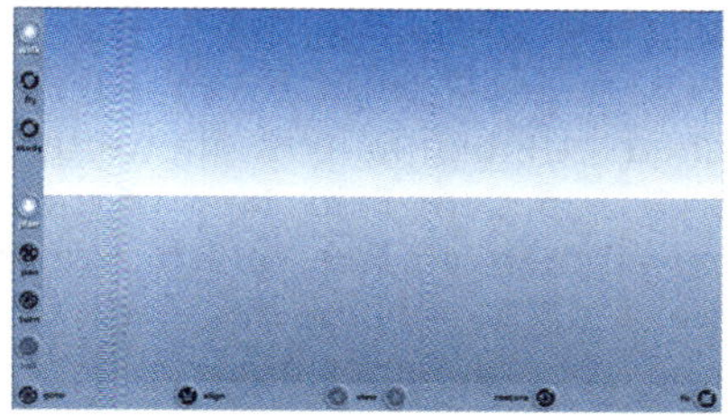

Viewpoint

Oftmals enthalten komplexe virtuelle Welten so viele Informationen, dass man sie von mehreren Positionen betrachten sollte. Da die Navigation durch die Welten aber oft zeitaufwendig ist, bietet VRML über den Knoten `Viewpoint` die Möglichkeit, definierte Beobachtungspunkte für eine Szene festzulegen. Dazu können u.a. folgende Attribute genutzt werden:

- `position`: Absolute Position des Betrachters im Koordinatensystem.
- `orientation`: Festlegung der Blickrichtung durch einen Vektor und einen Drehachsenwinkel.
- `description`: Beschreibende Bezeichnung des Beobachtungspunktes.

Beispiel

Die einzelnen Beobachtungspunkte sind zur Laufzeit durch den VRML-*Browser* navigierbar. Abb. 10.6-4 zeigt das aus Abb. 10.4-3 bereits bekannte Höhenprofil, in das der folgende Beobachtungspunkt integriert wurde.

Abb. 10.6-4: Höhenprofil mit festgelegtem Beobachtungspunkt

Quelltext:	**Darstellung im *Browser*:**

```
Viewpoint {
  position 10 0 0
  orientation 1 1 1 4.712
  description "Vogelperspektive"
}
```

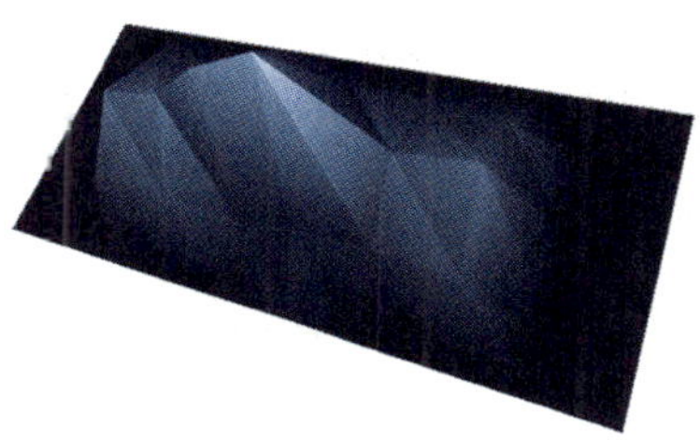

WorldInfo-Knoten

Der Informationsknoten enthält allgemeine Informationen über die beschriebene virtuelle Welt. Dazu können der Titel und einige weitere Informationen in die entsprechenden Attribute eingetragen werden. Der angegebene Titel wird in der Titelzeile des *Browser* angezeigt. Weiterhin kann der Informationsknoten auch eine Zeichenkette beinhalten, die weitere Informationen über die Datei aufweist. In dem Feld `info` können mehrere durch eckige Klammern zusammengefasste Zeichenketten als Informationen angegeben werden. Die Angabe des Titels erfolgt in einer einzigen Zeichenkette und braucht daher nicht geklammert zu werden.

Beispiel

```
WorldInfo {
   title "Grundkurs VRML: Beispiel für einen Betrachtungspunkt"
   info ["(c) Prof. Dr. Klaus Zeppenfeld 2003"
   "http://www.grafikprogrammierung.de"]
}
```

In einer VRML-Datei können beliebig viele Knoten vom Typ `WorldInfo` angegeben werden. Es werden aber immer nur die Angaben des ersten Knotens verwendet.

10.7 Dynamische Welten

In den vorangegangenen Abschnitten wurden die statischen Konzepte der VRML sowie der Aufbau komplexer Szenen vorgestellt. Die VRML97 bietet aber auch dynamische Konzepte an, mit denen Szenen animiert und interaktiv gestaltet werden können.

Ereignisse

In der VRML97 gibt es neben den Feldern auch **Ereignisse**. Dies sind Datenmeldungen, mit deren Hilfe verschiedene Knoten kommunizieren können. Viele Knoten haben Ereignis-Eingänge (`eventIn`), mit deren Hilfe sie Daten oder einen Status von einem anderen Knoten bekommen. Über Ereignis-Ausgänge (`eventOut`) teilen Knoten anderen Knoten mit, dass sich ihr Status geändert hat. Dieses Konzept ist vergleichbar mit dem Austausch von Botschaften in objektorientierten Programmiersprachen.

Beispiele für die Namen eines Eingangskanals, der für das Empfangen einer Nachricht geeignet ist, sind `set_position` und `set_color`. Durch Aufruf dieser Kanäle werden die jeweiligen Werte der Felder eines Objekts geändert. Das Senden einer Nachricht wird beispielsweise durch `position_changed` bzw. `color_changed` ausgelöst. Ist ein Feld mit dem Schlüsselwort `exposedField` gekennzeichnet, so bedeutet dies, dass das Feld sowohl einen Ereignis-Eingang (`eventIn`) als auch einen Ereignis-Ausgang (`eventOut`) aufweist und diese Kanäle direkt mit dem Wert des Feldes verbunden sind.

Die Deklaration exposedField feldName ist äquivalent zu

Beispiel

```
field       feldName
eventIn     set_feldName
eventOut    feldName_changed.
```

Der Wert des Feldes feldName ändert sich automatisch, wenn auf dem Kanal set_feldName etwas empfangen wird. Nach der Änderung wird ebenfalls automatisch ein ausgehendes Ereignis feldName_changed erzeugt.

Routen

Eine solche Kommunikation zwischen zwei Knoten wird auch als **Route** bezeichnet. Die von einem Knoten erzeugten Ereignisse werden dem zweiten Knoten auf dieser Route gesendet. Anschaulich kann man sich dies als eine Leitung, ein Rohr oder einen Kanal vorstellen, auf dem Nachricht für Nachricht sequenziell nacheinander von einem Sender-Knoten zu einem Empfänger-Knoten transportiert wird. Durch das Schlüsselwort ROUTE werden diese Kanäle zwischen zwei Knoten definiert.

Beispiel

```
ROUTE knoten1.feldName1_changed TO knoten2.set_feldName2
```

Hierbei ist darauf zu achten, dass die Ereignistypen der beiden Felder übereinstimmen und dass nur Knoten für diese Definition verwendet werden können, die mit dem Schlüsselwort DEF benannt sind (vgl. Kap. 10.3).

Zeitereignisse

Die wohl am meisten in VRML angewendeten Ereignisse sind zeitabhängige Ereignisse. Eine dafür benötigte Zeitmessung kann über einen absoluten Zeitpunkt angegeben werden, wobei der 01.01.1970 0:00h GMT als Referenzzeitpunkt gilt. Wesentlich einfacher ist die Verwendung einer relativen Zeitmessung, in der lediglich das Zeitintervall angegeben wird, in dem eine Aktion erfolgen soll. Der entsprechende Knoten in der VRML ist der Zeitknoten (TimeSensor), der die Attribute startTime für die Startzeit und stopTime für die Stoppzeit der Aktion festlegt. Außerdem kann über das Attribut cycleInterval die Länge des Zeitintervalls festgelegt und über loop eine zeitliche Endlosschleife erzeugt werden. Dadurch wird die zugehörige Aktion in dem vorgegebenen Zeitintervall immer wieder durchgeführt.

10.7.1 Animation

Für eine einfache **Animation** benötigt man in der VRML die folgenden Elemente:

- eine interne Uhr (TimeSensor) für die Ablaufsteuerung,
- Knoten, die eventIn- bzw. eventOut-Schnittstellen besitzen, um auf Ereignisse reagieren zu können,
- Routen, die den Ablauf einer Animation beschreiben, und
- Interpolatoren.

Interpolatoren

VRML-*Browser* wenden Animationen an, die über einige wenige Schlüsselwerte (key) berechnet und als *Keyframe*-Animationen bezeichnet werden. Die für eine Animation notwendigen Veränderungen zwischen den einzelnen Schlüsselbildern bzw. -werten werden einfach berechnet. Dies erleichtert nicht nur die Programmierarbeit, da lediglich die Grenzwerte für eine Animation angegeben werden müssen und der *Browser* dann durch das vorgegebene Zeitintervall alle Zwischenwerte automatisch interpoliert, sondern verbessert gleichzeitig auch die Performanz. Knoten, über die eine solche Animation durchgeführt werden kann, heißen **Interpolatoren**. Alle Interpolatoren sind prinzipiell aus den gleichen Attributen aufgebaut.

Beispiel

```
Interpolator {
  key
  keyValue
  set_fraction
  value_changed
}
```

Über das Attribut key kann eine Liste mit Zeitwerten definiert werden. Zu diesen Zeitpunkten werden dann die im Attribut keyValue festgelegten Schlüsselwerte erreicht. Das Attribut set_fraction ist die eventIn-Schnittstelle und value_changed die zugehörige eventOut-Schnittstelle, über die Parameteränderungen mitgeteilt werden können. Tab. 10.7-1 gibt eine kurze Übersicht über die in der VRML angebotenen Interpolatoren und ihre Funktionalität.

Knotenname:	**Funktionalität:**
ColorInterpolator	Erzeugt aus einer Liste von RGB-Farbwerten einen Farbübergang auf Körperoberflächen.
CoordinateInterpolator	Ändert das Aussehen von Objekten durch die Angaben von neuen Koordinaten.
NormalInterpolator	Interpoliert Vektoren aus Normalen von Flächen und Eckpunkten.
OrientationInterpolator	Dreht Objekte um die durch Vektoren und Winkel vorgegebenen Rotationsachsen.
PositionInterpolator	Führt einfache Translationen von Objekten durch; dabei werden die einzelnen Positionen durch Koordinaten definiert.
ScalarInterpolator	Verändert kontinuierlich Gleitkommazahlen, um z.B. Parameter für Lichtintensität, Größe, Radius o.Ä. neu festzulegen.

Tab. 10.7-1: Liste der Interpolatoren

10.7.2 Interaktion

Die Möglichkeit des Benutzers, durch **Interaktion** direkt Einfluss auf die virtuelle Welt zu nehmen bzw. die Aufnahme dieser Einflüsse durch die Objekte, erfolgt mittels **Sensoren**. Ein wichtiger Sensor wurde bereits vorgestellt: der Zeitknoten `TimeSensor`. Daneben gibt es eine Zahl von weiteren Sensoren, die in Tab. 10.7-2 aufgelistet sind.

Knotenname:	**Funktionalität:**
`TouchSensor`	Reagiert auf Ereignisse, die durch Mausoperationen ausgelöst wurden (z.B. zeigen, ziehen und anklicken).
`VisibilitySensor`	Überprüft, ob Objekte im quaderförmigen Sichtfeld des Betrachters liegen.
`ProximitySensor`	Löst Aktionen aus, die aus der Annäherung eines Betrachters auf ein Objekt resultieren.
`PlaneSensor`	Führt eine Translation der Objekte durch Ziehen des Mauszeigers durch.
`SpereSensor`	Dreht Objekte um alle Raumachsen um den Ursprung des lokalen Koordinatensystems durch Ziehen des Mauszeigers.
`CylinderSensor`	Dreht Objekte um eine Achse, die durch das Ziehen des Mauszeigers vorgegeben wird.

Tab. 10.7-2: Liste der Sensoren

Der `TouchSensor` ist ein Berührungssensor, der über die Attribute `isOver` und `isActive` Mausbewegungen und Mausklicks in der virtuellen Welt analysiert. Die übrigen Sensoren können Mausaktionen direkt in eine vorgegebene Aktion, wie z.B. eine Translation oder Rotation, umsetzen.

10.8 Fallbeispiel: Spargelsortiermaschine

Die vielfältigen Möglichkeiten der VRML erzeugen auch schon für wenig komplexe Szenen leider einen sehr umfangreichen Quelltext, weswegen die Beispiele dieser Lehreinheit immer nur auf den essenziellen Quelltext beschränkt sind. Auf der beiliegenden CD-ROM finden Sie das Modell einer Spargelsortiermaschine, das in VRML umgesetzt wurde. Dabei handelt es sich um den originalgetreuen Nachbau eines tatsächlich käuflich zu erwerbenden Modells.

Die Maschine besitzt einen großen Eingangstrichter, in den der Spargel nach der Ernte eingefüllt wird. Aus diesem Trichter fällt er auf ein Förderband, das ihn durch eine Waschanlage transportiert und die Ausmaße der einzelnen Stangen durch einen Computer vermisst. Gemäß der Handelsklassen, die sich aus der Vermessung der einzelnen Stangen ergeben, wird der Spargel automatisch sortiert und über eine Hebelmechanik in die entsprechenden Boxen gekippt, die am Ende des Förderbandes angebracht sind.

Das statische Modell dieser Maschine ist sowohl aus einfachen geometrischen Körpern als auch aus komplexen selbst definierten Teilen zusammengesetzt. Die einzelnen Elemente der Maschine sind dabei jeweils in einer eigenen VRML-Datei gespeichert und dann anschließend in die gesamte Szene eingebunden.

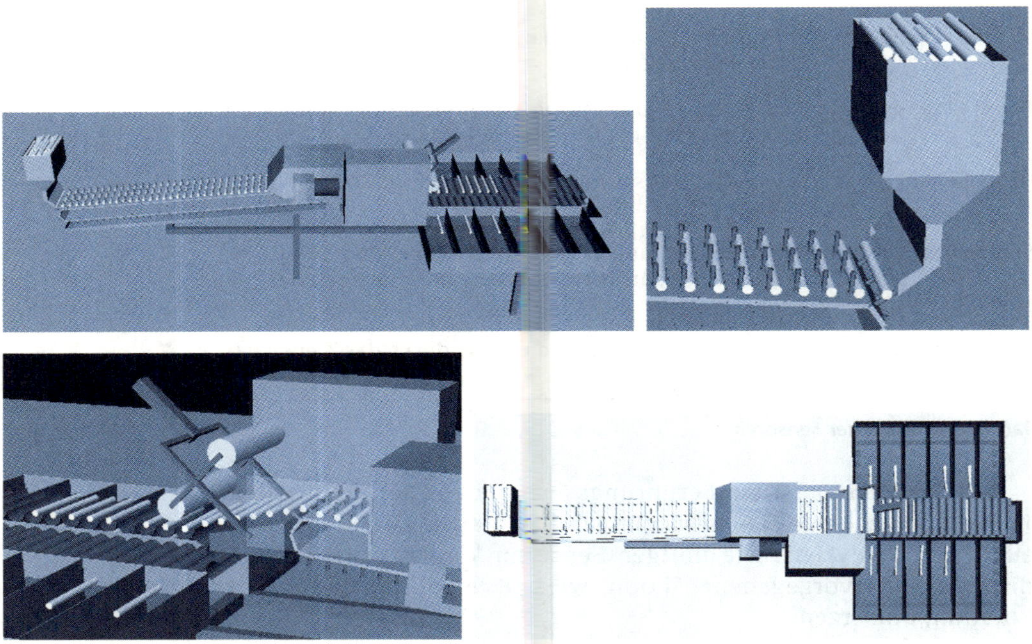

Abb. 10.8-1: Fallbeispiel: Spargelsortiermaschine

Um die einzelnen Vorgänge möglichst genau betrachten zu können, sind mehrere Beobachtungspunkte fest in die Szene integriert. Über Interpolatoren wird die Maschine »zum Leben erweckt«. Durch diese Animation und die Einbindung von Soundelementen, die an den jeweiligen Entstehungsorten das Brummen der Maschine bzw. das Klacken der Sortierschalen simulieren, entsteht eine sehr realistische Szene.

Zusätzlich ist in diesem Beispiel auch eine Schnittstelle der VRML genutzt worden. In Javaklassen werden Werte erzeugt, die als Parameter an die VRML-Szene übergeben werden, z.B. Zeitangaben oder zeitabhängige Positionsangaben. Das Programm ist mit der gesamten Szene in eine HTML-Seite eingebunden, die direkt im *Browser* angezeigt werden kann. In Abb. 10.8-1 sind einige Bildschirmabzüge dargestellt, die einen statischen Eindruck der Spargelsortiermaschine vermitteln.

10.9 X3D

Das Ziel des VRML-Konsortiums bei der Entwicklung der VRML war die Schaffung und Etablierung eines allgemein akzeptierten und weit verbreiteten plattformunabhängigen Grafik-Standards für das Web. Dieses Ziel ist bis heute leider nur teilweise erreicht:

- Die umfangreiche Komplexität der VRML geht mit einem entsprechend großen Aufwand bei der Implementierung einher, was sich in der Größe der *Plug-Ins* für die Betrachter, der Instabilität der Laufzeitumgebung und im Ressourcenverbrauch auf dem Zielrechner niederschlägt.
- Es ist in der VRML derzeit nicht möglich, neue, selbst definierte Knoten zu erstellen, wodurch die Erweiterbarkeit der Sprache nicht gegeben ist.

Mit der Weiterentwicklung der VRML zur **X3D** (*e**X**tensible **3D***) soll für diese Probleme Abhilfe geschaffen werden. Die Arbeitsgruppe des Web3D-Konsortiums, die sich mit diesem Thema beschäftigt, hat sich die folgenden Ziele gesetzt:

www.web3d.org/x3d.html

- Die Abwärtskompatibilität zur VRML97 muss sichergestellt sein.
- X3D soll eine erweiterbare Sprache sein und sich den Bedürfnissen des Anwenders anpassen.
- Der Ressourcenverbrauch soll minimiert werden und trotzdem eine hohe Performanz erlauben.
- Inhalte sollen einfach entwickelt und ergänzt werden können.
- Die virtuellen Welten müssen plattformunabhängig dargestellt werden können.

Um diese Ziele zu erreichen, wird derzeit die X3D nach einem Prinzip entwickelt, das es erlaubt, einzelne Komponenten um einen leichtgewichtigen, aber erweiterbaren Kern zu gruppieren. Sowohl der Kern wie auch die Komponenten können in die **XML** (*e**X**tensible **M**arkup **L**anguage*) integriert werden und ihrerseits bestehende Web- und Medienstandards bzw. -technologien integrieren. Die nachfolgenden Abschnitte greifen diese Prinzipien und die dahinter stehenden Überlegungen auf und erläutern deren Umsetzung.

Komponenten

Durch das Modularisierungsprinzip der X3D werden wichtige Funktionseinheiten gekapselt und als einzelne Komponenten verfügbar gemacht. Die Basiskomponente ist dabei der Kern, der neben Mechanismen zur Erweiterung nur die wesentlichen Funktionen und Datenstrukturen (Knoten) enthält und daher schnell und einfach zu implementieren ist. Die Implementierung selbst ist von geringem Volumen und benötigt nur wenig Speicherplatz im System, so dass der Kern schnell und zuverlässig läuft. Komplexere oder anwendungsspezifische Fähigkeiten werden in andere Komponenten ausgelagert. Diese können dann nach dem Baukasten-Prinzip auf den Kern aufgesetzt werden. Nicht benötigte Komponenten werden nicht geladen, so dass auch hiermit der Ressourcenbedarf reduziert werden kann.

Zusätzlich wird durch die Einteilung in Komponenten das Problem der Erweiterbarkeit und Anpassbarkeit an spezifische Anforderungen gelöst. Dies geschieht durch Hinzufügen einer Komponente mit entsprechender Funktionalität zum Kern oder Ersetzen bereits vorhandener Elemente.

Integration von XML

Der XML-Standard ist extrem flexibel und an alle möglichen Anwendungsgebiete anpassbar, weswegen sich die XML als universelles Datenaustauschformat für das *World Wide Web* etabliert hat. Das Web3D-Konsortium hat die sich darin für einen VRML-Nachfolger bietenden Möglichkeiten früh erkannt und ist als Mitglied bei dem für XML verantwortlichen W3C-Konsortium eingeschrieben. Aus der XML-Kodierung der VRML ergeben sich folgende Vorteile:

- **Seitenintegration:** VRML-Dateien müssen bisher in einem separaten Fenster geöffnet werden, so dass die Informationen der Webseite von der virtuellen Welt getrennt wurden. Mit den Techniken der XML kann eine solche Trennung aufgehoben werden und somit ein neues Erleben von Webseiten durch eine ansatzfreie und inhaltübergreifende Symbiose von 3D-Szenen mit anderen Inhalten ermöglicht werden.
- **XML-*Support in HTML-Browsern:*** Die Mitglieder des W3C-Konsortiums bemühen sich sehr um die Entwicklung der XML. Eine weitreichende Unterstützung von XML in den gängigen *Browsern*, wie z.B. Netscape Communicator oder Microsoft Internet Explorer, ist daher zu erwarten. Eine solche Unterstützung erlaubt es, noch effizientere Kerne zu entwickeln. Es ist sogar denkbar, dass die Hersteller von *Browsern* eine Kernimplementierung von X3D vornehmen.
- **Nutzung von XML-Entwicklungswerkzeugen:** Unter Verwendung von XML als Kodierungsgrundlage für X3D lassen sich bestehende XML-Entwicklungswerkzeuge mit keiner oder geringer Modifizierung auch für die Erstellung von virtuellen Welten nutzen. Ein Beispiel hierfür ist der von IBM entwickelte visuelle XML-Editor Xeena. Die X3D-*Task-Group* stellt hierfür ein *Add-On* zur Verfügung, welches den Editor für die Erzeugung von X3D-XML-Dateien befähigt.
- **Syntax:** XML hat eine leicht erlernbare und verständliche Syntax und ist unabhängig von ihrer Anwendung schon weit im Netz verbreitet. Die Nutzung eines auf XML basierenden Standards sichert dem Web3D-Konsortium die Akzeptanz der Anwender und erleichtert die Einführung des neuen Standards.

Die zukünftigen Anwender der X3D sind mit einer großen Zahl von etablierten Web-Standards und Medientechnologien vertraut und nutzen diese bereits (so z.B. die Auszeichnungssprachen XML und HTML, Grafikformate wie GIF, JPEG oder PNG oder Audioformate wie WAV, MP3, MPEG2, MPEG4 usw.), weswegen X3D möglichst viele dieser Standards zu integrieren versucht. Dazu hat die X3D-Arbeitsgruppe sogar technische Kooperationen zu den verantwortlichen Konsortien geschlossen, wie z.B. zur MPEG-Gruppe oder zum W3C-Konsortium.

Integration bestehender Web- und Medienstandards bzw. -technologien

Die X3D orientiert sich sehr stark an der VRML, so dass auch hier das grundlegende Element der Szenengraph ist. In diesen Szenengraphen können die bereits zu Beginn dieses Kapitels vorgestellten geometrischen Knoten, wie z.B. Kugel, Würfel, Zylinder und Kegel oder aber selbst definierte Formen eingebunden und wiederum zu Gruppen zusammengefasst werden. Das Aussehen dieser Formen kann wie in der VRML über den Erscheinungsknoten festgelegt werden. Auch die große Palette der Lichtquellen, Beobachtungspunkte, Sensoren und Interpolatoren können unter den gleichen Namen wie in der VRML verwendet werden. Um aber den Anforderungen der XML an strukturierte Daten und Informationen nachzukommen, muss die Syntax der VRML an die von XML angepasst werden.

Sprachbeschreibung

10.9.1 XML-Transformation

Allgemein enthält die XML-Spezifikation Regeln und Vorschriften, um Daten und Informationen strukturiert in einem textbasierten Format zu speichern. Im Falle von X3D sind das die Daten eines VRML-Szenengraphen mit dessen Knoten. Die Strukturierungsmittel der XML werden als Elemente bezeichnet und als Kennzeichnung durch ein einleitendes Start-*Tag* (<...>) und ein entsprechendes End-*Tag* (</...>) umschlossen (engl. *tag* = Schildchen, Etikett). Innerhalb der *Tag*-Klammern stehen der Element-Typ, der durch einen Namen bezeichnet ist, und optional Attribut-Spezifikationen. Die Attribut-Spezifikationen sind ein oder mehrere Attributnamen mit ihren Werten in folgender Form: Attributname = »Wert«. Eine Abweichung vom Schema Start-*Tag*/End-*Tag* stellen Elemente ohne Inhalt dar. Für sie gibt es ein spezielles Leeres-Element-*Tag* (<....../>).

XML-Elemente können in separaten DTD-Dateien (***D**ocument **T**ype **D**efinition*) frei definiert werden. Hier können *Tag*-Typen, Attribute, gültige Element-Inhalte sowie deren Reihenfolge festgelegt werden. Damit legt die DTD fest, wie ein XML-Prozessor (z.B. ein *Browser*, *Browser-Plug-In* oder *Applet*) den Inhalt oder Text einer XML-Datei interpretieren soll. Eine weitere Alternative zu DTD-Dateien sind so genannte Schemata. Beide Möglichkeiten sind von der X3D-*Task-Group* für X3D festgelegt worden. Die Verwendung einer DTD-Datei wird dem XML-Prozessor zu Beginn der XML-Datei bekannt gemacht.

Beispiel

```
<?xml version="1.0" encoding="UTF-8"?>
<!DOCTYPE X3D PUBLIC
 "http://www.web3D.org/TaskGroups/x3d/translation/
       x3d-compact.dtd"
 "file://localhost/C:/www.web3D.org/TaskGroups/x3d/translation/
       x3d-compact.dtd">
```

Ähnlich wie in einer VRML-Datei wird in der ersten Zeile angegeben, welche Version der XML verwendet wird und in welchem Format sie kodiert wurde. Im folgenden *Tag* (<!DOCTYPE>) wird die X3D als Wurzelelement festgelegt. In den nachfolgenden URLs sind die Pfade zu den Verzeichnissen, in denen die benötigten DTD-Dateien zu finden sind, angegeben.
Für die Umsetzung der VRML in X3D gibt es derzeit die beiden DTD-Dateien `x3d-compact.dtd` und `x3d-compromise.dtd`, die vom Web3D-Konsortium bereitgestellt werden und sich in ihrer Ausführlichkeit unterscheiden. In diesen Dateien wird definiert, wie die Knoten der VRML in der X3D aussehen.

Die VRML97-Nomenklatur unterscheidet zwischen Knoten und deren Feldern. Generell werden Knoten der VRML auf XML-Elemente abgebildet. Die Felder der Knoten, die gemäß der Typdefinition keine weiteren Knoten sind, werden in die Attribut-Spezifikation des Elements aufgenommen. Blattknoten werden auf leere Elemente mit Attributspezifikationen überführt. Felder, die Knoten als Typen verwenden, werden in XML übertragen, indem die Knotentypen, die sie verwenden, in der Elementdefinition der DTD-Dateien oder des Schemas als gültiger Inhalt angegeben werden.

Beispiel

Es soll ein blauer Kegel mit einer Grundfläche von 3,5 Längeneinheiten und einer Höhe von 1,5 Längeneinheiten erstellt werden. Der linke Quelltext ist der entsprechenden VRML97-Datei entnommen und zeigt den gewohnten Aufbau, bei dem die einzelnen Elemente durch geschweifte Klammern voneinander getrennt werden. Der mittlere Quelltext ist einer XML-Datei entnommen, die eine DTD-Datei mit Namen `x3d-compromise.dtd` eingebunden hat. Anstelle der geschweiften Klammern finden sich die *Tags*, welche die einzelnen Elemente voneinander trennen. Die generellen Bezeichner entsprechen denen der VRML97. Der rechte Quelltext zeigt ebenfalls einen Ausschnitt aus einer XML-Datei, bei dem aber die DTD-Datei `x3d-compact.dtd` eingebunden wurde. Im Gegensatz zu VRML und dem XML-Beispiel mit Anwendung der `compromise.dtd` können hier die Bezeichnungen übergeordneter Elemente entfallen. Es reicht aus, direkt die Inhalte der einzelnen Elemente anzugeben, die als Typen in den Feldern referenziert werden.

Quelltext: VRML97

```
Shape {
  geometry Cone{
    bottomRadius 3.5
    height 1.5
  }
  appearance
    Appearance {
      material Material {
        diffuseColor 0 0 1}
  }
}
```

Quelltext: XML (x3d-compromise.dtd)

```
<Shape>
   <geometry>
      <Cone
           bottomRadius='3.5'
           height='1.5'
      />
   </geometry>
   <appearance>
     <Appearance>
      <material>
       <Material
          diffuseColor='0 0 1'
       />
      </material>
     </Appearance>
   </appearance>
</Shape>
```

Quelltext: XML/X3D (x3d-compact.dtd)

```
<Shape>
   <Cone
      bottomRadius='3.5'
      height='1.5'
   />
   <Appearance>
      <Material
        diffuseColor=
        '0 0 1'
      />
   </Appearance>
</Shape>
```

Tab. 10.9-1: Vergleich der VRML und XML-Quelltexte

10.10 Fallbeispiel – Modell der FH-Dortmund

Analog zu der Spargelsortiermaschine aus Kapitel 10.8, die mit Hilfe von VRML erstellt wurde, finden Sie auf der beiliegenden CD-ROM ein Gebäudemodell des Fachbereichs Informatik der Fachhochschule Dortmund, das in X3D programmiert wurde. Basierend auf dem in Abb. 10.10-1 dargestellten Grundriss und einer Abbildung des Baumodells zeigt die Datei `modell_1.wrl` ein einfaches Außenmodell des Gebäudes. Die Beleuchtung dieses Modells erfolgt durch eine simulierte Sonne, die auf- und untergeht und das Gebäude »tagsüber« hell erstrahlen und »nachts« in der Dunkelheit versinken lässt.

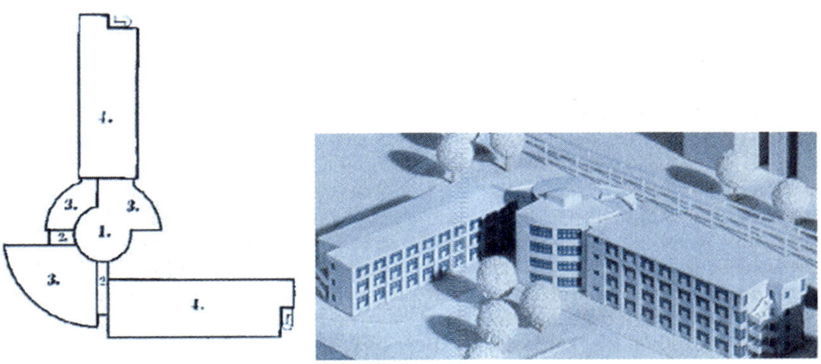

Abb. 10.10-1: Grundriss und Modell des Fachbereichs Informatik der FH-Dortmund

Die Datei `modell_2.wrl` zeigt dasselbe Modell des Gebäudes, veranschaulicht aber Schritt für Schritt den Aufbau der virtuellen Szene. Nach dem Öffnen der Datei zeigt sich der in Abb. 10.10-2 dargestellte Bildschirm.

Abb. 10.10-2: Startbildschirm der Datei `modell_2.wrl`

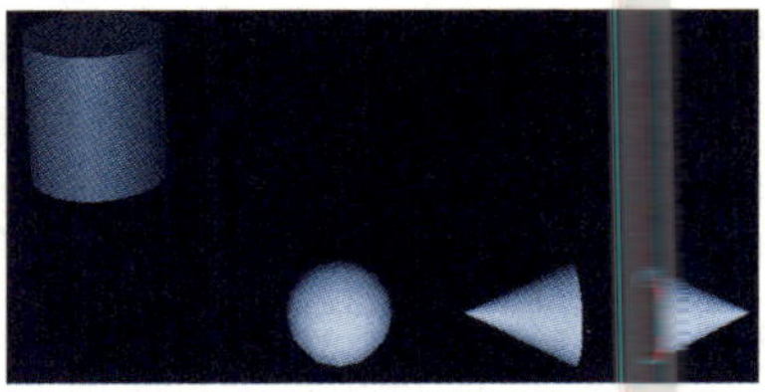

Der Zylinder in Abb. 10.10-2 zeigt den Kern des runden Eingangsbereichs und ist somit Bestandteil des Gebäudes. Die anderen Elemente sind Steuerelemente der Szene, durch den der Benutzer interaktiv den Ablauf der Szene bestimmen kann. Über die kugelförmige Schaltfläche kann schrittweise der Aufbau der Szene betrachtet werden, wobei der zugehörige essenzielle Quelltext in die Szene eingeblendet wird. Mit den kegelförmigen Schaltflächen kann zwischen den einzelnen »Bauphasen« navigiert werden. Zusätzlich wurden für jedes Bild der virtuellen Szene verschiedene Beobachtungspunkte festgelegt.

Animation Eine Animation ist die Möglichkeit der virtuellen Welt automatisch Objekteigenschaften durch vorgegebene Schlüsselwerte zu verändern.

Ereignis Als Ereignisse werden Nachrichten bezeichnet, die zwischen zwei Knoten über →Routen übertragen werden. Um ein Ereignis empfangen zu können, muss ein Knoten eine `eventIn`-Schnittstelle besitzen, um Ereignisse zu verschicken eine `eventOut`-Schnittstelle.

Feld Felder sind die grundlegenden Elemente eines Knotens. Jedem Feld kann ein konkreter Wert zugewiesen werden, durch den die Objekteigenschaften festgelegt werden.

Interaktion Möglichkeit des Benutzers, das Aussehen oder die Abläufe der virtuellen Welt zu beeinflussen.

Interpolator Interpolatoren sind für →Animationen benötigte Knoten, über die Veränderungen der Feldwerte festgelegt werden können.

Knoten Knoten sind die grundlegenden Bestandteile der →VRML, durch die der →Szenengraph der virtuellen Welt beschrieben wird.

Navigation Möglichkeit des Benutzers, sich durch die virtuelle Welt fortzubewegen. Hierfür werden verschiedene Betrachtungspfade und Untersuchungsmodi durch den →VRML-*Browser* bzw. das →VRML-*Plug-In* vorgegeben.

Route Über Routen werden zwei →Knoten miteinander verbunden, so dass sie →Ereignisse austauschen können.

Sensor Sensoren sind für →Interaktionen benötigte Knoten, die z.B. als Reaktion auf einen Mausklick →Ereignisse generieren.

Szenengraph Gerichteter Graph in Form einer Baumstruktur, der die Hierarchie der einzelnen Bestandteile der virtuellen Welt visualisiert. Elemente des Szenengraphen sind Gruppenknoten und →Knoten.

VRML Abkürzung für die ***V**irtual **R**eality **M**odeling **L**anguage*, einer plattformunabhängigen Beschreibungssprache zum Aufbau und zur Darstellung dreidimensionaler Szenen im *World Wide Web*.

VRML-*Browser* Spezieller *Browser*, der zur Anzeige von virtuellen Welten verwendet wird, die mit der →VRML erstellt wurden. Im Gegensatz zu →VRML-*Plug-Ins* sind VRML-*Browser* eigenständige Anwendungen.

VRML-*Plug-In* Erweiterung für einen gängigen *Browser*, wie z.B. Internet Explorer oder Netscape Navigator, um virtuelle Welten betrachten zu können.

XML Abkürzung für die *e**X**tensible **M**arkup **L**anguage*, mit der über Elemente Daten im *World Wide Web* ausgetauscht werden können.

X3D Weiterentwicklung der →VRML, die die →XML integriert. Grundlegende Prinzipien sind die Einbindung von Web-Technologien und -Standards sowie die Komponentenbasiertheit.

Die VRML ist eine Beschreibungssprache, mit der plattformunabhängig dreidimensionale Welten im *World Wide Web* erstellt werden können. Grundlegende Elemente der VRML sind die Knoten, deren Hierarchie in Form einer Baumstruktur dargestellt wird, welche als Szenengraph bezeichnet wird. Knoten repräsentieren dabei einzelne Objekte oder Gruppen von Objekten. Zusätzlich können über die Felder der Knoten die Eigenschaften, das Aussehen und das Verhalten der Objekte definiert werden. Zur Erzeugung realistisch wirkender Szenen lassen sich neben den Objekten auch der Bildhintergrund und die Beleuchtung der Szene festlegen. Außerdem können Ton- und Bildquellen in eine Szene eingebunden werden und auf definierten Routen ist es möglich, dass die Knoten Ereignisse untereinander austauschen, auf die sie reagieren können.

Eine mit der VRML erstellte Szene kann weiterhin durch Animationen und Interaktionen manipuliert werden. Dies lässt sich mit Hilfe der Interpolatoren und Sensoren realisieren. So genannte VRML-*Browser* und VRML-*Plug-Ins* ermöglichen dem Betrachter, eine Navigation durch die erstellte virtuelle Welt durchzuführen.

Der zertifizierte VRML-Standard wird derzeit zur X3D weiterentwickelt, die die XML und bestehende Web-Technologien und -standards integriert und die Erweiterbarkeit der Sprache durch Komponentenbasiertheit gewährleistet.

/Däßler 2002/
Däßler Rolf, *VRML – 3D-Welten im Internet*, verlag moderne industrie Buch AG & Co KG 2002, 400 Seiten

/Hase 1997/
Hase Hans-Lothar, *Dynamische Welten mit VRML 2.0*, dpunkt – Verlag für digitale Technologie GmbH 1997, 324 Seiten

/Harold 2001/
Harold E.R., Means W.S., *XML in a nutshell*, O'Reilly 2001, 507 Seiten

/Pesce 1997/
Pesce Mark, *VRML: Cyberspace-Welten erkunden und erschaffen*, Carl Hanser Verlag München Wien 1997, 349 Seiten

/Ray 2001/
Ray Eric T., *Einführung in XML*, O'Reilly 2001, 377 Seiten
/Rottach 2002/
Rottach Th., Groß S., *XML kompakt*, Spektrum Akademischer Verlag 2002, 100 Seiten

Muss-Aufgabe
Zeit 5 Min

1 Lernziel: *Die Syntax der VRML verstehen.*
Finden Sie die Syntax-Fehler in folgendem VRML-Programm:

```
Vrml V2.0 UTF8
Background { Skycolor 1.0 1.0 1.0}
shape{
  Appearance appearance {
    material Material {diffuseColor 0 0 1}
  }
  geometry indexedFaceSet {
    solid FALSE
    coord Coordinate {
      Point [
         1,0 0,0 0,0     # Index 0
         0,0 0,0 1,0     # Index 1
         0,0 1,0 0,0     # Index 2
        -1,0 -1,0 -1,0   # Index 3
      ]
    }
    coordIndex {
      0,1,2,0, # vorderes Dreieck
      0,1,3,0, # hinteres Dreieck
      0,2,3,0, # unteres Dreieck
      1,3,2,1  # linkes Dreieck
    }
```

Muss-Aufgabe
Zeit 20 Min

2 Lernziel: *Den Aufbau komplexer Szenen verstehen.*
Machen Sie sich mit der Beispielanwendung zur Spargelsortiermaschine aus Kap. 10.8. vertraut.

Muss-Aufgabe
Zeit 20 Min

3 Lernziel: *Einfache Szenen in VRML erstellen können.*

Erstellen Sie eine VRML-Datei, die den nebenstehenden Stern erzeugt. Gehen Sie dabei wie folgt vor:
Erzeugen Sie zunächst einen einfachen dreidimensionalen Stern, dessen Mittelpunkt im Ursprung liegt und dessen Spitzen sich jeweils auf den positiven und negativen Koordinatenachsen befinden. Setzen Sie den dargestellten Stern aus zwei der selbst definierten Stern-Objekte zusammen und achten Sie dabei auf die farbliche Gestaltung.

4 Lernziel: *Einfache Szenen zu komplexen Szenen erweitern können.*
Erweitern Sie das in Abb. 10.5-1 dargestellte Modell der Kirche um ein Dach für den Innenraum. Fügen Sie außerdem einen realistisch wirkenden Hintergrund mit einem Farbverlauf für den Himmel und einem Farbverlauf für den Untergrund ein. Definieren Sie abschließend zwei verschiedene Beobachtungspunkte für die Szene.

Kann-Aufgabe
Zeit 30 Min

5 Lernziel: *VRML-Szenen erstellen können.*

Programmieren Sie das in der nebenstehenden Abbildung dargestellte LBGP-Logo in VRML.

Kann-Aufgabe
Zeit 45 Min

6 Lernziel: *Die Umsetzung der Knoten der VRML97 in Elemente der XML nachvollziehen können.*
Machen Sie sich mit den beiden Beispielanwendungen `modell_1` und `modell_2` vertraut und setzen Sie den folgenden VRML-Quelltext in eine XML-Datei um, die die `compact.dtd` verwendet. Das rechts neben dem Quelltext stehende Bild veranschaulicht die Ausgabe des VRML-Quelltextes.

Kann-Aufgabe
Zeit 30 Min

VRML-Quelltext:

```
#VRML V2.0 utf8

# 1.Zylinder
Transform {
  children [
    Shape {
      appearance Appearance{
        material Material{
          diffuseColor 0.0 0.0 1.0
          shininess 100
        }
      }
      geometry Cylinder {
                    radius 2.0
                    height 4.0}
      }
  ]
  translation 4.0 0.0 0.0
}
```

VRML-Quelltext (Forts.):

```
# 2.Zylinder
Transform {
  Children [
    Shape {
      Appearance Appearance {
        Material Material {
          diffuseColor 0.0 0.0 1.0
          shininess 100
        }
      }
      geometry Cylinder {
                    radius 2.0
                    height 4.0}
      }
  ]
  translation -4.0 0.0 0.0
}
```

Ausgabe:

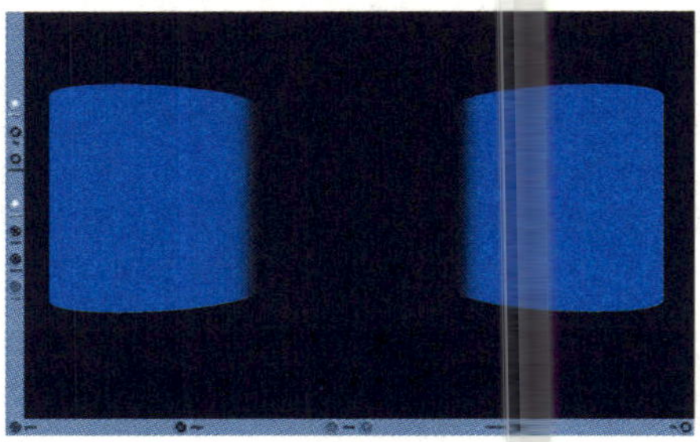

11 Anwendung – 3D-Werkzeuge

- Wissen, wie die Erzeugung von dreidimensionalen Szenen durch professionelle Werkzeuge unterstützt wird. — wissen
- Wissen, welche Möglichkeiten zur Darstellung einer Szene in den einzelnen Werkzeugen angeboten werden.
- Verstehen, wie die einzelnen Vorgehensweisen der Grafikprogrammierung in den Werkzeugen umgesetzt sind. — verstehen
- Die prinzipiellen Unterschiede zwischen Visualisierungswerkzeugen und CAD-Werkzeugen kennen.
- Einfache Szenen mit Hilfe der unterschiedlichen Werkzeuge erstellen können. — anwenden

- Die Grundlagen der Kapitel 2 bis 5 zur 2D- bzw. 3D-Grafik sollten bekannt sein.

11.1 Einführung

In den Kapiteln 1–6, die sich mit den Grundlagen der Computergrafik beschäftigten, wurde ein Verständnis für die Basisalgorithmen und Vorgehensweisen geschaffen, mit denen realistische Bilder auf dem Computer erzeugt werden können. Die Kapitel 7–10 stellten Programmierumgebungen und -sprachen vor, die es ermöglichen, solche Bilder von Grund auf selbst zu programmieren bzw. zu erstellen.

In der Praxis werden jedoch häufig Werkzeuge verwendet, die einem Anwender bei der Erstellung von Bildern eine große Hilfestellung bieten. Solche Werkzeuge sind aber oft sehr komplex und viele Anwender schöpfen im Umgang mit ihnen meistens nur einen geringen Teil der Möglichkeiten aus. Fortgeschrittene Anwender, die sich in der Grafikprogrammierung, so wie sie in den vergangenen Kapiteln beschrieben wurde, auskennen, benötigen eine kurze Einarbeitungszeit in diese Werkzeuge, erzielen sehr gute Erfolge und können die vielfältigen Angebote dieser Werkzeuge effizient ausnutzen.

Dieses Kapitel beschäftigt sich daher mit einigen professionellen 3D-Werkzeugen und stellt sie in Fallbeispielen vor. Ausgangsbasis für diese Fallbeispiele sind Seminare und Projekte zum Thema »Grafikprogrammierung«, welche von mir an der FH-Dortmund im Rahmen der Informatik-Studiengänge angeboten wurden. In diesen Seminaren wurden den Studierenden zunächst die Grundlagen der Computergrafik vermittelt, so wie sie auch in den ersten Kapiteln dieses Buches beschrieben sind. Anschließend konnten die Studierenden in einer zweiten Seminarreihe diese Grundlagen mit Hilfe eines professionellen Werkzeugs und einer konkreten Aufgabenstellung praktisch anwenden.

Die folgenden Fallbeispiele stellen das Ergebnis dieser Arbeiten dar. In den meisten Fällen konnten die Werkzeuge ohne große Einarbeitungszeit genutzt werden und die Ergebnisse waren um so eindrucksvoller, je intuitiver die Werkzeuge zu bedienen waren. In jedem Fall diente das vorher vermittelte Basiswissen als ein sehr gutes Fundament für das effiziente Erstellen anspruchsvoller Anwendungen.

Die meisten dieser Fallbeispiele sind sehr komplex und können aus Platzgründen in diesem Kapitel nicht vollständig beschrieben werden. Aus diesem Grund werden die Fallbeispiele in den folgenden Abschnitten in aller Kürze vorgestellt. Zu allen Fallbeispielen ist jedoch ein Tutorium erstellt worden, welches den Aufbau und den Ablauf nachvollziehbar beschreibt. Diese ausführlichen Tutorien befinden sich zum Nacharbeiten auf der beiliegenden CD-ROM und dienen zur Unterstützung bei der Bearbeitung der Fallbeispiele bzw. bei der Einarbeitung in die entsprechenden Werkzeuge.

Alle in diesem Kapitel dargestellten Bilder befinden sich 4-farbig auf der CD-ROM. Hinzu kommen Videofilme bzw. Animationen der hier vorgestellten Fallbeispiele.

Einige Demo-Lizenzen der verwendeten Werkzeuge wurden freundlicherweise zur Nutzung von den entsprechenden Herstellern zur Verfügung gestellt und befinden sich ebenfalls auf der beiliegenden CD-ROM. Zusätzlich wird grundsätzlich auch auf die aktuellen Internetseiten der Hersteller verwiesen, auf denen sich noch weiterführende Informationen befinden.

11.2 3ds max™

www.discreet.com

Das Werkzeug **3ds max™** der Firma **discreet™** in der Version 5 ist eine sehr leistungsfähige Visualisierungssoftware zum Modellieren, Darstellen und Animieren von 3D-Objekten. Gerade auf professioneller Ebene wird es oft für visuelle Effekte im Bereich Film und Fernsehen, aber auch zur Entwicklung von PC- und Konsolenspielen eingesetzt.

Auf der beiliegenden CD-ROM befindet sich eine auf 30 Tage zeitlich begrenzte Demo-Version dieses Werkzeugs. Diese Version darf ausschließlich zu privaten Zwecken verwendet werden. Die kommerzielle Nutzung der Demo-Version ist nicht gestattet.

Logo discreet
Logo 3ds max™

In den nachfolgenden Abschnitten werden drei Beispiele mit unterschiedlichen Schwerpunkten bei der Nutzung von 3ds max™ vorgestellt.

11.2.1 Funkwellenanimation

Das erste Beispiel soll vor allem Einsteigern einen Einblick in die Komplexität von 3ds max™ bieten. Dazu wird eine Szene erstellt, die ein Gebäude zeigt, auf dem eine Mobilfunkantenne steht. Zusätzlich gibt es zwei verschiedene Animationen. Die erste Animation zeigt das Gelände im Vorbeiflug, während die zweite Animation die sich ausbreitenden Funkwellen der Mobilfunkantenne auf dem Gebäude visualisiert. Durch das Ineinandergreifen der beiden Animationen wird eine realistische Darstellung erzeugt, die beispielsweise als Simulation für die Reichweite der Antenne verwendet werden kann.

In diesem Beispiel sind somit von der Modellierung über die Darstellung bis hin zur Animation alle grundlegenden Themen des Umgangs mit einem solchen Werkzeug vorhanden. Um das Fallbeispiel nachvollziehen zu können, werden in der zugehörigen Dokumentation auf der CD-ROM detailliert alle Einzelschritte erklärt. Die nachfolgenden Punkte geben einen kurzen Einblick in die Erstellung der Szene:

- Begonnen wird mit der Konstruktion der Umgebung der Szene, also des Bodens und des Himmels (vgl. Abb. 11.2-1), was auch als virtuelles Universum der Szene beschrieben werden kann.
- Der zweite Schritt beschreibt den Aufbau eines Gebäudes, welches aus einem einfachen Quader besteht, der mit Texturen versehen wird. Die Texturen sind aus eigenen Fotografien erstellt und stellen einen Teil des Gebäudes der FH-Dortmund dar (vgl. Abb. 11.2-2).

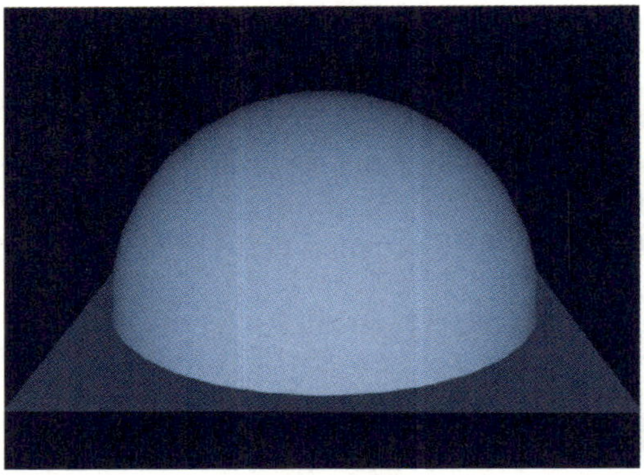

Abb. 11.2-1: Virtuelles Universum der Szene

Abb. 11.2-2: Gebäudeteil der FH-Dortmund

- Auf das Gebäude wird der Mast einer Mobilfunkantenne platziert. In Abb. 11.2-3 ist das Endergebnis der Modellierung der Antenne und der Platzierung auf dem Gebäudeteil zu sehen.
- Ein Ausschnitt aus der Animation der Funkwellen ist in Abb. 11.2-4 abgebildet.

Abb. 11.2-3: Mobilfunkantenne

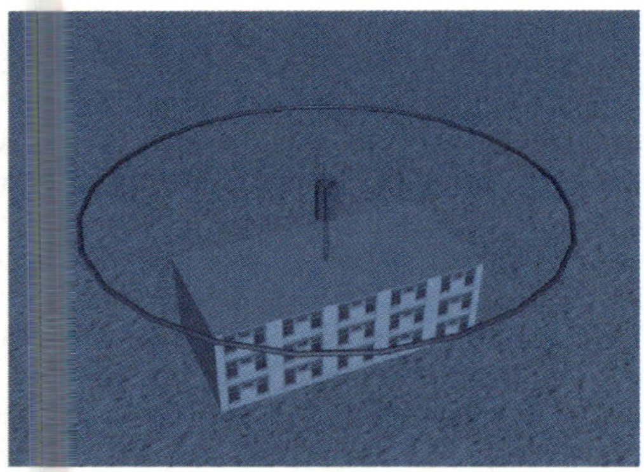

Abb. 11.2-4: Animation der Sendewellen

- Zum Abschluss der Modellierung werden der Szene noch Lichtquellen hinzugefügt und es wird die Route einer Kamerafahrt festgelegt.
- Für das *Rendering* der Szene müssen abschließend noch einige Parameter eingestellt werden. Hierbei ist zu beachten, dass je nach Auflösung der Szene und Dauer der Kamerafahrt das Erstellen eines Videofilms einige Minuten Rechenzeit benötigen kann.

Auf der beiliegenden CD-ROM befindet sich außer der ausführlichen Dokumentation aller Einzelschritte für das Erstellen dieses Fallbeispiels noch ein Video des oben beschriebenen Kameraflugs.

In einem weiteren Fallbeispiel ist das komplette Gebäude der FH-Dortmund modelliert und ein Rundflug über dieses Gebäude durchgeführt worden. Die dazu angefertigte Dokumentation ist ebenfalls auf der CD-ROM vorhanden.

11.2.2 Werkstatt

Beim zweiten Fallbeispiel, welches mit 3ds max™ 5 hergestellt wurde, handelt es sich um die vollständige Modellierung einer Werkstatt. Als Vorbild diente die Werkstatt eines Feinmechanikbetriebs in Düsseldorf. Dieser Betrieb wurde detailgetreu, beginnend bei kleineren Werkzeugen, wie z.B. einer Zange oder einem Schraubendreher, bis hin zu größeren Elementen, wie z.B. einem Schraubstock und einem Bohrständer, modelliert. Die Gesamtszene wirkt sehr realistisch und ist in Abb. 11.2-5 in verschiedenen Teil- und Gesamtansichten zu sehen.

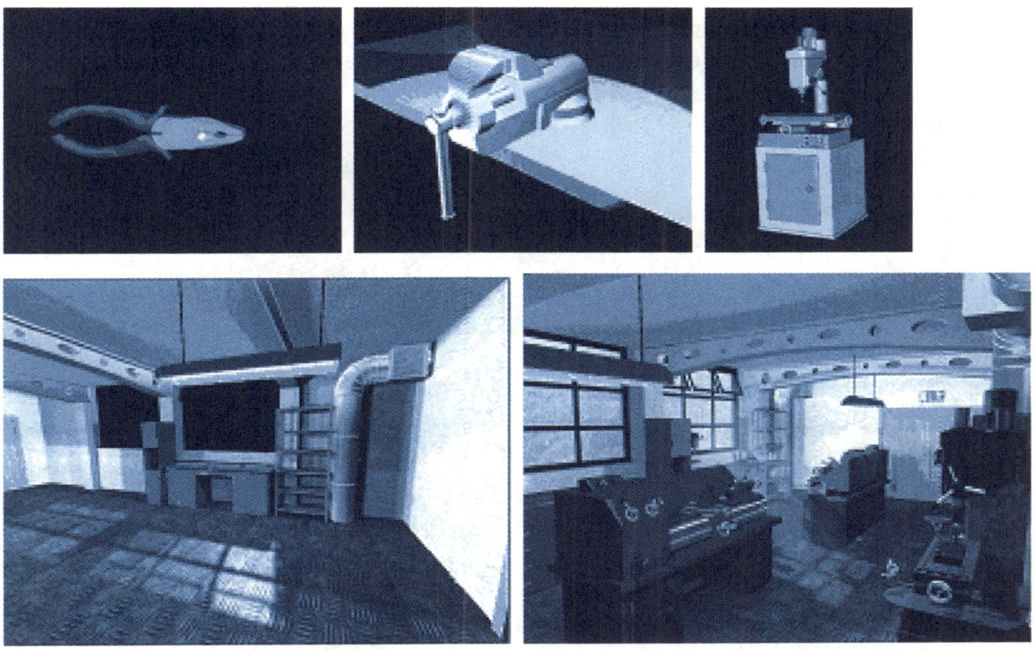

Abb. 11.2-5: Ansichten der Werkstatt

Auch im Fall der Werkstatt muss aus Umfangsgründen auf die beiliegende CD-ROM und die dort vorhandene Dokumentation dieses Beispiels verwiesen werden.

11.2.3 Schiffshebewerk

Ein weiteres Fallbeispiel zeigt die Modellierung des Schiffshebewerks Henrichenburg in Waltrop in der Nähe von Dortmund. Die Studierenden lösten diese Aufgabe, indem sie zunächst bei einer Ortsbesichtigung Bilder anfertigten und sich Baupläne des Schiffshebewerks besorgten.

Die Umsetzung erfolgte in Einzelschritten, wie auch in den anderen bisherigen Beispielen. Das Schiffshebewerk wurde logisch in mehrere große Teile zerlegt, wie z.B. den Trog, die Tore, die Türme und die Umgebung. Diese wurden dann einzeln modelliert, mit aussagekräftigen Texturen überzogen und später zu einer Gesamtszene zusammengesetzt.

Der zweite Teil der Fallstudie beschäftigte sich mit der Animation der Szene, d.h. zum einen mit einer Kamerafahrt durch die Szene und zum anderen mit der Animation von Teilen der Szene. Die Hubtore des Trogs, der Wasserzu- bzw. -abfluss und ein Boot, welches in das Schiffshebewerk ein- und wieder ausfährt, sind vollständig animiert. Alle Kamerafahrten sind einzeln berechnet und anschließend zu einem einzigen Film zusammengesetzt.

Abb. 11.2-6: Ansichten des Schiffshebewerks

Hierzu wurden unterschiedliche Kameraarten eingesetzt, wie beispielsweise eine Zielkamera, die auf ein einzelnes Objekt gerichtet war, in diesem Fall das Boot. So genannte freie Kameras, die gut für Kamerafahrten geeignet sind, wurden ebenfalls eingesetzt. Durch die Wahl verschiedener Kamerastandpunkte kann die Szene sowohl in der Totalen als auch im Detail gezeigt werden.

Der Film hat insgesamt eine Länge von 3½ Minuten und benötigt gut 47 MByte Speicherplatz auf der Festplatte. Das *Rendering* des Films dauerte auf einem 1-GHz-Rechner etwa 340 Stunden.

Einige Ansichten und Details des Schiffshebewerks sind in Abb. 11.2-6 dargestellt. Auch für dieses Projekt ist die Dokumentation auf der CD-ROM vorhanden.

11.2.4 VRML und 3ds max™

Wie in Kapitel 10 beschrieben, bietet die VRML (Virtual Reality Modeling Language) dem Benutzer die Möglichkeit, durch eine Szene zu navigieren. Dies geschieht mit Hilfe der so genannten Sensoren. Eine mit 3ds max™ erstellte Szene kann nach VRML exportiert werden und es besteht dabei die Möglichkeit, Sensoren anzusprechen bzw. in die Szene zu integrieren.

Bei der Erstellung einer Szene bietet 3ds max™ in der Kategorie »Helfer« dem Benutzer an, die verschiedenen Arten von Sensoren der VRML in eine Szene einzubauen. In Abb. 11.2-7 ist ein Bildschirmausschnitt der Benutzungsoberfläche von 3ds max™ zu sehen, mit der z.B. der `TimeSensor` oder der `TouchSensor` in die Szene integriert werden können.

Mit 3ds max™ können komplexe 3D-Welten erstellt werden, ohne eine einzige Zeile Programm- bzw. HTML-Quelltext zu schreiben.

Abb. 11.2-7: Integration der VRML in 3ds max™

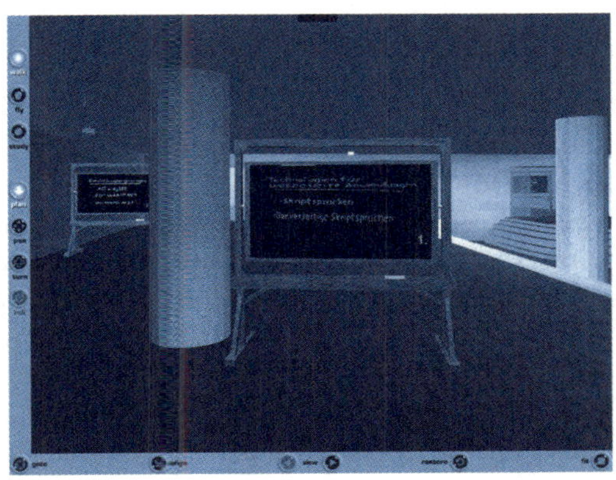

Abb. 11.2-8: Ausstellungsraum: Technologien der Informatik

Auf der CD-ROM befindet sich ein Fallbeispiel für die Verwendung von VRML unter 3ds max™. Es ist dort ein Ausstellungsraum modelliert, in dem sich der Betrachter bewegen und sich auf verschiedenen Tafeln über neue Technologien der Informatik informieren kann (vgl. Abb. 11.2-8).

Der Vorteil des Exports einer Szene, die unter 3ds max™ erstellt wurde, nach VRML liegt darin, dass der Benutzer diese Szene nun im Internet mit einem Browser betrachten kann. Außerdem können weitere HTML-Seiten leicht in die Szene integriert werden. Beim hier vorgestellten Beispiel erhält der Benutzer beim Anklicken einer Tafel weitere Informationen auf einer HTML-Seite.

11.3 Cinema 4D™

www.maxon.de

Das 3D-Werkzeug **Cinema 4D™** wird von der Firma **MAXON** seit mehr als 10 Jahren vertrieben und liegt derzeit in der Version 8 vor. Auch dieses Werkzeug unterstützt den Benutzer auf professionelle Weise bei der Modellierung, der Darstellung und der Animation von Szenen.

Logo MAXON
Logo Cinema 4D™

Auf der beiliegenden CD-ROM befindet sich eine Demo-Version der Version 8, die nur für den privaten Gebrauch bestimmt ist.

11.3.1 Flaschenabfüllanlage

Um möglichst viele der umfangreichen Möglichkeiten von Cinema 4D™ ausprobieren zu können, wurde im Rahmen von mehreren Seminararbeiten eine komplette Flaschenabfüllanlage modelliert und animiert. Als Modell diente dabei die Flaschenabfüllanlage der Ardey Quelle GmbH & Co KG in Dortmund, die uns freundlicherweise ihren Betrieb und die dort verwendete Technik bereitwillig vorstellte. Die während der Betriebsbesichtigung angefertigten Fotos dienten in der Konstruktionsphase als Vorlagen.

Das Gesamtprojekt befindet sich zusammen mit einer ausführlichen Dokumentation auf der beiliegenden CD-ROM. In der Dokumentation wird die Erstellung einer einzelnen Flasche und ihre Bewegung auf einer vorgegebenen Bahn erläutert. In Abb. 11.3-1 ist das Drahtmodell der verwendeten Flasche zu erkennen. Von links nach rechts sind hier die verschiedenen Ausprägungen einer Flasche vom Flaschenrohling bis hin zur verkaufsfertig befüllten Flasche dargestellt.

Abb. 11.3-1: Modellierung einer Flasche

Die Konstruktion der einzelnen Teile der Flaschenabfüllanlage wurde anhand der angefertigten Originalfotos vorgenommen. Es entstanden dabei u.a. ein Flaschenband (vgl. Abb. 11.3-2 oben), der Entlader (vgl. Abb. 11.3-2 unten links) und die Flaschenabfüllung (vgl. Abb. 11.3-2 unten rechts).

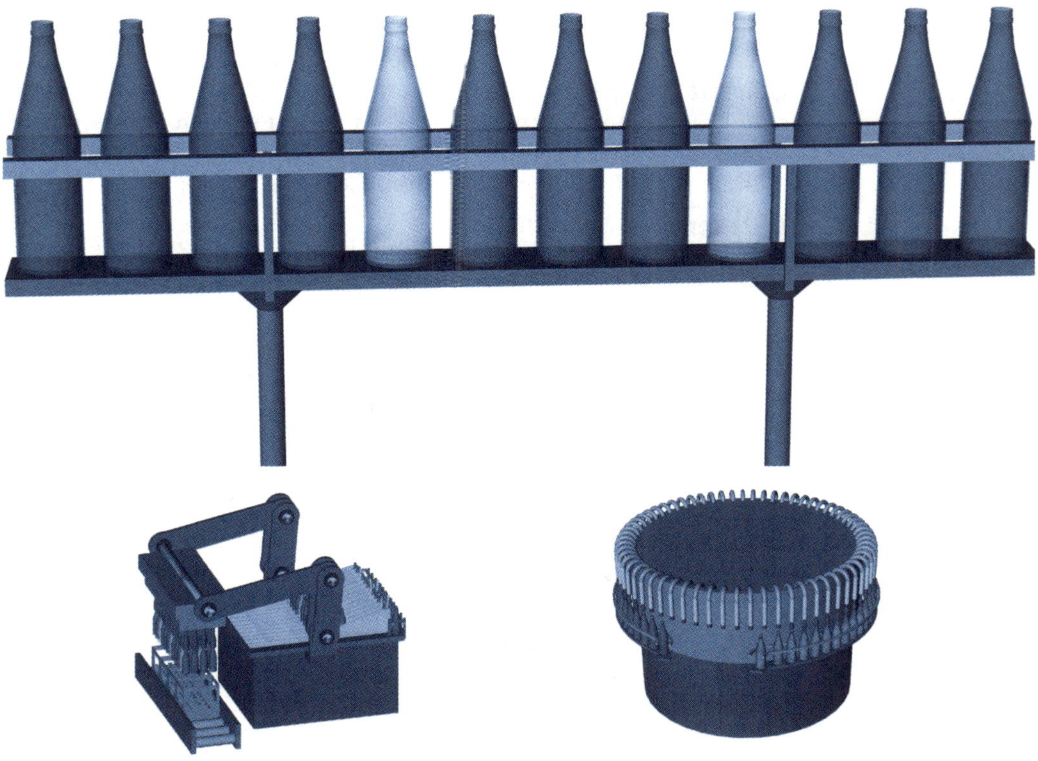

Abb. 11.3-2: Bauelemente der Flaschenabfüllanlage

Aus vielen Einzelelementen ist das so genannte Hauptwerk zusammengesetzt. Dieses wurde berechnet und dargestellt und ist in Abb. 11.3-3 im Überblick zu sehen.

Abb. 11.3-3: Hauptwerk

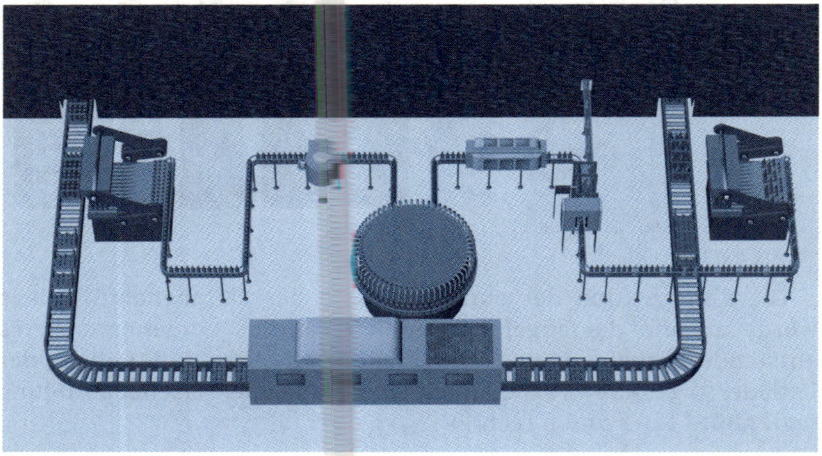

Im letzten Schritt ist der Gesamtprozess im Hauptwerk animiert worden. Die leeren Flaschen werden in Kisten auf einem Laufband angeliefert und an der Flaschenentnahme (vgl. Abb. 11.3-3 rechts) aus den Kisten entnommen. Die Kisten bewegen sich auf dem Laufband weiter, werden gereinigt (vgl. Abb. 11.3-3 Mitte unten) und stehen dann zur Beladung mit befüllten Flaschen wieder zur Verfügung (vgl. Abb. 11.3-3 links).

Nach der Entnahme aus den Kisten laufen die einzelnen Flaschen nacheinander über ein Band. Hier geschieht zunächst eine Trennung der weißen von den grünen Flaschen, gefolgt von einer Reinigung und der anschließenden Befüllung der grünen Flaschen (vgl. Abb. 11.3-3 Mitte oben). Nach der Etikettierung werden diese in die bereitstehenden Verkaufskästen gestellt (vgl. Abb. 11.3-3 Mitte links).

Eine Kamerafahrt über die animierte Szene zeigt eine sehr realistische Darstellung des Gesamtprozesses der Flaschenabfüllung.

11.4 Maya™

www.aliaswavefront.com

In die Kategorie der bisher vorgestellten professionellen 3D-Werkzeuge passt auch das von der Firma Alias|*wavefront®* vertriebene Produkt Maya™, welches derzeit in der Version 4.5 verfügbar ist. Das Werkzeug kann hier aus Platzgründen nicht im Rahmen eines Fallbeispiels vorgestellt werden.

An dieser Stelle sei aber für den interessierten Leser darauf hingewiesen, dass die Firma Alias|*wavefront®* eine Demo-Version (*Personal Learning Edition and Beginners Guide for non commercial use*) des Werkzeugs unter der angegebenen Adresse im Internet anbietet, mit der in ähnlicher Art und Weise Fallbeispiele, so wie in diesem Kapitel vorgestellt werden, modelliert, berechnet und animiert werden können.

11.5 SolidEdge®

www.unigraphics.de

Beim Werkzeug **Solid Edge®**, welches von der Firma **EDS** (**Unigraphics**) vertrieben wird, handelt es sich um ein so genanntes CAD-Werkzeug (*Computer Aided Design*) zur Erstellung von dreidimensionalen Konstruktionszeichnungen.

Solche Werkzeuge werden von vielen Firmen eingesetzt, die sich mit der Entwicklung von Produkten beschäftigen. Interessanterweise arbeiten die meisten CAD-Werkzeuge im zweidimensionalen Raum und eine Konstruktionszeichnung muss dann z.B. im Grund- und Aufriss (vgl. Kap. 3) erstellt werden.

Solid Edge® hingegen gehört zu den so genannten 3D-Systemen, einer neuen Generation von Werkzeugen, die volumenorientiert arbeiten. Bei dieser Art von CAD-Werkzeugen erstellt der Konstrukteur von Anfang an ein dreidimensionales Bauteil, dessen räumliche Informationen im Computer gespeichert werden. Die Erstellung einer 2D-Zeichnung erfolgt im Normalfall durch Ableitung aus dem 3D-Modell. Darüber hinaus bietet Solid Edge® auch die Möglichkeit, 2D-Zeichnungen anzufertigen und daraus ein 3D-Modell zu generieren.

Die in den nächsten beiden Abschnitten vorgestellten Fallbeispiele sind von den Studierenden ohne jegliche Produktkenntnis bereits nach sehr kurzer Einarbeitungszeit erstellt worden.

Logo EDS
Logo AH CadFans GmbH

www.solid-edge.com

Eine Demo-Version von Solid Edge® befindet sich auf der beiliegenden CD-ROM. Diese Version wurde dankenswerterweise vom EDS-Partner AH CadFans GmbH zur Verfügung gestellt und ist nur für den privaten Gebrauch zu verwenden.

11.5.1 Rasenmäher

Das erste Fallbeispiel beschreibt die Konstruktion eines Rasenmähers, der aus insgesamt 41 Einzelteilen zusammengesetzt ist. Da Solid Edge® speziell auf die Entwicklung von Bauteilen ausgerichtet ist, besitzt es besondere Funktionen, die die Erstellung von einzelnen Elementen stark vereinfachen. Solid Edge® ist in fünf Programme aufgeteilt, die auf spezielle Probleme einer 3D-Zeichnung eingehen. Drei dieser Programme stehen für das Entwickeln von Bauteilen zur Verfügung, eins ist für das Zusammensetzen dieser Bauteile erforderlich und das letzte ermöglicht das Zeichnen in einer 2D-Umgebung.

- Im Programm *Solid Edge Part* werden allgemeine Einzelteile konstruiert. Hierfür stehen Funktionen wie Ausprägungen, Ausschnitte, Verrundungen Formschrägen und Bohrungen zur Verfügung (vgl. Abb. 11.5-1).

Abb. 11.5-1: Konstruktion des Rumpfes

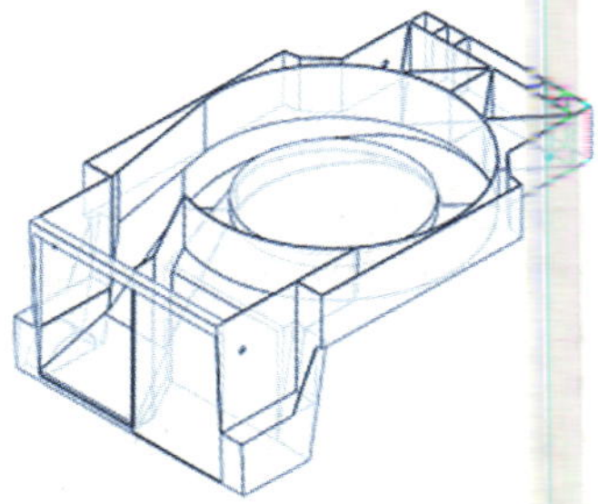

- Im Programm *Sheet Metal* gibt es die Möglichkeit, speziell an die Konstruktion von Blechteilen angepasste Funktionen zu nutzen. Dies sind neben den bereits in *Solid Edge Part* vorhandenen Funktionen zur Erstellung von Ausschnitten und Bohrungen zusätzliche Möglichkeiten, welche die erstellten Blechteile z.B. in beliebiger Weise an den Kanten verbiegen können (vgl. Abb. 11.5-2).

Abb. 11.5-2: Auspuffabdeckung

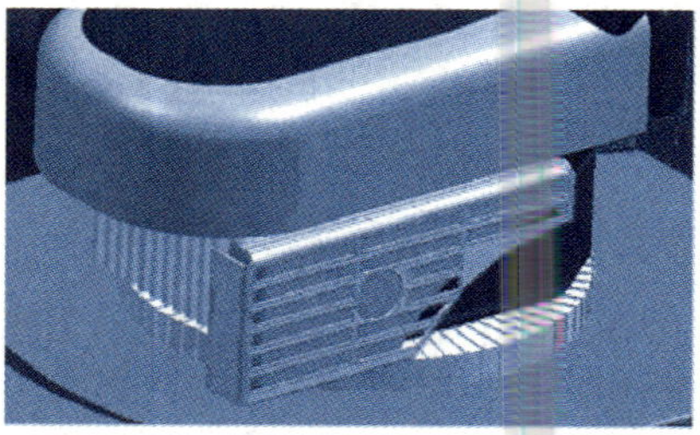

- Die Festlegung der Position von Schweißnähten wird mit dem Programm *Weldment* durchgeführt. Diese können dann nach Bedarf in das Programm *Solid Edge Draft* (s.u.) übernommen und als Beschriftung hinzugefügt werden. Für Schweißnähte gibt es eine Vielzahl von Einstellmöglichkeiten und Varianten.

- Mit Hilfe des Programms *Assembly* wird nicht konstruiert, sondern hier werden Bauteile aus mehreren Komponenten zusammengesetzt (vgl. Abb. 11.5-3). Es können Beziehungen zwischen den Komponenten festgelegt, Analysen durchgeführt und den Teilen unterschiedliche Farben zur Übersichtlichkeit zugeordnet werden. Außerdem gibt es zusätzlich noch vier weitere Unterprogramme, um Bewegungen darzustellen, eine Rundum-Ansicht des Bauteils anzufertigen, Explosionsdarstellungen (vgl. Abb. 11.5-4) anzufertigen oder eine Rohrverbindung von einem Teil zu einem anderen hinzuzufügen.

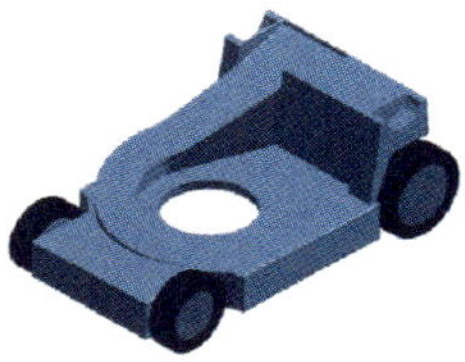

Abb. 11.5-3: Zusammenbau Rumpf und Räder

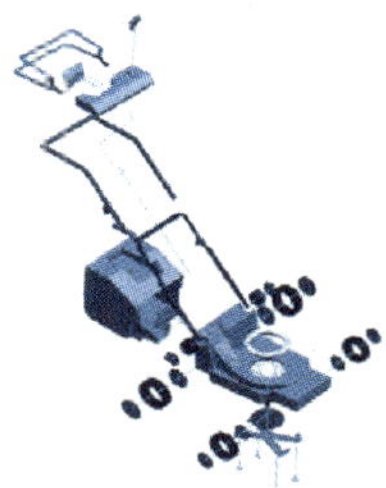

Abb. 11.5-4: Explosionsdarstellung des Rasenmähers

- Das Programm *Solid Edge Draft* ist ein Programm, mit dem Skizzen einer Konstruktion gezeichnet werden oder fertige Bauteile in verschiedenen Ansichten aus den anderen Programmteilen übernommen werden. Es besteht die Möglichkeit, Beschriftungen und Maßangaben anzubringen (vgl. Abb. 11.5-5).

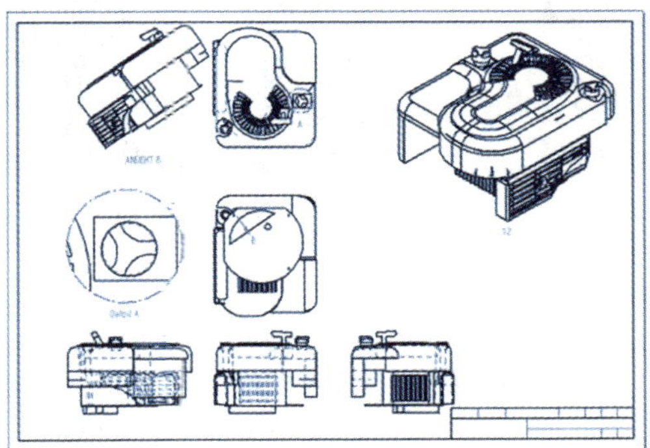

Abb. 11.5-5: Konstruktionszeichnung

Auf der beiliegenden CD-ROM ist neben einer Demo-Version von Solid Edge® auch das vollständige Fallbeispiel der Konstruktion des Rasenmähers vorhanden. In Abb. 11.5-6 ist der fertige Rasenmäher dargestellt.

Abb. 11.5-6: Rasenmäher

11.5.2 Mähdrescher

Beim zweiten Fallbeispiel wurde ein Mähdrescher konstruiert, der in die drei Komponenten Fahrerkabine, Mähwerk und Fahrzeugrumpf unterteilt ist (vgl. Abb. 11.5-7).

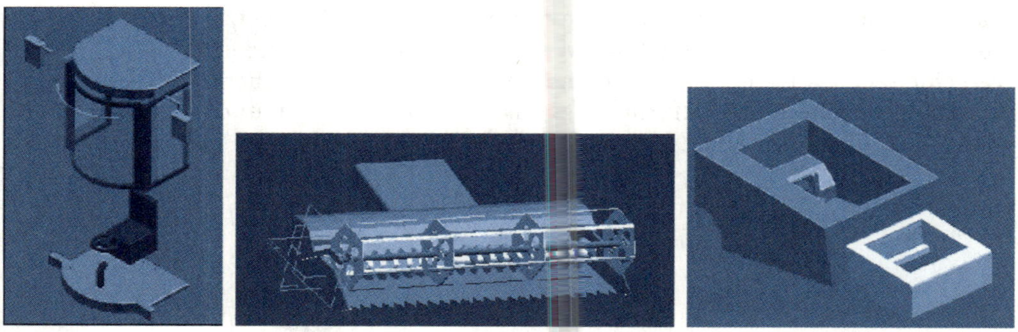

Abb. 11.5-7: Hauptbauteile des Mähdreschers (v.l. n. r.): Fahrerkabine, Mähwerk, Fahrzeugrumpf

Die in Abb. 11.5-7 dargestellten Einzelteile sind in Abb. 11.5-8 zusammengesetzt und zeigen den vollständigen Mähdrescher.

Eine Animation der Fahrerkabine, die Konstruktionsdaten und eine Dokumentation des Fallbeispiels befinden sich auf der beiliegenden CD-ROM.

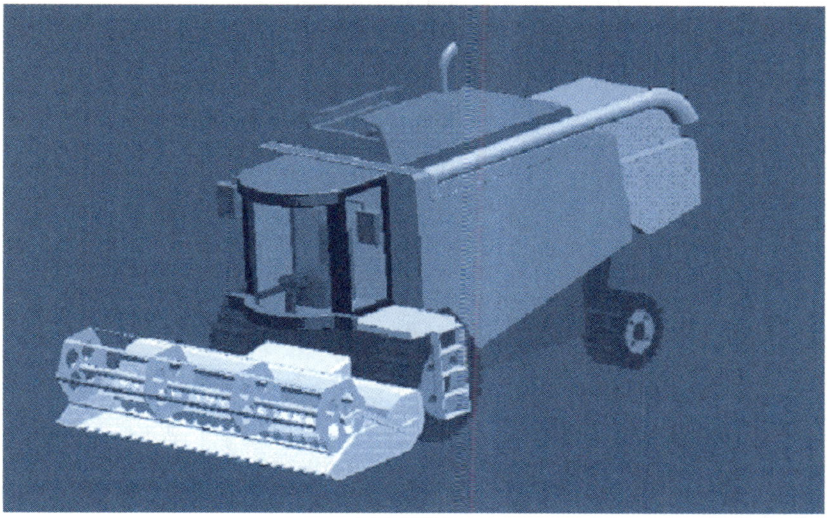

Abb. 11.5-8: Mähdrescher

3ds max™ Werkzeug für die Modellierung, Darstellung und Animation von 3D-Szenen.

Cinema 4D Werkzeug für die Modellierung, Darstellung und Animation von 3D-Szenen.

discreet™ Hersteller des 3D-Werkzeugs →3ds max™.

EDS Hersteller des 3D-Werkzeugs → Solid Edge®.

MAXON Hersteller des 3D-Werkzeugs → Cinema 4D.

Solid Edge® Werkzeug zur Konstruktion von 3D-Objekten.

Unigraphics → EDS

Die Programme 3ds max™ von discreet™, Cinema 4D von MAXON und Solid Edge® von EDS (Unigraphics) sind Werkzeuge, mit denen komplexe dreidimensionale Szenen oder Konstruktionen erstellt werden können. Alle Werkzeuge bieten dem Benutzer sehr vielfältige Möglichkeiten und sind leicht erlernbar.

Zu allen hier vorgestellten Werkzeugen befinden sich unter der jeweiligen Internetadresse und natürlich beim Kauf eines Produkts auf der Produkt-CD-ROM zahlreiche sehr gute Dokumentationen.

1 Lernziel: *Die vorgestellten Werkzeuge anwenden können.*
Installieren Sie eine oder mehrere der auf der beiliegenden CD-ROM enthaltenen Demoversionen der hier vorgestellten Werkzeuge auf Ihrem Computer und machen Sie sich anschließend mit den Grundfunktionen vertraut.

Kann-Aufgabe
Zeit 15 Min

2 Lernziel: *Die Fallbeispiele nachvollziehen können.*
Lesen Sie sich eine auf der CD-ROM befindliche Dokumentation zu einem Fallbeispiel Ihrer Wahl durch und versuchen Sie, dieses Fallbeispiel mit dem entsprechenden 3D-Werkzeug aufzurufen.

Muss-Aufgabe
Zeit 45 Min

Kann-Aufgabe
Zeit 30 Min

3 Lernziel: *Eine Konstruktionszeichnung erstellen können.*
Versuchen Sie mit Solid Edge® eine Konstruktionszeichnung eines technischen Objekts zu erstellen.

12 Anwendung – 3D im Internet

- Wissen, wie die Grafikbibliothek DirectX® aufgebaut ist.
- Wissen, welche Funktionen die Grafikbibliothek DirectX® zur Verfügung stellt.
- Wissen, wie im *FlashPix*-Format Bilddaten abgespeichert sind.
- Die Unterschiede zwischen SVG und *Flash* verstehen.
- Verstehen, wie SVG-Dateien aufgebaut sind.
- Die Unterschiede zwischen *FlashPix* und anderen Bilddateiformaten verstehen.
- Bilder mit SVG erstellen können.

wissen

verstehen

anwenden

- Grundlegende Kenntnisse der in den Kapiteln 7 bis 10 vorgestellten Grafikbibliotheken und Programmiersprachen sollten vorhanden sein, sind aber nicht zwingend notwendig.

12.1 Einführung

Während vor gut zehn Jahren die Erzeugung von 3D-Grafiken noch eine Aufgabe für Spezialrechner war, die in Forschungslaboratorien standen, so ist es in den letzten Jahren der kontinuierlichen Leistungssteigerung der Hardware und der zunehmenden Nutzung des Internets zu verdanken, dass die 3D-Computergrafik auch in den heimischen PC-Bereich Einzug gehalten hat.

Grafikprogrammierung

Die Weiterentwicklung der Grafikprogrammierung hat durch diese verbesserten Rahmenbedingungen einen erheblichen Schub erhalten. Deutlich dazu beigetragen haben auch die Fortschritte im Bereich der Softwareentwicklung, wie z.B. das 2D- und das 3D-API (vgl. Kap. 7 und 9) der Programmiersprache Java oder auch die basisorientiertere Grafikprogrammierung mit dem Standard OpenGL (vgl. Kap. 8) in den Programmiersprachen C und C++. Trotz dieser beachtlichen Fortschritte schien die Entwicklung von virtuellen Welten aufgrund zu geringer Rechnerleistung Mitte der 1990er Jahre ins Stocken zu geraten. Mittlerweile ist auch dies überwunden und Sprachen wie VRML bzw. X3D (vgl. Kap. 10) gehört die Zukunft. Professionelle 3D-Werkzeuge (vgl. Kap. 11) werden immer leistungsfähiger und günstiger, so dass auch hier die Nachfrage steigt. Anwendungen, wie z.B. Computerspiele, Architekturprogramme für Bauherren oder Designsoftware zur Animation der eigenen Internetseite liefern mittlerweile eine brauchbare Qualität bei einer hohen Darstellungsgeschwindigkeit.

Anwendungsgebiete

Mögliche Anwendungsgebiete für die Grafikprogrammierung gibt es schon heute mehr als genug: An erster Stelle steht sicherlich die Anforderung nach der multimedialen Aufbereitung von Daten mit all ihren Ausprägungen. Aber auch der Maschinenbau, die Architektur und der kaum überschaubare Markt der Computerspiele liefern ein breites Spektrum für diese Anwendungen, deren Möglichkeiten heute noch nicht ausgeschöpft sind.

Unter dem Begriff ‚3D im Internet' subsumieren sich somit breit gefächerte Anwendungsgebiete, wie etwa das virtuelle 3D-Kaufhaus, in dem die potenziellen Käufer die Ware von allen Seiten betrachten können. Verteilte Anwendungen, wie z.B. das über das Internet spielbare Schachspiel, runden die vielfältigen Möglichkeiten ab.

Die in den Kapiteln 7 bis 11 vorgestellten Grafikbibliotheken, Sprachen und Werkzeuge können bereits für 3D-Anwendungen im Internet genutzt werden, haben aber aufgrund ihres Umfangs in jeweils eigenen Kapiteln genügend Platz zur ausführlichen Vorstellung erhalten. In diesem Kapitel werden in Ergänzung dieser Thematik zum Abschluss noch weitere Techniken aufgezeigt.

12.2 DirectX®

Die Firma Microsoft® stellte erstmals 1995 eine Sammlung von Bibliotheken unter dem Namen **DirectX®** vor, die die Programmierung von Multimedia-Anwendungen jeglicher Art vereinfachen sollte. Seit dieser Zeit weist diese Sammlung von Bibliotheken eine rasante Entwicklung auf: bereits im März 1996 wurde DirectX 2.0 veröffentlicht, im September desselben Jahres DirectX 3.0. Nur ein Jahr später folgte DirectX 5.0. Der Trend der jährlichen Erweiterung hält fast ungebrochen an, so dass zur Zeit die Version 9.0 verfügbar ist. Ziel der Veröffentlichung dieser Bibliotheken ist es, eine standardisierte Schnittstelle für alle Windows®-Betriebssysteme bereitzustellen, um den Entwicklern einen einfachen Zugang zur Fülle der durch Windows® unterstützten Hardwarekomponenten zu verschaffen.

Diesem Anspruch wird DirectX® gerecht, indem die Grafikbibliothek als Mittler zwischen der Hardware des Systems und der Anwendungs-Software arbeitet. Dies geschieht über eine eingeschobene Abstraktionsschicht, der so genannten *Hardware Abstraction*

Layer (HAL), die durch Software-Treiber die einzelnen Geräte anspricht. Sollte das angesprochene Gerät eine gewünschte Funktion von Seiten der Hardware nicht unterstützen können, so wird diese Funktion über die *Hardware Emulation Layer* (HEL) per Software ausgeführt. Der Programmierer benutzt also lediglich die Funktionen von DirectX®, ohne sich mit den Besonderheiten einzelner Produkte auseinandersetzen zu müssen. Der Zugriff auf die Hardware erfolgt nur durch DirectX®, das direkten Zugang zur Hardware hat. Abb. 12.2-1 gibt einen Überblick über den Aufbau der Bibliothek und ihre Abstraktionsschichten.

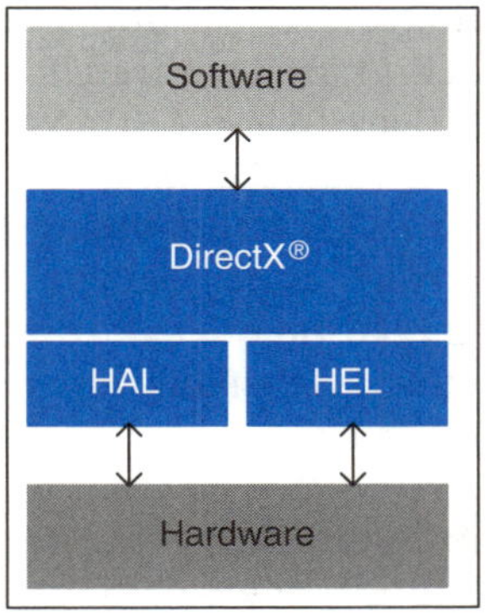

Abb. 12.2-1: Schematischer Aufbau von DirectX®

Die Basisfunktionen von DirectX® werden in unterschiedlichen Funktionsmodulen verwaltet und sind in Abb. 12.2-2 schematisch dargestellt.

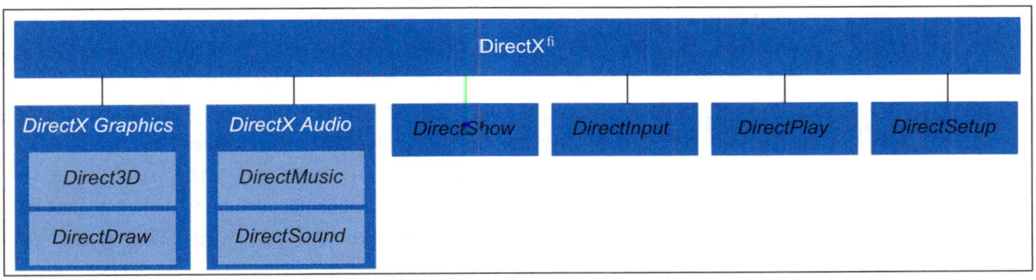

Abb. 12.2-2: Schematischer Aufbau der Funktionsmodule von DirectX®

Durch Benutzung dieser Funktionsmodule können Multimedia-Anwendungen einfach und effektiv auf sämtliche Hardware und ihre speziellen Funktionen zugreifen. Beispielsweise können auf diese Weise viele unterschiedliche Grafikkarten unterstützt oder auch Funktionen eines geeigneten Eingabegeräts in Spielen einfach angesteuert werden. Vor Einführung von DirectX® war dies aufgrund fehlender Standards ein großes Problem. Viele Anwendungen und Spiele mussten ihre eigenen Treiber für sämtliche Grafikkarten, Audiokarten und andere Hardware mitliefern.

Die einzelnen Module aus Abb. 12.2-2 haben folgende Bedeutung:

DirectX® Graphics

Die Komponente DirectX® *Graphics* beinhaltet die beiden Funktionsmodule *DirectDraw* und *Direct3D*.

DirectDraw

DirectDraw ist für die Grundfunktionen der 2D-Grafik des Rechners verantwortlich. Dabei verwaltet es selbstständig den Bildspeicher der Grafikkarte. Sämtliche Einstellungen, wie die Bildwiederholrate, die Farbtiefe oder die Auflösung des Bildes, sind über diese Schnittstelle erreichbar. Zusätzlich können auch verschiedene Effekte, wie z.B. Transparenz, erzeugt werden.

Direct3D

Direct3D beinhaltet die Funktionen der 3D-Grafik und ermöglicht einen geräteunabhängigen Zugriff auf die Hardware. Die Darstellung erfolgt abhängig von der installierten Grafikkarte über Software-Emulation oder Hardwarebeschleunigung. Diese Schnittstelle unterstützt viele Funktionen, auf die nachfolgend noch genauer eingegangen wird.

DirectSound

DirectSound stellt grundlegende Audio-Funktionen bereit, die die Aufnahme und Wiedergabe vieler Audioformate unterstützen. Dabei können sowohl mehrere Quellen gleichzeitig abgespielt als auch verschiedene Effekte benutzt werden.

DirectMusic

DirectMusic verwendet nicht wie *DirectSound Wave*-Daten zur Beschreibung eines Klanges, sondern MIDI-Daten, die lediglich die Eigenschaften, wie z.B. Tonhöhe, Tempo oder Lautstärke, beschreiben. Zur Klangerzeugung wird ein *Synthesizer* verwendet, der die Daten aus der Beschreibungssprache in Klänge wandelt und an das Ausgabegerät sendet. In Spielen wird diese Art der Klangerzeugung nur noch selten genutzt, da neuere Rechner mittlerweile über ausreichend Arbeitsspeicher und Rechenkapazität verfügen, um Geräusche und Musik direkt über *Wave*-Daten wiederzugeben.

DirectX® Audio

Die Audiofunktionsmodule *DirectSound* und *DirectMusic* werden in der Komponente *DirectX® Audio* zusammengefasst.

DirectShow

DirectShow stellt Funktionen zur Wiedergabe und Aufnahme von Multimedia-Datenströmen bereit. Dabei kann es mit vielen verschiedenen Audio- und Videoformaten, wie MPEG, AVI, MP3 oder WAV umgehen. Video-Aufnahmen werden über das *Windows Driver Model* (WDM) oder über das ältere *Video for Windows* (VFW) realisiert. *DirectShow* vereinfacht die Anwendung der häufig benutzten Funktionen, wie z.B. Wiedergabe, Aufnahme und auch Konvertierungen zwischen verschiedenen Formaten. Typische Anwendungen sind deshalb DVD- oder MP3-Geräte.

DirectInput

DirectInput enthält Funktionen für sämtliche Eingabegeräte. So werden Tastaturen, Mäuse, *Trackballs*, *Gamepads* und *Joysticks* über diese Schnittstelle mit der Anwendungssoftware verbunden. Die Kommunikation zwischen Hardware- und Softwareebene geschieht hier direkter und deshalb schneller als über den üblichen Windows®-Treiber, der auf Nachrichten basiert. Sonderfunktionen, wie *Force-Feedback*-Effekte bei der Ansteuerung eines *Joysticks*, die bidirektionale Kommunikation erfordern, sind durch die bereitgestellten Funktionen für den Programmierer ebenfalls einfach realisierbar.

DirectPlay

DirectPlay ist eine Schnittstelle zum Austausch von Daten zwischen zwei Rechnern, die z.B. bei Netzwerkspielen verwendet wird.

Dabei werden nicht nur TCP/IP-Netzwerke, sondern auch IPX oder Verbindungen über serielle Kabel unterstützt. Zukünftige Standards, wie z. B. Ipv6, können einfach erweitert werden. Dieser medienunabhängige Aufbau kommt dem Programmierer zu Gute, da dieser sich nicht mit den Details der Netzwerkkommunikation auseinandersetzen muss.

DirectSetup verwaltet die DirectX®-Installation und überprüft die einzelnen Komponenten des Systems. Sind neuere Versionen von einer oder mehreren Komponenten vorhanden, so werden diese bei Bedarf durch *DirectSetup* installiert. *DirectSetup*

Zur besseren Einordnung der Leistungsfähigkeit und des Funktionsumfangs von DirectX® werden an dieser Stelle einige 3D-Funktionen beispielhaft beschrieben. Sie befinden sich im Modul *Direct3D*, welches seit der Version 2 von DirectX® zur Bibliothek gehört. Zunächst beschränkte sich der Umfang auf die elementare 3D-Grafik. Mit der Zeit wurden (und werden immer noch) viele Verfahren in *Direct3D* integriert, um die Qualität der Darstellung zu verbessern. Dabei sind es meist die Hersteller von Grafikkarten, die die notwendige Vorarbeit leisten, bis ein Verfahren Einzug in diese Sammlung hält.

Multitexturing wird erstmals seit Version 6 von DirectX® unterstützt. Dieses Verfahren ermöglicht es, eine Fläche mit mehreren Texturen zu belegen. Durch die Überlagerungen kann z.B. der Einfluss einer Lichtquelle auf einen Untergrund simuliert werden. Wird eine Textur mit Ihren Grauabstufungen für die Helligkeitsverhältnisse der Fläche benutzt, werden diese Texturen als *Light-Maps* bezeichnet. *Multitexturing*

Eine andere Art von *Multitexturing* ist das *Bump Mapping*. Anstelle von Lichtverhältnissen werden bei diesem Verfahren Strukturen simuliert. Oberflächen erscheinen z.B. nicht mehr glatt, sondern rauer und somit natürlicher. Auch hierzu wird wieder eine eigene Textur benutzt, die die Höhen und Tiefen einer Fläche durch verschiedene Graustufen darstellt.

Ebenfalls in Version 6 wurde die Kompression von Texturen eingeführt. In früheren Versionen konnte entweder eine niedrig oder eine hoch auflösende Textur ausgewählt werden. Wird ein Objekt mit einer Textur belegt, die eine niedrige Auflösung hat, so sinkt die Detailtreue, je näher man an das Objekt herankommt. Bei einer hochauflösenden Textur ist zwar eine detailreiche Darstellung erreichbar, jedoch beansprucht diese sehr viel Speicherplatz. Durch Anwendung des Verfahrens der Texturkompression kann man komplexe Szenen erstellen, die trotz einer hohen Detailtreue den Speicher nicht voll auslasten. Texturkompression

Stehen durch eine Animation bedingt Objekte einer Szene in unterschiedlichen Winkeln zueinander, können bei der Darstellung *Vertex Blending* ungewollte Lücken entstehen. *Vertex Blending* (seit DirextX® Version 7) verhindert diese Effekte, indem es die Lücken durch Verschiebung der Eckpunkte einer Fläche schließt.

Cube Environment Mapping

Das *Cube Environment Mapping* wird zur realistischen Darstellung von Reflexionen benutzt. Um alle sechs Flächen eines Raumes (vorne, hinten, links, rechts, oben und unten) mit Texturen belegen zu können, wird dazu ein Würfel (engl. *cube*) verwendet. Die einzelnen Flächen werden auf das reflektierende Objekt abgebildet, das in der Mitte des Würfels liegt. Bewegt sich der Betrachter durch den Raum, so ändert sich auch die Reflexion. Dieser Effekt benötigt sehr viel Rechenkapazität, da für jedes Bild die Oberfläche des Objekts neu berechnet werden muss.

Transform & Lightning

Die Funktion *Transform & Lightning* wird von den aktuellen Grafikkarten seit DirectX® Version 7 unterstützt. Hierbei wird durch die *Transform & Lightning*-Eigenschaften des Chipsatzes der Hauptprozessor des Rechners (CPU) entlastet, da nun rechenintensive Operationen, wie z.B. die Transformation vom 3D-Weltkoordinatensystem in das 2D-Bildschirmkoordinatensystem, von der Grafikkarte übernommen werden.

Shader

Eine große Veränderung in der Grafikbibliothek brachte die Unterstützung von programmierbaren *Vertex-* und *Pixel-Shadern* in DirectX® Version 8. Mit diesen bekommt der Entwickler die Möglichkeit, grundlegende Änderungen auf geometrischer Ebene (*Vertex Shader*) und beim *Rendering* (*Pixel Shader*) an seinen Objekten vorzunehmen oder neue Funktionen hinzuzufügen bzw. zu programmieren.

Point Sprites

Seit Version 8 werden so genannte *Point Sprites* unterstützt. Das sind Objekte, die aus vielen gleichartigen Partikeln bestehen, wie z.B. Regen, Schnee, Funken oder aber auch Explosionen.

Displacement Mapping

Displacement Mapping (ab DirectX® Version 9) ist eine Weiterentwicklung von *Bump Mapping*. Allerdings werden hier strukturierte Oberflächen nicht mehr nur simuliert, sondern auch wirklich erschaffen. Die Verformung der Fläche geschieht dabei auf Basis von Texturen, ähnlich dem Verfahren des *Bump Mapping*. Der Vorteil liegt in dem geringen Speicherbedarf für das gesamte Objekt, durch den die Grafikkarte bei der Darstellung der Szene entlastet wird. Dies gilt vor allem für Szenen mit verschiedensten Oberflächen, wie z.B. große Landschaften, deren Erstellung hierdurch vereinfacht und optimiert wird.

Beispiel

Um einen Eindruck von DirectX® zu vermitteln, zeigt der folgende Ausschnitt aus einem Programmtext die Definition eines einfachen Vierecks. Hierzu können in DirectX® keine vordefinierten Grundkörper genutzt, sondern jedes Objekt muss über eine Punktmenge definiert werden:

```
// Definition eines Vektors mit 4 Elementen, in dem die Eckpunkte
// gespeichert werden
D3DVERTEX RechteckPunkte[4];

//Definition der Eckpunkte
D3DVECTOR punkt1(1.0f, 0.0f, 0.0f);
D3DVECTOR punkt2(5.0f, 0.0f, 0.0f);
D3DVECTOR punkt3(5.0f, 2.0f, 0.0f);
D3DVECTOR punkt4(1.0f, 2.0f, 0.0f);

// Koordinaten der Punkte werden im Array abgelegt
RechteckPunkte[0] = D3DVERTEX (punkt1, vNormal, 0, 0);
RechteckPunkte[1] = D3DVERTEX (punkt2, vNormal, 0, 0);
RechteckPunkte[2] = D3DVERTEX (punkt3, vNormal, 0, 0);
RechteckPunkte[3] = D3DVERTEX (punkt4, vNormal, 0, 0);

// Aufruf der Zeichnen-Funktion aus Direct3D
pd3dDevice -> DrawPrimitive(D3DPT_TRIANGLELIST, D3DFVF_VERTEX,
RechteckPunkte, 4, NULL);
```

Mit dem Konzept der Grafikbibliothek DirectX® wird dem Anwender aus Sicht der Grafikprogrammierung eine leistungsfähige Funktionssammlung zur Verfügung gestellt, welche die Palette der nutzbaren Bibliotheken sehr gut ergänzt. Es ist offensichtlich, dass die hier vorgestellten Funktionen beispielsweise für die Erstellung von Internetspielen, die auf verschiedenen Rechnern laufen, sehr gut verwendet werden können. Dem enormen Vorteil der Programmiersprachen-Unabhängigkeit steht allerdings der nicht zu unterschätzende Nachteil der Plattformabhängigkeit gegenüber. Da die Entwicklung von DirectX® proprietär von der Firma Microsoft betrieben wird, kann diese Bibliothekensammlung nur auf Windows®-Plattformen angewendet und genutzt werden. DirectX® hat sich vor allem in der Welt der Spieleprogrammierung durchgesetzt; bekannte Beispielanwendungen sind die Spiele Microsoft Flight Simulator, Unreal Tournament und Warcraft III.

www. microsoft.com

Die vollständige Bibliothek kann in der Version 9.0 auf den Internetseiten der Firma Microsoft® (`http://www.microsoft.com`) heruntergeladen werden.

12.3 Scalable Vector Graphics (SVG)

Pixel- vs. Vektorgrafik

Im Gegensatz zu den in Kapitel 5.2 beschriebenen Pixelgrafiken, in denen ein Bild durch seine einzelnen Bildpunkte beschrieben wird, definieren die so genannten **Vektorgrafiken** ein Bild durch mathematische Berechnungsvorschriften. Die Beschreibung kann als eine mathematische Wegbeschreibung nach der Anleitung »Gehe von hier nach dort« verstanden werden, ähnlich der Beschreibung eines Objekts durch seinen Pfad, wie z.B. im Java-2D-API (vgl. Kap 7.5.1).

Solche Vektorgrafiken benötigen gegenüber den Pixelgrafiken häufig wesentlich weniger Speicherplatz und sind deshalb eine beliebte Darstellungsart im Internet, die den Seiten häufig eine ansprechende Dynamik verleihen. Interaktive Anwendungen im *World Wide Web*, die nicht auf fotorealistische, sondern eher auf schematische Darstellungen angewiesen sind, wie z.B. Wetterberichte oder Straßenkarten, profitieren sehr von Vektorgrafiken.

Im Vergleich zu pixel-basierten Bildformaten wie JPG, PNG oder GIF speichern Vektorgrafiken nur die Beschreibung des Bildes mit Hilfe geometrischer Mittel. Dies hat den Vorteil, dass die Dateien sehr klein bleiben und somit wenig Bandbreite für sich beanspruchen. Die Prozessorlast ist jedoch hoch, da die Grafikdaten lokal interpretiert werden müssen. Das gilt zumindest für nicht binäre Formate, spielt aber heutzutage eher eine untergeordnete Rolle, da moderne Computer meist über eine ausreichend hohe Rechenleistung verfügen.

Lange Zeit gab es eigentlich nur ein weit verbreitetes Vektorformat im *World Wide Web*, das von den gängigen *Browsern* über *Plug-Ins* unterstützt wurde und von der Firma Macromedia unter dem Namen *Flash* noch immer sehr erfolgreich vertrieben wird. Seit kurzem versucht ein neues Format mit einem etwas anderen Ansatz dem unter dem Namen ***Scalable Vector Graphics*** (SVG) entgegen zu treten.

SVG vs. *Flash*

SVG ist ein sehr junger, vom W3C-Konsortium anerkannter Standard und existiert seit 2001. Nahezu alle namhaften Firmen der Computergrafikbranche, wie z.B. Corel, Adobe und Macromedia, haben zur Standardisierung beigetragen und beteiligen sich auch weiterhin an der Fortentwicklung.

Macromedia *Flash* hingegen wird seit 1996 von Internet-*Browsern* unterstützt und gilt mittlerweile als Quasi-Standard für Vektorgrafik-Darstellungen und -Animationen im Internet. *Flash*-Präsentationen werden üblicherweise mit geeigneten Autorensystemen, wie z.B. Macromedia *Flash*, erstellt. Das daraus hervorgehende proprietäre Dateiformat mit der Endung SWF wird durch die *Browser-Plug-Ins* ausgeführt. Der Entwicklungsstand von *Flash* ist aufgrund der langen Erfahrung ausgereift und beinhaltet alle gängigen Funktionen der Vektorgrafik.

Möglichkeiten von SVG

Dem Entwurf von SVG liegt die Intention zugrunde, einen in jeglicher Hinsicht offenen Standard für Vektorgrafiken zu schaffen. Die Erstellung der Vektorgrafik, der Aufbau des Dateiformats und die eigentliche Nutzung sollen für den Benutzer so transparent bleiben, dass es nicht unbedingt eines käuflich zu erwerbenden Autorensystems bedarf. Ein einfacher Text-Editor genügt, da das Dateiformat nicht binär sondern textbasiert ist.

Um diese Transparenz zu erreichen wird die *Extensible Markup Language* (XML, vgl. Kap. 10.9) verwendet. Damit können selbst komplizierte Animationen oder Effekte einfach beschrieben werden und sind leicht verständlich.

Durch die Verwendung der XML ist es außerdem möglich, dynamische Inhalte einzubeziehen. Vorstellbar sind beispielsweise Temperaturdaten, die aus einer Datenbank entnommen sind und aktuell in ein SVG-Bild integriert werden, oder aber digitale Straßenkarten, bei denen es je nach Vergrößerungsfaktor sinnvoll ist, bestimmte Informationen (wie z.B. Straßennamen) in einem Bild ein- oder auszublenden. Außerdem können auch Formatierungen, z.B. durch die *Extensible Stylesheet Language* (XSL) oder die *Cascading Style Sheets* (CSS), eingebunden werden, die den verschiedenen Grafiken ein einheitliches Aussehen geben.

Zur Animation von SVG-Grafiken wird die *Synchronized Multimedia Integration Language* (SMIL) verwendet. Die notwendigen Bewegungen sind zeitgesteuert. Dies steht im Gegensatz zu *Flash*, welches eine Animation durch Schlüsselbilder berechnet bzw. steuert. Der Nachteil dieser Art der Animation wird insbesondere bei älteren Rechnern deutlich, die bei Überlastung die Bewegungen nicht mehr in Echtzeit abspielen können. Das hat zur Folge, dass die Animation mit einer langsameren Geschwindigkeit ausgeführt wird. Zeitgesteuerte SVG-Animationen hingegen überspringen bei Auslastung der Rechenkapazität einfach Bilder, da der zeitliche Ablauf priorisiert wird. Die Animation läuft also unabhängig von der Art des Rechners gleich schnell ab.

SVG-Grafiken werden im Moment über den Umweg von *Plug-Ins* in die *Browser* integriert. Ziel ist es jedoch, das SVG-Format, ähnlich wie es bei HTML der Fall ist, so in die *Browser* zu integrieren, dass der Umgang damit stark vereinfacht wird.

Beispiel

Im weiteren Verlauf dieses Abschnitts wird ein Beispiel – die Erstellung des Logos der Fachhochschule Dortmund (vgl. Abb. 12.3-1) – fortlaufend beschrieben. Um dieses Beispiel nachvollziehen zu können, wird lediglich ein Text-Editor und ein entsprechendes *Plug-In* für das Betriebssystem vorausgesetzt. Dies reicht bereits aus, um den Aufbau einer SVG-Datei sowie grundlegende Funktionen des Standards zu verdeutlichen. Um Strukturen besser zu visualisieren, wurde das Autorensystem Jasc WebDraw 1.0 (vgl. Abb. 12.3-2) verwendet.

Abb. 12.3-1: Logo der FH-Dortmund

www.jasc.de

Weitere Informationen zu Jasc WebDraw können im Internet unter http://wwww.jasc.de eingesehen werden. Dort befindet sich auch eine Demoversion des Programms.

Eine SVG-Datei besteht wie eine VRML-Datei (vgl. Kap. 10.3) im Wesentlichen aus einem Kopf (*Header*), der Informationen über die Struktur der Datei liefert, und dem eigentlichen Inhalt, der Beschreibung der Grafik. Der *Header* weist auf die verwendete Sprache XML und deren für diese Datei verwendete Version hin. Dadurch wird außerdem festgelegt, dass die folgenden Daten eine SVG-Grafik beschreiben und die Referenzinformationen des W3C angeben. Die eigentliche Bildbeschreibung befindet sich im <svg>-*Tag*. In diesem Beispiel besitzt das Bild eine Größe von 500 x 200 Bildpunkten. Wie aus Beschreibungssprachen wie z.B. HTML bekannt ist, werden einzelne Strukturen mit einem Schrägstrich (/) wieder geschlossen, wie z.B. beim <svg>-*Tag* und dem </svg>-*Tag*.

Beispiel

Als Quelltext für den *Header* ergibt sich damit für das Beispiel des FH-Logos aus Abb. 12.3-1:

Quelltext:

```
<?xml version="1.0"?>
<!DOCTYPE svg PUBLIC "-//W3C//DTD SVG 1.0//EN"
    "http://www.w3.org/TR/2001/REC-SVG-20010904/DTD/svg10.dtd">
<svg width="500" height="200">
</svg>
```

Der eigentliche Inhalt der Datei fehlt noch und wird im Folgenden schrittweise ergänzt.

Bei der Ausführung wird eine SVG-Datei von Anfang bis Ende interpretiert und Strukturen in ihrer beschriebenen Reihenfolge abgearbeitet und gezeichnet.

SVG arbeitet mit einer hierarchischen *Document Object Model* -Struktur (DOM-Struktur), die eine gute Übersichtlichkeit schafft und die Abhängigkeiten zwischen den einzelnen Bereichen des Dokuments anschaulich beschreibt. Außerdem können Grundformen, wie z.B. Linien, Rechtecke oder Kreise, verwendet werden.

Beispiel

Für das obige Beispiel wird ein Rechteck beschrieben, das in der Mitte der Grafik erscheint. Es ergibt sich der folgende Quelltext:

Quelltext:

```
<?xml version="1.0"?>
<!DOCTYPE svg PUBLIC "-//W3C//DTD SVG 1.0//EN"
   "http://www.w3.org/TR/2001/REC-SVG-20010904/DTD/svg10.dtd">
  <svg width="500" height="200">
    <rect x="10" y="10" width="480" height="180"/>
  </svg>
```

Der Abstand des Rechtecks zum Rand des Ausgabefensters beträgt nun an jeder Seite 10 Punkte. Um es mit einer Farbe zu füllen, wird der Quelltext um die Angabe des Füllmodus erweitert:

Quelltext:

```
  <svg width="500" height="200">
    <rect x="10" y="10" width="480" height="180"
        style="fill:rgb(255,127,0)"/>
  </svg>
```

Im Quelltext ist zu erkennen, dass die Angabe einer Farbe im RGB-Modell (vgl. Kap. 5.2) durchgeführt wird.
Der im Rechteck enthaltene Text »Fachhochschule Dortmund« soll zweizeilig erscheinen. Die für dieses Beispiel verwendete Version 1.0 des SVG-Standards beinhaltet noch nicht den Umgang mit mehrzeiligen Texten, so dass zwei einzelne Textobjekte zu erstellen und zu positionieren sind:

Quelltext:

```
  <svg width="500" height="200">
    <rect x="10" y="10" width="480" height="180"
        style="fill:rgb(255,127,0)"/>
    <text x="30px" y="75px" style="fill:rgb(255,255,255);
          font-size:50;
          font-family:Arial">Fachhochschule</text>
    <text x="30px" y="125px" style="fill:rgb(255,255,255);
          font-size:50;
          font-family:Arial">Dortmund</text>
  </svg>
```

Die x- und y-Werte beziehen sich auf die Positionsangaben absolut zum gesamten Dokument. Werden mehrere Eigenschaften für die Beschreibung eines Objekts verwendet, so trennt man sie mit einem

Semikolon. Die Füllung der beiden Textobjekte ist mit dem RGB-Wert (255, 255, 255) auf Weiß gesetzt.
Da die beiden Objekte sich im Laufe der Erstellung nicht mehr in ihrer Position relativ zueinander verändern, können die Texte gruppiert werden. Dazu sind die <text>-*Tags* in einen <g>-*Tag* einzuschließen:

Quelltext:

```
<g>
  <text x="30px" y="75px" style="fill:rgb(255,255,255);
        font-size:50;
        font-family:Arial">Fachhochschule</text>
  <text x="30px" y="125px" style="fill:rgb(255,255,255);
        font-size:50;
        font-family:Arial">Dortmund</text>
</g>
```

Das *<g>-Tag* kann für alle Elemente verwendet werden, die in einer Gruppe zusammengefasst werden sollen. Nun ist noch das dritte Textobjekt »University of Applied Sciences« in schwarzen Buchstaben hinzuzufügen:

Quelltext:

```
<text x="30px" y="160px" style="fill:rgb(0,0,0);
      font-size:28;font-family:Arial">
      University of Applied Sciences
</text>
```

In diesem Beispiel wird die Standard-Schriftart »Arial« verwendet. Nach Bedarf ist auch jede beliebige Schriftart direkt integrierbar. Dies vergrößert zwar die Datei, führt aber dazu, dass der Text der Grafik mit jedem Betriebssystem und *Browser* identisch dargestellt wird.
Um die Erstellung des Bildes abzuschließen, wird die Textgruppe noch um einen *Hyperlink* ergänzt, der mit der Internetseite der Fachhochschule Dortmund verknüpft ist. Dazu wird das <a>-*Tag* (engl. *anchor* = Anker) verwendet, welches den entsprechenden Verweis enthält.

Quelltext:

```
<a xlink:href="http://www.fh-dortmund.de">
<g>
   <text x="30px" y="75px" style="fill:rgb(255,255,255);
        font-size:50;
```

Quelltext (Forts.):

```
        font-family:Arial">Fachhochschule</text>
    <text x="30px" y="125px" style="fill:rgb(255,255,255);
        font-size:50;
        font-family:Arial">Dortmund</text>
  </g>
  </a>
```

Damit sind die Objekte des Logos positioniert und verlinkt. In Abb. 12.3-2 ist die hierarchische Struktur des Dokuments dargestellt.

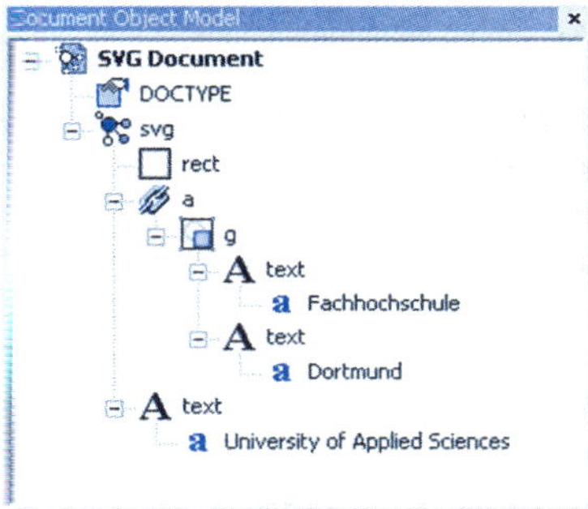

Abb. 12.3-2: Hierarchische Struktur der SVG-Datei

Um 3D-Effekte simulieren zu können, bietet die SVG eine Reihe von Filtern an. Solche Filter sind vorteilhaft, da mit ihnen anschauliche Effekte erzielt werden können und die Berechnung sehr schnell ist (vgl. Kap. 7.9). Die Reihe von Farb- und Lichteffekten müssen für die Datei in einem eigenen <defs>-*Tag* beschrieben werden. Diese <defs>-*Tags* werden nicht chronologisch abgearbeitet, sondern zu Beginn der Darstellung interpretiert.

Beispiel

Der folgende Bereich des <defs>-*Tags* kann beliebig innerhalb des <svg>-*Tags* platziert werden. Er enthält die Angaben zur Erstellung eines *Glow*-Effekts, der eine Art Schattenwirkung simuliert, die durch das Anstrahlen der Buchstaben von hinten erzeugt wird.

Quelltext:

```
<defs>
 <filter id="Glow" filterUnits="objectBoundingBox"
  x="-10%" y="-10%" width="150%" height="150%">
   <feMorphology in="SourceAlpha' result="morphedAlpha"
                 radius="3" operator="dilate"/>
   <feGaussianBlur in="morphedAlpha" result="blurredAlpha"
                   stdDeviation="3"/>
```

Quelltext (Forts.):

```
    <feFlood result="flooded" style="flood-color:rgb(0,0,0);
             flood-opacity:1"/>
    <feComposite operator="in" in="flooded" in2="blurredAlpha"
                 result="coloredShadow"/>
    <feComposite in="SourceGraphic" in2="coloredShadow"
                 operator="over"/>
  </filter>
 </defs>
```

Dieser Effekt wird von dem Rechteck des FH-Logos referenziert und umgibt dieses an jeder Seite. Alternativ kann der Name des Effekts auch über einen Link aus dem *Style-Tag* des Rechtecks angegeben werden:

Quelltext:

```
  <rect x="10" y="10" width="480" height="180"
     Style="filter:url(#Glow);fill:rgb(255,127,0)"/>
```

Weitere Effekte für andere Objekte werden hinzugefügt, indem im schon vorhandenen <defs>-*Tag* zusätzliche Filter eingefügt werden, die auf die gewünschten Objekte zeigen. Dabei ist es auch möglich, dass ein Effekt auf mehrere Objekte angewendet werden kann.
Abschließend soll das dritte Textobjekt animiert werden, so dass die Schrift von links nach rechts und wieder zurück wandert. Dazu wird zunächst ein *<animateTransform>-Tag* definiert, in dem die Art der Bewegung festgelegt wird:

Quelltext:

```
  <text x="30px" y="160px" style="fill:rgb(0,0,0);
      font-size:28;
      font-family:Arial">University of Applied Sciences
  <animateTransform attributeName="transform" begin="0s"
      dur="3s" fill="freeze" calcMode="linear" from="0 0"
      to="75 0" type="translate" additive="sum"/>
  <animateTransform attributeName="transform" begin="3s"
      dur="3s" fill="freeze" calcMode="linear" from="0 0"
      to="-75 0" type="translate" additive="sum"/>
  </text>
```

Die Felder *from* und *to* beinhalten die x- und y-Position des Objekts vor und nach der Animation. Da SVG anders als *Flash* zeitgesteuert arbeitet, wird die Zeit für *begin* und *dur* (engl. *duration* = Dauer) in Sekunden angegeben. Die Animation beginnt nach drei Sekunden und jede Wegstrecke benötigt eine Zeit von drei Sekunden.

Ähnlich wie bei der Modellierungssprache X3D (vgl. Kap. 10.9) scheint durch die Verwendung von XML auch mit der Vektorgrafik SVG ein offener Standard auf den Weg gebracht worden zu sein, der die Zukunft der Grafikprogrammierung stark beeinflussen und vereinfachen wird. Ein weiteres anschauliches Fallbeispiel für die Verwendung von SVG-Grafiken befindet sich in Abschnitt 12.5.

12.4 FlashPix

FlashPix ist eine auflösungsunabhängige Bild- und Datei-Architektur, die aus einer Kooperation der Firmen Microsoft, HewlettPackard, Live Picture, Apple, Canon, IBM und Intel unter der Führung der Firma Kodak im Juni 1996 hervorging. Die Triebfeder dieser Entwicklung eines neuen Standards für die digitale Bildspeicherung, der sowohl im Hardware- als auch im Software-Bereich einsetzbar ist, war der Wunsch, Bilder auch fernab des eigentlichen Speicherortes über das Internet bearbeiten zu können.

Konzept

Im Konzept von *FlashPix* werden sechs wichtige Prinzipien und Vorgehensweisen der Computertechnologie, der Farbenlehre und der Bildverarbeitung zusammengefasst:

- **Hierarchische Speicherung der Bilddaten**
  Im Zentrum der Entwicklung des neuen Formats steht das Prinzip der hierarchischen Speicherung von Bilddaten. Damit soll eine Lücke geschlossen werden, die gerade bei der Nutzung des *World Wide Web* deutlich wurde: Der Standard für Bilddaten im Internet beschränkt sich auf wenige Formate. Diese weisen zwar unterschiedliche Ansätze auf, aber sie speichern ihre Informationen immer noch mit einer bestimmten Auflösung und sind damit recht unflexibel. Mit diesen Formaten ist es schwer möglich, hochauflösende Darstellungen über die begrenzte Bandbreite des Internetzugangs zügig zu übertragen. Genau hier setzt das *Flash-Pix*-Format an. Es erlaubt eine maximale Auflösung von vier Milliarden Pixeln (= 2^{32}), so dass die Grenzen eher von den Aufnahmesystemen als von dem Format erreicht werden, und speichert die Bilddaten – ähnlich dem Photo-CD-Format (PCD) – hierarchisch in mehrere Auflösungsstufen ab, so wie in Abb. 12.4-1 dargestellt. Somit kann eine *FlashPix*-Datei für jede Anwendung die richtige Auflösung bereitstellen:
  Bei der reinen Ansicht werden nur die für die Darstellung benötigten Daten mit einer niedrigen Auflösung übertragen. Wenn der Anwender einen Teil des Bildes vergrößern will, wird eine höhere Auflösung verwendet, so dass selbst bei starker Vergrößerung noch eine detailgetreue Darstellung möglich ist. Aufgrund der Hierarchisierung, die über feste rechnerische Konzepte definiert ist, können Vergrößerungen und Verkleinerungen sehr schnell angezeigt werden.

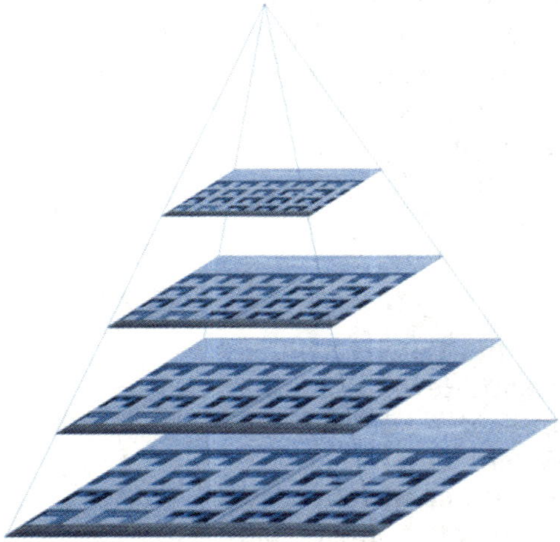

Abb. 12.4-1: Hierarchie des FlashPix-Formats

Abb. 12.4-2: Ausschnittsvergrößerung JPEG (li) vs. FlashPix (re)

Abb. 12.4-2 zeigt im oberen Bereich die Auswahl eines Bildausschnitts des Gebäudes der FH-Dortmund. Die unten links stehende Vergrößerung zeigt den Ausschnitt im JPEG-Format sehr unscharf. Rechts daneben erscheint die Vergrößerung in einem unter dem *FlashPix*-Format gespeicherten Bild hingegen gestochen scharf.

- **Aufteilung des Bildes in zellenartige Strukturen**
  Das *FlashPix*-Format teilt das Bild zusätzlich in viele kleine Teilbilder auf. Diese so genannten Kacheln (*tiles*) haben eine Größe von 64 x 64 Bildpunkten. Aus jeweils vier Bildpunkten entsteht ein neuer Bildpunkt in der darunter liegenden Auflösungsebene. So wird immer nur derjenige Teil des Bildes übertragen, der im ausgewählten Ausschnitt liegt. Dieses Prinzip schont die Bandbreite der Verbindung und erreicht im Vergleich zu gängigen Formaten eine drastische Verkürzung der Ladezeit.
- **Optionale Komprimierung mit verschiedenen Verfahren**
  JPEG-Bilder sind sehr gut komprimiert. Ihr geringer Speicherbedarf ist somit ideal für eine Übertragung mit geringer Bandbreite geeignet. Allerdings ist dieses Kompressionsverfahren verlustbehaftet, d.h. ein optimiertes JPEG-Bild zur Bildschirmausgabe ist nicht für den professionellen Ausdruck geeignet, da die ursprüngliche Qualität nicht zurückberechnet werden kann. Dies gilt z.B. für JPEG-Bilder, die auf Internetseiten dargestellt werden. Das GIF-Format benutzt eine verlustfreie Komprimierung. Selbst kleine Animationen – in Form von Einzelbildern – können präsentiert werden. Allerdings beschränkt sich dieses Format auf eine Farb-

tiefe von 8 Bit, so dass maximal 256 Farbtöne gespeichert werden können. Sowohl JPEG als auch GIF sind keine frei verfügbaren Verfahren. Ihre Benutzung bedarf der Lizensierung.

Bei *FlashPix*-Dateien erfolgt die Komprimierung nicht mehr für das gesamte Bild, sondern für jede einzelne Kachel. Dabei kann zwischen folgenden Verfahren ausgewählt werden: *Uncompressed, Single Color Compression* und JPEG *Compression*. Auf diese Weise können beispielsweise wichtige Bildteile gar nicht und unwichtige Teile sehr stark komprimiert werden, um eine optimale Darstellung bei gleichzeitig schnellen Ladezeiten zu erhalten.

- **Anwendung der Farbstandards PhotoYCC und sRGB**
  Während das Farbsystem PhotoYCC das Farbsystem der Photo-CD ist, mit dem die Bilddaten unabhängig vom Ausgabegerät eindeutig beschrieben werden können, stellt das sRGB-System ein für die Internetnutzung kalibriertes RGB-Farbsystem dar, das von den Firmen Microsoft und HP 1996 für die Darstellung von Bildern auf Farbmonitoren entwickelt wurde. Da der PhotoYCC-Farbraum wesentlich mehr Farbstufen abbilden kann als der sRGB-Raum, kann eine Abbildung nur vom Photo-YCC-System in das sRGB-System und nicht umgekehrt erfolgen. Trotz der Anwendung von Farbstandards können *FlashPix*-Dateien somit völlig unterschiedliche Farbeigenschaften aufweisen.
- **Objektorientierte Speicherung**
  Die Speicherung der Bilddaten einer *FlashPix*-Datei (*.FPX) erfolgt nach dem Containerprinzip, das eine eigene Form der Dateiorganisation darstellt. Neben den eigentlichen Bilddaten werden die zwischen den einzelnen Bildpunkten bestehenden Verknüpfungen und Pfade gespeichert. Dazu werden die Bildkomponenten (*streams*) in virtuellen Verzeichnissen (*storages*) abgespeichert. Diese Art der Speicherung basiert auf der *Object Linking and Embedding-Struktur* (OLE-Struktur) von Microsoft und ist daher nicht nur mit OLE II sondern auch mit dem OpenDoc-Standard von HP kompatibel.
- **Speicherung von Beschreibungs- und Bearbeitungsdaten**
  Weiterhin vereinfachen in das Format integrierte Meta-Daten, wie z.B. Autoren- und Copyright-Notizen oder auch Angaben zum *Advanced Photo System* (APS), den Umgang mit den Bilddaten.

Zusätzlich werden alle Bearbeitungsschritte (*Viewing Parameter*) gespeichert. Hierbei wird davon ausgegangen, dass jeder einzelne Bearbeitungsschritt lediglich eine veränderte Sichtweise auf den ursprünglichen Bilddatenbestand darstellt. Erst bei der Ausgabe des Bildes werden die gespeicherten Bearbeitungsschritte hintereinander ausgeführt. Somit kann der Ausgabeprozess – so wie beim *PostScript*-Verfahren – an die Auflösung und Besonderheiten des jeweiligen Ausgabegeräts angepasst werden.

Nachteil

Der Nachteil des *FlashPix*-Formats liegt in der eigentlichen Dateigröße. Die Speicherung der verschiedenen Auflösungen benötigt verhältnismäßig viel Platz auf dem Datenträger, womit *FlashPix* nicht unbedingt für ältere Computer-Generationen geeignet ist.

Zur Ansicht ist das Format aus den oben beschriebenen Gründen der Aufteilung in einzelne Kacheln bestens für alle Rechner geeignet.

Wie aus den *Client/Server*-Umgebungen bekannt ist, kann für dieses Format das Prinzip der Lastenverteilung verwendet werden, so dass die Berechnung des Bildes häufig nicht auf einen Rechner beschränkt ist. Durch die bewusste Trennung der Datenrate bei Ansicht und Speicherung des Bildes eignet sich das Format sehr gut für anspruchsvolle Grafiken im Web, die genauer betrachtet werden sollen bzw. wollen, wie z.B. Straßenkarten mit einer hohen Detailauflösung, komplexe Landschaften oder Produkte.

Praxis

In der Praxis gestaltet sich die Verwendung des FPX-Formats nicht ganz so einfach, wie man es von anderen Formaten gewöhnt ist. Die Erstellung von *FlashPix*-Dateien geschieht über eine beliebige Bildbearbeitungssoftware. Alle gängigen Programme, wie z.B. Adobe Photoshop®, Corel Photo Paint® oder Paint Shop Pro®, verfügen über Filter sowohl für den Im- als auch für den Export.

www.IseeMedia.com

Die Ansicht über einen *Browser* im Internet ist ebenfalls leicht zu erreichen, wenn das Bild serverseitig erfasst wurde. Ein so genannter *Zoom-Server*, der z.B. unter `http://www.IseeMedia.com` erhältlich ist, sorgt dafür, dass Anfragen an ein Bild umgesetzt werden und der entsprechende Ausschnitt gesendet wird. Einige *Webhoster* bieten in ihren Paketen die Funktionen eines solchen Servers zusätzlich an. In diesem Fall wird eine FPX-Datei, ähnlich wie andere Bilddateien, entweder mit dem <img>-*Tag* in den HTML-Quelltext eingebunden, oder es wird z.B. ein Java-*Applet* benutzt, in dessen Parametern die Position des Bildes festgelegt wird.

Fazit

Das Dateiformat *FlashPix* kann und will bestehende Grafik-Formate nicht ersetzen. Trotz hochleistungsfähiger Rechner und immer mehr Anschlüssen mit DSL-Technik bei den Anwendern ist es noch immer sinnvoll, Bandbreite einzusparen und nur diejenigen Informationen zu senden, die der Kunde zur Laufzeit braucht. Das Prinzip »So wenig wie möglich, so viel wie nötig« erreicht durch *FlashPix* gerade im Internet neue Bereiche, die nun anwenderfreundlicher gestaltet werden können. Durch die Schaffung eines geräteunabhängigen Ausgabestandards wird das *FlashPix*-Format schon heute als das PostScript-Format der PC-Fotografie bezeichnet.

12.5 Fallbeispiel – SVG

Auf der beiliegenden CD befindet sich das Fallbeispiel SVG_Animation. In diesem Beispiel werden mehrere kleine SVG-Anwendungen über die HTML-Seite `Fallbeispiel_svg.html` zur Auswahl angeboten.

Das Beispiel »FH-Morphing« definiert zunächst einen Schriftzug bestehend aus den Buchstaben »F« und »H«, der anschließend durch Animation in den Grundriss des Gebäudes der FH-Dortmund überführt wird. Abb. 12.5-1 zeigt v.l. n. r. den Ablauf der Animation.

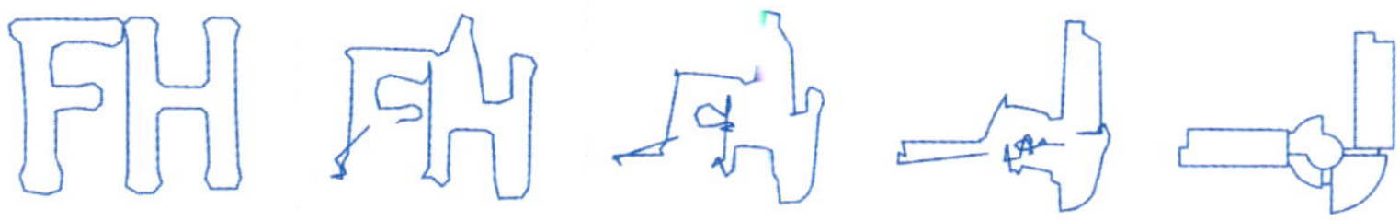

Abb. 12.5-1: Morphing von Pfaden mit SVG

In der Anwendung »Hallo« (vgl. Abb. 12.5-2) wird das Erstellen eines Grafittis simuliert, bei dem durch eine Spraydose der Text »HALLO« auf den Bildhintergrund aufgetragen wird.

Abb. 12.5-2: Simulation Graffiti

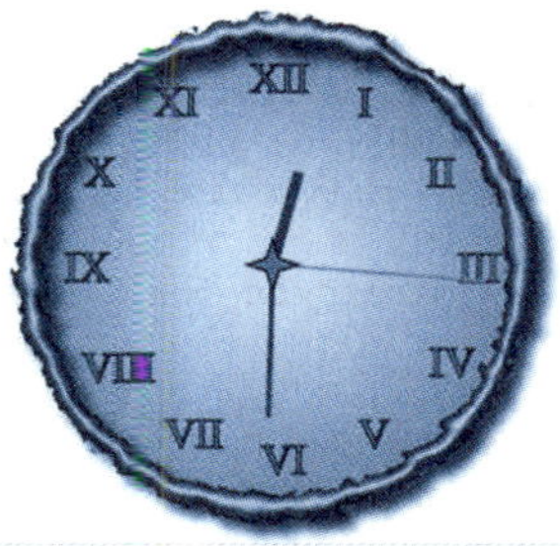

Abb. 12.5-3: Analoge Uhr

Abb. 12.5-4: Digitale Uhr

Die beiden Beispiele »Analoge Uhr« (vgl. Abb. 12.5-3) und »Digitale Uhr« (vgl. Abb. 12.5-4) laden jeweils beim Start über ein Skript die aktuelle Systemuhrzeit. Bei der analogen Uhr wird dann im Sekundentakt der Sekundenzeiger weiterbewegt, nach 60 Sekunden der Minutenzeiger und nach 60 Minuten der Stundenzeiger während bei der digitalen Uhr lediglich eine formatierte Ausgabe der Zahlenwerte für Stunde, Minute und Uhrzeit erfolgt.

Einfach animierte Szenen zeigen die beiden Beispiele »Winterlandschaft« und »Auto«. Im ersten Beispiel (vgl. Abb. 12.5-5) fährt ein Zug durch eine Winterlandschaft. Zusätzlich wird ein Tageslauf durch das Erscheinen von Sonne und Mond simuliert und im zweiten Beispiel (vgl. Abb. 12.5-6) fährt ein Auto entlang einer selbst definierten Wegstrecke.

Abb. 12.5-5: Winterlandschaft

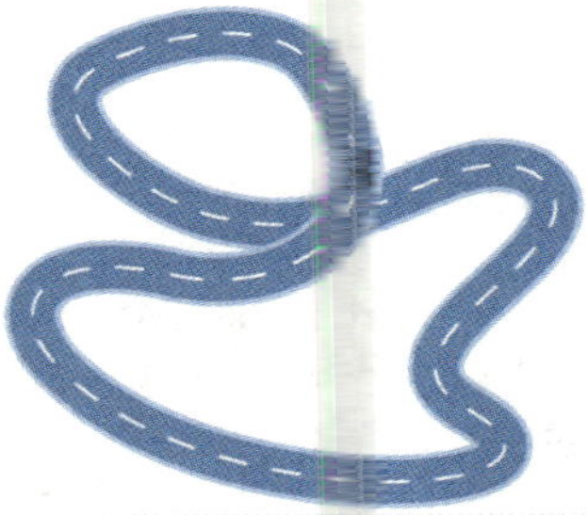

Abb. 12.5-6: Auto

Abb. 12.5-7: Taschenrechner

Die Anwendung »Taschenrechner« (vgl. Abb. 12.5-7) implementiert über Skripte einen funktionsfähigen Taschenrechner mit den vier Grundrechenarten.

Diese vielseitigen Beispiele zeigen die enorme Flexibilität und die vielfältigen Einsatzgebiete von Vektorgrafiken. Alle Beispiele benötigen nur einige wenige Kilobytes an Speicherplatz auf der Festplatte des Rechners, während bei Ausführung der Animation eine Steigerung der Prozessorauslastung zu spüren ist.

DirectX® Bibliothek der Firma Microsoft®, mit der die Grafikprogrammierung unter den Windows®-Betriebssystemen stark vereinfacht wird, da die Bibliothek von der jeweiligen Hardware abstrahiert, auf der die Programme laufen.

FlashPix *FlashPix* ist ein offenes Dateiformat für die schnelle Übertragung von hochwertigen Bildern im Internet. Es wird immer nur der Teil eines Bildes in der Auflösung übertragen, die gerade benötigt wird. Dadurch ist auch das schnelle Vergrößern und Verkleinern von Bildern in diesem Format sehr einfach möglich.

Scalable Vector Graphics (SVG) Offenes Format für →Vektorgrafiken, welches auf der *Extensible Markup Language* (XML) basiert.

Vektorgrafik Eine Vektorgrafik ist eine mathematisch beschriebene Zeichnung. Im Gegensatz zu einer Rastergrafik, bei der die einzelnen Bildpunkte betrachtet werden, setzt sich eine Vektorgrafik aus der Beschreibung von geometrischen Grundfiguren bzw. Anweisungen zum Zeichnen von Grundfiguren zusammen. Eine Vektorgrafik benötigt wenig Speicherplatz, braucht aber für die Darstellung eine größere Rechenzeit.

Durch die Grafikbibliothek DirectX® können Programme für die Windows®-Betriebssysteme der Firma Microsoft® erstellt werden, die unabhängig von der jeweiligen Hardware des Rechners lauffähig sind. Mit dem offenen Format SVG (*Scalable Vector Graphics*) sind Vektorgrafiken, also mathematische Beschreibungen von Bildern, möglich, die aufgrund ihrer geringen Dateigröße sehr vorteilhaft für 3D-Anwendungen im Internet sind.

Das Dateiformat *FlashPix* ist eine sehr gute Alternative zur herkömmlichen Übertragung von Bilddateien im Internet, da es Bilder von ihrer Auflösung her hierarchisch abspeichert und somit immer nur die Teile eines Bildes übertragen werden müssen, die für die gerade erforderliche Darstellungsqualität benötigt werden.

/Adam 2002/
Adam Alexander, *SVG. Scalable Vector Graphics,* Franzis Verlag 2002, 550 Seiten
/Dempski 2002/
Dempski Kelly, *Real Time Rendering Tricks and techniques in DirectX (Game Development), Premier Press* 2002, 821 Seiten
/Eisenberg 2002/
Eisenberg J. David, *SVG Essentials,* OReilly 2002, 300 Seiten
/Lubkowitz 2003/
Lubkowitz Mark, *Webseiten programmieren und gestalten – HTML, CSS, JavaScript, PHP, Perl, MySQL, SVG,* Galileo Press 2003, 1128 Seiten

1 Lernziel: *Unterschiede von Grafikbibliotheken kennen.*
Worin liegen die Hauptunterschiede zwischen der Java3D-Klassenbibliothek und DirectX®?

Muss-Aufgabe
Zeit 10 Min

2 Lernziel: *SVG anwenden können.*
Erweitern Sie das als SVG-Beispiel programmierte Logo der FH-Dortmund und fügen Sie die Adresse des Fachbereichs Informatik, Emil-Figge-Str. 42 in 44227 Dortmund, hinzu.

Muss-Aufgabe
Zeit 15 Min

3 Lernziel: *Das Format FlashPix anwenden können.*
Angenommen Sie wollten auf Ihrer Webseite ein 4000 x 6000 Pixel großes Bild mit einer Farbtiefe von 24 Bit veröffentlichen. Dann hätte die Ursprungsdatei eine Größe von 72 MByte. Durch Anwendung des JPEG-Verfahrens wäre die Datei auf eine Größe von ca. 7 MByte komprimiert. Um dieses Bild im Internet betrachten zu können, würden Anwender mit einem Modem, welches eine Übertragungsrate von 56 KBit/s hat, ca. 20 Minuten auf das Bild warten.
Wenn der Betrachter aber das Bild auf einem Bildschirm mit einer Auflösung von 1024 x 768 Bildpunkten betrachten und von diesem Bild einen Ausdruck anfertigen möchte, wartet er nur auf diese Bildinformationen.
Warum ist es für eine solche Veröffentlichung sinnvoll, das obige Bild im *FlashPix*-Format zu speichern?

Muss-Aufgabe
Zeit 10 Min

A Java

Geschichte

In den letzten Jahren hat die Programmiersprache Java in der Industrie zunehmend an Bedeutung gewonnen. Sie wird als d i e Internetsprache bezeichnet und ihr Erfolg begann Mitte der neunziger Jahre in Verbindung mit dem *World Wide Web* (WWW). Die Anfänge von Java entstanden 1990 bei der Firma Sun Microsystems Inc. in den USA. Als höhere Programmiersprache wurden ehrgeizige Ansprüche an die Sprache gestellt. Java sollte eine einfache, objektorientierte, verteilte, interpretierte, robuste, sichere, architekturneutrale, portable, performante, nebenläufige, dynamische Programmiersprache sein. Der Erfolg von Java liegt unter anderem darin begründet, dass die meisten dieser Eigenschaften tatsächlich erfüllt werden.

java.sun.com

Die *Java2-Platform* ist eine Entwicklungsplattform für Java-Programme, die kostenlos unter http://java.sun.com erhältlich ist. Sie liegt derzeit in der Version 1.4.1 vor und ist in der zur Drucklegung des Buches aktuellen Version der *Standard Edition* auf der CD-ROM vorhanden.

Plattform-unabhängigkeit

Im Gegensatz zu vielen traditionellen Programmiersprachen, deren Quelltext durch einen auf den Prozessor abgestimmten *Compiler* übersetzt wird und dann nur auf Prozessoren dieses Typs ausgeführt werden kann, erzeugt der *Compiler* in Java einen *Bytecode*, der prozessorunabhängig ist. Ein Interpreter, der auch als virtuelle Maschine (VM) bezeichnet wird, interpretiert den *Bytecode* jeweils für einen bestimmten Prozessortyp.

Zeichensatz

Durch die Verwendung des 16 Bit langen *Unicode*-Zeichensatzes können in Java auch Umlaute wie z.B. »ä« oder »ü« verwendet werden.

Kommentare

Einzeilige Kommentare des Quellcodes beginnen mit zwei Schrägstrichen (//), mehrzeilige Kommentare beginnen mit einem Schrägstrich und einem Sternchen (/*) und enden nach beliebig vielen Zeilen mit einem Sternchen und einem Schrägstrich (*/).

Datentypen

Java bietet acht elementare Datentypen an: Den logischen Datentyp `boolean`, der die Wahrheitswerte `true` und `false` annehmen kann, den Zeichentyp `char`, der zwei Bytes lang ist und ein Zeichen des Unicode-Zeichensatzes repräsentiert. Die vier ganzzahligen Datentypen `byte` (-2^{7} ... $2^{7}-1$), `short` (-2^{15} ... $2^{15}-1$), `int` (-2^{31} ... $2^{31}-1$) und `long` (-2^{63} ... $2^{63}-1$) sind vorzeichenbehaftet und auf allen Plattformen gleich lang. Die beiden Fließkommatypen `float` ($\pm 3{,}40 \cdot 10^{308}$) und `double` ($\pm 1{,}80 \cdot 10^{308}$) runden das ausreichende Angebot ab.

Variablen und Konstanten

Variablen können mit Hilfe der elementaren Datentypen deklariert werden. Vor ihrer ersten Nutzung im Programm müssen sie explizit initialisiert werden. Dabei können Deklaration und Initialisierung getrennt (`int länge; länge = 42;`) oder in einem Schritt (`int höhe = 10;`) ausgeführt werden. Das einfache Gleichheitszeichen (`=`) wird als Zuweisungsoperator bezeichnet.

Java ist kontextsensitiv, d.h. bei der Bezeichnung von Variablen ist darauf zu achten, dass zwischen Groß- und Kleinschreibung unterschieden wird (`Punkt` und `punkt` sind somit unterschiedliche Bezeichner). Bei der Benennung von Bezeichnern haben sich die folgenden Konventionen als sinnvoll erwiesen:

- Es sollten immer möglichst aussagekräftige Bezeichner gewählt werden.
- Variablen von elementaren Datentypen werden immer klein geschrieben.
- Namen von Konstanten werden vollständig in Großbuchstaben geschrieben.
- Klassennamen beginnen mit einem Großbuchstaben.
- Besteht der Name von Variablen oder Operationen aus mehreren Wortteilen, so beginnt jedes neue Wort mit einem Großbuchstaben.

Konstanten werden durch den vorangestellten Zusatz `final` (`final int HÖCHSTWERT = 100;`) definiert.

Felder

Ein Feld (Array) ist eine Datenstruktur, in der mehrere Variablen des gleichen Typs hintereinander gespeichert werden können. Der Zugriff auf die Inhalte erfolgt über einen Index, dessen Werte von 0 bis (Anzahl der Elemente -1) laufen. Felder können auch mehrdimensional sein. Die allgemeine Syntax der Deklaration eines eindimensionalen Feldes lautet:

```
Datentyp[] Feldname = new Datentyp [Anzahl der Elemente];
```

(Beispiele für die Deklaration und Erzeugung eines ein- bzw. zweidimensionalen Feldes sind `int [] vektor = new int[3];` bzw. `int [][] matrix = new int[4][4]`.)

Analog zu den Variablen können auch hier Deklaration und Initialisierung in zwei Schritte aufgeteilt werden.

Operatoren

Neben den üblichen Vergleichsoperatoren <, >, <=, >=, == (inhaltliche Gleichheit) und != (inhaltliche Ungleichheit), den logischen Operatoren && (logisches UND), || (logisches ODER), ! (logisches NICHT) und dem einfachen Bedingungsoperator ? : (`c = (a < b)?3:4;` bedeutet: Wenn a kleiner b, dann setze den Wert von c auf 3, ansonsten auf 4) bietet Java die bitweisen Operatoren << (Bit-Verschiebung nach links), >> (Bit-Verschiebung nach rechts), ~ (binäres Komplement), & (bitweise UND-Verknüpfung), ^ (bitweise EXCLUSIV-ODER-Verknüpfung), | (bitweise ODER-Verknüpfung), &= (bitweise UND-Zuweisung), |= (bitweise ODER-Zuweisung), ^= (bitweise EXCLUSIV-ODER-Zuweisung), <<= (Bit-Verschiebung nach links mit Vorzeichen und Zuweisung) und >>= (Bit-Verschiebung nach rechts mit Vorzeichen und Zuweisung) an.

Von elementarer Bedeutung sind allerdings die arithmetischen Operatoren + (Addition), − (Subtraktion), * (Multiplikation), / (Division) und % (Modulo, Rest einer Ganzzahldivision). Zusätzlich bietet Java Kurzformen der arithmetischen Operatoren mit Zuweisung an: +=, -=, *=, /=, %= (`x += y;` entspricht der Anweisung `x = x + y;`).

Blöcke

Mehrere einfache Anweisungen, die in Java hintereinander ausgeführt werden sollen, werden in einem Block zusammengefasst und durch geschweifte Klammern eingerahmt. Blöcke bestimmen auch die Gültigkeit von Variablen und können ineinander geschachtelt werden.

```
{
  int x = 1;
  {
    int y = 4;
    ....
  }
}
```

Im inneren Block sind die Variablen x und y sichtbar; im äußeren Block ist nur die Variable x sichtbar.

Einfach- und Mehrfachverzweigung

Soll im Programmfluss aufgrund einer Bedingung in unterschiedliche Richtungen verzweigt werden, so wird die `if`-Anweisung angewendet. Die Syntax lautet bei einer Alternative `if (Bedingung) {Anweisung};` und bei zwei Alternativen `if (Bedingung) {Anweisung} else {Anweisung};`.

Die Anweisungsblöcke können wiederum durch weitere `if`-Anweisungen beliebig tief geschachtelt werden. Eine Mehrfachverzweigung kann aber anstelle einer solchen unübersichtlichen `if-/else`-Verschachtelung auch durch die `switch`-Anweisung ersetzt werden, in dem nach Auswertung des Ausdrucks festgelegt wird, welche `case`-Markierung ausgeführt wird. Die `switch`-Anweisung ist wie folgt aufgebaut:

```
switch (Ausdruck)
{
  case marke1: Anweisungen1; break;
  case marke2: Anweisungen2; break;
  default: AnweisungenFehlerfall; break
}
```

Die Anweisung `break` muss am Ende eines `case`-Zweiges angegeben werden, damit die Mehrfachverzweigung an dieser Stelle verlassen wird. Wird es weggelassen, so werden auch die darauf folgenden Anweisungen der nächsten `case`-Zweige ausgeführt.

Wiederholungs-anweisung

Als einfache Wiederholungsanweisung gibt es in Java die for-Schleife:

```
for (Anfangsbedingung; Abbruchbedingung; Veränderung der
     Bedingung)
{Anweisungen;}
```

Die in geschweiften Klammern stehenden Anweisungen werden solange ausgeführt, bis die Abbruchbedingung erfüllt ist. Die Angabe von Anfangs- und Abbruchbedingung sowie der Veränderungsbedingung sind optional.

Die while-Schleife wird solange ausgeführt, wie der Ausdruck den Wert true annimmt:

```
while (Ausdruck) {Anweisungen;}
```

Im Gegensatz zur while-Schleife, die nicht ausgeführt werden muss, wird die do-Schleife mindestens einmal ausgeführt, da die Überprüfung des Ausdrucks erst nach der Ausführung der Anweisungen erfolgt:

```
do {Anweisungen} while (Ausdruck);
```

Klassen und Objekte

Als reinrassig objektorientierte Sprache wird in Java alles als ein Objekt einer Klasse betrachtet. Die Klasse ist eine Art Bauplan für Objekte und definiert alle Attribute und Operationen der Objekte. Sie stellt somit die Eigenschaften und das Verhalten der Objekte dar, ist selber aber kein konkretes Objekt. Ein neues Objekt wird in Java durch die Operation new() erzeugt.

Die allgemeine Syntax einer Klasse ist folgendermaßen definiert:

```
class Klassenname
{  //Attribute
   //Konstruktoren
   //Operationen
}
```

Operation Methode

Die Operationen einer Klasse, die in der Literatur auch häufig Methoden genannt werden, definieren das Verhalten der Objekte. In Java werden die Operationen nach folgender Syntax aufgebaut:

```
[Modifikator] Ergebnistyp Operationsname([Parameterliste])
{Anweisungsblock;}
```

Operationen können nur innerhalb einer Klasse definiert werden. Der Modifikator bestimmt die Sichtbarkeit der Operation (z.B. public = von allen Klassen sichtbar, private = nur innerhalb der Klasse sichtbar). Der Ergebnistyp legt fest, von welchem Datentyp der Rückgabewert der Operation ist. Die Rückgabe eines Ergebniswertes erfolgt über die `return`-Anweisung. Gibt eine Operation keinen Wert an den Aufrufer zurück, so ist ihr Rückgabewert `void` und sie enthält keine `return`-Anweisung. In der optionalen Parameterliste können Variablen, durch Kommata getrennt, als Parameter deklariert und an die Operation übergeben werden. Diese gelten dann im Anweisungsblock wie lokal deklarierte Variablen und können dort genutzt werden. Die Übergabe erfolgt bei einfachen Datentypen nach dem Prinzip *call by value* und nach dem Prinzip *call by reference* bei Referenztypen, zu denen Objekte, Felder und Zeichenketten gehören.

Zwei Operationen mit dem gleichen Namen und unterschiedlichen Parameterlisten gelten als verschieden, da sie von der virtuellen Maschine über die unterschiedliche Parameterliste identifiziert werden können. Dies wird auch als Überladen von Operationen bezeichnet.

Klassenattribute und -operationen

Attribute, die für alle Objekte einer Klasse gültig sind (z.B. ein Objektzähler) und auf die alle Objekte einer Klasse Zugriff haben, werden Klassenattribute genannt und bei der Deklaration mit dem Modifikator `static` gekennzeichnet.

Analog zu den Klassenattributen gibt es auch Klassenoperationen (z.B. eine Operation, die eine Liste aller Objekte einer Klasse `Artikel` ausgibt). Diese sind für alle Objekte einer Klasse gültig und wirken sich somit nicht auf ein einzelnes Objekt aus.

Konstruktor

Konstruktoren sind spezielle Operationen, die den Namen der Klasse tragen, keinen Rückgabewert haben, nicht mit `void` gekennzeichnet werden und nur ein einziges Mal zum Erzeugen eines Objekts aufgerufen werden. Einem Konstruktor können als Parameter alle Attribute der Klasse übergeben werden. Als Standard-Konstruktor wird derjenige Konstruktor bezeichnet, der eine leere Parameterliste aufweist. Stellt eine Klasse keinen Standard-Konstruktor bereit, so wird dieser vom *Compiler* ergänzt.

Vererbung

Java erlaubt die Einfachvererbung, d. h., dass jede Klasse nur von einer einzigen anderen Klasse Attribute und Operationen erben kann. Durch die Einfachvererbung entsteht eine baumartige Klassenstruktur. Für die Ableitung einer Klasse ist die folgende Syntax zu verwenden:

```
[Modifikator] class Unterklasse extends Oberklasse
```

Die Vererbungsstruktur wird durch den Zusatz `extends` in der Klassendefinition festgelegt. Die neu angelegte Klasse wird als Unterklasse bezeichnet, die Klasse, aus der die Unterklasse erbt, heißt Oberklasse. Durch die Vererbung kann die Unterklasse alle Attribute und Operationen ihrer Oberklasse nutzen. Die Operationen können außerdem in der Unterklasse neu definiert werden, was als Überschreiben von Operationen bezeichnet wird.

Modifikatoren

Als Modifikatoren werden in Java die Schlüsselworte `public`, `protected`, `private`, `final` und `static` bezeichnet, mit denen die Gültigkeitsbereiche von Attributen, Operationen und Klassen festgelegt werden. Wird kein Modifikator angegeben, so gilt der so genannte *Default*-Modifikator, der eine ähnliche Sichtbarkeit wie der `protected`-Modifikator besitzt.

Operationensuche

Wird einem Objekt einer Klasse eine Botschaft gesendet, d.h. wird eine Operation aufgerufen, so sucht die virtuelle Maschine zunächst die Operation in der Klasse des Objekts selbst. Ist die Operation dort nicht vorhanden, so wird sie in der Oberklasse gesucht. Dies geschieht so lange, bis die entsprechende Operation gefunden wurde oder die virtuelle Maschine bei der obersten Klasse `Object` angekommen ist. Wurde bis dorthin die benötigte Operation nicht gefunden, so führt dies zu einem Laufzeitfehler.

Soll explizit ein Konstruktor oder eine Operation der Oberklasse aufgerufen werden, so kann dies durch den Aufruf von `super()` bzw. `super.Operation(...)` erreicht werden.

Dynamisches Binden

Die Suche von Operationen erfolgt in Java grundsätzlich immer dynamisch zur Laufzeit, außer wenn dies z.B. durch den Modifikator `final` unterbunden wird. Da die Unterklassen die Operationen einer Oberklasse mit dem gleichen Namen aber einer unterschiedlichen Funktionalität implementieren dürfen, kann der *Compiler* nicht zur Zeit der Übersetzung entscheiden, welches Objekt welcher Klasse die Funktion aufruft. Also muss beim Aufruf einer Operation dynamisch zur Laufzeit entschieden werden, zu welcher Klasse das Objekt gehört, um die richtige Operation ausführen zu können. Diese Möglichkeit wird auch als Polymorphismus (=Vielgestaltigkeit) bezeichnet.

Abstrakte Klassen und Operationen

Klassen, die als Basis einer Vererbungsstruktur dienen, werden mit dem Schlüsselwort `abstract` gekennzeichnet und als abstrakte Klassen bezeichnet, da von ihnen keine Objekte erzeugt werden können. Sie enthalten abstrakte Operationen, die ebenfalls durch `abstract` gekennzeichnet werden und einen leeren Anweisungsblock besitzen. Die aus der abstrakten Klasse abgeleiteten Klassen müssen alle abstrakten Operationen mit dem entsprechenden Quelltext implementieren. Da aus ihnen Objekte erzeugt werden können, werden sie als konkrete Klassen bezeichnet.

Interface

Klassen, die ausschließlich Konstanten und/oder abstrakte Operationen enthalten, werden als *Interface* bezeichnet. Eine Klasse kann ein oder mehrere *Interfaces* implementieren. Das bedeutet, dass in dieser Klasse alle Operationen aus dem *Interface* mit einem Operationsrumpf versehen werden müssen. Wird in einer Klasse ein

Interface implementiert, so ist dies durch das Schlüsselwort `implements` anzugeben:

```
[Modifikator] class Klassenname implements InterfaceName1,
   InterfaceName2
```

Programmaufbau

Ein Java-Programm besteht aus einer oder mehreren Klassen, die jeweils in einer eigenen Datei mit gleichem Namen abgespeichert werden und deren prinzipieller Aufbau sich wie folgt beschreiben lässt:

```
import java.Paket.*;
[Modifikator] class Klassenname [extends Basisklasse]
implements [Interfaces]
{
  //Definition von Attributen
  //Definition von Operationen
}
```

Das Hauptprogramm wird in einer Klasse, welche die Operation `main` enthält, gestartet:

```
public static void main ([String args[])
{
  //Quellcode des Hauptprogramms
}
```

Der Zugriff auf die Attribute und Operationen eines Objekts erfolgt über die Punktnotation in folgender Form: `Objekt.Attribut` bzw. `Objekt.Operation()`. Auf Klassenattribute bzw. -operationen wird entsprechend durch `Klasse.Attribut` bzw. `Klasse.Operation()` zugegriffen.

Einfache Ausgabe

Die direkte Ein- und Ausgabe ist in Java über Datenströme realisiert. Dabei bezeichnet `System.out` die einfache Bildschirmausgabe und `out` ist dabei ein Variablenname der Klasse `System`. Um einen Text auf dem Bildschirm auszugeben, wird die Operation `print()` bzw. `println()` verwendet. Letztere führt nach der Ausgabe noch einen Zeilenumbruch durch. In der Klammer wird der auszugebende Text angegeben, der aus Zahlen und/oder Text und/oder Variableninhalten bestehen kann. Die einzelnen Inhalte werden durch das +-Zeichen miteinander verbunden.

Der gesamte Ausdruck zur Ausgabe der Bildschirmzeile »Hallo Welt« mit anschließendem Zeilenwechsel lautet demnach:

```
System.out.println("Hallo " + "Welt");
```

Installation der *Java2-Platform*
Internet
java.sun.com

Auf der mitgelieferten CD-ROM befinden sich die zur Zeit der Drucklegung des Buches aktuelle Version 1.4.1 der *Java2-Platform*, die zugehörige Dokumentation und das *Java-3D-API* für Microsoft Windows-Betriebssysteme. Für andere Betriebssysteme sind die entsprechenden Versionen bei Sun Microsoft unter http://java.sun.com kostenlos erhältlich.

Vor der Installation sollten die Angaben des Herstellers gelesen werden, die sich ebenfalls auf der CD-ROM befinden.

Die folgenden Tabellen geben in Stichworten die Reihenfolge der Schritte wieder, die für eine vollständige Installation durchgeführt werden müssen:

Schritt:	**Beschreibung:**	**Anleitung:**
1	Installation der *Standard Edition* (J2EE) der *Java-2-Platform* auf dem System (z.B. unter dem vorgeschlagenen Pfad `C:\j2sdk.1.4.1_02`).	Die *Java2-Platform* befindet sich auf der CD-ROM im Unterverzeichnis `\programme\javasdk`. Dort die Datei `j2sdk-1_4_1_02-windows-i586` ausführen und den Installationshinweisen folgen.
2	Entpacken der mitgelieferten Dokumentation unter `C:\j2sdk.1.4.1_02\docs`.	Die Dokumentation zur *Java2-Platform* befindet sich auf der CD-ROM im Unterverzeichnis `\programme\javadocs`. Dort die Datei `j2sdk-1_4_1-doc` in das nebenstehende Verzeichnis entpacken.
3	Installation des *Java-3D-APIs*.	Das *Java-3D-API* befindet sich auf der CD-ROM im Unterverzeichnis `\programme\java3d`. Dort die Datei `java3D-1_3-windows-i586-opengl-sdk` ausführen und den Installationshinweisen folgen.
4	Setzen der Systemvariablen PATH des Windows Betriebssystems auf `C:\j2SDK1.4.1_02\bin`, um dem Betriebssystem den Pfad des Java-*Compiler* bekannt zu machen. (Alternativ zu diesem Schritt kann beim Aufruf des *Compilers* der komplette Pfadname angegeben werden.)	Das Setzen der Systemvariablen PATH sollte mit den auf der CD-ROM befindlichen Original-Installationshinweisen durchgeführt werden.

Nach diesen Schritten sind die *Java2-Platform* und das *Java-3D-API* auf dem System installiert und können genutzt werden. Die nachfolgenden Schritte zeigen, wie ein erster Funktionstest aussehen kann.

Vier Schritte zum Java-Programm

Schritt:	Anleitung:	Ergebnis:
1	Erstellen des Quelltextes mit Hilfe eines beliebigen Texteditors.	`public class Test {   public static void main     (String args[])   {     System.out.println       ("Hallo Welt");   } }`
2	Abspeichern der Datei mit der Endung `.java`.	`Test.java`
3	Aufruf des Java-*Compilers* durch den Befehl `javac`. (Ergebnis nach erfolgreicher Übersetzung ist eine Datei gleichen Namens aber mit der Endung `.class`. In dieser Datei befindet sich der Java Bytecode.) `javac Test.class`	`Test.class`
4	Aufruf des Java Interpreters durch den Befehl `java`: `java Test`	Bildschirmausgabe: `Hallo Welt`

Zusätzlich zur *Java2-Platform*, die auf Kommandozeilenebene arbeitet, kann noch eine grafische Entwicklungsoberfläche installiert werden. Auf der beiliegenden CD-ROM befindet sich die Entwicklungsumgebung JCreator der Firma Xinox Software, mit der alle Beispielprogramme dieses Lehrbuchs übersetzt wurden.

Installation einer grafischen Entwicklungsoberfläche
Internet www.jcreator.com

Nach der Installation der grafischen Entwicklungsoberfläche können Sie Ihre eigenen Java-Programme komfortabler schreiben, übersetzen und ausführen bzw. die Java-Programme der beiliegenden CD-ROM anschauen, übersetzen und ausführen.

Folgen Sie den Installationsanweisungen und führen Sie anschließend die obigen vier Schritte zum ersten Java-Programm aus, wobei Sie den in der grafischen Entwicklungsoberfläche integrierten Texteditor verwenden und anschließend die Funktionen *Compile File* und *Execute File* aus dem Menü mit dem Titel *Build* aufrufen.

Der nachfolgende Bildschirmauszug gibt einen Überblick über die grafische Benutzungsoberfläche und die wichtigsten Funktionen von JCreator.

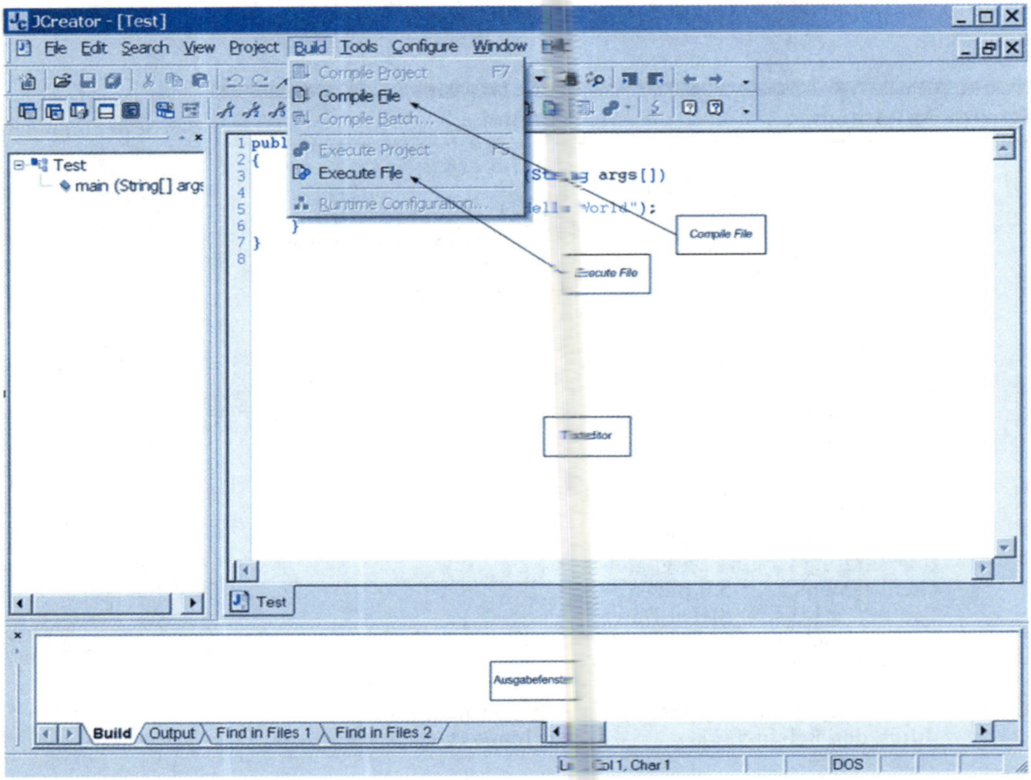
JCreator - [Test]
File Edit Search View Project Build Tools Configure Window
Compile Project F7
Compile File
Compile Batch...
Execute Project
Execute File
Compile File
Test
main (String[] args
Build Output Find in Files 1 Find in Files 2
Ausgabefenster
DOS

B Vektor- und Matrizenrechnung

Vektor

Ein Punkt P im zweidimensionalen Raum mit den Koordinaten (x, y) wird mit dem so genannten Ortsvektor von (0, 0) nach (x, y) identifiziert, der in folgender Schreibweise angegeben wird: $\vec{p} = \begin{bmatrix} x \\ y \end{bmatrix}$. Die Variablen x und y werden als Komponenten oder Koordinaten des Vektors bezeichnet. Für den drei- oder höherdimensionalen (= n) Raum bestehen die Vektoren aus geordneten Zahlenfolgen der Länge 3 bzw. n, wobei die Notation

$$\vec{a} = \begin{bmatrix} a_1 \\ a_2 \\ a_3 \end{bmatrix} =: \begin{bmatrix} a_1 & a_2 & a_3 \end{bmatrix}^T \text{ bzw. } \vec{a} = \begin{bmatrix} a_1 \\ a_2 \\ : \\ : \\ a_n \end{bmatrix} =: \begin{bmatrix} a_1 & a_2 & .. & .. & a_n \end{bmatrix}^T$$

verwandt wird.

Die Länge eines Vektors lässt sich mit Hilfe des Satzes von Pythagoras berechnen: $|\vec{p}| = \sqrt{x^2 + y^2}$.

Stellt man sich die Vektoren des n-dimensionalen Raumes ($\mathbb{R}^n$) in einem festen Koordinatensystem stets als eine gerichtete Verbindung des Koordinatensystemursprungs mit dem durch die Komponenten des Vektors gegebenen Punkt im Koordinatensystem (Ortsvektor) vor, ist es legitim, die Begriffe Punkt und Vektor synonym zu benutzen. Wir vereinbaren in diesem Fall die bijektive Zuordnung

$$\underbrace{\vec{a} = \begin{bmatrix} a_1 & a_2 & \dots & a_n \end{bmatrix}^T}_{\text{Vektor}} \leftrightarrow \underbrace{A\,(a_1,\ a_2,\ \dots,\ a_n)}_{\text{Punkt}}$$

und unterscheiden in den Kapiteln des Buches häufig nicht mehr explizit zwischen den beiden Konzepten bzw. Begriffen.

Matrix

Eine Matrix ist ein zweidimensionales Schema aus Zahlen, das tabellenartig angeordnet ist. Dabei wird jede einzelne Zahl als Element der Matrix bezeichnet. Die Elemente besitzen einen Index, der ihre Position in diesem Schema angibt. Ähnlich wie bei einem Koordinatenkreuz oder einer Tabelle

$$A = \begin{bmatrix} a_{11} & a_{12} & a_{13} & a_{14} & a_{15} & \dots & a_{1n} \\ a_{21} & a_{22} & a_{23} & a_{24} & a_{25} & \dots & a_{2n} \\ a_{31} & a_{32} & a_{33} & a_{34} & a_{35} & \dots & a_{3n} \\ a_{41} & a_{42} & . & . & . & \dots & . \\ . & . & . & . & . & \dots & . \\ . & . & . & . & . & \dots & . \\ a_{m1} & a_{m2} & a_{m3} & a_{m4} & a_{m5} & \dots & a_{mn} \end{bmatrix}$$

wird die Position, in der sich die Zahl befindet, über die entsprechende Zeile und die entsprechende Spalte angegeben. Dabei ist vereinbart, dass zuerst die Zeile und dann die Spalte genannt wird. Matrizen werden mit Großbuchstaben gekennzeichnet, ihre einzelnen Elemente mit dem entsprechenden Kleinbuchstaben und dem Index. (Das Element a_{34} beschreibt also das Element der Matrix A, das sich in der 3. Zeile in der 4. Spalte befindet.)

Allgemein formuliert bedeutet dies, dass eine Matrix vom Typ (m, n) ist, was heißt, dass sie m Zeilen und n Spalten besitzt. Jedes Element ist über den Index (i, j) eindeutig ansprechbar, wobei $1 \leq i \leq m$ und $1 \leq j \leq n$ gilt.

quadratische Matrix

Ist die Anzahl der Elemente einer Zeile gleich der Anzahl der Elemente einer Spalte, gilt also n = m, so handelt es sich um eine n-reihige quadratische Matrix.

Als Hauptdiagonale einer quadratischen Matrix wird die Diagonale von links oben nach rechts unten bezeichnet. Auf ihr befinden sich alle Elemente, deren Zeilenindex gleich dem Spaltenindex ist, d.h. auf ihr befinden sich die Elemente a_{11}, a_{22}, a_{33}, a_{44} bis a_{nn}.

Neben diesen Matrizen beliebiger Größe sind zwei Sonderfälle von besonderer Bedeutung:

Vektor

1. Matrizen, die nur eine Zeile oder nur eine Spalte besitzen. Diese Matrizen sind vom Typ (1, n) bzw. (m, 1), und werden als Zeilen- bzw. Spaltenvektor bezeichnet.

$A = \begin{bmatrix} 1 & 2 & 3 \end{bmatrix}$ ist somit ein Zeilenvektor vom Typ (1, 3) und

$A = \begin{bmatrix} 1 \\ 2 \\ 3 \end{bmatrix}$ ist ein Spaltenvektor vom Typ (3, 1).

Nach dieser Definition kann jede Matrix auch als Kombination von m Zeilenvektoren bzw. n Spaltenvektoren angesehen werden.

Einheitsmatrix

2. Quadratische Matrizen, bei denen alle Hauptdiagonalelemente 1 und alle anderen Elemente 0 sind. Diese Matrizen werden als Einheitsmatrizen bezeichnet.

$$A = \begin{bmatrix} 1 & 0 & \dots & 0 \\ 0 & 1 & \dots & 0 \\ \vdots & \vdots & \dots & \vdots \\ 0 & 0 & \dots & 1 \end{bmatrix}$$

Eine Einheitsmatrix lässt sich also auch beschreiben als eine Matrix, die nur aus den Einheitsvektoren zusammengesetzt ist.

Gleichheit

Zwei Matrizen A und B werden als gleich angesehen, wenn sie beide dasselbe Format haben, d.h. $m_A = m_B$ und $n_A = n_B$ gilt, und alle korrespondierenden Elemente a_{ij} und b_{ij} den gleichen Wert annehmen.

Die Grundrechenarten Addition, Subtraktion, Multiplikation und Division können – mit gewissen Einschränkungen – auch für Matrizen definiert werden. Im Folgenden werden nur die Addition und die Multiplikation vorgestellt, da die Subtraktion als eine Addition einer negativen Zahl und die Division als eine Multiplikation mit der inversen Matrix verstanden werden kann.

Matrixaddition

Bei der Matrixaddition müssen die beiden zu addierenden Matrizen A und B das gleiche Format haben. Die Elemente mit gleichen Indizes werden jeweils addiert und das Ergebnis wird in das Element mit diesem Index in die Ergebnismatrix C eingetragen:

Daraus ergibt sich folgende allgemeine Formel:

$$C = A + B = \begin{bmatrix} a_{11} & \dots & a_{1n} \\ \vdots & \vdots & \vdots \\ a_{m1} & \dots & a_{mn} \end{bmatrix} + \begin{bmatrix} b_{11} & \dots & b_{1n} \\ \vdots & \vdots & \vdots \\ b_{m1} & \dots & b_{mn} \end{bmatrix} = \begin{bmatrix} a_{11} + b_{11} & \dots & a_{1n} + b_{1n} \\ \vdots & \vdots & \vdots \\ a_{m1} + b_{m1} & \dots & a_{mn} + b_{mn} \end{bmatrix}$$

Es gelten folgende Additionsregeln:

(A1) $A + B = B + A$ Kommutativität

(A2) $(A + B) + C = A + (B + C)$ Assoziativität

(A3) Die Addition einer Matrix, deren Elemente alle den Wert 0 haben, hat keine Auswirkung auf die Matrix.

(A4) Zu jeder Matrix A vom Typ (m, n) gibt es eine Matrix (-A), die ebenfalls vom Typ (m, n) ist, so dass gilt: $A + (-A) = 0$.

Matrixmultiplikation

Bei der Multiplikation werden zwei Arten unterschieden:

1. Skalare Multiplikation, d.h. die Matrix wird mit einer beliebigen Zahl λ multipliziert.

2. Matrixmultiplikation, d.h. die Matrix wird mit einer anderen Matrix multipliziert.

skalare Multiplikation

Bei der skalaren Multiplikation wird jedes Matrixelement mit der Zahl λ multipliziert. Es gilt also folgende allgemeine Formel:

$$\lambda \cdot A = \begin{bmatrix} \lambda \cdot a_{11} & \dots & \lambda \cdot a_{1n} \\ \vdots & \vdots & \vdots \\ \lambda \cdot a_{m1} & \dots & \lambda \cdot a_{mn} \end{bmatrix}$$

Für die skalare Multiplikation gelten folgende Regeln:

(SM1) $1 \cdot A = A$ Verträglichkeit

(SM2) $\lambda \cdot (\mu \cdot A) = (\lambda \cdot \mu) \cdot A$ Assoziativität

(SM3) $\lambda \cdot (A + B) = (\lambda \cdot A) + (\lambda \cdot B)$ Distributivität

(SM4) $(\lambda + \mu) \cdot A = (\lambda \cdot A) + (\mu \cdot A)$ Distributivität

Matrixmultiplikation

Die Matrixmultiplikation ist wesentlich komplexer. Im Gegensatz zu der Addition, bei der beide Matrizen das gleiche Format haben müssen, ist eine Multiplikation nur dann möglich, wenn die erste Matrix genauso viele Spalten besitzt wie die zweite Matrix Zeilen. (Besitzt die Matrix A z.B. 2 Zeilen und 3 Spalten und die Matrix B 3 Zeilen und 5 Spalten, so können diese beiden Matrizen in der Form

A · B multipliziert werden. Die Ergebnismatrix hat 2 Zeilen und 5 Spalten.)

Bei der Multiplikation von zwei Matrizen ergibt sich das Element der Ergebnismatrix mit dem Index (i, k) aus den aufsummierten Produkten der Elemente aus der Zeile i der ersten Matrix und der Spalte j der zweiten Matrix. Die mathematische Formel dazu lautet:

$$c_{ik} = \sum_{j=1}^{n} a_{ij} \cdot b_{jk} = a_{i1} \cdot b_{1k} + a_{i2} \cdot b_{2k} + \ldots + a_{in} \cdot b_{nk} \; .$$

Da diese Formel wenig anschaulich ist, soll die Multiplikation zweier Matrizen an einem Beispiel kurz erläutert werden:

$$A \cdot B = \begin{bmatrix} 1 & 2 & 3 \\ 4 & 5 & 6 \\ 7 & 8 & 9 \end{bmatrix} \cdot \begin{bmatrix} 1 & 2 \\ 3 & 4 \\ 5 & 6 \end{bmatrix} = \begin{bmatrix} (1 \cdot 1) + (2 \cdot 3) + (3 \cdot 5) & (1 \cdot 2) + (2 \cdot 4) + (3 \cdot 6) \\ (4 \cdot 1) + (5 \cdot 3) + (6 \cdot 5) & (4 \cdot 2) + (5 \cdot 4) + (6 \cdot 6) \\ (7 \cdot 1) + (8 \cdot 3) + (9 \cdot 5) & (7 \cdot 2) + (8 \cdot 4) + (9 \cdot 6) \end{bmatrix} = \begin{bmatrix} 22 & 28 \\ 49 & 64 \\ 76 & 100 \end{bmatrix}$$

Das Element c_{ik} der Ergebnismatrix lässt sich also aus der Summe aller $a_{ij} \cdot b_{jk}$ für $j = 1$ bis $j = n$ berechnen, wobei gilt: a_{ij} ist ein Element der Matrix A, b_{jk} ist ein Element der Matrix B, c_{ik} ist ein Element der Ergebnismatrix C und n entspricht der Anzahl der Spalten von A und demnach auch der Anzahl der Zeilen von B.
Das Element c_{ik} der Ergebnismatrix ergibt sich, indem alle Elemente der i-ten Zeile von A mit den jeweils korrespondierenden Elementen der k-ten Spalte von B multipliziert werden und von den Ergebnissen die Summe gebildet wird.

Das Ergebnis einer Matrixmultiplikation ist wiederum eine Matrix. Sie besitzt die gleiche Anzahl von Zeilen wie die erste Matrix (A) und die gleiche Anzahl von Spalten wie die zweite Matrix (B). (Für das obige Beispiel, der Multiplikation der (3, 3)-Matrix A mit der (3, 2)-Matrix B, ist die Ergebnismatrix eine Matrix vom Typ (3, 2) mit 3 Zeilen und 2 Spalten entstanden.) Allgemein formuliert heißt dies, dass die Multiplikation der Matrix A vom Typ (m, n) mit der Matrix B vom Typ (n, q) eine Matrix vom Typ (m, q) ergibt. Das Ergebnis der Multiplikation zweier quadratischer Matrizen ist wiederum quadratisch.

Für die Matrixmultiplikation gelten folgende Regeln:

Gegeben seien vier Matrizen A, B, C und D. A und B seien vom Typ (m, n), C sei eine (n, q)-Matrix und D eine (q, v)-Matrix. Außerdem sei λ wie bei der skalaren Multiplikation eine beliebige Zahl.

Es gilt:

(MM1)	$(A + B) \cdot C = (A \cdot C) + (B \cdot C)$	Distributivgesetz
(MM2)	$(A \cdot B) \cdot C = A \cdot (B \cdot C)$	Assoziativgesetz
(MM3)	$A \cdot (\lambda \cdot B) = \lambda \cdot (A \cdot B)$	Homogenität.

Die Matrixmultiplikation ist nicht kommutativ. Dies hat zwei Gründe: Zum einen ist beim Tausch der beiden Matrizen zumeist die Voraussetzung verletzt, dass die erste Matrix genauso viele Spalten besitzt wie die zweite Matrix Zeilen. Zum anderen ist die Reihenfolge der einzelnen Faktoren wichtig, so dass das Ergebnis einer

Matrixmultiplikation A · B in der Regel nicht gleich ist mit dem Ergebnis der Matrixmultiplikation B · A, wie das folgende Beispiel zeigt:

$$A \cdot B = \begin{bmatrix} 1 & 2 \\ 3 & 4 \end{bmatrix} \cdot \begin{bmatrix} 3 & 4 \\ 1 & 2 \end{bmatrix} = \begin{bmatrix} 5 & 8 \\ 13 & 20 \end{bmatrix} \neq \begin{bmatrix} 15 & 22 \\ 7 & 10 \end{bmatrix} = \begin{bmatrix} 3 & 4 \\ 1 & 2 \end{bmatrix} \cdot \begin{bmatrix} 1 & 2 \\ 3 & 4 \end{bmatrix} = B \cdot A\,.$$

Die hier vorgestellten Regeln zur Addition und Multiplikation von Matrizen lassen sich in derselben Form für die Vektoren anwenden, da diese, wie bereits oben beschrieben, als eindimensionale Matrix betrachtet werden können.

inverse Matrix

Ein Sonderfall der Matrizenmultiplikation ergibt sich, wenn das Produkt zweier quadratischer Matrizen A und B die Einheitsmatrix E ergibt. Die Matrizen A und B sind dann invers zueinander und B wird durch die Bezeichnung A^{-1} ersetzt. In diesem besonderen Fall gilt das Kommutativgesetz für die Matrixmultiplikation, so dass gilt:

$A \cdot A^{-1} = A^{-1} \cdot A = E.$

Nicht jede Matrix ist jedoch invertierbar. Im zweidimensionalen Fall muss für die Invertierbarkeit einer Matrix gelten: $a_{11} \cdot a_{22} - a_{12} \cdot a_{21} \neq 0.$

Die inverse Matrix A^{-1} zur Matrix A lässt sich z.B. über den Gauß'schen Algorithmus berechnen. Dazu wird im ersten Schritt die Matrix A der Einheitsmatrix gegenübergestellt. Nun wird durch Multiplikation und Addition die Matrix A schrittweise in die Einheitsmatrix überführt. Auf der rechten Seite ergibt sich aus der Einheitsmatrix die Matrix A^{-1}.

Im folgenden Beispiel wird die inverse Matrix zur Matrix $A = \begin{bmatrix} 3 & 1 \\ 5 & 2 \end{bmatrix}$ berechnet:

1.)	3 1 5 2	1 0 0 1	Im ersten Schritt steht die Matrix A der Einheitsmatrix gegenüber. Rechenschritt: *Obere Zeile * (-5), untere Zeile * (3), obere Zeile zu unterer Zeile addieren.*
2.)	3 1 0 1	1 0 -5 3	Rechenschritt: *Untere Zeile * (-1), untere Zeile zu oberer Zeile addieren.*
3.)	3 0 0 1	6 -3 -5 3	Um die Einheitsmatrix auf der linken Seite zu erhalten, muss die obere Zeile durch 3 dividiert werden.
	1 0 0 1	2 -1 -5 3	Ergebnis: Im letzten Schritt steht die Einheitsmatrix der Matrix A^{-1} gegenüber.

Die inverse Matrix A^{-1} zur Matrix A lautet also: $A^{-1} = \begin{bmatrix} 2 & -1 \\ -5 & 3 \end{bmatrix}$.

Gerade und Ebene

Die Definition einer Gerade kann mit dem oben eingeführten Verständnis von Punkten und Vektoren durch einen Punkt als Angriffspunkt und einen Vektor, der die Orientierung der Geraden beschreibt, erfolgen. Da eine Gerade in der Regel nicht endlich begrenzt ist, werden zu dem Angriffspunkt beliebige Vielfache des Vektors addiert, so dass sich die folgende mathematische Darstellung einer Geraden g ergibt: $g: \vec{x} = \vec{p} + r \cdot \vec{u}$.

Wird diese Geradengleichung noch um das beliebige Vielfache eines anderen Vektors erweitert, so ergibt sich die allgemeine Form einer Gleichung für eine beliebige Ebene e: $e: \vec{x} = \vec{q} + s \cdot \vec{v} + t \cdot \vec{w}$.

Schnittpunkt von Gerade und Ebene

Die Berechnung des Schnittpunkts einer Geraden mit einer Ebene kann durch das Gleichsetzen der Parametergleichungen der Gerade und der Ebene durchgeführt werden. Das daraus entstehende lineare Gleichungssystem ist dann einfach zu lösen. Die Geradengleichung $g: \vec{x} = \vec{p} + r \cdot u$ und die Ebenengleichung $e: \vec{x} = \vec{q} + \vec{s} \cdot v + t \cdot w$ werden in folgender Form gleichgesetzt: $\vec{p} + \vec{r} \cdot \vec{u} = \vec{q} + \vec{s} \cdot v + t \cdot w$.

Dieses Gleichungssystem hat genau eine Lösung, wenn sich die Gerade und die Ebene schneiden. Verlaufen beide parallel, so hat das Gleichungssystem keine Lösung, während unendlich viele Lösungen als Ergebnis gefunden werden, wenn die Gerade genau in der Ebene liegt.

Winkel zwischen Vektoren

Der Winkel α zwischen zwei Vektoren kann durch das Skalarprodukt nach der Formel $\cos(\alpha) = \vec{n} \cdot \vec{v}$ berechnet werden, wobei $\vec{n}$ und $\vec{v}$ als Vektor mit der Länge 1 (d. h. $|\vec{n}| = |\vec{v}| = 1$) vorausgesetzt sind. Der Vektor $\vec{v}$ gibt sozusagen die Blickrichtung an und der Vektor $\vec{n}$ ist der zugehörige Normalenvektor. Anders ausgedrückt gilt:
$\alpha = \arccos(n_x \cdot v_x + n_y \cdot v_y + n_z \cdot v_z)$.

Winkel zwischen Gerade und Ebene

Häufig müssen in der Computergrafik Winkel zwischen einer Geraden (z.B. einer Rotationsachse) und einer Ebene (z.B. Darstellungsebene) berechnet werden. Der Winkel α zwischen einer Geraden g mit dem Richtungsvektor $\vec{v}$ und einer Ebene mit dem Normalenvektor $\vec{n}$ (= senkrecht auf der Ebene stehender Vektor) kann wie folgt berechnet werden:

$$\sin(\alpha) = \frac{\vec{n} \cdot \vec{v}}{|\vec{n}| \cdot |\vec{v}|}.$$

C Typographie

Seit Menschengedenken werden über Bilder und Schriftzeichen Informationen und Nachrichten codiert und weitergegeben. Spätestens mit der Einführung der Buchdruckkunst durch Johannes Gutenberg im Jahr 1455 wurde es notwendig, Schriftarten, Schriftgrößen und die Gestaltung eines Textes in normierter Form zu definieren. Dieser Anhang gibt einen kurzen Einblick in die Grundlagen der Mikrotypographie, die sich mit der Erscheinung und der Ausrichtung einer Schrift beschäftigen und Schriften anhand folgender Merkmale charakterisieren:

- Schriftart,
- Schriftfamilie,
- Schriftgröße/Schriftgrad und
- Schriftmetrik.

1. Schriftart

Klassifikation

Die DIN 16518 klassifiziert alle Schriften anhand historischer, formaler und technischer Merkmale in elf verschiedene Gruppen:

Gruppe I:	Venezianische Renaissance-Antiqua
Gruppe II:	Französische Renaissance-Antiqua
Gruppe III:	Barock-Antiqua
Gruppe IV:	Klassizistische-Antiqua
Gruppe V:	Serifenbetonte Linear-Antiqua
Gruppe VI:	Serifenlose Linear-Antiqua
Gruppe VII:	Antiqua-Varianten
Gruppe VIII:	Schreibschriften
Gruppe IX:	Handschriftliche-Antiqua
Gruppe X:	Gebrochene Schriften
Gruppe XI:	Fremde Schriften

Serifen und Proportionen

Wesentlich gebräuchlicher und bekannter als diese Klassifikation ist die Einteilung in Serifenschriften und serifenlose Schriften oder in proportionale bzw. nicht-proportionale Schriften. Als Serifen werden die Ausziehungen an den Eckpunkten eines einzelnen Buchstabens bezeichnet, die z.B. eckig, abgerundet oder tropfenförmig sein können. Fehlen diese Ausziehungen, wird die Schriftart als serifenlos bezeichnet:

TimesNewRoman, `CourierNew` und Palatino sind Beispiele für Serifenschriften.

Arial, Verdana und Tahoma sind Beispiele für serifenlose Schriften.

Bei proportionalen Schriften nimmt jeder Buchstabe nur so viel Platz bei der Ausgabe ein, wie es die Breite erfordert. Im Gegensatz dazu benötigt bei nicht-proportionalen Schriften jedes Zeichen den gleichen Platz:

proportionale Schrift:	nicht-proportionale Schrift:
iiiiiii	iiiiiiii
mmmmmmmm	mmmmmmmmm

Laufweite

Die Breite eines Alphabets darf dabei nicht mit der Laufweite einer Schrift verwechselt werden: Die Laufweite einer Schrift bestimmt ihre relative Länge, also den Abstand der einzelnen Buchstaben. Ist die Laufweite verkleinert, so wird die Schriftlänge schmaler, ansonsten ist sie erweitert:

- Um 1pt verkleinerte Schriftlänge.
- Um 0,5pt verkleinerte Schriftlänge.
- Normale Schriftlänge.
- Um 1pt erweiterte Schriftlänge.
- Um 2pt erweiterte Schriftlänge.

2. Schriftfamilie

Schriftschnitt

Für jede Schriftart gibt es mehrere Schriftschnitte, die als Varianten der Grundschrift aufgefasst werden können:

- Aufrechter oder normaler Schriftschnitt,
- *Kursiver Schriftschnitt,*
- **Fetter Schriftschnitt** sowie die Kombination aus
- ***fettem und kursivem Schriftschnitt***.

Häufig werden hierfür auch die englischen Begriffe angegeben: *plain* für normalen, *italic* für kursiven, *bold* für fetten und *italic bold* für fetten und kursiven Schriftschnitt.

Schriftklassen

Außerdem können ähnlich aussehende Schriften zu Schriftklassen zusammengefasst werden. Ein bekanntes Beispiel hierfür sind die Lucida-Schriften:

Lucida normal	Lucida Console
Lucida Sans	Lucida Sans Typewriter

3. Schriftgröße/Schriftgrad

absolute Größe

Die Schriftgröße kann in mehreren numerischen Formaten angegeben werden. Hierbei werden absolute Größenangaben und relative Größenangaben unterschieden. Für die absolute Größenangabe werden folgende metrische Angaben verwendet:

- Inch 1 in = 2,54 cm
- Zentimeter/Millimeter 1 cm = 10 mm
- Punkt 1 pt = 1/72 in = 0,353 mm
- Pica 1 pc = 12 pt = 12/72 in = 4,23 mm

relative Größe

Relative Größenangaben geben den Grad einer Schrift im Vergleich zu Normalgrößen oder zu Bildschirmauflösungen an:

- Pixel 1 px = 1 Pixel der Bildschirmauflösung
- em 1 em = Breite des Buchstabens »M« im aktuellen Zeichensatz im Vergleich zum »M« der definierten Normalgröße, wobei die Normalgröße nicht vorgeschrieben ist, sondern vom Anwender festgelegt werden kann.
- ex 1 ex = Höhe des Buchstabens »x« im aktuellen Zeichensatz im Vergleich zum »x« der definierten Normalgröße (vgl. em).

Die nachfolgende Tabelle zeigt einen Vergleich verschiedener absoluter und relativer Größenangaben:

Absolute Größe				Relative Größe		
Mm	cm	pt	pc	px	em	ex
3,53	0,353	10	0,83	10	1	1
4,23	0,423	12	1,0	12	1,2	1,2
4,94	0,494	14	1,16	14	1,4	1,4
5,64	0,564	16	1,33	16	1,6	1,6

4. Schriftmetrik

Die Schriftgröße einer Schrift setzt sich zusammen aus dem Aufstrich und dem Abstrich, wobei der Aufstrich die Oberhöhe über der Basislinie ist und die Mittellänge und die Oberlänge des Buchstabens zusammenfasst.

Die Führung oder auch der Durchschuss definiert den Abstand zwischen zwei Zeilen. Für Fließtexte sollte die Führung 20 – 30% des Schriftgrades betragen.

Zeilenausrichtung

Flattersatz

Die Zeilenausrichtung bezeichnet die Ausrichtung des Textes in Bezug auf eine senkrechte Achse. Liegt die Achse am linken Rand des Textes, wird dies als linksbündiger Flattersatz bezeichnet, liegt sie am rechten Rand als rechtsbündiger Flattersatz.

Satz

Liegt die Achse in der Mitte des Textes und ist der Text der einzelnen Zeilen in gleicher Breite von dieser Mittelachse entfernt, so spricht man vom zentrierten Satz. Beim Blocksatz wird der Text durch eine linke und eine rechte Achse eingegrenzt und die Wortzwischenräume werden zeilenweise so erweitert, dass sowohl die ersten Buchstaben als auch die letzten Buchstaben einer Zeile genau übereinander stehen:

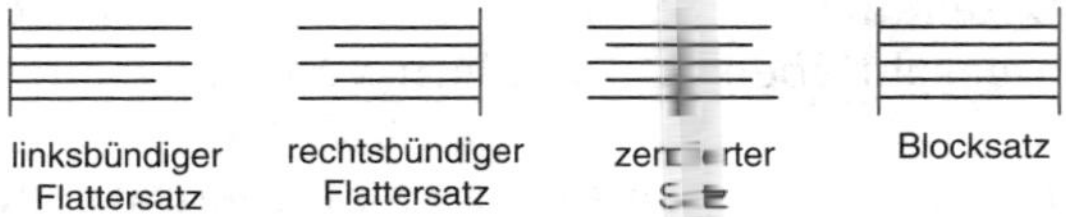

Schriftsatz (*Font*)

Für die heutzutage üblichen Computerschriften wird für jeden Schriftschnitt eine eigene Definition in Form einer Datei angelegt, die mit dem englischen Begriff *Font* (= Schriftsatz) bezeichnet wird. Während *TrueType-Fonts* v.a. für PCs verwendet werden und von Standarddruckern dargestellt werden können, finden so genannte *Postscript-Fonts* ihren Einsatz im professionellen Bereich, da diese spezielle Interpreter benötigen. Sowohl *TrueType-* als auch *Postscript-Fonts* sind im Gegensatz zu Raster-*Fonts*, die auf Pixelgrafiken basieren, beliebig skalierbar, weswegen Raster-*Fonts* kaum noch zum Einsatz kommen.

Stichwortverzeichnis

T